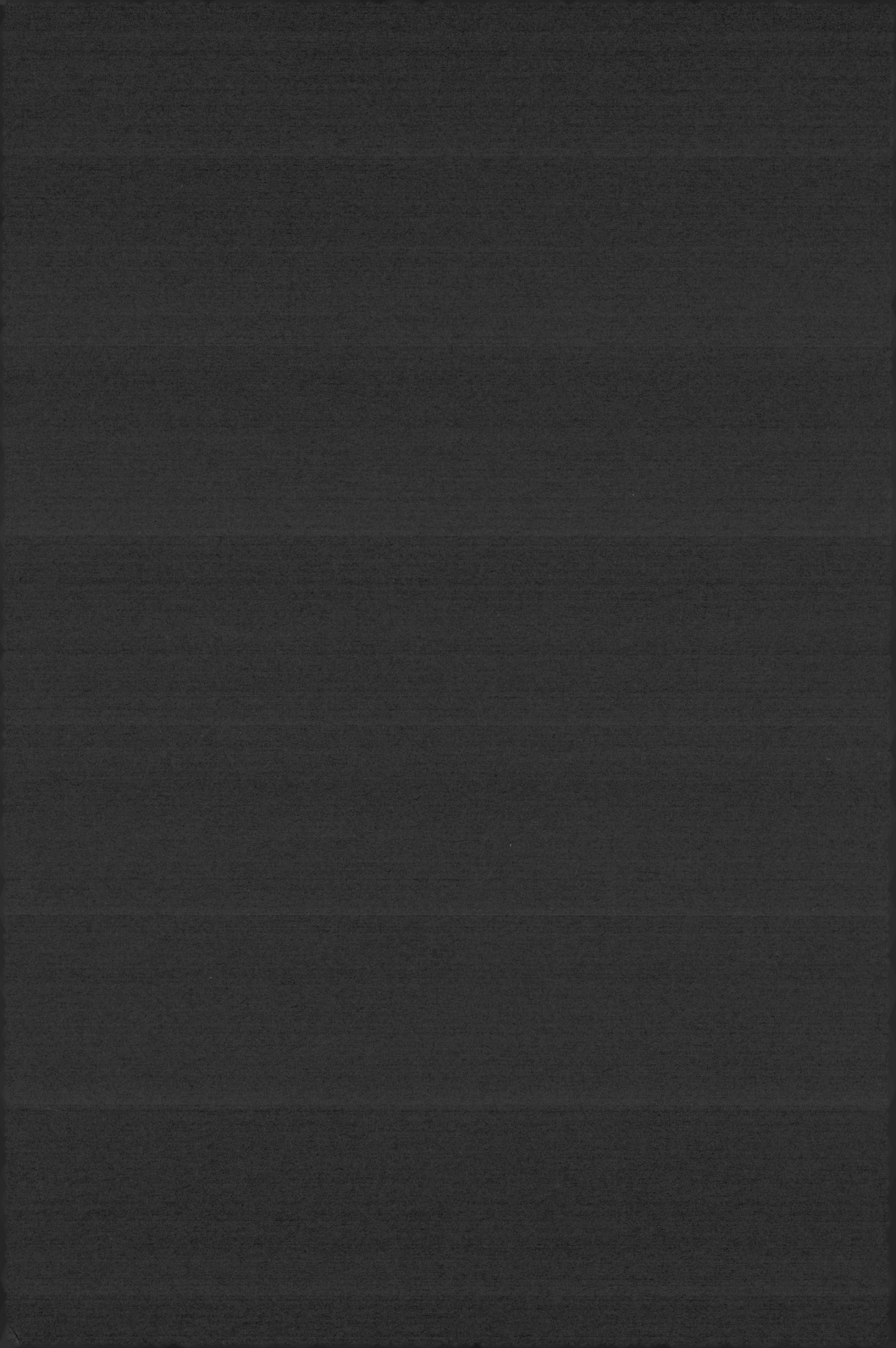

徐南铁　李萍　主编

南方岁月
改革开放年代的人生记忆

华南理工大学出版社
·广州·

图书在版编目（CIP）数据

南方岁月：改革开放年代的人生记忆／徐南铁，李萍主编．—广州：华南理工大学出版社，2024.8
 ISBN 978-7-5623-7700-9

Ⅰ．①南… Ⅱ．①徐… ②李… Ⅲ．①改革开放-历史-广东 Ⅳ．①D619.65

中国国家版本馆CIP数据核字（2024）第070065号

Nanfang Suiyue：Gaige Kaifang Niandai De Rensheng Jiyi

南方岁月：改革开放年代的人生记忆

徐南铁　李萍　主编

出 版 人：	柯　宁
出版发行：	华南理工大学出版社
	（广州五山华南理工大学17号楼，邮编510640）
	http://hg.cb.scut.edu.cn　E-mail：scutc13@scut.edu.cn
	营销部电话：020-87113487　87111048（传真）
策划编辑：	王　磊
责任编辑：	付爱萍
责任校对：	龙祈君　詹伟文
印 刷 者：	广州市人杰彩印厂
开　　本：	787mm×1092mm　1/16　印张：28　字数：580千
版　　次：	2024年8月第1版
印　　次：	2024年8月第1次印刷
定　　价：	88.00元

版权所有　盗版必究　印装差错　负责调换

代序：约稿信

改革开放已经四十多年了。

四十多年岁月峥嵘，风起云涌。国家巨变，人民生活巨变。我们个人的人生道路，也在时代的洪流中发生了巨大的变化。

我们享受了改革开放带给我们的大幸运，把握了时代给予我们的种种新的机遇，放飞了我们的理想，贡献了我们的智力、汗水和激情，从而留下了生命中永志不忘的记忆。

回望岁月，百感交集。我们感慨时光，感恩社会，感怀历史，感悟生命，感谢大时代给我们打开的壮阔胸怀，感谢岭南这块热土给我们提供的广阔天地。

在改革开放这段刻骨铭心的岁月里，我们留下了属于自己的印迹。当时光的流水滔滔远去，在对岁月的温情追念中，我们有必要把曾经的故事沉淀成文字，作为时代和个体的纪念，让后来者有所思考，有所得益。

因而，我们作为改革开放时代的亲历者、受惠者和努力奋斗者，计划主编这样一本书——《南方岁月：改革开放年代的人生记忆》。

请在文章里叙说你亲历的故事。个人、家庭、家族、单位、行业，只要与改革开放有关的，无论大事小事，都是我们希望看到的历史印记。当然，您的故事如果涉及一些历史事件，我们更加欢迎。我们每个人追述的一个或几个故事，可以汇成一股洪流，成为一种时代的记录。

我们的约稿有选择性。您是值得我们信赖的朋友，只要您的叙述有关改革开放这片天，有关南海之滨这块地，都将受到这本书的真挚欢迎。

这本书的文章风格应是：真实、热情、感性、好读。

  标题自定。希望文章在 4000 字到 12000 字之间。如果上下有所突破，可以酌情放宽。

  其他则无限制。

  热切祈望您不吝大作！

  让我们共同以此书，作为献给这个伟大时代、献给这块热情土地的感恩和祝福！

  致以崇高敬礼！

目录

卜新民　挪窝·搬家／1

蔡东士　《知青亭志》琐记／8

曹南才　金色的种子／18

陈广腾　香港姑妈／24

陈俊年　改革开放　南国书香——南国书香节诞生记／29

陈平原　那些歪歪扭扭的足迹／40

陈桥生　"花地"种花记／50

陈泽泓　浪花亦逐潮／58

程存洁　衣带渐宽终不悔——我与广州文博／67

丁家奎　一个非典型企业家养成记／73

范以锦　新闻激情是怎样点燃的／80

冯达文　中年问学记忆／89

顾涧清　我与"海丝"文化相伴相随三十年／96

顾立军　电话的故事／106

郭　力　我的青春岁月里有你／111

何德来　署前路1号／118

洪三泰　我和我家的故事／125

黄树森　忆与白先勇四十三年的交谊／134

黄天骥	白云山高　珠江水长——记新版中山大学校歌、校徽的产生 / 145
江　冰	下广东：一咏三叹，一步三回头 / 153
蒋述卓	你若爱上，便是家园 / 161
赖海晏	开放改革的春风激发了我的思想活力 / 167
李　萍	时代转折中的命运与记忆 / 175
廖曙辉	改革初期我亲历的三个"全国第一" / 185
林克星	时代新路：从副科长直接任命为厅级厂长 / 196
刘斯奋	人生之旅的几个驿站 / 205
刘云德	二十三载的守望与守护 / 214
罗小平	知行变奏曲 / 222
吕伟雄	世界广东同乡联谊大会的形成和发展 / 229
吕玉波	情系杏林路　无悔四十载 / 242
区念中	街头直播室 / 254
潘英伟	"高登时代" / 261
秦　颖	编辑出版三十五年记 / 268
丘树宏	别了，城中村 / 278
饶伟强	一生难解"三农缘" / 284
唐　瑜	我的亦官亦文之路 / 292
田　丰	与时代同行 / 298
王克曼	"南方"的模式 / 304

王少明	河西四十年 / 315
王业群	留在记忆深处的时光 / 326
王则楚	广州开放的民主党派工作 / 335
吴春燕	伶仃洋边，故事不再伶仃 / 339
吴东峰	《木棉花开》为什么这样红 / 345
徐春莲	从一本刊物看社会变迁 / 352
徐南铁	奔向岭南怀抱 / 361
杨兴锋	十年磨一剑 / 371
姚志彬	非典型肺炎的非典型记忆 / 379
叶金宝	吾心安何处，岭南芳草萋 / 387
于　力	我的"老人与海" / 394
张克科	南山深圳高新区纪事 / 407
张宇航	助学三十年 / 411
朱秉衡	广州开发区晨曲 / 424

徐南铁　跋　石榴香老庭枝低 / 436

挪窝·搬家

卜新民*

【主编者言】一个农家孩子，因为时代变化考上了京城的大学，毕业后到省城工作。初入都市，生活的种种不易扑面而来，心里却充满热情和欣喜。那是时代的主旋律。

窝和家本义相同，这里，窝仅指个人安身处，家还有眷属的内涵。因此，挪窝和搬家，在形式和内容上有所差别。

从乡下到城里，从集体宿舍到独立公寓，活到今天，挪了几次窝，搬了几回家，还真得扳着指头好好数数。但有那么几次，记忆清晰，印象深刻，至今历历在目。

最初的窝

大学毕业来到广东省统计局，家眷仍"猫"在老家乡下，自己成了广州有老婆的"单身汉"，住的自然是集体宿舍。改革开放初期，各单位住房紧缺，统计局也不例外，一套三居室的单元，挤进了刚分配来的九位学生，两块床板架在两张长凳上便是栖身之所。十多平方米的房间，摆不下三张书桌和三副常规尺寸的铺板，只好把其中的一块锯掉一半，否则房子里难以转身走动。多少年后，我们还把一块半铺板，当作调侃统计局抠门的口实。

我在广州的第一个"窝"位于前进路，紧挨大马路，二十世纪六十年代四层砖混结构楼房的顶楼最西边。骄阳似火的夏天，没有隔热降温设施，宿舍宛如蒸笼，晚上九条汉子光着膀子，摇着蒲扇仍挥汗如雨，虽没蒸过桑拿，却深谙其中之味了。

当时仍处试用期，每月工资54元，寄回20元家用，余下的吃饭、零花。孩子开学都向财务科借钱，然后每月扣回五元，加之星期天AA制喝点小酒，月尾荷包常常瘪得仅存公共汽车月票以及省政府食堂饭票两种有价证券。风扇当时绝对是奢侈品，我买不起，其他八位真光棍不知打的什么算盘，也都没买。可是，大家和着汗水，一样睡

---

* 卜新民，广东省统计局原局长

得踏实平和，没人为此烦躁失眠。

一次，乡下表弟因事到广州，同窝而睡两晚。两个1.75米有多的男人，罩在蚊帐里，侧身躺在宽90厘米的床上，汗水浸润着草席和铺板，照样神凝梦甜，一夜安眠。

第二年春末，胖墩身材的陈姓同事，熬不过闷热，花三十几元，买了台不知哪个手工作坊敲打出来的、四寸左右、没有定时、不会摇头、只有一个挡位的风扇，成为我们宿舍乃至十几位新同事里，除了手电筒和收音机外，拥有家用电器第一人，直让我们羡慕了好一阵子。

当上"厅长"

1983年夏，又到了学生毕业分配报到时节。经我挑头，与行政科长交涉，与办公室主任纠缠，向主管副局长请求，最终把原本准备给新人的三居室，调整给了我们。

宿舍楼在省电视台旁，七层框架结构，建于二十世纪七十年代。我们的新居位于二楼东南向，不论位置、环境、上班的便捷程度都大大优于旧巢。可是，当我们在一个礼拜天，扛着铺盖卷进去后却傻了眼。倒不是三个房间的位置、朝向问题，而是三居室中每个房间的大小，都摆不下原定的三张书桌，以及局办公室给我们新买的80厘米宽的折叠钢丝床。

该如何安身呢？九个人心情复杂，神色凝重，默不作声。

一般情况下，老祖宗传承的解决此类问题的惯常办法是抓阄，把最后的决定权交给命运裁决。"穷人阄下愿"，这种千百年来被大众认同而广泛运用于协调各种利益纠葛的做法，也不失为一种公开公正公平的好办法。

愣了会神，我以大哥的身份发了话。首先表明自己睡客厅，然后按长幼，指定大家住到不同朝向大小的房间，问题很快就解决了，谁也没有异议，比抓阄省事、圆满、有人情味多了。

事后，好事之徒笑我当了"厅长"。真是厅长后，老领导还调侃我八十年代初就是"厅级干部"，是老资格领导，说的就是蜗居客厅的事。

十九二十平方米的客厅有七扇门，三间房门，加上大门、阳台门、厨房门、厕所门，另外还得留下人行通道，于是，我在广州的第二个"窝"，就搭建在客厅靠窗台的厨房、厕所门口。晚上睡觉前打开折叠床，把从大学搬回的四个装满书籍的大纸箱塞到床底下，不让钢丝过度下坠，支起蚊帐，安然入睡。早晨起床后，三下五除二，把床铺书箱归拢到墙角，还真没感到有什么不方便的。

省统计局在政府大院内，除礼拜天外，我一般在省政府饭堂吃饭，晚上则在办公室看电视、看书或摇摇笔杆，回来都晚，宿舍就成为很纯粹的睡觉的窝。客厅里凉快，空气流通，尿臊味，油烟气，搅扰不了我。年轻人肾好，夜尿少，从未有人上厕所吵醒过我。

当时除我之外的八个单身汉，正处于急于寻找伴侣的情爱饥渴期，一见女孩子眼睛就放绿光。他们谈对象搞恋爱，晚上什么时候溜回来，打开门回到房间，我竟全然不知。弟兄们刻意地蹑手蹑脚，悄无声息，除了恋情的隐秘外，也饱含了对我这个睡在客厅里的大哥极大的关爱和尊敬。

这是一群因读书改变了命运的天之骄子，青春热血，工作积极，生活简朴，极易满足。幸福不是拥有得多，而是计较得少，这是真理。

挂职挪窝

1984年，省局派我到老家梅县市统计局挂任副局长，属省里首批下挂锻炼的年轻人。其时，我刚被任命为农村处的副科长。

由是，我的窝挪到了梅县老县政府大院，住进了二十世纪六十年代建造的，砖混结构两层楼里的一个单间。这个窝，配有床和书桌，还有茶几和两张藤椅，虽是旧家什，但比三人一室加客厅的装备奢华了不知多少。更重要的是，从此我有了属于自己个人的私密空间。

在这个窝里，我打下了全面了解专业统计的基础。

白天应对工作，晚上书香飘飘。是时，"国粹"麻将正在城乡普及，练习三晚后自觉耗不起这个时间，任凭窗外"三缺一"呼声连连，我自岿然不动。一年多的时间，完成了不下十篇的统计调研分析报告。

在这个窝里，也生长了真情与友谊。

年轻人都喜欢聚在这里喝茶聊天打闹，时不时各人采买食材，制作一个自己拿手的菜肴喝一杯。这是一段深情难忘、值得记忆的时光，时至今日，只要回到县里，已星散在不同行业的哥们儿，必定要聚在一起坐坐，吃顿饭。2009年国庆，我在五位铁哥们儿的夫妇合影上，写下了"二十五年友谊，一世的情缘"的字句。

在这个窝里，我拒绝了柔情和浪漫，也拒绝了故事和麻烦。

在小地方，从省城来了个年轻人，其他单位的男女来访聊天也是平常事。当年都有些什么人，今天我已没印象了。但，有位女子，接触时间很短，过程却至今没忘。

大约是到岗不到一个月，广东正是仲夏时节。一晚，一位二十开外的女子飘然而至，一袭白色连衣裙，身材样貌气质都属优良类别。自称前不久，大院门口我跟他人聊天时，她在旁认识了我，现没事过来坐坐。当晚谈了什么已无从记忆，只记得她对我的底细很了解，自称是医务工作者，软声细语，谈吐得体。除觉得此女唐突之外，孤男美女，喝茶聊天，也颇惬意。

没过几天，此女又至，手提一筒上好的饼干和两罐胃药，嘱我如何服食抗击胃炎。是晚谈及友谊情感话题，她举止大方，我却局促不安。走时，送她到门口，我微笑着但语气坚定地说了一句：不欢迎您再来！

一位素昧平生的女子，主动找上门来，总让人觉得这里面有不可外泄的秘密。也许是我多心了，总怕往下走，触碰了自己心灵深处的柔弱处，闹得不可收拾。

自己至今也未能成为纯粹的共产党人，唯恐在纷繁世界的各种诱惑中迷失自我，总在认为危险的时候赶忙关上欲望的大门，因此日子过得平淡无奇，缺乏波澜，显得无趣。

全家进城

在省统计局，有好几个和我一样家眷在农村的老大学生，他们五十上下了仍过着"单身"生活，天天敲着饭盆跟我们一起吃饭堂。他们的单身宿舍里，没有多少家什，凌乱不堪。有的人冬天被子不叠，夏天堆在墙角，房间散发一股霉味，不修边幅地来上班。刚到统计局不久，计划委员会一位有老婆的"单身汉"，因精神抑郁，清晨从我们办公室旁的宿舍三楼窗口跃下，随风而逝。

相信他们当年也是对未来充满希望的热血青年。长期两地分隔、缺少亲情的枯燥"单身"生活，沉重的家庭经济负担，政治运动不断，极大地折损了他们的精神风貌，让他们养成了对什么都无所谓的生活态度，加之岁月风霜，把他们折腾成了半老头儿。

我从他们身上，看到了自己未来可能出现的危机，由此谋划的抗争办法，是想调离广州到深圳去——新兴城市易于给家属找到工作，可解两地悬心之苦。还没等我采取具体行动，就被派往梅县挂职来了。

挂职梅县对我的个人生活来说，最大的收获就是以窝为基础，把全家户口迁进了县城。老婆和三个孩子，由吃谷的乡巴佬变成了吃米的城里人。

1983年始，各地对知识分子在提拔使用和解决两地分居等问题上，实行了特殊政策，我正赶上了这个机会。在当地政府和统计局的关照下，于1985年下半年把家属户口迁进了县城。一家五口分住城关三个地方，夫人和我住窝，大女儿吃住在她四叔处，二闺女和小子住姑母家，吃在老县府大院，自己笑称：笨兔三窟。

跳出农门，这是乡村青年的终极梦想。现在不仅自己因恢复高考获得命运转机，而且出大学校门三年后，把家人也带进了城里，那是实实在在的美梦成真。这在城里人看来不是什么事的事，在我却是这辈子生活中的转折性大事。在中国仍存在明显的城乡差别时，自己结束了二元结构的生活，虽然以后的路或许会更难，但那已是另一类的全新生活所派生的问题了。

1985年是幸运之年，窝的主人喜事连连：家属"农转非"了；夫人进了印刷厂成了全民制正式职工；我加入了共产党，职务由副科变成了综合处副处长；梅县市要留我在地方工作，说明我的活也干得不错，得到了大家的承认肯定。前面的好事我都很受用，最后一项却没有答应，自己是组织派下来的，怎么能私自留下来不走了呢！这种对不起单位的事不能干。因此，我连留下来干什么都没问，也没向上汇报。

多年以后，在我省统计局长的第二任期内，当年要留我的书记升迁至副省长且分管统计，他几次对我的班子成员和国家统计局领导说："当年我要留卜新民当县长，他不干，否则，早就……"我倒没后悔过，世事如棋，因缘际会，忠诚和本分终究不会吃亏。

搬家迁穗

1986年4月，结束挂职生涯，我把窝挪回了广州，两居室的单元，与省局的司机一人一房。6月，北戴河两个月的全国局长学习班结束，一回来我即着手商调家属进穗事宜。

世间事就是这样，往往一顺则百顺。

有了上年的"农转非"，加上自己的处级官阶，只要有单位接纳，家属进广州就是符合政策之举，而夫人进入局印刷室已在省局考虑之列，于是，夫人调动的申请报告很快就送呈省劳动局调配处。自己心里也盘算着，报告批下来，加上户口劳动关系的迁移，孩子就读学校的洽谈等，一干事宜办完，暑假应没过完，赶在秋季开学前，还可以带小孩逛逛广州，走走动物园。

世间事就是这样，好事往往多磨。

不久，报告批下来，在省局人事处看到，申请表上盖的是"不同意调进"蓝色长方形批章，一下子把我搞蒙了。

为什么不同意，人事处经办人说，不清楚。自己揣测认为，唯一能挑刺诟病的，是随迁人口太多，调进一位职工，后面跟着三个孩子。更有甚者，或许认为年纪不大，怎么会有那么多孩子，是不是有假？不管怎样，结果是栽在多子多女多冤家上了。

按惯例，申请驳回，最快只能第二年再办了。我不服气，拿着"判了死刑"的申请表，决定自己直接去劳动局闯一闯。

接待我的是调配处的科长，一位四十多岁、人特和善的女同志。科长表示，的确是随迁人口太多而不同意调进。为此，我和科长拉起了家常，聊天似的提出自己的看法。

我以弱者身份，诚恳地介绍了我们这茬人，包括自己走到今天的不易。中学毕业返乡，耕田做工，结婚生育，本以为一生沉沦，没料到时移世易，高考上学，变废为宝有了今天。农村计划生育开展得晚且管得松，自己多孩生育，的确是封建愚昧落后的表现，是个过错，但却是一种无法改变的历史性错误。现在，让哪个孩子不随迁，都将留下诸多后遗症，给社会、家庭尤其是孩子，带来莫大的伤害，又将造成新的历史过失。

我不了解劳动部门对随迁家属有什么具体要求和规定，也不知道自己的话能煽起多大的同情而打动对方，但讲的都是实情，是当年乡村青年普遍的境遇。科长很有耐心地听我叙说，不时插话询问情况，看得出，这是一位对孩子有着深厚情感的善良母亲，是一位实事求是极愿帮人解决问题的好公仆。

谈了近一小时，科长终于表态，把表格留下，我们再研究。

我几十年的路一直走得顺，总是得到好人相扶，相信，这次又遇到了贵人。

世间事就是这样，看似艰难复杂的事，办起来往往简单。

一个多星期后，批复下来，在原来的申请表上，上次盖着"不同意调进"的地方，加盖了黑色的"作废"两字，而在下面多了个红色"同意调进"的戳。

事后，一直到今天，我都不知道那位女科长姓甚名谁，只知道她秉理办事给了我家多大的恩典，感知到公务人员急老百姓之所急是多么的造福人间。

接下来，紧赶慢赶，一切按程序走，待我办完所有迁移手续，跟着装行李家具的货车，夫人领孩子乘客车，从梅县向广州出发时，已是1986年9月4日，全省各中小学已开学四天了。

搬家当天还有一段小插曲。

450公里的沙土路，货车颠簸十几小时，天擦黑时到达广州。十位男同事等在宿舍，冒小雨帮着卸车后已是晚上九点多了。按约定，我马上骑自行车赶往姑父家接孩子，哪知扑了空。一样时间出发，客车比货车跑得快，十点多了客车还未到，出事了还是在广州迷了路找不到这里？老婆和二闺女一坐车就吐，长途旅行什么事都可能发生，对亲人的牵挂，使人不想好的只想坏的，我的心不安起来，连忙往客运站赶。

一问，梅县顺风公司六时发的车还未到。工作人员又好心提醒，广州东西南北中不同地方都有梅县客车的停靠点，可以到别处问问。虽不明原因，但车确实未到，可一着急，竟丧失了基本的判断能力，骑着自行车走遍了广州不同方位的四个客车站，奔波了三个多小时，其中在公共电话亭两次打回电话询问。凌晨一点多回到姑父家，见到了孩子们。他们已抵达半个小时，告知因坏车晚点，我心中一块石头才终于落地，万事大吉。

9月4日成为我家的特殊纪念日。每年的这一天，都要选个地方，下馆子全家聚会。两年一过，我没了兴奋点，孩子们总适时提醒。待他们能挣钱时，更主动张罗，至今几十年不辍。

从乡下到县城，从县城到广州，孩子们深切感受到这是他们人生的重大转折，随着时间的推移，对比儿时农村伙伴，这种感觉就更加强烈，9月4日在他们心中的分量也就更重，尊敬父母、关爱兄弟姐妹成为自觉意识。

国家纪念日承载了爱国主义内涵，9月4日的聚餐，无形中具有了敬老爱幼、和谐家庭的功能，我也乐此不疲。

从一个人一个铺位开始，经过多次挪窝搬家的折腾，最终我把全家五口挪进了广州。以后，从科长房到处长房再到局长房，从房改房至商品房，自己又搬了几次家，其中两次到中央党校一年半年的算不算挪窝，这还得重新定义。但不管挪窝还是搬家，都带有鲜明的时代特征，留下了自己成长的印记，记录了家庭发展的轨迹，也折射了中国近几十年社会变迁的真实情景。

《知青亭志》琐记

蔡东士*

【主编者言】我们许多人的人生高度和厚度,与知青的经历有关。但是知青生涯显然也让更多的人失去了他们本该有的东西。历史不会眷顾,不会怜惜,所以我们必须回望那些逝去的日子。

山清水秀的湛江那片热土,是我度过八年知青岁月的第二故乡。2016年初,粤西知青文化园知青亭落成,湛江知青研究会会长、兵团战友陈向东和钟真池约我写《知青亭志》。我参阅诸多文章诗词,反复推敲磨炼,历时十几天写出初稿。原本题目为《知青亭序》,几经征求意见,按照我的同学中山大学中文系教授吴承学的意见改为《知青亭志》。2016年4月,中国新闻社的李凌首次把这篇724字的短文放上中国新闻网,紧接着包括新华网在内的几十家知名网站全文发表,跟帖数以万计,满满尽是知青情怀。这一切都缘于我心中的知青亭、知青林、知青情……

知青亭

我记忆中广东第一个知青亭位于广州白云山上。2009年粤海(兵团)知青网召开春节茶话会,老知青庄耀倡议大伙捐款,在白云山建知青亭,一呼百应,并得到白云山管理局有识之士张岳炎等人的支持。倡议变成了网站与管理局的协议书,并于2009年4月29日签约。

消息传开,知青纷纷捐款支持。一位在农场不幸失去知青女儿的母亲陈平,以女儿的名义捐款3000元;一位身为铁路员工的女知青,以她和已故知青丈夫周培德的名义捐款6万多元;几位路过知青亭落成庆典地点的知青游客,硬是坚持每人捐出100元……仅一年时间,就有3000多名知青捐款200多万元。广州园林设计院的工程师无偿为我们设计了典雅大方的主体亭,民营企业的知青老总陈向东专程从湛江送来两大卡车的橡胶树和其他热带作物,种在知青亭周围。应网站总编辑、原兵团宣传队演员

---
* 蔡东士,中共广东省委原副书记

宋晓琪之约，我欣然为这座知青纪念亭题写匾名——"知青亭"，为画廊题词——"永远的情怀"。

后来，深圳市光明社区原光明农场"光明知青联谊会"的人大代表和政协委员向人大常委会和政协提议，在文化公园内增设知青亭，获得批准，并得到政府部门的支持。还是宋晓琪再次约请我为知青亭题匾，我同样乐意为之。

湛江粤西知青文化园和知青亭由6000多名知青捐款180多万元建成。2017年青年节，知青亭奠基；2018年青年节，来自北京、上海、广东、广西、湖南、海南、香港、澳门等地的6000多名老知青专程赶到湛江参加落成剪彩仪式。

湛江知青研究会约我为湛江知青亭题匾，我马上挥毫交卷。但他们要我写《知青亭志》，却让我夜不能寐，苦苦思索了好几个日夜。更深人静时，八年知青生活的难忘往事，一件件涌上心头：

——出路。1969年，广州军区奉命在琼州海峡两岸组建屯垦戍边的生产建设兵团，共组建了十个师，原来的农场改制为团级单位。当时，我从潮阳一中高中毕业，想在妈妈所在的卫生院参加培训，当"赤脚医生"。驻院的军代表说我是"右派"的孩子，不能参加培训。我生于医生世家，父亲蔡则豪是乡镇名医。1957年，他因为指着夜空中飞过的流星问人家"这是苏联人造卫星吗？"就被扣上了"污蔑苏联老大哥"的罪名，屈打成招成了"右派"。这让我少年时期的命运历尽坎坷。毕业即失业，没有出路，前途渺茫。幸好"文革"时驻扎在潮阳"支左"的某部117团的参谋衷兵了解我，同情我，把我推荐给已经调到兵团九师的部队领导，让我去那里接受工农兵再教育。

——离家。我怀揣妈妈给的十九块钱，一手提着印有"为人民服务"五个字的手提袋，一手提着装有日常用品的铁桶就上了路。在公路旁等过路的汽车时，妈妈怕我路上肚子饿，跑到路边小摊贩那里，花一毛钱买到几块硬得可以打狗的土制饼干，赶来送我时，我坐着过路班车已经绝尘而去。后来每谈起这个场景，妈妈总说她心里酸酸的，很难过。

——就业。我一路风尘赶到高州九师师部报到，迎接我的是一盆冷水：一位部队领导说我是县"红代会"（红卫兵代表大会）的组长，没有县革委会批准不能入伍。我进退两难：进，没有革委会批准；退，更难堪，连路费都没有了。情急之下，打电报向妈妈求救。妈妈急急忙忙坐船渡江到县城革委会求人，没什么人搭理她。她悲伤无奈地走回大门口，正巧遇到县革委会副主任王仲迎面走来。一位好心的路人指点她："找他，他是大领导。"妈妈赶紧迎上去说："我是蔡东士的妈妈杨素琦，有件事求求你帮忙……"王仲听完即说："一个小青年要下乡去接受锻炼，有什么不好呢？"他当即让身边的人以革委会的名义给兵团九师发电报，同意我入伍。我终于成功就业，成为光荣的兵团战士，为种植橡胶和热带作物而屯垦戍边。

——磨炼。我被分配到九师13团,即阳春县华侨农场。第一场劳动是从粪坑里捞肥料装入粪桶,挑到茶园。一天下来,腰酸腿疼,肩膀红肿。我的班长是位归侨大嫂,第二天送我一个肩垫,给我挑的粪桶只装一半,我咬着牙坚持了下来。接下来的活,是坐拖拉机到大山里,把石匠打好的石头柱子抬上拖拉机运回连队,种胡椒用。经常是干活干得满身大汗,回来时遇到山雨山风,冷得浑身发抖;有时,骄阳似火,我抬着石柱爬坡,看到拖拉机手躺在拖斗下面的阴影里休息,不禁十分向往。那时我的梦想就是当拖拉机手。有段时间去支援兄弟连队插秧,我不怕苦,不怕累,就怕蚂蟥咬小腿。牙签长的蚂蟥,吸血时人没感觉,等人有感觉时它已经吸饱血,胀成了大虫子。我吓得连声惊叫,只能等女班长吐口口水用手掌把它打下来。我听说穿尼龙袜插秧不怕蚂蟥咬,当时的奢望就是能有一双尼龙袜。劳动消耗体力很大,营养却不足。每餐饭菜两三分钱,经常连续一个月尽吃冬瓜、葛薯、苦麦菜、空心菜,遇到台风只能就着酱油、辣椒粉下饭。有一年春节,每人加发一个咸鸭蛋,我们激动得连连欢呼。那时的期盼就是能吃上两片肥猪肉。一年后,我到师部教导队参加学习班,当小组记录员。政治部宣传科挑选报道员时,看到我的记录稿语句通顺,文字工整,表述清楚,就把我从连队直接调到师部报道组。从此我开始了半个世纪的文字生涯。那时采访,必须自己打背包下连队,和兵团战士同吃同住同劳动,取得第一手的生动素材才写新闻稿。所以,我必须参加开荒种胶,抗灾抢险,深夜割胶……我写的稿件常上《兵团战士报》,也上《人民日报》《解放军报》《光明日报》……我那时的梦想就是当记者。

——姻缘。与我同一批到13团的是几位女知青,不久又来了七八位漂亮的潮州姑娘,她们多是干部子女。我就成了不是党员的"红色娘子军"的"党代表"。留着又粗又长的大辫子、长着两个深深酒窝的知青翁庆银和我特别亲近。我们十来个人常聚会,喝功夫茶,聊天,赏月,或到集市买点肉菜,回来点柴火加餐。后来我调到师部报道组,每次路过13团,她们都约我聚会。我们都处在谈婚论嫁的青春时期,但我因为头上压着"'右派'之子"的帽子,对干部子女和根红苗正的女知青的友好表示,都不敢回应,漠然置之。随着我在师政治部的工作不断有起色,为采访和写作我跑遍了分布在高州、茂名、电白、阳江、阳春的18个团几乎所有的模范单位,遇到的丘比特神箭也越来越多。我都默默抑制心中的那份情愫,悄然避开。有人说我高傲,其实我是自卑。几年后,翁庆银知道了我的农场初恋因为出身背景而夭折,就写信告诉我:她的对象是高中同学,当兵后在提干政审中,因为她有"海外关系",两人不得不中断恋爱关系。"海外关系"和"'右派'之子",相当于"一百步"和"五十步"。我们同是天涯沦落人,志同道合,门当户对,同喝一杯白开水也是甜的。于是我们很快结为连理。

——入党。"'右派'之子"的"紧箍咒"使得我在生活上十分自卑,不敢接受

"红二代"美好的爱慕之情,政治上也十分自觉,不求入党做官。在师政治部工作,必须入党才能提干。当时"斗私批修"的一大主题是批判"入党做官论"。我周围的知青都入了党或写了入党申请书,而我多年来一直没有写申请。政治部和宣传科的军队干部多次提醒我要申请入党,我都以当时最流行的语言回答:"我要争取思想上先入党。"其实,我考虑的是:我是"'右派'之子",写了申请肯定不会被批准,与其被拒绝搞得没趣、尴尬,倒不如不申请更为坦然。有一次,政治部选派我去广州参加新闻业务培训班,我非常珍惜这次机会。准备好行装,第二天早晨六点的公共汽车票都买好了。晚上,新闻干事刘继成却敲门来传达政治部主任金承维的指示:"小蔡如果再不写入党申请,就不要去参加培训了。"我知道金主任想培养我的一片好心,只好求刘干事转报金主任:时间来不及,回来再写。培训回来,我还是拖着,没有勇气写。不久,兵团体制改变,恢复为地方农垦体制,现役军人撤回军区重新安置。师部的军队领导临走,特别向前来接收兵团地方干部的农垦局领导交代我的入党情况,希望局里尽快解决我入党的问题。

最后一锤定音快速解决我入党问题的恩人是兵团副司令员、老红军陈文高。兵团体制改为农垦后,陈文高是湛江农垦局的最高领导。他的资历和性格使得他在整个垦区一言九鼎,他亲自抓的点是农垦的先进典型——湖光农场。有一次,省里在海南召开农垦工作会议,湖光农场报上去的先进典型材料几次过不了省里的审核关,陈老在海南等得很着急。局里就让我重写材料,材料很快通过了审核并在会议上印发。陈老很满意,询问这份材料是谁写的,他的秘书、我的好友洪三泰向他特别介绍了我。从此,老人家下基层调研或参加其他重要活动时,总是带上我。

林彪"九一三"事件发生后不久,上级通知陈老到广州开会。陈老正住院,洪三泰则出差在外。陈老就指名要我当秘书随他去开会。局里办公室的人告诉他,我不是共产党员,不能带机密文件,不能当他的秘书。他一听就发了脾气:"那我就不去开会了!"办公室只好让我当秘书,请一位处长负责带文件。副处长王继贞觉得这样会使我和处长的关系十分尴尬,建议我自己去说服老人家改变主意,还说只有我来说他才不会发脾气。果然老人家听我的,不再坚持要我随行了;但他郑重发话,要局里尽快解决我入党的问题,要我在湖光农场继续锻炼,不入党不得回局机关。我回到农场,真诚地向工作队长说明我不求入党的原因。队长说,出身不由己,道路可选择;地主、富农、反革命分子的子女,表现好的可以入党;你是老红军介绍推荐的,在垦区没人会说半个"不"字的。于是我鼓足勇气,向党支部递交了入党申请书。当时农场正在办入党对象学习班,因为我不是农场职工,没有参加。碰巧陈老第二天就要来给学习班讲革命传统和路线斗争。工作队长赶紧交代我,万一老人家问起你,你必须说你也参加学习班了,只是临时请假。老人家后来没有问起我,但下班散步时,碰上了下鱼

塘捞塘泥回来的我。我很尊敬地向老人家问好。他细细地打量我：满头大汗，一身泥巴，卷着裤腿赤着脚；又看看陪他散步的农场党委书记王金昌：穿布鞋、着长裤、白衬衣。他指着我对王金昌说："你们两个的样子，谁更像共产党员？他的入党问题你们讨论了吗？"

不久，湖光农场党委批准我加入了共产党。

——高考。我初中毕业于潮阳井都中学。中考时，我在有130万人口的大县，成绩名列前茅。但江校长因为与我父亲有过嫌隙，在我的档案上添加了"其父是摘帽'右派'"等文字，我名落孙山。这是我人生中遭受到的最大的人祸。少年的我痛不欲生，又十分无奈。次年我再次赶考前，江校长不幸被民兵练习射击的流弹击中脑袋去世，我于是无障碍地考上了潮阳高级中学。在兵团时，由于我心里有这个阴影，每次推荐工农兵学员上大学，我都不敢奢望，不去报名。

1977年，邓小平同志英明决策，恢复高考，给科学技术带来了春天，给知识青年带来了希望。我当时是湛江农垦局的新闻干事，又是宗庆荣局长的兼职秘书。我征求老局长的意见，他说，"你的文化这么高，还要去上什么大学呀。要上应该让我们这些文化水平低的去上。"一把手不支持我高考，我就犹豫了。

但我的农友、亲友都鼓励我——拼出去，搏一下。二哥蔡宗善伉俪联名写信给我：以前是讲阶级出身、讲社会关系，今后是讲文化知识、讲学历文凭。你无论如何都要报考，这是最后一搏。如果考上了，我们每月寄两块钱帮你解决小家庭的困难。妻子翁庆银说："我是舍不得你离开的，女儿也需要你照顾。但你真要下决心了，我也支持，这个家我能撑得住。听天由命吧。"再三犹豫后，我拿到了局机关最后的一张报名表。

机关给我的复习时间是十天，但放假前还在给我压任务：下农场调查，写出一份学大寨的先进典型材料。于是我只能想办法挤时间复习。虽然十年前我已经扎实地学完高中二年级的课程，但时隔这么多年，复习起来还是很费脑筋的。白天复习，晚上十点就停电，要点上煤油灯加班。当时大女儿蔡情刚出生，我晚上边复习还要边煮粥，深夜要起来用粥汤喂女儿。现在我的小女儿蔡纳的孩子赵明仕，喝的是牌子讲究的牛奶、营养素、益生菌……那时我只有白粥汤，外加一点白糖水。那点白糖还是知青朋友帮我从广丰糖厂走后门买来的。我至今还清楚地记得，大女儿小时候嗷嗷待哺的哭声："我要甜甜水！"现在想起来，心里还有对大女儿的一丝愧疚感。

我是骑着自行车奔赴考场的。得益于十年前高中课程的扎实功底，还有八年下乡的自学磨炼，更有开卷考试的特殊规则，一打开考卷心中就有了底。我从容应对，每一科都是提前交卷。有一次提前太多，很有善心的监考老师，看到我是现场年纪最大的考生，以为我是交白卷放弃考试，特地指指座位悄声劝我说："还有时间，回去慢慢

再想想。"

不久就有消息传开：湛江的文科状元出在湛江农垦。再不久我就收到了中山大学中文系的录取通知书。这一年，全国有570万考生，录取率只有4.7%啊。而立之年的我，真有范进中举之感。报到前必须体检，我身高168公分，体重只有98斤。医生问我为什么，我说是日夜熬心熬瘦的。

2017年，我们中文系77级的七十多位同学为纪念恢复高考四十周年，从世界各地聚集广州。我为背景板题的字得到老师和同学们的高度认可——"高考改变命运"。

从离家找出路，就业，磨炼，姻缘，入党，到高考，每一步的回忆和思考，都可以在粤西知青文化园的知青路、知青雕塑群、风雨亭、流芳廊、诗画廊、刻有36位因公牺牲知青英名的怀想碑，以及橡胶树、剑麻丛中找到一丝丝印记。这一切也都融进了众多的知青亭，孕育了我的《知青亭志》。

知青林

知青之树长绿。

2007年春天，植树的季节。粤海（兵团）知青网一声倡议，1500多名鬓发微霜的老知识青年齐声响应：打一场"植树大会战"，重温当年"开荒大会战"的峥嵘岁月！

3月18日，老知青们从天南海北云集广州白云区桃花公园。好多人还带着儿女来感受先辈人当年的艰苦。我也带着夫人芮琳、女儿蔡倩和三岁的孙子谢栋，兴致勃勃地参加植树，并为我题字的"知青林"石碑揭幕。农友们久别重逢，相互拥抱，热泪夺眶而出，知心的话儿说不完。不知是谁拉起了手风琴，大家齐声高唱"到农村去，到边疆去，到祖国最需要的地方去……"。激昂的旋律，铭刻在心的歌词，把我们带回乘坐"红卫轮"渡海去海南，坐解放牌大卡车奔赴雷州半岛，与亲人依依惜别的场景。署着各个师团番号或农场名字的火红战旗，迎风飞舞，分外夺目，把我们带回挥洒汗水垦荒种胶的艰苦奋斗岁月。

我们亲手挖坑栽苗浇水，种下了700多棵树苗。看着眼前的一片新绿，勃勃生机，老知青们心情激动，载歌载舞。让他们唱得最动情的是电视访谈节目《我的知青岁月》的主题歌："曾经有多少纯洁的真情，像鲜花开放；曾经有多少奔涌的热血，把沃土灌溉……"

依依惜别之时，大家互道珍重，相约常回来看看知青林，叙叙知青情。

以后，每年都有老知青相约来到这片知青林，追忆并未如烟的往事，再叙当年患难之情。在疫情阴霾笼罩的日子里，知青林的知青约会从未中断。

十六年后的植树季节，又有两百多位老知青相会于此。疫情过后重逢，别有一番

滋味在心头。大家看到,知青林有的地方树木稀疏,知青活动场地狭窄,林间小路崎岖不平,便倡议维护扩建知青林,此举得到广州市园林局等政府部门的支持。各地知青闻讯纷纷捐款表示心意。短短时间,就有289位老知青捐款二十多万元,还有深圳宝能集团捐款保底。

2023年6月16日,知青林扩建改造工程动土开工。

接着,这一年的重阳节,数千名鬓微霜、气昂昂的老知青兴高采烈地从全省各地来到这里,挥舞战旗,敲响锣鼓,载歌载舞,欢天喜地地为新落成的知青林揭幕剪彩。

昔日知青林,旧貌换新颜。新种的小榕树掩映着原来的大石头,使刻有"知青林"三字的花岗岩石牌更加引人注目。扩建的小广场,绿草和石板间隔有序。绿树下,水泥石山上刻着原省长、共青团原省委书记黄华华的题字"知青广场"。广场四周的路旁树下,点缀着石桌石凳,石桌石凳上刻着捐款知青所在师团的番号或农场名称。铺上小石板的崭新小路,伴随新砌的排水沟,贯穿诸多小景点,通向远处的小亭子。修缮一新的亭子坐落于绿树芳草中,挂着我题写的牌匾"知青亭"和对联:

青春热血长留天涯海角;

知己情怀重聚树下亭中。

知青广场还竖立着两块醒目的石碑:一块刻有捐款的深圳宝能集团和280多名知青的名字,它让我们的后辈记住这片多情的绿地蕴涵着沉甸甸的知青之情;另一块石碑则刻着粤海农垦(兵团)知青网总编辑宋晓琪执笔撰写的《知青林志》:

……从此,春风秋月,满园树绿花红;蓝天白云,一片生机盎然。

榕树昂首,凝聚数十万粤海知青的不解情结;绿叶沙沙,昭示那一代建设者们的苦乐悲欢。

让知青林告诉未来:我们的人生没有虚度,我们永远与共和国共苦同甘。

知青情

《知青亭志》在几十家知名网站发表后,跟帖数以万计,几乎都是赞许赞扬,同情同感。这真是出乎我的意料。因为对于那场轰轰烈烈的1700多万知青上山下乡的大运动的评价,至今尚未有定论。它牵动庙宇,震撼江湖。否定者声音响亮,否定之否定者也不甘示弱。对于身为当年知识青年的我们这一代,争论的焦点在于"青春无悔"还是"青春有悔"。为此,我写《知青亭志》,遵循邓公"不争论"金言,只记事,只抒情,留下想象空间让读者各自领悟,各自感怀。

知青情未了。那场上山下乡大运动,在党中央的深切关怀和英明决策下,以知青回城和恢复高考顺其自然地完成了历史使命,但知青之情绵延不断。我们的知青情结并没有如烟消失，反而愈加深厚。半个世纪以来，知青亭、知青园、知青广场、知青博物馆等在各地不断出现，各种知青演唱会、纪念会、研讨会在各地成功举办。神州大地处处都有化不开挥不去的浓浓知青情。

知青情最扣人心弦的，应是由天南海北老知青创作和演出的组歌——《岁月甘泉》。2007年春，身为企业家的老知青霍东龄造访耶鲁大学，与老农友苏炜教授相遇，两人彻夜长谈，心神相契。两股知青情碰撞，触发了他们组织演出一场纪念知青上山下乡四十周年组歌的灵感。于是，儿位激情满怀的知青组成创作组，重返天涯海角故地，访亲忆旧采风，拜谒知青墓地，为组歌寻找创作灵感。接着，七十多位激情燃烧的原生产建设兵团的文艺骨干，从各地云集广州，边排练边改进。他们年过六十仍然不顾劳累，不求报酬，不讲条件，就凭一股浓浓的知青情，夜以继日，苦练半年，彩排成功。著名歌唱家廖昌永深受感动，欣然赴约广州，以其浑厚透亮清澈的男中音，为组歌深情领唱。

可是，在几千名老知青兴高采烈准备观看演出的时候，演出许可证却迟迟批不下来。问题出在对"在苦难中掘一口深井"等关键歌词的理解上。组歌筹划人向我求援。我以老知青之情、尊重这特殊一代人之理，打动了年轻的审批官员：也许你们没经历过那段艰难困苦的日子，所以未能深刻理解我们的知青情怀。组歌反映的知青情，深沉凝重又不乏昂扬向上，苦闷失望又不至于颓废沦落。在苦难中追求幸福，在风雨中等待天晴……我相信这份情怀会得到越来越多的人的理解。

为此，我为组歌《岁月甘泉》题名，还特地为之写了序言：

我们的知青岁月是由特殊年代、特殊人群和特殊际遇铸就的千秋历史印记。

在历史长河中，这段岁月不管有多久，都只是极其短暂的一段流水，但在人们脑海中却是千刀万剑斩不断、百虑千思理还乱的绵绵思绪，是震撼千百万知识青年，牵动整个社会的挥不去抹不掉的沉沉情结。

在历史长河中，这段岁月不管有多久，都只是跳跃而过的几朵浪花，但她身上永远闪烁着的，是我们曾经真诚为之奋斗的理想光辉，是我们在胶林茶园荒山原野耳鬓厮磨的爱情火花，是我们和世世代代脸朝黄土背朝天的农垦工人之间最纯朴情谊的纯青炉火，是我们几十万兵团战友各奔前程把酒道珍重时的感伤泪花。

在历史长河中，这段岁月不管有多久，都只是几个小小漩涡，但至今仍在脑际回旋，刻骨铭心地昭示我们：勇敢面对天将降大任于斯人的历史磨难，永不消极沉沦，永不随波逐流。自信人生二百年，会当击水三千里。

人们都说岁月如歌，如诉如泣。而在我们这一代屯垦戍边人的脑海深处，知青岁月永远是一泓甘泉。至今时时在洗涤我们的灵魂，净化我们的心境。她让浮躁安静，催庸俗高尚，促沉沦奋起，令怨恨和谐。正因如此，我们问心无愧，回首无悔，坦坦

然让那段历史告诉未来：我们没有辜负知青时代的艰苦岁月，那是千呼万唤回不来却将千秋万代传下去的金色年华。

2008年秋，知青组歌终于在广州国际会议中心首演。剧场座无虚席，气氛热烈感人。演员动情演回当年的自己，观众动情回顾自己的当年。全场欢声如潮，掌声如雷。我和我的知青朋友们都情不自禁，老泪纵横。这一画面，随着南方电视台和凤凰卫视美洲台的转播，迅速在社会上传播开来……

接着，组歌《岁月甘泉》先后在北京（国家大剧院）、上海、深圳、香港、芝加哥、旧金山、法兰克福、纽约（卡内基音乐厅）、悉尼（歌剧院）等地演出，进而获得"中国知青组歌"之美誉。知青情通四海，连五洲。最能唤起天下知青深情回味和强烈共鸣的，就是广州首演时由廖昌永领唱的主题歌《山的壮想》：

  大山里静静地站立的墓碑
  荒草里掩埋着沉默的土堆
  那一场暴风雨铺天盖地
  把多少年轻的花季粉碎
  山风轻轻吹
  青山高巍巍
  不要问我青春悔不悔
  没有什么比生命更可贵
  山有山的壮想
  海有海的沉醉
  雨后的彩虹
  对苍山无愧
  对大地无愧
  …… ……

  大海里重新竖起的船桅
  等待着和风浪再次的约会
  品尝过峥嵘岁月千般甘苦
  最知道什么是幸福滋味
  我们曾经沧海
  对风浪无畏
  对黑暗无畏
  …… ……

我第一次听这首主题歌，就禁不住想起我高中的学妹李明仪和她一个连队的兵团女战士。那是1970年的夏天，兵团六师二团养猪场有二十二位女知青，最大的三十多岁，最小的十五岁。山洪暴发时，她们为了守护国家财产坚守岗位而被凶猛无情的洪水吞没。天灾过后，人们沿着河滩寻找辨认遗体，见到几位姑娘手拉着手紧紧抱在一起。一位姑娘随身的军用挂包里，小红书《毛主席语录》用塑料袋严密包裹着，完好无损……

此刻她们正静静地躺在海南岛农场的知青墓地里。不知她们在天的年青的英灵，能否听到这知青组歌？是否会重新点燃知青激情之火？

每当我听到这知青组歌，深沉的知青情就涌上心头，激荡澎湃。也许是因为我和组歌的词作者苏炜在中文系同窗同师，也许是我和他有着生产建设兵团共同的艰苦历练，有着共同的知青情怀，使得我的《知青亭志》和他的知青组歌产生了意想不到的共鸣共振。我们都在回答历史老人的拷问——

如何评说上山下乡运动？青春悔不悔？

共同的知青情让我们一致回答：

历史磨难知青，知青无愧历史。

我们对大地无愧，我们对风浪无畏。

如果说那一场大运动是一阵暴风雨，我们这一代就是那雨后彩虹。

暴风雨总会过去，彩虹也会随时间消逝。而我们的知青情怀，我们的知青情，却长留人世。那是青春的冲动，壮年的沉思，迟暮的眷恋……那是苦难里掘出的甘泉，患难中凝聚的情谊，沧海上灯塔的闪光……

2023年8月于深圳福田

金色的种子

曹南才*

【主编者言】既是金色的种子，就没有不发芽的理由。我们许多人的人生道路，就是种子等待春天的过程。作者在炼钢炉前的日子，就是在耐心等候春风吹来。

1977年，是一个涌动着故事的年份。在这之前，国家刚发生了一件惊天动地的大事。人们预感到社会生活会发生翻天覆地的变化。但怎样变化呢？囿于长期固有的思维习惯，很多人又难以估算出有哪些具体的不同。秋天到了，我还在湛江市机械厂铸冶车间的炼钢炉前倒着灼热的铁水，一个消息传来，说是要恢复高考；而且，连我们这些阔别课堂十年之久的大龄青年也在招生之列！这简直是振聋发聩。我疑惑，我抚摸着已经爬上鱼尾纹的眼角，凭着十几年多少次希望破灭的经验，真不敢贸然相信这会是真的。

不由得想起小时候，喜欢回老家听爷爷讲故事。有一回，爷爷给我讲了一个种子的神话故事。他说在古时候，大地还是洪荒一片，人们并不会耕种和饲养，只能吃野果树皮，住山洞山窝。突然间，天边划过一道金闪闪的亮光，一颗星星降临大地，变成一颗金色的种子。这颗种子神奇地发芽，生长，大地很快长满庄稼。人们才学会了耕作养殖，才过上现在的日子……爷爷深情地说："其实，这神话说的是知识多么重要。眼下，老百姓是翻身当了主人。可穷根还没刨掉，我们没缺胳膊没缺腿，就缺文墨缺脑袋，斗大的字没识几箩，怎么个脱贫啊？所以，你以后一定要好好读书啊！"这时，我借着微弱的月光，分明看到爷爷的眼眶里噙着大大的泪珠。家里的日子尽管过得比较拮据，但爷爷总是要爸爸妈妈尽量让我好好读书。

爷爷的话像磁石般牢牢地镶嵌在我幼小的心灵里，种子，成为我心中永不磨灭的希望。我细细琢磨，慢慢体会到这颗种子并不靠上天赐予，其实早已潜藏在我们心中，必须通过努力，让她重新发芽生长起来。啊，我明白爷爷的用心了。

打这以后，我像一艘鼓足风帆的船，在滔滔的学海中竞渡。我把求知的渴望、成才的理想融汇在不知疲倦的攻读中。我崇拜那些为人类做出非凡贡献的科学巨匠，我

---

* 曹南才，广东省委原副秘书长

敬仰那些在科学崎岖小路上攀登的不畏艰险的勇者斗士。我的笔记本上贴满了牛顿、爱因斯坦、华罗庚、钱学森等人的头像，记满了他们的名言。记得小学六年级时，我对宇宙银河的浩瀚与奇妙产生了浓厚兴趣，在一些简单的儿童科普读物的"诱惑"下，竟突发奇想，自造一副天文望远镜来观测星河。我和一位同学，跑到郊外的小山坡上，学着大人们大炼钢铁的做法，挖起小高炉来，又捡来一大筐木柴和碎玻璃片，想炼出一个大大的凸透镜。结果可想而知，当那腾腾的烟雾熏得田野里一片乌黑时，我们除了碰一鼻子灰，全身弄得脏兮兮外，什么也没炼成……

上了中学，我的成绩一直在班里的前列。我很有信心向大学殿堂冲刺。没想到，一场急风暴雨的"革命"打乱了我前进的步伐，也打乱了多少人的奋斗路程。我们这批血气方刚、踌躇满志的青年，开赴天涯海角，锄铲成了丈量土地的圆规直尺，开山劈岭取代了书山上的攀登，莽莽胶林浸透了我们的汗水，知青成了我们的新名字。虽然劳动凝练了我们的品格，艰苦磨砺了我们的斗志，但知识呢？知识的种子呢？怎样去开发啊？我们并不害怕在穷乡僻壤里创业，但该深造的机会丧失了，知识基础也确实太贫乏。我困惑，我纳闷。我问爷爷，他也疑惑，叹声说："难道这颗种子还真得靠天上播下来么？"

于是，我又回到了祈盼与渴求之中。年复一年，希望与失望交织，努力与放弃相伴。我从胶林回到了车间，学习的努力虽然未曾放弃过，但多年来的深造梦想已被现实的犁耙犁成碎片……

谁知道在绝望中，仿佛神话一般，我忽然看到这颗种子真的降临了。就在这一年，一个教育的会议在改写着历史，一个伟人的果断在决定着未来。周围立刻涌动着一股高考的热潮，亲朋好友投来热切的目光。女朋友那时候已经回到广州市读书，她希望我也相信我会通过高考，与她比翼齐飞。远在昆明市工作的哥哥更是发来加急电报，口气不容置疑："速报中大文科。"母校举办高考培训班，每天晚上校园里灯火通明，座无虚席，连过道都满了，一连十届的考生全涌来报名参加培训。我因工作没报上名。一天晚上，我悄悄地潜回去想看个究竟。刚在课室的窗外晃了晃，被正在讲课的地理老师陈葵荃看到了。只见他立时奔出课室，不由分说把我拽进来，安坐在讲台边他的椅子上，对我说："曹南才，你来了，你准行的！"我小声说"没有报名"，他却把一份讲义按在我手上说，"你不用报名！"一股热流顿时流遍全身，阔别十年之久，他还记得我的名字，熟知我的过去，给予我那么高的期望！我终于被时代的热潮烧掉了疑惑、烧掉了失望。报名时还有个小波折，我是1947年7月出生的，刚过了三十岁，是高考年龄要求的临界线。能不能报名，得看招生办的人如何把握。开始，厂里有人认为我超龄了，想卡住我。名单报到机电局，教育科的曹桃英大姐说："小曹是个勤奋的年轻人，不能耽误他。"就这样，当我郑重地在报名表上签上自己的名字时，终于有一

种清晰的时代裂变感涌入怀中。

离12月的考试还有两个月的时间,我一边工作一边复习一边还得当半个老师。全厂有近百号人报名,大家在一起复习,我才发现大部分人是"文革"期间读的中学,只有小学一、二年级的水平,连最基本的ABC都不懂。他们老追着我问这问那,提的问题往往令我哑然失笑。譬如,"5的前面为什么还有一个减号?谁来减它?""方程为什么有那么多等号?""数学课本上那些英文字母是怎么回事?是4A大还是5B大?"我喟然慨叹"文革"给整整一代人造成的伤害,莫过于剥夺了他们的学习权利,使他们成了只能"交白卷"的人。我在耐心为他们解答问题的同时,也加深了自己对知识的理解。

高考第一天考数学,题目不算难,但我还是被一道题给卡了一下。那是一道"椭圆方程"题。我只读到高二,而这个内容是高三"解析几何"的课程。幸而我数学基础还算扎实,仅用半个小时就答完了其他题目,然后在考场上打开课本研究起来(开卷考试)。经过半个多小时,我终于弄明白并答了出来。第二天考语文,作文题目是"大治之年气象新"。题目有点大而泛,但有几个元素很清晰。如果不善于审题、不善于大题小做、以小见大,写实写真,就很容易写空写偏。好在我恰恰从高考这个突然的"裂变"开始,越来越切身感受到大治之年正在发生的许多变化,有许多生动的故事可以信手拈来。我亲身接触过一对师徒,徒弟是师傅在很多新工人中物色挑选出来的,"文革"前是亲密无间的"一对红";"文革"中,徒弟受骗,带头造了师傅的反;大治之年,徒弟幡然醒悟,跪在师傅面前认错;师徒重归于好。我把这段真实的故事写在作文里,最后感慨道:是啊,"大治之年气象新",不但山变水变城乡也在变:那曾经熄灯灭火的工厂烟囱又重新冒出了青烟,那曾经荒芜破败的农田山林又重新长出了新绿,那曾经销声匿迹的书斋校园又重新漾起了书声。更开心的是,人的思想在变,人的精神面貌在变:人们普遍清除了头脑里的思想垃圾,重新团结了起来,重新焕发了精神风貌,昂首阔步地向前迈进。我为崭新的气象大声叫好,更盼望着我们的气象一天比一天更新更壮丽!

原本一直担心自己年龄大,对录取信心不足。没想到在近百名考生中,我作为第一个而且是年纪最大的一个,被录取进最好的学校(与其他人录取的学校相比),这就是我从小就梦寐以求、名闻遐迩的中山大学。她由孙中山先生一手创建,接受过无数历史风雨的洗礼,在新时代的阳光雨露中焕发出新的气息。我无法平息心中的波澜。记得古人讲过,人生的最大乐趣,莫过于"久旱逢甘霖,他乡遇故知,洞房花烛夜,金榜题名时"。可以想象,当我接到火红的录取通知时,心情是何等激动!出了一个名牌大学生,工厂上下莫不高兴之至。车间为我开了欢送会;厂领导杨光茂书记专门题写了一首词:"蝶恋花·送知青工人曹君上大学:雨过天晴苞欲吐。矫燕迎春,展翅驰新路。黄雀不知别离苦，枝头还跳开心舞。华夏春风吹碧树，一羽凌霄，勿再时光误。精卫心怀填海志，功成千载人欣慕。"家里用水不便，邻居几家联合打井，一时买不到水泥，黄华贵副厂长知道后，特批了两袋。爷爷已经不在人世了，我临来报到前，到爷爷坟前，手捧入学通知，默默地告诉他：爷爷呀爷爷，你所祈盼的这颗种子终于回来了！你在九泉之下，应该可以安息了！一阵山风吹过，爷爷坟旁的松树叶子飒飒作响，我仿佛听到了爷爷那开怀的笑声。

1978年3月初，细雨蒙蒙的一天，我提着装满书籍的小箱子来到了校园。在哲学系的报到台前，近百号来自四面八方的莘莘学子，或是穿着清一色"北京蓝"的小伙子，或是扎着小辫子的姑娘，风尘仆仆，欢声笑语。人人脸上都记录着沧桑，也写满了幸福。他们从农村、工厂、部队、机关、学校，带来了送旧迎新的期盼，带来了冬去春来的气息，在康乐园开启了新的人生。春天的校园让我们这些时代的宠儿闹腾得格外热烈。

接下来的日子，和同学们交谈中，我发现原来和我一样，每个人都有着曲折而动人的经历，有着命运和遭遇的变迁。我住的413房间，就有一个有着知青经历的"老三届"，叫巫颂平。他原是广州市十六中的高才生，本可以毕业后顺理成章地到高校深造，结果那场动乱打乱了他学习的步伐。他上山下乡去了海南岛，一干就是十一年。他先后干过多个工种，最后被任命为连队指导员。曾经有两个推荐上中专的机会，由于农场工作需要，他都放弃了，是恢复高考给他带来命运的转折。我和巫颂平不但年龄相仿，而且知青经历也惊人相似；不少人说，我俩还有相似的禀赋和性格。由于我们都成了家，性格自然变得沉稳。一到晚上，年轻人都喜欢男男女女、热热闹闹地到图书馆去，只剩下我们这两个"老人家"，看看书，做做作业，聊聊天，一起感叹人生的际遇，切磋学习的心得，展望未来的前景，有无限的乐趣。没承想大学毕业后，我们俩到了同一个大院工作，几十年又"窝"在一起，一条道上走的车，到最后竟然从同一个岗位（省委巡视组长）退休。冥冥中，命运好像早已注定。

我还听到一些来自农村和外省的同学的经历，他们的命运更是坎坷。出生于肇庆市怀集县偏远山区的温天权，有幸被录取时已经是三个孩子的爸爸。他是和大儿子一起上一年级的，只不过一个是小学一年级，一个是大学一年级罢了。上学后，还有顾家之忧。家里经济困难，生产队分红少，一家的开支摆不平，而且老是缺口粮。他读书时，生活很艰苦。当班里同学知道他的情况后，很是关心和同情，给他捐粮票。孙景坛也是农村来的，其清苦的生活令我难以忘怀。有一回，他倒了一杯开水，刚好我路过，他侧过头，笑着对我说："老曹，我请你喝汤！""请我喝汤？"我莫名其妙，只见他拿着一小袋味精，小心翼翼地往杯里倒。我心里仿佛倒了五味瓶，说不出的酸涩。生长在浏阳河畔的张永德，高考时，妻子刚生小孩，离家又远。妻子很支持他，他也

记挂着妻子,临行前,买了一大板车煤粉,花了好几天工夫,又是和泥,又是晒煤,把家里半年用的蜂窝煤全做好了,足够妻子一个学期不用求人。

…… ……

啊!这些经历风雨洗礼的幸运儿,这些遭遇命运更迭的新三届,用自己奋斗的轨迹,书写了"七七级"这个响亮的名字。打这以后,在宁静而热闹的校园里,为了补回失去的时间,追回流走的年华,我们如海绵吸水般如饥似渴地学习。在课堂上聚精会神地聆听师长的教导,在图书馆里全神贯注地博采知识的精华,在讨论会上神采飞扬地激烈争辩,在体育场上左冲右突大显身手。校园的每一个角落,都留下莘莘学子勤学苦练的身影。

在朦胧和不期中,我们幸福地登上了"哲学"的圣殿,拥抱着"科学的科学"。哲学,在多数人眼中,是一个多么陌生的名词。我们小时候,就对"哲学"产生了神秘、玄奥和畏惧感,觉得那是遥不可及、高不可攀的世界。在求知欲的驱使下,早就有进入里面探幽索微的憧憬。真没想到,我们还真能乘着拨乱反正的东风,在"哲学"这面旗帜下相聚,尽情地吮吸知识的乳汁,经受智慧的洗礼,痛饮聪明的泉水。"我是谁?我从哪里来?我到哪里去?"我们循着这神秘的隧道自由地穿越:从天地玄黄、宇宙洪荒到乾坤万象的展示,我们饱览了多少物质不灭世界无限的鸿篇;从分合肯否、量变质变,到有名无名、白马非马的趣论,我们享受到了多少辩证思维、逻辑法式的异彩;从物我两依,到知行合一、理实相成的演绎,我们探寻到了多少认识世界掌握知识的路径;从伊督佛道、三教九流到达仁格致、修身立德的分野,我们体会到了多少思想信仰道德伦理的力量;从经济基础、社会存在到上层建筑、意识形态的升华,我们领略到了多少历史前行人间变迁的规律。啊!我们终于感受到哲学大海的无边无垠、无底无穷、无拘无束、无遮无拦;感受到哲学既是神圣的殿堂,又是生活的地标,既可上九天云外,又能接人间地气。当初的神秘感、玄奥感、畏惧感荡然无存。哲学既不是遥不可及,也不是高不可攀,反而成了我们事业的利器、工作的明灯、生活的铭志、做人的参照,它与我们的日常生活息息相关,须臾不可或缺。走了这么一遭,我们深有所获,觉得人到了这个境地,才真正长大和成熟起来。我们庆幸,也乐于做一个"哲学人"。真没想到,这次高考深造为我们的人生开启了如此辽阔的航程!事实上,我们也的确不愧为哲学人。当时正值改革开放之初,我们不但在课堂上热切地进行思想碰撞,而且踊跃地接触尘封多年的书籍和纷纷开禁的电影。一到晚上,我们便到学校附近的海洋研究所、电器研究所、珠影去看电影,《巴黎圣母院》《悲惨世界》《天云山传奇》……一部部影片不断地撩拨着我们的心弦。按照学校的规矩,东门口铁定晚上9点半关门,看完电影已没门可进。于是,一幕十分壮观的场面出现了:几百名学生你拉着我、我拉着你,翻越围墙,好几百米长的围墙爬满了学生,黑压压的一

片，这种场面差不多天天发生。有一天，李进告诉我们，沙河电影院晚上放日本电影《望乡》。我们立刻振奋起来，但《望乡》的票十分紧缺。李进说他可以搞到票，不过放映时间是晚上12点多，沙河离学校又很远。去不去？去！大家异口同声。入夜时分，我们骑着自行车，迎着凛冽的寒风，在细碎的月光下，一只手把着车头，一只手挥向天空，放声高歌。班里的女同学聪明活泼，且是"舞林高手"，由李萍、李力领衔，踏着青春的舞步，冲破思想的桎梏，和着改革开放的节拍，带领我们班先于风流倜傥浪漫的中文系，在校园里首开"文革"后跳交谊舞的先河。种种出格行为，出自以读经典为业的哲学系，多不简单！

我们也常常在晚饭后漫步在校园小道，嗟叹着曲折的人生，感慨着迟到的春天，也畅谈着瑰丽的明天。我们知道，高考中断的11年里，具备高考资格的足有1000万知青、600万应届高中毕业生，以及大批回城青年和城镇工矿企业青年。报名考试的有570万人，其中27.3万人被高校录取。在这么险窄的羊肠小道上冲刺过来，你说我们能不幸运吗？我们更知道，这是个人命运的转折，更是历史的转折，时代的转折；这既是历史的偶然，又是历史的必然。高考九个月后，具有历史意义的中共中央十一届三中全会召开，改革开放的大潮汹涌而至。我们的高考，将成为历史变迁的第一声春雷、第一道闪电，而记录在人类历史的伟大篇章中……

记得读小学时，学过一篇课文叫《种子的力量》，说世界上力气最大的是植物的种子。一颗小小的不起眼的种子，可以将机械力无法分开的骨骼譬如头盖骨完整地分开，可以掀翻压在头上的瓦砾和石块；种子向往阳光，为达到它的生之意志，曲曲折折、顽强不屈地钻出地面；即使它只是一株小草的种子，即使它落在瓦砾中，也绝不会悲观、叹气，而是带着生命开始瞬间那无可阻挡的力量，对玻璃棚中养育的盆花报以嗤笑……如今，我们遇到的这颗科学的知识的种子，不正是一切种子的伟大力量的生动写照么？我从心底里祝愿，这颗给我们带来幸运与快乐的金色种子永远生机勃勃。

香港姑妈

陈广腾[*]

【主编者言】 广东人与香港人有千丝万缕的关系，这种关系对广东人的影响深远，而且与政治的大势、社会环境和经济发展密切相关，随时代的推移而改变。

中秋前，大兄帮九十岁的父亲理发。虽然中风已三年多，但父亲的头发依然浓密、润泽，白中带黑。父亲微微地闭着眼睛，享受着疫情期间大儿子为他练就的手艺；窗外，是他相处多年的江景，有城市琼楼，有"小蛮腰"。对着窗外明月，大兄对父亲说，今天给香港姑妈打电话问候了。他点点头。

父亲的话，越来越少，但一家人都能领会，父亲始终牵挂与感念的人是谁。

香港姑妈比父亲大两岁。两个老人，已经不需要用言语来沟通，尽管让他们直接用语音通话并不难。一些心与心，是能相通的，一些人与事，是很近的，即使相距再远……

姑妈的第一次回乡

我们村是潮汕平原上一个普通又典型的小村，许多家庭都有海外关系（村里统称"华侨"，把香港同胞也包括在内）。过去，一些富裕的家庭，主要靠的便是"南风窗"，所谓"番邦钱银唐山福"。在我小时候，村里新寨外建了几座漂亮的"四点金"（一种典型的潮汕民居），成为人们羡慕和津津乐道的对象，靠的便是"番邦钱银"。

我家有个香港姑妈，姑妈常寄来邮包和侨批。这让我们一家，虽然小孩多，但并不被村里人列入困难户，而是骄傲地被列入"南风窗"。

在我刚读小学的时候，姑妈要回乡来。当时，家里只有三间房（曾被日本鬼子烧过，后来修葺），其中较新的一间，我们叫它新间，平时便是几个兄弟住的。为接待姑妈，兄弟们便疏散到村里一些要好人家去搭铺。

一切准备停当，姑妈如期而至。她是与姑丈先到附近的婆家，然后回娘家来的。

---

[*] 陈广腾，南方杂志社社长

这是她少小离开村子第一次回娘家，对她来说，感情是深沉而鲜活的，所见是熟悉而陌生的。我们见到她，是亲切而温暖的。姑妈时常寄来她的全家福和她与姑丈及表哥表姐们的各种照片，被父亲嵌入镜框挂起来。平时我们经常对着照片说起姑妈，所以，虽然从没见过，但当她来到我们身边时，好似已相熟了许久。

姑妈带来了许多我们从未吃过见过的东西，包括山东梨（莱阳梨）、巧克力、汽车玩具等等。巧克力的那份醇香，至今犹在口中。

姑妈那时大约四十岁，个头不高，皮肤白皙，五官搭配匀称漂亮，眉目间一缕慈爱温暖。她的发型和衣着，洋溢着城市气息。她到来之前，父母已经商量好，夜里要派一个小孩陪姑妈，免得她因生疏而感觉不安全。陪姑妈的任务，光荣地落到我的身上。

姑妈很喜爱我，睡觉时与我聊天，但我胆小害羞，背对着她睡，搭话并不机灵。一会儿，姑妈也不出声了，发出微微的鼾声，而我仍没有睡意。我坐起来，大胆地看着姑妈的脸，感觉很亲，就像自己的妈妈一样……一会儿，姑妈的脸绽开了，轻轻地微微地笑了起来——原来她在装睡。接下来的几天，姑妈带来的汽车玩具，便在我们与小伙伴的玩耍中奔驰起来。

新寨外起厝

姑妈第一次回乡所住的新间，是香港大伯寄钱回来支持我们建的。

父亲兄弟姐妹六人，他们出生与成长的年代，跨越二十世纪二三四十年代，正是天崩地裂、改天换地的年代，国难家难交织的年代，重塑与新生的年代。

时代飘摇，枝叶离散。进入新中国，留在内地守着家园的，只有父亲一人。

母亲说，建设新间的时候，我刚出生，很乖，一个人坐在竹椅斗上，手里拿个粿，不哭不闹，看着大人挑沙土、搬楹母（潮语，指横梁）。

姑妈第一次回乡时，大伯已病逝四五年，正值壮年的大伯是在香港因劳累过度去世的。姑妈排第四，因为兄弟姐妹或阴阳相隔或天各一方，姑妈这个幼妹成了娘家家族的主心骨。

新间处在村子的老寨，我们叫寨内。我们村创建于明洪武年间，创寨始祖从福建莆田迁徙而来。村子处在练江边，离海门出海口二三十公里，在海门闸建成之前，这里虽是淡水区，但随着海水潮起潮落，村里的江溪也水深水浅，不时可见海鱼游弋其中。因为村子处于水垾，地势低，所以台风到来又遇到海水顶托时，内溪水排不出去，整个村子便被水包围了，尤其是寨内。我家处在内溪边上，小时候经常要帮忙搬粟仓，把家里储粮转移到高处的祠堂或别人家。

在我懂事时，村子已分成三个片区——寨内、老寨外、新寨外，一个比一个年代新，一个比一个地势高，不易浸水。

姑妈第一次回乡，是二十世纪七十年代初，香港正处于经济快速起飞期。几年后，内地进入了"拨乱反正"、改革开放、万象更新的时期，海外赤子对祖国对家乡建设的支持与参与进入了一段黄金岁月。香港同胞也陆续返乡探亲，或到罗湖口岸见面，新寨外又开始规划新的厝地……

这是难得的机会，也是难以启齿的话题。父母不敢不自量力，但姑丈姑妈了解这个情况后，表示鼓励和支持：不是费用全包，只是帮助一部分。现在回想起来，无论是香港大伯还是香港姑丈姑妈，对父亲这个弟弟的爱护，都是适度的，既是及时雨，又不是溺爱，既尽力扶持，但仍然要这个弟弟自力更生、自强自立。

记得姑丈姑妈的港币很快便汇过来，定厝地、买楹母、填砂土……全家人轰轰烈烈地埋头苦干开了。关于那块厝地，充满乡村传奇色彩，母亲几次讲起：那时，分厝地的过程公开公平公正，村里公布了规划好的"高角"（类"四点金"，略简）和"下山虎"等两三种厝座，有条件有需求的都可申报，包括想要哪块厝地，然后汇总、抓阄。抓阄之前，母亲担心选中的厝地抓阄后有变，就去问神（村间神算），神说，不用担心，那块地就是你家的。几天后抓阄，果然。乡间总是有这样的巧合被传说。

我的大学录取通知书是住在寨内新间时收到的，那时新寨外的新厝仍在建设中，从开工至此已持续两年。尽管还没搬入新厝，但希望与喜悦，伴随着奋斗，日子一天天好起来。当我大一暑假回村时，一家人已由寨内搬入新寨外新厝，大学生＋新厝，家人成为全村人的羡慕对象。村中老大（指族长，是辈分与名望俱高的人），要我重新誊写村里的族谱。于是，由列祖列宗至父辈筚路蓝缕、开基创业的历史，在我的头脑中渐渐清晰丰满起来。

至人为贵，玉汝于成

前几年我看到一篇网文，叫《香港姑妈》，光看标题，便产生了强烈的亲切感，当然，具体到人与事，却各有各的"香港姑妈"。

弟弟知道我要写香港姑妈，支持我到了催促的程度，同时给出了意见："香港姑妈"四个字挺好；文字允许时要把老房子的对联引进去，对联内容，是对姑妈的感恩；题目虽然是姑妈，但内容也要写姑丈……

弟弟说的"老房子"，便是当年的新寨外新厝。

这座"高角"新厝，从我上大学前一两年动工，至我参加工作后完成，是分期进行的：建好"后三间"（指两间主房加主厅）加"厝手"（指厢房）便先入住，随后一两年，"前三间"加门楼才最后完成。实际上，一座"高角"，在潮汕传统民居中算是中小型的，之所以费那么长时间，是因为建设资金除靠姑丈姑妈的外援外，还要加上自己（主要是大兄）的自力更生艰苦奋斗，而这些需一点点积攒。随着阅历的增长，现在我终于明白，在"番邦钱银唐山福"的潮俗风景线背后，有多少游子在海外流汗挨饿、栖身笼屋。侨批上的每一句问候，都是万里之外的梦牵魂绕；寄出的每一分钱，都来自披星戴月的拼搏俭省。回想这座新厝的建设过程，油然而生的既有对姑丈姑妈慷慨相助的感恩，也有一家人自强奋斗的骄傲。

按照潮汕民俗，门楼的装饰非常讲究，除了融入潮汕石雕、灰雕等工艺外，还有几处地方，要刻写交待有关主人家的来历与旨向的文字内容。

当时，二兄三兄是从事潮汕厝座装饰的能工巧匠，能画泥水画，能在"福眉琴腿"（指屋中屏风等装置）、楹母上画古装戏情节、山水花鸟人物。对自己家的这座厝，他们与父亲商量门楼字怎样写。两人建议按风俗，背面牌额要写上本村陈姓的来历即"颍川世家"；而正面牌额，取主人家的一个字，加上"德居"二字，这座厝就有了名字。父亲对"顺德居"三字有些惶恐，说，我何德何能，这全靠姑丈姑妈帮助才建成的。父亲这样说，让二兄三兄犯难，后来，大兄提出，姑丈姑妈的功劳，就在门楼的对联中体现吧，并把撰写对联的任务交给了我。

二兄抄录了附近村几副门楼的对联供我参考，要我入乡随俗并融入感恩姑丈姑妈的内容。思考很久之后，终于在某个机缘之下，我把姑丈名字中的"至"字与姑妈名字中的"玉"字比较自然地融进了对联，一家人都很高兴。对联是这样的：顺隆传远玉汝于成建功立业裕后代，德厚流光至人为贵继往开来扬先贤。

"至人"，是道家中道德修行极高的真人。"至人为贵"，既指姑丈是我们家的贵人，也指人最为宝贵。"至人为贵"与"玉汝于成"相配搭，便道出了姑丈姑妈对我们的支持、激励与恩泽。姑丈与姑妈相亲相爱，形影相随。我识字开始，便常听父兄读姑丈亲笔写的来信，后来，给姑丈姑妈写信，也让我试试。为了让我把信写好，父亲还从镇上买回《尺牍》，慢慢地，我从《尺牍》上领会了同龄人不常有的古文气息，影响至今。姑丈的圆珠笔字也很漂亮，这对我们兄弟也是很好的熏染。姑丈还给二兄后来也给我寄来绘画的书籍。姑丈前两年在九十七岁高龄上仙逝了，当时疫情很严重，因疫情防控，我们没能去香港送他最后一程，成为憾事。

血浓于水，生生不息。岂曰无衣，与子同袍。在我懂事时，除了二姑、大伯较早去世，大姑、小叔，依然是模糊的存在。从二十世纪八十年代开始，姑妈在姑丈的支持与陪伴下，穿梭于香港、台湾故土与泰国之间，终于把离散的亲情串联起来。祖宗牌位前，摆上了来自远方血裔敬献的香火。大姑、小叔，也以高寿在前几年相继去世。

姑妈的娘家

二十世纪九十年代开始,村里开始在县道旁建楼房,留在村里的二兄三兄也跟上了,并办起了"深超越"工艺建材厂,"深超越"成为远近乃至同行业有点名气的品牌。姑妈回娘家,也比过去多了几分骄傲。

1997年7月1日,香港回归。我荣幸地参加了采访。其间,我与大兄又一次看望了姑丈姑妈。姑丈姑妈一辈子善良能干,居住条件也很好,言谈中对祖国一片赤子之心。

父亲在儿孙中,有个昵称,叫"香香公子",这主要缘于姑妈:一次,我从苏杭出差回来,给父亲买了一把沉香木扇子,父亲很满意地扇起来,顿时香风扑面,弟弟顺势给父亲起了个绰号,叫"香香公子",意指摇着香扇的父亲有一个香港姐姐。姑妈知道了这个绰号,开心地笑了。

"香香公子"、香港姑妈与泰国小叔,在村里,在香港、广州,在泰国都享受过姐弟相聚的美好时光。珠江夜游的游船上,他们一起看过羊城上空的明月,船经滨江东路的一个楼盘,他们指着说,老六就住这里。

改革开放　南国书香
——南国书香节诞生记

陈俊年*

【主编者言】 时代给了许多有识之士一展身手的机会。他们的人生价值正是时代之光的闪烁。本文让我们了解"南国书香节"的诞生和开篇的过程，了解其中的甘苦。

本文源自一段工作笔记，并经征询众多同事，查阅相关文档和报章史料整理而成，以期如实展述南国书香节的诞生过程。

提出建议并撰写报告

1991年5月，中共广东省委宣传部副部长周圣英兼任省新闻出版局局长。经过一番调研，他在局务会议上，作出"深化改革开放，重振粤版雄风"的部署。未想到会后不久，局里派我（时任图书处处长）带队去参加第二届香港书展。

7月中旬，我和省新华书店总经理、花城出版社发行科科长，一行三人，抵港参展。租了两个摊位，摆上四百种新书。只卖出些中医养生类读物，其他书少人问津。七天展期，我们常常闲逛，参展者变成参观者。

香港书展（原为"香港国际书刊印刷展"）由香港贸易发展局创办，每逢暑假在湾仔会展中心举行。书展规模壮观，数百个堂皇摊位，摆满精美读物，楼上楼下，延绵成知识的海洋。广告宣传强劲，文化活动生猛。时值台风季，读者依然冒雨排长龙进场，整个展馆人如潮涌。除了常见的作者签名售书，还有金庸、梁羽生等名家大师，就在现场讲授写作专题，当红的演艺明星则现唱现卖音乐碟带。声光雷电，人气爆棚。新潮的电子读物尤为抢手。香港书价高于内地七八倍，普通读者却手抱肩托扛书而归。此情此景，令人震撼。

联想广东人口比香港多十几倍，读者也更多。若举全省乃至全国出版之力，创办一个类似的推动群众读书的出版文化活动，想必大受欢迎。邓小平概论中国国情的精

---

* 陈俊年，广东省新闻出版局原局长

辟名句"人口多，底子薄"，更是昭示着包括中国出版发展的使命与前景，我们要多出好书，多办好事。灵感的萌生，令人兴奋，促我去香港贸发局取经学习，促我反复思索：如何确定举办宗旨，如何策划活动方案以及如何冠名。

回穗后，我和同事文友探讨上述想法，得到了肯定和提醒。于是，向周局长汇报参展收获时，我着重详谈举办"南国书香节"的建议。

冠名"南国书香节"的用意，我解释如下：一、冠之"南国"，旨在突破广东地域局限，以更大气魄和文化情怀赢得全国出版界的支持和参与。我也如实谈及，有人曾质疑，用"南国"似有"台独"的意味，我当即笑着问对方：毛主席就有著名诗句"北国风光"，我们为什么不能提"南国书香"？你不知道那句唐诗"红豆生南国"吗？二、纵观全国乃至全球书市、书展、书博会，直观强调的多是图书营销及版权贸易，罕见突显其本质意义，即传播文明成果，营造文化气氛。因此，我真是好不容易才找到了中国独有的"书香"一词——那是苦苦寻觅之际，忽见一本台湾出版的散文集，书名就叫《书香》，令我眼前一亮：书香，久违了！毕竟，"文革"中"老九"都"臭"了，何来"书香"？其实，"书香"词源，芬芳悠久——自汉代以来，读书人就用芸香干枝夹入书籍以防虫蛀，又令满卷生香，后延伸为书卷气息和文化氤氲。故，中国读书人家素有"书香门第""书香世家""耕读传家"之美誉。今时今日，我们乘改革开放春风，激活书香，营造书香，传播书香，正是对中华优秀传统文化的弘扬与创新。三、称之为"节"，即是著书人、出书人、读书人共同狂欢的盛大节日。阅读活动不单是传统的"面壁""坐冷板凳"，现代人读书是愉悦心灵的精神充电，有声有色，互动交流，应该拥有同喜同乐的悦读庆典。

听完汇报，周局长嘱我写成专题报告，以呈省委书记谢非同志，并报省委宣传部。

周六晚，周局长来电话，约我打扑克。去到他家，见黄尚立喝着茶，接着黄树森来了。未想到，那晚打的是"锄大地"，聊的却是书香节。周局长兴致勃勃，打完牌送我们到楼下，还特别叮嘱我：关键要把举办书香节的目的意图写充分，写到位。

1991年11月30日，周局长审定签发《关于举办"南国书香节（第一届）"基本构想的报告》（粤新出〔1991〕38号）。全文七页，包括举办宗旨、活动项目、组织架构及经费筹措等四部分内容。举办宗旨，原文申述如下：

改革开放以来，广东经济发展全国瞩目，文化领域，特别是高层次的文化建设虽有发展，但仍需加强。从加速实现四个现代化，建设有中国特色的社会主义宏伟目标出发，大力促进我省出版事业的繁荣和发展，在全社会掀起广泛、持久的读书热潮，使崇尚读书、尊重知识的观念深入人心，不仅是提高全民思想文化素质，营造文明社会风气的需要，同时也是让知识转化为生产力，实现"科技兴粤"的需要。

基于这种认识，结合我省的实际，特别是我们前不久在广州承办"第四届全国书市"的经验表明,组织一项大型的、涵盖面较广的、具有连续性的出版文化活动,对于强化宣传,扩大影响,发挥舆论导向的作用,是十分必要的。这一活动的着眼点是:以读者为中心,以好书为导向,以系列文化活动为内容;突破传统书市单纯销售的习惯做法,综合编、印、发、读、演、唱以及学术交流等各项活动,把知识的光芒全方位辐射到社会生活的方方面面,以形成一个"写好书、出好书、读好书"的高层次的社会主义精神文明活动。

本活动的名称,拟用"南国书香节"。每两年举办一次。

书香,书香,好书才香。办好书香节的关键,在于积极动员全国出版界踊跃参与,大力组织全国(含台港地区)优秀读物,以丰富的精神食粮奉献给广大读者。它对于我省的出版工作无疑是一次大检阅、大总结和大促进。

不久,局里就收到谢非同志的题字:

改革开放　南国书香

接着,任仲夷等老同志也欣然题字。

全面启动筹办事宜

1992年,岭南大地,春风骀荡。邓小平南方谈话精神深得人心。坚持改革开放不动摇,化作亿万人民的共同意志和伟大实践。广东出版界积极行动,周局长主持党组会议确定,粤版图书内容要主攻三大重点:一、重在热情讴歌、全面宣传彰显改革开放、先行先试的广东经验成就和新人新事新观念;二、深入挖掘、整理、积累岭南文化的历史成果,尤其展现广东近现代影响中国历史进程的丰厚史实;三、充分发挥、积极用好广东毗邻港澳、华侨众多的省情优势,扩大开放,引进输出,合作互利。后来,周局长要求,全面启动书香节筹办事宜,嘱我(时任副局长,分管图书、印刷、发行)主持协调书香节工作,由省版协下属的出版实业发展公司(下称实业公司)加挂组委会办公室牌子,负责具体组织实施。

事不宜迟,我向省版协秘书长罗兰如、副秘书长兼实业公司总经理曾昭仁传达周局长布置的任务。大家都觉得任务繁重压力大,商议宜先摸清门路,再拟举办要务和实施步骤。

事非经过不知难。未想到办一个出版文化活动,会涉及众多社会管理部门。我们缺乏与社会打交道的经验,时常跑断腿还摸不着门。毕竟那时候,尚无"办事指南",也没有网上"粤省事"。

首先是租用场地难。偌大个广州,当年适合书展的唯有广交会,而且场租排期已满,要等到1993年第四季度才有空档。申请租展之前,须经工商、公安、交警、消

防、城管、环卫等部门同意。二是招展难度大。招外省的难，招港台的更难，如何发动，如何办展，如何安排食宿……越想头越大。三是经费筹措，此项最难！实业公司向有关部门借了10万元做开办费，归还则要20万元。头两届都按这个款数上缴。收款部门当时的理由是，机关也要"创收"。真是万事开头难。

但是，"办法总比困难多"（黎子流名言）。带上给省委的报告及有关领导题字，还捎上几本好书，我们逐一拜访相关部门，包括铁路、民航公司，坦陈文化单位办社会活动，缺钱，也赚不了钱，恳求这些部门支持书香节活动。没有请过一顿饭，却也顺利办成几件大事：一、拿到了有关同意办展的批文。二、与广交会签订场租合同，租期确定为1993年12月17日至27日。其中16日、17日布展；18日预展、书店订货、团体采购；19至26日为公众展期，共八天；27日撤展。三、为解决经费严重不足的问题，我们大胆打破传统书市不做商业广告的习惯做法，动员知名企业赞助大众读书活动，并要求企业广告融入书香节主题宣传。这一提议得到了众多企业的热心支持。四、预订以流花宾馆为主、东方宾馆为辅的来宾住房，并联系盒饭供应商，以备参展工作人员之需。

1993年6月，组委会向全国出版界包括民营书业发出邀请，并在东湖宾馆举行招商招展会议。为增强吸引力，减轻参展负担，场租摊位费一律只收原来的成本租金。会上，我详细介绍了广东图书市场的活跃兴旺（连年销量名列全国前茅），并强调南国书香节将是展示全国出版成果的崭新舞台，更是广东向全国出版界学习的重要课堂；组委会衷心感谢全国同行的支持，热盼诸位继续关照广东。招展成果比预期好，我们信心大增。有关港台展馆的招商、组织工作，统一由省出版进出口公司负责，我们恳请香港联合出版集团协助推介，得到了港台出版界的热烈响应。

7月，省新闻出版局召开全省出版社社长会议，动员大家为"迎接书香节，抓紧出好书"。会上各社汇报了正在加班加点、赶工编印的粤版"大部头"、重点书：广东人民出版社的《岭南文库》（岑桑执行主编）、《法藏敦煌书苑精华》（饶宗颐编，廖小勉策划）、《红楼梦辞典》（周汝昌主编，陈海烈策划），花城出版社的《港澳大百科全书》（范汉生总编辑、总策划，陈锡忠、李联海策划）、《人生文丛》（林贤治主编，林贤治、陈锡忠策划）、《二十世纪外国文学精粹丛书》，广东旅游出版社的《新中国大博览》（李亚平主编、策划），广东科技出版社的《中国药典中药彩色图集》、《儿童科学智慧丛书》、《广东山区研究》，广东教育出版社的《踏遍青山——毛泽东亲家张文秋回忆录》（黄尚立策划）、《画说性》、《中国古代重大自然灾害和异常年表总集》，岭南美术出版社的《领袖与故乡》、《平面设计手册》，广东高等教育出版社的《冼星海全集》，海天出版社的《1992·邓小平与深圳》等。与此同时，兄弟省份也在积极赶制大批好书，如四川人民出版社的《宗教与世界丛书》《跨世纪丛书》，四川教育出版社

的《后朦胧诗全集》，岳麓书社的《资治通鉴》，湖南文艺出版社的《潇湘战史纪实文学丛书》，河北花山文艺出版社的《中国古典文学名著系列》（锦装套盒），湖北长江文艺出版社的《老舍小说全集》，广西科技出版社的《新编十万个为什么》，中国妇女出版社的《毛泽东诗词大辞典》，北京大学出版社的《西方女权主义文学理论》，南京大学出版社的《中国读书大辞典》，香港万里出版公司的《香港设计丛书》等。

8月，组委会向全国省级新华书店及各大图书馆发出订货、采购的邀请函。

9月15日，省委宣传部、省新闻出版局发出《关于认真办好"南国书香节"的通知》（粤宣通〔1993〕29号）。

10月，我们策划撰写书香节的宣传广告，把"东西南北中，发财到广东"的社会流行语，改造成书香节主打广告词："东西南北中，南国书香浓"，意蕴"书香"针对"铜臭"。杨小彦设计书香节海报。叶曙明回忆说："记得杨小彦设计海报，是在出版社开会时画的草图。领导侃侃而谈，他埋头在画，不知道的还以为他做笔记呢。我坐在他旁边看得入神，他画了三个草图，还问我哪个好。会开完，我估计他心里已有定案了。"这张精彩的海报，自11月始，贴遍广州大街小巷。我拟定的"读书启心智，书香馨人生""书纳百家，香飘万里""开卷有益，一本万利"等企业冠名的大幅标语，横亘在数座立交桥及海珠桥、人民桥上。那时找不到彩色喷绘公司，省出版实业公司员工就用曾昭仁示范的土办法，把剪好的白布大字，一针一线缝在长幅红布上。那情景，堪比江姐绣红旗。

"首届书香节的门票十分奇特，票面足有一本窄32开本的图书那般大小。在大得少见的票面上，刊印了6幅劝人读书的漫画，颇为有趣。组委会印制的大量门票，除适量现场零售外，绝大部分以赠券为主。"（注：引号内文字摘自当年报章，下同。）

12月4日，召开书香节新闻发布会，遍请中央驻粤新闻机构及省市媒体代表，通报筹备工作就绪，开幕在即。我在会上给大家鼓劲："新闻出版好战友，我们一起为书香节造势，共同发起舆论总攻！"

18日下午，正在省人民医院东病区住院的周局长，赶来预展现场，看见订货、团购的热闹情景，他笑着说，书香节一定会"香"起来！

开幕前夜，我们先后去流花宾馆和东方宾馆，登门拜谢来自全国的参展代表团。

夜深天寒。回家路上，见车窗雨刮猛拨冷雨，心里不禁连连默祷：明天可千万别下雨啊！

书香盛况及社会影响

19日一早，南天放晴。广交会广场上空，飘着三个巨大的气球，分别悬着"三

宝"的大红巨幅标语:"万宝 恭祝南国书香节圆满成功!""佛宝 向广大读者致意!""健力宝 向全国出版界学习致意!"适逢周日,广州各大中小学的莘莘学子,以及珠三角如佛山、东莞、南海、顺德的众多"书迷",早早专程赶来,集结在广场周围,冒着寒风,排起长龙。"广州现时只有两条长龙了,一条是买股票,一条是买好书。"一位排队等候入场的男士如是说。

上午九时,首届南国书香节隆重开幕。省委副书记黄华华致辞,并与新闻出版署副署长谢宏一起剪彩。出席领导还有王宗春、高祀仁、李兰芳、吕正操、于光远、刘田夫、梁灵光、黄浩等。

大门一开,人潮涌入,真的把大门挤"塌"了。"开馆不到一小时,四川出版集团就已创下三万多元的销售额。"上午,"广东人民出版社的《岭南文库》第一批18种即卖出一百多套;8种一套的《法藏敦煌书苑精华》,标价3280元。记者以为看花了眼,怀疑是否漏了个小数点,一问才知,标价没错。这么贵的书还真有人买,一会儿就售出10套。"再如,"广东旅游出版社的《新中国大博览》虽然价格不菲,但已被买去180多套。花城出版社的《港澳大百科全书》,岭南美术出版社的《世界室内外装饰设计全书》,都是大部头,高定价,却也是热销书。"著名专栏作家微音(许实,羊城晚报社社长,也是我们出版界老领导)撰文写道:"我去书香节'赶集'。哗!果然是人山人海,好不热闹。全国(包括港台地区)出版单位,都在这里一展雄风。一大批新书、好书,一一向读者亮相:'我选择了你,你选择了我',互竞风流。我这一生人,还未看到过图书集市竟有这般风光的。"

下午三时许,说来好笑,我上洗手间,突然"大哥大"(砖头大的手机)响了,一接听是省委办公厅打来的,说谢非同志来看书香节,正在路上。我慌忙说,来不及安保,我们局长也不在现场啊。不用,对方说,你陪就行。我急忙跑去大门口,只见谢非、张汉青同志在人群中挤过来。我迎上前,想请他们去贵宾室。谢非摆摆手说,直接进现场。对此,微音写道:"中共中央政治局委员、广东省委书记谢非,广州市市长黎子流等领导同志,也像普通群众那样挤来挤去。没有'清场',也没有保卫人员去'开路'。领导与群众的心连在一起了:那就是崇尚读书。"有位记者接着记述:"谢非仔细地向组委会负责人了解书香节的情况,并先后参观了广东人民出版社、花城出版社、广东旅游出版社、岭南美术出版社的销售档口。当得知粤版新出的一批大部头书都卖得很不错时,高兴得连连点头。在河南省新华书店的摊档前,谢非停下脚步,与河南的同志聊起来:'这次书香节比前年第四届全国书市相比怎么样?广州的市场如何?'河南的同志告诉他说,看今天的人流,预计销售要比前年好。谢非兴奋地说:'南国书香节有这么多外地出版社和书店参加,是一次书的比赛、书的竞争。广东人不仅喜欢吃,也爱读书。吃在广东,读书也在广东。'当记者问谢非同志参加书香节的感受时,谢非说,今年书香节的势头比前年好,说明广东人对读书的要求,对精神产品的要求越来越迫切,越来越高。这给我们出版部门及作者、编者都提出了更高要求,要拿出更好的精神食粮满足读者需要。就好像物质生活一样,精神产品的供应也是很重要的。"(注:谢非此行的历史照片,2018年出现在"庆祝改革开放四十周年大型展览"上。)

整个下午,"人潮汹涌,眼看场面已经失控,公安人员毅然宣布入场券暂时无效。有人为此提出异议,公安人员吼道:现在是'人命第一,买书第二!'现场除了维持秩序的四部警车,五十名警察外,还加派了武警学校学员三十人,足见群众购书的盛况"。省新闻出版局机关也总动员,每天由处长们带队来展场轮值,并请来出版技校师生协助安保。我嘱曾昭仁去买两套军被和两把大号手电筒,以便入住组委办守夜。每晚睡前,我们去巡看展场摊档,检查电源、消防设施,以求平安。

"书香节期间,来买书的读者,有全家老少的,有打工一族,有坐着轮椅的残疾人,有活到老、学到老的老干部,有满腹经纶的老教授,更多的是青少年一代。华南师大一位女学生,前后来了三次,买了800多元的书。记者问她为什么买那么多?她说:寒假快到了,我要好好地充实充实自己。""问及一位拖着行李车的读者,为何装满家具设计图谱类书,他用广州话笑言相告:我在惠州开家私厂,买返去慢慢睇,要认真学师'偷师'啊!""澳门王先生昨晚赶来广州,今一早就进书香节,买了近2000元的书。他告诉记者,内地出版的许多中国历史、地理书籍在澳门很难买到,这次终于'不枉此行'。"

"书香节期间,适逢毛泽东同志百年诞辰。省新华书店特设纪念展台,陈列毛泽东专题图书足有100多种。"这些重点图书,内容丰厚,设计庄重,印制精美。读者争购有关毛泽东和邓小平的图书,在报道中,记者大赞"广东人对领袖、伟人的爱戴和敬意"。

举办"毛泽东思想与中国出版业研讨会"的同时,书香节开展了系列文化活动:书香之夜交响音乐会、中国图书走向市场走向世界研讨会、文化经济辩论会、读书发烧友精神会餐日、第一届国家图书奖粤版获奖图书表彰暨第二届粤版优秀图书颁奖大会、读者最喜爱的10本书评选(详见篇末,《南方日报》专稿)。

"'如果不是亲眼所见,真未想到这个书香节这么热闹。'一位香港出版商与记者聊天时,连续说了几个'未想到'。"其实,我们也有一连串的"未想到"。

未想到,四川省新华书店把川版好书装满四辆集装箱车,途经四省,六日六夜,顶着风雪,南下广州,真是"八千里路云和月"。无独有偶,湖北、湖南、江西、福建、广西、海南参展团也是组成运"书"大队,昼夜兼程,开车来穗的。当时,岭南文库编辑部主任曾宪志,带领两位编辑,专程北上韶关,连续五天,进厂终审蓝样,

督印那批新书。最后才发现，书中有一帧历史照片印反了。他们当即决定重印、重新装订，直忙到将合格的新书全都装上大货车。此刻，离书香节开幕只有7个小时！两位编辑挤进驾驶室，曾宪志"缩"上货车尾。一夜霜雪，一路泥泞，十万火急，终于赶在开幕前，直抵展馆大门，大家紧急搬书上架……

未想到，纯文学颇受冷落之时，辽宁春风文艺出版社敢投巨资，编辑出版当红名家现实长篇小说系列《布老虎丛书》。书香节开幕之际，该社特地带来了刚出炉的洪峰的《苦界》和铁凝的《无雨之城》。"春风"展台，别出心裁，一副醒目的楹联对仗逗人：布老虎下羊城书香有缘，读书人上档次名家莫忘。读者手捧刚买的《无雨之城》，纷纷请铁凝签名。"在读者的包围中，铁凝签到手软。"憨笑可爱的布老虎卡通在书市中行行走走，令满场"虎虎有生气"。有感于"广东是全国最活跃的图书大市场"，不少出版人忙着收集书香节信息，从中分析行情，研判走势，着手策划新书选题。其间，北京、湖北、广西、湖南的精明编辑纷纷走访广州、深圳的学者、作者，约稿组稿，深挖广东改革开放的鲜活题材。组稿归来的湖南文艺出版社编辑李一安，在摊位前对记者说："广东也是一座富藏出版选题的大金矿。"

未想到，首届书香节特设的港台馆，吸引156位港台出版商带来了近两万种书，他们的摊位面积占全场的三分之一。按原规定，港台书原则上只展不销，但读者强烈求购。考虑到书已审读，且参展商飞机来回，食宿酒店，花销颇大。为满足读者需求，减轻来宾负担，组委会同意现场销售港台图书。但未想到，据说是一位眼尖的读者发现的，台版书版权页标注的出版时间，用的是"民国年号"，组委会遂与台商交涉。25日晚，为感谢全国（包括港台地区）出版界，组委会在广东迎宾馆举行书香酒会，省新闻出版局副局长吴至强致辞，每桌安排一位内地参展团团长主持。满场气氛热烈，欢叙同胞骨肉亲情，共祝祖国出版事业繁荣发展。台湾出版公会代表团团长陆又雄兴奋地举杯："广东人拥抱书香的热情确实让人吃惊！我们要组更大的团来参加下一届书香节。"

未想到，国内外媒体对书香节的宣传如此热烈火爆，刊发报道、评论及照片多达160余篇（幅），电视广播常作滚动式的现场直播。《人民日报》连发三篇署名评论：《又闻书香飘》《文化与经济应同步——首届南国书香节启示录》《愿闻书香》。《新闻出版报》刊发该报记者虹飞的长篇通讯，以《给文明插上翅膀——南国书香节启示录》为题，落笔就写道：

好一方沃土，得改革开放之先。

1993年12月19日至26日南国书香节期间，位于广交会场，占地6500平方米面积，摊位320多个，陈设图书达7万余种，日夜场共计接待入场读者56万人次，图书销售总额920万元，订货额1300多万元。参展省区市20个，还有港台地区，计有出版发行单位300余家，来宾3000余人。

无疑，上述数字显示了南国书香节的成功，其重要成因，得益于天时、地利、人和，更得益于改革开放，敢为人先。

其间，常见记者们挤在人群中，现场采访，或躲进组委办，埋头赶稿。因为天天见面打交道，我至今记得这群辛勤的名记，如《南方日报》记者陈志、李贺，《羊城晚报》记者许志权、龚丹枫、张唐生、何龙，《广州日报》记者张穗华、曾佳等。

未想到，组委会编的《书香节简报》，共出九期，每天及时发布权威信息和理性述评，成了记者和参展商抢着要的"战地快讯"。简报由局调研科金炳亮、王开洲主笔，包括采写、送审、打字、油印、派发，他们天天奔忙于流花广交展馆与水荫出版大楼之间，单车轮胎都忙爆了两次。有关销售书款及入场人次则由局计财处黎惠廷收集汇总。

也未想到，南国书香节还吸引了"孔雀东南飞"，不少兄弟省的出版人士，奔改革开放而来，投身于岭南热土。好几位"湘军"尖子，调来广东后，成长为"粤军"将才，如花城出版社社长肖建国、海天出版社社长毛世屏、广东教育出版社总编辑曾大力及该社编审姚莎莎和杨向群，珠海出版社编审李一安，南方出版传媒总编室主任秦颖等。

更未想到，后有论文总结，首届南国书香节创下了中国出版史上的三个"第一个"：第一个省级主办旨在推动群众阅读活动的书展；第一个在内地设有港台馆的书展；第一个采用市场化运作，喜得企业赞助、文化滋养的书展。南国书香节已成为全球最大的华文书展，更是世界上唯一取名"书香"的书展。

回头看看想想，对南国书香节诞生的时代背景、历史使命及社会影响的精要概括，莫过于谢非的这八个题字：

改革开放　南国书香

从书香岭南到书香中国

书香书香，历久弥香。

2005年南国书香节提出"文化广东，书香岭南"。

2007年，省委宣传部决定，南国书香节每年举行一届，并将羊城书展与书香节两展合一，实现同城共展。

2008年起，书香节直接由省委宣传部主导，省出版集团主管和省新华发行集团主持，先后由杨世华、肖开林、蒋鸣涛负责具体组织。

2009年南国书香节荣获中共中央宣传部、国家新闻出版总署颁发的"全民阅读活

动优秀项目"奖（2019 年再获此奖）。

2010 年，南国书香节列入广东建设文化强省和公共文化惠民服务重点工程，由财政扶持和集团出资，书香节主会场移师广交会琶洲新馆。

2014 年起，"全民阅读"连续两年写入李克强总理的《政府工作报告》。

2016 年，中央有关部委在全国举行"书香中国万里行"活动。国家"十三五"规划，将全民阅读列入文化重点工程，提出建设书香社会是构建公共文化服务的重要组成部分。

新冠疫情三年，南国书香节在广东 21 个地级以上市同时开设分会场，实现全省覆盖；澳门特别行政区也连续两年设立分会场，书香飘溢大湾区。同时，省新华发行集团创办面向全球的网上书香节，用互联网联动亿万读者，好书快递千家万户，书香远播万水千山。

2021 年，国家"十四五"规划明确提出："推进全民阅读，建设书香中国。"

2023 年是改革开放四十五周年，也是南国书香节诞生三十周年。作为改革开放的参与者、受益者，南国书香节的亲历者、见证者，我们庆幸躬逢盛世，有幸共襄盛事，此时此刻，更由衷地——

感念改革开放！

祝愿书香中国！

写于 2023 年五一期间

注：

本文有关引述摘自——

《人民日报》1994 年 1 月 14 日、2 月 1 日及 5 月 16 日三篇短评；

《新闻出版报》1994 年 1 月 12 日长篇通讯；

《南方日报》1993 年 6 月 16 日至 1994 年 1 月 29 日系列报道；

《羊城晚报》1993 年 6 月 16 日至 12 月 30 日系列报道；

《广州日报》1993 年 12 月 1 日至 1994 年 1 月 5 日系列报道；

《'93 南国书香节简报》第 1~9 期（1993 年 12 月 18—26 日）；

《'93 南国书香节特刊》(94 粤印准字第 17 号)，内有送省委、省政府、新闻出版署的《'93 南国书香节总结报告》。

改革开放 南国书香——南国书香节诞生记

附：1994 年 1 月 29 日《南方日报》文艺部公告

首届南国书香节读者最喜爱的 10 本书

《现代青年智力与能力丛书》（广东人民出版社）
《踏遍青山——毛泽东亲家张文秋回忆录》（广东教育出版社）
《文史英华》（湖南出版社）
《港澳大百科全书》（花城出版社）
《苦界》（春风文艺出版社）
《后朦胧诗全集（上下卷）》（四川教育出版社）
《领袖与故乡（画册）》（岭南美术出版社）
《最后一战》（湖南文艺出版社）
《新编十万个为什么》（广西科技出版社）
《儿童科学智慧丛书》（广东科技出版社）

那些歪歪扭扭的足迹

陈平原*

【主编者言】许多不是学问中的人之所以知道作者，不是因为他的学术成就，而是看过他当年登在《人民日报》上的高考作文。作文题目"大治之年气象新"，恰好说明了时代的背景。

史学大家何兹全晚年出版回忆录，题为《大时代的小人物》（北京大学出版社，2010年）。当初一见书名，心有戚戚焉。回首平生，得失成败，确有个人努力的因素，但"大时代"的影响与制约，无疑更具决定性。

比如，若非1977年恢复高考，我的人生将是完全不同的另一个模样——我相信很多七七级、七八级大学生，都会有此深深的慨叹。正因此，我的"学术纪事"，只能从那个地方说起；至于此前的下乡插队等，只在需要时略为提及。这与二十世纪二三十年代的文人学者，写自传时喜欢从儿时嬉戏，一直说到十八岁出门远行，形成了鲜明对照。

步履艰难

阅读年轻一辈学者乃至博士生的档案，常常感叹，他们的学术条件实在太好了，从小受那么好的教育，一路走来，不像我们那样磕磕绊绊。我以及我的同代人，大都长期赤脚走在布满荆棘的山路上，那种举步维艰的窘迫，后来者很难想象。从政或经商的，也许会感激"艰难玉成"；而对于学者来说，抛书弃学多年，那缺憾永远无法弥补。

随着时光流逝，加上某种记忆的选择/淘汰机制，我们那些歪歪扭扭的足迹，基本上已湮没在荒草丛中。去年年底，因某种需要奉命填表，院系领导审核时发现一个"漏洞"，跑来找我核实：为什么你1969年10月就参加工作，而高校教龄却是34年？我愣了一下才回过神来，给他解释"文革"中很多知青初中毕业就上山下乡，多年后

---

* 陈平原，北京大学教授，广东潮汕人

政府为补偿这一代人的"青春损失",决定所有知青的工龄从下乡那一刻算起。至于高校教龄,则只能追溯到我1987年获博士学位留校任教。但若是工农兵学员,留校任教后才在岗读硕士博士的,则教龄可以连续计算。故事讲完,不仅是他,连我自己也惊讶——我们活成了遥远且神秘的"传说"。

不久前,北京大学开展"对现任中层管理干部和副高级以上职称人员进行档案专项审核"。我的档案显示:第一,获硕士学位时间存疑——我的毕业证书及学位证书均为1984年12月31日中山大学校长签署,可我当年9月已进入北大念博士。那是因为,按照学制(七七级大学生春天入学),四年本科加三年研究生,我本该1984年底才完成硕士学业;可北大率先调整学制,那届研究生在学时间缩短为两年半,博士统一为秋天入学,我只好提前半年完成中大的学业,北上求学。好在毕业证书上写得很清楚,我"1984年9月已按三年制研究生培养计划完成全部学业,经过考试及毕业论文答辩,成绩合格,准予毕业"。第二,下乡履历不全——我明明填了"1969年10月—1978年1月为插队知青",中间教了几年书,这有什么疑问?看来,今人不理解什么叫"民办教师"。第三,档案里缺少硕士入学表格——人事干部问我能不能补上,或请中山大学出具"原件丢失"的证明。这下子我很不客气了,回应称:对于研究者或人事干部来说,解读档案是一种基本技能,必须了解档案管理的演进,熟悉不同时期表格的填写方式(包括条目与禁忌),那样一上手,马上明白该放置在什么时空,用什么眼光及方法来解读;而不是反过来,靠改造档案来适应今人的眼光和趣味。四十年前我在中大本科毕业,接着读硕士,大概因是本校学生,没再填写新生入学登记表,这有什么奇怪?今天有关部门为了管理方便,竟想改造那些带着历史尘埃因而不太完美的档案,这实在太不严肃了。

若一味以今律古,会闹出很多笑话的。须知改革开放后,中国的学位制度才逐步建立,档案管理也随之日渐完善。作为恢复高考后的第一批大学生,又是北大中文系最早招收的博士生,我的求学经历,显示在档案里,有很多不规范的地方。那是因为,当初中国的博士学位制度刚刚建立,大家都是摸着石头过河。比如,我的博士论文已经完成了,才接到教育部通知,须进行博士资格考试,于是只好两步并作一步走。论文答辩,学校没钱,规定打印稿不得超过十万字,故如今北大图书馆及档案馆保存的,其实只是我博士论文的"下编"(题目也因此有所变动)。所有这些,对于制度完善后成长起来的一代,很可能觉得不可思议。

放长视线,我们确实属于"很不规范"的一代——从小到大,再到老,碰到那么多沟沟坎坎,随时可能翻车,整个人生跌宕起伏,神出鬼没,不像此前此后的几代,很容易一眼就望到头。面临各种转折,自然"有趣"或"无奈"的故事就特别多,这既是我们的遗憾,也是我们的骄傲。作为连接过去与现在的"桥梁",我们这一代见证

了改革开放的艰难与辉煌；因此，描述自家足迹时，单说"歪歪扭扭"还不够，最好添上"但一直向前"，方才显得完整且真诚。

不久前，应邀编《陈平原文集》，我在《总序》中称："作为七七级大学生，我们这代人的普遍状态是：道路曲折，前途光明；劳作勤奋，成绩有限。恰逢连续急转弯的大时代，个人无法遗世独立，'文革'中的蹉跎岁月，八十年代的艰难崛起，九十年代的勇猛精进，以及新世纪的拓展与抗争，都只是努力顺应时势。静夜沉思，常觉扪心有愧。"

高考作文

作为中国改革开放的见证人与获益者，七七级、七八级大学生有很多共同的命运与感受。我的特别之处在于，当初的高考作文曾刊载在《人民日报》上，因而收获了很多不虞之誉，乃至每回纪念恢复高考制度或改革开放成就，常被邀请发言或撰文。考场从来不出好文章，更何况那是中断了十几年、刚刚恢复的考场。三十年后，曾有好事者将这篇作文搁在网上详细点评，好好娱乐了一番。明知此文很不理想，可我一点都不脸红——当初确实就这个水平。复旦大学出版社为纪念恢复高考制度而组织的"三十年集"系列丛书，我的那册题为《压在纸背的心情》（2011年），竟破天荒地收入这篇初刊1978年4月7日《人民日报》的高考作文《大治之年气象新》，在序言中我是如此辩解的："我当然明白此文的毛病，可就像小孩子穿开裆裤一样，没什么好害羞的。更重要的是，这文章确实改变了我的命运，让我得以走进'八十年代的春天'。"

1992年，我写过一篇自嘲性质的随笔《永远的"高考作文"》，结尾有云："大概，无论我如何努力，这辈子很难写出比'高考作文'更有影响、更能让父老乡亲激赏的文章来了。"没想到，这还只是故事的开端，其后的逐步展开，更是大大出人意料。不说我自己撰文或媒体专访，就谈其如何成为"标志性事件"，汇入关于改革开放大潮的追忆与陈述。

《文史参考》是人民日报社主办的高端时事/历史杂志，其2011年6月（下）"建党90周年专刊"，刊登《"文革"后的首次高考：陈平原的作文登上了〈人民日报〉》。央视十套（CCTV-10）的《读书》节目，2013年3月17日播出45分钟的专题片《我的一本课外书之陈平原》，节目最后，主持人专门赠我放大并加镜框的《人民日报》所刊高考作文《大治之年气象新》复制件。2019年新华社"新青年"制作新中国成立七十周年专题节目，选择七个人，代表七十年，选择很严，层层审批，尤其我这一集，据说踌躇再三。谈论1969至1979年这十年，怎么书写都是陷阱，最后选择"恢复高考"作为标志，明显是为了回避矛盾。同年，朋友转来"羊城派"关于中山大学校史馆开馆的报道，特别提及该馆入藏我的高考作文《大治之年气象新》，更是让我惴惴不安：都四十年了，还在"吃"高考作文，实在没出息。前年，为了"呈现中国高考制度的变迁以及对考生带来的深远影响"，国家外文局主管的《人民画报》及英文刊 China Pictorial 2020 年第 8 期刊出的中英文版的《改变命运的高考》，则是编辑从我以往文章中摘编的，我只被要求授权。

一篇高考作文，竟有如此魔力，诸多戏剧性变化，乃大时代的投影。不是我特别出色，而是当代中国史叙述需要这一笔。1978 年的《人民日报》，其实共刊登了五篇高考作文（分两次），之所以屡次选择我作为恢复高考的表征，除了我生活在北京，在学界比较活跃，媒体很容易找到，还有一个重要原因，那就是作文题目。当年《人民日报》刊出的山西作文题为《心里的话儿献给华主席》，安徽的则是《紧跟华主席，高唱〈东方红〉》，这些都太紧跟形势了，时过境迁就不能用；还是广东的《大治之年气象新》以及北京的《我在这战斗的一年里》比较稳妥。2017 年 12 月，我大病初愈，赶回中大参加七七级同学聚会，活动中好几位老师提及我的高考作文，还披露了一个秘密——那年广东的高考作文题是中大中文系金钦俊老师出的。至于阅卷人以及是谁推荐给《人民日报》，可就无法查证了。

在《故乡潮州》（商务印书馆，2022 年版）的后记中，我不惜"自毁形象"，透露自家并不辉煌的高考成绩。能考上中大，对我来说，已经心满意足了，从没想过要去查分数。两年前，因工作需要，请中大中文系到档案馆查我当年的高考成绩：语文 92 分，数学 67 分，政治 75 分，史地 76.5 分——除语文外，各科成绩并不高，只是碰巧作文满分，才有了日后诸多神奇故事。

"五四"研究

作为七七级大学生，我们的最大特点是一进校门就碰上了思想解放运动。1978 年或 1979 年，很多名校中文系学生在各自校园里创办文学杂志，为改革开放以及文学的春天、科学的春天"鼓与呼"。在我们的想象中，1979 年就是 1919 年，都是思想解放运动，都讲民主与科学，都推崇自由意志与批判精神，故不妨借助此古今对话与比附，安顿自己的精神向度与历史定位。

多年前接受专访，我曾谈及这一点："伴随着整个风云激荡的八十年代的是，对于'五四'新文化的思考、追随、反省和超越。关键是，一面追随，一面反省。不信你查查八十年代那些重要的思想文本，'五四'绝对是个关键词。我们不只反省'文革'，反省共和国的历史，也反省'五四'。'寻根文学'是在跟'五四'新文化对话，《河殇》也是对'五四'精神的一种阐发。对于八十年代的学人来说，一步步溯源，首先回到'五四',然后,在短短的几年间,将'五四'的这一套思想方法和政治行为迅速地重演一遍。"(《我的"八十年代"——答旅美作家查建英问》,《社会科学论坛》2005年第6期)

"新文化运动"不同于"五四运动",二者既密切联系,又不无区隔(参见拙文《互相包孕的"五四"与"新文化"》,2019年7月31日《中华读书报》)。但在"狂飙突进"的八十年代,二者往往被混合使用、交替表彰。进入新世纪,文化保守主义与国学热兴起,"五四"不再是精神旗帜,在很多场合甚至成了批判对象(二十世纪九十年代已有端倪)。很多昔日同道,逐渐远离了这个"是非之地",我因选择现代中国文学、教育及学术作为主要研究对象,故长期坚持与"新文化"及"五四"对话,并没有随时代风潮转向。

2005年,我在北京大学出版社刊行的《触摸历史与进入五四》一书的"导言"中坚称:"人类历史上,有过许多'关键时刻',其巨大的辐射力量,对后世产生了决定性影响。不管你喜欢不喜欢,你都必须认真面对,这样,才能在沉思与对话中,获得前进的方向感与原动力。……对于二十世纪中国思想文化进程来说,'五四'便扮演了这样的重要角色。作为后来者,我们必须跟诸如'五四'(包括思想学说、文化潮流、政治运作等)这样的关键时刻、关键人物、关键学说,保持不断的对话关系。这是一种必要的'思维操练',也是走向'心灵成熟'的必由之路。"

2009年,我又补充道:"就像法国人不断跟1789年的法国大革命对话、跟1968年的'五月风暴'对话,中国人也需要不断地跟'五四'等'关键时刻'对话。这个过程,可以训练思想,积聚力量,培养历史感,以更加开阔的视野,来面对日益纷纭复杂的世界。"(《走不出的"五四"?》,2009年4月15日《中华读书报》)

2015年,我谈及:"中国人说'传统',往往指的是遥远的过去,比如辛亥革命以前的中国文化,尤其是孔子为代表的儒家;其实,晚清以降的中国文化、思想、学术,早就构成了一个新的传统。可以这么说,以孔夫子为代表的中国文化,是一个伟大的传统;以蔡元培、陈独秀、李大钊、胡适、鲁迅为代表的'五四'新文化,也是一个伟大的传统。某种意义上,对于后一个传统的接纳、反思、批评、拓展,更是当务之急,因其更为切近当下中国人的日常生活,与之血肉相连,更有可能影响其安身立命。"(《作为一种思想操练的"五四"》,《探索与争鸣》2015年第7期)

大概鉴于我对"五四"立场的长期坚守,2019年4月12—13日在美国哈佛大学主办的"五四@100"国际学术研讨会上,我被邀请作两个主题演讲之一。在《从"触摸历史"到"思想操练"——我看五四以及五四研究》的演讲中,我着重阐述这三个关键词——"关键时刻""触摸历史""思维操练",称此乃我从事"五四"研究的基点,既是立场,也是方法。

作为学者，二十世纪八十年代的思想解放运动及"文化热"的阅历、感受与思考，给我研究"新文化"及"五四"提供了很大帮助；反过来，这一持续展开的历史研究，又使得我对八十年代文化热的功过得失，有较为深入的体会与阐发。我的学问与人生，虽也移步变形，但初心不改，很大程度得益于对这两个互相支撑的思想基点的继承、质疑与超越。

不久前，我为《作为一种思想操练的"五四"》增订版撰写序言，再次阐发为何将"五四"作为思想的磨刀石，以及如何在写作中兼及思想与学术："在一个专业化时代，谈论五四这样兼及历史与现实的话题，我不仅需要撰写多次获奖且有英译本的《触摸历史与进入五四》，也不惮超越专业视野，追求具有某种内在精神力量的论述。这也是我之所以偏爱眼前这册不怎么专业、近乎'有我之学'的小书的缘故。"

业余编辑

作为学者，撰写并出版得到学界广泛赞誉的专业著作，那是职责所在，每个时代的好学者都会这么做。若问我的"五四"及"八十年代"精神印记到底体现在哪里，我可以明确答复：第一，业余编辑；第二，两副笔墨。前者落实我的社会担当，后者则体现我的文章趣味。

在众多自家著作的勒口，除了学术经历、获奖及著作外，还有这么两句并非多余的闲话。"另外，出于学术民间化的追求，1991—2000年与友人合作主编人文集刊《学人》；2001—2014年主编学术集刊《现代中国》。治学之余，撰写随笔，借以关注现实人生，并保持心境的洒脱与性情的温润。"

二十多年前，我写过一篇随笔，谈论胡适作为"舆论家"的角色认定，结论是："可以说，办刊物是学有余力出而经世的独立的知识者介入社会政治的最佳途径。"（《知识者介入社会的特殊途径》，《书城》1996年第3期）这句话，某种意义上也是"夫子自道"——从1979年初在中山大学读书时参与创办学生刊物《红豆》起，我就一直对办刊"念兹在兹"。虽说因内外条件限制，无论思想深度还是社会影响，《红豆》无法与五四时期北大学生主持的《新潮》《国故》《国民》相提并论，但启迪我借编刊坚守学术立场或介入社会变革。

经由多次公开演讲，我最终写定的《遥望八十年代》（《文艺争鸣》2018年第12期），有两节专谈"办杂志"与"出丛书"。八十年代参与编辑《红豆》《中山大学研究生学刊》《文化：中国与世界》《东方纪事》，我扮演的是"观察家"与"实习生"角色；真正挑大梁，发挥主导作用，是以后的事。二十世纪九十年代初与友人合办《学人》（1991—2000年），开篇就提"学术规范"；十年后主编《现代中国》集刊

（2001—2014年），则主要谈"有情怀的专业研究"，这些都是有感而发，目的在纠偏救弊。这其中，作为民间办刊的代表，《学人》《现代中国》以及《文学史》（1993—1996年），在现代中国学术史乃至思想史上，都曾留下小小的印记。

三十年间，之所以花那么多精力，参与民间办刊以及主持学术丛书，背后的立场与思路，乃坚信"学在民间"。明确表达此思想倾向的，有我初刊《学人》第二辑（江苏文艺出版社，1992年7月）的《章太炎与中国私学传统》，以及发表在《读书》1993年第5期的《学者的人间情怀》。后者当初引起很大争议，随着时势迁移，又被看作学术转型的象征，被各种选集收录。

我深度投入民间办刊的努力，到2014年底基本告一段落。在初刊《读书》2012年第2期的《人文学之"三十年河东"》中，我曾辨析不同时期"引领或制约一个时代学术风尚及士林气象的，到底是官府还是民间"："以最近三十年的中国学界为例，八十年代民间学术唱主角，政府不太介入；九十年代各做各的，车走车路，马走马道；进入新世纪，政府加大了对学界的管控及支持力度，民间学术全线溃散。随着教育行政化、学术数字化，整个评价体系基本上被政府垄断。我的判断是，下一个三十年，还会有博学深思、特立独行的人文学者，但其生存处境将相当艰难。"若是著名学者，还可勉强"特立独行"；但如果是青年教师，想凭个人兴趣读书写作，那纯属"自我放逐"。大判断已经下了，只是一时难以割舍；又观察了两年，终于宣布《现代中国》暂时停刊。原因是，一旦进入这套"游戏"，为了适应"规则"，必定变得亦步亦趋，患得患失，很难再有独立寒秋、挥洒才情的勇气。

眼下虽说还在合作主编《中国文学学报》（2010年起），但那是代表北大中文系与香港中文大学中文系携手，与原先设想的"学在民间"有很大距离。这属于操正步，标准化制作，不再有自由发挥的余地，自然也就缺少了理想、激情与想象力。

其实，若谈我那加上引号的"编辑生涯"，投入更多且成绩较好的，应该是主编众多学术丛书。如北京大学出版社推出的"学术史丛书"（1995年起）、"文学史研究丛书"（1999年起）、"都市想象与文化记忆"丛书（2009年起），河北教育出版社推出的"台湾学术丛书"（2000年），贵州教育出版社推出的"二十世纪中国人的精神生活丛书"（2000年起），湖北教育出版社推出的"二十世纪中国学术文存"（2002年起），以及香港三联书店主导的"三联人文书系"（2008年起）等。业余编书，目标当然不仅仅是出几本好书，更希望借此引领风气、积聚队伍、培养人才。多年运作下来，自觉有学术眼光，但欠缺实际操作能力，往往是"起了个大早，赶了个晚集"。具体主编丛书的经过及经验教训，这里就不详述了。

两副笔墨

我不是文学家,也不追求著作的传播面,虽偶尔被批评家或文学史家在谈论"学者散文"时提及,但一般情况下,只能算比较会写文章的教授。作为学者,我讨论"述学文体"的演进与得失,既是理论自觉,也是工作实践。而作为读书人,我讲究笔墨情趣,那既是个人性情,也与我的文学史见解有关。

十多年前,我在《〈读书〉的文体》(2006年2月16日《南方周末》)中称:"谈及办杂志,我的体会是,真有学问的杂志难,真有思想的杂志更难;有学问有思想又有文体,这样的杂志,可就难上加难了。找到恰当的对象(故事或论题)不容易,找到恰当的文体更难——对于社会的影响,后者或许更长远。记得梁启超的《新民丛报》,陈独秀的《新青年》,鲁迅、周作人的《语丝》,胡适的《独立评论》,储安平的《观察》,都是有很鲜明的文体特征的。"此前十年,我在《学术文化随笔》中,表彰创刊于1979年的《读书》杂志,称其思想上追摹《新青年》,文体上学习《语丝》,其特点是"以学识为根基,以阅历、心境为两翼,再配上适宜的文笔,迹浅而意深,言近而旨远,自有一种独特的魅力"(《杂谈"学术文化随笔"》,1996年9月21日《文汇报》)。

我写学术随笔,或称"另一种散文",其源头也是《新青年》与《语丝》,而实际触媒则是三联书店创办的《读书》杂志,以及浙江文艺出版社主持的"学术小品"丛书。所谓"借以关注现实人生,并保持心境的洒脱与性情的温润",有技术上的考虑,如希望张弛有度,保持必要的写作激情与管控能力;但更重要的,还是基于学术视野、文章趣味以及社会责任感。

即将由商务印书馆推出的《陈平原文集》,依题材及时间略为分类,大致是文学史(1—5卷)、学术史(6—10卷)、文化史(11—15卷)、教育史(16—20卷),最后四卷乃散文随笔。其实,不仅最后四卷,前面那二十卷,也不全都是专业论文。坚持两手写作,兼及论文与随笔,是我治学的一大特点。论著不够专精,有个人能力问题,但更重要的是旨趣:早年强调"学者的人间情怀",中间谈论"压在纸背的心情",近年则发挥"两耳闻窗外事,一心读圣贤书"。当然,因内外各种因素制约,我介入社会变革及思想文化建设的努力,很少看得见摸得着的成绩,因此类话题,属于"不说白不说,说了等于白说,白说还要说"。

将近十年前,我在谈及自家的"都市研究"之所以文体混杂时称:"只要用功,我们谈古代城市,可以做到游刃有余;而一旦涉及当下的中国城市,则很可能捉襟见肘。有幸(或者说不幸)经历中国城市化进程中最'高歌猛进'因而也最容易'百弊丛

生'的时代,像我这样既非身负重任,也非学有专长的人文学者,做不到'凭栏一片风云气,来做神州袖手人'(陈三立诗),那就只能写点针砭时弊的杂文随笔,为大时代留点印记。说到这里,我终于想清楚了,自己之所以做城市研究而不够专注,著述体例芜杂只是表象,关键是内心深处一直徘徊在书斋生活与社会关怀之间。之所以采用两套笔墨,背后是两种不同的学术思路:在与学界对话的专著之外,选择了杂感,也就选择了公民的立场,或者说知识分子的责任。"当初长枪短棒一起上,以为真能"闯出一番新天地";最终结果,不说落荒而逃,起码也是志大才疏,仅收获了几册小书(参见拙文《"城市"怎样"阅读"——一个人文学者的追求与困惑》,《天津师范大学学报》2013年第5期)。其实,不仅谈都市文化,我的整个研究都面临两副笔墨乃至两种学术立场互相拉扯的紧张,说好说坏都在这。究其原因,乃追摹"五四"新文化人,同时蕴涵着八十年代的精神印记。

阅历、观察与心情

是否编辑/刊行个人文集,我是经过一番挣扎的,因此举喜忧参半。喜的是众多学术成果得以集中保存,以见证这大转型时代的学术风气;忧的是,出版社建议出版文集,意味着你在别人眼中,不会再有大的学术突破,已经或即将鞠躬谢幕了。

当初为"三十年集"系列丛书提供书稿《压在纸背的心情》,我在序言中称:"放长视野,我们这代人的'阅历'、'观察'以及'心情',或许比我们做出来的'学问'还要有意义。看一代年轻人如何从'十年浩劫'中走出来,定定神,然后左冲右突,上下求索,还是挺让人感动的。后世的学者,训练、视野以及研究条件都比我们好,但读书时的心情、心气与心境,未必赶得上我们。有感于此,选择42则长短不一的随笔、序跋、对话或评论,勾勒自己走过来的学术道路,以及路边的野花野草、远处的好山好水,给近三十年中国学界的演进提供一份证词。"这么说,虽有几分无奈与感伤,但总的基调仍属"乐观向上"。因为,废学十载,经历坎坷,算总账时还能有几分亮色,这已经很不容易了。

十年前,在京与友人合办"'中国梦'回顾与展望——纪念77、78级毕业30周年"论坛,我在发言稿《我们和我们的时代》(《同舟共进》2012年第12期)中称:"说实话,我们都是幸运儿,从那么低的地方起步,一路走来,跌跌撞撞,但因踩上了大时代的'鼓点',于是显得有板有眼。有人从政,有人经商,有人搞实业,有人做学问,三十年后盘点,我们到底成功了没有?回答五花八门,因为这取决你设定的标准。想当初,我们在康乐园里指点江山,看不惯社会上诸多先辈的保守、平庸、专横、贪婪、碌碌无为,驰想将来我辈掌权,将是何等光明的新世界!而如今台面上的'重量级人物',无论政治、经济、学术、文化,很多都是 77、78 级大学生,那又怎么样?比起此前此后的各届大学生,我们处在'出击'的最佳位置,那么好的历史机遇,是否将自家才华展现得淋漓尽致?扪心自问,言人人殊。"

别人的情况及想法,我不清楚,也无权代答。我自己之"却顾所来径,苍苍横翠微",虽多有遗憾,却无大的悔恨。不想自我贬抑,以博取谦虚美名,那是因为,我无法保证换一个环境或活法,就能做出惊天动地的伟业。说到底,确实是"小人物";只不过那些歪歪扭扭的足迹,可从一个特定角度,折射出"大时代"的光芒与阴影。

"花地"种花记

陈桥生*

【主编者言】作者在北大拿到博士学位后南下广东,在南方的热土经营一片"花地"。花开南北,香飘四季。"尖峰岭之夜"正是南方春色的怒放。

很多东西是禁不住细想的。掐指一算,我南来广州,来到《羊城晚报》,已经是第二十五个年头了。

《羊城晚报》今年(2022年)创刊六十五周年,但由于中间有十余年处于停刊状态,实际出报也就是五十年的时间。那也就是说,迄今我已经陪伴着这份报纸,度过了她过往的半数日子。这些日子,对于《羊城晚报》,不过只是她的青少年,而我,则已从初出校门时的青春年少,到如今鬓已星星矣。所有的青春年华,都挥洒在了这片土地,以及诞生于这片土地上的这家报纸。

在我的这二十五年羊晚岁月中,有十七八年都是在"花地"副刊这个园子里浇水施肥。用作家严歌苓的话说,在广州这个繁华的都市里,有人种楼,有人种粮,还有人种瓜豆,但是还有一群"傻子"在这片土地上种花。

而我正是这傻子中的一个。

一入副刊深似海

我之相遇于"花地",缘于一场邂逅。只是,这一遇,多少年!

2001年,是我来到《羊城晚报》的第四个年头。此时的广东媒体,经历过千禧年的新闻大战后,来不及掸掸身上的仆仆风尘,又衔枚疾进,悄悄酝酿着新一轮的改革,布局下一场的交锋。

《羊城晚报》在这年初便推出了一项前所未有的改革举措,拿出报社的五个部门,面向全报社开放,试点实行部门正、副主任竞聘上岗。其力度是空前的,也成为当时的一件新鲜事。

---

* 陈桥生,《羊城晚报》副刊部主任

我毫不犹豫地报了名，竞聘文艺部主任一职。

说是毫不犹豫，其实也并不是对此职位觊觎已久，或者说对"花地"有多么强烈的向往，更没有认为自己有多大的优势。一者是出于新鲜好奇，更多的应该是本能的反应，文艺毕竟是自己的专业本行，相对熟悉，何妨一试！

此前的我，游走于报社多个新闻部门，身为普通的新闻编辑，没有任何行政职务。只是因为刚获得副高职称，走职称序列，才拥有了竞聘资格。

按照竞聘流程，每一位竞聘者需要轮流上台演讲，阐明工作思路，接受所有报社领导的现场评审，以及旁听同事的提问等。

为准备演讲稿，我一头扎进了报社的资料室，翻阅了当时"花地"的很多版面，以及国内名牌副刊，包括港澳台的著名副刊的文章版面。可能是因为自己此前的新闻采编经历，在边翻阅边思考的过程中，我很快便梳理出自己的思路，就是要强化新闻意识，走出文艺的小圈子，更多以新闻的手法来经营副刊的版面。

"新闻主攻，副刊主守"，是传媒业流行的说法。但事实上，进入二十世纪九十年代后，副刊是一度失守的。在如火如荼的报业竞争中，新闻才是主战场，副刊显得清冷寂寞，如同鸡肋，弃之不忍，食之无味。那时候的《花地》，一个星期也只有两三期，每期的版面又被汹涌的广告挤占成真正的"豆腐块"，在每天数十、上百版的厚报年代，不过只是聊胜于无。更多的报纸则直接取消了文艺副刊版，保留下来的也都纷纷改版，走娱乐化、生活化的路子，名存而实亡。

然而，就在这样的背景下，《羊城晚报》却悄悄作出了一个大胆的决定，不减反增，将其拥有的两大名牌副刊——文艺类副刊《花地》、生活类副刊《晚会》一并扩版，恢复为天天见报。

究竟是什么促成了领导层这一决定？后来我也并没有见到相关的系统阐述。我想，应该就是春江水暖鸭先知，在报业改革大潮中的弄潮儿，本能地感受到了某股暖流，敏锐地捕捉到了灵感的来袭。

一个看似不经意的举动，再一次扛起了改革先行者的旗帜。这份敏锐的嗅觉，来自《羊城晚报》数十年的文化积淀。这份报纸，从诞生之日起，《花地》《晚会》两大副刊，就占据其半壁江山，这一强大的文化基因，促使着她对于文化副刊有着天然的责任使命感。这种应时而动，又何尝不是岭南文化低调而务实的生动体现！

那个时候，"打工皇后"吴士宏的自传体故事《逆风飞飚》在《羊城晚报》上连载，红遍大江南北。《羊城晚报》的这一做法，也称得上一次完美的逆风飞飚，引领着报纸副刊风气之先。或者借用股市的说法，可谓一次接近于完美的抄底，其影响延续至今。

可以肯定的是，对副刊版面的扩版，与文艺部主任的竞聘上岗，是互为因果的，

是领导层的谋定而后动。在竞聘之初，我当然还不可能知晓这一层，但凑巧的是，我的演讲稿正是按照每天一个版块，一周五天的频率来构思的。

当时《花地》的版面，见报频率是一周两三天，所以设计为一周五天，本意是想着多准备两个版块供领导挑选。没想到的是，在我演讲完进入提问环节时，有领导紧接着便提问，如果一周每天都见报，你还有什么版块可以增加？这一提问，瞬时点醒了我，让我读懂了提问背后的真正含义，不免又惊且喜。惊的是没想到改革的力度如此之大，喜的是自己的思路正好与此对路。

竞聘的结果，出乎很多人的意料。我以所谓的"施政"报告及现场的发挥，说服了在场的一众领导评委。

对"新闻主攻，副刊主守"的说法，我阐发了一点自己的认识，借用足球场上的战术，认为一味地防守是守不住的，进攻才是最好的防守。因此，《花地》立足文艺，但更要走出文艺的象牙塔，要用新闻的手法来经营副刊。

为竞聘我确实做了充足的准备，对于结果则并没有太多考虑。也许正是因为这份相对从容的心态，没有患得患失，没有任何的顾忌，完全凭着一股初生牛犊不怕虎的冲劲，自由地发挥。

而令我始料未及的是，报社的这次竞聘，竟然没有所谓的"内定"，而可以不拘一格。起初只是抱着试一试的心态，不成想，这一入副刊深似海，从此"花地"种花人。

京沪采访行

一切尘埃落定之后，在2001年的秋日，我便专程赴北京、上海采访组稿。

走出去，是自己此前立下的军令状，也是《花地》重新出发的必然选项。走出去，才可能突围，令《花地》堂庑顿开。

一方面，是思想观念上的"出走"、解放，从纯文学的象牙塔里走出去，由文学而文化而社会，走大副刊大文化之路，求新、求变、求美，以丰富多彩的大副刊的崭新面貌适应时代前进步伐和读者需求。

副刊的格局本来并不狭隘，只是随着报纸版面分类的细化而被蚕食，慢慢地就被逼退到越来越窄小的胡同。可现实恰恰相反，随着大众文学的重新兴起，文学的生存方式已经发生了巨大的变化，文学无所不在。副刊人必须让自己的关注视野跳出文人的小圈子，努力寻找日常生活中的诗意表达。

另一方面，就是让久坐办公室的编辑更多走出去，从相对静态的稿件编发到主动出击，不仅编发作者来稿，同时推出记者编辑采访的新闻性副刊版面——"文艺现场"版。采用访谈对话形式，有计划地系统追踪海内外著名的华文艺术家的最新动态，向时代的写作现场不断漫溯。

这趟京沪之行，收获满满，愉悦而难忘。在十多天的时间里，我们白天个别登门造访，晚上集中宴请，面见了数十位著名的作家、评论家，也通过他们向其他的作家们广发约稿函。大家对《羊城晚报》有意重整副刊这片"山河"，把《花地》做大做强的做法高度赞许，也都答应出自己的一份力。

翻找出我当年的笔记本，上面留下了一长串的名单，不妨摘录一二：

10月17日晚：李辉、张颐武、邱华栋、车前子夫妇、彭程、祝勇、周晓枫、凸凹、吴志实……

10月18日晚：肖复兴、陶然、王得后、汪聪、老村、摩罗、周传荣、方希……

10月20日晚：李国文、丛维熙、王充闾、吴泰昌、李敬泽、刘元举、周大新、阎连科、刘庆邦、祝勇、林白……

包括省略号的这串长长的名单，很多是《花地》的老作者，也有不少是新人，后来他们无一例外都成为《花地》的忠实作者，连缀成《花地》作者名单中闪亮耀眼的一行。这样的组稿，此前有，此后也还有，只是规模方式不一，正是这一串串的名单，以及名单背后的一篇篇美文，灿烂着《花地》的春色满园。

就在那本笔记本里，我惊喜地发现，其中的一页手录着一首诗及日期。手录者是鲁迅研究专家、杂文家王得后先生，所录为钟敬文先生《拟百岁自省》，曰：

历经仄径与危滩，步履蹒跚到百年。曾抱壮心奔国难，犹余微尚恋诗篇。宏思峻想终何补，素食粗衣分自甘。学艺世功都未了，发挥知有后来贤。2001.8

据当时的补记，这是在北京一个名叫锦都园的餐厅里。不知这家餐厅现在还在否，记忆却仿佛电影的镜头，瞬间拉回到20年前的那个晚上。大概是王先生说起了大家刚刚为钟敬文先生过完百年寿诞，因住院未能出席聚会的钟先生，口授了一篇答谢辞，并附上了新写的这首诗。

钟先生是广东人，我们又是来自广东的媒体，于是，王先生就坐在沙发上吟诵起来。我清晰地记得，灯光下，他的眼角有泪光在闪。于是，我适时地递上了笔记本，请他为我手录下这首诗。随后又"得寸进尺"建议他就此成文。

待我辗转北京、上海回到广州，没两天就收到了王先生寄来的稿件。据他说，这也是他首次投稿《花地》。文章对钟老创作此诗的情由始末，有生动详细的叙述生发，令人动容。很快，12月3日的《羊城晚报》的《花地》便安排刊发了先生的这篇文章，题目为《世纪老人的心声》。

只是，仅仅时隔一个多月，2002年1月10日，一代民俗学大师钟敬文先生便驾鹤西去。世纪老人的心声，遂成绝响。冥冥中，以这样的方式，也可算作对这位世纪老人的一次特殊的敬慕致意吧。

那些日子，对每一刻的追忆，打开的都是一串故事。与李国文、丛维熙等先生的那次聚会，让我切实地领会到了什么叫沉醉不知归路。

他们都是我素所敬仰的大作家，读过他们很多的作品，如今一见，又是如此风趣与亲切，夫复何言，唯有杜康！已经记不清说了什么话，喝了多少酒。只记得最后是我去埋了单，而且是一张张钞票地数，然后打车从朝阳区回住宿的海淀区。途中，在一个胡同口，我终于憋不住了，蹲到地上便是一阵狂吐。还能依稀想起巷口昏黄的灯光，灯光下的烤羊肉串摊档，再后便是不省人事，完全断了片。醒来已经是第二天的午后。

此后，每一次和国文老师通电话，他都难免打趣我：老弟，还喝这么多酒吗？紧接着便常常是一阵爽朗的笑声。显然，那晚的我，狼狈样是从酒桌上便开始了的。

后来的日子里，每隔些时日，国文老师便会给我寄来他的稿件。数年后，我申请加入中国作家协会会员，请国文老师介绍推荐，他满口应允，并在推荐表上工整地写下了数百字的推荐语，把两个推荐人共用的那一栏，写得满满当当。随信还让我向另一位推荐者致歉。

这张推荐表，我特意复印了保存，至今依然珍藏在我的办公抽屉里，更深深地藏在我的心里。

也是这次北京之行，我第一次采访了作家莫言。

就在一个午睡初醒的下午，在其地安门街的家中，穿着一件蓝布大褂的莫言，一根接一根点燃香烟，对着茶杯里袅袅散发的水气，为我们谈起他20岁前生活的梦幻般的故乡，和他小说中的"高密东北乡"。

他告诉我们，他笔下的故乡就是一种想象，一种无边的、不是地理意义上而是文学意义上的故乡，事实上是发明了一个故乡。

对于有人认为他的小说中充斥着残酷与暴力，他作了澄清，也有坦率的反省，反省以后是否应尽力避免太多场面的渲染，即使需要也应含蓄克制，更符合中国人的审美习惯。

结束访问，已是薄暮时分。莫言先生送我们出门，不忘客气地夸奖了一句，说你们准备得很认真。整理好的访谈文章，发表在2002年3月6日的《花地》"文艺现场"版，题目是《发明着故乡的莫言》。

很多年后的某一天，香港作家黄维樑先生给我发电子邮件，说在一本书里读到了我这篇访谈录。上网一查，才发现是2010年文化艺术出版社的《莫言对话新录》一书。我为此还专门与出版社交涉，对方答应给我寄本样书，也一直无下文。最后，我懒得再费周章，自己邮购了一本。翻阅后，看到报纸见报时我署的笔名，收入书中已恢复为我的真名，但书中注明的对谈时间，其实是文章见报的日期。

那次京沪之行,我们还采访了余华、张承志等人。随后,越来越多的文学艺术家在《花地》亮相。洛夫、贾平凹、陈忠实、韩少功、余光中、黄永玉……这些耳熟能详的艺术家,都在那时一一走进了《花地》的"客厅"。他们的性情对话,他们的真挚诉说,他们不为常人所了解的心胸抱负,他们在生命奔跑中的艰辛和苦恼,他们的所感所叹所思所求,都在这里真实地呈现。他们,以自己的才华和成果代表了一个时代的声音,我们则较客观地记录了这些声音,描摹下他们的风采。

后来,几位采访主力记者都结集出了相关的专著。光是这几本专著里的受访对象,合起来已不下百位。这些智慧的结晶,是《花地》积累的宝贵财富,也是当代文学史上一笔丰富生动的素材。

尖峰岭之夜

文学批评和文学创作常被喻为"鸟之双翼、车之两轮",于文学发展如此,于文艺副刊亦然。尤其是在新的时代语境中,面对时代的呼唤、读者的感召和艺术的吁求,文学批评如何"展翼"和"转轮",显得越来越重要,也越来越有可为的空间。

2004年,《花地》开展的"广东文学无批评"讨论,持续了两个多月时间,算得上我们在文学批评之路上的初试啼声。

那年的5月23日、24日,《在延安文艺座谈会上的讲话》发表六十二周年之际,广东省第二次青年作家代表大会也将在广州召开。这也是继1993年第一届青年作家代表大会后广东青年作家队伍的又一次展示。

大家一琢磨,觉得这是一个很好的契机。创作的希望在青年,青年作家代表大会的目的当然是为了促进广东的文学创作。而广东多年来的文学创作并不如人意,其中的制约因素是多方面的,但批评的无力与匮乏,无疑是来自文学内部的最重要的因素之一。如果能借此会议召开之机,来一次对广东文学批评现状真刀真枪的批评,呼吁批评力量的加强,应有利于广东文学的健康发展。

一开始,我们向几位对广东文学相对熟悉的批评家约稿,但一听说是批评,他们便纷纷打起了退堂鼓。好不容易说服了其中一位,几天后交稿的文章仍如温吞水,无法体现我们的意图。

这样的结果,其实也属正常,这不正是文学批评现状的反映吗?最后,我们只好自己操刀,化名抛出了第一篇文章《广东文学无批评》,于2004年4月17日花地版见报。文章提出了三大问题:广东文学有批评吗?广东文学批评家都干啥去了?广东文学如何批评?

犹如一块冷硬的石头,砸向当时的广东文坛,使沉寂多时的一池南国春水,顿起阵阵涟漪。广东的作家、批评家们随后纷纷登场。等到青年作家代表大会如期召开之

时,这个话题又水到渠成成为与会者关注的焦点之一,有人甚至呼吁恢复昔日《当代文坛报》,以加强广东文学批评力量。

从"广东文学无批评"发端,到呼吁"广东文学不能无批评",现在想想,那时人们对批评的接受度,对媒体的宽容度,令人颇为感动。

一年后,又一场"寻找诗歌"的系列讨论,推动了读者对诗歌的反思,也将《花地》再次引入媒体批评的现场。其规模和力度都更加强烈,影响力扩至全国,一时成为网络热点。

这次讨论,因一场不欢而散的诗歌研讨会而起。

2005年7月,《天涯》杂志的主编李少君邀请了国内十余位诗歌界人士,在海南尖峰岭国家森林公园举办笔会,同时对浙江诗人潘维、云南诗人雷平阳的诗歌进行研讨。我有幸获邀参加。

这并非一场严格意义上的研讨会。只是在某个夜晚,在万籁俱寂的群山之巅,在灿烂星河之下,十几个人坐在了一起,随意地聊了起来。提供给大家的,也就是打印好的几页纸,两位诗人的十几首诗。

起初,一切都显得随意而轻松。可随着两位诗评家在现场对诗歌的生命力与质感的争执,氛围陡然间变得火爆,以致研讨会也在一方的拂袖而去之下不了了之。

与外界对诗歌的漠然和偏见不同,诗人之心如此赤诚。相较于绝大多数研讨会上的你好我好大家好,诗人的真诚与直率展现无遗。两个平时私交甚好的诗人,只是因为第三者的诗歌讨论,因为彼此诗歌观念的某些差异,一时间便争得面红耳热,不欢而散。

媒体一定是以受众为中心的。当时大家对于诗歌其实有不少较为极端的看法,各种诗歌的写作也程度不一地受到责难。因此,当我在现场第一次读到雷平阳的《澜沧江在云南兰坪县境内的三十三条支流》一诗时,就为其独特的结构形式所吸引,也就有了以此诗为由头进行讨论的设想。其诗摘录于下:

澜沧江由维西县向南流入兰坪县北甸乡
向南流1公里,东纳通甸河
又南流6公里,西纳德庆河
……
又南流48公里,澜沧江这条
一意向南的流水,流至火烧关
完成了在兰坪县境内130公里的流淌
向南流入了大理州云龙县

中间略去的,就是全部三十多条支流的排列。选择以此诗为例,首先就是因为其形式的极端、特别,容易引发读者的关注。事实上,现场的争论并非全由此诗而起,这首诗也不是雷平阳诗歌中的最佳之作，但这些都已不重要。重要的是，通过对此诗的讨论，既对现场的争论有某种回应和延伸，更可以鲜明地呈现出诗歌界和读者的多元观点，从而对社会上的种种看法给予回应。

讨论发端于 2005 年 8 月 6 日的《羊城晚报》的《花地》版。

编辑部邀请现场四位嘉宾就此诗专门行文，而观点迥然对立。也请作者雷平阳撰写了创作手记《我为何写作此诗》。

版面冠以的大标题是："这样的'诗'还是诗吗？"这一发问，单刀直入地标示出了正反两方意见的对立程度。如今想来，这样的质疑，一定是给了作者以不小的压力吧。不过作者并没有因此而表达异议，给了编者以最大的空间与尊重。

这个版面，同时呈现了作者、正方与反方三方的观点，是经过了我们精心策划、精心组稿完成的。其实，评论者的质疑，也正是当时社会上对诗歌的普遍的质疑。我们预感到它应该会引发读者的关注，但反响程度之激烈，依然远远超乎我们的想象。包括纸质媒体和网络媒体在内的万千读者瞬间被席卷而入。

有人质疑，如果这样的诗算是诗的话，那他随手就可以写下一长串，但马上就遭到反驳，人家第一个这样写是天才，第二个就成了蠢材。有人批评这种愈演愈烈的简单化倾向，有人却认为这是有效的写作，无技巧就是大技巧。至于诗人自己，多年之后接受记者采访时依然坚持，如果让他再写一次澜沧江，他只会再抄一遍，不改一字。并且开玩笑地说，这首诗歌是试金石，能够试探出你对诗歌的了解到底有多少。

正如诗人的真诚与直率，不是尖峰岭诗会现场的争论，我们还不容易感知；诗歌的热情与力量，不是这样的一场争论，我们也不容易有一个形象化的直观，不知道还有这么多对诗歌如此狂热的隐性读者在。

从一首诗的探讨扩展到对整个诗歌界的审视，在媒体的推动下，这场"全民式"的讨论愈演愈烈。这样的讨论，无疑比单纯地发几首诗歌、几篇诗评引人关注，也有价值有意义得多。

诗人雷平阳，经过了这番"历练"，也成功地从云南走向全国更广阔的领域，为更多的读者所熟知。即使是现在，只要一搜索雷平阳的名字，网上就会蹦出这场诗歌讨论。这已经成为他抹不去的"胎记"。

再后来，"始作俑者"李少君兄，从海南赴京出任《诗刊》主编，依然念兹在兹，多次和我聊起，什么时候我们能再携手策划一次像尖峰岭之夜那样的诗歌讨论。

尖峰岭之夜，应该可以进入当代诗歌史的吧！

此情可再否？答案是一定的！

媒体的生态在变，不变的是《花地》永远芬芳四溢！晨兴理荒秽，带月荷锄归，日复一日，年复一年，我依然在这里种着花。侍花如侣，读花如人，在每一朵花的故事里会心、欢喜。

浪花亦逐潮

陈泽泓[*]

【主编者言】一个编撰和研究地方志的人，竟然曾经承包一家工厂。在百废待兴的年月里，新鲜事天天有，机会也天天有。作者自视为时代浪潮中的一朵小小浪花。

我上山下乡去了天涯海角，经历十年椰风蕉雨，调到广东省农垦总局当办公室秘书，过了几年安稳日子。岂料，命运之神把我拨弄到局属一家工厂，窥豹一斑地亲历"杀开一条血路"的历史大变革中冲破旧体制束缚的艰巨博弈，在改革开放的大潮中权充了一朵小浪花，成为今生难忘的一段经历。

1983年4月的一天，总局办公室主任找我谈话，说组织上决定调我去总局印刷厂当领导。

印刷厂是总局机关大院里唯一企业管理的事业单位。这个厂较长时间经营不善，矛盾成堆，在"工业学大庆"运动中，总局决定捅一下这个马蜂窝，抓整顿企业典型，派出工作组进驻印刷厂。带队的是总局党组成员、办公室主任，成员有财务处会计师、工业处工程师、机关党委书记，被戏称为"一个军"。工作组下厂一年，工厂效益未见提高，竟要向总局借钱发工资，厂内硝烟未息，遂决定在机关物色更换厂领导人选，以撤出工作组。

下乡之前，我是潮州市印刷技术职校学员，因此成为更换人选。五年的"半工半读"，让我遍历各个工种，充其量是个专业知识比较全面的学徒工，没有接触到企业管理。对突如其来的调动，我事先没有丝毫思想准备，多年养成了"螺丝钉"定位习惯，不加多虑就应命了。自忖，当干部，一是要"公"，没有私心；二是要"专"，肯钻技术，应该没有什么被难倒之事。唯一的准备，就是破季订了一份《印刷技术》杂志，重新了解已远离了十四年的印刷天地。

一

5月，走马上任，任厂党支部书记和副厂长。原正、副厂长是一对冤家，副厂长调

---

[*] 陈泽泓，广州市方志办原副主任

去机关，留任厂长是个老同志，似乎被折腾得束手无策，放手让我去捣鼓。一年半后厂长调走，我任厂长兼书记。

这个厂前身是中共中央中南局印刷厂，"文革"中改为广州军区生产建设兵团印刷厂，兵团改制后，成为广东省农垦总局印刷厂。一批"元老"级职工，是中南局印刷厂时从韶关的矿山招的"政治学徒"，根正苗红。其余的职工，多是总局机关干部的三亲六戚。我到厂时，有人私下议论，来了个年方三十六岁的年轻人做领导，该给他点颜色看看。

莅任没几天，平地一声雷，全厂职工自行宣布停工，要求领导到车间解答问题。厂长让我先去了解情况，说要是我搞不定，他再出马。一进空旷的印刷车间，只见全厂几十号人齐集于此，平时喧嚣得谈话都要到车间外，此刻空气凝结般异常静寂。众人有立有坐，有的一屁股坐在印刷平台机上，我被围在中间，好歹留了张凳子给坐着。那场面，竟让我从脑里不合时宜地冒出电影《列宁在1917》的一个镜头（"十年浩劫"中翻来复去看的革命影片，本来不存在可比性）。我让大家先讲，足足听了一个多小时申诉，无非是领导无能、工厂三天打鱼两天晒网、工资发不出；班子内斗，处事不公，造成职工间拉帮结派，风气不正。听大家说完，我表态：我刚来，不可能马上做出答复。意见都记下了，回去跟厂长汇报，请相信厂领导班子能解决的问题一定解决。

一周才刚过去，又重现停工风波！我耐心听完一个半小时的重复申诉，问了没有别的话了，说：大家说的，与我上次所听的一样，没有新的问题。这是长期积累下来的，不是几天就能搞定的事，但一定要设法整改。职工间、家属间的矛盾，还要靠大家一起努力解决。迫在眉睫的是，怎么找活儿发工资，我们不像机关干部那样由国家统包工资，工厂不开工，工人不干活，谁发你工资？我当场宣布：第一，从现在起，厂里的"文化大革命"该结束了，不能再用这种"大鸣大放"的方式，解决不了问题！工人要生产，领导也要将精力放到经营管理上，以后有新的问题，或者有新想法要找我，绝对欢迎，不管是谁都可以与我约定，下班后我在厂部办公室恭候。第二，从现在起，谁再发起停工，停工期间所有相关人员工资请他负责。第三，厂领导班子会研究拿出措施搞好生产，搞好工厂发展，解决提出的问题，请宽容三个月时间以观后效。停工之举从此偃息。

上任三个月，我向总局党组呈上《关于总局印刷厂一些情况的调查和设想的汇报》，分析了体制改革以来印刷厂经营情况，提出解脱困境的设想。

总局印刷厂当时有干部职工67人，占用着108.8万元固定资产、29.4万元流动资金，1982年总产值35.1万元，实现利润3.2万元，上缴利润1.28万元。全员生产率最高年份1977年为6696元/人，1982年为5084.5元/人。从1979年开始发放奖金，1982年人均318.8元。由于前些年的亏损，实际上是借钱发工资和奖金。生产状况不

稳定，资金利用率较低，收入下降，与业内相比全员劳动生产率不高。针对上述情况，要提高生产率，做到任务饱满，设备、人员利用率高，需要一系列改革措施跟上。

我到印刷厂，应了那句"摸着石头过河"的话。自请两个老师：一是《印刷技术》杂志，这是国内创刊最早的印刷专业期刊，它让我睁眼看全国印刷行业的新动态、新技术；还有一位是我在海南时留意到新华书店竟然出现一本现在已记不清名字的美国人写的《发展生产力》，买下了，居然从中学习了怎么提高生产率，印象最为深刻的是书中引用日本企业家的一段话，说如果厂长可以去钓鱼了，就说明这个厂管理上轨道了，因为这标志着层级责任的问题解决了。启蒙之师，使我脑洞大开。这个厂原来以印制总局会议文件、简报为主要任务，还有财务账单之类，外部任务则让路于总局任务，时而停停打打。计划经济年代，"吃大锅饭"无所谓，一旦开启了奖金制度，生产任务不饱和，分配不均，伴随着人心不齐的底子，矛盾越来越扯不清。要解决问题，当务之急是对外要抢订单，对内要提高生产组织的协调性、适应性。

等米下锅，不如自找饭吃。于是，一改以往找任务不是守株待兔就是四处烧香的做法，改为主动撒网。临近过年，我们把广州地区十几家有出版业务关系单位的联系人都请到工厂来，开了个业务座谈会，认真听取各方意见，晚饭在饭堂摆了两桌饭菜，餐标定为一桌三百块钱。顶高标准的接待，让总局厨师喜不自胜地大显身手！我从家里拿来两瓶洋酒（在海外的妹妹送给我，舍不得享受也不懂享受的奢侈品）请大家喝。客户代表受到前所未有的款待，无不为我厂的诚意所感动，敲定了订单，第二年的生产任务都排满了！负面新闻亦随之而来，有人议论说，这家伙是个败家子儿，工资都发不出去了，还敢请客吃饭！总局办公室领导闻讯找我了解情况，事情就算了了，毕竟是改革嘛。"请客吃饭"成功，全年订单无忧了！全厂上下摩拳擦掌准备大干一场，各个车间无不热火朝天。

提高生产组织协调性、适应性却非同吃饭之易。排字、印刷、装订三道工序任务不平衡，超产分成差别很大，不仅阻碍了生产积极性发挥，还让矛盾此起彼伏。经过调研，我向总局党组提出改革的设想，在发挥党员带头作用，思想工作跟上的前提下，采取具体措施：一是完善职工岗位定额管理承包方法，固定费用不宜浮动，产品定价由厂掌握平衡，按全班超产比例奖励班长；二是健全生产调度制度，强调质量把关，明确工序之间交接责任，完善签付印制度；三是增加劳动力，扩大排字班，建立版库，配套解决人员、技术问题以充分利用机械设备，部分装订产品转外包。

承包基数获准通过，增员却颇费周折。通过对生产能力、任务平衡测算，全厂需增员21～29人，增员不扩大设备，人均产值可提高40%以上。人，哪来呢？当时社会上已开放灵活就业政策，可雇用临时工，但在机关大院中，既无先例，更不易安置，一下子增加这么多人，绝不是一件小事！一连几晚，我跑去跟总局办公室分管印刷厂的张副主任磨嘴皮"洗脑"。张副主任延安时期是张思德的战友，兵团时期是兵团驻广州办事处主任。老革命敢担当，在理解了我的想法之后，毅然拍板："就这么干吧！"机关的许多人闻讯纷纷把乡下亲属介绍来了，出于公正管理的考虑，我没有介绍自己的一个熟人、亲人。我规定招工必经考试，亲自出考题，还整理了半工半读教材作为技术培训手册。招收人员工种，首先考虑文化程度最高的排版工人，就考两项：一考认读手写稿，那个时候大部分文稿都是手写的，什么"天书"都有，会看稿才能排字；二考认读英语26个字母手写体和印刷体，因为我们厂的外接任务多有周边的华南理工大学、华南农业大学、暨南大学等高校和珠江水利委员会、电子研究所等科研单位的刊物、著作，稿子免不了有英文，甚至有公式，必须看得懂字母才能照着排版。经考试分流：合格的，上排版岗位；稍懂机械常识的，上印刷岗位；最后才是装订岗位。技术含量不同，计酬自然分高低。为解决新增人员在机关大院吃住问题，厂部着实费了不少力气。事实证明，合理增人有效提高了劳动生产率，全厂职工加上临时工人数，高峰期达到近三百人。生产任务满满，赶任务时，有的车间还要安排双班，充分利用了设备。人手紧张，仓库晚上进纸，我带领厂部干部加班干活。

二

  印刷厂的老职工，深受斗争哲学熏陶，原先凡事互不相让，鸡毛蒜皮的事可以从车间扯皮斗到宿舍邻里不得安宁。加上原先的厂领导各有偏帮，一些人芥蒂很深，甚至屡出奇招。举例说，职工宿舍楼近在工厂大楼对面，一见天要下雨，马上有人跑回家抢收晾出的衣服。机关已用上煤气，工厂宿舍还使用蜂窝煤炉，上班时间离岗回家先开炉升火习以为常。竟有存心者备个小本子，从车间窗户窥望，定向登记某人回家累计时间，以备吵架翻老账。纪律涣散，上班随时离岗、秋后算账吵架，属司空见惯。可是，不让工间回家开炉升火，势必影响这些职工午饭午休。现实问题成了严格管理制度的拦路虎。我便出面把总局办公室行政科副科长老王挖到厂里任副厂长。老王性子耿直，文化不高嗓门高，机关有人与他合不来，他当副厂长却很来劲，神通广大地解决了厂里十几户人的煤气问题。消除了员工的后顾之忧，严格上班纪律由是顺理成章。

  在吃"大锅饭"、反对"管卡压"的年代，制度形同虚设。随着改革深入的需要，工厂着手建立、完善各项制度，以制度管事管人。从定额管理到奖金制度不断测算、修订、完善，还有生产管理、岗位管理、质量管理、工具原材料管理、劳动力管理，乃至各工序工作要求——制定落实管理制度。先后制定实施了《质量事故处理办法》《岗位责任制》《开展文明车间文明家庭活动试行办法》《加强产品管理试行办法》《车

间各工艺衔接责任范围的规定》，加上临时工招收、管理、培训办法和厂内经济责任制度等，形成一个上下责任明确、左右工种沟通的较为有效的管理体系。厂部办公室从工厂外部搬到车间，面对面指挥生产，厂领导每天的工作动态自觉摆到工人眼前接受监督，厂部墙上挂着生产流程情况表，入门一目了然地看到全部产品进程。有个下午我迟到了5分钟，门卫对我说，陈厂长，您经常加班加点，我不能计您迟到。我表示厂里定下的规章制度，不能有例外。干部以身作则，厂风得到整肃，大家都说"现在的工厂才像一个工厂的样子"。厂里狠抓质量问题，对新工人全部进行了应知应会技术考核。垦区内湛江农垦建印刷厂，首批工人委托我厂培训，我亲自上课。工厂召开了客户代表参加的质量问题座谈会，建立优质奖励和罚劣结合制度，处理了大小事故50多宗，优质奖励48人次。成都书局董事长到我厂参观后，说这是他所见到的厂风最好的印刷厂。

厂党支部活动，向来安排在生产时间进行。作为支书，我提出党员活动安排在班后或晚上，必要时占用休息日。刚开始，不少党员很不理解，有人讲怪话，说成了"地下党"。我跟他们说，全厂几十名固定职工中，就有十几名党员，都是各个车间、各条生产线上的骨干，工作时间离岗活动，不仅会影响生产，实际上还是坚守岗位的工人在替我们创造产值，显然不合理。作为党员，应该有担当精神，要做到活动、生产两不误，为群众作出榜样。时间变了，党员活动依然按部署进行，党课教育由我上课。党员带了头，职工看在眼里，逐步形成团结务实的新局面。令人高兴地观察到工厂发生了一些新变化：车间领导从只着眼于带头干，转变为懂得管理也是生产力，注意统筹安排工作；各车间从单纯执行命令，转变为分级管理，发挥主动性；每个职工从只关心本车间的利益转变为树立全局观念。

三

改革分配制度，工厂破天荒地搞了年终奖发红包，此事很快地被告发，又被表扬，怎么回事呢？当时，我从中央人民广播电台新闻广播中听到大连造船厂年终奖发红包，多劳多得、奖勤罚懒，挺见成效。也知道此法在香港企业早就普遍。我觉得不妨借鉴，就在厂领导和各车间主任组成的厂务会上，提出一改往年评先之套路，年终奖金采取发红包的想法。我拟了五个档次并提出各档次的依据条件，至于谁该是哪个档次，由我来定，红包由我来给，财务存底。厂务会通过此议，全厂除了我，副厂长及以下都分到红包。马上有人告状，惊动省直机关党委，刚过了年，省直机关党委即派人来厂调查，而后在省直机关党委年初召开的总结大会上，农垦印刷厂的做法受到表扬。说到红包，客户珠江水利委员会曾专门给我封了一个大红包。他们的刊物印数少、排版难度又大，不是找不到承印单位就是经常误期，长期令他们感到头痛。我们厂实行全厂调度制度之后，我负责总调度，协调督促，决不让任何一个任务因拖延工期受客户责难，珠委的刊物因此得以准时保质完成。我觉得红包是对我厂的嘉奖，原封不动交给财务，给各个车间分别增加一个热水器，皆大欢喜。我离开这个厂时，一分钱奖金没得过，还有财务人员提醒我，还有一笔累计的加班费，我说留下交公，发给我的计算器也都交公。手脚干净，心中坦荡一身轻！

一个厂要办好，要依靠职工的主人翁精神，不能让工人做只会斤斤计较埋头赚钱的工具，精神文明建设很重要。工厂通过文明车间、文明家庭、卫生评比活动，逐步实现民主办厂及和睦宿舍。工厂招了很多年轻人，新老职工容易形成各自的圈子，厂里提出开展"爱厂如家，全厂一家"为主题的多种形式文体活动，既活跃日常生活，也创造融合机会。工厂每个季度举办一次舞会或晚会、出版两期墙报，不定期举办职工体育比赛等。我本是个书呆子，不屑跳舞、不会体育项目，半工半读时唯一下过一次篮球场子，抱起篮球就跑，观者捧腹，从此不再入场。现在厂里业余球赛，我每场必到，兼任后勤与啦啦队。厂里开晚会，配了一套音响，在当时也算时尚。我不会跳不会唱，也站到场边捧场。墙报则成了年轻人抒发爱厂之心的文学园地，征文颁奖。厂里组织职工到深圳、珠海特区参观，到市区观看演出和看电影，团支部组织青年到桂林旅游。工厂替工人购国库券，并有节日费等各种福利。职工用上煤气，宿舍也由厂出钱粉刷、铺防潮砖。到第三年，建起一幢职工宿舍楼，老职工都住上一厅两房，配送了大床、办公桌和衣柜三大件。职工年奖金人均800元，在大院里轰动一时。我是三餐在家里吃饭，不知就里，多年以后，才听到老职工不无自豪地对我回忆说起轰动机关的一桩好笑的事。印刷工人收入高了，到饭堂打饭都挑好菜打，影响机关干部选择菜式。饭堂在不得已之下，居然想出招数，专门留了两个窗口给处级以上干部打菜。

回想起那段如火如荼的日子，我觉得工厂的变化靠的是一班人的齐心合力。当初自恃"元老"，扬言"中南局领导对我们工人都要敬三分，夏天下面送防暑西瓜，还指定转送印刷厂，新来的厂领导有啥了不起"的"刺头"，成长为工厂的骨干，后来有两位先后接任厂长，有两位接任副厂长。我视他们为手足，他们视厂为自家。人心齐，泰山移！副厂长王西华来厂不久就和工人打成一片，千方百计地改善群众生活，节约每一分钱办大事，不用我操心。他分抓基建，两年间，工厂建起新办公楼、职工新宿舍楼。财务老欧，是二十世纪五十年代从业的资深财务人员，长于企业经营，他婉拒当副厂长之请，表示愿意一心一意做好财务工作，不厌其烦地对改革措施带来的生产效益测算、奖金计算等复杂难题细致解析，及时就企业效益和经营向我提出建议。承接业务及原材料采购的郑明生，早出晚归，一心扑在业务上，连个人的婚姻大事都顾

不上。当时纸张供应紧张，为争取配额，不抽烟、不喝酒、不喝茶的他自掏腰包给人送烟送茶送酒说好话，创造了生产任务剧增却从没发生纸张供应断链的奇迹。工会主席张钧，善于在职工发生矛盾时做人的思想工作，马到事平；修理工郝志武，精于钻研技术，带头克服困难，完成安装胶印机、搬迁轮转机工作……职工队伍中涌现了一批热心工厂事业的好人好事：有的在紧要关头挺身而出，保护集体财产；原来爱说怪话的变得积极出谋划策；青工中成长出有新的经营观念、掌握新技术的好苗子。厂里开始形成上下齐心、注重质量、多出产品、钻研技术的好风气。

四

当初，得知我要调去印刷厂，家父特地写信说，关于调到印刷厂的事，吾看，现在大可不必，印刷厂只是印文件表报，不适应你的爱好，也无助于事业发展。况且，现在已可暂时安定下来，安定，是十分重要的，能安定，就能争取时间学习。这是知我之言，我何尝不想安定，何尝不想学习！然而，对我而言，其实没有任由挑选的余地，何况我有座右铭：大事做不来，小事总要做好，既来之，则安之。我与吾妻若子说了总局的决定，若子说，你用心做事，我会做你的好内助。

若子是总局机关家属小学老师，印刷厂很多职工孩子是她的学生。她教学认真负责，还讲方法，也经常家访沟通，学生、家长都喜欢她，印刷厂职工把边角料纸张装订成小本本送给她做草稿本。上任印刷厂之时，我跟若子约法三章：第一，以后家访去学生家，不能进车间；第二，从今不能接受家长送的边角料小本本，不要利用厂里的条件办私事；第三，厂内的事，不要插手表态，谁要告诉你什么事情，都说那是我老公的事。她表示支持，也切实做到了。

到印刷厂之后，我每天起早赶黑忙工厂的事，我妈来广州看我，不巧遇上我一顿饭居然要停下三次来处理找上门的事，她看了直摇头。家务重担全压在若子一人身上。我家住在总局宿舍，虽有煤气烧，为节约计，也兼用煤。就靠她一个弱女子挑一副担子走到沙河街买煤、买米。厂里有辆后三轮摩托车，天天外出，她一次都没沾光。夏天，太阳晒得马路差点可以煎荷包蛋，她挑着担子去两三公里远的沙河街买煤。回程走不动了，站在路边歇息。与总局相邻的华侨补习学校的司机也是若子的学生家长，开车经过瞅到了，主动帮她把担子搬上车运回家。若子在中山三院做痔疮手术时，护士生气地问她，你丈夫呢？做手术都不陪在身边！我呢，只能利用中午时间煮个菜汤什么的，用大口保温瓶装着，下午下班后赶紧骑车送过去。到了医院，菜都发黄了，若子没有半句怨言。她心疼的是因为住院，我又上班，没能照料好两个孩子学习、吃饭。对此，我至今都感到愧对妻儿。

当时每周是六日工作制，我在总局办公室工作时已报读了华师大省直函授班，学制五年，每个周日得骑车去上课，别说是帮妻子做点家务，哪怕是孩子们的教育也无暇用心，更没带他们出去游玩过。每个周日，若子风雨不改地陪儿子乘公共汽车前往沙河顶的星海音乐学院学扬琴。她肩背着沉重的扬琴盒子和琴谱袋子，一手拉着儿子挤公共汽车。儿子心疼妈妈，在车站等车时仰着脸说："妈妈，我长大了要给您买架飞机。"若子回来，跟我说起这事儿，乐了好几天。我心里真不是滋味。

改革开放年代，有多少因"十年浩劫"需要补办的事。若子在忙于教学，照料家务、孩子之余，还进了中师进修班，补师范课程，更是补学历，要比专心于一件事的常人付出更多的努力！在我的心中，印刷厂的每一个进步，都少不了她的一份功绩！

五

种瓜得瓜。

1983 年 8 月实行改革后，印刷厂当年总产值达到历史最高水平的 48 万元，全额利润 11.7 万元，净利润 5.8 万元，全员劳动生产率 7059 元/人，职工的小钱包也鼓起来了。凭借起步的经验，工厂向总局提出：从原来总局机关数部门分管改成专由总局办公室统管印刷厂，改变"婆婆多办事难"的上下级关系；自 1984 年起，承包指数由一年一定改为一定数年，坚持国家利益为重，控制分成利润在 30% 以内，以调动职工的积极性；利用自身力量试验发展彩印、胶印，轮转生产新项目并补充必要的设备，主动为工厂可持续发展迈出新的步伐；进一步调配好劳动组织，调进 10 名固定工，利用好发包工，并加强对外联营，与兄弟厂建立合作关系以解决薄弱环节。

1984 年，印刷厂总产值 74 万元，全额利润 18 万元，超额完成定额的 54% 以上，净利润 14.4 万元，上缴利润比 1983 年翻了两番多，全员劳动生产率 8604 元/人，提高了 22%，再次创造印刷厂的历史新高。

1985 年，总产值达 145 万元，增产 96%；年利润 26 万元，增加 48%；劳动生产率 10740 元/人，增加 25%；人均创利 2000 元。产值、生产率、人均创利率、百元固定资产创利率均达到行业先进水平。在增产的基础上，印刷厂做到国家、集体、利益三者兼顾。当年上交总公司利润 20 多万元，交纳营业税 7 万多元，加上交折旧、能源交通税合计 20 多万元，上交总公司机关后勤单位各种费用比上年多了近 3 万元。工厂固定资产设备中，本厂投资提高到占 54%。工厂没有向总局伸手要一分钱，自筹资金 12 万元购进胶印机、三台平台机、一台订书机，增配五副字架，修复铸字机，自制上背机，起用停用多年的报刊轮转机并建起轮印车间，还扩大厂房投资 5 万元（包括发电机房、营业部、修理间 400 平方米，整修厂内道路 50 多米）。工厂转型采用胶版印刷，开始了电脑打字，在凸版转平印、隔墨套色、胶印彩印方面都有进展；技术革新也带动了人才成长。随着生产能力的提高，业务越来越多，在做不过来的情况下，我们把一些装订任务外包给广州周边一些乡镇印刷厂。无形中我们这个厂的生产能力得到了提升，书印得多了，刊物质量也有了保障。外包的乡镇企业与我们建立了战略关系，乡镇增加了收入，提高了就业，也很高兴。我们厂在广州地区印刷业圈子中渐而小有名气，被吸收为省印刷协会理事成员。据说当时广州地区的书籍印刷，除了省新华印刷厂就数我们了。

　　1984年，我们厂被评为广东省直机关精神文明建设先进集体。1985年我被授予广东省劳动模范称号。工厂和个人的事迹见诸报道。1985年9月16日《南方日报》刊出程小琪采写的新闻报道《端正经营思想，抓好印刷质量，省农垦印刷厂半年创利十三万》。1986年8月23日《南方日报》刊登了记者方棣华的《他们也在拼搏》，报道省直机关华师大中文八六届学生的毕业情况。其中有一段话——"在这五年时间里，许多学员都能处理好工作与学习的关系，既是学习上的模范，又是单位的先进工作者"，并举出我为例，把我当做"学习成绩一直名列前茅"（我的学习成绩在全班276名学员中获总分第一名），学习工作两不误的典型来报道。此时，我从农垦总局印刷厂跳槽到广州市委老干部局工作已经半年了。两年九个月的经历，让我理解了市场经济浪潮中，国营企业的改革，每天我都处在惊心动魄的拼搏中，"钓鱼的厂长"，对我而言是不可及的梦想！之所以离开印刷厂，最主要的原因，只为朝向我终生追求的书田笔耕工作走近一步。

（李莹晖协助整理）

衣带渐宽终不悔
——我与广州文博

程存洁*

【主编者言】 改革开放之初，我们常常用到一个成语"百废待兴"。文博事业也是"百废"中的一项。作者在其中努力数十年，广州文博事业的发展也就成为他的职业生涯。

1990年7月，我从中山大学历史学系硕士毕业，分配到广州博物馆工作，从此与广州文博结缘，至今（2022年）已有三十二个年头。三十多年来，广州市的文博事业有了长足的发展，我也从一个文博新人逐渐成长为一个基层博物馆的负责人和专家学者。一路走来，我见证了广州文博发展史上的许多重要时刻，同时也把我自己的青春和激情奉献给了文博事业。

我家在江西革命老区的农村。我小时候很少接触文物、艺术之类的高雅事物，再加上二十世纪八九十年代的博物馆，都是要花钱买票才能进去参观的，所以，在广州读书期间，因为没钱也没有这方面的兴趣，就很少去参观博物馆、艺术馆。唯一的一次，是1989年12月，我作为陪客，陪同湖南省博物馆副馆长傅举有老师参观了西汉南越王墓博物馆。当时，湖南省博物馆刚在香港举办完马王堆汉墓出土文物展，傅老师从香港回长沙，途经广州。傅老师曾参加过马王堆二、三号汉墓的发掘，对西汉南越王墓出土的文物极为关注。

毕业的时候，我很想找一份教书的工作，结果被分配到了广州博物馆，心里不免有些忐忑和迷茫。二十世纪九十年代，文博单位属于冷门行业，吸引不了激情澎湃的年轻学子。我去报到的时候，得知自己是馆里唯一的一个研究生。

馆领导很重视知识和人才，把我分到了博物馆的核心技术部门陈列部。按照惯例，馆里新入职的员工都要去展场锻炼一年，做讲解员或者看守展场。因为我的学历较高，馆领导特批我免了基层锻炼看展场这一环节，直接进陈列部工作。

开始工作后，我查阅了不少资料，发现广州博物馆有不少"威水史"。"博物馆"

---

* 程存洁，孙中山大元帅府博物馆馆长

这一概念在我国最早出现于十九世纪三四十年代的广州。1928年,广州市政府以"广州为孙中山故乡"之名,正式启动博物馆的筹建工作。1929年1月11日,广州市市立博物院正式对外开放,馆址就在现广州博物馆所在地镇海楼。这是我国最早的一批博物馆之一,也是广东第一座具有现代教育理念和功能的博物馆。

新中国成立后,广州在博物馆理念和建设方面也一直走在全国前列。1951年2月27日,广州市文物管理委员会成立,市长兼任委员会负责人。3月1日,新成立的广州人民博物馆全面建成开放(后改名为广州博物馆)。到我参加工作,进入广州文博系统的时候,广州已建成广州博物馆、广州美术馆、广东民间工艺馆、广东革命历史博物馆、毛泽东同志主办农民运动讲习所旧址纪念馆、中华全国总工会旧址纪念馆、南越王墓博物馆等十多个文博单位。广州的地上文物得到了有效的保护和合理利用,地下文物也得到了科学发掘,大批市民、港澳同胞、海外侨胞都向博物馆捐献文物珍品。

得知自己在一个位于全国先进的行业系统里工作,我之前的迷茫和担心立即一扫而光了,奋斗的激情重新燃起。我决定撸起袖子好好干,全身心地投入到工作中去。

工作三十多年来,我亲身经历和参与了不少广州文博的重大事件,如今回想起来,仍然记忆犹新。

1997年,香港回归祖国之际,广州也迎来了建城2210周年的喜庆时刻,广州市的各行各业都在积极筹备庆祝活动,文博单位决定举办"羊城文物珍藏"大展作为献礼。市文化局从各文博单位抽调业务骨干,组建展览筹备组,我有幸忝陪末座,成为其中的一名陈列工作人员。

展览设在西汉南越王墓博物馆临展厅,从市属文博单位馆藏中精选"珍稀品"及"具有特别重要的历史科学艺术价值的文物"共计262件(套),按铜铁器、玉石印玺、陶瓷器、工艺美术和书画等五大类展出。因展览经费不足,当年没能重新设计制作新展柜,也没有进行过多的装饰,我们只是充分利用原有展柜,在文物本体上下足功夫。

展览推出后,深受观众喜爱,社会反响很大,后来还荣获了首届"全国博物馆十大陈列展览精品"奖。"全国博物馆十大陈列展览精品推介活动",是国家文物局指导开展的一项陈列展览活动,自1997年开展以来,以其专业性、权威性被业内誉为中国博物馆界的"奥斯卡",是我国博物馆展览领域内的最高级别奖项。

"羊城文物珍藏展"之所以能获得全国同行的认可,我认为主要是因为主题好、内容精彩。它不仅是广州历史上首次大规模展出馆藏珍贵文物,也是第一次"物"化广州历史:展品"秦戈",外表虽普普通通,却是岭南地区考古发现唯一有秦纪年的青铜兵器,是秦始皇统一岭南时的遗物,具有极高的历史价值;展品"滑石谒牌",相当于今天的名片。此外,关于汉代番禺城、南越国冶炼技术、晋代珠江三角洲早春开耕、唐代广州木雕工艺水平、唐宋广州城市政建设水平、广绣、广彩、广钟、广雕、石湾陶瓷、端砚、岭南画等，都有文物珍品反映相关内容。

完成"羊城文物珍藏展"之后，1997年的下半年，我又被抽调去参加南越国宫署遗址的考古发掘。在广州的历史长河中，南越国时期是十分重要的一个发展阶段，广州建城即始于秦始皇平定岭南时期。

南越国宫署遗址位于广州市越秀区北京路东侧、中山四路以北，原儿童公园及广州市文化局办公区地带。早在1975年，考古工作者就在这里发现了秦代造船遗址及叠压其上的南越国砖石走道遗迹；1995年又在该片区东北角，原广州市长途电话局综合大楼处发现了南越国宫苑石构水池"蕃池遗址"。当年，为了原址保护蕃池遗址，考古人员与工地施工人员还曾发生过激烈争执。后来在国务委员李铁映同志的关心过问下，蕃池遗址才最终得以妥善保护。而如何处理经济建设和文物保护二者之间的关系，随后也迅速成为当时的社会热点话题。

1997年，广州市计划在市文化局办公区一带开发建设"信德文化广场"。鉴于此地块曾有过两次重大考古发现，按国家规定，必须在开展基建之前进行考古发掘。为此，广州市文化局专门成立秦汉造船遗址办公室，并从市属文博单位抽调业务骨干组成一支考古发掘队，进行抢救性发掘。这次的考古发掘项目被命名为"97广州秦造船遗址发掘Ⅱ"。

考古发掘工作原定在7月13日开始，后改为7月14日开工。这次考古发掘的面积有4000多平方米，探方46个。为确保考古现场不塌方、不渗水，施工队在工地四周先行打下了近十米深的支护桩。神奇的是，这一圈支护桩后经证实，没有破坏到任何重要文物遗迹。

七月的广州，天气十分炎热。可是考古工地上没有搭建大棚，考古人员顶着酷暑，在烈日下工作。工地上每天都有上百人在挖土、运土，挥汗如雨。我的双臂也因长时间在烈日下暴晒落下了病根，之后数年常常还会发痒。发掘工作持续了半年多，到1998年3月才结束。

此次发掘出土了一大批珍贵文物，其中最为重要的，是一条上百米的曲流石渠。这条石渠建于南越国时期，气势雄伟，砌法独特，建筑用材也很特别，在中国园林史和中外文化交流史上具有非常重要的价值。正是这条曲流石渠的发现，促使广州市政府下决心取消了"信德文化广场"的兴建计划。

每当看到保存完好的石渠时，我都很欣慰，因为这条百余米的曲流石渠，我也亲手发掘了一段。此外，我还发掘出了我国园林史上最早的踏步石实物实景。

鉴于这次考古发现的意义重大，秦汉造船遗址办公室及时起草了《秦造船遗址与西汉南越国宫署遗址保护初步设想》讨论稿，首次划定南越国宫署遗址重点保护区及4.8万平方米的遗址保护区，从而为南越国宫署遗址的保护奠定了基础。

1995年和1997年的南越国宫署遗址的两次考古发掘，均被评为当年"全国十大考古新发现"。一处遗址两次获选，这在全国考古界中也较为少见。

如今，在国家文物局和省市有关部门的大力支持下，南越国宫署遗址得到了合理保护和有效利用，2005年被国家发展改革委员会和国家文物局列入"'十一五'期间国家重大遗址保护专项"，2006年与南越国木构水闸遗址、南越王墓，组成"南越国遗迹"，被列入"中国世界文化遗产预备名单"，2012年再次被列入中国海上丝绸之路申报世界遗产遗存点。南越国宫署遗址被誉为"广州历史文化名城精华之所在"。

自进入广州博物馆工作以来，馆领导一直都很重视我，重点培养我，放手让我参加一些重大项目。1992—1995年，馆里又送我去武汉大学攻读博士学位。完成学业之后，我又回到了广州博物馆继续效力。当时，我不仅是馆里唯一的博士，还是整个市文博系统唯一的博士。

1998年，因工作出色，我被提拔为广州博物馆副馆长。1999年，我入选中共广州市委组织部和广州市人事局组织的"广州市政府培养面向二十一世纪领导人"项目，被送去美国进修学习一年，在那里我学到了很多先进的博物馆管理理念。2003年，我担任广州博物馆馆长。从1990年进入广州博物馆，至2015年轮岗至孙中山大元帅府纪念馆，我在广州博物馆工作了二十五年。二十多年来，我一直以馆为家，以馆为荣，兢兢业业地工作，勤勤恳恳地做事。

在担任广州博物馆领导期间，我先后主持或参与过一些重要工作，如将五仙观下放给越秀区，整合广州博物馆与原广州美术馆馆舍，举办广州博物馆八十周年馆庆等。

位于越秀区惠福西路的五仙观，历史上是一座祭祀五仙的谷神庙，为全国重点文物保护单位，归属广州博物馆管理。因历史原因，五仙观南门外完全被居民楼包围，严重影响了五仙观的历史风貌和活化利用，而且存在安全隐患。广州博物馆完全没有能力推进征地工作，因而长期以来，五仙观周边环境得不到改善。

二十世纪九十年代末，随着社会经济的发展，人们的文物保护理念发生了变化，加上各区都在积极建设区级博物馆，为充分发挥各区县级政府优势，1999年正式将五仙观移交越秀区管理，同时派出一名业务人员协助办理接管工作，使该项工作顺利完成。

越秀区委区政府接管后，一方面挂牌设立越秀区博物馆，安排专人对五仙观进行管理，另一方面积极启动五仙观周边环境整治工作，经过2000年和2004年的一、二期工程的修复扩建，五仙观的历史旧貌得到了恢复。2007年，市、区两级政府又决定在五仙观西侧地块建设南粤先贤馆，将南粤先贤精神与岭南文化精髓一同融入五仙观。

如今，以五仙观为馆舍的越秀区博物馆，内外环境优雅静谧，已成为越秀区的一处重要文化中心，门前广场更是成为周边市民的活动场所。五仙观的下放、保护利用工作，为全市文物保护和活化利用树立了榜样。

广州博物馆的主体馆舍是广州的标志性建筑镇海楼。此楼始建于明代，为羊城八景之一，被誉为"岭南第一胜概"。镇海楼虽闻名遐迩，但展示空间狭小，不利于文物的陈列展览。多年来，这一直是制约广州博物馆进一步发展的瓶颈。从二十世纪九十年代起，广州市政府就计划在珠江新城筹建广州博物馆新馆，后因财政紧张，只能将筹建新馆的地块给了省里建设广东省博物馆新馆。广州博物馆新馆建设一事又变得遥遥无期。值得庆幸的是，不久之后，广州美术馆新馆在麓湖落成开放，毗邻广州博物馆的原美术馆馆舍被交给广州博物馆统一管理，广州博物馆的展示陈列空间终于扩大了。

2006年，我们开始对两处馆舍进行整合。经过反复论证，决定依凭越秀公园的优美环境，将两处馆舍连通，打造成花园型博物馆。

整合馆舍的工程量虽然不大，但十分琐碎。按照规划方案，第一步我们先改善原广州美术馆馆舍：一方面对主体建筑仲元图书馆进行全面修缮，连接打通海山仙馆和尺素遗芬碑廊。另一方面利用仲元图书馆空间高的优势，将馆藏外销艺术品移置楼内展示；同时还购买了一批自然化石标本，利用馆内附属建筑，推出"地球历史与生命演化"展，完成了"自然科学馆"的展示。第二步，重新调整镇海楼展区功能布局，一方面迁出镇海楼展区所有办公场所，将其改造为临展区，扩大展示面积；另一方面对镇海楼进行较大规模的修缮，使其更加雄伟壮观。

整合后的广州博物馆，功能分区更为合理，展示空间拓展了，馆藏文物得到了充分利用，广州博物馆集历史、自然、艺术于一体的大型综合性博物馆的定位得以初步实现。

2009年，广州博物馆迎来了八十周年华诞。为了做好这一庆典，我们提前许久就开始了筹备工作。2008年，我受邀赴梅州参加广东（中国）客家博物馆开馆仪式。在庆典晚宴上，我向时任广州市市长的张广宁同志汇报了广州博物馆2009年将迎来建馆八十周年大庆的事宜。张市长当场表示支持我们举办活动。回到广州后，我又向名誉馆长麦英豪先生及局领导作了口头汇报。不久，麦老专门给时任广州市委书记朱小丹写信，邀请他于百忙中参加庆典。2009年4月，拙作《十九世纪中国外销通草水彩画研究》荣获"2008年度全国文博考古十佳图书奖"，我前往郑州，参加由国家文物局、中国文物报社主办的"2008年度全国文博考古十佳图书颁奖典礼暨文化遗产事业与文博考古图书出版论坛"，恰逢故宫博物院院长郑欣淼先生也与会领奖，亦向他发出了参加庆典活动的盛情邀请。

2009年5月16日，我们在镇海楼广场举行了盛大的庆典活动。当日天气晴朗，宾客盈门，庆典活动盛况空前。故宫博物院院长郑欣淼、广州市委书记朱小丹专程到博

物馆庆贺；台北故宫博物院副院长冯明珠女士寄来了她亲自书写的贺联："羊城无尽藏，镇海多奇珍。"

此次庆典还有一个意外的收获。在活动的休息空隙，我向郑欣淼院长展示了一本我馆前不久在旧货市场收到的1937年版《故宫日历》。郑院长非常兴奋，仔细翻阅了这本日历。回到故宫后，他马上安排工作人员查找馆藏，发现图书室还存有多款历年的版本，于是决定继续出版《故宫日历》。从2010年起，故宫每年都出版一款《故宫日历》。如今，《故宫日历》已成为故宫博物院最受观众关注和喜爱的文创产品，取得了社会效益和经济效益的双丰收。

在广州文博系统工作的这三十多年里，除了上述这些令人难忘的"大事"，我还做了一些非常有意义的事：主持修缮了位于小东营的黄花岗起义指挥部旧址纪念馆和三元里人民抗英斗争纪念馆主体建筑"三元古庙"；与港澳地区的文博同行合作办展；系统征集了数千件广州的外销瓷和外销画等地方特色文物。而我唯一的遗憾，是经过数十年努力并获立项的广州博物馆新馆如今依然是纸上蓝图，没有落地建成。

文博是我一生唯一的事业，我愿意为之坚持不懈，努力奋斗，"衣带渐宽终不悔，为伊消得人憔悴"。广州文博这些年来取得了有目共睹的巨大成绩，全体广博人，也包括我自己，为此付出了无数辛勤汗水。为了一直走在全国前列的广州文博能更上一层楼，我们要更加努力。

一个非典型企业家养成记

丁家奎[*]

【主编者言】作者半道下海,所以自称"非典型企业家"。企业家的养成应该在于内心,在于素质,在于性格,更在于时势。时势会影响这个群体的质量和多寡成败。

小时候在老家,村子里到处刷着标语,至今印象深刻的一条标语是"以阶级斗争为纲、纲举目张",就在我们家那条胡同的墙壁上。在多养几只鸭子都叫"资本主义尾巴"的情况下,大家对于做生意这件事是望而生畏的,对于受儒家文化"士农工商"理念深入影响的中原腹地尤其如此,我们老家的商业活动仅限于赶集,能见到的商业机构只有供销社。

在老家,提起做生意,人们都认为是南方人的专利,那些人都很精,我们学不来。

那个时候,从来没想过有朝一日我会去创业、去做"老板"。

转折:命运撞上了国运

我们这代人非常幸运,到了上学年龄赶上了"文革"结束,紧跟着恢复高考、农村推行联产承包责任制,这两项改革直接改变了我的命运。

在此之前,农民这个阶层非常固化,一辈子的生活轨迹是预定好的:在村子里读个小学,幸运的话读个初中,然后回生产队干活挣工分,结婚生子后下一代再重复这种人生,基本没有改变命运的可能,升学、参军靠推荐,不仅名额奇缺,还是少部分人的特权。

恢复高考的举措不仅为所有人打开了大学校门,也为农村的孩子实现阶层突破提供了可能。

联产承包责任制则从根源上解决了农村孩子上学的物质基础问题,我们一家七口人,靠父母两个人的劳动就可实现全家温饱,还有余钱供我们兄妹五个人读书。

1987年,我幸运地考上了位于南方的中山大学,因为从小到大活动范围不超过方

---

[*] 丁家奎,广州天维信息技术股份有限公司董事长

圆二十里，收到录取通知书的时候完全不能想象广州是什么样子，村干部跟我说那是一个"花花世界"，家里人警告我说"南方人很精，小心上当受骗"！

于是，怀着惴惴不安的心情，我踏上了南下的火车。那时候从郑州到广州的直快是37个小时，这是我终生难忘的37个小时，因为有太多人生"第一次"：第一次到省会城市郑州，第一次看到武汉长江大桥，第一次见到黄鹤楼，第一次见到黄河、长江和珠江，第一次见到这么多山（生活在大平原的我以前只见过太行山的剪影），第一次说普通话，第一次听到河南话以外的方言，第一次踏入大学校门……

还在去往广州的火车上，一个旅客跟我父亲断言：这孩子将来肯定不会回河南了！

到了广州，车水马龙、灯红酒绿、蕉风椰雨、时装墨镜扑面而来，感觉自己穿越到了一个完全陌生的世界。

改革开放是国运改变的开始，也彻底改变了我这个小人物的命运，我不用再世世代代做农民了！

冲击：岭南文化与中原文化的融合

从千年农业文明核心区到千年商业文明最前沿，从社会最底层的普通农民到天之骄子的重点大学学生，从贫穷落后的北国小村庄到繁华发达的南国大都会，我的价值观不断被打破重组。

还在郑州火车站时，见到一个烫着头、穿着花衬衣、戴着墨镜的帅哥，说着一口听不懂的方言，前来送行的大哥说"这个人就是广州人"。还没到广州，就已经感受到了广州的不一样。

中大所在的新港西路有两趟车我们经常坐，一趟是到广卫路的14路，一趟是到火车站的235路专线车，那时候的公交不发达，每趟车都挤得像沙丁鱼罐头似的。在北方，经常听小伙伴们炫耀逃票的光荣历史，像广州这么拥挤的公交车，只有一个售票员，逃起票来实在是太便利了！令人吃惊的是，我看到车上每个人上车扶稳后纷纷掏出钱来通过数个人的手传递给售票员，然后再把车票和找零原路传回来，不仅没有一个人逃票，而且也不担心钱款丢失。我请教一个当地的同学为什么没人逃票，他简单回了一句：人家公交车没有成本吗？为什么不买票？这种公平交易的价值观一下子震惊了我。

在校期间，1990年的时候，学校安排我们去东莞社会实践两个月，跟着当地干部深入社区、农村、工厂、家庭，我第一次见识到了遍地开花的"三来一补"企业（来件装配、来样加工、来料加工、补偿贸易）。我们去参观的一家位于洪梅镇的制鞋厂，一个只有初中文凭的干部家属，管理着8000名来自全国各地的"打工仔""打工妹"。

我震惊于现代工业的惊人生产力，震惊于流水线模式让企业管理这么简单，同样也震惊于先行一步的广东对于全国的吸引力！

1992年暑假，作为《中大青年》杂志社社长的我受校团委委托，带队参加全国大学生"挑战杯"社会实践比赛，深入珠三角各地调研，除了采访政府机关，还深入美的、容声（后改名科隆）、华凌、神州等企业访谈，最终完成了《乡镇企业的"顺德模式"》一文，获得全国二等奖。我们在各地看到了热火朝天的创业场面，看到了朝气蓬勃的干部群众，也看到珠三角各地都干出了名堂：中山的国企、外企、合资企业、乡镇企业、个体户"五个轮子一起转"，南海的建材行业、摩托车行业誉满华夏，番禺"家家点火、村村冒烟"，顺德一县居然有19家企业产值过亿！那时候还有一些说法如"孔雀东南飞""星期天工程师"，说的是来自内地的体制内的专业人才纷纷南下，加盟更加灵活的广东企业。

广东人重视商业、会做企业的精神深深感染了我。

读研期间，我有幸在新华社广东分社兼职，给著名记者、后来的战略咨询名人王志纲先生做助理，在此期间深度阅读了王志纲老师的《中国走势采访录》《风帆起珠江》《珠江三角洲启示录》等几篇在全国有影响力的大作，亲身经历了他们团队制作《大潮涌珠江》《北方的躁动》《南方的河》等电视专题片的过程，当然也跟着王志纲老师认识了很多优秀的知识分子和企业家，视野一下子开阔很多，战略思维开始萌芽。

研究生毕业后，我正式入职广州社科院社会所，并很快被派作香港理工大学社会学系主任李明堃教授的助手。深入广州老牌国企广州重型机械厂，协助李教授完成"企业办社会"的课题调研，使得我有机会了解一家大型国有企业的战略管理、产品管理、流程管理和公司治理。社会所还让我牵头完成了"珠江三角洲口述历史"这个课题的前期调查工作，用一年多的时间访谈上百人，包括企业家、小老板、个体户、政府官员、学者、普通群众等，访谈材料二十多万字。这是一次深度研读珠三角的机会，我全面了解了珠三角的崛起过程，当然也深度了解了岭南文化、商业文明、改革开放及企业管理。这两个课题就是两堂生动的MBA课程。

新华社及社科院的经历彻底改变了我的价值观，我对"做生意"这件事的态度从恐惧到认可到羡慕到钦佩，甚至到了跃跃欲试的地步。

直到此时，我才感觉到自己完成了从农村到城市、从农民到市民、从读书做官到商业市场观念的转变。

下海：泥饭碗撞碎了铁饭碗

清楚记得，因为我和我爱人都是研究生学历，回老家办婚礼时本家一位爷爷不停

感叹我俩是"男女进士"。中国一千三百多年的科举制,使得读书做官成为知识分子的唯一出路,科举出仕是光宗耀祖的阳光大道。

虽说思想意识已经有所转变,但找工作时我还是更加重视体制内的机会,尤其是"铁饭碗"。

我在广州社科院的工作非常充实,领导信任、同事关系融洽、业绩突出、工作体面,但总有不安于现状的感觉,有一种蠢蠢欲动的欲望。

上班不到两年,一个偶然的机会,一家软件公司的老板向我招手,我便不假思索地答应了!

这次辞职,当时不觉得有什么,办完所有手续后却不停冒冷汗:

退掉院里分配的宿舍,

停掉公费医疗,

取消干部身份,

将户口迁出公家的集体户转到人才市场,

社保关系转到人才市场,

组织关系转到人才市场……

这是被组织抛弃的感觉!

那时候流行一种说法叫做"下海",其中含义更多的不是"海阔凭鱼跃",而是"风高浪急、生死由命"。

那时的我已经转变了观念:在改革开放的大背景下,去商场拼搏、凭本事吃饭不仅有市场,而且前途无量,根本不需要担心没饭吃、吃不饱的问题。

这次下海完成了两个比较重要的转换:

第一,铁饭碗换成了"泥饭碗";

第二,由相对稳定的行政岗转为漂泊不定的销售岗。

这两次转换都是主动求变的结果,实践证明,放弃学历包袱、放弃身份包袱,去干自己喜欢的事业,这种快乐是旁人无法想象的。

幸运的是,我误打误撞进入了方兴未艾的IT行业,更加幸运的是,进入了金融科技行业。

这么好的行业,这么大的市场,这么广阔的前景,好的公司却寥寥无几,多数的IT公司做不大,破产倒闭成为家常便饭,我在下海后加入的两家公司也都先后倒闭!

经过中山大学的培养,见识过珠三角的优秀企业,又经受过新华社和社科院的淬炼,此时的我已经能够用经济视角、市场眼光和战略思维来看待问题,分析了IT行业的利弊后决定自己创业,学着在大风大浪中去掌舵一条属于自己的小船。

七年大学生涯,我实现了农民到知识分子的认知转变。

下海，代表着从读书做官到市场的观念转变。

创业，则是企业家精神在我身上萌芽、成长到成熟的转变。

创业：非典型企业家的成长

我的创业想法得到时任广州社科院党组书记李江涛先生的大力支持，他把我推荐给广州开发区建设总公司的朱秉衡先生，朱总又把我推荐给广州开发区建设创业投资公司（以下简称建创公司）。按照定位，建创公司重点投资高新技术领域，主要做天使轮或早期投资，为广州培养"鲨鱼苗"。我们计划发起的公司刚好符合建创公司的投资定位，经过反复论证，建创公司成为天维的天使投资人，我们的新公司于2001年正式成立。

创立公司过程中，我深刻感受到广州确实是一个难得的创业宝地。

《硅谷百年史》（阿伦·拉奥著）一书中总结到，硅谷的三个成功因素：以斯坦福大学为主的科研院所提供技术来源、大胆而有远见的投资人和以政府、军方为主的慷慨买主。天维的创业过程也暗合这个规律。

除了建创公司的投资之外，广州天河软件园为我们免除了一百多平方米办公区两年的租金，我们很顺利地拿到了"新办高新技术企业"资质并享受到税收"两免三减半"优惠，还获得广州银行提供的100万元流动资金贷款，广州的高校资源及成熟的IT行业为我们提供了合适的人才，广州市的多家银行则成为我们最早的一批客户……

有这样的创业环境，难怪广州会成为除北京、深圳之外最重要的IT行业聚集地，难怪广州会成为一线城市。

时至今日，中国的IT行业已经成为一个影响力巨大的新兴行业，但不可否认中国的IT行业还很年轻，与先进国家的软件公司多从事芯片、主机、网络设备、操作系统、数据库、中间件等业务相比，国内公司更多从事应用系统的开发，如银行核心系统、电信业务系统、信息管理系统、客户管理系统等，这个行业其实一直处于低水平竞争阶段，具体表现为公司不够专注、产品质量不高、客户满意度不高、人员流失严重、盈利能力不强等。

经过审慎研判，创业之初我们就确定走专业道路，聚焦于一个行业、一个产品，即银行绩效考核系统。

但是，创业的前七年，我们仍然摆脱不了其他软件公司的命运，公司连年亏损、客户不满、员工流失。这就逼着我们认真思考问题所在：我们的客户都是银行，不缺钱，也有支付能力；我们的员工都是大学生，素质不低，工作效率没问题；我们的工资不高，对于费用管理非常严格，不存在浪费现象。那么，只有一个问题：项目不赚

钱！为什么项目不赚钱？因为需求不可控、验收不可控，可以说，这是所有软件公司的通病。

认识到问题所在，从2008年开始，我们大胆放弃IT公司包袱，向传统企业学习，大刀阔斧进行商业模式改革。

把"谈需求"环节升级为咨询业务，不依赖客户的能力，立足于自身的研发、学习，建立咨询团队、研究团队。我们的咨询能力得到快速提升，经历了"跟随""并行""引领"三个阶段，创新了一系列与银行绩效考核有关的理论、方法论、流程、工具，至今已经公开出版四本专著。我们已经连续举办十二届"银行绩效管理论坛"，在业内拥有强大的影响力。

关于"验收难"，我们认识到绩效考核属于"决策支持系统"范畴，其特点包括"九分业务一分技术""三分打造七分运营"等，因为需求多变，传统商业模式根本无法解决试运行、验收等问题。因此我们在商业模式上不断进行破坏式创新，经历了"软件""咨询+IT""三位一体""数据服务"四个阶段，成功将绩效管理数据服务推向全国数百家银行。这种模式不仅成功解决了"验收难"问题，还大大提高了项目质量，提高了客户满意度，同样也提高了公司的发展速度和盈利能力。现在我们已经成为天河软件园知名企业，连续多年获评"高新技术企业"资质和"重合同守信用"荣誉。

当年我们做"挑战杯"项目研究"顺德模式"时，以及做"珠三角口述历史"进行访谈时，发现以顺德人为代表的广东企业家勇于创新，研发出了如美的鸿运扇、蚬华吊扇、容声电饭煲、格兰仕微波炉等产品，他们都敢于以世界一流水准来要求自己，王志纲老师也把这种精神形象地总结为"可怕的顺德人"。

天维的创新精神，也是岭南企业家精神的一种体现。

天维创新的管理类软件商业模式，为管理类IT公司闯出一条新路。

结语：感谢时代的成就

恢复高考，让我有机会实现阶层跨越，从黄河岸边一个普通农民成为一名知识分子。

大学七年以及在新华社广东分社、广州社科院的经历，我的世界观、价值观被广州改造，被大学改造，向高人学习，被社会教育，从传统儒家文化的底子里挣脱，逐步接受了更加贴近市场、贴近商业文明的思想，实现了从"传统人"向"现代人"的转变。

下海六年，我理解了什么是公司、什么是市场，深度接触并深刻理解市场经济的本质，开始认识企业家的含义及企业家的作用，这才产生了创业动力。

创业二十一年，我成了一个非典型企业家，除了管理企业应有的技能外，我自认为仍然保留着知识分子爱钻研、理想化、具有家国情怀的特点，是一个有书呆子气的企业家。

幸运的是，创业之初刚好赶上中国加入 WTO，之后的二十年是中国快速发展的二十年，也是银行业耀眼的"黄金二十年"，加上中国的基础设施建设日新月异，飞机、高铁使得我们可以把生意做到中国的每个角落，大湾区宽松的创业环境、国家的改革开放政策，是公司发展必不可少的外部条件。

我在广州的三十五年见证了大湾区的蜕变；

我本人也在这三十五年中完成了角色认知的转变；

我们公司则乘着中国快速崛起之势取得长足发展，成长为一个对银行业有用的企业。

新闻激情是怎样点燃的

范以锦*

【主编者言】 作者曾主掌省级主流大报，历经风雨，有许多故事。但他从自己的中学时代说起，写他与新闻事业的结缘，感恩给他带来新闻激情的好时代。

粉碎"四人帮"不久，我受命担任南方日报社梅县地区（现为梅州市）记者站站长。过了两年迎来党的十一届三中全会，中国的改革开放由此起步，而改革又是从农村"大包干"生产责任制拉开序幕的。邓小平说："农村搞家庭联产承包，这个发明权是农民的。"我在山区记者站，目睹了农民的这一伟大创举，在记录农村的变迁中与时代同行。

改革开放的春天的到来，也让我进入新闻生涯的春天。回首过往，至今仍心潮澎湃，激动不已。那个年代，我曾称之为"新闻激情燃烧的岁月"。

机缘巧合当上了记者

因父亲的岗位身份，孩童时我就结识了报纸，但从来没有做过记者梦。

上小学时，老师发问："你长大了想干什么？"我和农村的小伙伴们你瞧瞧我，我瞧瞧你，看别的同学怎么回答。沉默之后，老师一个个点名，非要一个答案不可。无奈之下，就有了各异的答案——"想当解放军""想当老师""想当医生"；也有更大胆的，"想当科学家"；还有，"回家安心务农"。多种答案，就是没有说要当记者的。

那是二十世纪五十年代的前期，山区农村的人有几个见过报纸的？孩童更不可能有记者的概念。事实上，"回家安心务农"是最实在的回答。那个年代，我们山区的农家子弟能跳出"农门"进入高等学府深造的少之又少。

我的老家在广东梅州市大埔县茶阳镇西湖村。范仲淹十六世孙积玉公在这里开基，第二十三世孙即我的曾祖父范定元，是一名教书匠，自建房屋"为纲堂"供三个儿子住。到了我的祖父范有应，穷困潦倒。我的父亲范联盛9岁丧母、14岁丧父。从马来

---

* 范以锦，《南方日报》原社长

亚（马来西亚前身）回来探亲的宗亲见我的父亲孤苦伶仃，心生怜悯，便将他带到马来亚。父亲先是学会修车、开车，继而与我母亲结婚后进入深山垦荒种地、割橡胶。抗战时期，作为一名热血青年，父亲积极参加支前工作。当时马来亚共产党与在马的英殖民当局已结成抗战联盟，因此父亲与马共人员常有来往，以粮食等物品支持。抗战结束后，马共与英殖民当局又成为死对头，而我父亲依然与马共中认识的人来往，还参加了反殖民主义的工会组织。1948年8月父亲被捕入狱，坐牢10个月后于1949年6月全家被驱逐出境。在马来亚出生的我和哥哥，跟着父母、外祖母回到了祖居地西湖村。

与山区农村的许多孩子不同的是，我在小学三年级的时候就经常看报纸，也许长大后成为记者的缘分就从这里开始的吧！

之所以能看到报纸，是因为父亲的身份让他拥有一份报纸。我们回国后不久，家乡解放了。仅有初小学历的父亲当时被看作是村里有文化的人，加上出身贫困，又有见多识广的经历而被驻村工作队看中，当上了村农会主席。村里的"土改"刚结束，父亲就被吸收为干部并任乡长。后来因华侨的身份和马来西亚那段经历找不到证明人而无法入党，并逐渐受到冷落，于是他以"文化低，无法适应工作"为由申请当司机，从此"以干代工"至退休。父亲当乡长时有一份《大埔日报》，他还兼任了本村农业合作社主任，所以报纸就放在家里。那时很难找到课外书来看，报纸成为我的主要课外读物。报纸的有些内容，我至今记忆犹新。

习惯成自然。上了中学之后，我经常到阅览室读报。路经邮局门口时，也会在阅报栏浏览感兴趣的新闻。即便这样，也只是"读报爱好者"的身份，并没有产生"未来当记者"的渴望。理由很简单，无论当医生、当科学家，还是当记者，前提是必须考上大学。虽然我的祖上是书香门第，我的学习成绩也还行，但要考上大学并不容易。中华人民共和国成立之初，我所在的西湖村有一人考上大学，此后直至1963年再也没有人考上。我渴望上大学，但往这里一想，又觉得渺茫。1964年，我高中毕业了，全校应届毕业生160多人只有十多人考上，报考文科的有二十多人只有我考上。

假如未考上大学，就不可能踏上新闻之路，而能考上与我常看报纸有一定关系。参加高考是1964年，文科考作文、古文、政治、历史、俄语，加考不列入总分的数学。其中，作文对我来说不难写，因为这篇作文讲的主题和内容，报上能经常看到。政治也不难，其中一道高分的分析题，其主题也是当时报上经常讲的。常看报纸，这对我考上大学是有帮助的。

考上大学，为我以后走上新闻之路做了铺垫。从这个角度来看，我少年时虽未有当记者的理想抱负，但喜欢看报说明已与新闻结缘。

我就读的是暨南大学经济系政治经济学专业。当年大学毕业生处于供不应求的状

态,都强调对口分配。我想,读政治经济学专业,毕业后就是从事财经方面的工作,在校几年依然没有想过会去当记者。不过,对记者行业逐步有了点了解。班上大家凑钱订了一份《羊城晚报》,阅览室还有《人民日报》《光明日报》《南方日报》等。我们班还有一份《参考消息》,当时列入机密刊物,指定专人领回来,班上同学传阅完还得退回去。我在班上承担了这一任务,逐渐地我与报纸的情感也深了。我与记者也有过面对面的交流。有一天晚上,记者到学校开了个座谈会,我参加了,第二天报纸上就刊发了座谈会的消息。我感觉很新奇,怎么会那么快?我还认真阅读了不少好报道,比如战斗英雄麦贤得的报道,逐渐对新闻职业有点了解,对记者也产生了几分敬意。

对报纸有情感、对记者有敬意,但我并没有萌生当记者的欲望。然而,大学毕业后我却走上了新闻之路。这并非是我的选择,而是计划经济年代组织安排的,也是我大学毕业的时期处于特殊年代的机缘巧合。

1964年秋至1966年夏,在基本学完两年的大学课程之后"文革"开始了。大学生先是在"大鸣大放、大辩论、大字报"加上"大串联"的环境中消磨时光,到了1968年7月工宣队、军宣队进驻学校后,则下乡、下厂劳动锻炼。学制五年,1969年7月我就应该毕业了,但依然在农村与农民"三同"(同吃、同住、同劳动)。1970年初,暨南大学被宣布停办,教师被安置到中山大学等校,学生安排到湖南洞庭湖西湖解放军部队农场劳动锻炼,半年之后,毕业分配。当时南方日报社因几年未要过大学生,加上还有一批老记者、老编辑已调离或还未恢复工作,人手不足,于是计划从高校招收二十多名大学生,其中暨南大学也名列其中。南方日报社派人来到西湖农场,从暨大经济系和中文系各要了两人。当时,很多大学毕业生不安排在大城市,大量安排在基层。我却因偶然的机会留在广州,进入从未想过的新闻单位当记者。之前,我虽写过文章,但只是写作文、参加作文比赛和给黑板报投稿,从未在报刊上发表过文章。报纸有什么体裁、怎样当记者,都不懂。那时,许多新闻教材和参考书都受到了批判,很难找到入门的参考书。报社资料室有《人民日报》《光明日报》《解放军报》和各省的机关报,还有就是经资料室人员分类整理的剪报,我一有空就跑到资料室去翻阅。接着,干脆自己订了一份《人民日报》和《南方日报》,每天读这两家报纸刊发的所有文章。当时,只有四个版,读完不难。

就这样边看边练,比较快掌握了新闻报道最常用的消息和通讯的写法。我记得第一篇见报稿,写的是广交会工作人员服务周到,热情接待外宾的故事。那个年代版面少,写稿不多。而且,"假大空"盛行。当时有个说法:"小报抄大报,大报抄'梁效'。"大报指《人民日报》,"梁效"是"四人帮"控制的写作班子。层层对口径,文章又长又假又空洞,"假大空"就是对当时文风的高度概括。在这样的氛围下,很难坚持新闻的真实性,想报道的报道不出去。周恩来总理逝世时,我与广州救助打捞局的人员正在西沙群岛海域的船上，从广播中听到周总理逝世的消息之后，船长和船员都聚集在甲板上，面朝北京方向默哀，沉痛悼念周总理。我将此情此景记录下来，通过船上的发报机，将稿件发到广州救助打捞局再转报社。十多天后，我返回了报社，第一时间翻阅报纸，怎么都找不到这篇报道；再仔细看看，发现除中央统一部署的几个悼念活动外，各单位或群众自发组织的悼念活动的报道一篇都没有。一打听，才知道"四人帮"控制的宣传机构有通知，不能报道各单位和群众的悼念活动。总之，在我进入报社的前六年，是我的新闻生涯中难有作为的时期。

新闻激情是这样点燃的

粉碎"四人帮"之后，我与众多媒体人一样，新闻生涯出现转折点。而真正将我们的新闻激情点燃，是党的十一届三中全会后的改革开放。

粉碎"四人帮"不久，南方日报社工商部主任黄淑儒派我到广东的四望嶂煤矿采访。这个地方我并不陌生。1974年底，"文革"中被打倒的邓小平复出，接着全国各地"全面整顿"开始。1975年初，广东省一位领导带领工作组进驻四望嶂煤矿，整治"大搞派性斗争，破坏规章制度，阻碍生产"的不良风气，取得显著效果。当时也是黄淑儒派我前往采访，报社领导看了稿件之后放在第一版突出位置刊发，这算是我从事新闻工作后比较重头的一篇报道。然而，好景不长，"反击右倾翻案风"之后，邓小平再次被打倒，四望嶂煤矿的歪风邪气又卷土重来，甚至有人写大字报说我的那篇报道是"大毒草"。粉碎"四人帮"之后，矿里的正气遏制了歪风邪气，全矿上下精神振奋，生产节节攀升。我重返四望嶂煤矿采写的通讯很快就在《南方日报》第一版刊发，而且还署上了我和通讯员的名字。"文革"时期，新闻报道署名被当作"资产阶级的成名成家思想"而受到批判，全国所有报纸的消息、通讯类等新闻体裁都不署名。我写的这一篇通讯是"文革"结束后广东报纸的首次署名，继而广东各报纷纷仿效，恢复署名。

对我来说，这只是激励的开始。四望嶂煤矿的报道发出不久，报社决定派我担任南方日报社梅县地区记者站站长。领导对我说："你年轻，又有大学文凭，让你到基层去，是对你的信任，也是为了让你更好地锻炼成长。"其实，在这之前的1972年秋至1974年春我曾在梅县地区记者站工作过。但这一次与上一次的社会生态、媒体生态大不一样。上一次很难报道真实的情况，民众对记者也不是那么欢迎，因为报道出来的东西与实际情况、与基层民众的想法不一样。这次有了很大变化，党的十一届三中全会召开之后，农民精神振奋，都纷纷要求给他们生产自主权。在国家还没有出台明确的相关政策的情况下，不少农村已悄悄将集体的土地"分"了，也就是后来说的实行

"大包干"生产责任制。无论走到哪里，农民都对这一责任制大唱赞歌，而且希望记者能宣传一下，充分肯定他们的做法。当时有些地、县、公社领导对"大包干"的做法还持有异议，甚至有"辛辛苦苦30年，一夜退到解放前"的说法。当时的情况是"两头通，中间梗塞"，也就是高层和农村最基层的干部（即当时的大队、生产队干部）支持"大包干"，而有不少地、县领导想不通，公社有些领导也想不通。所以，已实行"大包干"的农民担心会走"回头路"。事实上，有些地方已强行纠正"大包干"的做法。为何农民对我们记者很欢迎呢？因为此时报纸与他们想到一块了。那时南方日报社的主要领导丁希凌、陈培等思想都非常解放，《南方日报》逐步形成两大特色，一是政策宣传，二是批评报道。政策宣传，就是宣传党的十一届三中全会精神及一系列的涉农政策；批评报道，就是对阻碍三中全会精神、搞"土政策"的不良现象予以曝光，农民拍手叫好。

根据报社关于做好农村政策宣传的部署和我在农村了解到的情况，我写了一篇夹叙夹议的通讯，对搞瞎指挥的"长官意志"行为提出批评，支持农民抵制"长官意志"、争取生产自主权的创举。编辑部收到我的稿件之后，很快就安排在《南方日报》第一版见报。叫好声中，也有骂声。当时的惠阳地区有一位公社书记对我的观点进行了针锋相对的批驳，主要内容是说，现在农村工作已经很难管了，农民也越来越不听话了，你范以锦还强调不按"长官意志"办也能搞好农业生产，想干什么？我当时讲的"长官意志"，指的是不按农业生产规律的乱作为现象。相当长的时间以来，种植什么作物、什么时候种，都不认真听农民的意见，全县统一部署、统一指挥。比如，春耕播种一味强调早，并统一时间播种，结果出现倒春寒，秧苗冻死了。那个时候流行一句话："只有三个人会种田，即县委书记、公社书记、大队党支部书记。"其实，大队党支部书记都是农民，他们也有抵触情绪，但不得不执行全县的统一部署。

报社领导看了告状信后，明白这是思想僵化的人告的状，不仅不予理睬，还发通报表扬了我，肯定我的报道发得很及时。报社领导的支持、鼓励，再一次激发了我的激情。我经常深入到乡村采访，不只是下到公社、大队、生产队，还进入深山老林采访耕山队。先后写出了《生产队里的"君子协定"》《万元户订报》《"官办"不灵政策灵》等文章，为农村家庭联产承包责任制鼓与呼。

在基层采访时，我常住在公社，甚至住在农村大队部或农民家里。1981年10月，我到平远县八尺公社采访时住在农民肖添贵家里。做晚饭时肖添贵说："我现在去捞鱼，晚餐吃鱼吧！"他走出门口才几分钟就把鱼捞回来了。我问他，为何那么快就捞到鱼，他说是从"鱼缸"里捞出来的，村里家家户户都有"鱼缸"。我大惑不解，同来的公社干部见状带我去看"鱼缸"。这里水资源丰富，党的十一届三中全会之后，为了增加农民的收入，八尺公社出台了现金补贴的激励机制，支持各家各户将水引到房前屋后，一个个小水坑就成了一个个小"鱼缸"。我们走了一里路，竟见到27口"鱼缸"。公社干部告诉我，全公社农户开发的"鱼缸"达1299口。于是，我写出了通讯《"鱼缸"参观记》，发表在《南方日报》上。1981年8月，我下乡采访住在梅县荷西公社，听说该公社新荷大队鹁鸠生产队农民王贤林成了万元户。那个年代，农民成为万元户是很引人注目的新闻。于是，我前往采访。刚到他家门口，我就看到他在看《南方日报》。我问他订报有多久了，他说："10个月了。因担心队里的橙园承包合同会变，所以订份报纸找些材料，跟人家评评理。"1980年初，王贤林承包了生产队的3.7亩橙园。经精耕细作，硕果累累。进入秋天，果实快成熟之际，有的人看到大丰收的景象就眼红了，提出要撕毁年初订的合同。王贤林的父亲叫他找报纸看看，了解政策规定。刚好《南方日报》在那段时间就发了一批有关于维护合同的严肃性、切实保护承包户的权益的报道。为了便于及时了解政策规定，王贤林干脆自订了《南方日报》。有了政策壮胆，王贤林认真抓好橙园的后期管理，结果总产量比承包指标翻了一番，相当于过去最高年产的三倍。年终结算时，王贤林领到6542元超产奖。根据这一素材，我写出了通讯《万元户订报》。经时任总编辑丁希凌批示，安排在《南方日报》第一版见报。

1981年4月，中共广东省委第一书记任仲夷到梅县地区视察，报社派我作随行记者。任仲夷一行来到五华县农村调研，了解到五华县全县都实行了"大包干"生产责任制，出现了一"高"（积极性高）带来"十多"（粮增多、钱增多、建新屋多……）的喜人景象。任仲夷异常兴奋，他将五华县的做法和成效归纳为"三顺"（顺心、顺路、顺手）。顺心——顺了农民心意；顺路——顺了社会主义之路；顺手——可以甩开膀子大干社会主义了。这就针对性地回答了"大包干"生产责任制是现阶段调动农民积极性的好形式，姓"社"不姓"资"的问题。我以五华县的实践为例，以任仲夷关于"三顺"的讲话为主线，写出了通讯《顺心·顺手·顺路》，在《南方日报》刊登后引发强烈反响。当时"大包干"生产责任制虽然在许多地方已实行，但依然有较大争议，需要典型材料和权威声音加以引导。任仲夷对五华县"大包干"发表的看法代表的是省委声音，通过全省发行量很大的省委机关报《南方日报》传播开来，对统一人们的思想、推动"大包干"生产责任制在全省的巩固发展，发挥了很好作用。

新闻激情延展到报业

我在山区记者站任站长六年后，1982年调任南方日报社广州记者站站长，1983年进入报社领导班子任编委。1994年7月，我又重新踏上不知走过多少遍的梅县的山山水水。从农田"大包干"生产责任制的改革开始，又发展到承包山地等一系列的变革，

再到人民公社体制的废除，农村生产力得到进一步解放。此时，我看到的农村是一派欣欣向荣的景象。这次采访是时任广东省委宣传部部长的于幼军点名要我参加的，我当时担任南方日报社副总编辑。

当时，于幼军签发了一个通知——《改革开放以来先进典型材料编写要求》。通知指出："认真总结改革开放中涌现出的各种类型典型经验，多侧面地反映我省改革开放以来在经济建设、精神文明建设和人民生活方面取得的举世瞩目的成就，展示在开创社会主义现代化建设新局面中取得的重要经验。通过典型宣传，使人们深刻认识建设有中国特色社会主义理论对于我国社会主义实践的指导意义，深刻认识改革开放的成功之路，正确认清形势，坚定走建设有中国特色社会主义道路的信心和决心。"初步确定了15个典型，写出后先在《南方日报》等报纸刊发，然后汇编成《闪光的轨迹》一书正式出版。抽调了由十多位记者和作家组成的采写队伍，于幼军任编委会主任，他召集我们进行采访前的动员。我负责写梅县山区农民的致富之路，这是我比较熟悉的题材。我在记者站时曾一次又一次地来到梅县山区，登上一个又一个山坡，调研植树造林的情况，访问了众多水果种植专业户。这次采访比较全面地了解到梅县把种果树当作造林绿化的重要举措，以果促林，既解决荒山绿化问题，又增加农民收入。采访现场令我眼前一亮：昔日悲山，弃山；今日喜山，爱山——梅县人民对山的认识实现了历史性的飞跃。这种飞跃的必然结果是，梅县"百万亩荒山大县"的帽子摘掉了，山民们醉心小庄园的耕耘和收获，实践着从温饱型向小康型的跨越。希望在山，致富在山——这就是梅县山民常唱的歌。思路清晰了，我以《醉卧绿丛唱山歌——来自梅县的报告》为题写出了长篇通讯。于幼军组织了由报社、省社科院、省作协负责人或专家组成的评委，对稿件逐一点评。于幼军拿着我的稿件说："山歌唱得不错。"正因为有这个评价，我这篇稿件成为开篇之作，1994年8月31日刊发在《南方日报》头版头条。紧挨着的序言，为时任广东省省长朱森林所写。尔后出版的《闪光的轨迹》一书的书名，为时任广东省委书记谢非所题。

这是我走向报社领导岗位之后所写的一篇重头新闻稿，当记者时形成的新闻激情并没有随着职务的升迁而消磨。当然，作为报社领导仅仅重视新闻内容还是不够的，还应将点燃的激情延展到报业发展方面。

党的十一届三中全会开启了改革开放的航程，而1992年邓小平视察南方并发表重要讲话则引领改革开放向纵深发展，中国市场经济的大潮到来了。我所在的南方报业，也迎来新的发展机遇。为了应对报业市场的激烈竞争，当时南方日报社总编辑刘陶支持时任南方日报社地方新闻部主任关健等人提出创办都市报的建议。关健等人提出的方案是创办"大都市报"——《南方日报》广州版。刘陶认为不要附属在《南方日报》上，应独立出来直接创办《南方都市报》。当时拿不到刊号，先创办广东省主管部门批准的内刊版。内刊版于1995年初创办,刘陶叫我筹备和分管。半年多后,刘陶改任社长,我任总编辑,我不再分管了,但依然关注南方都市报社的生存发展。李孟昱接任南方日报社社长后,我对他关于南方都市报社发展的构想予以大力支持,其中一个重要决策就是停办没有发展前景的《海外市场报》,将刊号转让给《南方都市报》,并于1997年1月正式创刊。《南方都市报》提出"办中国最好的报纸"的口号,并以其强大的创新能力,最终成为全国非常有影响力的市场化媒体。

1998年5月,南方日报报业集团成立。在新媒体快速发展的背景下,我向省委建议改名为南方报业传媒集团,2005年7月挂牌。

无论报业环境发生怎样的变化,顺应市场经济发展的时代潮流,将新闻激情转化为做大做强报业的决心不能变。2001年12月,广东省委决定我任社长。2002年初任命宣布后,我就在思考如何将几代人培养出来的《南方日报》《南方周末》《南方都市报》《21世纪经济报道》《南方农村报》等名报进一步打造成品牌报纸。2002年10月,应深圳高新技术成果交易会的邀请,我在一个论坛上发表了"国际化背景下的媒体多品牌战略"的主题演讲。在这之前,许多人都没有听过"媒体品牌"的说法,因此引起了众多媒体和社会的关注。战略提出后,需要有组织架构和运营模式作保障。于是,我就提出了报系的组织结构。当时《21世纪经济报道》已经形成了较大影响力,下属还有子报刊和一批项目。该报社负责人对我说,以这张报纸去领导这些子报刊和项目不太适合,而且这张报纸也要做好自身的运营,不能把它的账目与其他子项目混在一起。我随口说了一句,设立21世纪经济报道报系。这个报系以《21世纪经济报道》为龙头,既确保品牌报纸的地位,又带动各子项目的发展。经过一段时间的实践证明效果不错,于是集团又批准成立了南方都市报报系和南方周末报报系,分别将《南方都市报》《南方周末》作为报系的龙头报纸。运营模式则确定为"龙生龙,凤生凤"的滚动发展模式。对于有发展前景的优质项目,也就是"龙""凤"类的项目,通过龙头报纸的带动,不断完善提升。对于非"龙"非"凤"没有发展前景的项目,则坚决停掉。

对于多品牌战略的实施,中华全国新闻工作者协会原主席、人民日报社原社长邵华泽,在为我写的《南方报业战略》一书所作的序言中有这样的评价:"范以锦提出的报系结构的概念,首先是培育品牌报纸;以品牌报纸为龙头成立报系;在形成品牌和报系的过程中,以优质品牌为龙头的报系来孵化新的子报。"最有说服力的典型例子是2003年11月创办的《新京报》。当时已成为品牌报纸的《南方都市报》已产生了对外扩张的冲动,集团班子也有这种想法。我与21世纪经济报道报系的负责人曾前往上海,与知名报纸商谈跨区域合作办报事宜,他们也派人前来考察,但最终未谈成。于是,我们又把目光转向北京等地。很巧,光明日报报业集团也有合作办报的想法,他们有一家报纸处在半死不活的状态，很想利用这个刊号创办一份市场化报纸。南方都市报社负责人和集团分管南都的领导听到这个消息后，积极回应并做好规划。他们向我汇报后，我与班子成员商议，很快就拍板了。我还向广东省委宣传部作了汇报，分管新闻的副部长还抽空与我一起到光明日报报业集团调研。很快，我带着团队与光明日报报业集团的领导在合作协议上签了字，确定的报名为《新京报》。时任省委副书记、宣传部长蔡东士在电话中表示祝贺。他说："《新京报》的创办，不仅对探索有中国特色的新闻事业有重要意义，而且对广东正在进行的建设文化大省的工作是一个推动。"这几句话，还登到了报纸上。两大报业集团的这一合作，也得到了中央宣传部和国家新闻出版总署的支持，成为中国第一家经国家主管部门正式批准的跨媒体、跨区域的合作项目。虽然合作协议是两大报业集团签署的，但实际操作中南方报业派出的是南方都市报社的团队，共抽调了包括领导、采编人员、广告和发行骨干等250多人进京。新京报社社长由光明日报报业集团派出，总编辑、总经理由南方都市报社派出。此次合作，充分发挥了光明日报社的权威大报的优势，吸纳南方都市报社乃至南方报业的办报理念，因此一问世就将北京的报业市场搅动得风生水起。《新京报》的精准定位，使其很快就成为在北京市场中占有较大份额的主流报纸，社会影响力越来越大。后来，这家报纸转为由北京市委宣传部主管。其形成的品牌影响力，在今天的融合转型中依然得以延续。

2006年底，我从南方报业传媒集团领导岗位退任后，由新闻业界转向学界从事新闻教育，先后受聘暨南大学新闻与传播学院院长、名誉院长。与新闻结缘，一路走来，不离不弃。如果没有始于党的十一届三中全会的改革开放给我施展拳脚的机会，就没有后来的发展和至今仍在新闻教育岗位发挥余热的现实。

感恩曾给我带来新闻激情的好时代！

中年问学记忆

冯达文[*]

【主编者言】 中年方才问学，似有一丝酸楚。但是几乎毫无例外，每个问学的人都没有沉溺于感慨之中。时不我待，他们写下了这一代学人的特殊篇章，无愧自己的人生。

真的不知道时间都到哪里去了，很多书来不及看，很多想法来不及表达，竟然就来到八十有一，满满的"80后"。

人老了总喜欢回忆。

还记得青少年时的生活，要自己挑着米担着柴到县城读书。周六下午，课后穿过山林摸黑回家，周日下午又沿路去学校求学，二十公里的路程。

又还记得青少年时的志向，几乎参加过修筑公路、建筑水库、平整土地、大炼钢铁的所有劳动，希望用青春热血改变国家"一穷二白"的落后面貌。1965年大学毕业，我们是唱着"到农村去，到边疆去，到祖国最需要的地方去"，走上工作岗位的。

我们那一代人在信仰中长成，度过了自己的青少年光景。

大学毕业被留校任教，旋即发生了长达十年的"文革"。直至1977年，"文革"结束，才真正开始自己的教学生涯。已经三十有六，人到中年。

这是理性生活年代的开始。

这里所谓理性，是说的面对现实。已经有了老婆孩子，得去养家糊口，计算着一个月能拿到多少钱，每天可开支几元几角几分。国家已经开始打破计划经济，每个家庭还得坚守计划经济。

诚然，二十世纪七十年代至八十年代，国家虽已转到以经济建设为中心，生活的改善却还有待时日。物资匮乏，我们只得自己养鸡取卵。1982年前，我住16平方米的房子，灶台下面就用来养鸡。1982年搬去28平方米的房子，1986年搬去36平方米的房子，厨房都得养鸡。有一天，竟然在鸡笼里发现一窝幼鼠。

学术交流也没有钱。1979年，中国哲学史学会成立大会在山西太原召开，我陪李

---

[*] 冯达文，中山大学教授

锦全老师坐三十多个小时的火车，抵达石家庄已是凌晨四时，待到早上八时再坐火车前往太原。散会后北上云冈石窟，从云岗坐车往北京，我们都只能躺在硬座椅子下度过几十个小时。到北京住煤矿学校招待所，一晚上五块钱，很是便宜，但条件可想而知。直至1992年，陪李锦全老师去开封参加会议，火车晚点十一个小时，我们就在广州火车站从白天眼巴巴待到晚上。

1992年上半年，我家乡的一个副市长来家探访，问我一个月工资多少？我把工资单拿出来让他一看，他惊呆了：怎么才两百多元？

幸好有孔子提点："君子忧道不忧贫"（《论语·卫灵公》）。只要有书读，有学教，便满心欢喜。

1977年我被划归中国哲学教研室，从事中国哲学史教学。1965年毕业，至此已荒芜十二年，什么是哲学？又从何切入中国的哲学？脑中空空如也。慌忙中先找包括艾思奇、李达等人在内的一批哲学著述，和从苏联翻译过来的讨论哲学概念和基本问题的若干论作开读，唤醒并增强原先的哲学记忆。尔后拜读尹达、林甘泉、侯外庐等老一辈大家关于中国原始社会的研究著作，期望可以找到中国哲学的原生点。历经半年，一无所得，心里有点失望。只好往后推移，来到"有册有典"的殷商西周年间。向中文系古文字学的名家张振林、孙稚雏借阅甲骨文、金文资料，对王国维、郭沫若、于省吾、陈梦家等大家的研究成果也有所涉猎。但我没有能力去作识字功夫。我只想了解一些重要概念如"帝""天"的指涉对象和概念之间的连接方式，我以为正是概念的指涉和特定的连接方式（判断与推理）体现着思想的营造与开展过程。

我这算是不经意对古文献作了一种"语言分析"。这一研究成果构成了我讲授与研究中国哲学的起点。以往我们受苏联的影响，以本体论、发展观、认识论和社会历史观四大块切割思想家的思想体系，显得破碎而且思想史发展的逻辑进程讲得不清晰。我的意图是要还原思想家原有的与潜在的思想体系，以及思想家之间思想交流与演变的逻辑进路，使中国哲学获得知识形式的意义。

1980年从给77级、78级同学授课开始，我提出的这样一个研究与讲课理路，让同学们感到有所收获。1989年，我以讲课内容作为研究成果，由中山大学出版社以《中国哲学的探索与困惑·殷周—魏晋》为题出版成书。

二十个世纪九十年代，对高校老师的评价还算不太刻薄。我只有一本书和几篇二三流杂志的作业，于1992年便被评为教授，1993年获国务院学位委员会授予博士生导师名号，同时也成为获国务院特殊津贴的专家。那时候特殊津贴其实每月只有人民币100元，算不上丰厚，不过也增加了收入。直至九十年代末，教授们的月收入也没有超过1000元。经受不住商业大潮的冲刷，个别年轻老师便下海去了。我所在的哲学系，则通过办MBA班让老师们有了一点额外收入。人心浮动，但"愿得天下英才而教育

之"的心态,仍为大家所共许。

我从1995年起招收博士生,至2015年招收最后一届,二十年间,含港台生,入读的有69人,毕业的54人,获得学位的51人。其实,在我名下能够毕业并拿到学位的学子,并不需要太多的指导。二十世纪初撰写《淮南鸿烈集解》的名家刘文典曾对学生说:"我将来出名全靠你。"刘文典说的并不是他自己,而是我们这一辈。

九十年代我本想续写南北朝至隋唐时期的哲学流变,但因佛学部分难以把握,只好跳至宋明,撰写《宋明新儒学略论》。但是,这段时期做的最值得记挂的事,是于1999年把中山大学近现代哲学研究室扩建为中山大学中国哲学研究所,另创建宗教学硕士点(2003年获批博士点),并于2000年建立起中山大学比较宗教研究所。我一度担任两所所长。

宗教学科点的创立与宗教所的建立,学界还曾有过歧见:这是要传教吗?其实,我自己不信教,长期浸润于思想史,深知过分的、盲目的宗教信仰甚有危害,但客观上也不无独特的价值。人类无疑要生存在物质的空间里,然而人类如果只有一重物质生活空间,便不得不面对残酷的争夺与搏杀。幸好有人文学的营造,为人类拓开了另一重人文的空间,在这重空间里,写诗作画还可能争得更多快乐。只是,这重空间不是谁都能进去的。唯宗教信仰开出的空间,才能为成功者、失败者同时接纳,使快乐的心灵知道感恩,苦难的心灵获得慰藉。显然,在生存空间拓宽的意义上,我们无法抹去宗教信仰的作用。因之,了解宗教、研究宗教在人类心灵结构中的影响,便有重要的意义。在世界范围内,至今大多数人仍然信奉着不同的宗教。如果我们不予了解,如何走得出去?

我曾经设想,利用宗教学科点这个平台培养若干学人,将来有可能在世界宗教研究论坛上发出中国的声音。因此,从1999年起我便分别开设巴利文、梵文、希伯来文、拉丁文课程,只可惜无法圆梦。

来到二十一世纪。由于中山大学与中山医科大学合并,得到广东省政府的大力支持,我们的收入才真正有了较大增幅,做学问的心态也更加稳定。

这个世纪的前十年,外人评议为中山大学哲学系学术发展的鼎盛期。在学术界已很有影响的学者如刘小枫、甘阳、倪梁康纷纷加盟。我已过"耳顺"之年,便请小枫接任比较宗教研究所所长,陈少明接任中国哲学研究所所长,甘阳创办博雅学院,梁康创建现象学研究所和西学东渐博物馆,张志林创设分析哲学研究所,鞠实儿更独立建构一个逻辑学基地,整个哲学系学术成果丰厚。后来虽然出于各种原因,小枫、甘阳、梁康调离,宗教研究式微,但梁康组建的西学团队仍然强劲发展,中国哲学学科点则有学兼中外的陈少明、陈立胜、张永义诸君经营,在海内外同行中亦有不凡影响。

我个人无法逐浪,便以编撰教材为生计。2004年,与武汉大学郭齐勇教授共同主

编的统编教材《新编中国哲学史》（上下册）出版，2007年经中宣部、教育部委任，我和郭齐勇作为"马克思主义理论研究与建设工程·中国哲学史教材编写组"首席专家，又再度编写《中国哲学史》（上下册），教材也已于2012年出版。

统编教材篇幅大，有六七十万字，难以表达个人偏好。因之，我自己也编撰了一本《中国古典哲学略述》，二十多万字，比较简要，已先后被译为英文、越南文、韩文出版。

想起这些年间学术上的创获，要回顾到二十世纪九十年代的道家研究，以及本世纪前十年，从道家转出的黄老思潮关于中国古典哲学的宇宙论探索。

由老子和庄子建构的道家，我一直把它拟定为中国古典哲学的批判精神的奠基者。学界多关注它对欲望及因追逐欲望带来的社会动乱的价值观反省，我自己却更看好它对人类的认知及认知的语言表述的检讨。价值观往往被认为是个人的、主观的，缺乏客观普遍性；知识则可以被看作具客观普遍意义。因之，从认知切入，才有颠覆性。于是，问题便得以归结为：一切的制度施设、种种的生活方式和价值指引，都立足于认知基础。可是，认知可靠吗？认知只在把事物看作静止的，且只触及事物的某些方面时才成立，认知的语言表述更是"约定俗成"而已，认知怎么会是可靠的呢？认知既不可靠，制度施设、生活方式、价值指引，便亦是靠不住的、虚拟的，有理由予以置疑的。

可见，立足于认知检讨，我们才可以把一切执着放下，回归到无执的状态，过着顺其自然—本然的生活。这是老庄的批判精神给出的价值指引。

然而，人毕竟生存活动于天地宇宙间，顺其自然—本然，如何可能呢？以黄帝与老子的名义建构起来的黄老思潮以为，只有依从天地宇宙变迁的节律行事与生活，才能做到顺其自然，于是建构起一套对中国影响深远的宇宙论。本世纪的前十年，我更多地关注到了宇宙论的评价问题。

宇宙论从元气（太极）、阴阳、四时、五行交变论万物化生，近代以来国内学者多指其不科学，对其评价甚低。西方部分人类学—社会学家则认为，宇宙论讲的"天人合一"，无非是追求神力而成神，不具认知意义；甚至以为，西方强调神人分立和人的抗争，才推动了科学的发展与近代资本主义的勃兴，而中国宇宙论，却让人听命于自然，无法营造近代精神。诸如此类。

但是，如果汉唐思想信仰那么糟糕，何以能够带来文景之治和贞观之治两期的盛世气象呢？

我致力于为汉唐宇宙论翻案，觉得其中关键之一是如何看待宇宙论的认知方式。我们知道，西方近代时兴的是分解—分析的研究方法：把对象分拆开来，抽取若干构件予以量化，很是精确，但是对象是被看作没有生命的。中国古典宇宙论却立足于从生命看天地万物，那些即便没有生命的东西都因为参与生命的生息变迁而获得生命性。而生命是如何生息变迁的呢？是依阴阳、四时、五方（五行）的交替节律变迁的。天地宇宙中凡适应这种变迁节律的物类才得以生存与繁衍，不适应的都会被淘汰。阴阳、四时、五行的变迁节律，已内化为生物品类的生物钟，宇宙论以阴阳、四时、五行对万物做类的区分，即是以这种生物节律——生物种为依据，而体现出一种客观认知的意义。中医取阴阳、四时、五方论生理、病理、药理、治理，它的有效性正表明了这种认知方式的正当性。

可见，宇宙论有认知价值。

从宇宙论也可能引申出神学信仰，那是出于对天地宇宙生生之德的敬畏与感恩：没有天地宇宙的生化，就不会有我们人类，难道不应该敬畏？天地宇宙生化不仅让人类成为最优秀的一族，而且年复一年生成百物供养不断，难道不应当感恩？从敬畏出发，必定有所禁忌，有些东西不能去碰；从感恩出发，又得有所承担，借承担使天地宇宙生化得以永不止息。

敬畏、感恩、禁忌、承担，都体现为一种宗教性情感，可以引向宗教。

然而，即便如此，从宇宙论引出的宗教性信仰，与西方和中东地区推崇的宗教仍有巨大差别。西方和中东的宗教，原出于对社会不公的抗争，往往取一神教的形式以强化抗争的力度。中国传统上没有严格意义上的人格神，"天""太一"都不具偶像品格，各种散殊（互不隶属）的节日敬祭，又多与四时五方（五行）的时空交替有关。这样一种祭拜，实出于对天地宇宙变迁节律的敬祀，起着强化信守时节更替从事劳作与安排生活的作用。

其实，中国古典宇宙论，不着意去鼓动人与天地宇宙（神）的抗争，这种抗争至今已带来巨大的灾难；中国古典宇宙论讲求人与天地宇宙的一体情怀，这种情怀才能使人类的繁衍与福祉得以永续。

我对古典宇宙论在认知和信仰上的这种辩护，或可说体现了我个人对中国哲学与文化的一颗守护心。

来到本世纪最近十年，已踏入"70后"。有一种年龄划分的新说法，确认79岁还属中年，心里窃喜。

回想从事中国哲学的教学与研究，从1977年算起，也有三十多年了。

我和我的同事和学生，在此期间获得社会各界的多方支持：

港台地区，如香港道教学院、台湾中华儒道研究协会等机构，都曾为我们向当地传播中国文化，提供了许多帮助。

更值得感恩的是：云浮市政协在前主席黄达辉先生的主导下，在长达十年的时间里，支持我们从事六祖慧能禅学研究；又得中山大学原主管校友会的领导李萍、陈绍

彬诸君牵线，香港旭日集团杨钊董事长支持我们成立中山大学禅宗与中国文化研究院。由是，我们能够有更多的机会走出书斋，面向社会，向社会学习，为社会服务。

2015年至2018年，我们以中山大学禅宗与中国文化研究院为主体，先后在云浮、珠海等地，办了五期公益性质的国学研修班，听课人员广及党政领导干部、中小学教师、国学爱好者和部分宗教界人士。稍后，我们又应邀在广州文化馆开设系列国学讲座。我们系从事中国哲学与宗教研究的老师们纷纷前去开课。我负责讲授中国哲学概论，连讲三天却不感疲劳，授课者与许多听课者由此成为好朋友。

2019年，获清远市委宣传部和一默智库邀请，研究院在清远江心岛开设高端国学公益讲座。2020年，清远市领导进而在江心岛建立岭南书院·江心岛书院，并赠予"山长"殊荣。从此，美丽的小岛成为我们长久传播中华优秀传统文化的重要基地。那么多的好学者冒着风雨前来听课，与我们讨论问题、交流心得，给了我们许多激励，让我们更清楚如何才能更好地从事中国哲学与文化的研究与教学，守护好自己的优秀传统，建设好自己的精神家园。

我们诚然知道，每个民族、每个国家都有自己的精神血脉。2016年，我们访问以色列，撇开政治问题不谈，犹太人通过"苦难教育"强化族群认同意识的做法令人感叹；次年访问伊朗，漂亮的女导游每到一个教堂都虔诚跪拜，那种对神的敬畏与感恩意识也很让人感动；2018年访问埃及，守护埃及文明的族群已经不是创造埃及古文明的族群，但是他们仍然以此为荣的精神心态也很值得赞赏。

显然，不同文明都有各自的独特之处，都应该受到尊重。

我和我的同事们，是从中华文明的怀抱里成长起来的，自然会更加珍惜与热爱自己的文明，并深感自家的文明有别的文明没有的长处与优势。我常常与学生们谈到自己的一点感悟：西方古圣贤大多以为，在杂乱的现象界里不可能找到普遍永恒的东西。他们意图通过抽离现象，在纯形式的层面上建构哲学体系。西方宗教则认定世间是丑恶的，真善美的东西，只有在神那里才能见着。

这意味着什么？意味着西方古典哲学与宗教，都不看好现实世间，追求远离现实世间。耶稣基督说："我的国不属这世界。"（《约翰福音18∶36》）典型地表达了西方古典哲学与宗教对现实世间的贬斥态度。这似乎也可以说是一种崇高的理想追求。

可是，人毕竟生活在现实世间，好利恶害，趋乐避苦，既然被认为是生活于世间的众人的本性，也应该获得正当性。于是有西方近代自由主义的勃兴，以便为这种正当性提供理论说明。及至后来觉得"上帝"存在只会阻碍人的这种本性的"自由"张扬，干脆宣称"上帝已死"，于是便出现我们今天看到与面对的现实世间为利益谋取或"连横"或"合纵"去作永不停息的争夺与搏杀的状况。

显然，在西方哲学与宗教那里，由信仰营造的理想世界和由权谋操控的现实世间，是分离的，对置的。

我们回过头来看我们自己的传统。由孔子缔造的儒家，作为中国思想文化的主体，却是始终立足于世间，从世间出发的。孔子并不是不知道世间有丑陋的乃至罪恶的东西，但他坚信世间更有善良的美好的东西，致力于在世间寻找善良的美好的东西，守护与弘扬善良的美好的东西。世间善良的美好的东西是什么？那就是，人人都有亲亲之情、仁民爱物之心。只要守护住我们的这份真情与本心，激发与推达这份真情与本心，我们每个人便都会成为圣贤，人世间就会成为善良美好的世间。绝对纯粹的追求，真善美的世界，或如哲学家所许诺的具有普遍永恒意义的东西，不是现成地摆放在那里，不是诉诸祈祷借由恩典得来的，也不是离弃具体有限的事物虚拟的，它是通过我们人类自己一代又一代的奋斗乃至献身，去求取，去创造的。

这里所谓人自己一代又一代的奋斗乃至献身，一方面自当是指的人——主体自强不息的精神，另一方面又是指的每一代人——主体都不免是有限的，这种有限性包括外在的条件和个人的"命限"，由之便意味着，美好生活的普遍与终极的营造不是靠某一代人可以完成的，需要人类永续的努力与不断的付出。前一代人的付出，为下一代人开拓了更好的前景；下一代承接上一代人乃至数代人的努力，又将会把美好生活的前景不断向前推进；而每一代人有限的努力因此得以汇入人类美好生活无限发展的长河，而获得终极意义。神圣的美好的理想追求与人在世间一点一滴的努力，有限的自我与无限的世界不是分离的、对置的，而是连续与统一的，这构成了中国文化的基本特色。

有一年我与一班学子去欧洲开会，间中游学法国。巴黎各种店铺惯常于下午七时关门，以此确保个人的权利与闲适。我们逛到深夜二时，到处找地方补充气力，从一区走到十三区才看到还有一间华人开的饭店仍在营业，老板和员工如此勤劳，令人感叹。我想，这应该就是中国文化浸润出来的中国精神吧！

我与"海丝"文化相伴相随三十年

顾涧清[*]

【主编者言】深耕一个关乎广州的课题,不离不弃三十年。这不单单是对于这个课题的喜爱,更是对脚下这块土地的喜爱,对氤氲于这块土地的历史、文化的喜爱。

2022年春夏之交的一个雨夜,灵意画创始人、《港澳日报》社长田炳信先生回广州,邀我们几位老报人在东山湖旁相聚,其间南铁兄向我约稿。按约稿要求,我有感而发,是改革开放四十多年带给我的历史幸运和机遇,回望自己的人生之路,感触最深的是我与海上丝绸之路文化相伴相随竟然坚持了三十多年,由近及远,远近交织,感慨时光,百感交集,种种场景和细节随手拈来。

2021年12月2日,"读懂中国"国际会议(广州)的"读懂广州"人文之城专题研讨会在越秀山下的越秀国际会议中心举行。我在会上提出:海上丝路不以山海为远、不以日月为限,广州是古代海上丝绸之路的重要发祥地,广州要积极发挥好自身的优势和特色,找出最具竞争力的资源,积极与海上丝绸之路沿线城市构建文化共同体,读懂广州就要从读懂海上丝路发祥地谈起。

为什么要从读懂海上丝路谈起,由此我想起2014年1月的一天上午,在中山图书馆报告厅举办的第192期"岭南大讲坛·文化论坛"上,我当时作为广州市社科联主席、党组书记,受邀做了"文化传承创新涵养城市:从广州海上丝路史迹申遗说起"的主题讲座,2019年"读懂中国"广州国际会议后,南方网的社会创新中心在2020年1月又全程转载了我当时演讲的内容,并在腾讯视频"读懂中国"下方摘了我当时的一段话:"纵观一些世界先进城市,经济繁荣是文化繁荣的先决条件,而文化繁荣才是城市真正繁荣的重要标志,大城市终究要以文化论输赢。广州的'四地'文化资源是广州文化创作活动的'富矿',只要围绕这'四地'内容生产,就一定能创造出巨大的附加值。"

时光荏苒,岁月如梭,从二十世纪八十年代中开始,我就与学习和研究海上丝路结下了不解之缘。1982年,全国政协副主席、中国佛教协会会长赵朴初先生在连云港

---

[*] 顾涧清,《广州日报》原社长

视察时题了一首诗："海上丝绸路早开，阙文史实证摩崖。可能孔望山头像，及见流沙白马来。"作为全国恢复高考、大学毕业后刚来到市委宣传部的年轻人，工作上的主动性、积极性可想而知，也就是这首诗，引起了我对海上丝路研究的浓厚兴趣。1986年，巴基斯坦著名历史学家达尼教授提出对古代著名的丝绸之路进行大规模多学科国际综合考察活动，这一建议得到了联合国教科文组织和各国学者的支持和响应。1986年12月8日，联合国大会通过决议，宣布1988—1997年为"世界文化发展十年"；1987年6月，教科文组织大会正式通过决议，开始全面开展丝绸之路的国际综合考察活动。

1988年，我去北京找了时任联合国教科文组织丝绸之路综合考察委员会中方咨询主席、中国历史博物馆馆长俞伟超先生，他是著名的水下考古之父。记得当时中国历史博物馆正在扩建，我是在简易活动板房里向俞馆长请教的，我向俞馆长提出了我们的想法：联合国教科文组织丝绸之路综合考察委员会能否将"海上丝绸路早开"的连云港列入考察地？为此，我又找了北京大学的白化文教授，并与他一起主编了《连云港与海上丝绸之路》一书，俞馆长为本书题写书名，中国佛教协会副会长、中国佛教文化研究所所长周绍良先生专门为本书写了热情洋溢的序言；更让我没想到的是，时任全国人大常委、北京大学著名教授季羡林先生为本书题词——"深入开展对海上丝绸之路的研究，促进中外文化交流"，这一三十多年前的题词在当下仍有着重要而深远的意义。

1991年2月9日，我将此书赠送给联合国教科文组织丝绸之路综合考察委员会，并以作者和中国海洋报社特邀记者的身份，参加了在广州和泉州开展的海上丝路考察活动。在广州东方宾馆，经时任新华社国际部记者、清华大学国际传播中心主任李希光教授的热情介绍，联合国教科文组织丝绸之路综合考察队总领队迪安先生肯定了我们所做的工作，他在题词中写道："《连云港与海上丝绸之路》一书是对联合国教科文组织丝绸之路综合考察项目的重要智力贡献，感谢《中国海洋报》的支持。"《中国海洋报》和《连云港日报》分别刊登了有关题词的手迹。有了这段经历，我也开始逐步有了读懂海上丝路发祥地的信心和勇气。

一、"四地"文化首先是指广州是海上丝路发祥地

2001年8月，我担任市委宣传部理论处处长、市社会科学规划办公室主任，具体负责筹备由市委市政府主办的广州市第六次文化发展战略研讨会。除了一般会务工作外，当时我们的主要任务就是起草会议材料。在撰写材料的过程中，我思考了这样一个问题——后来也被市委书记、市长认可和采纳——就是提出了广州最有特色、最具竞争力的"四地"历史文化资源：广州是我国古代海上丝路发祥地，是我国近现代民

主革命策源地，是我国当代改革开放前沿地，还有一句是，广州自古以来都是我国岭南文化中心地，由此孕育出贯穿古今、融汇中西、丰富多彩的广州历史文化特质。

广州要培育世界文化名城，首先就要在广州"四地"历史文化资源的空间结构上进行优化和整合。"四地"文化首先是指广州是我国古代海上丝绸之路的发祥地。当时我在推敲"发祥地"时也曾考虑过是不是提"始发港"，其实谁是"始发港"在学术界一直有很多争议，你说你是"始发港之一"虽然争议少一些，但这就多了两个字，而用"发祥地"这个词，现在看来争议是最少的。我们当时用了广州"四地"文化概念后，被市委、市政府的多份文件采纳，文件中只是表述的顺序和个别词语略有不同，但主要内容仍然一直沿用到现在。

1. 为广州申报世界文化遗产"零的突破"提供智力支持

广东的世界文化遗产目前只有开平碉楼这一处，广东的世界文化遗产数量与广东建设文化强省的要求不相适应。广州虽然是我国第一批历史文化名城，但目前还没有一处世界文化遗产，这与广州培育世界文化名城的要求也不相适应。2002年2月10日，《广州日报》的理论版几乎用半个版面发表了我关于《海上丝路应申报世界文化遗产》的文章，文章很快引起了省里分管领导的关注。当时我完全是从学术角度写的这篇文章，投稿的题目也不是发表时的题目，而是报社理论版编辑敏锐发现了这篇文章里的核心观点，于是打出了这一通栏标题。当然我也没想到后来广东海上丝路遗址真能成为最有希望申报世界文化遗产的项目，广州申报世界文化遗产将从这里实现"零的突破"。2008年5月，我作为课题组负责人承担的广东省社科"十五"规划特别委托项目"广东海上丝绸之路研究"由广东人民出版社出版，这一项目最重要的特点就是在研究过程中注重成果的转化和应用，也就是围绕"广东海上丝路遗址应成为世界文化遗产"这一重要学术观点展开。当时做这项研究时的目的非常清晰，就是为申报世界文化遗产做好资料文本的准备，也是为广州申报世界文化遗产"零的突破"提供智力支持。从二十世纪八十年代开始，我除撰写了一系列相关的评论、论文和研究报告外，参与撰写的相关著作还有《论海州湾的综合开发》《连云港与海上丝绸之路》《沿海开放经济简论》《中国陆桥经济》《广东海上丝绸之路研究》《海上丝路史话》《中国广州：海上丝绸之路的文化遗址》等，我还具体策划、组织翻译了中英文对照的《"哥德堡号"再度扬帆》和《中国皇后号》两本国外学术著作。近二十多年来，还担任过《中国广州：中瑞经贸往来的门户》《瑞船连广船》《穿越海上丝绸之路》等多部专题纪录片的撰稿、策划和监制。2021年也是联合国教科文组织海上丝路在中国的综合考察活动三十周年，我通过回忆当年参与部分考察活动的经历，策划撰写的《海上丝路经典城市互联互通概览》作为"馆员文库"中的一本得以出版，并在广东海上丝绸之路博物馆举办了学术讲座和赠书活动。

2. 海上丝路研究应成为社科界进行决策的经典案例

2001年5月16日，省委副书记、市委书记黄华华同志在我撰写的《关于广州研究和开发海上丝绸之路发祥地的若干建议》上批示："此建议值得重视。如能将海上丝绸之路遗址申报为世界文化遗产，那是很有意义的。"2007年5月的一天晚上，我作为广州日报社的副总编辑正在值夜班，有位编辑跟我说，看到国家文物局海上丝路遗址申报世界文化遗产的清单里没有广州，我随口就说那是说不过去的，并将此事反映给广州炎黄文化研究会会长邵源堃同志，建议此事应向市里主要领导汇报。邵会长说，你来执笔，以广州炎黄文化研究会的名义报给市委书记。我记得当时只有两天时间，朱小丹书记就批给了陈建华常委："建华同志：炎黄文化研究会为研究宣传海上丝路做了许多工作。此件所提建议，请您和市委宣传部研处。"围绕广东海上丝路的研究，我通过各类内参撰写了多篇对策建议，其中省级领导的批示就超过了10个。黄华华省长、朱小丹省长、林树森省长、徐少华常务副省长、陈建华市长等领导同志都有关于广东海上丝路研究和宣传方面的批示，其中朱小丹省长、陈建华市长关于海上丝路遗址申报世界文化遗产还有过多次批示。按照小丹、建华同志的批示，广州市文化局专门就落实情况写了报告，并得到了小丹同志的批示表扬。目前，按照国家文物局的要求，广州已作为中国海上丝路遗址申报世界文化遗产的牵头城市，广州的南越国宫署遗址、南越王墓、光孝寺、怀圣寺与光塔、清真先贤古墓、南海神庙及明清古码头遗址等六处史迹点已列入中国申报世界文化遗产的预备名单。在广东省社会科学界联合会成立六十周年座谈会上，我以"文章合为时而著，研究合为事而作：从承担省社科'十五'规划特别委托项目'广东海上丝绸之路研究'说起"为题作了发言，即我们的研究文章要在合为时事中应运而著而作，思考如何真正把文章写在南粤大地上、写进时代课题中，这既是对历史的最好纪念，也是对未来的最好祝愿，围绕具有广东鲜明特色的"富矿"深入挖掘和开展研究，应该是广东社科工作者的使命、责任和担当，在研究中注重有关成果的转化和应用，应该成为社会科学进决策的经典案例。当国家文物局局长单霁翔来广州时，我还专门向他介绍汇报了课题研究的情况，当我把厚厚一本研究成果送上，向他请教时，他回复说还要"学习"，把"学习"一词推向了意味深长的境界。2016年10月，我担任广州日报报业集团党委书记、管委会主任和广州日报社社长期间，广州市地方志新馆落成。《杨澜访谈录：广州，从千年商都到国际枢纽》录制节目的外景部分，节目在五羊仙观口述广州数据中心播出了著名主持人杨澜对我和霍英东集团副总裁霍启山的访谈。在访谈中，我也是从海上丝路发祥地谈起。

3. 未来海上丝路的学习研究永无止境，仍需倍加努力

从二十世纪八十年代中开始，无论是在江苏还是在广东工作，无论是在市直机关还是在新闻媒体工作，无论是在社科院还是在社科联工作，我对海上丝路的学习研究

和教育普及工作都坚持下来了，并努力做到在学习中不断积累，在研究中不断探索。我始终认为，围绕海上丝路这一历史性课题，不仅要研究其过去的历史，更要对其现在和未来进行前瞻性研究。与多年前陆上丝路的申遗工作相比，海上丝路的申遗内容更复杂，涉及面更广，加上当前面临的国际形势更多变，国际沟通与协调的难度也将大大增加。这样的话，海上丝路申遗的具体时间表也将面临着很大的不确定性。为此，面对未来艰巨繁重的海上丝路申遗工作，建议在跨国统筹协调方面，除了要充分发挥国际组织和国家有关部门的优势和作用外，还要注意发挥广东各地政府和相关机构公共外交的积极作用。可以相信，在世界遗产中心协调下，有了地方公共外交的积极参与，可以更好地推动我国沿海各相关城市与海上丝路沿线国家相关的城市共同实现跨国联合申遗。海上丝路联合申遗是广东、广州在"一带一路"建设中提升软实力的重要机遇，广东、广州不仅要重视发挥地方在公共外交中的作用，而且要把海上丝路联合申遗的过程看成是提升岭南文化国际影响力的过程，我们现在寻找并发扬祖先留下的丝路文化印记，对提升岭南文化的国际影响力有着重要的作用和意义。我们在现代丝绸之路上，要像过去的火药、指南针、印刷术那样，与超级计算机、量子通信网络、高铁集成创新等智能智造同步，让中国的科技文化继续深刻影响世界格局的新变化。最近，我们提出粤港澳大湾区申请海上丝路海防国家文化公园先行试点的建议，待各方条件成熟时积极联合相关省份，正式向国家申报建设具有全球视野、中国高度、时代眼光的海上丝路国家文化公园，像长城、大运河、长征那样，将其打造成民族性、世界性兼容的中华文化重要标识和名片。

二、"会城广州"还可以寻找历史上几艘船的故事

广州除有羊城、穗城、花城之称外，还有"会城"之称。明末清初的史学家屈大均在《广东新语》中称："花塔、光塔为一城之标，形胜家谓会城如大舶，二塔其樯，五层楼其舵楼云。"即花塔（六榕寺）和光塔（怀圣寺）就像大船的桅杆，五层楼（镇海楼）好比船楼，而广州城，则如同停泊在珠江岸边的一艘大海船。广州如大舶，我在研究海上丝路的过程中也就格外关注历史上几艘与广州相关的船舶的故事。

——瑞典仿古商船"哥德堡号"。

这是一座城市与一艘船的故事；这是发生在西方，也同时发生在东方的故事；这是过去的故事，也是今天的故事；这个故事的主角就是——中国广州和瑞典"哥德堡号"。我和著名军旅作家吴东峰组织广州地区的社科工作者、文艺工作者和新闻工作者联合创作，主编了中英文对照、图文并茂的《"哥德堡号"访问广州全记录》，并献给"哥德堡号"仿古商船下水十周年。这个故事最早的推演者，是时任市委副书记的朱小

丹同志，世纪之交那段时间他带队出访瑞典哥德堡回来后，就把具体洽谈的工作任务交给了我和市外办、市外宣办的同志，我们在哥德堡市的洽谈工作超过了一周，在与西约特兰省省长、哥德堡市市长见面后，主要是与其外事部门洽谈"哥德堡号"访问的具体计划，瑞典从事这项工作的人计划性非常强，当时我们已经谈到几年后的"哥德堡号"每天具体航行的计划。

2006年这艘船来广州时就形成了"哥德堡号"热，国内外众多媒体报道，创造了通过一艘船向世界推介一座城市的经典案例，后来市外宣办把各大媒体的报道汇集起来，还要分上、中、下三册。广州日报报业集团在"哥德堡号"访问广州期间举办过上百场活动，以至于许多人误认为是报社邀请了瑞典客人，其官方画册《"哥德堡号"再度扬帆》也交给报社翻译，当时这本书一边是瑞典文，一边是英文，后来我们把瑞典文置换为中文，接了这个任务后，二十多天就由广州出版社出版了。当时瑞典朋友惊叹，效率这么高！他们遗憾的是在广州停留的时间太短了，很多市民没有机会登上这艘船，因当时天气炎热，有严格的人数限制，三十元钱一张票还要排队购买。当我们市领导为送他们送行时，哥德堡市的市长和"哥德堡号"的船长都说，"非常遗憾，不能满足所有市民的要求"。

——仿古广船"南海神广州日报号"。

海军装备部老部长郑明将军当时给张广宁市长写了一封信，建议按照国际礼仪，广州应该有一艘中华仿古船去迎接"哥德堡号"仿古船。2003年6月6日，"哥德堡号"在瑞典下水，那时广州闹"非典"还没过去，虽然没派报社记者去现场，但我专门请了特约记者在哥德堡发稿，正好在报社值班，我当晚急就章，配合写了作为海上丝路发祥地的新闻稿。广州正在做"六个一"工程——为迎接"哥德堡号"访问广州，当时我们编了一本图书，拍了一部纪录片，演了一台戏，筹建了一个博物馆，修复了一座古港，还要建造一艘仿古船，这篇报道产生了意想不到的价值。

新闻创造价值，品牌产生力量。一个偶然的机会，我们跟市外办的同志交流情况，他们说《广州日报》的这篇报道引起很大反响，有人打电话来询问，如何参与建造仿古船。说者无意听者有心，我问是谁打的电话，当时市外办对打进来的陌生电话都有记录，一查是市客轮公司办公室主任打来的，我就给她回了电话。我说我是广州日报社的，想跟你们老总聊这件事，很快他们的余浩然总经理就来找我了。后来黄埔区陈小钢区长也想做这件事，以推进南海神庙的文化旅游，想法不约而同，联合起来力量就更强大了。我让报社法律室起草了合作协议和公司章程，市客轮公司占股60%，我们与黄埔区的国企各占股20%，共同投入了1380万元，造出了古色古香的"南海神广州日报号"。当年瑞典的国王卡尔十六世·古斯塔夫和王后西尔维娅象征性地乘"哥德堡号"来广州南沙后，就转乘"南海神广州日报号"从黄埔古港去南海神庙，并在船

上见证"南海神广州日报号"与"哥德堡号"结为友好船。我们还在船上建了一个流动的"海上丝路博物馆",从2006年到现在已经成为珠江游的一景。更值得记忆的是,亚运会的开幕式征用这艘船承担了"领航船"的角色,我那天也在亚运会开幕式的现场,我的同事们在央视上看到亚奥理事会的官员乘着这艘船驶向海心沙开幕式现场,后面跟着代表45个国家和地区的小花船,他们纷纷给我打来电话,祝贺我们当年做了这样一件有意义的事,在亚运会还发挥了这么好的作用。

——美国商船"中国皇后号"。

《中国皇后号》是美国人写的一本书,我在广州日报报业集团工作期间组织翻译了这本书。当时我参加广州市新闻代表团访问美国,我们从华盛顿去纽约要路过费城,因我知道费城海事博物馆出过这本书,想看看能不能找到这本书。那天刚巧多了一辆车,我说愿意去费城海事博物馆的跟我走,后来这本书的中文版权正式转让给了广州日报报业集团。出版时我在封面上加了一句话:中美贸易的传奇,正如胡锦涛主席2006年5月20日访问美国时说的,"1784年,美国商船'中国皇后号'跨洋过海,首航中国,揭开了两国人民友好交往的序幕",奥巴马总统访问中国时也提到了这艘船。

"中国皇后号"是在美国经济最困难的时候来到中国的。那时,美国刚建国,英国对其进行封锁,当时的财长就找了几个合伙人改装了一条船,并命名为"中国皇后号"。当年"中国皇后号"来到广州黄埔古港时,代表美国的13个州鸣放了13响礼炮,仿佛是向广州的十三行致敬,该船满载而归。就像给当时的美国经济打了一支强行针,美国的第一次"中国热"就是由这艘船引起的,有美国报纸当时的长篇报道为证。现在美国还有一些市镇的地名叫广州,就是那时候的中国热引起的。中美贸易经常发生摩擦,那一年我看到仅广东的家具企业就有95家上了美国的黑名单,当时我就想告诉世界这段历史,在美国建国的时候,我们中国人、广州人帮了你,而你现在动不动就搞贸易制裁,这总说不过去吧。2014年是"中国皇后号"首航广州两百三十周年,市社会科学界联合会与中国致公党广州市委员会、广州市人民政府外事办公室联合举办了一系列活动,美方代表团向陈建华市长赠送马萨诸塞州参众两院设立"广州日"的决议书,广州与波士顿结为友好交流城市签字仪式,"中国皇后号"首航广州两百三十周年的纪念大会、图片展,中美经贸圆桌会议,博物馆和城市发展学术研讨会,《中国皇后号》(中英文)修订版赠书仪式等等。上述活动资料被汇编成册,由我主编了中英文对照的《跨越大洋》一书。

——"阔阔真公主号""广州女士号"等。

"阔阔真公主号"是仿七百多年前元朝阔阔真公主远嫁波斯时乘坐的古船建造而成,为推广2010年亚运会,亚奥理事会和广州亚组委共同主办了"亚洲之路"活动。香港的陈先生将这艘有着特殊含义的仿古帆船赠予亚组委。我作为广州日报报业集团分管体育新闻的副总编辑，参加了广州亚组委安排的"阔阔真公主号"在科威特举行的启航仪式。看到国际奥委会主席罗格站在"阔阔真公主号"前，我就临时充当体育记者，拍下了后来放在《广州日报》头版"心口"位置的那张照片，一不小心变成了经典。《广州日报》还做了"两条丝路拥抱亚洲"的大型报道，即沿着陆上与海上两条丝绸之路，带着广州人民对亚洲各国人民的友善及祝福，造访参加亚运会的45个国家和地区，宣传推介广州亚运会。

二十世纪八十年代初，广州造船厂造了最后一艘木质帆船。帆船是广式的，非常好看，三片帆像三把扇子，也是广船的典型代表。这艘船由法国人出资，从前叫"华·埃尔夫号"，现在叫"广州女士号"。我在市社科联工作期间专门去法国考察了这艘船，并与船主作了比较充分的交流。他说这艘船一开始就叫"广州女士号"，只是又换回这个名字，这艘船停在塞纳河畔法国国家新图书馆的码头边上，现在是个音乐酒吧。2024年7月26日巴黎奥运会的开幕式将在塞纳河上举行，主办方称，届时沿塞纳河两岸会有60万观众，来自世界各个国家和地区的奥运代表团将乘坐160多艘船陆续入场。船队将从法国国家图书馆附近的奥斯特利茨桥出发，终点是埃菲尔铁塔前的耶拿桥，航程6公里。我想，有创意的人是否现在就开始打"广州女士号"的主意，我们可配合挖掘一些史料。

我还专门沿着当年的广州通海夷道去印度、斯里兰卡和阿曼考察。在阿曼我们考察了"苏哈尔号"和"和平方舟"两艘船，我们知道《一千零一夜》是描写当年阿拉伯商人到广州做贸易的情景，为了验证其真实性，阿曼人建造了"苏哈尔号"，沿着海上丝路于1981年7月11日抵达广州，在洲头咀公园还建有帆船纪念碑。这艘船回到阿曼马斯喀特还在不在呢？会不会因日晒雨淋已经朽旧不堪了？这次我去看了，船保存得非常完好。阿曼是沙漠气候，非常炎热，雨水又少，加上经常维护，我去的时候刚刚维护好，刷了油漆，像新船一样，这艘船已经成为马斯喀特城市广场的重要景观。在城市广场附近的港湾里还停泊着一艘船，叫"和平方舟"，1991年2月9日抵达广州，是当时阿曼国王的豪华游艇。这艘游艇当时由联合国教科文组织考察海上丝绸之路专用，其间也发生了许多有意思的故事。

三、努力在职业生涯中做到"四海为量、千载为心"

《凤凰资讯》转发了广州亚运会前我在《广州日报》发表的评论《开放是文化广州的第一名片》。我认为，举世瞩目的第16届亚运会的开闭幕式选在珠江上的海心沙举办，这就是岭南文化开放性的经典体现——"海"体现了厚重、开放的海洋文化；"心"则体现新塔位于国家中心城市新中轴线中心的现代特征。由此可以看出，开放是文化广州的第一名片,"海心"则寓意广州人"四海为量,千载为心"。因为岭南文化是一种原生型、多元性、感性化的地域文化,岭南文化兴起之初就表现出对外开放、善贾重商、兼收并蓄的特点。岭南文化在其形成和发展过程中,逐步显现开放性、重商性、兼容性、创新性、务实性、多元性六大基本特征,而开放性应是岭南文化最重要最突出的特质。

"一名之立,旬月踟蹰",每一次城市地标的征名活动,广州市民都积极参与,市民们发自内心的热爱是推动一座城市更新发展的动力。2009年9月16日,《广州日报》刊登广州新电视塔全球征名启事——《广州新地标名字请您定》,第一名重奖10万元人民币。不到一个月,大洋网共收到18万个有效名称,当时得票最高的是"海心塔",我作为专家评委运用3票提名权,把最没有争议的"广州塔"带进了最后一轮审定环节,经市领导结合民意调查后确定,"广州塔"才正式成为了新电视塔的名字。广州市民就是这样较真,当年广州首座连接珠江两岸的人行桥全球征名活动有516646人参与投票,这座人行桥命名为"海心桥",市民代表与征名活动获奖者共同宣布人行桥开通,体现了"人民城市人民建,人民城市为人民"的理念。

广州还是一座让人文社会科学更好地进决策、近群众、浸社会的城市。2013年,中国社会科学网和《中国社会科学报》对我进行了专访,我结合广州市社会科学界联合会成立30周年策划了一系列活动,如在广州图书馆新馆的人文馆举办了"走向理论自信——中国梦暨广州人文社会科学30年成就展",通过博物馆式滚动式的布展,让社会更好地了解人文社会科学。又如于幼军老部长写的"社会主义五百年"系列第3卷《社会主义在中国:1919—1965》、"市场经济的先行者"卓炯先生二十世纪六十年代关于商品经济的专著,他们的手稿和著作在馆里展出。此外,还展出了中央文史馆老馆长萧乾的手记"尽量讲真话,坚决不说假话",任仲夷老书记的手记"解放思想、实事求是、敢为天下先",季羡林先生的题词等。怎样更好地发挥社会科学认识世界、传承文明、创新理论、资政育人和服务社会的作用?如何使社会科学研究与时代的脉搏一起跳动?我们确实有思考有体会,也开展了一些尝试和探索,如围绕中心、服务大局,协助市委落实"三不决策",即不经过调查研究不决策、不经过科学论证不决策、不经过两个以上的方案比较不决策,运用"行政"和"学术"两种思维方式开展工作,突出社科规划、学会管理、社科普及"三轮驱动",积极构建基地、杂志、学院、媒体"四大平台",当时先后建成了三十多个人文社科重点研究基地和社科普及基地,现已成为社科研究和普及工作的重要载体;将原来的《珠江经济》改刊为《城市观察》杂志,坚持杂志图书化,每期推一个专题,聚焦全球城市研究智慧资源,构建城市科学发展公共智库,并定期出版《广州社会科学年鉴》《广州民营经济年鉴》《广府文化年鉴》《广州民生发展报告》等;与广州大学合办现代产业学院,担负资政育人、服务社会的职责；与央视等知名媒体合作拍摄了《帝国商行》《穿越海上丝绸之路》《瑞船连广船》等纪录片。

广东应该发挥地缘优势和历史文化的优势，用强大的文化软实力来推动广东经济社会的全面发展。我当时是省社科联的兼职副主席，曾有这样一个想法，就是打造有岭南特色的"理论粤军"和"文化粤军"，增强广东学者、广州学者的话语权和影响力。历史上的"铁军"叶挺独立团就诞生在广东肇庆，黄埔军校也培养了大批的军事领军人才。也是一个偶然机会，听说央视拍摄的纪录片《黄埔军校》在人民大会堂开机了，但当时广东没有任何单位参与，我当即主动联系了央视的制片人，我说黄埔军校是在广州创立的，没有广东人参与拍摄这部纪录片说不过去吧，广州也要积极参与。后经时任市委常委、宣传部长王晓玲同意，我们和央视联合拍摄了12集历史文献纪录片《黄埔军校》，全景式反映黄埔军校的历史，并在央视和省台多次播出。我作为该片的监制和顾问感到非常荣幸，由此想到"文化粤军""理论粤军"若能像当年的"黄埔军校""铁军"一样，相信也能走向全国、享誉世界。

电话的故事

顾立军[*]

【主编者言】一个个现场感极强的画面,把我们带回到当时的岁月。一路走来我们看到了多少新事物,经历过多少欣喜。时光不歇流转,社会创新、追求和发展的脚步从不停留。

一

1957年,是我有记忆的第一个"鸡年"。

百废待兴的新中国,还处在对美好生活的向往之中。人们都在追求着"楼上楼下电灯电话,面包汽车跑遍天下"的生活未来。

当时我们虽然住在破草屋里,没什么家当,过年时,没有什么鱼肉,然地里收下来的花生,炒熟了,用草筐子端出来,一家人围在一块,吃几颗香香嘴,说一些明年会更好的吉利话,还是挺有年味的。

邻居赵家来大伯,来我家拜年。我们用豆草烧火取暖,他给我讲了个故事。说南街一个姓熊的老伯到部队去看儿子,儿子在部队是个当官的。

熊老伯的儿子不仅当官,还得了个宝贝——一个黑色的包包机,用手摇几下那个黑包包机,"喂、喂"讲几句,吃的什么就都来了。

熊老伯感到特别地"神奇",心说:"我得走!"

"我要把这个宝贝偷带走!"熊老伯把儿子的黑包包机给偷走了。

赵家来大伯说:"这个熊老头不仅没跟儿子说一声就走了,还把儿子的黑包包机真的给偷带回来了。"

熊老伯心里说,我把黑包包机拎回来,"喂、喂"几声就什么都有了,让四邻八街的人,知道我有了要什么就能"喂"来什么的大宝贝了。

后来熊老伯回到南街,怎么"喂"也"喂"不出来。

就写信问他儿子:"你那个宝贝,你一'喂',什么吃的就都送来了,我怎么

---

[*] 顾立军,中新社广东分社原社长

'喂'不出来呀?"

熊老伯在部队的儿子这时才知道,接待室的电话被父亲给带走了。他写信对爸爸说:"那是摇把电话,不是什么宝贝。"

赵家来大伯是一边烤火,一边讲的这个故事,五十年过去,这个故事一直存在我的心底。

心底也在追求着那神奇的电话。

二

1983年,我调到安徽省委工作。为了方便,省领导布置,给我在家里特别架设了一部电话。

当时省委通讯科来架线安电话时,左邻右舍都出来看,惊叹地议论:"这家什么来头,这么年轻,就给他家安电话。"那时给谁家装电话,是讲资格、讲级别的,一个大院里的居户,也没有几家能装电话的。

我家当时装的电话,配置的号码是:335分机。

家里有了电话,省领导找我,确实方便很多。但是也因为有了电话,我参加的活动也很多,工作比原来忙许多倍。尤其是省领导电话一来找我,我就必须随叫随到。

三

1999年,美国轰炸中国驻南斯拉夫大使馆,炸死了我国三名驻外记者。消息传来,国人愤慨。在抗议声中,中国外交部和国务院下达命令,任命我担任战地记者团团长,带一名文字记者、一名摄影记者前往南斯拉夫。为了传递方便,国家有关部门为我们配置海事卫星电话。我们去了匈牙利、塞尔维亚、罗马尼亚、保加利亚,所到之处,只要调好位置,把海事卫星一架,和祖国的通信就清晰无比。海事卫星电话,为我们通信联络,带来了诸多便利。

2008年,汶川地震,我又奉命上了前线。为了方便,安徽省委书记王金山亲自批示给安徽省政府办主任,让他专门为我配置了一部海事卫星电话。我带着海事卫星电话,在已无人烟的汶川县城直接播发采集到的新闻,真是太方便了。

四

早年我从农村下放后到煤矿当工人,知道矿上有总机房,井上井下多处装有摇把

子电话。

后来我到市委秘书小组工作,办公室也有了电话,真是方便很多。

1988年,我陪山东兖州矿务局局长赵经彻、彭井凉等到广东考察,学习沿海开放经验。因为特殊管道,我受到时任广东省省长叶选平高规格的接待。

记得我被请到珠江小岛的一个院子里,来到了叶选平省长的家里做客。

叶省长家客厅很大,有内外两个大房间。

记得我正在和叶省长交谈时,只见他的夫人手里拿着一个电话,一边走,一边在电话里和人通话。

当时我很纳闷:叶夫人走着说,转着说,边走边说,边转边说,会不会被电话线绊倒啊。

我仔细地瞅:地毯下没有电话线冒出来,叶夫人手中的电话没有电线连接,这电话线在哪里呢?

后来我才知道,叶夫人用的是无绳电话,也叫大砖头电话,是当时最时髦的无线通信电话。

五

1991年,我担任中国新闻社安徽分社社长。总社说我业务比较棒,把我抽调到全国两会报道组,负责大会堂的时政报道。为了保证要闻播发快速畅通,领导通知我要带无绳电话。我从社里的保密室领了一部保密的专用的无绳电话。

办公室主任还特别告诉我,这叫"大砖头"无绳电话,三万多元一部,很贵!记住要保护好,别摔坏了。

他还告诉我,这个电话可直拨国际长途,可与国外设立的各个分社联系。但话费很贵,不要轻易使用,要注意节约。

我把电话放在背包里,上了两会报道组。

三月的北京,乍暖还凉。

我按照安徽省委副书记孟富林的要求,来到了安徽代表团。

当时省委书记是卢荣景,省长是傅锡寿,孟富林是省委副书记。卢荣景书记的秘书是刘学尧和余焰炉;傅锡寿省长的秘书是方宁和光明,孟书记的秘书是邵国荷。

邵国荷见我像女同志一样背个红色包,包里还露出个黑色的电线辫子头,就问我:"你包里背的是什么?"

我告诉他:"是大哥大电话。"

"大哥大电话?赶快掏出来给我看看。"邵国荷说。

我把电话掏出来交给邵秘书。

邵秘书说:"这就是大哥大?我还是第一次看到。"

他问:"能打到合肥吗?"

我说:"能!不仅能打到合肥,还能打到美国、法国!"

他拿着手提电话,左看右看,说:"我去打一个电话到合肥,到省委值班室。"

我告诉他怎么用,他一下子就打通了值班室,并说起话来。

接着他在楼道里,手拿电话边走边说,并告诉值班接电话的同志:"我在用大哥大与你们通电话呢。"

卢书记、孟书记都从房间出来了。

卢书记问:"这电话能打到美国吗?"

邵国荷回答说:"能!"

卢书记说:"你拨通美国那个华侨的电话,我用大哥大和他通个话。"

不一会电话拨通了。卢书记高兴地拿着电话与在美国认识的华侨边走边说,脸上露出自豪的笑容!

我心里开始打鼓:"国际电话费太贵。通话时间长了费用高,我回去怎么交账啊!"

这是安徽省领导第一次用无线电话。

六

1997年,一般单位领导都使用手机电话了。那时候一部手机八九百元。

我因率先报道了刘桥一矿的发展经验,引起了中央部委的关注。中央媒体也全面报道了刘桥一矿,全国各煤矿都派人来参观。刘桥一矿很感激我,不仅授予我"荣誉矿工"的称号,还为我配了一部手机电话。

我从合肥回到北京,担任中国新闻社社长助理兼办公厅主任、行管部主任、安徽分社社长。我获悉上级有通知:禁止使用赠送手机。于是我立即把电话退还给了刘桥一矿。

一直到2000年,到上海担任分社社长,因工作需要,我才自己掏钱购买了一直使用至今的手机。

电话的故事,既有往日的追求,也有今天梦想实现的欢乐,也是一生中多次过鸡年、梦想逐步实现的记录。

古代有驿站传邮。

今日有通达的网络。

电话是童话,网络是神话。

昔日的童话，今天又都逐一变成了神话。

妙哉，电话。

奇哉，网络。

丁酉年，奇趣无穷。

我的青春岁月里有你

郭 力[*]

【主编者言】 这一代人的青春岁月，伴随着改革开放的历程展开。他们的奋斗、成长，他们的迁徙，还有他们的爱情，都镶嵌在奔涌的浪尖上，张扬着这个时代的画风。

改革开放四十多年，在人类历史长河中只是"弹指一挥间"，可是对于每一个个体的"我"来说，却是从"少小"至"老大"人生旅途的生命蜕变，是奋斗成就梦想、与祖国和时代一起砥砺前行的岁月征程。

初见：你好，广发！

我祖籍陕西佳县，在河南出生长大，黄河两岸的郑州和新乡这两座城市都是我曾经生活的地方。1996 年，我从郑州大学毕业，人生第一份工作就"遇见"了广东。那时，广东发展银行作为国内最早组建的股份制商业银行，于 1995 年底在郑州设立第一家省外分行，从郑州大学等高校招收了二十多名应届毕业生，我是其中之一。记得当年第一次走进分行，富丽整洁大气的营业大厅令人眼前一亮，端坐在储蓄专柜的两个小姐姐简直像电影明星一样漂亮，再加上她们面对顾客时那优雅得体的笑容，让人顿时心生好感。对于刚出校门初入职场的我而言，这样一个崭新的既富于现代气息又洋溢青春活力的地方，怎能不拥有巨大的吸引力？就这样，带着对美好未来、对遥远广东的新奇憧憬，我在广发迈出了职业生涯的第一步。

分行要求所有新进大学生不论什么专业，一律在柜台一线实习三个月，熟悉储蓄、出纳、结算等银行日常业务操作。从单指单张点钞法、多指多张点钞法、传票数字录入等业务技能到"头寸""尾箱"等业务术语再到服务礼仪的学习内容一应俱全。印象最深的就是我和小伙伴们经过训练后形成的条件反射——听到电话铃响起三声之内就会拿起听筒，道一声"你好，广发！"比一比谁的声音更加悦耳有魅力。还有每天晨会上齐声诵读行训："广发事业我追求，广发成功我自豪！作为广发人，我要做到……

---

[*] 郭力，广东省政协文史委办公室主任

自强不息，止于至善！"从那时起，对"止于至善"这几个字的思考、理解和追求就一直伴随着我，而对于职业道德和职业责任感的那份尊崇和敬意，正是始于广发的培养，并深深影响着后来的我。

在我们这批学生入职不久，就收到了第一份职业警示：一位比我们年龄大不了几岁的年轻女柜员，因为在业务办理时经手的一万元现金"不翼而飞"，最后受到了开除处理。这个活生生的反面案例给大家敲响了警钟，使我们第一次认识到在银行这个和"金钱"打交道最直接的部门里，恪守职业操守和常备风险意识是何等重要，要抵得住诱惑，牢记"莫伸手，伸手必被捉"，才能经受住各种考验，扣好人生的第一粒扣子。

或许是由于在同龄人中我是唯一一个中文专业毕业生，实习结束后，其他同学都被充实到各支行一线柜台，我则被分配到了分行营业部的综合部。我与另一个职校毕业的帅哥小S的到来，使我的第一个师傅——时任综合部经理的老J始得"脱光"（"光杆司令"），从此配上了一兵一卒（秘书和司机）。老J三十多岁，面庞方正，总是笑眯眯的，之前干过旅行社，善于协调对外关系。在他的带领下，我们这个三人小团队承担起营业部行政、文秘、后勤、管理一揽子工作。师傅教给我的第一课是学写工作总结，老J语重心长地告诫我，不能"光做不说"，而要"会做善说"，把看似平实枯燥的日常工作加以梳理总结，及至提炼升华为经验材料，是要花心思的。正是从老J那里，我既学到了"短平快"地写简报，又亲历了在行庆一周年纪念节点上全面总结"工作战报"，也算是依托自身中文功底，与金融行业实践相融合。作为一名文科生，用文字和作品来记录一个平均年龄不到三十岁的青春团队的成长，正是我所能，更是我所爱。

看似寻常最奇崛，成如容易却艰辛。在分行营业部这个起点上，我参与和见证了这家新兴股份制商业银行从创业初始点滴起步，锐意进取拓展业务，到细化管理、完善制度、加强内控的每一个脚印。那时，每天萦绕耳边的就是营业部老总经常念叨的"存款存款存款"，这可是银行经营发展的生命线啊！自己也克服了最初的胆怯和拉不下"面子"的心理，把能用到的社会关系用到极致。比如听说A同学的B朋友新开了一家公司，就主动上门营销，成功地说服这家公司把代发工资账户开在了广发。对银行人来说，常常是为了吸收存款全家老少、亲朋好友齐上阵，一人在广发，全家干银行！有同事用顺口溜形容我们的工作日常是"披星戴月心操碎，天若有情也掉泪"，这正是当年广发草创时期在激烈竞争中求生存谋发展的真实写照。

一年之后，我被调到分行办公室，负责公文办理、材料起草以及编辑行刊《广发服务》。在这里遇到了我的第二个师傅，按照北方人的习惯，我尊称他为小L老师。小L老师虽还未到而立之年，但才华横溢，口才文采俱佳。承蒙他的指导，我在银行公文写作、起草领导讲话等方面有了长足的进步，并逐渐承担起了行刊记者兼编辑的任务，

每天组稿写稿、整理校对，忙得不亦乐乎。印象颇深的是当年跟随小L星期天跑印刷厂校对刊物的日子，两个年轻人无家事负担，周末乐得加班，也格外认真，细节之处时有争论，达成一致意见后击掌相庆。慢慢地我也学会了主动挖掘采写身边的新闻故事，有一次，我写了一篇题为《足迹》的小文，记叙了分行营业部、科技部这些一线岗位的姑娘小伙为完成任务忘我工作的事迹，是"我手写我心"的真情之作。没想到刊发后就收到了来自行长、副行长的电话表扬，称赞文章写得好，描写生动感人，讴歌了敬业精神，鼓舞了员工士气。在行刊编辑这个岗位上，不仅锻炼了才思，也深深体悟到文化建设对企业发展的精神助力作用。

时至今日，总有人问我当年为什么选择了广发？我想，当然是因为"广东""发展""银行"这几个词汇组合形成的强大魔力——在小平同志1992年发表南方谈话之后，广东作为改革开放的排头兵、先行地、实验区，发展更是先行一步，成为发达和先进的代名词；而正如小平同志指出的"银行是现代经济的核心"，在改革开放大潮中诞生的股份制商业银行这一新生事物，因其灵活的机制优势而展现出强大的活力，给了年轻的我们尝试和历练的大好机会，也是我实现自力更生、走向独立生活的开端。

结缘：从中原到岭南

时间来到1999年6月，我第一次乘飞机从郑州飞广州，到农林下路的广发总行参加青年干部培训班考试。一下飞机，立马感受到了南国的热浪滚滚、绿意葱茏。入住总行附近的东方丝绸大酒店，置身车水马龙的街道，仰望摩天大楼林立，耳边回响着"内侯""唔该""猴赛雷"的陌生语音，面对充满未知和希冀的明天，心情既忐忑又激动。

在总行写字楼的一间会议室，与来自广东省内外分行的同事们一起参加笔试和面试，角逐到北京的中国人民银行研究生部学习进修的机会。这也是我在工作三年后第一次来到广发"大本营"。记得笔试时，坐在我邻桌的一位兄弟分行男同事向我借了一支笔，那时谁也不会想到，一个新故事就此打开。在借笔男同事的回忆里，无领导小组讨论的环节，我"先发制人"地第一个发言——"我先说说自己的观点"，表现得冲劲十足又带着青涩。其实，抢在前头只是因为自信不足，担心别人把自己想说的话先说了，轮到自己就无话可讲了。殊不知，真正的高手是最能沉得住气的，就如这位男同事，注意倾听吸纳他人的意见观点，留在最后做总结陈词，尽显大将风度。

没有想到，首次的南方之行，竟成了我人生的一个转折点。那时的我，在家乡生活了20多年，极度渴望抓住机会到外面走一走——只因"世界这么大，我想去看看"。就这样从中原之地走向广东。考试结束后，我们慕名来到白天鹅宾馆"叹"了早茶，在珠江潮涌、南海来风中，感受活色生香的粤式风情——精致、多样，不甚浓烈却意蕴绵长。广州之外，我们一路向南。"到深圳去看看吧！"一起来的同事兴致勃勃地提议。深圳——特区，在内地人眼里，是一个充满诱惑的神秘所在，一个当时只有办理了边防证才能去到的地方，令我们按捺不住一睹其芳容的热切。"嗯，到深圳去，这样回家后也能跟大家炫耀一下，咱们也算见过大世面的人了！"两个年轻人一拍即合，跟单位请了假，直奔特区。

那一次的深圳之行，我们去了地王大厦，去了锦绣中华、世界之窗，还去了中英街……总之，这个比我们年龄小不了几岁的崭新城市，满含友好之意接待了我们。不同于广州的粤韵风华，这里汇聚着更多来自天南海北、南腔北调的年轻声音，我们在旅途中就邂逅了一位东北小伙子，一路搭伴直到旅程结束。尽管是走马观花，也足以眼花缭乱。街头即买即用的大哥大、BB机，各式各样的新潮电器及日用品，还有一群群怀揣梦想步履匆匆的打工仔、打工妹，标志着这个城市日新月异的行进节奏。在深圳，真正能感觉到北方的、南方的人们融汇一起，既可以饮早茶、食肠粉，又可以下面条、吃饺子。改革开放先行之地的生机活力，让我们如愿以偿地"见了世面"，深感不虚此行。

深造：十月的歌声

那一年，我顺利通过了总行青干班的遴选，背上行囊与来自广发系统的15位同学一道奔赴北京，到享有金融界"黄埔军校"美誉的人总行研究生部（现名清华大学五道口金融学院）脱产进修一年。这是我国金融系统第一所专门培养金融高级管理人才的高等学府，是我国金融改革的桥头堡和思想策源地，一直以来被人们亲切地称呼为"五道口"。与其他的培训不同，我们广发班是与当年新入学的99级硕士研究生一起上课，同吃同住同学，扎扎实实地跟班深造。

学校的办学方式极具鲜明特色，紧贴金融实务、实行导师外聘，邀请现职金融领域一线领军人物、业界专家担任兼职导师，邀请国内外名校的优秀教师兼职授课，可以说是兼顾了学术性、实战性与前沿性。比如当时我们的专业课老师就分别来自对外关系学院、香港中文大学、香港科技大学乃至美国南加州大学等一流学府。著名经济学家唐旭老师时任研究生部主任，这是一位温和儒雅、学术造诣深厚、有着崇高人格魅力的学者型领导。他曾对学生讲过一句话，"以你的聪明和勤奋，一定能做成一个非常赚钱的企业，但是这不够，你要致力于建设一个伟大的企业。"时隔多年之后，这句话依然有着震撼人心的力量，启迪着我们不断磨砺自我，去追求更有高度、更有境界和更有品位的人生。

　　我们广发班的同学都是有了几年工作经验之后，重新"回炉"深造，对于这个难得的学习机会，大家倍感珍惜。从宏观、微观经济学到金融理论与实务，还有英语听说读写，同学们啃着厚厚的课本拼命"充电"。印象中，我们在8月中旬提前入校进行英语集训，认识的第一位老师就是班主任王丹老师。王老师是学校91级硕士毕业生，有过联合国工作经历，英语口语极佳，性格又活泼开朗，教学方法生动有趣，与同学们打成一片。有这么棒的老师带着学英语，就一点儿也不觉得枯燥艰难了。特别难忘的是在桃花盛开的春天里，我们的英语课堂搬到了颐和园，昆明湖边春风和煦，我们徜徉在朵朵桃花间，朗诵着英文诗篇，与外国友人热烈交谈，游学相伴，乐而忘返。

　　广发班上，绝大多数同学是来自广东省内分行的地道"老广"，也是我接触到的第一批广东人。在我眼里，广东同学融平和随性与勤劳坚韧于一体，相熟之后，强哥、冰哥、阿鹏、阿玉成为我们彼此间亲昵的称呼，"打不死的小强"这个有趣的典故逐渐为大家津津乐道，耳畔不时传来的粤语歌曲流露的深情与旷达也深深感染着我。在北京的校园里，我的广东同学们很努力地用"广普"（广东普通话）发言交流，适应着每周一次到北方大澡堂"冲凉"的生活方式，可还是念念不忘广东的"靓汤"。于是，勤劳的广东同学利用周末时间轮流到市场采买食材，在宿舍精心煲制玉米排骨汤等各式食补汤水。香气引来了左邻右舍的食客，"厨神"呼朋引伴地招待大家一起分享，同学们团团围坐，你一勺我一口，既犒劳了肠胃，又交流了思想，这道热气腾腾的周末大餐日渐成了我们提高生活质量、缓解学习压力的保留节目和生活"标配"。

　　那一年适逢新中国成立五十周年大庆、澳门回归、迎接千禧年等重大历史节点，我们有幸在首都北京与伟大祖国一起见证。国庆前夕，我们在校园里精心组织了一台文艺晚会。身为文学青年的我，自然要"歌以咏志"，自酿诗篇。当年所写诗的主要内容已记不清了，只记得前两句是："十月的鲜花开满大地，十月的歌声是献给母亲的深情……"

　　回想这首诗的"诞生"过程，经历了数易其稿。当年入学考试时从我手上借笔的男同事，是北大毕业的高才生，不仅时常以"地主"身份带领大家造访隔壁的燕园，更以"班长"身份行使审查国庆节目的职权。于是不断地提修改意见，一开始认为写得太短，要扩展；改过再看，又说太长，要删减，搞得我很是恼火。终于删来改去令班长大人满意之后，又要集体推选一男一女两位领诵，唯一的考察标准就是普通话水平，结果毫无悬念，有北方生活基础的我与班长双双入选，开启了此生第一次正式合作。

　　文艺是最能凝聚和鼓舞人心的。当我们身着整齐的演出服站在舞台上，我们代表的就是"广发班"这个集体，代表的是来自改革开放先行地的这支金融生力军，我们万分荣幸能够在新中国成立五十周年的历史时刻深情礼赞祖国，积蓄迈向未来的壮志豪情。

安家：不辞长作岭南人

一年的北京学习结束后，带着对"食在广州"的无限憧憬和对南国生活的热切向往，我于2000年调入广发广州分行，成为一名"新广州人"。从内陆到沿海，不仅仅是生活习惯的改变和适应，更多的是精神风貌的洗礼和浸润。岭南这片包容性极强的沃土接纳了我，给了我安身立命之地。从此，经年沐浴南国的风，浸染南国的热，在早茶荔枝煲汤的滋养中，不辞长作岭南人。

时间一晃二十多年过去，我的五道口及广发班同学们，都已成为金融界的中坚力量、领军人物。我本人工作岗位几经变化，历经商业银行、政府机关、群团组织、政协等不同领域。而当年那位向我借笔的广发青干班同学，也与我一起在新世纪揭开了人生故事的新篇章——我们在广州建立了自己的小家，一起奋斗筑就青春梦想。一开始租住农林下路一小区的楼梯房，从每天爬上爬下的10楼，后来搬到位于三元里的单位宿舍楼梯房的8楼；几番搬迁之后，终于在珠江之畔有了属于自己的电梯洋房，有了活蹦乱跳的娃娃。我们的孩子在广州出生长大，这些新生代现在自豪地介绍自己是"湾区人"，他们从这里走向世界，走向更为广阔的人生。

今天，我要说，改革开放先行之地的广东，给了像我这样数以亿计从外省而来的年轻人实现人生价值的机会。我们从家乡飞越南岭，到这片向海而生的土地上创业乐业、历练成长。回想二十年前，手机才刚刚开始普及，互联网还是新生事物，我们用手写的书信表达着对亲人的思念。目之所及，"小蛮腰"、西塔还未诞生，海心沙还未开发，珠江新城也才刚刚崛起，而我上下班必经的洛溪大桥还在收费还贷。

二十年来，在这片土地上，成家立业，劳作生息，见证了洛溪大桥不断发力的"威水史"，不仅成为国内最早取消收费、还桥于民的大桥，而且现今新旧双桥全面开通，"金钻耀珠江"通途雄壮；见证了珠江新城西塔、东塔相继刷出广州新高度，人工智能与数字经济试验片区分布珠江两岸，科技领跑先行示范；见证了南沙QLFP试点政策落地，跨境投融资更加便利，粤港澳大湾区金融改革开放迎来新格局。千年商都迎风向海，成为世界读懂中国高质量发展的绝美窗口！

回望来路，职业生涯中那段商业银行的经历，无疑是一段弥足珍贵的记忆。当年股份制商业银行在充分市场化方向上先行一步，围绕业绩目标，强化绩效考核，在用人机制、薪酬机制等方面勇于创新，不论资排辈、不搞平均主义"大锅饭"，吸引了大批优秀人员"加盟"，也给了年轻人施展才干、脱颖而出的舞台。诸如末位淘汰制、破格提拔制等奖勤罚懒激励措施，在实现"能者上、庸者下、劣者汰"的用人导向上做出有益探索。而今，在数字经济发展的浪潮下，商业银行加快数字化转型，打造面向未来、跨界服务、共享共赢的数字化银行，不断地强化为经济高质量发展"造血"的功能，更好地助力实现中华民族伟大复兴中国梦。

回忆青春日子，总是姹紫嫣红。我幸运，在青春岁月里，有你，有你们，有一路与我同行的奋斗者。在湾区，在岭南，在一起挥洒汗水的土地上，汹涌着无尽的美好，奔腾着星河滚烫，深深地镌刻在我的青春记忆里，润泽了人生旅途中的那些芬芳时光。

署前路 1 号

何德来[*]

【主编者言】 一个记者，将眼光撒在城市角落一个很小的点上，从它的变化观察城市的脉动，看社会的变迁。时间的大跨度里，有多少人的生活抒写着命运的改变。

二十世纪八十年代初，我追逐改革开放的春风来到这座南方都市，在一家新闻单位谋职，居住在东山区署前路附近的一个小区。

署前路很短，百十米长，这里有东山百货大楼，粤菜东山小厨酒家，有东山区人民政府，有 1 路公共汽车总站，可谓政商云集，人流不息。我每天上下班要经过署前路。

引人注目的是，署前路 1 号门前有三棵粗大高耸的百年古榕，遮云蔽日，横立路边。盘根错节的树根，伸向人行道。市政绿化部门为保护这三棵古榕树，专门为它们修建了围栏。随着树干树根的继续生长，每几年就要扩大围栏。

在南方这座古城，常常可以看到路让树的奇特景观。

古榕浓密的绿荫下，坐落着一座小洋楼。青瓦红墙，绿藤绕屋。古城区的这些标志性建筑，所存不多。这些小洋楼大多建于民国初期，每一幢都有近百年的历史。

作为一名新闻记者，职业的敏感与对历史古迹的兴趣，令我对署前路 1 号这幢三棵百年古榕遮蔽的小洋楼建于哪年，主人是谁，产生许多莫名的假设与猜想。

资料表明，广州最早开埠设府的时候，就在广州东山附近设立官署，署前路因此得名。了解广州历史的人都知道，署前路附近的小洋楼许多是解放前夕主人离家留下的。那时，拥有小洋楼的非富即贵。那些弃家而走的主人，今天在哪儿？他们还会回来吗？这些小洋楼随着市政建设的需要，会被拆除或重建吗？在越来越现代化的都市里，这些小洋楼的命运难以预测。

署前路 1 号三棵古榕绿荫下的这座小洋楼门口挂着一块白底黑字的牌子：东湖街道卫生院。这个街区几万居民的医疗保障单位已经在署前路 1 号存在了半个世纪。

署前路 1 号——东湖街道卫生院，广州市地图及公共电话簿上都如此标注。

---

[*] 何德来，《解放军报》广州站原站长

我时常因伤风感冒来到这个小诊所就诊。每次就诊之时，顺便问问医生、护士：这座小洋楼的主人是谁？他们总说：听说这是外籍人士，政府已接收转为公共产权房，卫生院在这里已有五十多年了……

2001年1月，署前路1号小洋楼的主人突然出现了——一位远在加拿大的外籍华侨直接向东山区人民法院递交了要回署前路1号房屋产权的诉讼状。

一纸传票送达东湖街道卫生院。

东山区人民法庭告知被告东湖街道卫生院："原告称，你单位用房属非法占用，诉求人民法院判决占用房屋者腾让，并一次性支付占用期间的所有租金。原告为加拿大籍华人陈树人子女。"

得知这一消息，新闻职业的本能告诉我，这是一个值得关注与采访调查的线索。我为署前路1号户主的身份与这座别墅的历史变迁，以及时隔了半个世纪的这次维权诉讼，拟定了跟踪采访计划，并开始收集有关署前路1号的历史资料。

时间追溯到遥远的1883年秋天，晚清的广州，街市冷落。在署前路1号的洋楼里，一天晚上，一声啼哭惊动了陈氏家族，一个男婴诞生了。世代为商的陈氏家族又添香火，男婴取名树人。古语云：十年树木，百年树人。陈家对这个孩子寄予厚望。

树人从小好学上进，自幼喜画。青年时期曾留学日本，是当时融合中西绘画技法的青年才俊。到了民国时期，陈树人成为岭南画派独树一帜的艺术家。孙中山先生曾与他交往，送他亲笔题词的照片。民国政府也委任陈树人为海外华侨商会会长名衔。抗战时期，陈树人利用自己的身份，组织华侨捐款。但在解放前夕的1948年，陈树人在广州署前路1号的小洋楼里病逝。此刻，人民解放军隆隆的炮声逼近广州，陈树人后人弃家，去海外定居。

很长的一段时间里，署前路1号小洋楼空无一人。

时间再回到2001年秋天。东湖卫生院王院长看到陈树人子女的这一纸诉状，惊异不已，不知所措。她听前任或前任的前任讲过，这座小洋楼是陈氏家族陈树人先生拥有，但在广州解放前的1948年，陈树人先生病故后，其子女及家人即在广州解放前弃家离国，去往何处，不得而知。署前路1号，在人民解放军占领广州时，属于无主房屋。二十世纪五十年代初期，广州市府为组建便民医疗网点，将这座无主房屋作为街道卫生院的用地。年轻的王院长，仅仅知道这些关于小洋楼的点滴历史。而此时，房东突然出现并提起诉讼，惊动了卫生院的每一位员工。

本次诉讼是改革开放颁布新中国第一部《物权法》后，海外华人依法第一次在广州提起收回1949年前的不动产权的案件。本次诉讼的物业产权不仅跨越三个世纪，而且跨越了封建时代、民国时代及社会主义时代的不同的社会制度。

新中国成立五十多年来，新的社会制度、新的法律法规，早已彻底否定了旧社会、

旧制度，对于1949年前的财富，无论是个人或是旧政府的，已进行多次的收回与重新分配。署前路1号的房主，拿着1949年前旧国民政府颁发的房产证，能向新中国的法庭提起诉讼、收回房产吗？这不仅是法学界关注的具有指标性倾向的重大诉讼案件，也是全社会及舆论界关注的新闻热点。

东湖卫生院是1956年设立的。半个多世纪以来，这里的居民得益于它的医疗防疫保障。街区的残障人员、精神病患者、失智失能老人、孕妇幼儿，都能得到卫生院基层医护人员的登门巡诊。在半个世纪的时间里，卫生院收到居民们赠送的大量锦旗与感谢信，单位多次被评为市级、省级先进基层医疗单位。而现任的东山区区长，包括区、市卫生局的一些领导，都是从东湖卫生院走出去的。人们的习惯思维是：民告官，没有门。外籍人士告中国政府单位，能让他赢吗？人们猜测，远在加拿大定居的陈氏家族后代，委托律师进行收回署前路1号房产的诉讼，胜率几乎为零。东湖卫生院全体员工也认为：政府应该为老百姓着想，总不能把我们赶走，让我们失去工作，撤销了东湖卫生院，让街区几万居民失去医疗保障吧?！也有人说，久居海外的陈氏后代加入了外籍，就算打官司收回房屋，他们还是会考虑到居民的医疗需要，至少可以租赁给卫生院，继续让它服务民众。

我期待着开庭的日子，作了申请旁听的准备。

开庭的日子临近了。作为被告的东湖卫生院应该提供哪些有利于自己的证据，如何进行维护自己权利的法理辩护？作为天天询医问诊的医护人员，他们对这些法律专业知识非常生疏，也无应对之策。

我采访了王院长，问："如何应对本案的法庭审理？"她说："我们聘请一名律师，代理本案。"

王院长邀请律师喝咖啡，委托代理案件的协商却没有结果。卫生院的收入少，支付不了接近天价的律师费。依据司法规定，经济类诉讼律师收费的标准是案件标的总价的10%～15%，即三层洋楼评估价的15%。老城区几千平方米的别墅，在广州如今的价格，要上千万、上亿元。诉讼案件标的总价的15%，这要多少钱啊?！

一个小小的卫生院，三十多名医护人员，加上没有大型医疗检查设备，仅仅依靠门诊挂号费收入，账面早已没有盈利。从二十世纪九十年代开始，医疗走向市场的改革浪潮席卷全国，东湖卫生院坚持服务基层的宗旨，许多公共卫生工作，传染病防疫、残障人的服务等是无收益的。王院长对律师说：我们把东湖卫生院全部家当卖了，也支付不起律师费。

王院长决定：不聘律师，自己亲自出庭举证与辩护。

那天，东山区人民法院民一庭主审法官敲响了法槌。署前路1号产权纠纷案终于开庭。

庄严的法庭上，原告、被告当庭相对。

作为旁听者，我静听庭审法官及原、被告双方的审问与答辩。

署前路1号屋主陈树人后代委托的律师，气定神闲。他在接受委托代理权时对原告说，有把握打赢这场官司。

东湖卫生院不聘律师的做法，引起了上级卫生部门的关注，他们告诫王院长，打官司不是小事，应当聘个律师。王院长苦笑说："请上级主管为我们找一个，我们没钱聘律师。员工工资都快发不出了。"

王院长此刻站在被告席上。她知道，这是历史偶然给自己添加的一个新角色，这是时代给予自己的一次不寻常的亮相。法庭上，一位只掌握救死扶伤医疗知识的医生与拥有法律素养的专职律师对垒，注定是一场不对称的攻防战斗。

庭审开始，主审法官宣布法庭纪律与规定。令原、被告首先向法庭提交证据。

原告出示了民国十年，孙中山先生赠给房东陈树人的照片及亲笔题词，出示了民国政府颁发的陈树人为华侨商会会长的委任状，证明陈树人先生作为一名绘画大师及海外著名华侨，并不是旧政府的官僚、资本家，他不属于可以被没收一切财产的官僚资本家。原告委托代理律师还拿出了民国广州政府颁发的房产证明，证明署前路1号小洋楼产权人是陈树人。原告律师也出示了陈树人将遗产赠予子女继承的笔录真迹。

原告律师陈述：陈树人先生是民主人士，是一位著名的画家。他长期在海外从事侨民联络工作，一生爱国，无政治污点，也无任何道德不良记录。依据中华人民共和国发布的关于统战及政治协商的新政策，陈树人作为历史有影响力的民主人士，政府应予以尊重并对其在国内的资产予以保护。新的《物权法》明文规定保护个人私产，个人私产神圣不可侵犯。陈氏家族署前路1号房屋的产权及实际拥有权，应予以确认。现在该房屋由东湖卫生院占用，且不支付租金，于法不当。东湖卫生院应在法庭判决确认产权归属后限时撤出并一次性支付所欠全部租金。

王院长举证的材料是：1956年广州市政府颁发的成立东湖卫生院的文件并指定署前路1号为卫生院院址；列举了卫生院半个世纪来的人事沿革及工作记录，以证明东湖卫生院并不是非法占用，且作为基层医疗单位，为民造福，与陈树人老先生为国为民的思想一致。王院长当庭提出：与原告协商，在确认署前路1号的产权归属之后，东湖卫生院继续租用该房屋，以延续基层医疗的工作，避免街区卫生医疗缺失而对居民生活造成不便。

原告当庭拒绝协商，要求法庭判决收回产权，并表示限时收回房屋的主张不变。

庭审过程波澜不惊。原被告之间的辩论也没有激烈的唇枪舌剑。主审法官最后敲响法槌，宣布庭审结束，本案择日宣判。

这是一个没有悬念的判决。陈树人后代胜诉。东山区人民法院的判决书开启了

"洋告官"取胜的先河。这是广州市司法界影响法律实践的历史性的判决：署前路1号的产权，归属原主，东湖卫生院自判决生效一个月内撤离并支付所欠租金。

对于本案判决的司法影响，我采访了广州经纶律师事务所的执业律师，他说：

1949年以前的私人产权，中国新颁布的《物权法》予以承认，且加以保护——广州东山区人民法院的这份判决，传向了全国，也传向了海外。这是中国法治的一次高光亮相。

这个判决，是新中国法治的进步，是新中国法治制度的一次完善与规正。这个判决，必将引领私产必须保护的风气之先。

对于败诉的东湖卫生院全体员工来说，他们无奈、沮丧。

他们面临的是撤院走人，另谋生路。

我采访王院长，问她对判决有何看法。她说："没有开庭之前就有预感，我们会败诉。判决出来后，我担心的是如何处理卫生院迁址或者撤销的问题，如何平息全体员工的不平，怕影响社会稳定。"

围绕署前路1号产权的判决发生了群体性上访事件。我继续跟踪事态的发展。

2002年春天，东湖卫生院员工集体上访，市、区卫生局领导接待了他们，市局的态度十分坚定，请东湖卫生院服从判决。

东湖卫生院的上访员工也找到了曾任东湖卫生院院长、时任东山区人民政府区长的老领导。老区长说："时代在前进，历史在变化，我们要服从改革开放，为她让道，为她开道。要服从大局，不要只看到自己眼前的一些利益。改革要付出代价。改革开放不仅仅是获得更好的效益与利益，有时也需要付出沉重的代价。判决虽然不利于你们的利益，但判决促使时代法治的进步。你们要相信政府，我们一定会对你们遇到的问题给予最大关心，尽力帮助你们解决遇到的困难，你们的利益也会得到合法的保护。"

上访很快平息了。历史总在曲折回旋中前行。三十多名医护人员今后的人生走向与工作就业虽然迷茫，但他们不用担心会失业。开放改革的市场丰富多样，宽松的就业环境可以容纳各类技术性人才。他们原来因败诉产生的不平情绪，逐渐冷静下来。

对于一审判决，要不要上诉？王院长传达了上级的指示，与大家商量。最后大家一致决定：不上诉。少数员工心里不服，说："资本家又回来了，金钱吃香了。我们失业了。"王院长说："大家发泄牢骚与不满，可以理解。平心而论，人家依法收回房子，无话可说，如果是我家的房子，我也会这么做。时代潮流，冲击到我们身上了。咱们就顺应潮流，开始自己的新生活。改革开放的广州还能找不到工作？！"

2004年，东山区东湖卫生院经广州市卫生局批准宣布裁撤。全体员工买断工龄，实施一次性补偿，自主择业。具体说来，就是每个员工拿到一笔钱，到退休年龄就自动享受退休金。如果你在退休之前找到工作，那么你的这份工作收入，实际上增加了。认可这个补偿方案，就在补偿协议上签字。

那天是东湖卫生院自成立以来的最后一次门诊。下午五点多，在临近关门的那一刻，附近工地一名农民工因从高空跌落而导致手脚受伤，流血不止。王院长组织医生急诊抢救，由于这位农民工未办理广州市医保，他的医疗费用必需自付。可他口袋里没有钱。对他的治疗，可以中断，也可以让他转到其他医院救治。有些医护人员就直接给王院长说：今天我们都散伙了，我们自己都是需要救助的对象，我们管不了那么多。几经周折，王院长对一位常来开药的老板说：你做件善事，给这位农民工付钱吧。老板允诺。王院长含着眼泪说：谢谢你！

署前路1号贴出了东湖卫生院关闭的公告。这个在居民生活中存在了半个多世纪的基层医疗单位，消失在千变万化的都市里。

改革开放不是听一场音乐会那么舒坦，它会带来体制演变的阵痛。市场化的发展，法律的健全，总会给一部分人的利益带来加与减。

署前路1号的业主收回了房子，导致东湖卫生院裁撤，医护人员下岗，这是社会发展、法制建设的一次调整。署前路1号的主人获得了受法律保护的私产，虽然三十多名医护人员失业了，但这是社会历史的一次进步，使得这座古城在新时代展现她新的光彩。而东湖卫生院三十多名医护人员，则承担了历史前进的压力与个人利益受损的代价。他们值得尊重，值得同情。他们最终以宽厚的胸怀，接纳了时代给予的压力与不平。

原东湖卫生院三十多名医护人员很快投入新单位新工作的寻找与应聘中。王院长拥有医疗技术的高级职称，无奈没有合适的医疗单位接受这位正当中年、经验丰富的医生。她曾去经商，后又失业。东湖卫生院的其他员工，有的去推销商品，有的去当护工。市场化的改革大潮，把他们推向新的生活拼搏之路。

而我，依旧关注着署前路1号，继续采访这座小洋楼变化的人与事，追踪这个故事的延续与变化。

2005年，署前路1号的业主经过商业操作，将小洋楼拆除重建，几千平方米的原址，变成一家外资超市和一家银行。陈树人的后人在东山区政府办公大楼的北侧建起了四层高的"陈树人纪念馆"。

十年后的2015年冬天，位于署前路1号的这家外资超市倒闭。不久，署前路1号又成为另一家银行的分行。

我走进这家新开张的银行，办理了一张银行储存卡。为的是可以经常光顾这里，观察与聆听它新的故事。

2022年春天，新冠疫情暴发的第三年，署前路1号这家银行拆除了招牌，分行撤离。人们从玻璃幕墙中可以看到紧闭的大门里，灰尘满地，残纸杂物，撒落一地。

署前路1号门前的三棵古榕树，长得更加高大，枝叶更加繁密，它阅尽人间春色，迎来春夏秋冬。

我依然经常来往于署前路1号，关注着她的今天、明天。

我和我家的故事

洪三泰[*]

【主编者言】 作者叙说了自己的成长故事,又叙说了兄弟们和母亲的故事。故事全都有关文学。这种对文学创作的痴心热爱,已经成为这一家人的特色符号。

贫困破我大学梦

我是1958年考上遂溪县城月中学初一的。在乡下,能上中学的人极少。当时搞人民公社,刮起浮夸风,"鸡毛升上天""产量放卫星",稻谷亩产一万斤!农民几百人天天围在一起吃"大锅饭"。吃了二十天,仓库空了,饭堂拆了,公共食堂给我上学的米也没有了。我们兄弟姐妹还小,父母见孩子们挨饿,暗地里抹泪。我每个星期从家到学校步行60里,挑番薯干回校吃一周。

我很勤奋好学。1958年读初一时,我就喜爱文学。一天晚上,月光如水。老师让全班同学坐在篮球场上谈理想。我说,我想当作家,老师点头,同学愕然。

此后,我是图书馆的常客,翻遍《诗刊》《人民文学》。一天,我去借《艾青诗选》。图书馆管理员高我一届,是初二学生。他戴着眼镜,大声喝道:"你为什么借艾青的书?"

"他是我国著名诗人,我喜欢……"我望见柜子里有艾青的书,又求他,"借给我吧,我读完即还……"

"不!他是'右派'!你敢借他的书?!"对方眼镜的光芒直射我的眼睛。

"我借他不是'右派'时写的书呀!"

啪!重重的关窗声!

我对着玻璃窗大声吼道:"你等着!我将来一定能见到艾青老师!"

经过艰难的寻找,我终于找到了梦寐以求的《艾青诗选》。

我的成绩极好,所有科都得满分,被评为"学习标兵",奖品是胸前印有"学习标

---

[*] 洪三泰,广东省作家协会原党组成员

兵"红字的衣衫。我班里还有两位同学也是"学习标兵"。我穿着印有红色"学习标兵"的"荣誉衫"走在校园里，觉得很自豪。初三考高中时我因无蚊帐，夜夜受恶蚊攻击，患上严重的疟疾，身体极差，但依然考上全县最好的重点中学——遂溪一中。高一时，因身体极度虚弱，整夜失眠。更严重的是每个星期六，我都要来回步行160里，回家带粮食。路上，我要翻越雷州半岛最高的螺岗岭。螺岗岭高两百米，长满茅草、箣古子和荆棘。岭下有麻风病人聚集……解放前常有虎豹出没，当时的毒蛇猛兽依然伤人。

有一次，星期六，下午六点，班主任才准我回家。80里黑夜荒路在等我。我带着一盅饭和一个玻璃瓶单身上路。玻璃瓶是防身用的。黑夜沉沉，即使是土公路，也看不见，只得望着天走。过螺岗岭时，是次日正午，太阳如火，我好像进了熔炉。头晚我没吃饭，这盅饭，我决意带回家给弟妹吃。毒日头下，我晕倒了，很久才醒来。下午三点，我走到村外的田野，见弟妹三人在翻找番薯，就把饭分给他们吃了。他们很高兴，我更快乐，忘了自己一天一夜未进一粒米。

到家了，妈抹着眼泪说："儿，没有米给你带到学校啊，只有番薯丝，装在黑袋子里，明天带到学校去，一星期的口粮。"妈说着转过脸去，大声哭了。

我对妈妈说："妈呀，不哭，我能带这些番薯丝就不错了……"

次日一早，我提着这袋番薯丝踏上回校之路。

"三年经济困难"时期，我和我的家人，都跌落穷困的深渊。回校的路上，刚过螺岗岭，到了古道一个叫茶亭的地方。天上突然乌云密布，电闪雷鸣，桉树也被雷电劈断了。转眼间，滂沱大雨模糊了我的双眼。装番薯丝的袋子成了水袋了。番薯丝被水泡过后就会膨胀，发霉，腐烂，发臭，不能吃了。整个星期，我无粮下锅。

回校的第二天是星期一。早上，同学都洗米入钵蒸饭，我没有。中午下课后，我没饭吃，就喝水龙头里的水，去野外收完甘蔗的地里捡漏的"蔗仔"度日。有一位同学在捡"蔗仔"时，被人追赶。我见了很害怕，也跟着他跑，结果被抓住了。

"你为什么偷蔗?"对方厉声追问。

"我没偷蔗呀!"

"没偷蔗为什么跑?"

"我见他跑，我怕，我才跑呀!"

他这才放过我。

我依然整夜失眠，身体状况一落千丈，遇上国家"三年经济困难"，家里无粮，弟妹们都到地里寻番薯，摘野菜，也不能保证有吃的。社员集体劳动，懒人多，集体生产无法发展。我每个星期，都步行80里回家要粮食，三年高中怎么过呀？原母校城月中学校长唐玉成得知我的艰难，劝我转回城月中学就读。当时捡蔗被追的同学，也是

"学习标兵",家里是烈属,便从遂溪一中转到市重点湛江一中就读。1963年大学招生有限制,乡村中学名额少得可怜,我没有考上大学,而转到湛江一中读书的同学考上了清华大学。想到这些我痛苦万分!他留在清华大学当教授的时候,我在广东省当专业作家,被选为中国作家协会代表在北京人民大会堂开会,他从清华大学坐车来北京饭店看我,同学一场,四十年才见一面,友谊深深,却不知道从何说起⋯⋯

没能上大学,成了我永远的心病。多年来,我常在梦中惊醒,没上大学,困我终生。

如果不转学,在遂溪一中读下去,或许可以上大学。但是,饥饿和路途遥远问题,怎样解决?

父母生了十个子女,受困于"三年经济困难"时期,最大的问题是缺粮,吃不饱,父母不知怎样养活这群孩子。一天,爸见子女饿得慌,便在圩场买了几斗谷。这时有人到大队告密,加了"抢购粮食"的罪名,几斗谷被没收,还勒令妈把谷挑到大队去。妈边挑边流泪。孩子们饿得哇哇叫。爸爸是木匠,做些家具卖,又被扣帽子——走资本主义道路。

我能在这样的社会背景下摆脱困境吗?

活路,自己寻

1963年,带着未能上大学的悲痛,我回到故乡芳流墩村。

彻夜难眠,点亮油灯,我想补习,第二年再考。可无人辅导,很难突破。自己不是下决心当作家吗?怎么办?我总在问自己。

我最后下定决心:一、坚持自学,绝不放松!找来大学中文系课本攻读;研读古今中外名著。二、坚持做笔记和写日记。做到日记日日记;读书笔记本本记。在家务农的日子,日记名为《故乡日记》;在外工作的日记,名为《他乡日记》。从1964年开始到今天五十八年了,我的日记和笔记从未停过。

1964年6月,湛江地委决定:为遵照中共中央的决定开展"四清"运动,在各地挑选政治上可靠的、优秀而有文化的青年当"政治学徒"。据说这举措,是为了培养后备干部。"四清"运动,要到1966年底结束。我被选上,当了"政治学徒",并和中共湛江地委书记孟宪德同志在"先行点"——广东省阳江市白沙分团岗新大队工作。这个点出先行经验,指导地委领导下的整个湛江城乡的"四清"工作。工作队员和农民同吃、同住、同劳动。我的"三同户"是善良、勤劳的农民,对我很好。上面规定工作队员同吃时,不能吃肉和鱼。我的"三同户"宰鹅,怕我不吃,就把鹅肉剁碎和饭一起煮,我不吃也不行。我的任务是记录首长讲话,跟着理论家们抄写他们写的经验,

供报社和内部刊物刊登，指导"四清"运动。通过抄理论家们的文章，我学到了从未学到的东西。我在工作中，逐步学习到党中央不同时期的政策策略，了解了城乡发展的情况和存在的问题。及时传达上级的命令和工作安排。我立志要当作家，夜里总要读书写点什么。

那段时间，我积累了不少素材，包括各种人物的性格、品位、事件等。除了写笔记和日记外，我开始创作诗歌、散文和报告文学。我被评为"五好"工作队员，在全体工作人员大会上，由我介绍"四清"经验和体会。

1966年，工作队转到海康县企水镇分团。这是北部湾畔的一个渔业镇，生产以捕捞为主。西汉时，汉武帝派遣的船队就从徐闻出发，经过这里到西合浦去的。队员中，有一部分是南海舰队的干部。我们一起和农民"三同"，军民一起学习、工作、劳动，建立了深厚的友谊。我在分团办公室负责写材料。1966年3月10日，南海舰队组织部老部长介绍我入党，那时我21岁。在海边搞"四清"很辛苦。海边的村庄，人多地少，且多是瘦坡地，干旱季节，颗粒无收，平时也很少种青菜。农民只是到海边捞一些小鱼小虾，装在陶罐里加调料拌匀，第二天就拿出来下饭，腥味浓烈，我一入口，就要吐。鱼虾又韧又腥又硬，难以入口，我依然坚持吃。这次"四清"运动，让我深深地爱上北部湾，爱上大海，爱上海洋文化和海洋文明，爱上海上丝绸之路，同时深知海边农民的生活实在太苦了。

两次"四清"运动后，1967年我被调回中共遂溪县委"学习毛主席著作办公室"，在《红遂溪通讯》当记者，负责采访、写作，几位年长的同志负责编辑、印报，报纸向全县发行。解放军空军干部来县委"支左"。我又有了向空军同志学习的机会。1968年，我从遂溪县委下到国营螺岗岭农场，不久就到场部写材料。

国策给我机遇

这一年，广州等地大批知青响应毛主席关于上山下乡的号召，奔赴湛江、海南岛的农场。很快，广州军区在海南海北成立广州军区生产建设兵团，海南所有农场归七个师管；湛江所有农场归三个师管。师管若干农场，叫团，编制与部队相同；有师长、师政委、团长、团政委。部队的同志一律穿军装，原农场员工保持原状。我所在的螺岗岭农场，是八师第十八团。很荣幸，又能同陆军在一起，又有机会向陆军学习了。一天，八师政委穆召祥带几位科长到十八团调研，请杨团长作汇报。

杨团长刚来没几天，不太熟悉情况，他让我先汇报。我汇报完后，穆政委很满意，高兴地问了我一些情况，当即决定让我到师部政治部工作，当他的秘书。

从此我得到更多的锻炼机会。穆政委喜欢调研，总结经验。他要求我，凡调研都要写一篇经验文章发给海南岛海口市广州军区生产建设兵团政治部。我当穆政委几个月的秘书，已在兵团政治部刊发了二十多篇文章。这时，中国人民解放军中将、总政治部、宣传部部长姜思毅同志已调到海南岛广州军区生产兵团政治部任主任。他常看到我的文章在兵团政治部刊用，指名调我到政治部搞新闻报道。但八师政委不肯放我走，把我"藏"在湛江某团写破案经验。不到一个月，姜思毅主任发现我被师政委"藏"起来了，下令把我从八师调到兵团政治部报道组写对外新闻。

1971年我26岁，第一次坐船过琼州海峡，踏上还十分贫瘠的海南岛。兵团政治部和司令部设在海口市秀英码头。兵团政治部有宣传处，处长叶知秋是一位著名军中诗人。我们报道组四人，组长是广州军区著名笔杆子、《战士报》的社长吴式堂。兵团报道组的任务是管兵团十个师一百多个团的报道工作，培训十个师的报道员；在海南、海北采访十个师一百多个团。在海南，兵团生活一样很艰苦，有顺口溜云："三师穷，四师苦，六师打老虎。"我们下师团采访也多吃萝卜咸菜干。我们的稿件多送给《南方日报》《解放军报》和《人民日报》。我写完新闻稿后，就写诗、散文和报告文学。我培训过的十位师级报道员，后来有两位在省委当领导，一位当省委党校副校长，两位成了作家。

在海南岛兵团生活五年，虽然艰苦，我还是觉得很有收获。白天写完新闻稿，夜里便写诗、散文、报告文学。我一直记住当作家的初心，此初心化作强大的动力，从1972年起我在《南方日报》《广东文艺》《诗刊》等报刊发表作品。令我终生难忘的是，在海南岛兵团生活的日子，我遇到不少我心目中的高人老师，聆听他们的教导。《人民日报》副总编辑杨列慎，他到海南岛报道知识青年的事迹，我陪他一个月。他每天都给我讲故事，故事来自世界名著经典。他讲采访要领、写人秘诀，以及布局行文经验。他邀我合写自己采访了一个月的长篇人物通讯，要我写最后的部分。我为了学习，高兴地答应了。我想看他如何开笔，引入主题，他写道："海南岛有一种树，叫英雄树，开起花来像满天的红云……"他把知识青年喻为英雄树（木棉树），很形象也很恰当，我真佩服他的智慧啊！我有了信心。他很满意我写的章节，不作改动，就在《人民日报》以一个版的篇幅刊登出来。不久，《人民日报》又派一位理论家来海南岛，还是写兵团知识青年群体，也还是我陪同。我们共同采访了近一个月。我也非常佩服她长篇通讯的另一种开头。她开笔带三个海字："海风浩荡，海潮澎湃，海浪呼啸，一艘巨轮向海南岛飞速前行……"，这是写知识青年从广州坐船来海南岛的情景，也很有气势。从这些老师身上我学到了书本上难以学到的知识。这段时间，我一个人住在兵团政治部的小图书馆里，每天夜里我读书到后半夜。古今中外的经典都有，两年多的黑夜里，在这书的世界里，我才知道文学之"大"。它需要我付出极大的心血！这是我最快活的读书时刻。对于没上大学的我，需要的是各种知识的充实，我需要

"恶补"和不停地练笔！兵团政治部宣传处处长、著名诗人叶知秋鼓励我，写新闻稿的同时要多写诗。宣传处画家何国华常读我的诗稿。一次，我到黎母山采访十三位知识青年的事迹，写的通讯在省报刊登，夜里又写了组诗《寄自黎母山》。何国华读了我的诗稿后拍案道："好诗，好诗！一定寄省以上报纸杂志！我寄画。"我愕然，哭笑不得："不行啊！我的稿编辑还没看就配插图，人家会笑我太狂妄，不自量力，诗还未审读就用插图?！"他硬是作画。我只得硬着头皮，把诗和画一并寄给我不熟悉的《广东文艺》。不久，诗和插图一起刊登了。这一年开始，我写海南岛的组诗连续在《诗刊》登了十多首。《可爱的海南岛》两组共20首刊登在《诗刊》上。后来才有《诗刊》主编葛洛到湛江来邀请我去湖南、江西写华国锋主席和秋收起义的故事。

著名诗人张永枚到海南兵团来，我拜访他，听他讲写长诗《西沙之战》的故事。李士非老师来组报告文学稿，我听《兵团战士报》赵总编辑讲了一句话："《史记》其实就是最好的报告文学。"我随即详读《史记》这部经典，受益匪浅。

遵照上级指示，生产建设兵团五年后恢复原农垦体制。兵团副司令员陈文高同志是长征老干部，他对我说："回湛江农垦局后，我当湛江地委专员、湛江农垦局长，我选你当我的秘书。"我说："谢谢首长厚爱，希望首长多多指教。"能当他的秘书也是学习的好机会。1975年，我回湛江后，组织派我到新华社广东分社学习。杜导正是社长，几乎天天讲课，讲陈景润的故事，记者们大受教益。社里派我去采访作家秦牧，到东莞采访游泳运动员。两个月后，杜社长带我去看房，说让我在新华社当记者。我想着我要当作家的诺言，就婉言谢绝了，回到湛江农垦局。紧接着，某省报派人事处处长直接到湛江找我，说到报社当记者或当编辑由我选。唉，我还是决心要当作家，又婉言谢绝了。四年后，即1979年，著名作家欧阳山在省里要了编制，让我到中国作家协会广东分会当专业作家。我就到广州来了。欧阳山主席对我们说："你们记住，文学是粉身碎骨的事业！"我永远记住这句话。就在1979年，我终于被中国作家协会接纳，成为首批会员。

1979年2月2日，《诗刊》召开全国诗歌创作座谈会，我被选为代表，到北京参加第一届全国诗歌座谈会。我和我敬仰的著名诗人艾青同组。

一见艾青老师，我立即上前握手，激动地说："艾青老师您好！我终于见到您了！"

艾青老师定神问道："你是谁？为什么说'终于见到您'？"

我说："艾青老师，我是广东洪三泰。"接着我说了1958年读初一时，向图书管理员借《艾青诗选》时受他训斥的故事。艾青老师哈哈大笑起来，说："哦，你这个广东洪三泰，三阳开泰，胆真大啊，敢去借我的书来读？"

记得当年我大声对管理员说过，"我一定能见到艾青老师！"算起来，我实现见艾青老师心愿，竟要勤奋努力21年！

改革开放之风吹暖我的家庭

我圆了作家梦,改革开放的大潮也到来了。我家开始摆脱贫困和饥饿。父亲洪茂祺读过五年书。一天,他见我们兄弟在研究写作的事儿,就走近来明知故问:"你们在说什么呢?"我应道:"哥(乡下习惯把父亲叫哥,母亲叫姐),我们谈作文呢。"父亲笑道:"说起作文呀,我也能谈!"他拉过小凳坐下来说,"我五年级时写了一篇作文叫《蝴蝶飞过大海》。老师在课堂上读了。拿回家读给我妈听。妈笑了,奖我一条番薯呢!"我们哈哈笑了起来。

"小小蝴蝶,翼很软,大海茫茫,风大浪高,能飞过去吗?"我和弟弟都怀疑。

父亲很认真地说:"蝴蝶虽小,但它有志气有耐力,不怕死,有风助力,一定会飞过大海!"我们都沉默了,不住地点头。

母亲林雪平不识字,但会唱两三百首民谣。她年轻时是"歌戏迷"。雷州歌、白戏仔、白话歌,只要听人唱一次,就记住了。和孩子一起劳动累了唱,月亮光光唱,树荫下、晒场边唱,心情好与不好都唱。我们兄弟姐妹十人都学会了,也自然而然地唱起来。学母亲唱歌的音韵、旋律和节奏,一来二去就会写诗了。

一天晚上,月亮光光,大家坐门前,父亲对我说:"你们阿姐(妈)会唱好多歌,你快拿笔来,姐唱你记。"连续一个星期,我记下妈唱的歌三百多首。

父亲一双木匠的手,养大了十个子女。除三个女儿要务农挣工分无法上学外,其余的都在读书。父母面对十个子女,露出了笑容。我想,作家的历史使命和担当已经落在我的肩上。我感到南方的改革开放之风已经来了,写了长诗《南风》和《南方》,先后发表在《南方日报》上;用两个月时间采访高第街六百家个体户,写出了十多万字的长篇报告文学《中国高第街》。《中国高第街》经洪三泰和张良改编成故事片《女人街》,荣获改革开放四十年全国优秀作品。我觉得我应该多为改革开放写作。第一部长篇小说《闹市》写了四十天,四十万字,花城出版社出版了,我却病倒了,吃了四十天中药,好了。知道了忽视锻炼身体的害处,我便每天先游泳一个小时,再写小说。用七年时间完成了改革开放题材的长篇小说《风流时代三部曲》,我写的改革开放题材的长篇报告文学有《魅力在东方》《金鹏岁月》《知音王国》《香港特辑》《开海——海上丝绸之路2000年》《宝安百年》等16部,还有长诗《大海》《神州魂》等。

听弟妹说,父亲喜欢拿着我的书对亲朋炫耀,"我儿是中国作家……",他为此感到骄傲。

四个弟弟和两个妹妹以及下一代都在追求文学,读书、写作也都勤奋至极。节假日回家,家里有研讨文学的浓厚氛围。每年年初一,我家就开文学创作讨论会。兄弟

妹七个作家（中国作家协会会员洪三泰、洪江，广东作家协会会员洪三川、洪三河，市级作家协会会员洪景平、洪文珠、洪秀），包括下一代在内有24人搞创作，在广东人民出版社出版了《洪家诗文集》，共收入24人的作品近60万字，不定期办《洪家诗刊》。2019年6月1日至9日，洪三泰、洪三川、洪三河、洪江四兄弟应俄罗斯作家协会、莫斯科城市作家协会的邀请，随中国诗人代表团赴俄罗斯出席在莫斯科民族宫召开的"2019俄罗斯普希金国际诗歌艺术节"暨"第二届丝绸之路国际诗歌艺术节"颁奖大会。我的长诗《大海洋》获第二届丝绸之路俄罗斯普希金诗歌艺术奖章；五弟洪江的长诗《丝路梦回》获第二届丝绸之路国际诗歌艺术金奖；二弟洪三川的长诗《丝路叠影》和三弟洪三河的长诗《半岛丝情》均获第二届丝绸之路国际诗歌艺术银奖。我在会上作了题为"诗意的海上丝绸之路"发言。四兄弟联袂登台朗诵了诗歌《丝路漫长》。俄罗斯作家协会主席博雅林诺夫·弗拉基米尔·格里高利耶说："四兄弟一齐来领大奖，俄罗斯没有先例"；中国作家协会副主席黄亚洲当即站起来说："在中国也没有先例。"在西北大学第三届丝绸之路国际诗歌艺术颁奖大会上，我获丝绸之路国际诗歌艺术金驼奖，洪三河获丝绸之路国际诗歌艺术新锐奖，洪三川获丝绸之路国际诗歌艺术传播奖。

2020年12月21日，中央委员、中国作家协会党组书记钱小芊率队到湛江调研期间看望我，询问我和我家三代24位文学创作者的创作和生活情况，给我们诚挚的鼓励。

我所在的芳流墩村，只有一百多人，被当地人誉为"作家村"，著名诗人贺敬之为芳流墩村题字"芳流墩作家村"。遂溪县委、县政府立项建设洪三泰文学创作院，把芳流墩作家村打造成为文化旅游村。湛江市文学艺术界联合会、湛江作家协会、遂溪县文学艺术界联合会以及众多企业家纷纷捐款，助力建好创作院，让文学回乡，为湛江培养更多作家、艺术家，实现农村振兴作出努力。洪三泰文学创作院分三大板块，包括洪三泰文学馆、慈孝园、文学园，此项目于2022年年底落成，开始全面运作。

改革开放的热潮，不但带动农村经济的发展，而且带动我家的家庭文明建设。

我洪家自古有家训："德为重、孝为先、和为贵、勤为本"，"自强不息、艰苦朴素、团结和谐"为家风。

随着岁月的流逝，操劳和奔波了大半生的父母已经年迈。为使他俩开开心心安度晚年，2000年，我们兄弟商量，制定家规：兄弟五人轮流回家侍候父母，买菜煮饭，同吃、同住。每人15天，如果丈夫工作实在脱不开身，就让妻子回来。就这样，我们悉心照顾着父母亲；女儿女婿也经常回家探望照顾父母，嘘寒问暖。父亲八十岁时患了痴呆症，生活不能自理。他肠胃不好，常弄脏裤子，儿媳妇不怕脏，帮他冲洗干净，多年如一日，从无怨言。2008年父亲九十岁时安详离世。我们怕母亲孤独，兄弟五人继续轮流照顾她。2010年3月7日，母亲八十六岁，得了一场大病，检查出结肠癌，已到晚期，大便无法排出。医生说极度危险了。我说无论如何都要送母亲到广州医治。有人说，都八十六岁高龄了，用不着送了。我们兄弟姐妹坚定地说："有一丝希望，都要抢救母亲。"我亲自护送母亲急驰千里到广州。广东省人民医院副院长、大外科主任区金锐亲自安排，给母亲做微创手术。一个星期后母亲出院回家，在湛江市第一中医院院长蔡柏的精心护理下，母亲终于痊愈了。

母亲痊愈后，精神很好，又唱起了民谣。母亲还要我拿来笔和纸，她要一笔一画地抄写《六祖坛经》，写了厚厚一大本。母亲从未读过书，从来没有拿过笔，但抄的字一丝不苟，工工整整。

同年，母亲林雪平被评为广东省十大杰出母亲；

2014年，林雪平家庭被评为广东十大"最美家庭"；

2016年，林雪平家庭获全国最美家庭提名；

2016年，林雪平家庭荣获第一届全国文明家庭。

在湛江，在整个粤西，获评第一届全国文明家庭的，林雪平家庭是唯一一户。我作为代表于2016年12月12日在北京参加第一届全国文明家庭表彰大会，受到习近平总书记的接见。

忆与白先勇四十三年的交谊

黄树森*

【主编者言】 作者有率先引入港台文学之功。他以视野和胸襟，在南海之滨构建一座温和的驿站，欢迎港台文学回来。与白先勇的多年交往，就是这样产生的。

歌台暖响，春和景明

1978 年，广东，刚刚告别舞殿冷袖，风雨凄凄。如江湖解冻，春潮澎湃，如燃犀烛照，龙起风从。标志有四。

之一：省委书记吴南生在珠岛宾馆，为少数文艺界人士放映香港电影《醉拳》（即《苏乞儿》），袁和平执导，成龙主演。时间、人物、地点、作品，都很敏感，我醺醺然陶醉其中，有种石破天惊、惘然若梦的感觉：世上还有这样的电影。接着，就召开了广东文学创作座谈会，文艺思想解放运动启幕。广州鼎沸，自此时起。

之二：外地作家，纷纷来粤探访。仅我接待过的就有北京的周扬、丁玲、阎纲、吴泰昌，上海的王元化、钱谷融、孔罗荪、王安忆，香港的梁羽生，陪他们去深圳、珠海参观。还有北京的林默涵、夏衍、张光年等。

之三：广东省作家协会副主席肖殷带领广东文学批评家李育中、饶芃子、钟子硕、许翼心、易准、张木桂、林雨纯和我十数人到深圳考察，没日没夜地看香港电视。肖殷说：我看没什么问题，可以讨论？遂引出 1980 年我和舜之就"香港电视"和"恭喜发财"两个命题，在《南方日报》和《羊城晚报》两场思维碰撞的青春盛宴，笔战赢得山鸣谷应的回响。许多人拿着鸡和糖果，到文德路 75 号作家协会找我，帮他们伸冤，修改状纸。

之四：这十次论辩中的对手，一位是省委宣传部副部长，一位是省文化厅副厅长，还有一位是部队退役领导，大家平等对话，无恐惧之虑，事后也无秋后算账，算是最好的平和年景。

---

* 黄树森，广东省文艺批评家协会创会主席

当人像一只蚕蛹被困在极端封闭的蚕茧中，一片黑咕隆咚一种单调声音，每天琢磨的，就是咬破几个小孔，以期获得新鲜的空气和明艳的日照。这是一种拯救，也是一种征服。在1980年前后这个被希望充盈的时间里，咬破几个小孔，具有生命的特殊意义。

1978—1982年，我在《南方日报》《羊城晚报》和《作品》杂志，就"文艺黑线"论、"向前看，文艺"（作者黄安思即黄文俞）、香港电视、恭喜发财（作者舜之，即陈舜之）、歌德与缺德、深入生活以及李士非的报告文学《昭雪之后》，唐大禧的裸体雕塑《猛士》，白先勇的小说《思旧赋》，梁羽生的武侠小说《白发魔女传》等文学和社会思潮问题，诠解蒙滞，申正舛驳。（详情见《手记·叩问——经济文化时代猜想之子丑寅卯》，花城出版社2001年版）

没有武侠小说、流行音乐，没有香港影视、裸体雕塑、创作多元智力众声喧哗的峥嵘环境，改变我们的知识体系，撬动极为板结的文艺土壤，就没有广东新经济文化形态和新人文精神。

黄树森"在中国当代文学史乃至社会思潮史，留下了自己不俗的史籍，也留下了自己的声影"，中国社会科学文学研究所研究员曾镇南评价说，"我突然想起鲁迅时期活泼可爱，很打了几次大战，如一条清溪澄澈见底的刘半农，顿觉黄先生和那时候的刘半农几分性相似、神相似"。

曾先生的溢美之词，让我受之有愧。但也很像我人到中年，面临命运选择——1971—1973年我在韶关花坪五七干校，过了三年囚徒生活，心枯血竭；一旦回到喧闹红尘，回到随心自由，想象力溢出爆发想干大事的一个写照和心境。那年节，每当咬破一个小孔，我都极为振奋，会哼着荀派京剧《红娘》中的南梆子，梅派《霸王别姬》中的"夜深沉"的曲子，把"纸包装"换成"铁罐装"，加上几瓶啤酒，奖励自己，安慰自己。

转载《思旧赋》我检讨了三次

我和沈仁康在广州跑了多家图书馆、书摊，才找到一本1971年4月1日台北文学出版社出版的白先勇的《台北人》，夏志清在封底作了推荐。

我们在《永远的尹雪艳》《金大班的最后一夜》几篇小说中，最后选定了《思旧赋》。

1979年第九期《作品》刊登了白先勇的小说。主编肖殷签发了。

我在"编者按语"中写道："这里选用的《思旧赋》就是白氏一篇有代表性的作品，白氏用白头宫女闲话天宝盛世的手法，写了一个过去显赫、当今没落的家庭，字

里行间渗露怀旧的凄楚苍凉，对现实的哀戚失望，充满象征意味。"

小说和"编者按语"第九期发表后，文学老前辈很不满意。把我们召到他家里开了三次会，批评我们，说这是"国民党残渣余孽"的作品，不该发表，他态度很严厉，面容挺温和。他家住在梅花村，知道我抽烟，从二楼拿了一包"大前门"招待我们。我们很不理解，但检讨照做。

1979年10月4日，以《答读者问》的形式，回答自拟的两个问题：《思旧赋》表达了什么样的情绪？和什么样的思想性格？我作答如下：

____读者：

来信所提两点疑问，简复如下：

一、《思旧赋》主要描写一个老仆顺恩嫂探望故主的故事。小说通过两个女仆——顺恩嫂和罗伯娘的对白，人物的心理状态，环境景物的渲染，南京清凉山李公馆与台南李公馆兴衰荣枯的今昔对比，反映了李长官一家的沧桑变幻，表达了一种悲沧凄凉的怀旧情绪。它表露了人物对李公馆显赫的过去的无限依恋，和如今衰败没落的哀戚绝望。小说所抒发的这种怀旧的痛楚哀思和绝望心境，在某种意义上，可以说是对国民党土崩瓦解、败走台湾之后的社会一角的真实写照。

二、这篇小说怀旧的主题，是通过顺恩嫂和罗伯娘这两个老妪的形象来体现的。这两个人物，尽管个性不同，但都对主人忠心耿耿，肝胆涂地，可说是典型的奴隶性格。她们的思想很糊涂，明明在李公馆被奴役了几十年，却对李公馆一家感恩戴德，无限眷恋。她们不知道"李长官"过去是靠什么发达起来的，不明白"南京清凉山那间公馆"是怎样建立起来的，更不晓得李公馆的倾倒衰落并非"他们家的祖坟，风水不好"而是历史发展的必然。她们对"李长官"的网情规劝，对小王、桂喜的怀恨诅咒，对少爷的凄凉呼唤，以及所谓"就是一只狗，主人没了也懂得叫三声呀"的愚忠，都异常鲜明地表现了这种奴隶性格的特征。

作者曾经说"新一代的作者却勇往直前，毫无畏忌地试图正面探究历史事实的真况"。（引自香港《开卷》月刊1978年11月号）这话是说得好的，是向前看的，促进台湾回归祖国，促进祖国的统一，加强大陆与台湾之间的文化学术交流，是每个爱国中国人，尤其是爱国的中国作家必须为之"勇往直前"的共同愿望。

这就是今天现实的"真况"，今天的现实潮流。

编者

十月二十四日

以上见《作品》月刊1979年第12期。

2000年11月23日，在汕头召开的"白先勇创作国际研讨会"上，南京大学中文系文学博士刘俊教授提交的论文《白先勇研究在大陆：1979—2000》指出："大陆第一篇论及白先勇及其创作的文字,是发表在 1979 年 12 月广州《作品》杂志上的一篇《答读者问——关于白先勇的小说〈思旧赋〉》","它的出现昭示着大陆白先勇研究的开始以及这一研究初始时的形式,是以对白先勇的身份介绍和作品分析为发端的"。尽管我写的"答读者问"的最后一段很"扯",但小说能以"第一篇"资格转载于世,也算预判性研究的"成功"之举。

至此,绵亘与白先勇先生的交往开篇,张举文脉,陡忆许多往事。

初始十年,白先生每逢圣诞元旦,必有一封问好的明信片寄来。经由年矣。

白先勇是培正小学的校友

1988 年 1 月,白先勇途经广州,住在中山大学专家招待所,我和同窗金钦俊教授,常去聊天。我还遨集广州文学界一帮朋友与他相聚于白天鹅宾馆和花园酒店,交谈甚欢;徜徉于北京路古籍书店,收获甚丰。他在中山大学所作二万余字学术报告,由我同班同学、中山大学教授、港台文学研究专家王晋民整理,1988 年 2 月于我主编的中国作家协会广东分会理论月刊《当代文坛报》全文发表。距离 1979 年第 9 期《作品》杂志刊登的小说《思旧赋》,近十年光阴。白先生对我说:台湾文化经历两次浪潮,每次大抵二十年,或回归传统,或学步西方,或单打,或混合双打,历经两个二十年才检视前尘,再走一条中西融会贯通的路子。

我陪白先生去寻找他的儿时记忆,在他 1948 年读过书的东山培正小学门口驻足良久。我说我的几个女儿和外孙女都是这家小学的学生。对面七中,是影星胡蝶的母校。白先生深情地说:就是这里,我在这里读过书。随后又来到广州铁路局小东园一处红砖房子,他小时候住过这里,他深情地说:就是这里,我在这里住过。

这次来广州之前,他在全国各地转悠,广为搜罗二战时期图书资料,为写《白崇禧传》作资料准备。在广州也搜罗了一批。他走的时候,留下一笔钱给我,托我把这些图书资料用集装箱,由海上运到美国去。我忽有所感,在拥有二战资料方面,他可能是全球第一人。有次他无意地说:电影《台儿庄战役》中,军事将领的座次不对。他是一个在艺术创作上一丝不苟的人。

我多了一个荣誉职务:昆曲义工

2006 年,南方日报社社长杨兴锋宴请白先勇。黄天骥、饶芃子、陈志红、钟晓毅、林岗和我作陪。在聊天中,白先勇、黄天骥多次谈到,汤显祖《牡丹亭》中的男主角柳梦梅是岭南人。白先生还说过,柳梦梅被塑造成唐朝柳州司马柳宗元的后人,从历

史上看，柳宗元因秉义直言被贬到广西，他的后代流落到广东是合乎情理的；其次，汤显祖本人也曾因为人正直、得罪权贵而被贬广东徐闻县典史，他对于柳宗元以及流放到两广"化外之外"的知识分子，显然是有认同感的。因为这段机遇，他把柳梦梅写成是"志慧聪明""未遭时势，不免饥寒"的广东才子，是意味深长的。名记者郭珊在2006年2月21日的报道中讲了这件事。

因此之故，我在主编《广东九章——经典大家为广东说了什么》"耀眼的显光道"一章中，附录汤显祖《牡丹亭》第二出《言怀》，并链接以下文字："《牡丹亭》，始出于1598年，400年历演不衰，是明代大戏剧家汤显祖的扛鼎之作，是传奇中的国色天香，是中国版的《罗密欧与朱丽叶》。《牡丹亭》演绎柳梦梅和杜丽娘的广东经典爱情故事。"

《南方都市报》记者李怀宇专为此事请我和谭庭浩吃饭，听了这段故事，李怀宇的报道用了《广州故里，才子回家》的标题，一顿饭成就一个标题，这记者真的了得。

带9岁外孙女看青春版《牡丹亭》

芳草鲜美，落英缤纷。白先勇先生为昆曲的振兴付出大量劳作。

昆曲经典——青春版《牡丹亭》，于2004年4月在台北国家戏剧院上演，2006年1月昆曲《牡丹亭》之风吹进了美国，在加州大学圣芭芭拉校区、伯克利校区、尔湾校区、洛杉矶校区巡回演出。赴美演出前，《牡丹亭》在北京大学、南开大学、浙江大学、北京师大、南开大学、同济大学、复旦大学的巡演，已近百场。

我作为昆曲义工，是年，为这个即将到来的百场演出，写了《白先勇文化范式》一文，登于《南方日报》，后收编于白先勇主编的《圆梦——白先勇与青春版〈牡丹亭〉》（花城出版社2006版）和中央文化部编印的《青春版〈牡丹亭〉大型公演100场纪念特刊》中。我和中山大学教授郭冰茹、名记者谭庭浩在广州电视台与在美国的白先勇视频连线，为《牡丹亭》专门做了一场对谈。对谈中，白先生第一句话就说：你是昆曲义工。我欣然应允。2006年2月20日，广东省新闻出版局、广东省人民政府参事室在东莞石龙举办《广东九章——经典大家为广东说了什么》首发式并召开研讨会。主办方特别邀请白先勇与会，但他由于身体原因，未能前来。为此《南方日报》记者电话采访了这位身世传奇、风度儒雅的文学大家。白先勇描绘了他眼中的广东和广东人，其评说以《广东九章——重塑广东文化形象》为题，刊在2月21日的《南方日报》上。

也是这一年，我向白先生提出青春版《牡丹亭》到母校中山大学巡演的想法。白先生顿表支持并嘱托有关注意事项。我冒昧地打电话给中山大学李萍副校长，我不认识她，只在程文超教授主持的学术研讨会上见过她一面，一个靓女校长，一位穿着裙子、干练精明、亲切贤惠的女性。那时候，我还不知道她是我的同僚陈志红在中大读哲学时的同学。李校长对演出表示热烈支持，并说她第二天要出国访问，会交代一位姓梁的副校长接办跟进，让我放心。中大校长都有一种亲和可爱的传统，遥想当年，冯乃超跟我们讲过跟女儿借钱的事；陈序经讲过吃老鼠的事；黄达人不嫌弃我和金庸在东山一家小饭馆的聚会，也挤了进来。

2006年12月1—3日，青春版《牡丹亭》在中山大学梁銶琚堂演出上中下三场。按时序这是第97场，很快就要到百场。我和夫人徐昆华带着9岁的外孙女许子萱前往观摩。台上水袖飘舞，台下如痴如醉。我在剧场浸润了很多年，重睹芳华，重温兰馨。知道剧场穴位在哪，随口问了进剧场的几个学生怎么进来了，他们说"没票，混进来的"。1945年，抗战胜利，白先勇在上海看到了梅兰芳和俞振飞联袂演出《游园惊梦》，让他一生爱上昆曲艺术。张木桂、许翼心、金钦俊，我们进中大念书，晚上进城看戏，回校时校门关了，需翻墙回校，能否翻墙，就成了我后来判断曲目的赞和诅、戏曲的繁与枯的一个标尺。李怀宇采访我叙说《牡丹亭》中大演出盛况的大文，便是以此为切入点的。在广州购书中心，为江苏苏州昆剧团安排演出，并召开座谈会，由康保成教授作主旨发言。

演出中，我问在中大法律系读研的侄孙女唐琳，看不看得懂剧情，唐说："通过英文字幕，能看得懂，看中文字幕，则看不懂。"我问还是培正小学学生的9岁外孙女子萱，戏好不好看，子萱说："唱腔太长，有点沉闷，明晚中场不想来了。"我说："明晚有喷火，好看。"中场和下场戏，子萱都很喜欢，全看完了。演出中，我想到1957年在中山大学念书时，广州京剧团程派青衣新谷莺带团到陈寅恪居所清唱，和我的授课老师王起（季思）、董每戡、詹安泰三大诗词高手赋和酬唱的情景。陈氏1964年有"歌台昆弋渐沦亡，变调皮黄看欲狂"句。陈、王、董均是"京昆迷"，都已仙逝，今天如在场，也会"看欲狂"的。

中国戏曲文学，有一套悠长的才子佳人固话模式，始于《西厢记》，经于唐传奇《莺莺传》、董解元《西厢记》爱情与礼教的冲突淘洗，成就于充满神话象征意蕴、吸取明人话本志怪气息的宣誓情至的《牡丹亭》。《西厢记》《牡丹亭》《红楼梦》三大古典才子佳人浪漫作品，各具备里程碑的价值和意义。前二者在《红楼梦》第23回中，同时出现，互相交映，"《西厢记》妙词通戏语，《牡丹亭》艳曲警芳心"，不仅在文本上互通，在人物精神上也相通。《牡丹亭》居中，处于中枢，决非闲来之笔。我的授课老师董每戡教授在当年要我们对比王西厢、董西厢和《牡丹亭》，另有深意耳。

董每戡教授飘逸潇洒。当年他说，我们读通了《西厢记》《桃花扇》《牡丹亭》《长生殿》四大名著，就读懂了一部《中国戏曲史》。董先生一身上下，一股才子气、书卷气，还有一种丰神萧散的逸气，讲着讲着，便甩起水袖来。花若芬芳，蜂蝶自来，

同班好友许翼心、张木桂、金钦俊、我都拜在他戏曲研究小组门下。他被打成中山大学第一"右派",被扫地出门,流落长沙,晚境十分凄凉。1980年,他被落实政策回到中大,我们去探望他,站在他那逼仄的小屋里,只见陋室空堂、衰草枯杨,我们直流眼泪。

赴京看百场庆典演出

从明万历到清乾嘉之间,昆曲独霸中国剧坛,兴盛了两百年;民国初年,昆曲没落,近乎失传。其后虽也不乏灵光一现,但到青春版《牡丹亭》2011年200场庆典演出,才算是第二个小高潮。

2007年5月11—13日,受白先勇先生之邀,我赴京观摩青春版《牡丹亭》百场庆典演出。青春版《牡丹亭》由白先勇等整理,汪世瑜导演,沈丰英、俞玖林主演。

这个庆典打着中央文化部主办的标志,却无任何形式的研讨会、庆祝会、表彰会。既无领导致辞,也无座谈研讨。白先勇邀请了很多来自美国及我国台湾地区的舞蹈家、摄影家、学者、企业家,自己管自己。

我到北展剧场附近的酒店报到,领了三张票,可以去看三个晚上的戏。酒店门口放着庆典纪念特刊,印得很精美,厚厚的两百多页并附赠牡丹徽章,我拿了五本特刊和几十个徽章,送给了广东徐闻贵生书院和中大古典文学博士周松芳。看完三场演出后,白先勇在故宫举办了《牡丹亭》夜宴,跟每个人碰杯,答谢各方面的支持,还举办了一个自助餐抽奖,打锣的、唱戏的、后勤的都可以参加。这些"昆曲义工"还带了很多钱,全用于抽奖,奖额不一而足,数目都挺大,抽中的个个眉开眼笑。

2011年12月8—10日,青春版《牡丹亭》第200场纪念演出在国家大剧院上演,白先勇透露,本轮演出可能是青春版《牡丹亭》最后的演出。

所谓"白先勇文化范式",一是经典的选择,《牡丹亭》是汤显祖的经典之作,"相思莫相负,牡丹亭上三生路",四百年风雨不倒。白先勇对《牡丹亭》的再创造,是"复兴不是守旧",剧本改编上"只删不增",以"梦中情"—"人鬼情"—"人间情"为戏胆,人生欲望,纵情放射,把传统剧目转换成一种文化。二是定位于青春,以年轻观众作为目标受众,而非老戏迷。比方说,演员的选择,年轻的观众对演员的"青春俊美",有无"眼缘",喜不喜欢;又比方说,色调的选择,他取一种浅粉、浅绿、浅蓝的掺灰基调。从美学上讲,白先勇和电影导演李安的看法一样,李安也认为南方的色调是"含蓄",有别于"大红大绿"和红、黄、紫的强烈。白先勇定的色调,"娇""淡""清",浅蓝浅绿浅粉,轻盈,青春,这是一种跨文化的定位;此外,包括社会心理、文化心理、时尚潮流,已经离开了传统的戏曲,步入一个大文化视野。其三，在环境的设置上，白先勇主张不能"一桌两凳"，一味传说；也不能太过奢华。再一个是集体记忆建构，古典为本现代为用，事件与人捆绑，形成主事、改编、经纪、制片合一的"知识主管"的"平行四边形"。2009年12月"北京大学白先勇昆曲传承计划"启动，《经典昆曲欣赏》成为北大本科生公选课，受到热捧。

汤显祖的岭南行

2016年6月5日，我在深圳市民文化大讲堂讲《汤显祖在广东的那些事儿》。我作为青春版《牡丹亭》昆曲义工，已逾十年。深感荣焉。

2016年是汤显祖和莎士比亚这两位世界文化名人逝世四百周年纪念年。20世纪初，日本汉学家青木正儿在《中国近代戏曲史》中，首次把莎和汤并列，已近百年，今年来纪念，很不寻常，加入了更为重要的命题，汤显祖与岭南文化有着血脉绵延、千丝万缕的联系。汤显祖在岭南孕育了《牡丹亭》，胎教了《牡丹亭》。我写了《汤显祖的岭南四梦》，以资纪念。

2016年6月21—24日，广东省政府文史研究馆和徐闻县委、县政府在徐闻举办"岭南行与临川梦——汤显祖学术广东高端论坛"。叶长海、周育德、黄树森、康保成、廖可斌、董上德、周明初、张福海、邵元江、徐永明、邹自振、龚重汉、侯月祥、周松芳、曾莹、徐燕玲、徐南铁等各地戏剧专家、研究学者及湛江徐闻等地文化界学者出席会议。周松芳专著《汤显祖的岭南行》出版，白先勇发来贺信，麦淑萍的个性和处世风格让这次论坛别开生面，成果卓著。

白先勇的贺信是——

黄树森先生道鉴：

一别十年，先生对青春版《牡丹亭》的大力支持，常常铭记于心。今年适逢中国伟大剧作家汤显祖逝世四百周年，欣闻广东省文史研究馆与徐闻县委县人民政府将于6月21日联合举办"岭南行与临川梦——汤显祖学术广东高端论坛"。特此遥祝论坛举办成功。

汤显祖与广东的关系千丝万缕，《牡丹亭》中柳梦梅自称"广州才子"，并曾旅居澳门，可见一端。这次参加高端论坛的学者，对于汤显祖与岭南文化的互动，必有许多真知灼见，翘首以待。

即颂 暑安

白先勇敬上
2016年6月16日

（见《岭南行与临川梦——汤显祖学术广东高端论坛文集》，花城出版社2016年版）

浙江大学教授徐永明根据哈佛大学 CHGIS 即"中国历史地理信息系统"以及徐朔方撰写的《汤显祖年谱》，查出汤显祖一生路径和活动地点及其经纬度：

名称	经度	纬度
临川	116.35	27.985
南昌	115.9	28.675
北京	116.37	39.931
宜城	118.74	30.947
南京	118.77	32.053
黄州	114.87	30.447
杭州	120.17	30.294
通州	120.85	32.01
绍兴	120.58	30.005
吉安	114.97	27.103
赣州	114.93	25.847
保昌	114.3	25.119
梅岭	114.34	25.322
广州	113.26	23.135
东莞	113.75	23.047
南海	113.26	23.135
香山	113.37	22.526
澳门	113.55	22.2
长沙	112.98	28.198
恩平	112.31	22.192
阳江	111.96	21.845
琼州	110.36	20.008
徐闻	110.16	20.33
肇庆	112.45	23.057
遂昌	119.26	28.588
藤县	117.16	35.085
丽水	119.91	28.449

续上表

名称	经度	纬度
温州	120.65	28.081
扬州	119.44	32.391

（见《黄树森集》，广东人民出版社 2018 版第 25 页）

在汤显祖活动的二十九个城市中，有十二个位于岭南（含澳门、琼州）。这个可视化的展示，证实汤显祖和岭南具有密切的思想、文化关系，纬度误差只是把开平长沙误作湖南长沙。

汤显祖被贬入粤，不计沿途游山玩水，在广州呆了二十多天，在澳门住了三四天，在徐闻履新达半年之久，建立了三个朋友圈，即金陵旧友、同事同乡、粤籍新朋。汤显祖行走岭南的细秀缀锦，龙涎香，槟榔，罗浮梅花，阳江桃花，深圳"参天乔木"，徐闻"贵生书院"，纵游饱览殊丽悬奇的岭南风物风情；汤显祖在广东新兴参禅访道，感到身为一介百姓的惠能，能开创南禅学派，济世拯民，而自己为官难有所为，他深感愧疚，有了"新生百姓能如此，惭愧平生是宰官"的反求诸己，退躬自省。他受到惠能开创顿教法门、内心觉悟、自由气息的洗礼影响，在被贬后致朋友的信中说："弟在岭南，如在金陵，清虚可以杀人，瘴疠可以活人。"

十五、十六世纪是地理大发现的时代，是哥伦布发现美洲新大陆的时代，征服海洋成为历史大趋势，岭南的海上贸易，定期互市，夷船贾胡，都让汤显祖脑洞大开，视野开阔起来，看"番禺人入真腊"，看"时时番鬼笑，色色海人眠"（《南海江》），看海上贸易，"占城（越南）十日过交栏（印尼），十二帆正看渔还"（《听香山译者》）。汤显祖"年年海上看明月"和张九龄"天涯共此时"一样，海洋视野也大别于内陆"徘徊今夜月，孤鹊正南飞"的离情别绪，而生发"瘴疠人才多伏骥"的感叹，和"握中悬璧自生光"的期待。

岭南八面来风的中西文化，与提倡个性解放、童心人欲的李贽的思想影响相碰撞，被点化的汤显祖开始从帝王宫廷向民间民生倾斜，从内陆封闭转向海洋开放，由瘴疠苦难向情之大本过渡。这三个转换，让汤显祖获得了一种全新的自由体验式的历史感受和思想资源，给他的艺术创造，给《牡丹亭》杜丽娘、柳梦梅的形象塑造以有力的精神支持。

"古往今来，多少离合悲欢，谁曾见过这样的哀乐心酸。"（《罗密欧与朱丽叶》）"爱所有的人，信任少数人，不负任何人。"（《终成眷属》）"生存还是死亡，这是一个问题。"（《哈姆雷特》）

"生者可以死，死可以生，生而不可与死，死而不可复生者，皆非情之至也。"

(《牡丹亭·还魂记·题辞》)"此情只应天上有，人间能有几回闻。""世间只有情难诉。""相思莫相负。"(《牡丹亭》台词)

情之作使，爱之立言，莎汤四百年遗响犹存，四百年苍梧翠柏，高处相逢。

汤显祖与岭南之因缘，在这一世纪有了全新的书写和延续。

在容世城的文章中，有白先勇曾说粤剧之中最喜欢《紫钗记》，白先勇看过白雪仙的粤剧《牡丹亭》的记载。(华玮编《昆曲·春三二月天：面对世界的昆曲与〈牡丹亭〉》，上海古籍出版社 2009 版)白先勇能操粤语、桂林官话、普通话、英语，其小说《思旧赋》进入中国大陆，是大陆文学与台湾文学接轨的第一棒。他终身痴迷昆曲，喜欢粤剧，陶醉于《牡丹亭》，要让中国大学生每人都看一次青春版《牡丹亭》，要让中国戏曲美学之风吹遍世界，也为岭南文化的张举发展，增加许许多多新的猜想和故事。

白云山高　珠江水长
——记新版中山大学校歌、校徽的产生

黄天骥*

【主编者言】 作为中文系的资深教授，作者接受了重写中山大学校歌的任务。文章写了事情的缘由、过程和结果，写了对中山大学精神的解读和领会，成为阅读校史的新史料。

每当学校有重要集会和校友聚会时，大家都会齐唱《中山大学校歌》。有些老师和同学，还会在衣襟上别上校徽。这校徽，还会在学校的证书或奖状上出现。

校歌和校徽，是一个学校精神和传统的集中体现，是学校办学理念的概括，是师生们对学习家园的认同，它凝聚着师生对母校挚爱的感情。因此，每当我们高唱校歌时，总会豪情满怀；毕业离校的校友，唱起校歌，往往会热泪盈眶，想起在校园里度过的青春岁月，想起孙中山先生所题的校训；想起柯麟院长"医病医身医生，救人救国救世"的寄语；想起围着惺亭的杜鹃花；想起珠海校区那长得吓人的教学楼，想起第一次拿起柳叶刀。于是，我们会轻轻抚摩别在襟前的校徽，感受到母校留在心头的温暖。

我在1952年考进中山大学中文系，1956年毕业，留校任教，长期工作、生活在校园里，几十年来，目睹母校在不同时期的发展和变化。作为文科教师，也有幸参与和见证母校的一些文化建设工作。光阴荏苒，岁月如梭，许多事情，特别是参与校歌、校徽修改等重大文化活动的过程，依然历历在目。

一

在1949年新中国成立之前，老中山大学，是有一首校歌的。这校歌，在1924年中山大学成立时产生。它由第一任校长邹鲁作词，由音乐教育家陈洪谱曲。

陈洪生于1907年，和著名音乐家马思聪同是广东海丰人，他们还一起在广州创立

---

* 黄天骥，中山大学资深教授

音乐学校。原中山大学的校歌,正是他在赴西欧音乐学院深造前,应中大之邀谱成的作品。抗日战争期间,他谱写过许多抗战歌曲;新中国成立后,还谱写过《教师颂》《春风桃李》等作品,并创作、翻译过大量音乐理论的论著,被公认为我国高等音乐教育的开拓者。他曾任南京师范大学音乐学院教授、院长,2002 年逝世。由于他长期居住于华东,广东人对这位老乡反而不太熟悉,更不知道他在早年,就为华南的最高学府中山大学,谱写了一首被莘莘学子传唱的校歌。

从 1949 年,到 80 年代初的三十多年岁月里,大陆的高等院校,师生集会时,唱的是《中华人民共和国国歌》和《国际歌》。"文革"期间,就唱《东方红》和《大海航行靠舵手》之类的歌。老实说,那时根本没有奏唱校歌的念头,我也不知道中山大学有校歌。直到 1984 年,为庆祝六十周年校庆,学校在英东体育中心东南边的足球场,举行大型晚会,组织了 800 名师生的合唱团,还邀请了驻地在罗浮山的某军铜管乐队前来伴奏,这支乐队曾作为九个乐队方阵之一参加天安门广场的国庆表演。乐队原来的指挥认为,堂堂大学的合唱团没有自己的指挥不太合适。学校有关方面知道我常在校,在合唱队中担任指挥,便让我上阵。当军乐队的指挥演奏过师生入场式的欢迎曲和国歌后,便把指挥棒交给了我。我指挥的 800 人大型合唱作为压轴演出,唱的是《在希望的田野上》和《歌唱祖国》,气势虽然磅礴,但依然没有唱中大校歌,甚至还未意识到要唱校歌的问题。

1986 年 9 月,原岭南大学的校友,从世界各地赶来广州,校友大会在康乐园的梁銶琚堂隆重举行。由于 1952 年院系调整,新的中山大学,是原在广州石牌区的老中大文、理科,与原在康乐园岭南大学的文、理科,合并而成。校址就设在原属岭大的康乐园。因此,当岭大老校友回康乐园举行校友大会时,中大的校、系领导,便作为嘉宾,被邀请参加。当时,我作为中文系主任,也很荣幸地应邀赴会。

那一天,下午四时左右,我们这些嘉宾,坐在梁銶琚堂前面的几排里。我回头一看,背后几排的座位,却是空着的。正觉奇怪间,忽然,梁銶琚堂后边的两扇大门一下子打开。只见岭南大学一百多名校友一个跟着一个列队进场。他们襟前别着岭大校徽,举着红灰色的岭南大学校旗,并且各级各班,又举起绣着不同颜色图案的"社旗",齐步走到舞台前面。队伍中,不少是七八十岁甚至九十岁的老校友。他们一个个气宇轩昂,精神抖擞。

大会开始,全体起立,在奏唱国歌后,全体岭南校友,便高唱《岭南大学》的校歌:

平原广阔,瞻近目前,江水流其间。
群丘远绕,恒为障护,奋勇莫畏难。
母校屹立,风波不摇,佳气承远方。

……

让我们这些嘉宾震惊的是，岭大校友放声歌唱，不少人还眼含热泪。岭大校友爱校的真挚情怀，和校歌产生的不可思议的凝聚力量，让我们心灵震撼，感动不已。

在会后，我们几位系主任，像吴兹潜、黄进、陈胜粦等，大家聚在一起，议论纷纷，都佩服岭大校友对母校的深情，也懂得了歌唱校歌的重大作用，懂得了校歌、校徽所产生的凝聚力。有人问，原来的中山大学，有过校歌吗？这一下，我们都愣住了，因为当时绝大部分的校领导和系主任，多是在1949年以后才毕业的，都不知道过去中大是否有过校歌。我瞥见黄焕秋老校长正陪着客人走过来，便一个箭步到他面前，向他请教。焕秋老校长是老中大学生，他说，老中大原来是有校歌的。第二天，我出于好奇，跑到图书馆找寻有关资料，果然发现了邹鲁撰词、陈洪谱曲的《中山大学校歌》。当时，看了就看了，只当作增加自己对校史的认识而已。

在这一段时间，校里的中层干部，包括仍留在新中大工作的原岭大师友，也常提及岭大的校歌。1988年，中山大学岭南学院成立，学院的院歌用的就是《岭南大学校歌》。这一来，如何创作中山大学的校歌、制定校徽，便逐渐被提到日程上来了。

二

1991年，曾汉民教授接任中山大学校长。为筹备校庆七十周年纪念活动，学校领导决定制定《中山大学校歌》、校徽、校旗，并研究校训的安置地点。为此，学校在1993年秋天，组织了几位了解中大的老教授，研究如何处理上述几项事宜。

记得那时天气尚暖，有一天，我忽然接到校长办公室的通知，命我在上午九时到英东体育馆的贵宾室开会。当时，我还不晓得体育馆还有贵宾室，找了半天，原来它设在馆侧小楼的楼上。进门一看，与会者都到了。在座的有刘嵘教授、夏书章教授、何肇发教授、王宗炎教授、李锦全教授、校长办公室黄淑伟主任，加上我，一共七人。教授中，除比我大几岁，常被我戏称为"李锦记"的李锦全师兄外，其他几位全是老中大的文科老教授，也全是我的老师辈，刘、夏两位，还各给我上过一个学期的课哩！我赶紧坐下，回头一看，原来还有校办副主任张文彪，在一旁帮助张罗。

会议由淑伟主持，他简略介绍了校长的想法，然后请教授们发表意见。由于有了思想准备，大家也畅所欲言。

关于"校训"的问题，比较容易解决。有老师说，孙中山所题的校训，语出《礼记》，原句是"博学之，审问之……"，几句都有"之"字，有些兄弟院校，便采用《礼记》原句为校训。但我们一致认为，中山先生当时只写了十个字，都不带"之"字，不必更动。大家又决定，现在学校以南校门为正门（不同于岭南大学以北门为正门),因此,校训应安排在怀士堂后面朝着大门方向的地方。校训也应按中山先生手迹复制,只作少许润饰。可是,当交由某书法家摹写时,他却加进自己的一些笔意,这反显不出原来手迹的苍劲。

关于校旗,问题也比较简单。当时,许多兄弟院校的校旗,多是白底红字或黑字。但大家认为,康乐园的绿树草坪,最有特色。于是,大家一致决定以绿色来书写校名。

对校徽的讨论,倒费些斟酌。在新中国成立之初,各院校师生,都是要配戴校徽的,师生们都以佩戴校徽为荣。当时的校徽,也都是长方形的小牌牌,写上校名,简单得很。中大学生所用的校徽,白底红字;而教师职工的校徽,则是红底白字,字迹均用"仿毛体"。记得我在考上大学时,胸前戴上白色的校徽,招摇过市,得意得很,生怕路人不知道我是中山大学的学生,觉得他们也似乎用羡慕的目光瞥看我胸前的小牌牌。等到毕业后,留校当助教,换上了红牌牌,又自觉多了几分庄重感。不过,到了"文革"时期,知识分子被视为"臭老九",戴着校徽反觉低人一等。这时,师生们都不戴校徽了。等到打倒了"四人帮",知识分子扬眉吐气,有人又重新佩戴校徽。不过,过了一段,不知是什么缘因,佩戴校徽者越来越少。唯有我们最尊敬的老校长黄焕秋教授,一直把校徽戴在胸前。

校徽采取什么方案呢?与会的老教授展开了讨论,大家都认为校徽应有自己学校的特色。中山大学已经有了七十年的历史,应该重点突出我校悠久的历史传统。经过研究,大家认为校徽以圆形为宜;应把最早的校址,亦即老中大的发源地"大钟楼"(在今广州市文明路),作为校徽图案的主体部分。至于如何设计、绘图,就委托团委青年美术家姚友毅老师负责。

姚老师很有才华。他在圆形校徽中央部分,绘上海棠形花瓣图案;而在花瓣中心,画上了大钟楼的轮廓;下方有"1924"四字,说明中大成立的时间;楼的左右两侧下方又各有两片绿叶,象征现在的中大校园,是在康乐园绿树环抱之中。圆形校徽的内侧,分别以中、英文写上校名。

记得小姚老师在初稿绘成后,到我家征求我的意见。我一看,非常高兴,觉得他很能领会老师们的意图。我尤其欣赏他采用海棠花形的图案,因为在广州市,老传统的房屋设计,多采用这海棠式图案的满洲窗。从窗口望过去,"中山楼"矗立,很具地方特色。当时,我也提出一些想法:例如,可以减少大钟楼下边的小门;把两侧的绿叶加宽,叶的底部,向楼下长廊的横线靠拢,把中山楼图形的垂直线和底部长廊的横线有意识地与两侧的绿叶连接起来,让人感觉到整个图案寄寓着"中山"两字的字形,似乎更具意趣。这些意见,提供给小姚,请他参考。

那天的会议,当议论到校歌的修改时,麻烦大了。

在座的老教授和锦全兄,全都唱过民国时代的中大校歌。而我则是1952年才考进中大的,虽然看过一些资料,也约略知道歌词的内容,却未认真唱过。记得当王淑伟主任提出校歌应该怎样修改时,贵宾室一下子静了下来,老师们显然都在思考,或者低声地交头接耳。

过了一会,大家都觉得,原校歌的曲谱,应该保留,但歌词非改不可。至于怎样改,虽然你一言,我一语,但觉得这也不是,那也不是,不知以什么作为新校歌词的主题为宜。我也左思右想,无计可施。

就在大家议论纷纷、莫衷一是的时候,夏书章老师忽然提出,"就把校训放进去如何?"大家一听,豁然开朗,都认为这最合适不过。于是,刘嵘老师便说:"主题确定了,至于怎样修改,由天骥执笔。"我没有思想准备,一时做声不得。何肇发老师觉得我有些犹豫,就来凑热闹地说:"你会指挥唱歌,会写诗词,就你最合适。"我还未回应,夏老师站起来说:"校歌放进校训,由天骥负责执笔,就这样定了!"刘、夏两位老师,都是前任副校长,他们一锤定音,我只能遵命。刘嵘老师叫我写好后就直接交给淑伟,由他送给曾汉民校长定夺就行。

这议题确定了,会议便宣布结束。

三

过了两天,我在心境稍为宁静的时候,便遵照大家议定修改校歌的方案,一个人躲在书房里,开始思考。我把民国时代的原校歌找来,仔细阅读。它原来的歌词是:

白云山高,珠江水长,吾校矗立,蔚为国光。
国父手创,遗泽余芳,三民主义,仪行四方。
民国基础,大同梯航,莘莘学子,济济一堂。
学以致用,不息自强,发扬光大,贯彻主张。
懿欤勉旃,勿堕勿忘。

我知道,作曲家一般是按词作曲的。揣摩一首歌曲所要表达的思想感情,先研究乐曲的旋律和节奏是很有帮助的。因此,我先把原校歌的曲,哼了几次,注意到它的主旋律多是在一个小节中,以一拍和一个音符谱唱一个字;而且,主旋律出现的乐句,音高没有超过八度。这说明作曲者了解到,作词者希望校歌要表现出庄重而明朗的情调。我又想到,在二十世纪二三十年代初期,团体性的歌曲,多有类似的写法,它是那个时代精神的体现。直到抗日战争时期,歌曲才出现激烈变化的旋律和快促的节奏。

对原校歌的风格有所了解后,我进一步研究邹鲁校长作词的构思。很显然,这是一首四言诗,诗中首先表达对孙中山先生创建中山大学的敬意;跟着,歌词的主体,则是歌颂孙中山"三民主义"学说;最后,强调学生要学习、执行并把"三民主义"

的精神发扬光大。这歌词，政治性很强，它是那个时代政治需要的产物。

在社会主义时代，中山大学的校歌自然需要符合新的时代需要。作为社会主义的大学，以孙中山题写的校训作为校歌的主体，既呼应孙中山的思想，也更符合作为高等院校肩负教书育人任务的角色需要。因此，以孙中山先生题写的校训作为我校校歌的主体思想，非常合适。至于歌词结构，可以参考邹鲁校长的安排，进一步提高。

首先，原校歌的前四句，即第一乐句很好办，完会不用改动。但是，第五句"国父手创"，如何修改，我有些踌躇了。把孙中山先生称为"国父"，是国民政府时代的提法。新中国成立后，把歌词中"国父"一词，改为"中山"，是合适的。但是，原词作"手创"，却不如改为"首创"为好。因为这既更符合历史事实，也已包含了中山先生亲手建立的意味。加上"手""首"同音，因此，我决定把"国父手创"，改为"中山首创"。

记得当时在哼唱这句歌词时，忽然又有些疑虑了。按照作曲的原则，曲调应尽量与歌词语音配合。但这小节的旋律是 | 5 1 1 . 2 |，而在普通话，"国"是阳平声，"父"是去声。这词组的声调，是从上往下降。

但当唱这句时，"国父"一词，乐音反而是由下往上升。我想，陈洪先生总不会不考虑曲与词声调匹配的问题。如果我们改为"中山"，按普通话，"中山"两字，又都是响亮的阴平声，和曲谱更不配合。当时，我曾想过，是否陈先生有所疏忽了？后来，再细看伴奏谱，才恍然大悟，原来陈先生使用了3和高音1的和声，这就把"国父"两字语音，和乐首的不匹配中和了。那么我把这词改为"中山"，在语音设置上，唱起来也不成问题。从作为原校歌主体思想的第五句开始，以下几句，是必须修改的。我们决定把校训作为校歌的主题，也只能在主旋律发展的这一位置上切入，最为合适。

但是，问题来了。我一看原歌词，它以四言诗的形式写成，需要隔句押韵，押的同是平水韵的"七阳"部。这一来，当把校训作为歌词，歌曲的第八小节，也必须押韵。但是，如果按曲谱写进校训，第七小节为"博学审问"，第八小节写为"慎思明辨"是不行的。因为"辨"字是仄声，不与平声的"七阳"韵相押，唱起来很不舒服。而且，第八小节，刚好是这乐句的结束，作曲者也用了两拍，让它的节奏延长，表示语气告一段落。如果我在这里不采用能押上韵的字，就显得十分别扭。

如何解决这个难题？想来想去，唯一办法，只能在"慎思"两字的后面，搭配和它意思有所联系，而且又是押韵的词语。最初，我想用"慎思勿妄"，这"妄"字好懂。但一想，也不妥。因为《礼记》的"审问"一词，已经有了审视、询问，敢于怀疑的意思。如用"勿妄"，容易让人理解为不敢独立思考，这更不妥。而且，"勿"字发音，双唇撮合，唱起来也不容易。再三思量，实在无计可施，只好放下。一看时钟，已近下午五点，我便索性骑上自行车，直奔游泳池。

白云山高　珠江水长——记新版中山大学校歌、校徽的产生

　　谁知游了两三百米，被冷水泡过的头脑，忽然清醒，涌出了"不罔"一词。我立刻靠在池边想了想，"不罔"是不被蒙蔽的意思，虽然它在现代汉语中较少出现，但校歌的歌词属浅近的文言文，出现个别比较生僻的词，也是容许的。而且"不"字，虽是双唇闭合后的不送气音，却容易唱出。"罔"字属上声，在诗词韵中，与"七阳"韵可以通押，这就解决了在第八小节需要押韵的问题。再一想，"不罔"，不受蒙蔽，与下文即出现的"明辨"一词，有所联系。由"不罔"过渡到第九小节，虽略嫌重复，却也较自然。于是，我立刻爬出泳池，赶紧回家，把"慎思不罔"写定。

　　这难题解决了，下面就好办了。在叙列校训的词语之后，便应总括中山先生题写校训的意义，那就是要求学生都成为国家的栋梁之材。于是"为国栋梁"一句，顺势而出，这比邹鲁校长泛谈"三民主义"的意义，更符合大学各个学科需要培养各类精英人才的目标。有了这一句，下面"莘莘学子，济济一堂，学以致用，不息自强。发扬光大，贯彻主张"等六句，都可按原词不动。而由于我在前面写了中山校训，写了要牢记校训的目的，在于"为国栋梁"，那么，所谓"发扬光大贯彻主张"的意义，就不同于邹鲁所写歌词的性质，而是具有另外一种思想内涵。

　　原校歌的最后两句，则是非改不可的。邹鲁校长所写的"懿欤勉旃"一句，属一般性的赞美词，是"美好啊！努力啊"的意思。"欤"和"旃"都是古汉语的语助词。这一句，词义泛泛，深奥生僻。在二十世纪，团体性的歌词，往往有使用古汉语来"丢书包"，以示作词者学问高深的习惯，现代人唱起来，则会莫名其妙；而且，这乐句采用｜５ 4 3. 2｜逐步下行的旋律，也具有展现全曲即将完满结束的意味。因此，我觉得，这与之相应的歌词应该鲜明地突出中大师生恪守校训的意义。

　　"文革"以后，全国人民提出"振兴中华"的口号，这是时代精神的最强音。想到这里，我毫不犹豫，就写上"振兴中华，永志勿忘"作为校歌的结句，这样，新校歌与原校歌的意义，也完全不同。它全文成为：

　　白云山高，珠江水长，吾校矗立，蔚为国光。
　　中山首创，遗泽余芳，博爱审问，慎思不罔。
　　明辨笃行，为国栋梁。莘莘学子，济济一堂。
　　学以致用，不息自强。发扬光大，贯彻主张，
　　振兴中华，永志勿忘。

　　修改完毕，我把新校歌反复唱了几次，觉得歌词与旋律的结合没有问题；把校训写进去，更符合高等学府的性质；歌词结构的安排，也比原来更为贴切，更具层次感。我这才长吁一口气，放下了笔杆，顿觉满怀舒畅，一看时钟，已是晚上九点。记得那天，我也忘了吃晚饭，却没有一丝饿意。回想起来，也真有趣，在校歌歌词中，我只更改了几句几字，却费了大半天功夫，才能落实集体讨论的成果。那是由于校歌意义

重大,牵一发会动全身,不能不反复推敲,慎之又慎。

又过了两三天,我等自己的情绪冷却了,把新的校歌连词带曲再哼几遍,这才正式交给淑伟,算是完成了老师们交付执笔修改校歌的任务。不久,经校领导批准,新的中山大学校歌宣布诞生。

中山大学的文化传统,是一代又一代的师生共同积累传承而形成的。在校党委的领导下,我有幸参与有助于学校精神文明建设的工作,这是很有意义并且值得回忆的事。

下广东：一咏三叹，一步三回头

江 冰*

【主编者言】 中国人安土重迁，恪守"父母在，不远游"的古训。改革开放大潮涌来，流动竟成为社会的一个主题。虽有"叹"有"回头"，作者还是把根扎在了广州。

广州丢包，一波三折

逝水流年，波澜不惊。人生就像一条大河，缓缓流过。记忆似乎也变得不牢靠了，人生场景渐渐模糊，但从内地到广东，却是我人生中的惊涛骇浪，久久回味，愈发难忘。

人到中年，我在内地生活，有一个强烈的愿望：下广东。但从内地调往广东，一波三折，可谓一步三回头。

二十世纪八十年代末期，我拿着中山大学毕业的大舅的亲笔信来找他的同学，落实在一家师范学院教书的事。见了面递了材料，对方满意，急需人才。我高兴地回到旅社，借了老友的自行车去办事。车至白云宾馆前，忽然背后窜出一摩托，将我放在自行车把手前筐里的文件袋瞬间掠去。

我当时完全懵圈，只见一个背影迅速消失。身份证、材料、钱包全部被抢，我沮丧到极点。找老友借了200块钱，买车票，坐火车回家，兴致全无。

过了几年，下广东念头又蠢蠢欲动。于是，借暑假赴深圳、广州找工作——朋友介绍去某杂志做副主编。但恰好遭遇深圳股市事件，气氛紧张，不安全感让我打道回府。

1994年，在内地大学评了教授后。走出校园，做了一家杂志的主编。此时，下广东的欲望再次苏醒。

最终我从事业单位辞职，到深圳做了媒体人。沉沉浮浮五年，始终找不到事业的感觉。加之太太一直不能调入。于是，我调头广州，重返大学。一波三折，最后在广州安定下来。

---

* 江冰，广东财经大学教授

下广东与中山大学有关

我的大舅颇具汪曾祺风度，抗战时在重庆骑匹白马，从山坡上疾驰而下，童子军的飘带飒飒作响。

抗战胜利，就读南京中央大学附中，家住鸡鸣寺后白家大院。我母亲同时就读中央大学附小。

新中国成立后，为养家大舅考进银行工作。1950年初，全国总工会汇演，获相声一等奖，与大名鼎鼎的马季同台并肩，得大师侯宝林夸奖，曾经是侯大师相中的接班人之一。

但大舅出身书香世家，不无清高，并不愿以曲艺为生。家况稍好即考入中山大学，据说是五十年代中大相声一宝，甫一登台，康园齐笑。

大舅因出身不好，并不得志，一生在大学教授古代汉语；教书认真，事业平淡；上养老母，下养三子，生活简朴，从不宽裕。但极重生活品位，与我病逝的舅母是二十世纪五十年代的时尚青年——看他们年轻时的照片，青春浪漫，活泼开朗，布拉吉、列宁装，苏联生活方式的影响明显可见，让我遥想五十年代那个颇具豪情与诗意的岁月。大舅一身旧衣却十分整洁，无论何时，一头黑发都梳理成旧式小分头，一丝不苟。

我小学时负责家信，每有大舅亲笔家书，反复阅读：书法潇洒，文采斐然，成语迭出，古风余韵。

他会拍照，会暗房洗照片，会踢足球；会做菜，会讲笑话，风度翩翩，谈笑风生；学各地方言，开口诙谐，惟妙惟肖；对人又极温和谦逊，从不高声嚷嚷。

即便到了买菜记账、入不敷出的"文革"年代，依然四菜一汤，粗菜细吃，不忘讲究。最便宜的空心菜也有多个做法，何时下蒜放椒施豆豉，点酱油还是点醋，丝毫马虎不得。到了藜蒿上市，更是如过节般欢喜，没有嫩绿韭菜合炒，绝不下锅，其厨房功夫较之我的军人父亲可谓天壤之别。

生活贫困的年代，亲戚串门吃饭，大舅常常穿围裙炒一桌菜，大家欢快举筷，他则先抽根烟，然后就着一小杯白酒，讲很多很多话，吃很少很少的菜，左瞻右顾，维持众人快活，苦累却一人背着。

我母亲最看重大哥，说他人厚道，心思重，有苦不言，凡事多考虑他人，苦就苦自己。大舅自小就是我心目中的儒雅书生，之所以飞蛾扑火般来广东，我想，最初起因就在大舅的那些家信上。

2018年，我应邀参加中山大学校友诗歌朗诵会。见到大舅同班同学金钦俊教授，谈及同窗之谊，亲切温暖；黄天骥教授也对大舅印象深刻，仔细打量我说：外甥像舅。

下广东：一咏三叹，一步三回头

2022年3月，大舅逝世于南昌，终年91岁。他的遗嘱：撒部分骨灰于珠江，纪念他就读中山大学的青春岁月。如此怀念中大，挚爱母校，可谓刻骨铭心，至死不渝。

江水滔滔，白云悠悠；清风拂面，明月照心。广州羊城——可还记得六十多年前的那位中大学子吗？

宿命般地热爱

我对广州这座城市，有一种宿命般的热爱。

二十世纪九十年代末，我从内地辞职，漂泊到深圳，希望在这样一个移民城市度过下半生。来自香港的一位看楼盘风水的先生给我留下了几句话：你的最后落脚地不在深圳，而在河南。听到这几句话时，我刚到深圳不久，雄心勃勃收拾旧河山重新开始。

我把风水师的话当做"生命绊脚石"，甚至认为他是觊觎媒体总监的位置，妄图取而代之。但是，无论我如何努力，这座城市还是拒绝了我。2003年，我调进广州，重返大学后不久，乘坐公共汽车，从天河区到海珠区。车过广州大桥时，有人大声喊道：河南到了！电闪雷鸣，瞬间想起风水师的话。询问得知隔着珠江，天河区为河北，海珠区为河南。难道真是我的宿命？我信又不信。

真正让我找到最初幸福感的是一碗广州濑粉。

我在珠江边的一家老店，吃了一碗地道传统的濑粉，似曾相识。当晚梦中，浮现童年时代——福州市区街边叫卖的小吃"锅边糊"，无论在食材形态以及做法上两者都有极大的相似性。两样小吃，将我童年纯真的福州记忆与中年落脚的广州奇妙地联系在一起。从此，我渐渐爱上了广州美食。

广州，这座千年古城，这座八方来客的"老码头"，积淀着多少旧时光，又延续了多少人文传统，中原的汉文化与岭南的百越文化，黄河长江大浪波涛的气息与海洋微咸的海风在这里汇合。千年古城，在各种文化的撞击中形成了自己独特的风采。近代，她又有一个大大的飞跃，摇身一变，成为世界舞台上光彩四射的大码头、大都市。

也许从小在部队大院长大，所以，五湖四海是我童年生活的氛围。读中学时，我父亲到福州市区军管会工作，全家搬到东街口与南门兜之间的海军后勤部大院，大院子里住着军队的一批离休干部。他们中间有留苏的专家，有从国外回来的工程人员，他们的存在给我的少年生活又涂抹了一层五湖四海的色彩。我记得一位拉手风琴的老人，夏日的夜晚准时出现在他家阳台，他的曲子都是苏联的，比如《伏尔加河》；从国外回来的一位老太太，经常谈起巴黎的咖啡茶点。

后来读大学，班上的同学也是五湖四海。从大学出来，到深圳生活，依旧是移民

城市中的五湖四海。重返大学,广州高校的特点,仍然是五湖四海,本地教师只占少数。

这一串有趣的人生经历,又给我提出另外一个问题:为什么同样是五湖四海,却能在广州这座千年古城找到故乡的感觉?

我的弟弟,2000年从山西调到上海,至今也在上海生活了十几年,生活方式和"腔调"品位有所改变,但是他一直羡慕我——能够对恒大足球,对东莞宏远篮球队,有一份家乡本土的热情。上海足球队,也有申花和上港,但是怎么都唤不起他的"本土"感觉。我的这种"反认他乡为故乡"情感趋向到底是怎么形成的呢?我思索良久。慢慢找到答案——

一是她唤起我童年,比如福州"锅边糊"的联想。或许是一种远离中原的城市感觉,广州与福州有几分相似,都有"岁月静好"、低调务实过日子的氛围。但,又不仅仅是这些。广州自古通商,从来就是一个八面来风、贸易物流极其发达的大码头城市;而且都市市井皆有,烟火远方俱存——有快节奏的都市生活,也有慢悠悠的街坊日常,人情味十足。

二是她的移民特点。这是一个面向世界,通过海洋贸易交通不断人口迁徙的移民城市。而"移民气质"又已经融入这座古城的传统,所以,我童年"五湖四海"的经历与一座移民城市的传统,奇妙地达到一种契合。也许正是这种契合让我爱上这座城市,让我反认他乡为故乡,让我把这里视为自己的"精神原乡"。

老码头,千年流转着一座城。流转千年,也流转我心间,对其赋予故乡的热爱。

广东:离大海很近,离世界不远

2003年第一次访问开平碉楼,惊叹于碉楼的中西合璧,一座座碉楼颇有些不协调地静静屹立在田野村落,近百年来寂寞地讲述着自己的故事。是岭南乡姑错戴了一顶洋帽子,抑或中国武士穿着一身古罗马盔甲?我当奇迹看。

知闻开平碉楼入选广东唯一世界非物质文化遗产,我的第一个念头是外国评委看重其中西交流特征;同时心中愤愤,依旧是一副"欧洲中心论"眼光。我的迷惑还在于开平碉楼里看到的两幅放大照片:一幅是北美甘蔗林里戴着镣铐的华人劳工,衣衫褴褛,不堪折磨;一幅是几百男青年聚集开平码头,准备随海轮赴国外务工,人群蜂拥而至,表情跃跃欲试。——二者给我传达了完全相反的历史信息。难道码头是骗局,镣铐才是苦难结局?

我带着疑惑,开始广州的生活。十年后,我在《广州文艺》杂志主持"广州人,广州事"专栏,一做就是四五年,疑惑得以渐渐解开。当历史迷雾逐次散开,一个结论清晰地跃入眼帘：广东，离大海很近，离世界不远。

碉楼恰恰是面向世界的物证，中外文化交流的结晶。而两张照片又均为事实，只是同时展示了历史的不同侧面。"一枚硬币的两面"似无法囊括；一个多边形立体的多面，无数个交错的意外，亦或并不意外的历史交错。比如海外移民，不同历史时期会呈现出不同情形，甚至结局截然相反。真是瞎子摸象，各具真理。

这几年"北上广"一线城市构成热点话题，因为广州地位始终被质疑或"唱衰"。北京的首都地位不可撼动，明里暗里较劲的就是上海、深圳，现在又有杭州、天津、重庆等城市，大家都急不可耐地要挤入一线城市，不争面子争口气。

前几年，一张邮票选了北上深杭四地风景，硬生生把广州挤出一线城市。广州一些文化人不乐意了——我注意到微信朋友圈里有一些文化人埋怨：广州本地人"不争气"还不要紧，"不生气"才是麻木。

前几日去广州老城荔湾区开会，一句话入耳：从从容容生，淡淡定定活。不过言者倒不淡定，恨不得一抱抱个大金娃娃。网上热文《有一种"一线省份"叫广东》谈及广东人之淡定——举的例子为腾讯微信总部曾经落户广州珠影对面的 TIT 创意园。据说当时微信总部连牌子都不挂一个。TIT 创意园我去过多次，平常安静如中低价位的花园住宅区，谁料到卧着一条大龙，身价连城却素面朝天。对于广州人不争的态度，有人认为：老广从不稀罕荣辱，一向处变不惊，既为南大门，有风自来，面朝大海，春暖花开；文化人急，与老百姓关系不大，茶照饮，地球照样转。也有人认为，这恰是广东性格，宠辱不惊，不卑不亢，淡泊自在。

2016年以来，广东财经大学社会系师生在顺德乐从镇的鹭洲村与沙滘村对当地的华侨问题展开田野调查。这种"不放过每一片树叶"的乡村行动，从田野起步，从历史与现实中寻求真相，不受限于当下的流行观念，回到历史现场。我惊奇地发现一个事实与一个观念：事实基于爱国华侨资助乡民向海外求生存求发展；观念基于他们对国家边界的多重选择。世界，非洲，生存国，故土祖国，均已纳入生存活动区域，同时亦进入观念视野。

麦思杰博士团队的调查中，有一位华侨引起我的兴趣。乐从沙滘村近代出过一位著名侨商陈泰（1850—1911）。陈泰最初在马来西亚挖矿致富，后回到沙滘村定居，他将三个儿子派往南洋、马达加斯加、留尼旺从事贸易活动，还大量资助族人在不同的地区投资贸易。在陈泰雄厚资本的支持下，沙滘陈氏族人的生意遍布南洋和东非。人员、资金、商品在这个以沙滘为中心的网络里来回流动。沙滘西村也因此成了乐从远近闻名的富裕村。由此可见，几百年以来，广东人一直向海外向世界流动，移民，谋生存，求发展，可谓"凡有日影处，皆有广东人"。

还有一个例子同样具说服力。被誉为"中国第一侨乡"的广东台山，她不但在海

外移民与本土居民人数的比例上全国领先,而且曾经是最早的国际化区域。台山被称为"小世界语社会",台山话夹杂英语成为习惯,台山人钱包里装着"万国货币",历史上曾出现台山一县侨汇收入占全国侨汇三分之一的盛况。

还有潮州的侨批、汕头的开埠、广州的十三行、黄埔古港、珠海的容闳、客家的下南洋,等等,不胜枚举。广东人的视野早就面向大海,广东人的足迹早就遍布世界,所以,她的目光不会局限于故乡,她不会纠结于一时一地的毁誉得失。明白了这一点,也就不难明白广东人特有的从容与淡定。广东,离大海很近,离世界不远。我个人在明白这一点道理的时刻,倍感广东社会精彩的一面;同时,也将其视作美丽广东文化的一份独特魅力。

回到广州,我有一种安定的感觉

在我看来,广州具有一种务实、平和、低调、行动派的定力。本土文化是指由这座城市焕发出来的独特的文化风采和文化魅力等,不代表它只是传统的、古老的。

从福州到南昌,从深圳到广州;从学者到媒体人,再从媒体人回归高校,人称"移民教授"的我最终在广州落地生根。如今,在广州已经生活了20年,依旧不太会粤语的我已将广州作为了自己的"精神故乡",并倾力推广广州的本土文化。

在我的眼中,广州历来都像是一个码头——她的特点就是五湖四海,所有人流、物流、人才、财富、资源、物产都在这里交换,所以奠定了这座城市的千年商都的港口特点。改革开放的近几十年,越来越多人与来自四面八方的人融汇在这里,新城和旧城,古老和现代在此自然交汇。

捍卫本土文化的"移民教授"

主持《广州文艺》栏目"广州人广州事",在高校做与广州文化相关的课题,走遍广州的各个角落去发现记录,在朋友圈推广广州本土的各种美……在身边人的眼中,"新广州人"的我业已成为一个比广州人更爱广州的文化人。

2016年,我主持成立广州都市文学与都市文化研究基地并任首席专家,积极推广广州本土言说。作为扎根广州的学者,我以推动广州本土言说作为自身不可推卸的责任。早在2010年起,我的文章就强调:"广州文学在北方看来是文化沙漠,那是因为他们不了解珠三角文化。这也给我动力去推动广东文化的提升,去不断地讲广州的故事。"

对广州二十世纪九十年代创作的都市文学、女性文学、小女人散文等,我格外偏

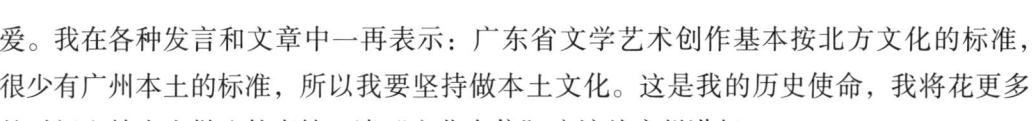

爱。我在各种发言和文章中一再表示：广东省文学艺术创作基本按北方文化的标准，很少有广州本土的标准，所以我要坚持做本土文化。这是我的历史使命，我将花更多的时间和精力去做这件事情。谈"文化自信"应该从广州讲起。

我从文化实践中认识到：如今外来文化充斥眼球，如果失去了对本土文化的支持和尊重，传承可能会在这一代断掉。我坚定地认为：广东文化是对中华文化有意义的补充，广东文化的海洋性、契约性、人与人之间的距离感，这些最本质的东西，是最难能可贵的东西。例如古代中国是重农抑商的，但是广州对于商人是重视的；"父母在，不远游"观念，在广东人心目中早就不那么强烈了——广东人鼓励自己的孩子闯出去，这种海洋性造就了广东人的实力。

广州的烟火气吸引我落户生根

2016 年，我的新书《这座城，把所有人变成广州人》引起了不少新老广州人的共鸣。我在书中写了不少自己多年来对广州的认识，比如"广州是一个适合生活、有亲情、有足够包容性的城市。"

在不同的城市里不停迁徙的我，一直认为自己没有故乡。2003 年，我来到了广州，一直漂泊的我好像找到了自己的"故乡"。

广州给我的感觉：宽厚仁和。这座城市的务实、包容和从容让我产生了强烈的好奇与契合感。

我深深体会到：相对于其他一线城市来说，广州这座城市生活的门槛比较低，生活的心态比较好。至少我来广州买得起房子，可以有条件拥有自己的房子，以及自己喜欢的生活。在我生活的社区里，无论是身家千万还是普通市民都能在一个大排档里吃饭。人与人之间相对平等，相对尊重隐私，阶层观念不那么明显；加之处处有美食，大排档也不比五星级酒店差。

总之，这座城市有浓浓的平民意识，很亲切。

2005 年，我曾对 30 位教授就"为什么来到广州"做过问卷调查。调查结果显示，主要有三个原因：一是广州是改革开放的前沿，工资相对较高且稳定；二是比较注重隐私，单位里人与人之间的距离相对宽松，人与人之间彼此保持距离，社区概念较大；三是广州的体制对人的束缚相对比较宽松，人不会觉得被管得太死；等等。这说明广州是一个适合生活、有亲情、有足够包容性的城市。

谁为广东为岭南说好话？

我参加了一期《开卷广州》读书活动，周松芳博士的观点十分有趣，他认为外来

文人对岭南影响有仨：韩愈、苏轼、汤显祖，前二人认可，第三人则不太彰显。比较来看，韩没说岭南一句好话，苏虽言"日啖荔枝三百颗，不辞长作岭南人"，却多半讲给政敌听。汤则对岭南有真感情，做梦都想来广东，为岭南写了150多首诗，一辈子说广东好话，而且有一功绩——沟通江南岭南。

我则追问原因何在？唐时，岭南尚未开发，环境水准与中原距离不小。宋时仍没有决定性变化。但汤显祖的年代，岭南逐步崛起。尤其是广东已在全国的文化版图中占有重要位置。

我的结论是：外人是否说你好话，关键在于你的内在实力与外在形象有没有说好话的价值。唐宋尚不具备，而明代则有了说好话的基础。感谢汤显祖，也感谢明清之际风水转到岭南，转到广东。

所以，不必太在乎别人怎么说，关键是自己怎么做。

六本书让我成为新广州人

2016年，我担任广州都市文学与都市文化研究基地首席专家，几年中，我与我的团队在广州市社科联的支持下完成了三部书：《都市魔方》（2017）、《都市先锋》（2020）、《都市版图》（2021），属于广州都市文化研究的三部曲。

与此同时，我的乡愁爆发，同时完成并出版了三部散文随笔集：《这座城，把所有人变成广州人》（2016）、《老码头，流转千年这座城》（2019）、《岭南乡愁》（2021）。

学术研究和个人心情写照与生命体验，同时在两个轨道推进；2020年，我又接受了广州岭南文化研究会会长的角色。可以说，这两个系列六本书，加上首席专家与会长的角色，让我真正进入了广州的历史。

历史与当下，现在与未来，一个神奇的时光隧道中，我的生命得到了"大地栖息"的感觉，我真正地找到了自己的故乡，安放了自己的乡愁，成为一个真正的"新广州人"。

我的余生将为这座千年古城的文化建设与推广而努力，在粤港澳大湾区的框架下，我的努力有了更加广阔的背景。真正进入了那句话的境界：广东离大海很近，离世界不远。

我爱岭南，我爱广东。我爱自己的第二故乡，从此在此落地生根。

岭南，我爱你。

广东，我爱你。

你若爱上，便是家园

蒋述卓*

【主编者言】 苏东坡曾有诗句云：此心安处是吾乡。本文作者是外乡人，读他对广州的观察和理解，似有深入骨髓的爱。他的"心安处"也就在这种爱中徐徐展开。

一

一个人究竟有几个故乡？他究竟要经历人生多少行程才可以找到心目中的家园？这种疑问我在心中存了多年，直至现在。

小时候我待过的故乡当然是故乡，但如今那故乡对我已变得陌生，因为我十七岁离开老家——广西灌阳县黄关镇白沙屯（当时属桂林地区专署管辖），后来就很少在老家呆过，只是在清明扫墓时节，会隔三差五地回去半天。老家的亲戚很少，老家的土话我已很难说得像，老家视我为外乡人，我视老家为父母的魂在地。

十七岁之后我到了著名的山水胜地桂林市，在那里求学工作待到三十岁。这十三年足以让我将桂林市视为又一个故乡。但自从 1985 年我到上海读博士，1988 年又从上海博士毕业分到广州工作，1991 年家人也从桂林迁至广州之后，桂林这一故乡也便逐渐变得模糊起来。虽然家里人在一起还说桂林话，但桂林的印象就如阳朔的《印象·刘三姐》一样，只有远景而无特写了。

广州于是便成为我的第二故乡，一个真正的第二故乡了。

二

或许，你已注意到，我在说故乡时没有提到我待过三年的上海。的确如此，上海只是我求学的地方，是我匆匆而过的驿站，虽然那里有我亲爱的母校华东师大，有温情脉脉、碧波荡漾的丽娃河，有我对我的导师王元化及师母张可先生的甜蜜回忆，但

---

* 蒋述卓，广东省作家协会主席

我仍然是上海的过客。

而广州,则不是。

1988年我读完博士选择广州而未选择留在上海,自然有多种因素,但现在细细想来,对广州的情愫其实导源于1983年的一次广州之行。那时,我们广西师大中文系文艺学专业的四位硕士研究生随导师林焕平先生(广东台山人)到广州开中国文艺理论学会的年会。三月,正是红棉怒放、榕叶新滋的季节。一天晚上,我们跟随导师一起从流花宾馆去小北路社科联的宿舍拜访导师的一位旧友。我们乘公共汽车在小北路站下车,顺着榕树成荫的街道行走。没有雨,却有似有若无的薄雾,空气似乎是甜的,榕树垂下粗如缆绳的气根,一切都似乎行走在梦境里。就那一刻,广州的印象定格在我的脑海里。随后的几日,我们结伴去了越秀山、白云山、海珠广场、黄花岗等地,我当时便想,能到这般美丽的城市来过日子一定是很美好的。

于是,1988年7月博士一毕业,我便义无反顾地来到了我当年想要来的城市。之所以说是"义无反顾",那是有故事的,因为我的校友华东师大历史系的一位博士,曾到广州找工作,想进华南师大,下车便被广州火车站的乱象吓怕了,回去逢人便说广州的不宜居住。那时南下广州是需要点勇气的。我至今还记得,当年华东师大南下广州、深圳、海口工作的毕业生还在华东师大中山北路校园内照了一张集体照。尽管大家心里充满着奔赴改革开放最前沿的热情与激情,但内心对未来都是没有什么谱的。若干年后,也有人离开广州,或出国,或返回原来的省份。

但我留下来了。一留,则留了快三十年了,而且退休也将在此。在这待了快三十年并将继续待下去,远超过我在广西待过的时间,这第二故乡难道还不是我的家园吗?

三

十五年前,我的确这样无数次地问过自己:你真的喜欢广州吗?

也是十五年前,我还在报纸上发表过文章,题目叫《广州不能只是物质安顿之所》,文章里含有对广州的批判,但心底里还是希望广州能成为广州人包括我在内的新移民的精神安顿之所,亦即家园所在。那其实是爱之深恨之切的表现而已。但说实在话,那时的我对广州还真的是怀有一种居之少味、爱之无奈的感觉。

念及广州的好,也就是这近十年来培养起来的感情。因为住久了,对广州产生了依恋;因为住久了,习惯了广州,到了外地就有了参照物,老觉得还是我们广州好,不仅仅是吃得好,还有服务好,一切让你感到舒适、自在。连出差坐飞机也选择坐南方航空的飞机。不为别的,只为它的服务好,让你觉得舒坦。

对老广州,我是没有太多太深印象的,不像地道的广州人,说起老广州来如数家

珍，津津乐道。我最多就是走马观花式地逛过西关，看过趟栊门，去过陈家祠、十香园，溜达过上下九的骑楼而已。对广州话，我至今也还是听得七八成，人家说得快了我就只有"蒙查查"了。但这丝毫不影响我在广州的生活，因为现在的广州与三十年前比，大多数市民都能说一口不够标准的普通话，沟通绝无问题。

而广州的生活却逐渐变成我的生活。

这不是说我已经像一个广州人一样地生活了，而是在外地朋友和外国客人面前，我会努力去像一个广州人一样向他们介绍广州的生活了。渐渐地，我也便习惯于广州的一切，包括日常生活了。

我去日本，那里的日本朋友会带我去吃最出名的怀石料理。而他们来广州，我会带他们去泮溪酒家、南园酒家。有一次，我将我的好友、日本美学学会会长岩城见一先生带到荔湾湖的唐苑酒家吃饭，当他在细雨中看到有服务员戴着斗笠划着小艇给湖里亭子间的包厢送酒菜时，惊讶得眼都直了。那时，我自然会跟他讲起艇仔粥，讲起粤菜的特点来，那时我就是广州人了。在北京是顺峰酒家的广东菜出名，可是贵得要命，而北京的朋友来广州我却会带他们去天河路的炳胜酒家，看着外面排队等位的人群，品着炳胜店里地道但又不昂贵的粤菜，他们会由衷感叹：还是广州的粤菜好味（好吃）！

在广州，吃饭就是吃个新鲜，吃个特色，也图个情调。正如现在走在花城广场地下的花城汇饮食一条街，哪一家店又不在讲特色与情调呢？

记得在广州亚运会之前，广州市曾热烈地讨论过广州精神问题，也就是想给广州一个既理性又感性化的定义以宣传广州。当时就有学者提出可以用"生猛广州"四字来概括。的确，"生猛"不仅代表广州敢干敢闯的特征，又何尝不代表广州的日常生活呢？当时我也曾提出过用这样的短句去概括："广州——享受生活之都"。自然，民间的提法与官方所想总是有差距的，最后官方端出八个字"千年羊城，南国明珠"，够高大上的，也印在公共汽车上和工地的围墙上了，但却抹去了广州丰富而饱满的色彩，少了许多想象的空间与艺术的张力了。

四

说起广州城，有人说广州靠珠江，有水则灵，爱的是广州的水。我却独爱它的桥。

过去的广州，从江之北到江之南要过珠江（广州人讲是"过海"），主要靠水上交通，有小艇，有汽船（后来叫水上巴士，带点洋气），唯一的桥是珠江桥，走车也走人。改革开放以后，呼啦啦一下建起了多座桥，如琶洲桥、华南干线桥、猎德大桥、广州大桥、海印桥等，桥便成为方便广州市民出行的最爱了。

晨昏时节，广州的桥最妩媚秀气，也最有活力。那时上下班的人与车辆挤满桥面，若碰上好天气，匆促赶路的行人会停下来观看珠江两岸的景色，开车的人也会摇下车窗利用片刻的拥堵时间欣赏美景。我就特别喜欢在琶洲桥上欣赏珠江上的日落之景。当那如圆轮般的落日照射在珠江上，珠水泛起层层金色的涟漪，仿佛翻卷着的绸缎；"小蛮腰"（即广州电视塔"广州塔"）仿佛羞涩待嫁的女郎披上了金色的婚纱；不远的猎德桥像一弯新月依恋着珠江的颜面不愿升起；再远处的海印桥则似一张金色的竖琴，在为这秀美大江的流淌纵情演奏。这时，珠江两岸的大厦与街道在霞光中也变得闪烁起来，就像那飘浮着的海市蜃楼。如果要再度评羊城新八景的话，"琶洲暮色"大约是可以入围的。

说起广州的桥还得算上市里的高架桥和人行天桥。高架桥最早是用来解决市内交通拥堵的，如人民路高架，因为离市民的住房靠得太近，时常被人诟病。后来又建起了内环路高架。但不管怎样，高架桥的使用对解决交通拥堵是做出过贡献的。大都市尤其是特大型城市还真得依赖高架桥，像日本的东京，中国的上海。在广州，你还不得不佩服那些高架桥的设计者，在高楼林立之间见缝插针，有时桥围着一幢楼房绕上半圈才透迤而去。作为城市里的驾驶者，我享用了高架桥的便利，车辆稀少时还可以以一种审美愉悦的心情去欣赏这些弯来绕去的桥的绰约风姿。其实，广州最早的高架桥是架设于珠江白鹅潭畔通向白天鹅宾馆的引桥，如果置身江上或站在江的对岸观看，只见长桥卧波，清晰地勾画出了江岸的景观线，并与沙面古色古香的建筑群融为一体，是很有审美效果的城市景观哩。

如今的高架桥都建有围栏，围栏上的挂槽里春夏种各种太阳花，秋冬种三角梅，花开起来将桥装扮得十分养眼，"花城"之名也便从桥上扮起了。最近，市里还提倡住户在阳台或天台养花，想来将来与高架桥之花也能相互衬映。

因为南方雨水多的关系，广州不怎么建地下通道。人行天桥也便成为广州的又一城市景观。初期的人行天桥确有丑陋的一面，光秃秃横空一道，破坏了城市景观。但经过近二十年的逐步改造与升级，人行天桥则变得既实用又漂亮起来，有的为方便老人与拿行李的，还建起了电梯或电动扶梯。有北方朋友来广州，走过这种天桥之后说这仿佛到了香港，这让我颇感得意。

五

判断一个城市是否具有现代感，总是要看它是否有生气与活力的。

置身珠江新城高德置地的春夏秋冬广场之间，看着上下班时川流不息的人群，你会从他们匆忙而急促的脚步中感觉到活力与创造力。到了中午时分，从各大厦写字楼

吐出来的青年男女，开始寻找自己中意的美食。在这里，空气里飘散的都是年轻的气息，一切都那么有朝气，正如这里的大厦，一股脑儿地憋着劲往空中飚。只要你打开百度地图在这里一搜索，一连串的大厦名字就跳入你的眼帘——保利威座大厦、星辰大厦、广弘天琪大厦、富力盈信大厦、合景国际金融广场、全球通大厦、广晟国际大厦、越秀金融大厦、广粤天地、广州发展中心大厦，等等，足有几十座之多。抬眼望，俗称的"东塔"与"西塔"，又与"广州塔"遥相凝望，仿佛是壮汉与细妹的歌场相逢。也正是在这块地区，又建起几大公共建筑：广州大剧院、广东博物馆与广州图书馆。入夜之后，灯光一开，广州大剧院如一块绿玉镶嵌在花城广场旁边，倒影入池，摇曳生姿，广州图书馆的白色外墙又如一部正待你去打开的百科全书，静穆地等在那里等你去翻阅。这里是广州的CBD，集中了若干财团与商业实体，也吸引着美国、澳大利亚、比利时等总领事馆的进驻。

正是在这寸土寸金的地方，市政府竟然慷慨地留出了空白，建起了一个占地几百亩的"花城广场"，乔木、草坪、水池安排妥帖，节假日还有文艺活动在此举行，一年还有一次灯光秀。这使我想起美国芝加哥市中心的千禧公园，那里有能反射人影于球体上的玻璃雕塑，也有不时亮出市民笑脸的喷水墙，那也是当地市民与外地游客最喜欢的活动空间。想想三十多年前，当年的广州市市长黎子流只是用"亮化工程"来提升广州，说要把广州建成国际大都市还被人嘲笑是建"国际大排档"，而今的广州则真正跻身于国际大都市之列了，甚至还被经济界视为国际一线城市了。

广州的国际化与现代化就是靠一步一步走出来、一件一件干出来的。

比如公共汽车的无人售票，就是从广州最早开始的。刚开始人们不适应，觉得观念超前了，但坚持数年之后，它成功了，而且被推广到全国。它不仅培养起了市民守规遵序的文明习惯，也达到了减人增效的经济效果。

又比如垃圾分类，这也是从广州最早开始的。这又是一种观念超前的做法，但广州坚持下来了，效果也逐渐显现。虽然尚未达到令人十分满意的程度，但它的坚持与市民的参与配合，让这个城市树立起了绿色环保的理念，配得上国际都市的名号了。

如今，市内与市郊的各种湿地公园以及湖泊重造（如白云湖）又正在悄然兴起，一座山水城市、海绵城市的构想正在落到实处。诗意栖居，正在广州人的手中从蓝图变为现实。

也正是在这座城市的暮色中，许多人纷纷涌向了星海音乐厅、广州大剧院、流花剧场、黄花岗剧场，分别在那里欣赏歌剧、交响乐、话剧、舞剧或者地方戏。在举办过亚运会开幕式的海心沙，还有《珠江船说》，登上船，你能一边观赏珠江夜景，一边欣赏演述粤剧人故事的粤剧。正是在这几年内，我在广州相继看过歌剧《卡门》、舞剧《大河之舞》、林怀民云门舞集表演的《流浪者之歌》、赖声川和孟京辉的话剧等等。

只要你有足够的银子与足够的时间，你尽可以足不出城心满意足地欣赏到国际上著名的表演机构与艺术大师的演艺节目。可惜我不是"发烧友"，否则也会去办一张会员卡，享受一下优惠。

广州，终于从一个物质之都向精神之都、文化之都转化了！

这让我十五年前的担忧与疑惑逐渐化去。我走入广州的三十年日子，广州也走入了我的生活。

我现在终于会对我外地的朋友和客人真诚地说：我爱广州！

你若爱上，便是家园。相信从外省移入广州的朋友与我有共鸣，那你就点赞吧。

开放改革的春风激发了我的思想活力

赖海晏[*]

【主编者言】 作者是《南方周末》的第二任主编。本文写了关于《南方周末》的好几件往事，值得回味。作者没有就这些往事大发议论，只是强调了自己思想活力的来源。

徐南铁兄约写与改革开放有关的亲身经历故事。我心想：正好！因住院检查身体，出院后立即动笔。想到的第一句话是：改革开放的春风，改变了我的人生！激发了我的思想活力。

此非虚言，是真实的亲身经历。

打倒"四人帮"，党的十一届三中全会召开后，我开始了思想解放的历程，作为记者的我，随同时任南方日报社总编辑的陈培和记者岑祖谋，到东莞县附城公社温塘大队采访。回到报社，我同老岑写了稿发在一版，此报道写了打破平均主义（时称"大锅饭"），称赞"老包"的好处。这报道是农村改革的发声！

下面我想谈谈，我所知道的《南方周末》创办的过程。

记得有一次，我参加省委会议的报道。饭后几个人散步时，南方日报社第一把手丁希凌同志同省委宣传部的黄浩部长和另一位副部长谈到，《南方日报》拟办一张新增加的报纸。部长们听了，很是高兴。我在一旁听了，更是高兴。其后《南方周末》就在以丁希凌为首的报社编委会领导下，办了起来。

《南方周末》创刊，具体牵头操作的是关振东（第一任主编），我也参加了。

其时，老关任《南方日报》文艺部主任，我是他的副手之一。在创办《南方周末》时，他兼任主编，我兼任党支部书记。我们在开第一次会议讨论如何办这张新报时，《南方周末》还没有固定的办公室，更没有来稿，人员正在陆续到来。老关在提出新报用什么名字时，大家各抒己见。有的提《南方周报》，最后定为《南方周末》。其后，商定栏目。如《茶座》《艺林》《彩色广场》等。老报人关瑞湘主持《彩色广场》，试版时，我从自己在文艺部工作的稿件篮里挑选几篇供他选用。那时候，我分工负责

---

[*] 赖海晏，广东省文联原党组副书记

管《南方日报》文艺部的文艺报道和文艺副刊（另一副刊《星期天》由许立源副主编管），我的主要精力放在分管的业务上面。但同负责创办的关振东以及时任《南方周末》副主编的左方和编辑陈兆川等常通消息，真是"心往一处想"。我常为开创时期的《南方周末》的几位编辑、记者的敬业精神感动不已，彼此间的团结协作状态更是难忘。如张向春，当时是个青年，刚从报社资料室调来，他负责版面设计，制版时同工人搞得很熟，常常深夜还泡在车间里。他的版面设计是一个全新的制作，在当时的全国报纸中显示了与众不同的样子。左方也是一位"老南方"，点子多。我曾同他半开玩笑半认真地说：要把《南方周末》办成在报刊史上有影响的报纸。其实，我当时也不知道怎样才算有影响，只是有点傻乎乎的豪情罢了，而老关、老左等各位，当时都是实实在在地干的。还有一位也是"老南方"的资深报人陈兆川，他主持的《艺林》，办得很有特色，很精彩。他写的《语丝》三言两语，都很到位，令我十分佩服。诸如此类的事甚多，难以尽述。

记此种种，无不以事实说明：正是改革开放的春风，催发了《南方周末》同仁的积极性和创新性！

第一期试刊出来后，第一版的路子还脱离不了传统报纸的痕迹。经大家讨论后，决定大刀阔斧地改革。于是，《南方周末》终于面目一新"扬帆出海"了。"海"就是市场。自此以后，《南方周末》一直沿袭了这样的做法：一、每出一期，必开会讨论，如何进一步改革；二、关注读者的反响，具体做法之一，是观察读者从报摊经过时是否把目光投向《南方周末》，是否从口袋里掏出几角钱买它一份。每期开会必定关注发行量；三、让《南方周末》成为读者贴心的报纸。为此，《南方周末》还以暑期为学生送报的形式，让它到达青少年手中。

回忆这些片断，当年愉快的情形又回到了脑际。能够这样高高兴兴地办一张新报，与《南方日报》编委会领导的支持是分不开的，与广东省委的大力支持也是分不开的，这是决定性的因素。因为当时处在全国开放改革的初期（1984年），在开放改革的春风催动下，经济迅猛发展，广东是全国改革开放的排头兵；文化上也是百花齐放，舆论阵地上的工作者特别是领导干部都在思考如何能有新突破。《南方周末》正是在这样的背景下应运而生的！

老关调离报社后，我接手任第二任主编，副主编是左方、余达、张志光，兼《花鸟世界报》主编，在一室里，办《南方周末》《花鸟世界报》和《装饰》刊物（后来停了）。大家团结合作，同心协力，沐浴着改革开放的春风，工作虽紧张却快乐，经历波折而淡定从容，此段经历，令我毕生难忘！

《南方周末》是从侧重文化、介绍文化名人、学术名家起步的。办了几年，就必然考虑往前走怎么办。我们照老关做主编时的老办法，集思广益，提出了"社会性"的

探索思路,即报道对全社会有重大影响的新闻,人无我有,人有我做大,从全国范围组织对全社会有影响的稿件。成功的例子之一,是刊出《一个女研究生被拐卖始末》。作者是《光明日报》女记者武勤英。此稿发表后,反应强烈。全国报纸评奖时,得了特等奖。送评时,我写了一个很长的评语,强调此稿不但具有可读性,且对教育、对社会问题具有深刻的启迪。此稿也给了编辑部同仁一个启迪,就是《南方周末》必须介入社会问题的解剖,必须贴近老百姓的心,必须让思想性与可读性统一。

如此一来,反腐倡廉的稿应该是重头稿。我们发表了关于江西省长倪献策贪污腐败的新闻,写得很细,很有可读性。当时。省委机关报一般不能刊登这样跨省的新闻。《南方周末》作为它的系列报可刊登,很符合党性和人民性统一的思路;作为主编,我的头脑中也没有这种稿件不能登的框框。

唯其如此,激情洋溢、针砭时弊、激浊扬清的杂文决不能少!全国有影响的几位杂文家关心和乐意支持我们,如严秀(曾彦修)、舒展、邵燕祥、牧惠。当我省著名杂文家老烈得知舒展、邵燕祥、牧惠来穗时,即把他们的住址告诉了我(因我常与老烈一起参加省作协杂文组织的活动,很熟悉)。我得知此消息后,立即同负责这类稿件的同事邝志强一起,赶往三位杂文家旅居之地——东山三寓宾馆,向他们约稿。记得当时他们已躺下准备休息了,我们到后,起身与我们交谈。他们当中一位问我:"你有终审权么?"我答:"有。"后来,这三位著名杂文家便源源不断地给我们提供稿件。广州的著名杂文家章明对《南方周末》的支持尤力。这几位杂文家相互沟通中,都说了《南方周末》的好话。著名的杂文家严秀不仅给我们提供内容新颖的长文,还与我见面晤谈,长期交往,他曾赠予我多种著作。杂文很重要,精彩连载的也不可少。其时,我们很重视连载。影响较大的,有揭露"文化大革命"和"文化大革命"中红极一时的人物为内容的,也有在"极左"思想影响下文人的悲剧的。后者如《文坛悲歌》,是关于胡风冤案的,作者李辉。一张党报的系列报,连续刊登一篇涉及要人甚多的冤案平反文章,在当时是罕见的。这样做,对中国的拨乱反正及反思,都是有好处的。在国际问题上,连载影响较大的,有《赫鲁晓夫的秘密报告》。如今苏联的档案不断解密,让全世界有心人去判断国际共运那一段历史。可是,当时这种文字较少见,刊出后引起了一部分关心国际问题的读者的兴趣。关于禁毒的文字,影响最大的要数《疯狂的海洛因》。由于关于禁毒的文字在当时的报刊上有禁忌,不能随意刊登,因此《南方周末》以丰富、具体的事实揭示反毒战斗紧迫性的文章,引起了巨大的反响,也在全国禁毒战中产生了较大的积极效应。其时,《南方周末》可以说"人气很旺"。这个"旺"字,还因为《南方周末》得到了广东省新闻界、文艺界的支持。报社内有丁希凌、张琮、黄每、刘陶等。我们近水楼台,受惠自不待言。社外的如秦牧、黄文俞、陈残云、刘逸生、许实等。他们有的专门为《南方周末》写过长文,有的一次次当

《南方周末》评选通讯特写作品的评委,有的被邀约研究报纸的改革。中山大学的几位教授也表达过他们爱读《南方周末》之意。可以说,《南方周末》进入了高级知识分子的书房,也进入了广大的市场,进入了百姓寻常家。因为人气旺了,好评也多了,在南京一次全国范围的民间评报活动中,评选"您最喜欢的十种报纸"时,《人民日报》名列榜首,《南方周末》名列第三。

光靠名声难以持久,还得扎扎实实地干,"摸着石头过河"。于是,我们致力于一步一个脚印地总结与回顾。办法之一是,到外地集中住宿,开几天讨论"上档次"的"神仙会",说好说坏,议论纷纷,年轻人更无顾虑,直言快语,会后归纳一下,又有新路子。办法之二是,汇集历年来《南方周末》已经刊登的文章,出了一套名为《南方周末精粹》的丛书。丛书编委左方一篇篇选稿,编委还有张琮、李孟昱、杨明新、杨一功和我等人,得到高校出版社熊福林总编辑(他也是该丛书编委)的鼎力支持。由著名作家秦牧写了篇总序。序中说:"《南方日报》增刊《南方周末》,办得很有特色,它格调高尚,情趣健康,一纸风行,影响全国。"秦老的这几句话,实际上是为《南方周末》擂鼓助威,并指点道路。在《南方周末》办报五周年时,广东新闻界老前辈、曾长期任《南方日报》第一把手的黄文俞同志写了一篇题为《探索新路,办出特色——致〈南方周末〉编辑部》的文章在报上发表。文中说到这张报纸是"合乎广大群众的迫切需要"的。新闻界、文艺界两位老前辈说得好,对我们过去五年办报的路子作了简要的概括。说是"探索",就是要打破过时的模式;说是"特色",就是要与传统的机关报不同,要有个性;说是合乎群众的"迫切需要"、"格调高尚""一纸风行",就是要我们思考党性和人民性的一致,社会效益与经济效益一致,思想性和可读性一致,坚持真理,开拓创新,解放思想和市场发行的一致。这样的想法与做法,是开放改革中的《南方周末》的同仁与广大读者,特别是广东文艺界、新闻界一起思考探索着一步一步"走"出来的。

而广东省委的关怀、支持和指导,是贯彻办报始终的。党中央办公厅副主任张岳琦同志也曾给予帮助。党中央政治局委员、广东省委书记谢非同志在《南方周末》遇到挫折时,给予具体、有力的支持。在《沧海横流》连载之事处于"两难"之际,我想到了担任党中央办公厅副主任的张岳琦同志。他在做任老(仲夷)秘书时,我同他谈得来。当我困难压顶时又得到他的帮助(下文详叙)。凡此种种,回忆起来,一次次感到开放改革的春风是那么温暖。正是这样,才让《南方周末》得以创办、办好!

沧海横流起波澜,《南方周末》刊登了连载《沧海横流——邓小平在江西的日子》,"沧海横流"四个字是老革命王首道写的。这篇作品原在一家刊物刊出。当时我们把作者请到《南方日报》的招待所请他改写,主要是改成适合于报纸连载刊登。作者其时是江西省某单位的一位研究员,他修改后,我作了编辑处理。这篇长篇纪实文

开放改革的春风激发了我的思想活力

章着重写邓小平同志在"文化大革命"期间被"四人帮"迫害,在江西的那段艰苦生活。小平同志镇定从容,面对坎坷的一举一动,都令人景仰,启人深思。作者行文流畅、朴素,我读后认定这是一篇有思想性且可读性强的文字。但是,我一再考虑,删去了文中穿插的写小平同志革命斗争经历的文字。我这样做,目的有三:一是为了文章更简明精粹;二是,更贴近主题——邓小平在江西的日子;三是,更重要的是,有关叙述小平同志革命斗争经历的文字,不是作为一份地方报纸的系列报的编辑所能定夺的。我自知见识有限,审稿权力有限,应该本分地注意《南方周末》这张报纸的任务为何,连载文字仅是从一个角度介绍小平同志,并非全面介绍他的生平。按照这个想法,我作了删节,但完全保留了小平同志在江西生活的全部内容。《沧海横流》刊登了很长一段时期,反响很好。但也出现了波澜,中央某权威部门下了文件,要求立即停止刊出,这就让我们出现了前面所说的"两难"——要是不按照中央某权威部门下达的文件执行,立即停止连载,我就是"抗命"。在当时,抗命是不行的。我哪有这个胆量?!我是一个组织纪律性较强的共产党员,决不能做抗命的事情!可是,文件没有指出这篇连载有什么错误。如果我们停止连载,读者马上会有强烈的反响。我们和全国人民是多么热爱小平同志,想更多了解一些这位在中国历史的紧急关头以巨大的胆略和智慧,领导党和人民过险难,做出杰出贡献的伟人的事迹。如果停止,读者会感到十分困惑,从而造成不必要的思想混乱。而我们又不能写个编者按,如实告诉读者。这真是左右为难呀!更不妙的是,报纸开印时间紧迫,一分一秒也不能拖。必须在印报之前作出决断。此时,我陷入了苦思,在办公室里坐立不安,无法下班。忽然我灵机一动,一下子想到了曾任任仲夷同志秘书的张岳琦同志。他在任老身边工作时,我作为新闻工作者与他有过友好交往,深感任老的平易近人、民主作风和儒雅风度。岳琦同志受任老熏陶,对人亲切、真诚,年纪轻而水平高,他曾给我留了家中电话。此时,他已调到党中央办公厅任副主任。我在自己的笔记本里找到了他在广州的家里的电话。我立即拿起电话打过去,岳琦同志的妻子接了电话,很顺利地让我知道了岳琦在北京的电话。我立即走到报社的长途电话室打电话。当时已是晚上十时三十分,我很担心岳琦同志已休息。可是"天从人愿",岳琦同志接了电话。听了我的简短汇报后,他表示可以帮助联系有关方面,协调处理此事。他还自己提出要去同"邓办"联系,叫我等一天,我随即告诉他,我希望不要停止连载,由我负责把最后的文字改写成两期刊完,注一个"完"字。过了一天。我再与岳琦同志通电话。他告诉我:"邓办"已经同意我的意见,我简单地说了一下将要改写的最后部分,岳琦同志当即在电话中"拍板"同意了。接下来,我就把此最后部分作了改写,只写小平同志如何做平凡的劳作,没有任何政治性强的文字。好在我在开始处理此连载时,完全删去了那些插叙小平同志革命斗争经历的文字。要不,只刊了一部分,另一部分不能刊了,怎

办？我改写的文字在《南方周末》刊完，最后注了个"完"字。读者完全不知道这是压缩了内容的。有惊无险，我十分感谢岳琦同志和他的妻子对我的信任。感谢"邓办"合情合理地同意了我的处理意见。后来，我回想了一下，决定采用此稿时，我没有问一下作者，此稿有没有送给小平同志的家人审阅，这是我处事欠周到。连载刊完后，风平浪静，再没有个人和单位提及此事，总算过关了。

接着，要提一下《南方周末》刊了一篇题为《开创性头条——两岸诗人热线对话》的文章。此文是1988年1月29日刊出的。这篇长篇特写，题目的"首次"很重要。当时，我们编辑部对这个事关重大的"首次"完全认同。海峡两岸诗人通过"热线"对话，当时的情景和所谈的内容是激动人心的。这是一件对全世界炎黄子孙来说"人同此心，心同此理"的好事，作者为蓝天云（广州部队作家向明的笔名），他以诗的语言写出全文的导语："1988年元月17日夜晚，是一个富有意义的令人难忘的夜晚。10点钟左右，为参加《金色珠江》电视诗会而来深圳的诗人张志民、白桦、野曼、向明与从台湾来到香港的诗人洛夫、向明，通过电话的热线，进行了一次诗情与友情俱侬的春风对话"。"春风对话"，这说得多么美啊！接着是诗人一个个的"对话"，先是野曼与洛夫，接着是两个"向明"（时任《华夏诗报》的副主编向明和台北《蓝星》诗刊主编的向明）。台北的向明谈到白桦，"白桦从隔壁的房间走了过来"，参加了对话。当时的《诗刊》主编张志民从另一个房间走了过来，白桦立即在电话中介绍，张志民也参加对话了。这时，电话传来了洛夫先生的声音，洛夫同张志民便谈开了。最后，由野曼再对话。野曼说："我们都有共同的愿望，共同的语言，因为诗人的心灵是相通的。"洛夫说："让两岸的诗人携起手来，架起诗的桥梁，就是有一个太平洋，我们也可以渡过；就是有惊涛骇浪，我们也可以超越它！"这些话，散发着浓浓的两岸同胞血脉相通的情感。特写采取了白描的手法，没有什么夸张的渲染，却生动地记录了历史的一幕。两岸诗人当时的对话是那么自然，那么亲切。素未谋面的诗人，就如旧友重逢。

这篇报道的内容是很得人心的。它像漫漫严冬后的一声春雷，预示着横在两岸之间的寒冰开始融化。我们的"编后话"写道：海峡两岸的诗人、作家第一次对话了，这件事引起了读者的兴趣。本报今天刊登这篇特约稿——诗人谈话实录"。盼望统一，这是海峡两岸人民的共同心愿。诗人的感情是最敏感的。他们迅速地感应到了这种越来越大的心声；诗人的感情又是最丰富的，电话传递了他们诚挚而又热烈的友情。我们深信：每一位炎黄子孙都会为这种友谊传话而由衷高兴。祖国统一的伟大历史潮流正在奔腾前进，这样的友谊的花朵将越开越茂盛。

这篇特写刊出后，反响很大，中国新闻社立即以两岸同名诗人"热线对话"为题，向海外发了通稿。我国港台地区，东南亚以及美国的一些报纸纷纷刊载。台湾地区的

开放改革的春风激发了我的思想活力

《中国时报》于1988年2月24日以《向明会向明》为题刊登了消息……后来，两个向明在海南三亚共同出席国际诗人笔会，中央电视台还拍了他们聚会的专题片，在新闻节目中播映。

我与广州的向明也成了好友。这位诚恳、朴实的部队作家曾到我家畅谈，送我一本《在开放改革中的任仲夷》，他是本书的作者，他说："任老很平易近人。一次，春节期间他老人家提着水果，到家后，一步一步走了上来。"我也深有同感，作为广东开放改革的先驱人物之一的任老对我也是十分随和的，细节颇生动，就不细叙了吧。

在开放改革春风的催动下，我写了一些文章和诗。

如《魅力任老》（刊登于《南方日报》2005年4月19日《小品》栏）。此文引用了陈开枝同志的话："任仲夷老书记不仅思想功底好，而且有开拓精神，为了广东开放改革冲锋陷阵，义无反顾。"文中还写了这样的细节，"在《源流》杂志上，刊了一幅照片。照片是二十世纪八十年代在封开著名斑石旁照的。时任省委书记的任老下乡路过此处，给斑石起个名：'天下第一石'，还在石前与同行的刘田夫省长和几位同志一起照相。我仔细看，前排六人，后排也是六人，任老在后排，右起第二位。我想任老对'排座次'那一套是不感兴趣的。廖冰兄曾说任老是'原汁原味的共产党员'。我深深感到：任老勇于为开放改革打先锋；敢讲真话，对人平易可亲，这是几十年修炼出来的品格啊。"

另一篇《任老二三事》（未刊出）。文中说到，任老曾经说过，他喜爱《南方周末》和《现代人报》。这对《南方周末》的同事，是持续的很有意蕴的激励！任老认为：衡量一张报纸是否读者爱戴的标准，主要看它宣传的内容是否有利于经济的发展和社会进步。除此以外，重要一条，还看是否自费订阅，购买的人多不多，"办报一定要办出特色来"。这些话对《南方周末》的同事是极大的鼓舞，也是深刻的指导和启示！

我写任老的文章还有《光明磊落不老松》（刊于《同舟共进》2022年第一期）。

《一个老记者眼中的谢非》（刊于《南方日报》2005年10月15日《文苑》）。此文是全省报纸中唯一一篇追思谢非同志的文章。这篇长文，叙述了谢非同志的亲切待人。因报社决定要刊登谢非同志的一篇文章，便派当时在文艺部当编辑的我到谢非办公室。到达时，谢非同志早在那里工作了，另一位是他的秘书陈建华同志（后来曾任广州市市长）。"谢非同志见了我，微笑着说，你亲自送稿子来了。"听他么说，我也轻松起来，随口而出"您星期天也没闲着呀！"文章还叙述：我任《南方周末》第二任主编后，"我每周寄出的《南方周末》，就有给谢非同志的"。我调离《南方周末》后，仍关心该报。文章写到，更让我感动的是，谢非同志对《南方周末》的关心和有力支持。一次，《南方周末》一篇报道出了问题（来稿作者写了一篇假新闻，编辑未核实），该

报面临停刊的局面。后来在报社工作的省领导老同志，以及省委特别是谢非同志的关心下，才没有停刊，而在报纸头版登了一篇长文检讨后继续出报。多年后，我问当时同谢非同志一起出访泰国的建华同志，又问了时任《南方日报》主要领导的刘陶同志，才知道此事的经过。原来，当时身在广州的省委领导黄华华同志，曾召集有关人员了解情况，并向身处国外的谢非同志打了电话。谢非同志让蔡东士同志写了正式报告上送……整个过程，缜密而周到，而且抓得很紧，其间《南方周末》照常出版。《南方周末》庆祝创刊十周年时，时任省委宣传部长的于幼军同志还到会祝贺。当时谢非同志对这件事的意见是："《南方周末》是省委机关报《南方日报》的一个子报，不是一般小报，主流是好的，如果停刊，会在读者中引起波动。因此，以不停刊而进行内部总结经验为宜。"一言以蔽之，谢非同志支持了这份具有首创意味、以开放改革理念办的新报。作为《南方周末》的老编辑，我深深记住了此事。谢非同志党性强而又思想开放，办事果断而又讲究纪律、原则和程序，不怕承担风险而又找到了两全其美的方法。他这样处理《南方周末》的事，绝非偶然。

《质朴林若》（刊于《羊城晚报》2012年11月21日《花地·大家》）。在此文中，我写道："对林若的印象，先于见到之前"。早在二十世纪七十年代初期我在南方日报社工作，到东莞温塘劳动，一次同在一起干活的生产队会计说，前边有条公路，由此过河就到了另一个公社，时任县委书记的林若有段时间天天骑车路过这里。我回到报社不久，林若调到报社当领导。他给我一个任务，写一篇反对讲假话的文章。当时，林彪叛逃，"四人帮"正兴风作浪，浮夸虚假之风仍大行其道。长期下基层锻炼养成朴实素质的林若，对讲假话的反感是必然的。于是，我写了《假话一定不可讲》交卷，很快便见报了。后来，林若任省委书记。一次，他从台侧走到中间讲话时，我还同他开玩笑，他一点也不介意。还有一回，我请他审一篇稿子，到了他的办公室。一看，在窄长的办公室里，只摆了几张木桌椅，前面两张置放文件、秘书办公，他坐在后面，办公室门敞着，对着过道，我就坐在他前面请他审稿。

《豪气南生》刊于《南方日报》2005年7月30日《文苑》，《追思吴南生》刊于《南方周末》（2018年6月21日）。文中写了吴老对我的亲切关怀，写他对文艺事业的支持，对广东文艺界的关怀和尊重，对广东老记协、广东楹联学会的支持，等等。更重要的，我写到，吴老是广东特区早期的重要开拓者之一。在以习仲勋同志为第一书记的广东省委领导下，吴南生同志参与了广东改革开放先走一步和广东经济特区的规划筹建，为经济特区的创办和发展作出了积极贡献。吴老对人民有着深沉的爱，他熟悉省情，深知百姓疾苦，了解他们的期望；他敢闯敢干，知道死守教条会束缚人民的积极性，用他自己的话来说，就是："因为我们搞了多年的穷社会主义，大家实在受不了。"此文是纸质媒体唯一追思吴老的文章。

写得已经够长了，我在省文联工作及其他就不写了。就此打住。

时代转折中的命运与记忆

李 萍[*]

【主编者言】时代的大转折,改变了千千万万年轻人的命运。这种改变,同时也是个人面对时代呼唤时的选择。选择的力量来自于青春的勇气和生命的永远向上精神。

总觉得自己很幸运,除去血缘亲情关系的因素,这种"幸运感"至少有两个来源:一是承载我生命的那个时代,二是生命成长路上遇见的贵人。所以每当人生走过一程又一程,生命跨过一道又一道坎时,满脑子里都是感恩与怀念,这也许是人留恋生命,并变得快乐而笃定前行的理由。但实际上铭刻在特定时代,尤其是时代重大转折中的那些生命记忆,同时也记载了我许多深浅不一的足迹与对时代的反思。

记得陈平原在《压在纸背的心情》一书的序言中有这么一段话:放长视野,我们这代人的阅历、观察以及心情或许比我们做出来的学问还要有意义。这也许是时代带给我的"幸运感",因为我们这代人经历了近几十年中国社会最具有历史转折意义的时代:诞生于新社会,成长于新时期,走进新时代,我们每个人的命运之舟都承载着生命之"实"穿梭在最具历史转折意义的时代,留下各自的阅历、观察和心情。

青涩岁月的记忆

我出生在一个特别的年份。据大姐告诉我,我出生不久,全家就随爸爸下放到海南岛的琼中县。我开始有比较清晰的记忆已是爸爸下放结束后,从琼中干校回到位于琼山道美的海南农业专科学校的时候了,我的童年是在那度过的。

我们家住在学校大门边上的一排平房里。那时我姐在海南中学住校,读初中;我毛哥在一所离家挺远又不能住校的乡村学校念小学。农校的周围除了一个部队所在地和一所政治干校之外,其余都是农村了。唯有一所非乡村学校,叫"南岛中学"。这是一所从小学到高中的全日制住宿学校,只招收海南岛团级以上干部和地方领导干部的子弟。我上小学前几个月,爸爸已因医疗事故去世了,是倔强的妈妈担心我一个女孩

---

[*] 李萍,中山大学党委原副书记

子走那么远的路上学不安全，硬着头皮带着我去找南岛中学的政委，请求他收留我在这所军队干部子弟学校读书，贺政委居然同意了！他是我生命中的第一个贵人。

学校离我们家差不多两三里路，路段比较安全。爸爸去世后，我很少看到妈妈的笑容。那天，妈妈牵着我的手走在回家的路上，满心欢喜，露出了久违的笑容！三年级时我又被批准住校，完全享受了领导干部子弟的待遇。尽管每到周末，所有的同学都有专车接送回家，只有我一个人步行回家，但比起哥哥和妹妹，我算幸运的。学校的教育比较正规，生活条件也是当时最好的。那时油水很少，可我住校时每顿饭都有肉菜，那时部队有特供。班上多数的女生都不吃肥肉，只有我和一位同学吃肥肉，所以每餐饭前我都端着菜盘接受同学拨给我的肥肉。呵呵，那情景不知为什么一直清晰地留在我脑海里，好满足好开心啊！

三年级的时候，"文革"开始了。当时学校里的初、高中生成立了各种战斗组织，按海、陆、空分成三派，本来低年级的我们是没资格参加的，因为本班有同学的哥哥、姐姐是中学部的，就发动我们支持他们所属的派别。一天下午，校内两个对立派发生武斗，我们班给其中一派送"炮弹"（即砖头），口里还振振有词地唱着毛主席语录歌："凡是敌人反对的，我们就要拥护；凡是敌人拥护的，我们就要反对。""下定决心，不怕牺牲，排除万难，去争取胜利。"那时完全不理解是什么意思，也不怕死，觉得就是帮助同学，还挺好玩的。后来才听说，那次武斗双方都受伤严重，其中一位学长失去了一只眼睛。

还有一件事也让我刻骨铭心。有一天学校突然出现很多大字报，因为没有足够大的墙壁可贴，有人就在校园可用的地方拉起绳子，将大字报挂在绳子上。高年级的同学发动我们揭发老师，我觉得没有什么可揭发的，故没做什么。但我发现有一张大字报揭发学校的一位教导主任，说她在课堂上散布封建迷信思想。所谓的"迷信思想"，大概是说，有一天我们可以做到把人的细胞或器官冷冻起来，需要的时候再激活，这样我们就可活到共产主义社会了；大字报还说她是女特务；等等。不久我们班女生接到"指令"，趁教导主任出去洗澡的空隙，要我们从窗户爬进她家，把准备好的浆糊倒在她床上，捉弄她，让她睡不了觉。有几个同学真的爬进老师卧室，把好多浆糊倒在床上被子上，边倒边发出痛快的笑声。我对这种事没兴趣，内心觉得老师好惨，但也不是很明白为什么和蔼可亲的老师突然变成了坏人。没过多久，听说教导主任跳楼了，结论是"畏罪自杀"。其实还没等运动结束，就传出消息，说教导主任是从事地下工作的老革命。完全可以想象，小学的女生都可以如此捉弄她，在那段黑暗的日子里，她不知遭到多少非人的侮辱与折磨，否则怎么会这样结束自己宝贵的生命呢？

小学五年级刚开始，突然接到通知，学校因搞"特殊化"被停办，我们随母亲搬家至海口，与长兄同住，我就近上了一所原来也属地方干部子弟的小学，后变成"戴帽"中学，我在那里读完高小、三年初中、两年高中。

青少年时代的那段生活，可以说十分清苦，但一日三餐也能基本维持。那个年代物资非常匮乏，基本的生活所需都是极低的限量标准，而我们都处在长身体的年纪，妈妈常担忧，怕影响我们的成长。随着哥哥下乡到兵团，姐姐医专毕业分配到公社卫生院工作，妈妈的经济负担减轻了许多，环境也让我们学会了自救、互助和自强。记得哥哥只要从兵团回来就带着我和妹妹在家附近的一个小水塘戽水摸鱼，每次的战利品都成为我们重要的营养补充。同时，因我和妹妹的同学，有不少是部队子弟，他们不时帮我们在部队的特供那里购买些猪肉、面粉、豆腐等，单位里的叔叔阿姨也很照顾我们。我哥那时正年轻，特能吃，他一回家，我妈就派我拿个大盆去食堂打饭。食堂的阿姨一看见我拿大盆来买饭，就知道我的"大肚子哥哥"回来了，不管我买多少，阿姨总是把我的大盆压实装满，每次我都很得意地告诉妈妈。小时候不懂，只觉得阿姨喜欢我，长大后我才知道这些叔叔阿姨都是我们生命中的贵人，可惜今天我已无从回报！

在学校，可以说我一直都是比较顺利的：既得到老师的关心和培养，也得到同学的喜爱和支持。在那个英雄主义的年代，雷锋、王杰、欧阳海等英雄是伴随我成长的阳光。我五年级转校到海口市红岛小学，带头成立了学校第一个学雷锋小组，带领几个同学每天最早回到学校，把学校的公厕冲洗干净，然后去给班里的菜地施肥浇水。两个多月后，第二个学雷锋小组出现了，学校仅有的一间厕所被他们"抢占"了。为此，我们更早回到学校做好事，不仅给班里的菜地浇水施肥，还扩大到别的班级，打扫学校的公共场所……因我各方面都表现积极，担任了当年几乎所有的学生干部职务，还是学校毛泽东思想宣传队的队长，在当地小有名气。

我印象很深的一件事，大概是初中二年级时，学校通知要没收当时在中学生里广为流传的一本"黄色"手抄本——《少女之心》。各班没收的手抄本全部交给我，再由我交给学校领导。我记得有厚厚的一摞，至少有二三十本，我竟然连扉页都没翻开过。今天想来真是够"纯洁""坚定"的，实际上也是某种程度的无知。最让我感到遗憾而且越来越遗憾的是，在我们最需要读书、增长知识的时光，却没有书读，有书也不能读。对于绝大多数普通家庭的孩子，尤其是这些家庭中"听话"的孩子来说，这就成了"集体无意识式"的空白，当然也成为一代人难以弥补的遗憾。我们豪情满怀，但脑袋空空。

即便如此，我也算是学生中爱学习且成绩不错的代表，所以担任了两门课的"小教员"（老师会安排一些内容由小教员讲课），也正是这些特殊的经历，我初中毕业时，市师范学校的校长给了我个机会，直接进师范学校读书，说这样就可以不用上山下乡了。可我都没告诉妈妈，就当场拒绝了，斩钉截铁地说："我不想当老师，我要读高

中,然后上山下乡。"没有更多的理由和理性,只是脑海里浮现出教书的老师不被尊重,甚至被羞辱的情形。

中学那几年我还有两次进文艺团体的机会。一次是当地民族歌舞团看中我,不用考试直接录取,我很心动,那是多少人特别是喜欢文艺的女孩子向往的地方。可妈妈说:"你年轻时可以唱唱跳跳,年纪大了怎么办?"一句话就把我的心动"抚平"了,没有任何的抗争,实际上是没有多少"自我"的自觉。第二次是广东省舞蹈学校到海南地区招生,学校推荐我去报名考试,已确定录取我并做了政审,后未遂——有背景的人顶替了我的名额。我同样没有任何的反抗,因为不知到哪里反抗,而且那个年代这也是司空见惯的事。呵呵,这次的"错过"让我赶上了改变我生命轨迹的拐点……

从知青到大学生:命运的两个转折点

1975年高中毕业后,我作为海南农林水系统的职工子弟追随时代的潮流轰轰烈烈地光荣下乡了。当时农林水系统给我们每个下乡的子弟送了一个上了油漆的大木箱,还有一些日常用品,在那时都是好东西。出行时大部分知青都挥泪告别亲人,容易伤感的我却没流泪,因为我怕妈妈担心,而且多少还有一点对知青生活的期待。我们一个系统的子弟分别安排在定安县龙门公社不同的大队和村庄,我和十几个知青被安置在公社农场场部的知青点,我担任农场副场长。场长是一位姓谢的贫下中农代表,我们都亲切地称他老谢书记。我们那个农场叫经济作物场,以种植了万亩甘蔗著称,此外还有胡椒等作物。

场部的男生住在农场的一间旧瓦房里,女生三人一间,住在新建的茅草屋里。有一天外面下着大雨,我们不需出工,伴随着茅屋里的雨滴声,我们三个都在写家书,也许是触景生情,阿L和阿H写着写着抽泣起来,不知为什么我那天却没流泪。一次出工砍甘蔗,不到中午忽然起风变冷,大部分知青都提早收工了,我看农场的农民还在干活,便坚持到最后。回到农场知青集体食堂,锅里只剩点冷饭和几根没有油星的青菜,老场长进来,看见我还没吃饭,怜惜地用海南话说,亚萍呀,如果在家,妈妈一定给你端上热腾腾的饭菜……他话音未落,豆大的泪珠涌出了我的眼眶。场长帮我把饭热了,加上猪油和酱油一拌,我扎扎实实吃了半斤多米饭,觉得香极了,随即破涕为笑了。

在当知青的岁月里,哭得最伤心的时刻是我离开农场那天。1975年11月的一天,我正在甘蔗地里干活,公社分管知青工作的甘副书记忽然走到地里对我说,"阿萍,公社接到县知青办的通知,借调你到县知青办做知青专职干部。"我愣了一下,便对书记说,"书记,我才到农场三个月,还需要多锻炼一些时间。"我虽没有扎根农场一辈子

的打算,但这句话确实是真心的。书记说,"你的身份还是知青,户口还在农村,是暂时借调到知青办工作,你在农场是为了革命,到知青办也是为了革命。"对呀,"在农场是为了革命,到知青办也是为了革命",我豁然开朗了!就这样,那天干完地里的活,最后一次记了工分,晚上我专门到几个农场老员工家里告别。第二天清晨收拾好行李,一个叫日桂的阿姨拿了几斤白糖(这是那个年代很高级的食品),拉着我的手,一直把我送上往县城的汽车。

半小时左右的路忽长忽短,我想起三个月里挣工分的日子:挑过有生以来最重的担子——143斤;被派到糖厂做过榨蔗工;亲眼见到地里收甘蔗的货车司机因农民没给打点,而以车出毛病为由途中卸货;我又是如此不舍得离开与我朝夕相处的知青伙伴和心疼爱惜我的那些农场工人。那天是我下乡以来哭得最伤心的一次。

就这样,我以知青专职干部的身份进入了县委大院的知青办工作,那是多少知青向往的地方啊!来时还懵懂的我后来才了解到,根据国务院的有关政策,各县、地区知青办可根据接收安置知青的比例抽调知青专职干部做知青工作,每月32元津贴由国家财政统一拨款,我所在的定安县有五个名额,其中三位是本县下乡的知青,我和另一位(很巧,也是我中学的同学)是海南知青。我们的工作主要是全县知青点的工作调研,特别是挖掘知青中活学活用毛主席著作的先进典型,撰写先进知青的材料,宣传他们的先进事迹等;当然还有两项是知青们最盼望的——每年新春的知青慰问和招工指标的分配安排。前者是饥饿年代青年的特殊渴求,后者是知青安顿生命的最大梦想啊!

在知青办两年零三个月的时间里,我经历了国家发生的一系列重大事件:全国深入开展"批林批孔",学习"梁效"文章;党和国家的三位重要领导人先后去世;唐山发生大地震;粉碎"四人帮"……青葱时代的特别经历在某种意义上影响或决定了我之后的一个重要选择。

1977年10月,我以下乡知识青年的身份挤进了中断十年的首场大考,并成为千军万马过独木桥的幸运者,走在新时期的前列。我特别记得那决定命运的一幕:一个黄昏的傍晚,当地中学辅导我们语文的陈宏老师带着从教育局得到的高考信息,兴奋地赶到宿舍告知我这一喜讯,并当即指导我填写志愿。当时国家刚刚粉碎"四人帮",结束"文革"十年动乱,百废待兴,社会上流传着"学会数理化,走遍天下都不怕"的观点,家中长辈也特别提醒我,最好报理科,报文科要远离"政治"专业。我却毫不犹豫地在志愿表上填写了第一志愿——中山大学哲学系哲学专业,这个在当时很多人看来离政治最近,甚至就是"政治"的专业。我的理由与冲动是相当直接的,那就是我从上山下乡开始,对中国社会有了更全面、更深入的了解和体验,面对经济落后,生活贫困的现实,萦绕在我头脑中的一个问题就是马克思所揭示的人类美好的社会主

义、共产主义社会难道就是这样的吗？"我要到马克思的经典那里找答案"，我的内心开始有了真正的社会性迷茫。

1978年3月，我和许多怀揣着美好理想的年轻人一起，乘着"红卫号"通过琼州海峡，来到向往已久的大城市广州。我从小就晕车，几十里的车程，差点连胆汁都吐出来。我很怕坐车，最好是骑单车、坐牛车，再就是搭拖拉机和大卡车，上大学前我还没和小轿车行过见面礼呢。

印象中，过海峡买的是四等舱。一天一夜的海船，我躺在舱位上不敢起来走动，也不敢吃东西，挨着我舱位的女孩（应该也是来广州读书的）不时来关心我。尽管不吃不喝，当船行驶到半程时，风浪加大，我也开始"兴风作浪"，吐得稀里哗啦。当船靠近洲头咀码头时，我已经精疲力尽。现在已想不起当时我是怎样把行李箱拿下船的，因为那个行李箱不是今天的拉杆箱，而是我1975年上山下乡时，我妈的单位农林水系统统一给本系统下乡子女的福利，是个一米长、80厘米高的木头箱子，表面刷了枣红色的油漆，那时是很高级体面的东西。如果没有它，我真的不知道拿什么装我来中大读书的行李。

也许是晕船，让我对大城市的好奇大打折扣，反觉得广州怎么这么破旧，洲头咀码头又脏又乱，完全没有"大城市"的影子。我被中大接待站的老师和师兄师姐们送上学校接站的公交车，喝了些热水，缓过劲后又仔细扫了一眼码头，仍然是满目破旧零乱。从码头开往学校，途经的街道也非常窄，基本上是单车道，街边的房子相当破旧，几乎看不见我脑子里的那个"大城市"，这的的确确是七十年代末的广州啊！

当满载新生的车驶进中大南门时，我忽然闻到一股竹子的清香，由南至北一条不宽的主干道，有一种曲径通幽的感觉。怀士堂是二十世纪初（1923年）孙中山先生给岭南大学学生发表演讲的地方——"大学生要立志做大事，不可为做大官"。驻足于此，我忽然发现怀士堂是中大校园中轴线的聚焦点，她的左右分别通向西区和东区，像一把打开的扇面，沿着中心主干道望去，在一片逐渐隆起的草地中央，耸立着中山大学的创建者孙中山先生的铜像、迎风招展的国旗与校旗，主干道两旁是承载着历史记忆的红墙绿瓦。比起码头和沿街而来的情景，我觉得自己来到了一个梦中的仙境圣地，晕船的感受早已被清新的校园淹没……

如果说中学以前，我在学校一直都比较顺利，下乡刚满三个月，又因"贵人"无意中推荐，被当地知青办抽调成为知青专职干部的经历，奠定了我满满自信的话，进入大学受到的最大的心理冲击是忽然觉得自己有太多的不足：论知识积累，班里有不少老三届的同学，基础相当扎实；论工作经验，班里有当过校长、厂长的各类人才；论思想成熟度，自己仿佛才刚刚被启蒙。但有一条却是清晰而坚定不移的：满怀报国之志，珍惜大学的每一寸光阴，竭尽全力，像海绵吸水一样汲取知识。

那时的中大只有十二个系，校园里洋溢着"为中华崛起而读书"的气氛，每个人都在争分夺秒。我每天6点多钟起床，在中区跑步后，先背英语单词再吃早餐，然后上课。那时学生可以自由选课、听课，我把每天都安排得满满的，除了专业课程外，我还选修了古代汉语等文史类的课程，从早到晚都在图书馆、资料室或课室。那时教育资源有限，没课时要找个位置自习都要抢时间抢速度才能"霸"到一席之地。我还清晰地记得，大学四年晚上自习，我基本会去中区教学楼102室，因为那是哲学系的常用课室，相对来说比较容易抢位。每天晚饭后，我几乎都是最早在课室门口等大楼管理人员（一对老夫妻负责打扫大楼卫生）开门的，每次到点开门时，随一群人冲进去，先在自己心仪的位置（靠灯管较近的位置）摆上书籍占位。也许是我对管理工人比较有礼貌，加上常常是最早到的学生，有一天老阿姨把这间课室的钥匙直接交给了我。我掌握了课室开门的主动权，好开心呀！

为了保证把更多的时间用在读书学习上，我总结出"零存整取"的用时法。担任班委、系、校学生会的工作时，我常用课间操的时间跑着去通知会议，绝不轻易打散整块的自习时间。无论是排队进图书馆还是在公共汽车上，甚至在洗手间，手上都不离英语资料，嘴里念念叨叨。其实这是中大校园那时的常景，也是我们这代学子的常态，学习特别用功。

那时给我们上课的老师大都是学富五车、大名鼎鼎的学者，用今天的话来说，都是大咖级的。但由于历史的原因，不少老师的专业被冷冻、封存多年，许多教师也是随着我们进校先后从各地干校、厂矿或基层调回来重操"旧业"的，加上年龄、经历的原因，我们那时的师生关系特别亲密。

作为中大的学生，头顶上有一种自带的光芒。每当我带着中大校徽走出校门，都会引来人们关注、羡慕和特别尊重的目光。我以为那绝不是对某个人的好感，而是对我们国家经历了严冬之后迎来新的春天之感怀和希望的表达，那是我们这代人最感荣光和幸福的年代。

大学时代最让我难忘的是，入学不久，党的十一届三中全会召开了。"解放思想，实事求是"，中国开启了改革开放的新的历史时期，校园沸腾了！每到周末，校园唯一一间可容纳两三百人的107课室便被挤得水泄不通，围绕时代最热的主题——伤痕文学、人道主义、真理标准、人生价值、信仰——展开的讲座、讨论会、辩论会吸引了满怀报国理想和时代担当的莘莘学子。大家在这里交流思想，反思历史，探索真理。对我来说，那就是真正的思想启蒙。如果说系统的知识学习让我有了日益充实的成长感，新时期改革开放的春风则是真正启迪理性、打开我思想自觉的钥匙，让我从一个一半天真、一半懵懂的女孩逐渐成长起来，以致大学毕业时，我做了第一次完全自觉的人生选择。

那是大学毕业前夕，许多同学都会和班主任老师表达自己的就业愿望，尽管没和老师反映过，但我内心有一个很清晰的信念：凡是人能去的地方我都能去，凭自己的努力我一定不会活得比别人差。这一方面是对时代发展的大势及个人生存能力的一种信心，同时在某种程度上也夹杂着一个顺从听话、服从组织需要的"好学生"的惯性。当毕业分配结果公布时，我在留校的名单中，我们班近百位同学中，竟有20%的同学留校。留校从事教学还是行政岗位工作？时任学校组织部干部科的C科长最先约我谈话，希望我到学校机关工作，并说现在机关干部青黄不接，"你各方面条件都不错，又是女同志，将来前途无量。"领导话音刚落我就明确表态，"我不要当干部，我要当老师。"初中毕业时，我拒绝了师范学校校长邀请我当教师的机会，因为我看到的是教师不被尊重的现实；大学毕业后，我拒绝了当干部的机会，选择了教师，因为那时我开始懂得教育可以改变人的命运，而且我选择了学校正在筹备成立的却让很多人不理解的岗位——中山大学思想教育研究室，成为一名大学德育教师。

以40年光阴践行生命承诺

我有一个简单而坚定的理想——做一个不误人子弟的老师，并以四十年的光阴践行自己的承诺，其实德育是一门成己成人之学啊！

教师生涯的开始正值国家改革开放，进入新的历史时期的急剧转型期，而我所选择的工作在某种意义上最能折射那个年代的敏感变化，也与青年学子的生命历程、人生拷问息息相关。2008年我获得国家教学名师的殊荣，在教师节之际，中大学报学生记者执意要对我做一个专访。因为无法拒绝学生，我生平第一次接受了采访。今天回看此文，似乎依然能从一个教师的认知、思考中，看到中国社会的急剧转型以及时代的巨大变迁带给每个人和教育的严峻挑战。

问：身为恢复高考后第一届大学毕业生中的一员，只为恪守一份对理想的承诺，李教授将一生中最宝贵的时光全部献给了大学德育工作。她的"抱负"似乎有些"平凡"：从事大学德育工作。这是一个学生普遍抵触、学者不屑钻研的学科，很多人不能理解她的选择。但是，她自己清楚地知道：大学德育是青年成长的重要支持，这是一份有意义的工作。

答：我内心最大的动力是，大学这个阶段是人生成长非常关键的时期。这个成长关键点，就构成了对教育的内在需要。每个人的内心的精神成长，构成了人生成长的重要内涵，通过教育可以帮助更多的大学生完善自己的人格。这是我的一个非常简单却从来没有改变的想法。这实际是一个教育的选择，也是我内心的选择。我没有后悔过。

然而，青年学子们究竟是怎样想的？九十年代初，我在课程结束后，让同学们留下对课程的建议意见（可留名可不留名，与考试无关），可以比较真实地表达大学生们的认知与改变：

开始拿到课程表看到有《思想道德修养》课时，心里很纳闷，但上了一学期的课程后，我感到它对我们是非常必要的……如同接受了一次心灵的洗礼；

自我上学来，从没有像这样认真听老师讲课，但听您的课我完全是自愿的，甚至我觉得漏了您的课那会是我一生的损失！

踏入大学，我接触到它，它是那么的吸引人，它能使我们发掘出内心深处的种种感觉，它时时刻刻都在指引着我们向着善走去，它教会我们怎样去认识自己，教会我们怎样去认识别人，教会了我们怎样与别人交往，教会了我们怎样融入社会，教会了我们怎样去尊重他人，教会了我们怎样去爱，教会了我们去珍惜世界上的任何情感等等。在这样一个充满诱惑的大学生活中，它使人总是能明白自己的所作所为是否符合一个优秀大学生的素质修养，使我能时时刻刻地鞭策自己做一个积极向上的大学生，并使我学会了与同学和睦相处。上完一学期的思想道德课，我发觉自己的思想已经被老师所影响，而这种影响正如催化剂，加速了善的反应，使我的行为中充斥着更多的善的生成物！

来中大读书，是我第一次那么远距离、长时间离家。不习惯、不适应，对环境的陌生感，与新同学、新老师的距离感，以及理想与现实的差异让我很压抑，有时觉得自己很孤单，有时甚至压得透不过气来。在这时候，开始了思修课，没有一点夸张，我觉得那是对我心灵的一次拯救。我很庆幸，因为上了思修课，我学到了解到那么多东西，让我的心胸变得开阔，不在沉沦于自怜自爱、自怨自艾之中，而能以平和、积极的心态去与人交流、去学习、去努力……

课程的性质，先天地决定了它的特殊难度。要改变学生过去沉淀在头脑中的偏见，特别是拒绝的心态，要把正确的思想、道德从教学变成教育，要使学生从"要我学"变成"我要学"，确实对教师的人格、学识和心理是一个极大的挑战。作为教师，我对自己最满意的是从不说教（我给说教的定义为：只是说给别人听的，自己不信，也不行），用心与学生沟通；我秉承的德育信念是努力帮助学生成长，真诚地与学生同行；我最欣慰的是在教学的相长中，成为学生心中的良师益友。

教育的过程实际上是一个学习的过程，学生是学习活动的主体，教育者是学生学习活动的客体，这个过程价值评价的焦点在于，教育者的教育活动在多大程度上满足了学生学习的需要。换言之，只有当我们的教学活动满足了学习主体需要的时候，学生才能从"要我学"转变为"我要学"，随着科技革命的汹涌澎湃，教育的根本理念更需要在对峙做出审慎的回答。

　　从海南岛来到广州，从中大学子变成中大教师，并作为"双肩挑"的干部担任中大副校长、党委副书记，与其说这是人生设计的结果，不如说这是不期而遇的经历，但正是这些经历铸就了我的人生。我获得过不少荣誉和称号，而我内心最在意、最欣慰的是做一个不误人子弟的教师，看到学生们的健康成长，成为服务国家、服务社会、造福人类的栋梁之材。

改革初期我亲历的三个"全国第一"

廖曙辉*

【主编者言】许多事情,身在其中时未必能够认识它的意义。要等历史大书后面的页码多翻过几页,我们就能更体会到它的难度,更理解它的价值,更惊叹当初的勇气。

二十世纪八十年代,那是一个春潮涌动的年代,我亲历了改革初期的三个"全国第一":1980年参与筹建全国第一个地方政府体制改革办公室;1982年参加国务院体改办成立后第一个全国经济体制改革总体规划座谈会;1984年参加中共中央党校全国第一期经济体制改革研究班学习。虽时光已逝,却刻骨铭心。

参与筹建全国第一个地方政府体制改革办公室

1980年12月29日,广东省人民政府体制改革办公室(以下简称"广东省体改办")成立。这是继国务院体制改革办公室成立后全国第二个体制改革办公室,也是全国地方第一个体制改革办公室。广东省是第一个成立体制改革办公室的省份。

按照组织安排,我有幸参与了广东省体改办的筹建工作,并作为第一批人员调入工作。

1980年5月8日,国务院决定成立国务院体制改革办公室,负责制订改革的总体规划,协调各方面的改革。杜星垣任办公室主任。(参见《中国改革开放大事记(1978—2008)》中国经济体制改革研究会编写组编,中国财政经济出版社2008年版,第35页)。

在全国改革开放中已先行一步的广东省,决定成立省的体制改革办公室,由省委书记(设有第一书记)、常务副省长王全国分管。1980年10月,王琢(时任广东省第一轻工业厅副厅长)拟任广东省体改办主任,邢郁元(时在广东省财政厅行财处)和我(时在广东省第一轻工业厅计划处)也列入调动名单。这时,我们一边负责原来的工作,一边参与广东省体改办成立的筹建工作。

---

* 廖曙辉,珠江电影制片公司原党委书记、总经理

1980年11月，当时主政广东的习仲勋、杨尚昆调中央工作，任仲夷和梁灵光赴粤上任。这时，王琢因眼疾正在广州中山医学院眼科医院住院，一边治疗，一边筹备广东省体改办。11月底，关于批准广东省体改办成立的文件尚未审定，我就接到了调令。12月2日上午，我到广东省政府办公厅向邓雄处长（邓雄不久就调到珠海市工作）报到，当时筹建广东省体改办的行政人事事务由广东省政府办公厅负责。12月19日，我按照领导指示，执笔起草筹建广东省体改办有关问题的请示报告，由王琢修改审定后，以广东省体改办筹备小组的名义，报广东省常务副省长王全国并报广东省政府。12月22日，王全国批示：同意这个报告，编制问题由省编办办理，其余问题由省政府办公厅办理。12月29日，广东省政府办公厅印发了粤府〔1980〕238号通知：为适应经济体制改革需要，广东省政府决定成立体制改革办公室。全称为广东省人民政府体制改革办公室，在广东省人民政府新楼内办公。

广东省政府的通知发到广州市革命委员会，海南行政公署，自治州革命委员会，各地区行政公署，韶关、深圳、珠海市，各市、县、自治县革命委员会（人民政府），省府直属各单位；抄送到国务院体制改革办公室等机构。

通知提到的省政府新楼，位于广东省政府大礼堂北侧，东西走向，南为正面，中间是宽阔的楼梯，没有电梯，原为六层，当时的办公单位主要有：广东省政府办公厅行政处、广东省物价局、广东省外经委、广东省人事局、广东省建委等。后来在天台临时加建办公室，便是七楼，东侧是广东省人口普查办，西侧是广东省体改办。

那时广东省体改办的办公室，面积约200平方米，空空如也。邓雄、邢郁元和我三人商量后，经请示王琢同意，内部用木方做支架，用纤维板间隔成为四个办公区。南北装的全是铁框透明玻璃窗，光线很好。洗手间使用六楼广东省建委办公区的洗手间。天花板装上日光灯和吊扇，那时空调还没有进办公室。

12月10日下午，邓雄、邢郁元和我一起搬运组合式办公桌椅，肩扛手抬，一步一步从一楼搬到七楼。12月27日上午，办公室大扫除。12月30日，我和邢郁元去买文件柜。这个月，我和邢郁元拿着集团购买力证明，还买了打字机（那时候还没有"四通"机和电脑）、油印机、自行车（三辆）等办公设备。

广东省体改办的牌子没地方挂，于是也不做了。经领导同意，由我用一张约三尺条屏大小的美术纸，以牟体美术字分两行竖写，直接贴在办公室的大门上。

1981年1月8日上午，我把自己的"三大关系"即行政关系、工资关系、党组织关系转到了广东省体改办。

1981年2月18日下午，王琢在办公室第一次召集广东省体改办全体会议（当时到位的才几个人）布置工作。广东省体改办就这样开张了。

美国学者傅高义在《先行一步——改革中的广东》一书中曾这样评介："尽管省体

制改革办公室编制不大,言论又多用马克思理论,但是官员们都立志改革,眼界开阔。该办公室直属省政府,主任是王琢,多就经济改革的问题给高层领导人提供咨询意见。……为深入改革提出了令人信服且可以接受的理论,其整体目标就是依靠扩大市场机制来搞活经济,而关键问题是怎样管理从旧体制向新体制的过渡,在推进改革的同时防止出现失控,以及获得重要部门在政治上的支持,同时保持经济向前发展。"(《先行一步——改革中的广东》[美]傅高义著,凌可丰、丁安华译,广东人民出版社1991年版,第98页)。

参加国务院体改办成立后第一个全国经济体制改革总体规划座谈会

以党的十一届三中全会为标志,我国进入了波澜壮阔的改革时代。改革伊始,中央就高度重视改革的总体规划。1979年6月27日开始,国务院财经委组织了大规模的经济体制改革的调查研究。7月2日,国务院财经委经济体制改革研究小组成立,张劲夫任组长,重点是研究管理体制的根本改革。7月24日至8月初,国务院财经委经济体制改革研究小组召开座谈会,讨论改革的总体设想。

1979年12月3日,国务院财经委经济体制改革小组将《关于经济管理体制改革总体设想的初步意见(内部讨论稿)》印发全国计划会议。"这是我国第一个经济体制改革总体规划。"(《中国改革开放大事记(1978—2008)》中国经济体制改革研究会编写组编,中国财政经济出版社2008年版,第27页)1979年12月15日,张劲夫在全国计划会议上对《初步意见》作了说明。他在谈到经济体制改革方向问题时指出:按照社会化大生产的要求,打破部门之间、地区之间的界限,组织专业公司和联合公司,主要采取经济手段来管理经济,实行计划调节与市场调节相结合,在国家计划指导下扩大企业的自主权。以此为前提,根据各项经济事业的特点来划分中央和地方的职权。

我那时在广东省轻工业局办公室工作,负责向国务院财经委调研组汇报并参加研讨活动,看到了这份《关于经济管理体制改革总体设想的初步意见(内部讨论稿)》。没想到一年后我被调到了新成立的广东省人民政府体制改革办公室工作。

1981年11月,第五届全国人民代表大会第四次会议上的《政府工作报告》提出:"我们现在的任务,就是要总结前一段改革的经验,经过周密的调查研究,反复的科学论证,尽快拟定一个经济体制改革的总体规划,逐步实施。"

1982年2月25日,国务院体制改革办公室制订《经济体制改革的总体规划(内部讨论稿)》,提出改革的目标是,建立一个社会主义公有制占绝对优势、多种经济成分并存、适应商品生产发展的计划经济体制。新的经济体制,是以公有制经济为主体、其他经济成分为补充;大权集中、小权分散;计划经济为主,市场调节为辅;能进能

出、按劳分配；党政企科学分工，经济、行政手段紧密配合的社会主义经济体制。初步设想，完成上述改革，大致需要8至10年的时间，实施步骤拟分为两个阶段：1982年至1985年，抓好改革的各项准备工作，同时进行必要和可能的改革；1986年至1990年，按照全国经济体制改革方案的要求进行全面的改革。可以说，这是我国第二个经济体制改革总体规划，又是国务院体制改革办公室成立后第一个经济体制改革总体规划。

1982年3月16日，广东省体改办收到了国务院体制改革办公室寄来的《经济体制改革的总体规划（内部讨论稿）》，要求征求意见，我负责具体办理。当时省委正在开常委会和三级干部会议，省委、省政府的领导同志和省直部门的主要负责同志都参加了会议。按照领导的指示，我们分别征求了省计委副秘书长何宪、省外经委副秘书长张烈、省财办企业管理处处长张井、省经委企业管理处副处长褚志信对《经济体制改革的总体规划（讨论稿）》的意见，并于4月5日整理成意见综合稿。4月6日，我随省体改办主任王琢一道，通过电话征求了省经委主任王焕对《经济体制改革的总体规划（讨论稿）》的意见；我们把省计委副主任窦英俊从会议中请出来，向他征求意见，当天整理完毕。4月7日上午，常务副省长王全国从会议中抽身出来，简要地向我们说了几句。

1982年4月8日至13日，国务院体制改革办公室在上海召开了一个小型的座谈会，讨论《经济体制改革的总体规划（内部讨论稿）》，后来通常称为1982年上海座谈会。座谈会安排了四天讨论、一天专题介绍、一天参观。我参加了这次座谈会，主要任务是记录整理。

座谈会在衡山宾馆十楼会议室进行，由国务院体制改革办公室副主任廖季立主持，来自上海、广东、江苏、浙江、安徽、常州等四省二市的有关同志贺镐圣、王琢、郁冠、段俊、石火、沈茂基、郑生全以及任涛、孙健南、蒋经宇、余梦兰等十三位同志出席了会议。与会的地方同志来开会之前，都在当地召开了多次座谈会或分别征求了有关领导同志的意见。

会上传达了中央领导人1982年3月30日关于经济体制改革问题的谈话，听取了各省市同志对《经济体制改革的总体规划（内部讨论稿）》的意见，展开了热烈的讨论。

座谈会研究和讨论的主要问题有：

一、关于经济体制改革的目标、模式问题。（一）根据我国的国情，参考国外的经验，我们应该建立一个什么样的经济体制？（二）我国经济体制改革是否需要分为近期和远期两个阶段来考虑？这两个阶段的经济体制如何区别，又如何衔接？（三）《经济体制改革的总体规划（内部讨论稿）》中，对我国应建立的经济体制所做的概括是否准确？怎样进一步修改、完善？

二、关于所有制问题。（一）我国现阶段应该有哪几种所有制？其性质、地位、比重和作用如何？（二）当前，是否有一些企业不适合国有国营？如何妥善处理？什么类型的企业才应该是国有国营？（三）在我国，能否搞一点国家资本主义？在什么范围内、占多大比重比较合适？（四）集体经济发展的趋势是什么？目前集体经济包括一些什么类型？哪些类型是有发展前途的？（五）对个体经济的发展是否要有一定的限制？如何掌握好这个"度"？

三、关于计划与市场问题。（一）怎样理解现阶段我国的计划经济？它同商品生产、价值规律是什么关系？（二）"计划经济为主、市场调节为辅"原则体现在哪些主要方面、如何加以具体化？（三）目前计划管理究竟存在什么问题？如何改进和完善？（四）如何看待地区之间的协作计划？它同国家统一计划是什么关系？（五）社会主义计划经济主要有哪几种调节手段？它们之间是什么关系？

四、关于企业如何组织管理的问题。（一）如果部门和地区都不再直接管理企业，那么，对企业如何进行组织和管理？企业与政府管理部门是什么关系？怎样建立产供销、人财物的新渠道？（二）关系国计民生的大企业要不要由国家直接管？如何管法？能否实行以税代利？资金可否有偿使用？自主权怎样确定为宜？（三）打破条块分割后，如何实现管理的中间化？有哪些具体地组织形式？（四）什么是企业性公司？包括哪些内容？怎样处理好公司和企业的关系？二者的责、权、利如何划分？

五、关于城市经济中心问题。（一）什么是城市经济中心和经济网络？两者关系如何？经济中心是一个权力机构，还是一个松散组织？（二）经济中心和"条条""块块"是什么关系？（三）经济中心应该起哪些作用？它在整个经济体制中占据什么地位？

六、关于党政企合理分工问题。（一）在社会主义条件下，党政企应当是什么样的关系？（二）各级党委和政府机关如何分工领导和管理经济工作？能否明确划分党、政、企各自的职责？（三）各级党委和政府对农业和社队工业及城市建设（包括住宅建设）如何进行领导和管理？

大家普遍感到，这个讨论稿鲜明地体现了党的十一届三中全会解放思想、实事求是的路线和党的十一届六中全会《关于建国以来若干历史问题的决议》的精神。具体地说：一是改革的指导思想，坚持了计划经济为主、市场调节为辅的原则；二是改革路子对，抓住了旧体制的主要矛盾是计划体制问题和条块分割问题，体现了按经济的内在联系组织经济和发挥大中城市经济中心的作用；三是在党政企合理分工的问题上，提出了一些新主张；四是在总结我国历史经验和吸取国外经验的基础上，独创性地提出了我国现阶段的符合我国国情的经济体制的目标模式。同时认为这个讨论稿中提出的不少问题还有待于进一步探讨，这些问题主要是：关于对近三年来经济体制初步改

革的估计、关于现阶段经济体制改革目标模式、关于计划体制改革、关于经济中心是否需要搞成经济管理实体的问题、关于党政企合理分工问题。对于这些问题，与会同志解放思想，联系工作实际，各抒己见，不做统一思想，不搞统一认识。

与会的同志普遍认为，关于计划体制改革的问题，这是经济体制改革的关键问题，也是很复杂的问题，但恰恰在这方面这个讨论稿存在薄弱环节。大家一致认为，我国是以公有制为基础的社会主义国家，必须实行计划经济，这是社会主义经济的基本特征。同时，由于商品生产和商品交换的存在，计划又必须反映价值规律的客观要求，注意发挥市场调节的辅助作用。这是整个经济体制改革的重要指导思想。近三年来经济体制改革的经验证明，在其他方面的改革试点展开以后，如果计划体制的改革跟不上去，不但会造成宏观经济的失控，而且也妨碍了微观经济的进一步搞活。因此，计划体制改革步子要加快一些。座谈会围绕着计划体制改革的问题，用了两天时间（4月9日和4月10日）进行专题讨论。

上海座谈会结束后，由我执笔，王琢主任主持并修改审定，以"广东省人民政府体制改革办公室整理"名义，形成了文字材料《体制改革座谈会讨论的问题和意见——向省领导同志汇报的要点》，报送给省委、省政府主要领导同志和相关领导同志。

参加中共中央党校全国第一期经济体制改革研究班学习

1984年，为适应经济体制改革工作的需要，国家经济体制改革委员会与中央党校共同举办了全国第一期经济体制改革研究班，归属中央党校进修部。参加学习的有全国19个省、市和21个省辖市的同志共40人，其中大多数是各地从事经济体制改革工作的负责同志，有些是负责经济工作的同志。广东省有3人参加了这期研究班学习，卢瑞华（时任中共佛山市委常委）、冯新伟（时任中共江门市委政策研究室主任）和我（时任广东省人民政府体制改革办公室科长）。我是全班资历最浅、职务最低、年纪最轻而最早在经济体制改革机构工作的学员。我的学员证上贴着一张自己的证照，骑缝盖有中共中央党校印章，文字是：中共中央党校学员证（进修部003967，1984年2月25日）。

王震时任中央党校校长，蒋南翔时任第一副校长。

1984年1月9日，中央党校发出的《关于学员入学有关事项的通知》（中校字〔84〕第1号）要求：2月27日至28日报到，必须携带党的正式组织关系（临时证明信无效）。自带粮、油票，北京以外的各省、市、自治区学员，一律带全国通用粮票。自带书目：《马克思恩格斯选集》1—4卷、《列宁选集》1—4卷、《斯大林文选》上下卷、《毛泽东选集》1—5卷、《邓小平文选》、《陈云文稿选编》两册、《三中全会以来主要文献选编》上下、《中国共产党第十二次全国代表大会文件汇编》、胡耀邦《马克思主义伟大真理的光芒照耀我们前进》、整党学习文件《党员必读》《十一届三中全会以来重要文献简编》《毛泽东同志论党的作风和党的组织》。

1984年2月28日，星期二，晴转阴。下午7时25分，我乘坐的飞机从广州白云机场起飞，晚上10时降落在北京首都机场。中央党校进修部的边国彦同志已在机场等候。晚上11时50分，我到达位于北京西郊颐和园北面的中央党校报到。虽是隆冬季节，但北京的天气还好，不算冷。我住在11楼307房，单人间，面积约10平方米，有一张单人床、一张书桌（有台灯）、一个衣柜、一个书架、两把椅子、一个茶几，还有管道暖气和带自来水的瓷盆，条件非常好。

1984年2月29日上午，进修部召开各研究班临时党支部委员会议，我被提名担任体改研究班五名临时支委之一，同时兼任体改研究班第三组组长（全班分成五个组，每组八人，在饭堂吃饭也是按组八人一桌）。3月26日下午，体改研究班召开支部大会，民主选举支委，原五名临时支委全部当选，来自陕西省的逯健民同志担任支部书记。中央党校的李草堂、边国彦同志和国家体改委的孙研之、叶森同志负责联系我们体改研究班，应该说是班主任吧。

1984年2月29日下午，晴天。国家体改委领导同志安志文、周太和、童大林、廖季立等到中央党校看望学员并进行了座谈。座谈中，他们指出经济体制改革工作迫切需要培养一支体制改革的"设计师"和"组织家"的队伍，而研究班的学员就应该是这样队伍的成员。目前，改革是大势所趋，研究班是应运而生。经济体制改革工作是探索性的工作，因此希望学员同志的思想要活跃一些，解放一些，要立志改革，敢于探索。要将自己的实践经验与理论相结合，要将我国的国情与世界潮流相结合，要把战略的眼光与策略的步骤相结合。这些应该是这支经济体制改革队伍的素质。座谈中领导和学员们几乎异口同声地说：这是"黄埔一期"噢！从此，中共中央党校第一期经济体制改革研究班就有了体改"黄埔一期"的雅称。

1984年3月1日，研究班正式开学。全校的1984年春季开学典礼是在3月21日上午举行的，全体学员和教职工参加了这次大会。王震校长在会上讲话，他介绍了最近随同邓小平同志视察广东、福建经济特区和上海宝山钢铁公司重点建设工程的情况。他说，实践证明，中央决定建立经济特区的政策是完全正确的。经济特区要办得更快些，更好些。会后，王震校长、蒋南翔第一副校长同学员代表一起在校园内植树。

按照中央党校和国家体改委制订的教学计划，这期研究班学习期限四个月又二十天，学习计划分为三个阶段，第一阶段一个半月，由中央党校教师讲授政治经济学；第二阶段两个多月，由国家体改委组织讲授经济体制改革业务课；第三阶段半个多月，

学员写出研究报告和组织相互交流。

第一阶段的学习任务于4月20日完成。这是冬去春来的时节，3月中旬还下了一场温柔的小雪。每天清晨我们提着五磅的暖水壶，踏着皑皑雪地，来往于宿舍楼和茶水房之间，别有一番情趣。当然，也遇过几阵漫天盖地的沙尘风啸。这一阶段我们重点学习马克思主义经典著作，以读原著为主、自学为主，同时辅之以必要的讲解辅导讨论。刘炳英、鲁从明、吴振坤、王儒化等教师作了辅导讲授。同时，国家体改委及时向学员传达了国务院总理在听取全国经济工作会议汇报时的讲话和3月27日在国务院常务会议上的讲话，邓小平同志视察深圳等地的讲话，王震校长的报告，党中央、国务院有关经济工作方面的重要文件。中央党校还请来了天津新港船厂厂长王业震、重庆市商业局副局长杜金平、福建省要求给企业"松绑"的55位厂长的代表——中国铅笔厂厂长龚雄同志给我们作报告。龚雄向全体学员介绍了他们进行经济体制改革的做法和经验。此外，还学习了整党文件。

第一阶段的学习，学员们感到主要有以下三点收获：第一，这次学习马克思主义经典著作虽然是选读的，但由于中央党校进修部、教务办公室和各位教师对学习内容的精选，学习仍有比较完整的体系。大家感到对马克思关于社会再生产四个环节（生产、流通、分配、消费）的基本原理以及再生产理论，有了进一步比较系统的了解。这对运用马克思主义的经济原理来分析和认识现实经济生活中的问题，具有重要意义，对当前进行的经济体制改革，具有很强的针对性。第二，马克思虽然研究分析的是资本主义社会的商品生产，但他为了揭示再生产的总过程及其分部活动规律，对再生产的一般规律进行了深刻的分析。用马克思的经济原理去分析认识过去和现在我国经济工作中的问题，大家都感到比过去认识得更深刻了。对在社会主义条件下的商品生产和商品交换有了新的认识，认为过去忽视商品生产的发展是不符合客观经济规律的。第三，深刻地认识了我国经济管理体制上的弊端，进一步提高了对经济体制改革的重要性、迫切性的认识。认识到通过改革那些不符合和阻碍生产力发展的经济体制，把我们国家的社会主义商品生产大大发展起来，实现党的十二大提出的工农业总产值翻两番的目标，是有把握的；而如果不进行改革，就没有希望。

第二阶段的学习，从4月21日起至6月30日，历时两个月零十天。这时已冰雪消融，春暖花开。校园里的玉兰树，拳头般大的花蕾绽放出洁白的花朵，粒粒绿芽迅速长成片片绿叶，处处生机盎然。这一阶段主要是学习经济体制改革业务课，内容十分丰富，主要有四个方面：一是有关经济体制改革的基本理论；二是关于我国经济体制改革的经验及国外经济管理体制的状况；三是关于我国经济体制改革各个方面的主要内容，其中包括农业体制，计划、物资管理体制，建筑业及施工管理体制，外贸、流通管理体制的改革问题，经济杠杆的地位与运用问题以及如何处理国家与企业、部门

与地区的关系问题等；四是关于经济体制改革总体规划的一些问题，即如何建立有中国特色的社会主义经济体制问题。

关于经济体制改革基本理论的几个问题，我们主要学习了薛暮桥同志写的《按照客观经济规律管理经济》文稿，听取了中国社会科学院副院长刘国光、中央书记处研究室理论组组长林子力、中国社会科学院工业经济研究所所长蒋一苇、财政金融研究所所长许毅等同志关于经济体制改革的报告。学员们的主要收获是：一、社会主义建设不存在一个统一的经济模式。各国都应按马列主义原理，结合自己的国情，走各具特色的路子。原理是共同的，模式是多样的。任何理论上的生搬硬套，任何违反客观规律的条条框框，都应该抛弃。二、在生产资料公有制条件下，只要生产力还没有达到共产主义那样的高度水平，商品生产就不但不能取消或限制，而且要充分发展。社会主义的商品生产是在国家的宏观计划控制下的。商品生产是生产方式，不是所有制的本质，但是发展商品生产的前提是调整生产关系，这是我国农村改革的成功经验，城市改革也要走这条路子。三、流通贯穿了企业的生产再生产过程和整个社会经济活动的各个环节，搞好流通是提高经济效益的极为重要的工作，流通的改革是经济体制改革的一个重要方面。

关于社会主义经济体制，学员们倾向于这样的看法：现阶段，我国的经济体制应该是社会主义商品生产的计划经济。在这种体制下，计划的概念应该由过去的"统管"改为"控制"，由单一的指令性指标改为指令性、指导性和市场调节三种形式同时使用；企业应该是相对独立的社会经济基本单位；价格应该与价值趋向一致；分配应该与效益挂钩；流通应该是多渠道、无界线。

学员们认识到，要完成我们的伟大改革，理论界要打先锋。当前许多积极改革的同志处境艰难，与理论上的"左"的影响关系很大。虽然我们的手脚开始放开了，但是理论上许多问题没有得到很好的解决，例如：社会主义的基本经济规律是什么？需要有一个统一的提法。国家对社会经济活动的职能范围如何？管哪些？管多少？在公有制条件下，计划是不是一种客观规律？计划工作是人为的，价值规律是客观存在的，两者的关系如何？资本主义的计划与社会主义的计划有何本质区别？

关于国内外改革经验和探讨改革的指导原则问题，5月8日至16日，我们先后听取了四个报告：一是国家体改委副主任周太和的报告，介绍了我国社会主义经济体制初步形成的历史背景和主要特点，总结了三十年来我国经济体制改革的历史过程和经验教训，提出了关于经济体制改革的若干基本指导原则和当前改革的一些初步设想。二是中国人民大学苏联东欧经济所周新城副教授介绍了苏联东欧国家经济体制改革的情况，包括改革的过程、改革的理论、改革中出现的不同模式及其评价。三是北京大学经济系厉以宁教授讲述了关于西方资本主义经济体制的几个问题。四是国家体改委

顾问廖季立的报告，就近几年来关于经济体制改革争论较大的几个问题，包括计划经济和商品生产的关系，条条块块和中心城市的关系，计划调节和市场调节的关系，从理论和实践的结合上阐述了自己的看法和意见。

学员们在学习研究国内外改革经验的基础上，探讨了我国经济体制改革的指导原则问题，主要认识是：一、建设具有中国特色的社会主义经济体制，必须坚持马克思主义的基本原理同中国实际相结合的原则。教条主义地看待马克思主义经典作家关于社会主义经济的某些设想，脱离我国的国情，搞"穷过渡"，强调单一的公有制，限制甚至否认商品生产、价值规律和按劳分配，归根到底，还是违背了马克思主义关于社会主义经济规律的基本原理。二、建设具有中国特色的社会主义经济体制，很需要借鉴外国经济体制改革的经验教训。对待外国经验，不能盲目拒绝，也不能照抄照搬。西方资本主义国家在经济体制方面的某些具体观点和办法，也有值得借鉴之处。就我国各地在经济体制改革方面的一些经验，更需要互相学习，取长补短。三、建设具有中国特色的社会主义经济体制，必须处理好所有制和经营形式的关系、计划经济和商品生产的关系、计划调节和市场机制的关系、条条块块和中心城市的关系、物质利益和思想政治教育的关系。

在第二阶段的学习中，我们除了在课堂听课外，还先后到首都钢铁公司、北京电冰箱厂、北京服装三厂、北京电视机厂等先进企业参观学习，听取他们在企业管理及其改革方面的经验。在研究班内部，我们还请全国城市改革试点单位——重庆、常州、沙市三市来体改班学习的学员王竹、张东桂、赵祖福介绍了这些城市改革试点的情况。

第三阶段从7月2日起，学员开始撰写研究报告。7月10日之后，学员在小组和班内进行了交流。研究报告的选题，有的是关于经济体制改革理论的探讨，有的是对经济关系的分析，有的是对各项改革和本地区体制改革的设想，各具特色。我在学习期间写的《社会主义商品生产若干规律初探》一文，后来在校刊《理论月刊》发表了。

1984年7月12日下午，晴天。王震校长、蒋南翔第一副校长和校部教员以及工作人员，同我们和进修部应届结业的其他研究班全体学员共约300人，在大礼堂前合影留念。7月14日上午，国家体改委党组书记、副主任安志文在研究班作了总结讲话，系统地讲了我国经济体制的主要弊端，十一届三中全会以来经济体制改革的成就和面临的新情况、新问题，当前城市改革的重点、需要探讨的问题以及对各地体改机构工作的希望。7月14日下午，王震校长接见了研究班全体学员并征询意见，蒋南翔第一副校长主持了座谈会。王震校长说："同志们来自全国各个岗位。在近半年的时间里，既是学生，又是先生。回去后，希望你们要坚持学习，要持之以恒，学以致用，要德、智、体、全面发展。"他说，"要看到，我们现在的学习是为了未来的美好理想，要把马克思列宁主义、毛泽东思想作为毕生的必修课，坚持学习。"他还强调，要坚持法制原则，党必须在宪法和法律的范围内活动。

1984年7月18日下午，第一期经济体制改革研究班支部大会颁发结业证书，我的结业证书编号：014。

1984年7月21日，星期六，晴天。上午9时20分，我离开11楼，告别中央党校，经过一个半小时的车程，到达首都机场。乘3102航班飞机，下午3时降落在广州白云机场。这时已是夏日炎炎，新的改革热潮正在掀起。

1984年10月，党的十二届三中全会通过了《中共中央关于经济体制改革的决定》，向全党、全国人民展示了全面改革的蓝图，提出："明确认识社会主义计划经济必须自觉依据和运用价值规律，是在公有制基础上的有计划的商品经济。""就总体说，我国实行的是计划经济，即有计划的商品经济。"国民经济按照这个决定指出的方向进行改革，我们将要创立的经济体制，既与资本主义模式根本不同，又与某种僵化的社会主义模式大有区别，是具有中国特色的、充满生机和活力的社会主义经济体制。

时代新路：从副科长直接任命为厅级厂长

林克星[*]

【**主编者言**】作者原题是岁月回望之类，编者建议改得具体一些。与文中的"越级"类似，当年还有"破格""变通"等，都是突破旧樊篱、解放社会活力的尝试。

我在中南矿冶学院（今中南大学）有色金属冶金专业专修五年，于 1964 年 7 月（23 岁）毕业后，近四十年的职业生涯一直都在中国有色金属系统中度过。前十年，在国家重工业基地辽宁省属地的老企业 401 厂（今葫芦岛锌厂），后由国家冶金工业部下指标，奉调到尚在兴建冶炼铅锌的韶关冶炼厂。我是地道的南方人，先行北上，经历十年寒暑，有幸举家南下，混熟了老企业，有机会到新企业，那是满心的高兴。

那时，有色金属系统大企业的一些工程技术人员和基层领导，前后相继调入韶关冶炼厂。

韶关冶炼厂，由国家批准，国内独家引进英国帝国熔炼公司（I. S. P）技术而建。那时，拥有此技术企业的国家有德国、法国、意大利、澳大利亚、日本、波兰、罗马尼亚等。当时算是先进技术。

有色金属冶炼过程复杂。传统冶炼工艺是单个金属冶炼，而 I. S. P 技术是铅锌混合精矿，"一机一炉"，一个冶炼流程，分别生产出铅、锌两个金属品，这样矿山铅锌共生的原矿，就减少了分选的过程成本和金属损失，对冶炼厂和矿山来说都一举而多利。

韶关冶炼厂，国家批文规定，设计规模为年产铅锌金属 5 万吨，副产硫酸，还有少许白银（视来料中微量元素的含量）。

韶关冶炼厂于 1966 年 9 月破土动工，适逢"文化大革命"，国家仅仅承付核心资料的费用。在"独立自主，自力更生，节约闹革命，简易投产"指导原则下，冶炼厂自行设计，自主试制设备，自我安装建设，一直处于边设计、边安装、边修改的状况。

我是 1973 年底调入韶关冶炼厂的，被安排在厂部的技术部门。因基建关系生产工艺，不得不参与一些基建工程的监管，随后是设备系统调试和联动试车、试产。国家冶金部从相关的科研院所、设计院以及一些大型企业，召集一批资深专家组成工作组，

---

[*] 林克星，韶关冶炼厂原厂长

协调工作。但整个系统事故频发，所有人员忙于事故处理和技术攻关。

1977年，冶炼厂总算正式投产。当年生产铅锌2.26万吨，还不足批文规定规模的一半，亏损318万元。更重要的是，基建期的"先天不足"以及无法掌握操作技术，造成厂内外严重的环境污染。省政府出示了"黄牌"，国务院责令"限期治理"，工厂处于生死存亡关头，不得不效仿安徽省某村的农民和首都钢铁公司的承包办法，与上级签订责任状：在1979年利润（688万元）全部上缴的基础上，1980年至1982年三年为限，上缴利润年递增7%，超出部分留存企业用以填补基建欠账和治理环境污染的技术改造。当年，广东省副省长李建安断言："只此一途。"

1979年7月，我由技术部门调到计划部门，参与整个承包方案的测算、谈判。三年间，工厂着力弥补基建漏项和缺陷改造，进行技术攻关、操作技术的探索和把握。尽管环境污染尚未完全解决，技术还在进一步探索中，但总算赢得了生存的权利。1984年铅锌产量达到5万吨的设计水平，实现利润2164万元。从建厂始计，历经19年。

1984年，是韶关冶炼厂特殊的一年，一是达到设计水平的产量，二是上级决定调整领导班子。

为调整领导班子，广州公司副经理刘思明（1983年前为广东省冶金厅主管干部的副厅长）带队来厂考察，与工厂中层干部逐个谈话。第二次找我谈话的是刘厅长，只谈担任党政一把手的人选。尽管我对现任的党委书记和厂长，都有自己的看法，前者多以"政治"治人治事，有些假大空；后者有时言而不行，但我觉得工厂的情况刚有些好转，生产情况还不是很稳定，如果厂领导出现大的变动，对工厂不利，所以表示两位都应该延任。当刘厅长说到他们之间的不协调，甚至出现严重矛盾时，我表示"作为局外人，虽然也察觉他们对一些问题的看法和处理不一致，那也是领导体制的常态。至于矛盾严重到不能共事，那上级领导是有责任的，是疏于考察，缺乏及时必要的批评教育和帮助协调所致，不能完全归咎于个人，不能发现问题就调离了事，那对他们是一种伤害"。当时我的脑海里只想到领导提出的问题，没有考虑我之所言会有什么后果。

可能是受调整班子的影响，当年的产量也达到了设计水平的数据，年底没有留出时间进行设备大修（常规是工厂完成国家计划后，进行设备大检修，为来年轻装上阵做好准备），特别是年末硫酸胀库严重，若储罐充满，就必须停产。

为此，1984年12月中旬，我陪同即将离休的副厂长赶赴京城，走进国家计委和经委大院，请求国家计委和经委支持安排硫酸销售（那时国有企业产品由国家指令调拨）。接着到有色金属工业总公司，向总公司领导汇报。

中国有色金属工业总公司是国家为加快发展有色金属，以适应科技和国防需要，于1982年，从国家冶金工业部分设出来的。冶金部有四位副部长林泽生、叶志强、刘学新和茅林，刘、茅两位转到中国有色金属工业总公司。

在费子文总经理办公室，他当着我们副厂长的面说道，"广州公司领导来厂里考察调整班子，迟迟未定，让我这个老头子大冷天还得跑来北京。"费子文紧接着说，"克星年轻！"他当即让秘书拿来文件，那是由林泽生签发的委任状：

"经商得中共广东省委同意，中国有色金属工业总公司党组决定，林克星同志任韶关冶炼厂厂长（副厅级）。"

事情来得太突然，且又非我所期待，我没有思想准备，完全不可想象，一是当厂长，二是"级别"。我当时只是韶关冶炼厂计划科的副科长，虽然早在1982年厂里就传我是厂领导后备人选；1984年，广州公司领导来厂考察，有人议论我可能担任副厂长。厂里所有人都没想到，会如此不按级别、破格提拔我。面对突如其来的提拔，我没有喜悦，反而感到惊怵担忧。

费子文总经理说了一番勉励的话，大意为改革开放年代，总公司和广东省委领导，思想是解放的，任命也是经过多方面考察了解的。要我首先要解放思想，勇于迈开改革开放的步伐，不辜负这个好年代。其实，这是我第一次与费子文总经理直接见面，之前的1983年，他在北京研讨铅锌发展战略会议上讲话，我坐在台下。

我从1979年到计划科，每年的"排产会"都是我带着一位供应科干部参加。所谓"排产"是确定年度生产计划，如国家指令性产量，所需的精矿、煤、焦炭的数量、质量要求及供货单位。所有这些都必须有计算依据，还有生产技术指标要求。多与总公司的计划、生产部门以及科技部门领导打交道，有时为工厂争取利益，会就数量、质量、技术指标等讨价还价。我也因此与总公司的计划、生产、科技部门领导打交道比较多，大家彼此间都比较了解。

我满怀愁绪，突然想到总公司生产部总工程师米海宴。我和他还是在冶金部时期，1979年冬在上海开会认识的，之后每年"排产会"都有交流，交往多年，相互有比较深的了解。当晚我摸黑而至，回应我的敲门禀报声，米总幽默地说："欢迎小林厂长光临寒舍！"我很惊讶："您知道？""我知道！"经过交谈，告退时，他最后说了一句："大胆干，我们会支持。"看来，我的任职是得到广州公司领导和总公司有关部门的共同举荐的。

我与副厂长约定，文件下达之前不向外透露，好让我有个思想准备和考虑工作的时间。

1985年元旦过后，广州公司领导来厂里宣布任命书。我一人由总公司任命，其余成员由广州公司党组任命。其中四名副厂长（连任两位，新提拔两位），一位党委副书记、工会主席，而且逐个标明"正处级"。同时宣布原厂长和一位副厂长由广州公司安排。厂部将任命书（含级别）印发通告全厂，这在韶关冶炼厂还是第一次。以往职工都不知道领导是什么级别。

春节前，按惯例召开职代会，厂长要做工厂工作报告，报告包括两大主题，对上年生产经营的总结和来年工作的计划安排部署。我虽然刚上任，但对此项工作并不陌生。在厂技术部门干了几年后，我转到计划部门，对工厂的生产、技术有深度的把握。特别是计划这个综合部门，掌握工厂生产经营的全局，每年我还参加全国有色金属系统的排产会，对国家经济形势和有色金属大局有充分的了解，而且我每年都给工厂工作报告提供资料，甚至参与撰写。

我的工作报告没有新官上任三把火的豪言壮语，只是特别强调两点：一是上年为达到设计产量的目标，没有安排时间进行设备大修，要对若干关键设备实行有效的"特护"措施；二是增建硫酸储罐，开拓销售渠道，防止硫酸胀库造成生产中断。

恰恰就是这两个问题，造成生产先后中断三十多天。

1985 年，于我是很不平凡的一年。

这一年，有多少个夜晚迟迟不能入睡，而又在深夜常常被电话铃声惊醒；

这一年，早上醒来，第一件事是给厂总调度室和厂铁路部门打电话，询问有多少硫酸空罐车回厂（工厂有自备硫酸罐车近 200 辆，满出空回）；

这一年，清早一推开门，第一眼是眺望厂区高 120 米的烟囱是否冒烟；

这一年，我两次放弃厂党委让我出国考察的安排，专注工厂的正常生产。

……

这一年，我深深体会到，真正当好一个厂长是什么滋味……

由于国家进口硫磺和化肥过多，造成各冶炼厂的硫酸滞销。含硫量约 31% 的铅锌精矿，进入生产流程源头的烧结机烧结过程，分别产出烧结块和二氧化硫烟气。前者进入 I.S.P 鼓风炉熔炼，后者导入化工系统制酸。若硫酸销不出去，只能停产。按当年计划金属产量，相应产出硫酸是 9 万吨，但国家分配的销售量只有 5 万吨，不到产出量的 60%。我们增建三个上千吨容量的储酸罐，还借款给用酸厂扩大生产能力增加用酸量，并拓展新用户，违规自行削价促销（那时产品是国家定价）。但仍然无法避免生产中断，多次开开停停，造成化工系统一些设备损坏。两位新提拔的副厂长跟着我，三天三夜守在现场，组织、调动、指挥抢修。当年断断续续被迫中断生产，还得留出年底设备全面大修的时间。那时，我只有一个信念，"以效率弥补生产中断造成的损失"。

天道酬勤，汗水和心血，凝结于果实：当年铅锌产量 5.14 万吨，略高于上年，实现利润 2805 万元，比上年 2164 万元增长近 30%。其他方面也取得很大突破。

在我着手修改 1985 年度职代会的工厂工作报告时，心潮澎湃，深刻体悟到如果调

动了人的积极性,激发和挖掘出员工的潜能和智慧,会迸发巨大的威力。"当一群羊由一头狮子率领,所有的羊就会变成狮子;而当一群狮子由一只羊率领,所有的狮子就会变成了羊。"

职代会闭幕当晚聚餐,群情激昂,大家沉醉在热烈、欢悦的气氛之中。我逐桌向大家敬酒,为冲过激流险滩的胜利喜悦干杯。我有生以来第一次醉酒了,人也醉矣。

醉翁之意不在酒,在乎从众之情。从众之情,得之心而寓之酒也。

半夜醒来,走到阳台,抬头仰望满天群星,脑际不由浮现伟大哲学家黑格尔的一句名言:"一个民族有一些仰望星空的人,他们才有希望。"我没有深邃的思想穿透时空的远见,但总爱凝望星空,思考企业的未来……

为了记忆,也为那份心情,我现在的微信号就以"望星空"标示。

作为一厂之长,其实是一种责任和担当。责任是一个沉甸甸的词语。我认为,职位只是一种功能,要想发挥其应有的功能,必须有影响力,从而引发执行力。权位的影响力源于两种,一是权力影响力,一是非权力影响力。有些人崇尚前者,以手中的权力,一言九鼎,以威逼压力和强制施政,那不可能具有持久的执行力。在我的意识中,是以自己的品行、知识、智慧、才能和奋发精神这些非权力因素,影响群众,得到群众发自内心的认同,而引发执行力,我认为这才算真正发挥作用,尽到责任。

我不认为猴子手上有根棍子就成了齐天大圣。我没有新官上任三把火的冲动,也没有像有些新官那样,喜欢议论前任的缺陷和不足。为人所知,总有个或长或短的过程——一切在于个人的表现。

但我知道,作为国家大型企业的主要领导,负载着国家和社会的重托,负载着韶冶群体,不可有任何懈怠。

1985年上半年,中国有色金属工业总公司发文,将韶关冶炼厂作为全国有色系统实行厂长负责制的试点单位。厂长负责制的核心是厂长作为企业生产经营第一责任人。

日常,我也关注媒体有关改革的报道,收集相关资料,还很注意乔光朴(乔厂长)在改革初期闪亮登场所立的"军令状",尤其关注广东省先行改革开放的实例。如袁庚开创蛇口工业区,提出"时间是金钱,效率是生命",我深深感受到频频袭来的改革浪潮。我不追求一时的轰动效应,而把企业发展作为改革的出发点和落脚点,确立了"吃透精神,统一思想,坚定方向,坚实步伐,小步快跑,讲求实效"的改革方针。我一直认为,最基层的企业内部,领导体制的改革,最重要的是生产力的发展。我们把强化管理,实现企业管理现代化,结合技术改造,推进技术进步作为主要内容,使职工从实际入手,成为主体,取得实效,得到实惠,对改革充满信心和期望。

实行厂长负责制后,对基层行政领导采取职务聘任制。我任命一些大学毕业生到领导岗位,也提拔一些主体分厂的工人工段长担任车间领导;并在韶关冶炼厂首创工人"技师制"。"技师"的实践经验丰富，一线工人容易接受他们的领导和帮助，是上层领导与一线工人之间的重要桥梁和润滑剂。在大会上，我说，有知识是好事，但在大学里学到的知识，只是人一生所用知识很小的一部分，因此才有终身学习的说法和要求；况且知识不等于才能，才能要通过实践成果来体现。没读过大学，甚至没多少知识的工人，也不必自卑，你们人生所用知识的大部分，跟前者，跟我本人一样，都要在后天的不断学习和实践中获取，事在人为。

我要求我们的干部要"四会"：一是会思考，想新点子，才能走出新的路子；二是会宣传发动，使新思想、新点子被广泛接受；三是会组织指挥实施，使之从思想的范畴走向行动的领域，且见到成效；四是会总结提高升华，总结不仅限于平面数据，如增产、增值、提高多少，更重要的是思考这些数据是怎么来的，通过思考、实践、思考，升华为理论，从中悟出新的思路、新的点子，不断进入更高层次的"四会"循环。

"发展是硬道理"。发展必须科学，为人民福祉的发展才是真正的硬道理，才有真正的意义。

现有企业的发展有两条路径，即外延式和内涵式扩大再生产。

我们走挖潜创新技术效益之路，即内涵式扩大再生产。

当初国家批准建厂，明确规定设计规模年产铅锌 5 万吨，所以设计上我们只有一条生产线，配套"一机一炉"单体核心工艺设备；更重要的是，我们也只有相应的厂房结构——这可是真正的"不留余地"。

那个年代，国家的规定就是"天条"，只有接受不能改变，是天经地义的。任何标新立异，都有巨大风险。"知其不可为而为之"，这一困境是对韶冶人的意志和勇气的考验，也是对领导者的胆识、魄力和智慧的考验。

根据经济学的木桶短板原理，厂里强化生产，不断发现生产系统的薄弱环节，不断实施创新技术加以改造，使生产系统从"平衡—不平衡—新平衡"，实现良性循环，我们制定和实施"三自"方针——"自我积累、自我改造、自我发展"，"四边"方针——"边生产、边改造、边增产、边增效"，在每年完成国家指令计划的基础上，仅用五六年的时间，铅锌产量快速增加到 6 万吨、7.5 万吨、8 万吨，直至 10 万吨。副产硫酸也同步增量，白银产量也增加了，加上多种金属稀有元素的有效回收。就这样，韶关冶炼厂在原设计年产 5 万吨的基础上，再造了一个厂，利润从 1984 年的 2164 万元跃升至 1.37 亿元。主产品铅锌在伦敦成功注册，成为国际标准产品。

在企业的实践中，我体悟到，企业领导不能以员工的教育者自居，不能只注重表面，热衷于制造"轰动效应"，而让群体陷入盲目迷从。人的劳动，不仅仅是生活的简单维持和再生，还要有人生价值的追求。在推进企业发展的同时，个人也要得到成长和发展。

1986年，我提出培育韶冶精神、韶冶意志、韶冶风格，创建企业文化，并由工人谱曲作词，创作厂歌《韶冶进行曲》，推动物质文明和精神文明同步发展。

几年间，韶关冶炼厂先后被评为"中国500家最大工业企业"和"500家最佳经济效益企业"，在最佳经济效益有色冶金业中排名第一，荣获"全国五一劳动奖""国家一级企业""中国科学院科学技术进步一等奖""全国思想政治工作优秀企业"等多项荣誉。

1990年，中国有色金属工业总公司全国工作会议召开，我在中南海向时任副总理朱镕基汇报时（国家相关部委领导在座），说到我们企业的科技进步对企业经济发展贡献率已经达到53.47%，是全国工业企业平均值（20%～30%）的两倍，达到发达国家的水平（其值为50%～60%，个别最发达国家为60%～70%）。这里指的不是常规GDP的三驾马车。朱镕基总理马上问道："你是怎么算的？"我答："按照国家计委发布的多个参数计算出来的。"科技贡献率的概念，当时还没有被普遍认知和重视，因而我的发言引起了首长和在座者的关注。

1990年，我有幸被中国有色金属工业总公司选派到法国巴黎高等经济管理学院进修学习（共9人，属中法两国交流互派）。

这是我第二次到巴黎。1989年1月，考察法国和意大利与韶关冶炼厂同类 I.S.P. 企业时，观赏过巴黎一些美景，但总有"好景一时看不足，天生有幸再来游"的欲望——清代乾隆皇帝游融峰后题诗的最后两句，借用过来很合适。

天赐良机，时隔一年，到此进修，时间较为充裕，但还总难尽兴。

我们进修期间的住行费用，均由法方负责。

开学的第一天，恰逢捷克斯洛伐克班结业（那时还是同一个国家）。当晚，校方租船组织我们同游塞纳河，观赏巴黎两岸夜景。船只顺着流水，缓缓而行，沿岸的美景，浓妆重彩，勾画出一幅幅迷人的巴黎画卷。伴着巴黎圣母院的钟声，在月色和彩灯闪烁下，塞纳河的流水，轻轻吟唱，流淌着不尽的浪漫，风情万种……

住公寓，两人一间，设备齐全。周一至周五全天上课，授课者除校方教师，还有社会人士。上课期间的午餐，校方派员与上午授课老师，在定点餐馆就餐。周六由学校派员带领考察企业，由企业招待中餐。其余的早、晚餐（含周日全天），均由个人自理，校方按照每日每人100法郎计发。

进修期满回到北京，我写了一篇论文《市场经济形成的基本条件以及成本、价格、利润三者关系》。论文主要论述市场经济形成的基本条件是物质总体上供大于求，这又是以多种经济成分和有序竞争为前提的。市场经济与计划经济对于生产成品的成本、价格和利润三种相同参数的含义、理念和排序有着根本区别。

计划经济是：成本＋利润＝价格，即以生产成本为据，加上一定利润额（为保全企业），由国家定价，相安其乐。但谁知道成本是如何构成的？如何做出来的？在物资紧缺和企业垄断情况下尤甚。

市场经济是：价格－成本＝利润。利润是企业的生命线，而价格是竞争市场所决定的，企业的兴衰成败，取决于是否降低成本，包括技术创新和企业管理现代化。

价值规律是统治物质世界的上帝。

计划经济的"价格"，是一种强制命令，违背价值规律，没有价格激励，缺乏创新和价格贡献互动机制。而市场经济的"价格"，是由市场竞争所决定，对生产经营有降低成本的压力和驱动力。

经济学家米塞斯的论证和逻辑链条：所有的生产和消费都是靠"经济计算"达成的；只能借"由竞争产生的真实价格"做出决策。

价格贡献是估计商品的"唯一标尺"。

中国有色金属工业总公司的费子文总经理在全国工作会议的工作报告和随后下发的会议文件中特别提到了我的论述："不久前，总公司派了一批厂长到法国进修，回来后都写了论文。我注意到林克星同志论文中的两个观点。"他简单讲述后说，"这些问题很值得我们深思。"

副总经理吴建常作大会总结讲话时，再次提及。

与会的厂长们很敏感，有人说："克星，你准备到北京吧！费总的工作报告，表扬过企业，但表扬个人还是破天荒头一回。"

其实，在此之前，总公司曾有过调我入京的动议。之后的一次全国工作会议期间，中共中央组织部的一位局长来与我见面，我很惊讶！因为我没有与上级组织部门有过任何联系，经过约半小时的问答和叙述，我还没意识到什么。

就在费子文总经理引用我论文中两个观点的全国工作会议后不久，总公司通知我去北京。副总经理吴建常向我宣布，总公司党组会议决定，调我先任生产部主任。那时，我正从49岁迈向50岁。吴建常说，中央组织部有规定，厅级干部超过50岁，不能正式调入北京。真正需要也只能借调，所有关系在原单位，户口更不能迁入北京。所以，对我的调动，不能再拖延。接着让我到人事部门谈有关家属工作安排的事宜。

我没有直接到人事部门，先到稀有稀土局找王永德。他先是接替曹厅长，任广州公司经理，后借调到总公司任局长。他很高兴，嘱咐我千万不能推辞，并将前事告诉我，当他被借调到总公司时，曾向总公司推荐我接任广州公司经理。他说，当时吴建常告诉他，"林克星现在还不好离开韶关冶炼厂，要调动也不是到广州公司"。王永德特别提醒我，要理解吴总说的"先任生产部主任"的"先"字。

接着，我去拜访总经理助理兼计划部主任武恭。他说，"你到总公司就好！我和沃廷枢副总都快到退休年龄了，你还年轻。"他还准确无误地说出我出生的年月日。真让我感动。不知他是参加总公司领导讨论调我入京时了解到的，还是当年推荐我当厂长时有人说起的。

人事部藏玉安主任，让我回家和家人说好，爱人同调，工作安排不在总公司机关，她是高级工程师，或到北京有色金属研究总院，或到北京有色金属设计研究总院，到时再确定。

从北京回厂不多日，广东省委组织部副部长古志德一行六人来厂，匆匆与我见面。次日，我电询省经济工作部长施芝华，问他古部长见我何意？他回答是"拟调任省经委主任"。干部管理分两条线，且总公司定调在先，地方拟用未能成就。

人啊！最难的是认识自己。在我的意识里，就我的家庭背景和个性，实在不宜从政谋官；又是陆地动物，岂能下海从商谋富，只图实实在在的企业实体，实施企业管理体制、管理模式和技术的不断创新。创新是"创造性的毁灭"，每一项创新都是旧创造的消亡。创新是企业兴旺发展的决定性因素，也是企业家个体智慧的充盈。

我在韶关冶炼厂的历史节点上，被改革开放的浪潮推上韶关冶炼厂厂长的位置，任职三年后，上级再命我兼任厂党委书记。可谓全面负责，"不敢懈怠一日轻"。

斯蒂芬·茨威格曾在书中写道，"一个人生命中最大的幸运，莫过于在他人生中途，即在他年富力强的时候，发现人生中的使命。"

那个阶段，在脑海中养成随时演练工作计划和步骤的习惯，从而促进我的全面成长。人的一生，成长比成功更重要。成功是达到的目标，而成长是实现目标的过程。那时，始终处于活跃、亢奋状态中的思维，时如汪洋大海，汹涌澎湃；时如涌泉喷薄，光彩耀人；更多时候犹如大江流水，跌宕起伏，百转千回，勇往前行，承载大小船只和沉重的纤歌……

我有幸被广东省和总公司分别授予"劳动模范""中国有色金属工业系统首届优秀企业家金牛奖"，还被新华社《半月谈》杂志社评为1990年度"半月谈思想工作创新奖"获得者（当年全国38人），从而被选编入《中外名人词典》；辞典编委会经香港科学院授权，选拔十位杰出人士推荐给香港科学院授予荣誉博士，因此我又被中国青年政治学院推荐为客座教授，因自知能力不及，为坚守真实，我选择了谢绝。

这一切都已成为过去，花谢而告别春风，滚滚长江东逝水……

这里写的，是我在那个年代的经历、践行、感受、体验和思考，注入文字，就当做岁月的印记吧！

人生之旅的几个驿站

刘斯奋*

【主编者言】单位允许他不坐班,有需要他参与的工作再通知他回来,平日就自个在家写后来获全国大奖的小说。那是1980年春天,作者只是一个普通干部,也还没有文名。

老朋友徐南铁先生近发宏愿,打算牵头组织一部《南方岁月:改革开放年代的人生记忆》文集,向我约稿。作为一名亲历者,自然义不容辞。事实上,近半个世纪,国家的变化固然天翻地覆,而我个人的经历,尽管始终不离文化圈子,却也一再发生漂移——小说创作、文艺行政、梦圆书画,直到从文联退休。但是如果把这些"生命记忆"一一写出来,恐怕不是一万几千字所能说尽。踌躇再三,忽然想到手头还存有几篇旧日的短文,或者可以拿来塞责?于是便不计浅陋,编成这一组《人生之旅的几个驿站》。虽知难免见笑于方家识者,但我之所以依旧敝帚自珍,是因为其中的感情是诚恳和真实的。

2022年6月20日于羊城蝠堂

"特殊政策"与《白门柳》

陈越平同志是我的老前辈,老领导。虽然在他担任广东省委宣传部长期间,我只是部里的一名普通干部,对他说不上有多少接触和了解。但是,在支持我从事长篇小说《白门柳》的创作这件事上,却体现了他与众不同的眼光与胸怀,使我永生难忘。

事情是这样的:1980年春天,我作为宣传部张江明副部长的随行人员,赴广西桂平参加"太平天国学术讨论会",在行经西江的船上,经王晓吟介绍,认识了中国文联出版公司的编辑邢富沅,一路上谈史论文,颇为投契。末了,他提出让我写一部历史小说,篇幅和题材都由我自己决定。我自幼受家庭熏陶,对中国传统文化情有独钟,

---

* 刘斯奋,广东省委宣传部原副部长、省文联主席

后来又就读于中山大学中文系，从事文学创作一直是我的一个梦。

受到正式约稿，自然极大地激发起我的创作冲动。回来之后，经过一番考虑，决定以明末清初那一段"天崩地解"的历史为背景，以江南地区一群有改革思想的知识分子为主角，通过他们所走过的坎坷曲折道路，来揭示我国早期民主思想产生的社会历史根源。把构想报给出版社之后，得到了认可，我就开始动手创作。但是很快就发现，由于在宣传部工作，必须每天按时上下班，写作只能利用业余时间进行，而我的写作计划又相当庞大，如果不集中精力全力以赴，是根本无法完成的；更别说一心二用的结果，也必定会影响本职工作了。面对这种两难困境，我当时想到的唯一办法就是调离宣传部，到一个可以从事创作或研究的单位。当时广东社会科学院正筹办文学研究所。于是我就向部里打了一个报告，说明原委，申请调到那里工作。回想起来，我这样做其实是颇有一点"冒险"的。因为当时十年动乱结束不久，百废待兴，而越平同志又是原则性很强的人。在此之前，他就曾在会上颇为严肃地批评过一些打算"另谋高就"的同事，说宣传部不是旅店，想来就来，想走就走。那么，我是否也会落得想做"旅客"之嫌呢？这样忐忑不安地等了几天之后，时任副部长的林江同志把我找去，记得也没有绕什么弯子，就直截了当地对我说："你的报告部长会上研究过了，认为目前部里能写点东西的人不是多了，而是还不够。因此你就不要调走了。至于小说创作的事，我们觉得也应该支持。越平同志说，就给你一个特殊政策：允许你不用每天坐班，部里有需要你参与的工作，就通知你回来做，平日就在家写你的小说。"

当时林江同志虽然再没有多说什么，但是我却很明白这个"特殊政策"的给予，在宣传部这样的"正规"单位是多么不容易，如果不是出于对一个年轻人的关爱和扶持，如果没有一种独到的眼光和气度，是不可能如此决定的。事实上，正是由于越平同志当初的这个决定，并在后来长达十六年的岁月里，林江、黄浩，还有于幼军等几任部长也"萧规曹随"，始终对我的创作给予相当的关照，《白门柳》才得以善始善终地完成。

因为这个缘故，我在写作的过程中，一直强烈意识到这部小说完成得如何，已经不仅仅是我个人的事情，也关系到越平同志和几位后任部长当初的决定是否得当的问题，所以不敢有丝毫懈怠之心，而是竭尽全力去把它写好。最后，总算稍可告慰的是，这部三卷本小说分别获得广东省第二、第四、第六届鲁迅文艺奖，并于1997年获得了中国作家协会第四届茅盾文学奖和国家图书提名奖。后来又被中国出版集团作为经典作品收入《二十世纪中国文库》。

在广东省委宣传部为《白门柳》举行的祝贺会上，越平同志与吴南生、欧阳山等老前辈也出席了。我自然很希望他能说上几句勉励的话，但他表示从领导岗位退下来之后，就给自己定下一条：不再在公开场合发表讲话，所以这次也不能破例。这在我而言，无疑是一种遗憾。不过事后，我的老同学王晓吟告诉我，有一次，越平同志与她谈到当初那个"特殊政策"时，曾经说道："如果是锥子，即使放在布囊之中，也会脱颖而出的。"那么看来，他对我所交出的答卷，还算是满意的。这才使我放下心中的一块石头。

从那以后又过了十五年。去年，越平同志不幸离我们而去了。现在回忆往事，我依旧对他充满感激之情。不过，他当年那个"特殊政策"，恐怕已经远超出了我与《白门柳》的范围，将会留给后人更多的启示。

2013年2月3日

"朝阳文化"发表的前前后后

二十三年前，也就是二十世纪九十年代中叶，我有幸在《南方日报》发表了《朝阳文化巨人精神与盛世传统——关于社会主义新文化建设的几点思考》。这篇文章长达一万一千字，尽管是针对当时文化界的现实而写的，但《南方日报》愿意提供宝贵的版面全文刊出，仍旧显示出编辑部的眼光和魄力。事实上，这篇文章如果不是刊登在《南方日报》而是刊登在别的地方，恐怕不会受到如此广泛的关注；对广东文化建设，也未必能迅速产生相得益彰的积极作用。值此七十周年社庆之际，忆及那一段文字缘，弥觉可念可珍。

我是1993年接任中共广东省委宣传部副部长一职的，主要分管文艺工作。当时可以说是碰上了一个好时机。因为在中共十四大上，实行社会主义市场经济的大政方针得以正式确立。此前关于姓"社"还是姓"资"、计划经济还是市场经济的争论终于尘埃落定。这为我深入思考社会主义的文化建设的问题，提供了一个明确的、全新的出发点。只不过，当时所面对的状况也相当复杂。主要表现在：包括文艺界在内的文化界对正在到来的深刻变革还感到不适应，甚至缺乏思想准备。特别是对于先行一步的广东所出现的种种新的文化现象，本能地觉得反感。一些报刊甚至提出诸如《广州是否变成了文化沙漠？》《广东能够摆脱港台文化的影响吗？》等尖锐质疑。至于广东的文化界本身，思想也比较混乱，面对"大锅饭""铁饭碗"的常态被打破，"下海""走穴"之风方兴未艾，感到忧心忡忡，无所适从。在创作思想方面，就全国而言，则出现两个极端：相当一部分文艺家，还沿袭农业社会的审美惯性，醉心于对贫穷、落后、苦难的揭示和展览，着力宣扬一种失败绝望的灰暗情绪；而另一些人则迫不及待地同世界"接轨"，对西方流行的所谓"现代艺术"顶礼膜拜，热衷于引进仿效。而他们共同的一点，就是脱离中国社会的改革开放现实，对于广大人民群众追求美好生活的空前积极性，以及由此带来的社会巨变缺乏关注的热情，从而正在错失作为文化

人的历史责任和机遇。针对这种情况，我经过深入的调查研究，特别是对广东先行一步中的文艺现实进行思考，提出：通过改革开放，实现从农业文明向工业文明的飞跃，这是历史发展的总趋势，是不能回避也不可抗拒的。整个中国社会，包括文化在经受这一场洗礼过程中，出现某种失序和混乱，是正常的，不可避免的。广东由于先行一步，所以首当其冲。这种状态在其他地方或迟或早也会跟着出现。因此正确的态度不是惊慌失措、埋怨指责，而是抛开"叶公好龙"的心态，勇敢投身进去，努力驾驭社会主义市场经济这条"真龙"。这样一种判断，通过连续召开座谈会，逐步在文艺界中形成了共识，思想也随之稳定下来。与此同时，广东的文艺创作也出现非常值得重视的动向，连续涌现出《雅玛哈鱼档》《公关小姐》《外来妹》《情满珠江》等一批拥抱改革开放现实，真切反映人民大众通过诚实劳动争取美好生活的影视作品，并迅速在全国掀起收视热潮，产生巨大的反响。

这更坚定了我的信心，于是继提出要用新的、符合中国社会发展方向的文艺批评标准来审视衡量广东的创作之后，又写出《朝阳文化巨人精神与盛世传统》这篇长文。试图从文化的性质、文化的精神和文化的传统三个方面，提出我对社会主义新文化建设的一些思考。我的主要观点是：一、围绕社会主义现代化建设的总体目标，当前我们的任务是要建立属于工业文明性质的文化。为了迎接这种生机勃勃的朝阳文化，我们不应再对看似无限美好、其实已是夕阳西下的农业文明恋恋不舍。二、为了迎接和建设代表中国未来的朝阳文化，我们要提倡一种巨人精神。这是一种深深根植于中国的现实，与人民大众的情绪和意愿息息相关的精神；一种敢于正视矛盾，直面人生，并通过不屈不挠的艰苦的努力，去实现崇高的理想的精神；一种具有无比丰富生动的内涵和纷繁奇丽色彩的精神。三、在我国漫长的发展历史中，既经历过盛世，也经历过衰世。两者都曾经直接影响着文化传统的形成和分流。在身处中华民族伟大复兴的今天，面对工业文明新文化建设的历史课题，我们应当继承以雄强、博大、开拓、进取为特征的盛世传统。

文章在《南方日报》发表的次日，《羊城晚报》便在头版头条加以摘要报道，随后《人民日报》又摘要刊登，引发了广泛反响。时任省委书记的谢非同志也注意到了这篇文章。之后，我又到广东文艺创作的一线做了多次宣讲。还记得一些部队文艺工作者跟我说，文章的观点非常适用于他们的创作。

思路和目标清晰之后，广东的文艺创作也掀起了新的高潮。随后，接连推出电视剧《英雄无悔》《和平年代》，电影《警魂》，歌曲《春天的故事》《走进新时代》，等等。它们都更加热烈地拥抱改革开放的社会现实，更加尖锐地切入生活矛盾。它们与前文所列的作品一道，形成一道亮丽的风景线。特别是影视作品，可以毫不夸张地说，当时在全国产生了引领潮流的作用。

那几年，广东是全国"五个一"工程奖的获奖大户，以致其他省份都专程前来"取经"。而对广东文化的质疑之声也渐渐沉寂下去，不大听得见了。

2018年4月

珍　惜

自从七年前，完成长篇小说《白门柳》的创作之后，我的兴趣和主要精力便从写作转向了绘画和书法。记得当时颇有一些朋友感到不解，认为这对我本人来说固然是"冒险"，对读者而言，则将是一种遗憾。可是我有我的想法：这要命的《白门柳》，已经前后耗费了我整整16年的光阴——从37岁到53岁，可以说是人生当中最成熟、精力最充沛、艺术感觉最敏锐，因而也是创造力最旺盛的一个阶段。而为了写这部小说，我已经硬是把浑身解数都"砸"进去了，最后得以完成，算是有了一个结果。接下来呢，当然可以再写别的，但水平能否保持是一个问题；即使能够保持，却没有突破和超越，那么就不必浪费自己的精力，也不必浪费读者的时间了。更何况，我只是一个业余作者，写与不写，全在兴趣。兴趣来时，只管没日没夜地埋头折腾；兴趣一过，掷笔退场，也不会有瞻前顾后的为难。人生不过短短数十年光景，既然心中已经另有所骛，又何不试着换一种活法呢？

这样说，似乎有点在卖乖。但是我真正想说的是，萌生这样的打算，与其说是个人"用情不专"，毋宁说是受着时代的诱惑。说起来，按照我"童真未凿"时的梦想，其实首先是向往做个画家，然后才是向往做个作家。这"立志"虽然不高，然而直到过了"而立之年"，却仍旧只是梦想而已。如果不是"文革"十年动乱结束，如果不是改革开放，恐怕终我的一生，这两种愿望都不会实现——也许不至于完全没有写写画画的机会，但绝不可能写出《白门柳》这种真诚贯注的作品；或者像我目前这样，一门心思摆弄自己喜爱的"文人画"，就更别说让我由着性子喜欢写小说就写小说，喜欢画画儿就画画儿了。

记得我在《白门柳》一书的"跋"中，曾经写下过这样的话："（我）庆幸生逢一个太平时世，使我在如此长跨度的岁月里，得以始终保着一个虽有间歇却基本上持续不断的创作环境，一种从容沉着的著述心态……这种环境和心态远的不说，起码自鸦片战争以来的一百五十多年间，恐怕还没有过。虽然未经一一细考，不过我总想，那样一种动荡时世，必定使得好些具备这种能力、才华和抱负（指多卷本长篇小说）的作者，因此无法施展，终至赍志以殁，抱憾终天。"的确，对于一个艺术家来说，再没有比得以生活在一个国力蒸蒸日上的太平时世，一种宽松包容的社会环境中更值得庆幸了。因为只有在这样的时代里，艺术家才有可能专心致志地从事创作，才能最充

分地发挥自身的艺术潜能,最大限度地张扬自身的艺术个性,全力以赴攀登艺术的高峰。毫无疑问,目前中国正进入这样的时代。而当随着时势的推移,我对开创了这个时代的伟人——邓小平同志的丰功伟绩,感受就越来越深切,对他的敬意和感激也越来越强烈。是的,如果不是邓小平同志对世界大势的高瞻远瞩以及扭转乾坤的胆色魄力,中国就不可能取得今天这样的辉煌成功,中华民族就不可能像今天这样扬眉吐气,我们文艺家也不可能在如此安定的环境里拥有如此充分的创作空间。

也许我属于对改革开放前后的岁月都有着切身体验的一代,因此对于能及身赶上当今这样的鼎盛时世,从心底里感到珍惜;面对海阔天空的艺术之域,情不自禁地兴奋莫名;一种竭我余力,遍访名区,穷探宝穴之慨,油然而生;觉得惟有如此,才不至于辜负时代的厚赐。正是这一种无法抗拒的"时代诱惑",使我在完成《白门柳》的创作之后,又转向了绘画和书法,打算去追寻少年时代的另一个梦。至于主攻方向,我自然而然地选择了"文人画"。其路子是轻描摹而重挥写,轻形似而重神似,轻客体表现而重主体抒发,轻技巧审美而重文化审美。这是种画风发端于唐、宋,大盛于元、明,曾经主宰画坛数百年;其艺术观念即使是从当时世界美术的格局来看,也是走在前头的。只是到了近代,由于历史和政治种种原因,文人画才衰落式微了。但是,这种画风其实在很高的层次上凝聚着中华民族文化的精华,理应在新的历史条件下继承发扬。事实上,也只有在中国社会发展到今天,中华民族以更加自信的心态审视自己和面对世界的时候,文人画的价值才得以被重新认识,受到认可,并有了通过注入现代精神,继续发展推进的可能。这对于身为文人的我来说,无疑又是一种令人意动神驰的"诱惑"。事实上,目前我是抱着当年投身小说创作那样的心态,尽自己的能力,去认真对待这一课题的。至于是成是败,其实并不太重要;重要的是我能够以自己微末的努力,来响应伟大时代的呼唤,藉以寄托对邓小平同志的深切的、永远的怀念。

2004年8月6日于广州梅花村

文联与我

几天前接到《中国艺术报》编辑部的电话,要我就《文联与我》的题目写一篇东西。当时觉得责无旁贷,就爽快答应了;谁知回头一想,顿时又踌躇起来。因为我自1995年起担任广东省文联主席,到如今虽然已经整整十四个年头。其间与我搭档的书记也先后换了三位——就时间而言确实不算短。但是在开头八年里,我的主要工作在省委宣传部,文联属于兼职;2003年离开宣传部以后,又兼了个广东画院院长,仍旧把文联的日常事务推给班子的其他同事。直到前年辞去画院的职务,接着文联再度换届，我虽然连任，却不用再专职任事。这种长期以来的"分身"状态，要我对文联的各种人和事如数家珍地说出许多具体、生动、切近的感受，还真的颇为犯难。

当然，具体的操作虽然参与不多，但大的决策还是都见证了的。而对这些年我省文联事业的长足发展，则尤其是亲历目睹，欣幸良深。的确，早在十多年前，我刚刚介入广东文联工作的时候，无论是办公条件、人员素质、事业资源、活动开展以及社会影响，都可以用"因陋就简"来形容。加上整个社会又正处于计划经济向市场经济转型，更有一种去向不明、人心浮动的焦虑。不过，幸好其后情况就逐渐好起来。首先是从中央到地方对文联工作有了明确指示：在社会主义市场经济体制中文联的作用不是要削弱，而是要加强。接着省里就着手进行改革，把原来独立建制的美协、音协和剧协归并到文联中来；同时更拨出巨款兴建广东文化艺术中心，一次性地彻底解决文联和作协的办公场所。后来，在机构改革中又给我们定编为101人，管理和待遇则参照公务员执行。这几个关键举措，不仅彻底稳定了文联的队伍，同时大大充实了文联的事业资源，给我们开展工作提供了坚实的基础。事实上，从当初到如今，广东文联的变化可以用"脱胎换骨"来形容。实力空前加强，事业空前活跃。近四五年，每年举办的各种大中型艺术活动都多达一百二三十项，还拥有自己主管的艺术职业学院（在校学生三千余人）、出版社（每年出书四五百种）、艺术研究所、书法院、电影资料馆和艺术展览馆等。作为文学艺术界的人民团体，无论的自身形象还是社会影响，都与过去不可同日而语。在这里不妨举一个例子：在早年，文联吸纳员工，响应者寥寥；近几年希望到文联工作的人变得越来越踊跃，公务员报考者更往往是一百多人中取一。仅此一点，也可以看到我们的影响力和吸引力确实是大大提高了。

当然，一个单位局面的改观，除了上级的扶持之外，毫无疑问还要靠自身的努力。就广东文联而言，这许多年，我感受很深的是，我们有一个团结、务实、埋头苦干的班子。虽然书记换了三位，成员有进有出，但团结实干的作风始终得到保持和发扬。这一点很不容易。也是广东文联的事业能够一直保持向上势头的重要原因。事实上，只有领导班子团结，才有整个单位的团结，只有领导班子实干成风，才有整个单位实干成风。之所以能做到这一点，应当主要归功于历任书记蔡时英、陈中秋、白洁几位的以身作则、领导有方；加上领导班子其他成员出以公心的积极配合。至于说到我本人起了什么作用，说句不怕脸红的话，可能就在于我一直以来的"分身"状态。因为书记、主席地位相当，如果我对日常事务参与得太直接、太具体，难免有意见相左，做法不同的时候，矛盾乃至不和就容易产生。而主席除重要决策之外的"分身"的状态，可以使文联的日常工作处于书记一元化领导之下，对工作和团结实在大有好处。我常想：文联作为文学艺术界的团体，主席职位的要求主要在艺术成就的代表性，而

要保证这一点，就不应在行政事务方面让他承担太多。事实上，这也往往不是艺术家的专长。让这一职位处于相对超脱的"分身"状态，未始不是一种各得其所、两全其美的办法。这一点，至少在我们文联这些年的实践看来是可行的。

这些年我感受较深的另一点是：广东文联的事业这些年之所以能够蒸蒸日上，就是因为从上到下都有比较强的事业心。事实上，文联这样的人民团体，说权力没有什么权力，说经费也没有太多经费。加上文学艺术这一块，宣传部和文化厅、广电厅都在管着。如果图轻松省心，大可以来个袖手旁观，每年搞几场活动，与艺术家们联谊联谊，也未必就不能应付交差；而且实行参照公务员执行的管理体制后，工资福利都有了保障，就更可以多一事不如少一事。然而，广东文联的同仁们却不是这样。大家仍旧干劲十足，而且正由于没有了后顾之忧，反而变得一门心思为广东文艺事业的繁荣和发展，为文联的荣誉和尊严而奋斗。的确，这些年文联属下的十二个协会，绝大多数工作都十分饱满，不仅积极组织本省的艺术家开展活动，而且大力引进全国性的展览和赛事。像近年承办的全国美术、书法、音乐、摄影、魔术等大展，就产生了相当大的社会影响；又如这些年对职业学院的升级改造，还新增加了出版社、书法院、艺术馆等事业单位，都是经过巨大的努力才办成的。而新单位的增加，无疑又大大加重了日常的工作量，但大家仍旧乐此不疲。我曾同大家开玩笑说：我们这么拼命，实利可以说是没有的，完全是在为"脸"干活啊！

当然，事业要发展，光有干劲还不够，最重要的还必须有与时俱进的精神和科学发展观。这也是近年来我越来越深切感受到的。文联是党与艺术家联系的桥梁和纽带。而要做好艺术家的工作，首先必须坚持以人为本。做广大艺术家的贴心人，想他们所想，急他们所急。广东文联长期以来有一个思想很明确：在各类工作资源中，唯有人才资源是我们的最大优势。因此，在工作中我们十分注意尊重艺术家，团结和依靠艺术家，充分调动广大艺术家投身文化大省建设的积极性。经过这些年的努力，目前，省文联团体会员从35个增加至37个，所属各文艺家协会会员从14695人增加至20175人，其中，国家级文艺家协会会员从2718人增加至4000余人。地级以上市文联全部落实参照公务员编制。县级文联数已占全省县级市、县、区总数的96.8%。与此同时，我们还分别举办了"南北交融·钟灵毓秀"南北文化交流系列活动、开展"新疆行""西藏行""内蒙行""珠江行"和"东北行"等系列采风活动，为文艺家提供体验生活、积累素材、启发灵感、交流心得的机会，使之亲身感受人民群众开展社会主义现代化建设的火热生活，进一步树立和坚定正确的文艺观。这对于增强文联的凝聚力，推动创作，培养优秀文艺人才都发挥了很好的作用。至于我本人，这些年我一直努力深化对党的文艺方针政策的学习和认识，努力提高艺术素养，积极从事艺术创作，通过成为艺术的内行，取得与广大艺术家论艺与交心的对话权，以便更好地为艺术家服务。

总而言之，这些年，广东文联通过认真贯彻历次全国文代会的精神，事业取得了全面进步，目前我们正在胡锦涛总书记关于促进社会主义文化大发展、大繁荣的号召鼓舞下，以更高昂的积极性投入工作，争取以更丰硕的成果来迎接中华人民共和国和中国文联成立六十周年大庆。

2009 年 7 月

二十三载的守望与守护

刘云德[*]

【主编者言】一个旅游区的开发与保护的故事。从发现到立项，再到保护性开发，作者作为一个外乡人，为此付出了二十多年的辛勤劳动，终有建树。

"梅溪牌坊旅游区（陈芳家宅）"位于珠海市香洲区凤山街道办梅溪村，其中包括陈芳家宅、梅溪石牌坊、陈氏家族墓园和祠堂庙宇等附属建筑物，2006年被国务院公布为第六批全国重点文物保护单位。自1998年开始修缮，2000年12月对外开放以来，已接待了800多万海内外游客，成为珠海独具特色的城市名片和广东省文化产业示范基地。其保护开发利用的成功经验得到了国家、省文物行政管理部门的肯定和好评。如今二十三年过去，回顾和总结这一开发利用过程的经验应有特殊重要的意义。

人杰地灵的"黄茅斜村"

1998年初春，我骑车在去往东坑村时，忽然发现右面有一村庄，村口隐约有一突兀建筑高耸显眼，便取径前往，走近一看，是两座保存尚好的石牌坊，静卧在零乱无比的环境之中。牌坊前面是一个猪圈，还有十几头猪，不远处是一个村庄的自由市场，瓜果蔬菜摆在地上卖，猪肉摊上旋转的红布条驱赶着成群的苍蝇。市场的对面是一座古庙和一座陈氏大宗祠，但庙里早已没有菩萨和和尚，宗祠中的祖宗牌位也早已不翼而飞，代之而存的是两个村办工厂：家具厂和织袜厂。厂里机声隆隆，工人们工作繁忙，看上去生意还不错。

沿着小市场走到尽头，见到一座古老的门楼，石垒的二层碉楼，门虚掩，推门而入，则是一座五房相连的古宅大院。看样子已多年无人看管，院内杂草丛生。屋前屋后占地约有五六千平方米，五座大屋沿南北向排列，互相有连廊相接。虽然，残墙断瓦，门窗破旧，屋顶露天，但从这残余格局和建筑结构，仍可窥见其当年之豪华程度。这一定是某大家族的庄园式古建群落。

---

[*] 刘云德，珠海经济特区梅溪旅游发展有限公司董事长

大型石牌楼、大庙、宗祠、豪华大院形成一个大的谜团吸引着我和同行的朋友。周围的人都不知道这里的情况，守门人给我们指点了村长毛华兴的办公室。毛村长告诉我，他们村叫梅溪村，原来的名字叫黄茅斜。这座大屋是陈氏大宅，是这个村一个陈姓华侨在夏威夷发财后回来修建的。具体情况他也不清楚，只知道，当年日本人来时，陈氏全家跑去国外，这个大院一直有部队驻扎。1985年落实华侨政策，大屋收回后返还陈家后人，但他们都在国外，也无人看管，一直委托本村族人出租使用，近年已荒废，无人居住。毛村长最后说，更多的情况你去问市侨办的伍主任吧。

根据毛村长的介绍，我第二天就去市侨办找到伍志嫒主任。她详细介绍了这座华侨大屋的政策落实情况，对陈氏家族的故事她也不清楚。但伍主任给了我一本资料，是美国小说家泰勒1953年在《夏威夷时报》连载的传奇故事《关于夏威夷的传说：陈芳家族的故事》。这是陈氏后人在当年回国办理家宅政策落实手续时送给珠海侨办的，因为是英文资料，所以就一直放着，还未翻译整理。我如获至宝，这个建筑群的谜底就应在这本英文资料中吧。我放下手中的其他工作，加紧翻译这份资料。半个月后，一份15万字的"陈芳家族的故事"翻译完成，一位著名华侨的艰苦创业史，及其爱国、爱乡情活灵活现地呈现在人们面前。黄茅斜村原来是个人杰地灵的风水宝地呀。这座沉默的大屋，昂扬的石牌楼一直在向珠海人倾诉着如此感人肺腑的人间情话，却迟迟得不到回应。

我的血在沸腾，我急切地想介入此事此景，今天的珠海人不应该让历史沉默，更不应该让前辈的事业和精神埋没。我将"陈芳家族的故事"的译稿打印成册，报送给市侨办、市旅游局并转呈市领导，同时，表达了我愿投资保护开发梅溪牌坊旅游区的意愿。

特区精神指引下诞生的文保新模式

"陈芳家族的故事"使人们对这座荒废多年的古建筑群落有了全新的认识。我们公司（天歌有限公司）的开发申请也得到了有关部门的理解和支持。摆在我们面前的难题是，"陈芳家宅"是华侨后人的私家财产，虽然破旧衰败，但政府和他人无权直接介入维修和利用。面对这个矛盾，特区政府敢为天下先，想出了一个"产权不变，侨产托管，政府监督，社会参与"的文物保护开发利用新模式。在这个思想指导下，市政府委派市侨办伍志嫒主任远赴美国旧金山、夏威夷，中国香港和云南个旧市四地，成功说服当时陈氏家族八十多岁的族长将其家族宅产委托给市政府管理五十年，并由余荣蔼副市长代表珠海市政府签署了托管协议书。

在此基础上，市政府在审查了我们公司的可行性报告和投资计划之后，批准了我

们的立项报告,并最后指定市文化局作为政府监管部门与我们签订了梅溪旅游区的开发经营合同。

在此合同中,我们郑重承诺:以文物保护为主,旅游开发为辅。因为,这是我们投资此项目的初心和志愿。

时隔二十三年,平心而论,我十分感谢当年珠海市政府领导和各部门的干部,感谢他们对我的理解和支持,感谢他们敢为天下先的特区精神。这种文物保护的新模式开创了私产文物保护的先河,得到省级和国家文保部门的多次肯定和表扬。

一流规划,精心施工,整体保护,还原历史

目标确定了,但具体实施保护性开发仍面临许多实际困难和挑战。由于历史的原因,"陈芳家宅"曾做过日军战地医院,国民党团部,解放军大礼堂,"文革"中也遭遇过破"四旧",改革开放后还做过东大鞋厂的工人宿舍,上千名工人曾在此居住。这些经历对文物本体的破坏非常严重,许多新建和扩建的水塔、厕所等与陈芳家宅原有整体的风貌、环境格格不入。为了完整、真实地保存文化遗产以及赖以存在发展的特定环境,科学编制考古、保护、展示、建设等各项规划,避免把文化遗产和环境割裂开来,我们邀请了国内一流的同济大学规划设计研究院编制了《珠海市陈芳故居及所在地段保护与更新设计方案》,并于2000年3月报广东省文化厅的批准施行,该方案坚持保护为主、利用为辅的原则,为景区后来的修缮工作奠定了坚实而科学的基础。该方案的科研成果还由当时设计主持人常青教授(现中国科学院院士)发表在国内建筑学的顶级刊物《建筑学报》2002年第四期上。

在修缮保护过程中,我们始终坚持不改变文物原状的原则,通过"四保存"的措施,最大限度地保存原来的历史信息和传统工艺。比如,在"文革"期间被村民用泥糊上才得以保存的砖雕,通过清洗再现其精美的工艺;当时景区内的私家祠堂曾被用作解放军礼堂,内部结构已经全部拆除,考虑到祠堂内部结构的相关资料已经完全丢失,我们摒弃了没有历史依据的臆造和重建祠堂,而是选择利用其现有的内部空间,建成"珠海名人蜡像馆",避免了文物原状的再次破坏,保持原有形状、原有色调、原有工艺以及原来的位置等,从而保持原来的思路、布局特点、价值的表达方式,真正反映文化遗产历史沿革所包含的文化内涵。

文物保护最小干预原则是对文物真实性最好的保护。文物的价值就是不可再生性,一旦遭到破坏就无法再生。不可再生性就决定了维修过程要彻底贯彻最小干预原则,也就是真正反映其原汁原味原样的东西,包含了原形状、原材料、原色调、原工艺、原位置等方面的本来面貌,尊重文物的唯一性。在修缮故居下水道系统时,要挖开院

中道路，我们就先将每块地砖编上号，下水道系统铺设完毕后，再原样铺回；很多当年的地砖、麻石条已经残损严重，依然保留，不用新材料。对于整体遗缺的构件，我们想方设法购买城中旧村清拆出来的历史建筑构件换上，为此，我们投入巨资征集了包括120万块青砖、80万片瓦、60套石库门、大量的木门窗和旧麻石条等，这些古建筑构件不仅为文物的修缮发挥了重要作用，而且收集保存了大量珍贵的古建筑材料。2004年，我们利用在第一批旧村改造中搜集到的古建筑材料和构件创建了"珠海古建复古一条街"（现大宅门食府），以独特的方式保存了历史文化，成为珠海市民喜爱的文化记忆。

我们很庆幸当时聘请了时任同济大学规划设计院的常青教授为我们做规划设计。他在梅溪的文物保护实验成果也为他后来获得国际金奖以及被评为科学院院士提供了成果依据。

记住乡愁，讲好珠海故事

1999—2000年，梅溪牌坊旅游区的维修保护和旅游开发开展得如火如荼。面对日见成形、枯木逢春的大宅院和庙祠，摆在我们面前的问题是用什么内容来赋予这些建筑物以活的灵魂，我们要给广大游客讲述什么样的故事。作为一个文化学者，我深刻地认识到：我们要讲陈芳的故事，讲陈芳那一代人的故事，讲珠海故事。

2000年9月，我亲赴美国旧金山、夏威夷，历时九天，拜访了十一位陈芳后人，走访了夏威夷大学历史研究所，夏威夷华人商会、华人资料馆，走遍了几乎夏威夷所有书店和图书馆。大量的历史文献和图书资料向我展现了陈芳先生丰富多彩的人生画卷，我搜集到了有关陈芳先生四种版本的传记和回忆录资料，其中有1906年著名美国小说家杰克·伦敦出版的陈芳传记小说《陈阿陈》；有美国著名作家马克·吐温写的夏威夷报道和书信集，其中有有关陈芳先生种植园的夸赞性描写；还有1963年至1980年代在美国百老汇长期上演的描写陈芳先生事迹的歌舞剧《十三个女儿》的剧本。这些文献资料中，资料最详实的是1993年夏威夷大学出版社出版的由历史学家伊顿写的《陈芳传》，它为我们后来准备陈芳家史展提供了大量图片和资料。这次出访使我看到了以陈芳为代表的一代广东华侨的英雄群像，他们勇敢创业的精神、思乡念国的深厚情怀深深地感动着我。在参观华侨博物馆和拜谒大岛华人临时墓园的时候，我不止一次落泪。在大洋的彼岸，个人和祖国的命运是如此紧密地联系在一起，这就是中国人割不断的情与思。在伊顿写的《陈芳传》中，华人临时墓园是陈芳先生专为华人筹建的墓地。因为当年夏威夷以天主教信仰为主，只有信徒才能葬于天主教墓地。中国人如不能告老还乡，就死无葬身之地，或葬身怒海。陈芳先生为此在大岛购买了面朝中

国的一块坡地,专为中国人提供墓葬之用。但为何是"临时"墓园?伊顿在书中写道:"你别以为当年乘船回国的华人背上的蓝花包袱中包的都是金银财宝,那里面还有乡人的遗骨。当年的夏威夷华人当有人回国时,都会将墓园中亲人的遗骨拾出,托人带回故乡,落叶归根。"这样的故事三天三夜也讲不完,我下定了决心,我们一定不能忘记这些人,这些历史,我们一定要在梅溪讲好,讲透他们的故事。

这次出访有两个小插曲我想与君分享:一日,我转完唐人街,走进了一家西餐馆。老板是个白人,他递给我一个菜谱,问我想吃点什么。还没点菜,我就被菜谱封面的文字吸引住了,原来,这个菜谱的封面有一段文字,讲述的是华人百万富翁陈芳的故事。我问他,你是西方人,开的西餐馆,为什么要讲中国人的故事?他说,你知道这个餐厅是什么地方吗?这就是陈芳先生当年的别墅,是夏威夷最豪华的房子。现在虽然房子不在了,但中间这棵大树还是当年的老树。当他听说我是从陈芳家乡来寻访陈芳的故事时,特别高兴,他和我共餐共饮,听我讲陈芳家乡珠海的事情,最后还送给我一本菜谱,我把它展示在陈芳家史展的展柜里。

另一个故事是:我在夏威夷最后一天的行程安排是搭乘晚上六点的飞机回国,早上六点我就将行李存在酒店前台,出门完成最后一项艰巨任务。资料显示,杰克·伦敦1906年出版了陈芳的传记小说,马克·吐温的《夏威夷来信》也写了和陈芳有关的故事,可这两种书我走遍夏威夷所有书店都找不到。最后一天我想再试试运气,但直到中午又走了几家书店还是没有。这时,我在公共汽车上遇到一位华人老太,她主动问我:"这位先生你来夏威夷难道就是来体验公共汽车服务的吗?"我说你怎么这么说,她说,"我早上送孙女上学时你在公共汽车上,我中午接孙女回家你还在公共汽车上。"我说我在找两本书。她听说后告诉我,"你要的书都是一百年前出版的,现在的书店当然没有了。我介绍你去个地方,或许有的。"我赶紧依她写的地址找去,发现那里原来是个基督教堂,教堂的地下室是个大书库,都是教徒们捐来的书,有许多古旧的书。管理员打开电脑,还真找到了这两本书。天哪,这是什么样的运气呀,天助我也!在这里我买到了一百多年前的著名作家的书,我高兴得快哭了。我本来是个唯物主义者,但那天特信命!现在,你在陈芳家史展的展柜里可以看到这两本宝贵的书。

这次出访寻得的资料使我们能够布置出一个生动丰富的陈芳家史展,这不仅仅是陈芳家族的历史,也是珠海和五邑地区华侨史的缩影。它使得陈芳老宅的百年建筑获得了灵魂,也向广大游客传递了爱国爱乡的情怀。

陈芳不是孤立的个人,他是当年珠海最早接受西方文化和商业模式的代表人物。我们需要一个场所向游人展现珠海在近代中国史上的人物群体形象。为此,我经过细心研究,策划筹建了珠海名人蜡像馆,最初展示的有二十四位珠海名人的蜡像,现存的有十二个,他们是杨匏安、苏兆征、卢慕贞、唐绍仪、唐廷枢、莫仕杨、陈芳、徐润、容闳、苏曼殊、唐国安和容国团。我为每个人写了文字简介，并亲自撰写了前言："近三百年来，珠海以其独特的地理位置成为东西方文化的交汇之地……一边是背负古老传统，备受列强凌辱的祖国大地，一边是海洋文明的巨浪冲击，就像巨大的地壳运动，交汇处必然迸发出冲天的巨星，这就是珠海历史名人。他们一个个隐约地出现，并在自己的方位明亮起来，像晨星闪烁在变幻莫测的夜光下。本馆展出的只是他们中的佼佼者。让我们走近他们，用东方新世纪的曙光继续他们的辉煌篇章。"这个蜡像馆以生动的形象给游人以深刻的印象，许多游客写下感人的留言。游客们走出蜡像馆一个共同的感受就是：再也不能说珠海过去就是一个小渔村了。我们由此总结出一个口号——"给我两小时，还你珠海二百年。"

除此之外，我们还设立了中国牌坊精品展馆和牌匾碑刻收藏展，更加丰富了旅游区的文化内涵。"中国牌坊精品展"是我们委托北京某工艺品公司制作的十三座中国著名牌坊的模型，旨在向游人介绍中国牌坊建筑的历史文化价值和建筑美学意义。"牌匾碑刻收藏展"则是我们历年收藏的两百多块牌匾和墓志铭精品。其中不乏著名人物的遗作：其中有清朝著名外交官洪钧（赛金花丈夫）的四块赠匾，有清朝著名学人、三代帝师翁同龢为友人撰写的墓志铭。这些展品极具历史考古和研究价值。

梅溪牌坊旅游区自2000年12月开业以来，已接待海内外游客800余万人次，成为集文物保护、名人纪念、民俗博览、观光休闲为一体的旅游胜地。

二十余年来，我们景区还接待了许多领导人和海内外社会名人（其中副国级以上的国家领导人就有七十余位）。在这些重要接待中，我们公司都全力配合，我本人亲任导游，不仅讲述珠海故事，还深入解说古建筑和展览物的文化意义。前国务院副总理钱其琛同志说：我当了一辈子外交官，走遍世界，今天见了最厉害的导游。我们每次都顺利安全地完成了市政府的接待任务，受到市府接待处的表扬和感谢，许多首长对珠海历史留下深刻印象，认为这个项目"功德无量"。

"全国重点文物保护单位"的荣誉给我们以鼓舞

2005年秋，时任中宣部副部长的雒树刚同志来我景区参观指导工作。他对我们的展览表现出极大的兴趣，并对我们创新的"产权不变、侨产托管、政府监督、社会参与"文保模式给予肯定。回京后，他向国家文物局负责同志介绍了我们景区的情况。国家文物局派人专程考察我们景区，受此推动，在市文化局的积极申报下，陈芳家宅于2006年6月被国务院公布为第六批"全国重点文物保护单位"，结束了我市没有国保单位的历史，使我市文物保护工作跨上了一个新台阶。这是对我们极大的鼓励和鞭策，也扩大了我们景区在全国旅游界的影响力。

有了上级的鼓励和支持，我们更加努力地工作，守望着珠海的历史文化，让她传播珠海人的故事和情怀，守护着这里的一砖一瓦，草一木，不让她受到风雨的侵袭。二十三年来，我们没有出现过安全事故，没有发生过有效的游客投诉。与此同时，我们还获得了多种社会荣誉——全国重点文物保护单位、珠海市民最喜欢的景点、珠海旅游总会理事单位、珠海市2005年突出贡献旅游企业、珠海香洲区爱国主义教育基地、观众喜爱的珠海品牌、抗风救灾积极奉献单位、珠海现代服务职教集团理事单位、我最喜爱的珠海景点、珠海市文化旅游示范单位等。我本人也于2008年被评为珠海文化人物。

梅溪牌坊旅游区的文化价值

以陈芳家宅为核心的梅溪牌坊旅游区经过二十多年的宣传推广，已经在粤港澳地区形成一定的影响力，成为全省著名文化旅游品牌，并在以下几个方面形成独特的文化价值。

首先是它的华侨文化价值，陈芳家宅中通过对陈芳家族在海外经商发展历史的介绍，充分展示了广东华侨在夏威夷和美国西部近两百年的发展史。陈芳先生作为著名的华侨领袖在夏威夷有着广泛的影响力。陈芳家宅本身的建筑风格也充分体现了中西合璧的文化特征。宣传和传播华侨史文化有利于当前的爱国主义教育运动。

其次，梅溪牌坊旅游区的古建筑群落是我国传统岭南建筑文化的活化石。这里不仅有中西合璧的大宅院落，还有体现宗教文化的梅溪大庙和宗法文化的陈氏大宗祠。三座由清朝光绪皇帝钦赐的石牌坊更是中国标志性建筑的典范，在岭南一带是少有的。三座碉楼和家丁楼则是我们明清时代家族自保的防御性军事设施，是当时社会治安和政府管理能力薄弱的有力见证。不仅如此，该建筑群还有保存完好的体现我们传统丧葬文化的陈家墓园和凉亭建筑。除了建筑形态之外，陈芳家宅周围还有完备的排水系统和庭园水榭设施。具有如此完备的建筑功能体系的古建筑在今天的岭南地区还真不多见。这些对研究我国传统建筑文化和当时的社会形态都是不可多得的样本。

第三，梅溪牌坊旅游区的"珠海名人蜡像馆""中国牌坊精品展"和"古牌匾碑刻收藏展"更加充实了景区的文化内涵和历史人文价值。

最后，梅溪牌坊旅游区已经成为珠海市青年学子研学教育的基地。习总书记号召广大青年学生学习和传承祖国优秀传统文化，"记住乡愁"，近年来，包括港澳台在内的全国各地青少年学子来到梅溪景区领略这些丰富的传统文化精神。

我投入的不仅仅是资金和精力

　　回顾二十三年来我在梅溪牌坊的历程，真可谓五味杂陈。想当初我是怀着一份对传统文化和历史建筑的热情投入这一事业中的，随着对陈芳及那一代华侨人物的研究，我深为他们那勇敢的创业精神和爱国、爱乡、爱同胞的人生情愫所感动。当年，为了开发梅溪牌坊旅游区，我放下了其他的商业活动，卖掉了澳门的写字楼，卖掉了珠海和番禺的房产，最后举债投资，旅游区终于在2000年12月开放营业，成为珠海第一个文化旅游景点，取得了良好的社会效益，在经济上也能自负盈亏。但从投资效益来说，并不尽如人意。二十多年来，我们始终秉持"文物保护为主，旅游开发为辅"的原则，为了防止过度开发和破坏文物的环境因素，我们在文物保护范围内没有进行任何商业设施建设，为珠海保留了一块文化净土。

　　回首过往，我的感受是"守望与守护"。令我欣慰的是，国内外众多媒体报道了梅溪牌坊和陈芳家族的故事。当年广东省委宣传部长蔡东士同志曾亲自指示《羊城晚报》和《南方日报》采访并发表了通版报道。作为珠海历史文化的守望者和守护人，我感到无比的自豪和骄傲。为了全面介绍和宣传陈芳的事迹，我和北京的传记作家徐炜一同撰写了32万字的传记文学《陈芳》，被市委宣传部编入珠海市历史名人丛书，由珠海出版社于2007年出版。二十多年来，我投入的不仅仅是金钱和精力，更重要的是情感和心血。这里的一砖一瓦、一草一木都凝聚着我的汗水，这里的每一声鸟鸣都与我的心境共振和谐。同时，每一场暴雨，每一场台风，甚至每一次呼啸而过的消防车的鸣叫都使我心焦和忧虑。

　　所有这些，都是我的情感寄托和力量源泉。

知行变奏曲

罗小平*

【主编者言】作者用音乐变奏的架构,从自己二十世纪七十年代末的研究生生活写起,写了出国留学的经历,最后写了自己的学术研究历程。展示了一个知识分子的赤诚之心。

当我弹起钢琴曲《走进新时代》时,那激昂向上、排山倒海的八度,那起伏跌宕、连绵不绝的琶音,那悠扬如歌、感人肺腑的主旋律,让我想起了1978年震撼中外的伟人决策、气势磅礴的改革浪潮、深入民心的热切关怀,令中国人民走进了美好生活的新纪元。也让我一个渴望学习的普通女性,有了考取研究生的机会,从此开始了更有价值的崭新人生。

变奏曲主题——知行互动的基点:研究生的学习与实践

人生的轨迹宛如音乐的变奏曲式。变奏曲主题的基本形态是尔后诸变奏发展的胚胎、基点,后面的变奏无论是欢快跳跃还是宽广如歌,无论是激昂奋发还是余音绵延,都是由此生发而来的,纵然千差万别,在音调的基质上也有内在的联系。就像人的基因、性格、气质对人生成长的制约,人的学习积淀、奋斗目标、信仰与理想,对后续的发展亦有重要的影响一样。

我的人生发展基点之形成是从研究生的学习与实践开始的。1978年1月10日,教育部发出《关于高等学校1978年研究生招生工作安排意见》,向社会公开统一招收研究生,为了广纳人才,还特别给没有大学本科学历与年龄大的考生大开方便之门,规定40岁以下、具有同等学力的自学成才者可以报考。我得知消息比较晚,来不及当年马上报考,就准备翌年应战,向目标进发。

有幸得到父亲的前辈与好友、中国民俗学之父钟敬文先生的引荐,我拜会了中山大学中文系的老专家楼栖教授,希望报考他的研究生。楼栖教授是国内著名的文艺理

---

* 罗小平,星海音乐学院教授

论家、诗人。初见名家，我不免忐忑不安、手足无措，但和颜悦色的楼老，让我如沐春风，不再拘谨地随意与他聊天。当我展示以前在报刊发表的二十多篇习作，求他赐教时，他充分肯定我有文学写作的实践和感悟，有助于学习文艺理论，又鼓励我回去好好准备，并且严肃地强调：我对所有考生都一视同仁，按成绩择优录取。楼教授的关爱与鞭策、对学习深造的如饥似渴，成为我备考取之不竭的动力，在白天坚持上班，晚上才能复习的情况下，我闭门谢客、放弃一切娱乐，几乎天天看书到深夜。除了准备政治、英语，考试涉及的专业知识有文学概论、中国文学史、古代汉语、现代汉语等。这半年多，我的体重从100斤减到80斤，几十本的学习笔记在桌上堆积如山。最终，我的梦想成真，如愿成为中山大学中文系79级研究生。

中山大学曾是我父亲执教过的名校，我不止一次陪同父亲来此拜访他的挚友、同事，如今，我也能在这里就读，倍感亲切与兴奋。中大79级研究生共招收108人，其中仅有8名女生，包括化学系3名、历史系2名、经济系1名、外语系1名、中文系1名。那时绝对是阳盛阴衰、男生的天下，研究生集合时，我们8位女生排在100名男生后面，没有享受女士优先的特权。记得有一次走在路上，一位男研究生像看珍稀动物般好奇地问我，你是哪个系的？79级研究生年龄差别很大，有历经沧桑在广阔天地长期锻炼的知青，有工作多年三十几岁的国家干部，也有刚走出校门二十出头的大学毕业生。最难得的是8位女生中竟有5位妈妈研究生，已为人母仍勤学不辍。

中文系的文艺理论专业共招收了4名研究生，早有传闻该专业的教师以严格著称，学生难获高分，论文难以通过。开学的第一门课，是楼栖教授亲授的《文学概论》，我写的第一篇论文就被他批得一无是处，说我不规范、没入门。看到老师的评语，我伤心至极、潸然泪下，却暗下决心，奋起直追，还在日记本写下誓言："今天我成为您的学生非常自豪，来日您将为有我这样的学生而欣慰。"尔后，楼教授为我认真批改的一篇篇论文，密密麻麻的红字批注，让我从概念的界定到论点的提炼，从论据的选择到论述的阐明，逐步提高。这门课的结业论文《题材问题浅议》发表在《中山大学研究生学刊》（创刊号）上，字字句句都包含着老师的多少心血呀。我们还在郭正元教授的《中国古代文论》中领略了中华民族文化的精粹，在潘翠菁教授的《西方文论》中感悟了西方理论观点的千姿百态，这一切都陆续集聚，成为日后研究的丰富积淀。在楼栖、吴文辉教授指导硕士论文的过程中，我的逻辑思维能力、分析问题的水平不断提高，写作论文、把握文字的功力持续进步，毕业论文《试谈文学欣赏的特点》的第三部分《试谈文学欣赏想象再创造的特点》不仅发表在1983年出版的《中山大学研究生学刊》第1期上，还由《人民大学复印资料》的《文艺理论》专刊在同年第7期全文转载。由著名文艺理论家杨嘉为主席的答辩委员会给我的硕士论文以充分的肯定，我亦顺利地获得了硕士学位。

变奏曲主题的旋律宽广悠长，左手的节奏坚定有力，展现了研究生阶段的学习与实践，为我后来的教学、科研奠定了坚实的基础，鼓足了攀登高峰的信心，增强了在学术领域腾飞的能力！

变奏一——知行互动的开展：在音乐美学与心理学领域探索

1978年3月18日，全国科学大会的召开与邓小平同志提出的"科学技术就是生产力"的观点，如春风送暖，令自然科学的探索飞速发展、一日千里。党的十一届三中全会的召开，一系列重要指示的发布，1980年《中国社会科学》的创刊，使人文学科的诸多领域获得复甦与重生！

80年代初，中央音乐学院音乐学系率先开始了音乐美学和心理学的重建，在音乐学界产生极大影响。星海音乐学院也不甘落后，积极开拓新的学科。1982年底，学院音乐理论教研室主任关伯基老师得知我从中大毕业，认为我既有在中央音乐学院附中主修钢琴专业的资历，又有在中大学习文艺理论研究生的素养，这样的知识结构从事音乐美学的教学与科研非常合适。关老师的英明决策，让我寻找到一生热爱的事业，我对他宣称的"没有关伯基就没有罗小平"的说法，欣然同意，关老师是我前行的指路人。

当时，全国音乐学院开设音乐美学课程的院校寥寥无几，我为了开课，就要马上到中央音乐学院听课。于是，我即刻进京开始了新一轮的学习，听张前老师的《音乐美学概论》、何乾三老师的《西方音乐美学文论》、蔡仲德老师的《中国音乐美学史》、钟子林老师的《二十世纪西方音乐分析》等。我不仅课上认真聆听，课后努力思考，还常常到老师家求教。后来，这些老师都成为我一辈子的恩师与朋友。进修回来，我编写了音乐美学的教材，开设了本科普通班与师范班的音乐美学课程。1996年，与中国音乐学院的修海林教授合著出版了《音乐美学通论》，该书出版后重印八次，成为颇受欢迎的畅销教材，此是后话。

1988年，中山大学中文系陆一帆教授主编了一套文艺心理学丛书，经留任中大的同学邓志远推荐，陆教授让我承担音乐心理学的著述。我一直对心理学感兴趣，在中大就读研究生时，系统地学习过心理学教授郑芸珍的课程，她对我印象深刻，曾邀我加盟她的教研室从事文艺心理学教研工作，最后虽未能落实，我常心怀感激。回想当初接受撰写《音乐心理学》工作时，真有点初生牛犊不怕虎、勇于挑战的心态，时间紧、任务重，我与合作者黄虹老师，在前辈张前、郑芸珍、赵宋光等教授的支持鼓励下，殚精竭虑，夜以继日地浏览中外文献，并在此基础上构建全书的系统框架，力求有自己的探索心得与实证研究。终于我不负众望，1989年出版的《音乐心理学》第一版受到学界的重视，获得名家王宁一、谢嘉幸的好评，列入鲁枢元、童庆炳主编的《文艺心理学大辞典》的独立词条。2008年内容更新的第二版，至今重印12次，第三版的约稿已交付出版社出版。该著作问世三十多年，至今活力犹存，是前辈专家、出版社编辑、同行学者、教师源源不绝输送正能量的结果。

变奏一以持续的动律、欢悦的情绪表现了学术生涯的活力绽放、勇往直前。

变奏二——知行互动的开拓：赴加拿大深造

改革开放打开了中外文化交流的大门。自从1978年8月教育部下发《关于增选出国留学生的通知》，同年12月第一批公派留学生从北京登机赴美以来，中央各部、各省高等教育厅、高校与研究机构都外派一定数量的留学生与访问学者。1989年，广东省高教厅拨给星海音乐学院一个公派访问学者的名额，学院考虑到具有硕士学位的教师极少，就委派我去参加省高教厅的英语培训。这一批外派的访问学者全省只有10名，在全省拥有几十所高校的情况下，高教厅领导能把两个名额分给艺术学科，广州美术学院和我院，确实非常难得。这次培训仅有我和美院的年轻教师是女性，其他都是工科、理科的男老师。华南师范大学外语系的老师承担了这次培训任务，为我们开设了四门课：听力、阅读、语法、写作。于是，我风雨无阻地从东山骑车四十多分钟到天河区的石牌上课，学习了半年多，顺利达标。记得我学的最好的一门课是写作，考试成绩有九十多分。10个同学中，有一位老师没能坚持到底，浪费了难得的名额，我们都为他感到惋惜。访问学者外派的国家与大学要我们自己联系，我发了四封信到美国与加拿大，收到加拿大两所大学的邀请，我选择了温哥华的英属哥伦比亚大学——U.B.C的音乐学院。这所大学在加拿大排名第三，当今在世界排名46，实力相当雄厚。

我在1990年初到温哥华，在加拿大进修一年零两个月，国家给的经费共计一年5000多加币，我延期的两个月是自费。飞到温哥华，跨越太平洋、第一次踏上异国的土地，我恍如梦中，不敢相信真的有机会来到北美。U.B.C的校园没有围墙，绿树成荫，花草覆盖，自然风光与人文韵味融合一体，简直和中大的校园异曲同工。因为是公派学者，音乐学院的本杰明院长（因为后来没有接触，名字记得不准确）热情地接见了我，邀我在学校的餐厅共进午餐，我的听说能力还能应付近一个小时的交流。他高兴地表示，我院以前到访的老专家黄教授的英语，他很难听懂，我讲的英语他能懂。该院的民族音乐学家史莱舍教授一直与我院有来往，在加期间，我除了学习丰富的相关学科知识外，也会经常旁听他的民族音乐学课程，参与其研究生的讨论。同时，还选修了一些音乐史与作品分析的课。一开始听课障碍不小，在理解上有差距，这不仅

是语言的问题,还是文化背景的问题。一位能把几万字的英语辞典背下来的中国留学生告诉我,他掌握了丰富的词汇量,开始听课也有困难,要花钱借本地同学的笔记来抄。于是,我把更多的时间花在图书馆和阅览室,广泛浏览音乐美学与心理学的大量文献,复印了几箱相关资料带回国。回国后,1995年我和黄虹合作出版了《最新音乐心理学荟萃》一书,评介了三位著名心理学家的重要专著:约翰·阿·斯罗伯达的《音乐心理——音乐认知心理学》、罗莎蒙德·舒特·戴森与克莱夫·加布里埃尔的《音乐才能心理学》和戴维·杰·哈格里夫斯的《音乐发展心理学》。

在学习音乐学专业知识的同时,我在课余时间及周末假日通过给芭蕾舞学员伴奏,教授小朋友钢琴、乐理课等广泛接触社会。成年白人女性通过学习芭蕾舞塑造优雅身形与气质,记得有一次上课,一位中年女子对我说:"你弹的音乐太好听了,我陶醉其中,都忘了做动作了。"十几周的课程结束后,她们送给我全部学员签名的感谢卡以表谢意。我教授的琴童在当地英皇考级中顺利达标,成绩优良。后来,我发表在报刊上的文章《漂洋照片上的履痕》《食在温哥华》《住与行——温哥华印象》《梁伯熙在温哥华》等,都书写了我在加拿大期间对当地社会生活的一些观察和体验。

变奏二的曲调在原有的主题因素上增添了新的色彩和奇妙的节奏,左手抑扬起伏的翻滚琶音,把右手新颖的旋律衬托得更为鲜明、生动,它体现了汲取中外文化源泉的思维更活跃,视野更开阔!

变奏三——知行互动的深化:教学、科研的积淀

从1991年评为副教授、1996年评为正教授到2013年晋升二级教授,我在学院为本科生、研究生开设了《音乐美学通论》《音乐心理学》《音乐表演美学》《中外音乐美学史》《中外音乐心理学史》《世界艺术精品鉴赏》《毕业论文指导》等九门课程。每一门课都是努力学习与实践的结果。

这二十多年来,我在探索一些有价值的论题时,也经历了"众里寻他千百度,蓦然回首,那人却在灯火阑珊处"的体验,经受了明知不能为却必须为之的挑战。其中几个项目从起初的不着调,到终成妙曲,我至今记忆犹新。

一是二十世纪九十年代末,学院领导让我担任重点学科"岭南音乐研究"带头人。这个任务从来都是民乐系的老专家担当的,我既不是广东音乐名家,又不是客家音乐、潮州音乐研究学者,我当带头人犹如技术不熟练的司机在不明路况的道路上驾驶,很可能会出事。尽管我一再推托,领导说现在没有合适的人选,如果重点学科缺乏带头人,学院的重点学科就会被取消,事态严重,情况紧急。于是,我答应过渡时期,临危受命,充分体会到什么是"没有条件也要创造条件上"。当上带头人后,我就想决不

能徒有虚名，在其位要谋其政。让我来研究岭南音乐三大乐种的具体形态非我所长，我可以从美学、心理学等多学科的角度切入展开探索，在更广阔的平台开拓新的论域，这也恰巧是原来岭南音乐研究关注不多的地方。我的论文《析广东音乐在新世纪所具有的生命力和文化力》因选题新颖并具有多学科视野，被人大复印资料《音乐舞蹈研究》全文转载；《在美的创造中，让音乐永生——析广东音乐名家余其伟的表演美学观》一文获中国文联文艺评论二等奖；还有《浑然天成　浓淡相宜——广东音乐高胡名家甘尚时演奏风格初探》等。这些探索让我的研究增添了更多发力点。

二是人民音乐出版社祖振声总编南下到我院约稿，给我扔下五个字的命题，你就写"音乐与环保"吧。我十分敬佩人音老总的高瞻远瞩，敏锐地预见到该论题的前瞻性，但是也极其惶恐他对我的充分信任。虽然接下了任务，却感到前路茫茫，不知从何处下笔。据传中山大学林岗教授得知这一论题后，还和朋友议论：真想不出音乐和环保有什么关系。遗憾的是，后来，我一直没有机会呈上拙作求教于他。

当时可参考的中文书目只有日本的服部正等学者合著的《环境音乐美学》（司有仑、王凤岐等译）的中译本与少量相关论文。吸引我坚持做下去的是研究未知领域的兴趣，是环保意识的驱使，是无论成败都能为同道者提供经验与教训的勇气。我决定一方面向先贤求助，从历史的文献中获取启示，浏览了一些中外的音乐文论，发现早在古希腊和中国先秦时期，哲学家们就意识到音乐可以作为连接大自然与人类的中介，他们高度重视音乐在调节自然与人的和谐中的作用；另一方面，我以现代生态学为出发点，阅读一批生态学的论著，也了解到国内外的环保理论与实施战略；再者，我从环境音乐作用于人的实证资料、音乐作品内含的环保意识中寻找实例。于是，我以"人类与环保""环保中的音乐""音乐中的环保"三大专题作为全书框架，以与之相关、生动有趣的小标题来围绕专题发挥，完成了《音乐与环保》的约稿。这本小书的出版加强了我的宇宙意识，开阔了我的音乐生态学视野。

三是编撰《乐之道——当代中国音乐美学名家访谈》（与冯长春合作）。2009年9月参加音乐美学的专题会议，我有感于几位音乐美学名家年事已高，他们有的已过八十岁，有的年近八十高龄，有的长期病重危在旦夕，如不以只争朝夕的紧迫感和使命感把先生们的所思所想以及后学与他们的交流记录下来，作为研究他们的第一手材料，这对学科的建设和发展将是一种遗憾。由于我在2010年还有另一项省级重点课题要结题，时间与精力都有限，寻求合作者至关重要。从北京回到广州，我打了两个电话，得到合作者冯长春教授与上海音乐学院出版社洛秦社长的大力支持，冯教授延迟博士后课题的写作，全力以赴地投入此课题，洛社长表示这样重要的题材，出版社承担全部出版费用。这让我可以全无后顾之忧地策划此项目。

第二个难点是要劝说名家们同意接受采访。于润洋先生因为对以往的记者访谈心

有余悸,对访谈一类的形式不太感兴趣,我们就保证以笔谈和面谈形式整理出来的文稿,一定让先生仔细过目,先生认为准确无误了才发表;张前先生谦虚地表示自己不值一提,不要列入名家,我们则从学科构建的需要,请求他作为音乐心理学的奠基人,不是代表个人,是代表不能缺失的重要方面参与其中;王宁一先生身体不好,笔谈会太过疲劳,我们就采取多次面谈的形式,完成访谈。终于名家们都同意接受采访了,课题于2009年底开始启动。第三个难点就是在不到一年的时间里,要重读六位名家的几十本共计几百万字的专业理论著述,工作量极大。音乐美学只是他们研究的切入点,其论域还涉及哲学、史学、心理学、社会学、教育学,甚至从人文学科跨越到自然科学、天文地理、数学水利,等等。回想当时反复理解名家的经典时,可谓在知识的海洋中沉浮,在概念的漩涡中挣扎,我几乎走火入魔了,做梦都在做访谈。我们为名家拟定了一两万字的提纲,既突显了他们对学科构建的独特贡献、重要的理论思想,又关注他们成长的特殊轨迹,成为与众不同的"这一个"的心理历程;既把名家群体置于二十世纪下半叶与二十一世纪初的文化背景中,探寻主体、社会、文化诸因素的相互作用,又与他们探讨音乐美学研究的现状、问题与发展新路径。此访谈是一代名家的成长史、音乐美学发展史,亦是当代知识分子的精神历程史,是后学研究名家、关注音乐美学不能忽略的重要参照文献。此书获得音乐美学会会长韩钟恩教授的高度评价,并在广东省人文社科优秀成果评选中荣获二等奖。

上文仅以几例描述我在学术之路上苦苦寻觅、豁然开朗的体验,下面再以"三自三性"谈谈我在知行互动漫漫长路中的追求。不懈提高自知、自信、自律的能力是我坚定的信念。自知是基础,扬长避短,发挥优势。我的好友曾戏言:你是没有什么事做不成的。我则坦言,是因为我先知道自己不能做什么,才做的;自信是勇于接受挑战的勇气,这是相信人具有可发挥的潜力,相信矢志不移的力量;自律是掌控自己的能力,是不越底线的自觉。太随意任性看似潇洒自在,其实是放任自流、虚度时日。持续培养悟性、灵性、韧性是我长期积累的修为。悟性可使我便于把握客体的本质与规律,灵性能让我对新颖、奇特的事物有天然的亲切感,韧性将助我不折不挠地探究真理。

变奏三的音乐丰富厚重、深切动人,呈现了学者在知行之路上的艰苦跋涉、愉快体验及献身心爱事业的幸福感受。

如今,尽管我已年逾古稀、身患重疾,仍笔耕不辍——2020年出版了《罗小平自选文集——音乐美的积淀》上下册;2021年在星海音乐厅举行了"乐之道——罗小平师生钢琴音乐会",同年9月交付了《音乐心理学》的第三版约稿。

变奏曲的结尾部分气势如虹、豪迈激昂,展示了我们这一代知识分子在改革开放四十多年的征途中,始终自强不息、敬业乐群,生命犹存则求索不止,一息尚在则笃行不息!

世界广东同乡联谊大会的形成和发展

吕伟雄[*]

【主编者言】广东人遍及海外,要形成一个庞大组织并开展大型活动,非常不容易。从作者的回忆可以看到其中的周折和困难。但有向心力和凝聚力开道,一切水到渠成。

世粤联会的来由

每两年举行一次世界性的广东同乡联谊大会,是广东侨务工作从"引进来"到"走出去"的重要举措,是广东改革开放过程中侨务工作"牵一发而动全身"的关键节点。

从2000年10月20日在新加坡举行第一届世界广东同乡联谊大会算起,至2018年,已经举行了九届,第十届本应于2020年由英国广东侨胞负责在伦敦举行,因发生全球性新冠肺炎疫情推迟至2021年举行。

这个大会是如何孕育的呢?

2000年初,我刚到省侨办上任,无意中听到一些侨胞说:马来西亚和新加坡的广东社团,希望发起一个世界广东恳亲大会。其中,马来西亚著名侨领李剑桥极力推动。李剑桥先生祖籍广东茂名,1923年生于英国,是马来西亚开国元勋、原财政部长李孝式先生的儿子。他从1999年开始做发动工作,满腔热情回到广东家乡找有关部门商谈,希望得到支持,但无功而返。2000年再次回来商谈此事,希望得到我这位新任主任的支持。我专门见了他们,了解了他们的具体想法后,觉得这是一件大好事。办成这件事,至少有以下几个好处:

第一,这是落实广东侨务新任务的切入点:海外联谊。21世纪初,广东的侨务工作在落实侨务政策、捐赠、招商引资等高潮过去之后,刚好处于低潮的时期,不少侨务干部陷入了迷惘,不知道何去何从。当时江泽民总书记到广东调研,提出广东要实

---

[*] 吕伟雄,广东省人民政府侨务办公室原主任

施"走出去"战略。我觉得侨务也应该从以国内为主走到国外，尤其是联络与引导海外的华侨华人社团。所以这个事情很值得去做。

第二，这是在海外开展侨务对台工作的大好契机。由于历史上的原因，台湾当局在海外依靠的大都是广东籍的侨胞社团，这些社团首领正在寻找机会向祖国大陆靠拢，我们举办这样的大会，正好创造了这样一个机会。

第三，广东有广府语、客家语、潮汕语三大语系，而海外已经有客属社团大会、潮属社团大会，这两个语系的华人社团在海外十分活跃，举行了多次世界性大会，但广府语系的华人社团这方面做得不足，尽管在国内有一个珠玑巷后裔联谊会，但在海外还没有形成广府语系的力量。通过这个大会，可以将广东三种语系的侨胞整合在一起。

第四，这是让我们侨务增加社会能见度并推动各级重视侨务工作的好机会。

第五，是增强各级侨务部门引导和影响海外传统社团转型改革的好机会。

在与李剑桥等侨胞的会谈中，我当即表态支持并同意参与组织筹划这个活动。为此，我专门召开了一次省侨办党组会议进行讨论。当时，党组成员中有个别同志担心，海外的华侨华人社团人员构成复杂，素质参差，政治取向各异，而我们侨务工作队伍薄弱，难以把工作拓展到海外，还是平平安安做好现有的工作算了。但我认为，正是因为复杂，我们才要参与，才能促成新氛围的形成。而要真正开展好侨务工作，一定要一件件工作做实，只有"虚功实做"，才能有成绩，工作才能有社会能见度，有了社会能见度，才能引起政府的重视。经过一番讨论，党组班子同意了我的意见，决定支持并发动海外华人社团参加由新加坡及马来西亚侨团举行的第一届世界广东同乡联谊大会。

这个大会名称的确定，还有一段故事。原定的名称是世界广东同乡恳亲大会。我觉得"恳亲"的定义有点狭隘，涵括不了海外社团的多元取向，也不利于团结大量住在国出生的华裔新生代，用"联谊"二字更为妥当。我提议，把恳亲大会改为联谊大会，提议获得了大家的认可。实际上，恳亲与联谊是不一样的，如果是恳亲，那么每一届都只能在广东家乡召开；而联谊，就可以在世界各地轮流举办。因此，世界广东同乡联谊大会（简称为"世粤联会"），从第一届到第九届，第一届在新加坡，第二届在广州，第三届在香港，第四届在马来西亚，第五届在印尼，第六届在泰国，第七届在澳门，第八届在澳大利亚，第九届在加拿大，轮流召开，推动着当地社团力量在活动中日益团结壮大起来。

请黎子流市长当广东总团长

第一届世粤联会在新加坡召开，到会的有 11 个国家与地区的 129 个代表团，共约

1700人。广东各市侨务部门人员占了230人,我考虑第一届大会是筹备性质,所以动员本省侨务部门多去一些人。特别有意义的是台湾广东籍社团首次出席了大会,这为日后亲台社团的参与开了个好头。

我打算第二届大会由广东承接,在广州举办,所以在第一届大会召开之前,我先向广州市政府报备,先和广州市政府领导及侨务部门协商,再向省政府请示。一个星期后,省政府便复函同意了。

2000年10月18日,广州市市长黎子流作为总团长,带领广东代表团前往新加坡参加大会。当时,考虑到我刚入"侨家大院",海外侨胞认识我的人不多,大会需要一个有影响力的人发声号召,所以特意邀请黎子流市长上阵担任总团长。当时黎子流市长还有一个社会团体职务:珠玑巷后裔联谊会会长。他在江门任市长的时候,非常重视海外华侨华人,他有一句名言:"在侨乡当干部,不熟悉侨务工作的不是好干部。"黎市长带顺德音的广府话很有感染力,再加上人格魅力,他是很有号召力的,所以请他做广东代表团的总团长。但也不容易,因为当时他是广州市市长,请他做团长要经省政府批准。经努力,省政府同意第二届世粤联会在广东举行,同时也同意由黎子流市长作为总团长前往新加坡参加第一届世粤联会。这样,我的心里也有底气了。

第一届大会,新加坡内政部长黄根成出席。黎子流总团长作了一个精彩的演讲,他的幽默语调和广府音调博得了与会者的阵阵笑声和掌声。在讨论第二届世粤联会在什么地方召开时,我宣读了省政府同意在广东举行的批示。大会一致通过:第二届世粤联会在广东举行。

第一届世粤联会结束前,有一个交接旗的仪式,第二届在广东举办,广东由谁去"接旗",省侨办内部有些议论。有人认为,世粤联会从发动开始,一直都是省侨办在起作用,如今办成了,理应由省侨办去"接旗",何必把好事及功劳让给其他部门?显然,这是"肥水不流别人田"的旧观念在作怪。在我看来,正是这些狭隘的旧观念,使得广东侨务各自为政,未能形成整体力量。我觉得推动世界广东侨胞联谊这是全社会的事情,属于整个大侨务的范畴,应该推动侨务部门共同参与,我特意请省委统战部的领导一起上台"接旗"。我觉得"接旗"这个环节很重要,举行这样的联谊大会,不是某一个部门可以独占功劳的,要共同参与才能"众人拾柴火焰高"。

常务副省长汤炳权任筹委会主任

2002年,第二届世粤联会在广州举办,全世界的广东侨胞代表将到广州,几千名代表的食宿、参观、回乡省亲以及大会的开幕式、闭幕式怎么搞,也是相当的复杂。再者,我内心希望大会能办成一次有历史影响的侨务大活动。省侨办从来没有操办规

模这样大的活动,这个任务接下来,大家都捏了一把汗。

第一届世粤联会一结束,省侨办便邀请省委统战部、省侨联、省人大侨委、省政协港澳台侨委及各地侨办主要领导举行第二届世粤联会的筹备工作会议。

举行这样多方参加的会议,我内心的目标是要在侨务工作中打破"肥水不流别人田"的旧观念,形成共同作战的局面。会议着重强调必须紧紧抓住2002年在广东举办世粤联会的机遇,进一步解放思想,冲破不合时宜的观念,提升侨务工作的社会能见度,拓展海外联谊这个侨务工作的主战场,特别是结合广东侨情的历史特点,在侨务对台工作方面做出实际的成绩来。

在我看来,广东举办第二届世粤联会这一具体项目,要起到牵一发而动全身的作用。在做好各地市准备工作的基础上,我们推动省政府于2001年7月成立了"第二届世界广东同乡联谊大会筹委会",筹委会主任由常务副省长汤炳权担任,副主任由省府副秘书长黄业斌和我担任,我同时兼任筹委会秘书长。筹委会成员包括各地级市副市长,省政府各部门参加的就已经有七八个了,比如公安、外经贸、统战部、侨联等。

举办这个大会本来只是侨务部门的一项具体工作,筹委会的成立使得侨务工作变成了省市政府及各部门的一项重要工作。通过这样的具体安排,侨务工作不再是侨务部门自己单打独斗,变得更加社会化了,也凸显了其社会能见度。

文艺晚会及大会资料的准备

筹委会确定第二届世粤联会的主题是:联谊、合作、发展,并决定在广州举行开幕式,在深圳举行闭幕式。筹委会特别指出,争取多邀请住在国出生的华裔参会,想方设法邀请包括台湾地区在内的以往联系较少或没有联系的社团参会,通过"世粤联会",增进各国侨胞对广东开放改革的认识,扩大广东侨务联系的网络。

大方向明确后,许多具体工作由省侨办来操作。宣传工作方面,先从制作一个大会的宣传小册子开始。什么样的图案能显示广东华侨众多,而众多华侨又与家乡有着广泛的联系,体现众多侨胞内心"绿叶对根的留恋"的情怀呢?我想到用广东特有的树种榕树来体现。榕树的根系极其发达,树冠也遮天盖地,而且在广东许多侨乡的村头,都有一棵令游子怀念的大榕树。于是,我特意请江门市副市长何羡松为宣传小册子的封面拍摄一幅榕树的照片。何羡松副市长主管侨务,又是摄影发烧友,请这样一个"大官"去完成一件如此细小的任务,真是有点"大材小用"。但何羡松副市长却极为投入,用了一个多星期寻找根系发达的榕树,终于送来了一幅极具震撼力的照片。这个蕴含小小细节的封面照,成了第二届世粤联会的一大亮点,不少侨胞都站在这幅榕树宣传广告大照片前拍照留念。

为了准备大会资料，会前，我们特别从全省各地的侨刊乡讯中挑选了讲述乡亲们在世界各地创业奋斗的故事，编成一本书，书名为《梦逐流水闯天涯》。

文艺晚会的节目由文化部门负责准备，因为强调内容要有"侨味"，我们侨办必须盯紧，从节目的文稿形成到彩排，可以说是步步为营，单是彩排就进行了三次。最后形成了在广州的开幕式——晚会节目《天涯共此时》，在深圳的闭幕式——晚会节目《龙凤舞中华》。这两台文艺节目，对于与会者来说，既大饱眼福而又鼓舞人心，但对于组织者而言，却是极其艰难的。艰难之处在于，除了具体的组织细节外，我们要在紧缺的资金中拿出上百万元，用于支付两套节目的创作、排练、服装、舞台、背景等费用。

大会的新闻报道

在第二届世粤联会举行的一年多前，我们便开始在海外华文媒体中大造声势。2001年9月，中国新闻社在南京举办首届世界华文传媒论坛，我觉得，这个东风我们必须得借，派了新闻秘书屈桂琴专程到南京论坛邀请了十多个国家的华文媒体到广东做了一个星期的采风活动；采风结束后，各华文媒体在海外做了各种报道，掀起了世粤联会的宣传热潮。

省政府新闻办公室专门对外召开了新闻发布会，介绍第二届世粤联会的具体安排。我还以筹委会副主任的身份做客中央电视台海外频道（CCTV4），专门介绍大会的准备情况。

临近大会召开时，我们更组织密集的新闻宣传，与省政府新闻办合作，提前半年多组织全省各大媒体组稿，刊发数十个专版，介绍广东改革开放与海外华侨的关系。当大会召开时，我还确定要专设记者服务中心，由新闻秘书屈桂琴负责，特别建立新闻联络员制度，目的是为国内外记者提供个性化采访服务，确保记者们在海外嘉宾入住的九间酒店中都可以获得采访协助。大会召开时，总共来了84家媒体，其中港澳和海外媒体28家。从历史上看，正是由于第二届世粤联会的活动，让广东侨务新闻工作攀越了一个新的高峰，让广东侨务与海内外各媒体形成了良好的合作机制。

拓展侨务对台工作

广东的海外侨胞众多，而海外传统的亲台社团由于历史和地缘的原因，广东籍的社团和人士占有较大比例，因而就侨务对台工作而言，广东的操作空间很大，我们也一直把这个作为海外侨务工作的重要部分来开展。第一届世粤联会之后，我们为第二

届做准备工作，把拓展侨务对台工作作为世粤联会的重要内容去准备。

这一工作是从引导美国宁阳总会馆回台山家乡举行年会开始的。

宁阳，是我省台山县的古地名。而宁阳会馆是目前所知的成立最早的地域性海外华侨社团之一。1822年，新加坡的台山籍侨胞首先成立了新加坡宁阳会馆。1876年，这个会馆已经有4.6万会员。1928年9月，美国各地的台山籍侨胞代表在旧金山举行大会，正式成立美国宁阳总会馆。总会馆下设三十多个会馆，遍布美国各大城市。

历史上，宁阳会馆曾用各种方式支持孙中山的革命活动，在辛亥革命中发挥过作用。但也由于复杂的历史原因，宁阳总会馆一直以来都与台湾方面有密切联系，而且会馆的不少领导人还身兼台湾所谓"侨委会"的海外委员。要引导这样一个历史悠久的亲台侨团回到国内举办年会，无论是在海外，还是大陆抑或台湾都是一个敏感的话题。

我的前任陈毓铮主任向我转达了宁阳会馆的骨干成员希望回家乡举办年会的消息，我们一起商量，认为应该促成此事。

于是由陈毓铮及省侨办副主任符圣荣以广东省海外交流协会的名义专程到美国拜访宁阳会馆。为了这次拜访，宁阳会馆也承受着很大的压力，台湾驻旧金山代表机构致电会馆，声称不希望该会接待大陆访问团，否则"台湾会很没面子"，但宁阳会馆的骨干成员伍璇灿先生向其表示，是否接待家乡的人是会馆的内部事务，警告台湾方面今后不要再打来此类电话。

这次拜访宁阳会馆，具有历史意义。宁阳会馆四十多位元老级成员齐集会馆表示欢迎，场面热烈感人。旧金山各大华文报纸对此作了报道，《星岛日报》（美西版）更在头版以《中国官方代表团首度访宁阳会馆》为标题，称此举具有"特殊意义"。

还是这次拜访，促成了2000年11月8日以美国宁阳总会馆主席雷鸿裕为团长的17位美国各地宁阳会馆主席的首次回乡恳亲之旅。省侨办专门邀请他们到广州、中山、肇庆、佛山等地观光。为了扩大"破冰之旅"的影响，我们特意请许德立副省长在省政府迎宾厅会见雷鸿裕一行，为此中新社专门对外发了新闻稿。

宁阳总会馆访问团回美国后，决定要发动世界各地宁阳会馆的会员于2001年再回家乡台山举行"首届世界台山宁阳会馆联谊大会"。

正当联谊大会紧张筹备中，美国发生了震惊世界的"9·11"恐怖袭击事件，美国宁阳会馆对是否继续组织首届世界台山宁阳会馆联谊大会摇摆不定。这时台山市市长赵瑞彰率侨务部门出访美加，坚定了组织者的决心。功夫不负有心人，在各方的努力下，2001年11月7日，来自美国、加拿大、新加坡、马来西亚及我国香港地区宁阳会馆的代表两百多人聚首台山，召开首届世界台山宁阳会馆联谊大会。曾经在江门挂职任副市长的国务院侨办副主任许又声还专程从北京赶到台山，祝贺大会的召开。在会

世界广东同乡联谊大会的形成和发展

上,许又声副主任赞扬参会者是"勇敢的中国人",在"9·11"恐怖袭击的灾难后,仍然坚定举办这个大会。会后,省政府常务副省长汤炳权还专门把大会的主要领导请到省政府贵宾厅共叙乡情,听取意见。汤副省长称赞美国台山宁阳总会馆为促进和平统一大业、促进两岸关系作出了贡献。团长伍璇灿先生动情地表示:"人在海外,心怀故乡,愿意为祖国的和平统一大业努力。"

我们从主动引导美国台山宁阳总会馆回国举办年会开始,到美国台山宁阳总会馆主动发动世界各国宁阳会馆回国恳亲,推动祖国和平统一,这一领头羊行动促成了一批亲台社团的转向。2002年5月美国纽约中华公所,6月美国安良工商总会,10月台山世界李氏宗亲会,11月世界梅氏宗亲会、世界何氏宗亲会纷纷回到祖籍地举办活动。各访问团回到美国后,还主动到中国驻美国大使馆汇报回国感受,大使馆曾专门为此发函广东省政府表示感谢。

我们着力通过举办世粤联会这一契机,补上广东侨务这一短板,首先就要突破与亲台社团接触这一禁锢。

第二届世粤联会举办前,我们专门派了几个人去台湾,拜访台湾"华侨协会总会"及广东乡亲社团,邀请他们回乡参加联谊大会。实际上,台湾许多乡亲社团也很渴望回乡活动,只是在寻找机会。到大会召开时,台湾方面的乡亲社团也来了不少,如台湾广东同乡会、台湾"世界客属总会"、台湾高雄市潮汕同乡会、台湾高要同乡会、台北市东莞同乡会、台中市潮州同乡会等。而这些社团都是首次来到大陆参加活动。这也是我们侨务对台工作的重大突破。

对美国,我们特意邀请中华总会馆这个有着一百五十年历史、以广东籍侨胞为主的社团参会。这是一个被视为全美传统社团的最高机构,台湾方面对其控制极严。会馆对是否回大陆参加世粤联会一事,专门召开会议进行讨论,最后投票表决,大家决定组团参会。

中华总会馆的这次"破冰之旅",在美国及台湾地区都引起了强烈震动。世粤联会召开后,我国驻旧金山总领馆专门致电广东省政府:驻美中华总会馆打破半个世纪的禁忌,首次以总会名义访问北京、广东并出席第二届世界广东同乡联谊大会,取得圆满成功……代表团返美后,立即召开记者招待会畅谈感想和收获,指出通过此次访问增强了对中国"根"的认识,增进了对祖国发展状况的了解,坚定了"反独促统"的决心。

这里有一个小细节,我必须谈到。在数千个报备的名单中,对其中十多个人,某部门持有异议。这些人大都当过"台湾侨委会"的海外委员,或者过往曾经发表过对我不利的过激言论。但从我们侨务工作的角度来看,他们大多是我们必须团结的对象,我们还是主动与有关部门交换意见,作出解释,对个别人,我们甚至请示了国侨办后

235

再作出决定。经过努力,这些名单中的大多数还是获得通过。

古巴侨胞受阻来不了

在联络发动各国侨团参加第二届世粤联会的过程中,我们特别注重与未建交国的联络,特别注重与过往没有联系的国家的社团建立联络。但是尽管我们百计千方,事情也不是件件称心如意。

古巴是广东人最早踏足的国度,华侨众多,历史也很长,侨团也曾经很有凝聚力。可惜的是,古巴革命成功后,也像中国一样走了一段"左"的道路,许多华侨的财产被收归国有,华侨团体还被禁止活动。对这些侨情薄弱的国家,我们都希望能有代表参加大会。经过多方联络,终于联系上几位老华侨,他们回乡之心十分热切,但无能力支付来中国的交通费。几位香港同胞知道之后,捐款筹足了他们的路费,一切都准备好了,我们也期待着这历史性的一刻。遗憾的是,古巴有关当局还是不给发护照,致使几位老华侨无法成行。原因很简单,当时的古巴当局对中国改革开放另有看法。

省委常委集体讨论世粤联会整体方案

在广东举办世界广东同乡联谊会,这是有史以来的第一次。虽说是一个会议,但筹办起来是相当繁复的。从2000年底在新加坡接旗后,我们便马不停蹄地进行各种准备。省政府一直在关注并指导着大会的筹备工作。作为筹委会主任的省政府常务副省长汤炳权,先后多次召集会议,具体指示工作。省政府副秘书长黄业斌数次到省侨办听取汇报,检查督促,解决具体问题。省侨办作为这次大会的承办单位,更是召开了几十次工作研究会,一件一件逐步落实。

时间到了2002年下半年,各项工作更是密锣紧鼓。6月3日,省侨办向省财厅发出《关于拨付第二届世界广东同乡联谊大会经费的函》,要求迅速预拨省政府常务会议确定的300万元大会经费,用于预支各酒店订房的订金及文艺节目排练与舞台制作费用;6月17日,省侨办向省台办发出《关于世粤联会期间举办对台工作座谈会的函》,落实具体安排;6月27日,省侨办代省委草拟《关于请国家领导人出席第二届世界广东同乡联谊大会的请示》(代拟稿);7月8日,省侨办向香港中国旅行社发出《关于由你社协助世粤联会接待工作的复函》,因为大量海外侨胞都从香港入境,我们必须依靠香港中旅社的协助。

老实说,所有各项工作都在我们的掌控之中,我心里都有底。最没有底的是大会召开的日期。这种世界性的大型活动,我们要提早好几个月通知海外乡亲大会召开的世界广东同乡联谊大会的形成和发展

日期,让他们预订机票、安排行程。广州酒店的房间向来十分紧张,入住日期及时间一经确定不得更改,但大会所邀请的主礼嘉宾国家领导人及省市领导人的出席时间却变数太多,所有确定了的因素又必须服从这个不确定的因素。

7月中旬,中共中央政治局委员、广东省委书记李长春主持省委常委会议,专题审议世粤联会的整体方案。我代表筹委会作了汇报,常委们议论一番后都表示赞同,就是大会举行的日期定不下来。筹委会建议大会日期在11月中旬,讨论中常委们认为,11月中旬中央有重要会议,省委主要领导除了参加中央会议还有其他任务,大会举行日期必须提早或推后。省委常委会建议筹委会,结合各方因素重新考虑大会举行的时间,另报省委批准。

会后,我们立即与有关部门沟通协商,再报省委常委。最后确定:世粤联会的召开时间为2002年12月2日至4日。根据省委决定的时间,大会所有安排都作了调整。

按照省委常委会议决定,省政府常务副省长汤炳权8月13日带领我与吴行赐助理巡视员专程去北京,就世粤联会筹备工作向国务院副总理钱其琛及国务院侨务办公室主任郭东坡作详细汇报,并邀请钱其琛副总理、郭东坡主任出席大会。两位领导表示将出席大会,并对大会的安排提出了具体的指导意见。筹委会主任汤炳权在从北京回程的飞机上向我作了两点具体指示:一、与经贸厅协调策划,争取在大会期间有二十个左右的投资项目签约;二、特邀嘉宾的邀请要打破广东乡亲的界限,只要是过去、现在在广东有大的投资或者对我省未来发展有影响的人士都要争取邀请。

广州本田公司感恩广大海外侨胞

改革开放的广州解决几千人大会的交通接送,一点问题也没有。我们租赁上百辆旅游大巴便解决了问题。但头痛的事往往都出在小问题上。各代表团领导人要举行多次会议,海内外媒体要应急采访,大会工作人员内部的运作,要有一支小车队伍来服务。正当我们对这一问题头痛的时候,广州本田汽车公司主动上门,提出安排50辆全新"广本"小车、50名熟练司机为第二届世粤联会服务。

广州本田汽车公司的前身是广州羊城汽车厂,广州生产汽车也经历了曲折的过程,从羊城汽车厂生产中巴,到后来与法国合作生产汽车不成功,再到与日本汽车企业合作,生产出广州本田汽车。当时有人认为,广州本田主动出车出人支持大会,只是商业宣传,我告诉大家并非如此。

广州本田汽车公司的领导主动上门请缨时,道出了他们这一举动的初心。原来,广州汽车工业的起步,多亏海外侨胞的支持。早在改革开放前,广州羊城汽车厂生产的羊城中巴,拓展海外业务,是侨胞们用爱国之心支撑起来的。那时的羊城中巴,质

量难与国外品牌竞争，侨胞们为推动国货在海外的销售，通常是亏本经营"挨义气"的。广本汽车公司领导多次对我表示：广州汽车工业的发展，要感谢广大海外侨胞。正是有这"前因"，才有50辆新广本、50名熟练司机为大会服务这个"后果"。

谁来承办第三届？

在紧张筹办第二届世粤联会的同时，我们已经未雨绸缪，思考着由哪个国家或地区来承办第三届。

此时，印尼雅加达粤籍侨胞社团首先向省侨办提出了承办第三届世粤联会的申请。接着，香港广东社团总会也提交了书面申请。两个申办单位态度都相当积极，通过各种渠道和人脉要求获得第三届的承办权。

起初，我们准备在第二届大会召开前，召集各主要社团首领开会投票表决。后来细想一下，举办这样的大型会议，要从活动的宗旨去考虑，从有利于在海外开展侨务工作的长远计划去考虑。如果只用简单投票表决的形式决定而事前不做具体引导，未必能达到良好的效果，甚至可能适得其反。

印尼华侨华人众多。历史上，这个国家多次发生排华事件。尽管印尼政府恢复了华文教育及华人社团的活动，华侨华人也开始活跃于社会各界，但我们对印尼对华人华侨的政策还是持谨慎乐观的态度，担心太大型的世界性华人活动在印尼举行会刺激正在向好的氛围；再者，此时印尼粤籍社团还较为分散，影响力有待提高。

香港广东社团总会是在推动香港回归时形成的，是广府、客属、潮属三地社团的联合体，在香港社会有相当的影响力。再者，我们从大会的最终作用去考虑，香港是世界性大都市，香港同胞与世界各地华侨华人尤其与台湾有广泛而紧密的联系。在回归后的香港举行第三届世粤联会，会产生更加积极的作用。两者比较后，我们更倾向于在香港举办第三届世粤联会。此外，为了加强印尼雅加达华侨华人社团的团结合作，我们支持推动印尼广东社团形成联合总会。经我们努力，加上中国驻印尼大使馆的帮助，结果相当成功。经过印尼各广东社团的努力奔走，2007年11月，印尼客属联谊总会、广肇总会、潮州乡亲公会、海南联谊会、梅州会馆、大埔同乡会、蕉岭同乡会、惠州同乡会、勿里洞同乡联谊会等9个团体在雅加达成立了印尼广东社团联合总会。更可喜的是，后来这个总会在印尼雅加达承办了第五届世粤联会。

让欢迎晚宴充满"团年饭"的味道

"民以食为天"，而"食在广东"也早已是广东人挂在嘴边的口头禅。所以，大会

的第一个见面礼——欢迎晚宴应该是整个大会的"重头戏"。我一直希望能把这个欢迎晚宴办成中国人吃团年饭的味道,这就难倒了负责大会生活安排的同事了。

起初,欢迎晚宴的方案是省市主要领导与代表团团长集中在一个酒店举行晚宴,其他与会代表在驻地吃自助餐。这种方式已经是这类活动的惯例安排了。但是,对于我们要举办有乡情味的大会,这种方式显然太"行货"了。我要求欢迎宴会上省市领导和全体代表济济一堂,这样既有"乡情味",又有答谢侨胞对家乡改革开放支持的"感恩味"。桌面上要有典型的传统的广东菜式,连饮料也应该是广东生产的。达到这个要求确实是有难度的,但我认为改革开放的广州酒店有基础也有能力,只要创造条件,一定能做到。我们的方案是,同一时间,在十家酒店里举行欢迎宴会,省政府所有领导、广州市所有领导、各地市参加大会的领导分别在这十个场地出席。这个方案一旦被采纳,效果就完全不同了,这样就等于各级领导与3000名与会代表同时参加了这一次的宴会,感受到了不分彼此的大融合,每一位海外侨胞都能够与省市领导共坐一堂,都能够吃上广府、潮汕、客家菜。

我们决定要实施这个方案。首先,为了让与会侨胞都能吃上地道的家乡菜,在大会召开前的两个月,从广州酒家总店请了大厨,由他们设计几个经典的粤菜菜式,再由他们协助培训其他九家餐厅的厨师制作指定的几个菜式。务必做到"各厨同味"。其次,预早安排好出席各驻地欢迎晚宴的领导。当时,省政府领导大都是广东本地人,我们按广府、客家、潮汕语系安排。当晚,由省人民政府宴请,3000多名代表同时在珠岛宾馆、白天鹅宾馆、中国大酒店、花园酒店、亚洲大酒店、国际酒店出席欢迎宴会。卢瑞华省长在珠岛宾馆致辞,主会场外,省政府各位领导分别在各酒店致辞。从客家地区走出来的省领导走到客家社团驻地那边用客家话致辞,说潮汕话的省领导就去潮州社团驻地那边做主持。说的是家乡话,吃的是家乡菜,声声乡音、浓浓乡情,使得欢迎晚宴真的成了"团年饭"。

钱其琛副总理的飞机起飞了

2002年12月2日,来自70多个国家和地区的3000多名代表,从世界各地汇聚到广州,分别在广州地区十家酒店入住。

晚上,代表们衣着光鲜,欢声笑语地进入宴会场地。

欢迎宴会的确是乡情浓烈,热闹非凡。此时,省侨办的几位领导虽然笑容满面,心里却是忐忑不安,他们在担心明天早上的开幕式。原来,国务院副总理钱其琛早就决定出席2日举行的欢迎晚宴。可是人算不如天算,因为北京大雾,飞机不能起飞,

钱副总理无法按时到达广州。钱副总理没有出席欢迎宴会已经是个遗憾，我们更担心的是第二天早上的开幕式钱副总理能否出席！

知道内情的人，特别是省政府常务副省长汤炳权整个晚上都在关注着北京的天气。直到晚上12点，北京天气没见好转，汤副省长调整了会议议程，把开幕式从3日上午改到了下午，下午的议程调整到上午。这一调整，大会的主要工作人员彻夜无眠了。我们必须连夜向各方发出通知，首先是通知各代表团，再通知各大巴租赁公司、中山纪念堂、军乐团、省公安厅交警部门、各媒体记者、表演文艺节目的单位，还有准备出席大会的各主要领导的秘书们……

尽管早有预案，还是忙乱了整个下半夜。天亮时，一切就绪了。只是局外人不知道昨夜我们忙了什么，也不明白调整开幕式时间的原因。

12月3日上午，广州天高气爽，但北京天气还是不理想，钱其琛副总理一直在机场等候。中午12：00，省委办公厅接到通知：准备一套梳洗器具，整理中山纪念堂一个会议室，让钱副总理梳洗更衣后直接上大会主席台。直到此时，我们万分焦虑的情绪才得以平复。我们明白，钱副总理的飞机起飞了，而且，飞机到达广州后钱副总理直接奔赴会场。

开幕式盛况空前，主席台位置"爆棚"

主席台领导和嘉宾的位置尽管几个月前便做了安排，但定好的安排被突如其来的变化打乱了。许多本来回复因事不能参加大会的领导及一些重要嘉宾，此时都现身会场。众多重要人物突然出现在会场，逼得我们必须立即增加主席台上的座位。大会主席台的位置安排，本来已经绞尽脑汁了，座位也已经"爆棚"了。无奈，大会主持人省政府常务副省长、第二届世粤联会筹委会主任汤炳权只好主动靠边站，把位置让出来。我本人更是只能站在舞台幕布的边上，配合着主持人的工作。

兵分十五路，回家去

按照预定的安排，3000多名代表于12月4日早上兵分十五路，到广州、深圳、珠海、东莞、中山、佛山、江门七个城市参观、考察、恳亲。省侨办所有人员也分成十五路，分别陪同乡亲前往。为了接待各位代表，七个城市的地方政府都做足了准备，除了精心选择参观点外，还挑选好各种家乡美食，用最能体现乡情的形式，欢迎远道而归的乡亲。

12月4日晚上，到各地参观的代表汇聚到深圳中国民族文化村参加闭幕式。闭幕式大会上，通过了大会宣言——《携手共进　再创辉煌》，通过了下一届联谊大会将在香港举行的决议。

我代表第二届世粤联会把会旗交给了香港广东社团总会。这面会旗是复制品，第一届的会旗已经作为历史文物，永久保存在了广东省华侨博物馆。

情系杏林路　无悔四十载

吕玉波*

【主编者言】中医历史久远，也有广阔市场，却又总是在批评的声浪中起伏。作者筚路蓝缕，经营管理一家省级中医院，几十年无怨无悔，在杏林路上留下了自己独特的脚印。

1984年，我进入了广东省中医院的领导班子。1993年，我担任医院院长兼党委书记。改革开放四十多年来，我和我的班子，乘着东风之势，转变观念，突破思想藩篱，敢于自我革新，以务实的工作作风，终于从一所不太知名的中医院变成行业的排头兵，及全国综合性医院公认的榜样。2006年广东省委省政府提出广东要建设"中医药强省"，明确指出，"要把广东省中医院建设成为现代化的、综合性的中医院的典范"。这一决策又一次点燃了我们内心的激情，我带领全院上下奋力探索"典范"之路，参与、见证这一奋斗历程。

方向选择：姓"中"还是姓"西"

"要办好一家医院，难！要办好一家中医院，难上加难！"二十世纪八十年代，"中医院西化"是行业的一种趋势。很多中医院认为中医手段没有经济效益，无法满足医院发展的需要，而倾向于淡化中医特色与优势，过于依赖西医技术，从而引发了社会上关于"中医院西化"的争议。

那时医院正在为解决温饱问题而奋力挣扎，在发展的道路上是坚持突出中医特色与优势的办院方向，还是着力发展西医技术的问题，严峻地摆在我的面前。

一天晚上，我夜巡医院，快到半夜十二点，碰见一位急诊病人在计价收费处大声抱怨。刚开始，我以为是收费处的工作人员服务态度不好。一了解，原来这是一个发烧病人。他认为，中药汤药喝下去就能退热，但是接诊的医生看到已是深夜，怕病人煲药不方便，只给他开了西药和中成药。病人在医生面前不方便发牢骚，到了收费处

---

* 吕玉波，广东省中医院原院长

就大声抱怨起来，"怎么来中医院都不给我开中药？"

一句抱怨，道出了老百姓内心真实的想法。老百姓来中医院看病，就是想接受中医药的治疗。

我把这个问题提到了医院班子战略研讨会上，引起了大家的激烈争论。最后大伙统一了认识：医院的资源优势、老百姓的认同感，都是中医药，更何况我们挂的就是"中医院"的牌子，应该而且必须坚持突出中医特色优势的办院方向！后来，在发展过程中，我们遇到了许多风雨，都没有动摇过，反而觉得自己应该有这样的历史责任担当：中医院作为中医药事业的主阵地，一定要把它巩固好、发展好！

人才是根本：师承教育与院校教育

中医药大学的院校教育，能解决社会上对中医药人才的大量需求。但在我心目中，广东省中医院的目标应该是把中医药的临床疗效发挥得淋漓尽致，需要一大批高水平的临床人才。显然，光靠院校教育是不够的。

我带人走访了全国著名的中医药专家，请教他们的成才之路，得到的答案一致，即"读经典、跟名师、做临床"，这是众多名老中医自身成长的共性规律。

按照这个规律，我们制定了人才培养计划。首先启动了"温书工程"。

在全国名老中医邓铁涛教授的指导下，我们列出了一份书单，组织大家一年读一本经典，要读深读透。与此同时，启动了"中青年医生跟名师"计划。

我把"师带徒"计划拿去跟邓老商量，邓老一听，非常支持。当时全国普遍不重视中医师承教育，邓老曾和几位全国名老中医联名上书中央。老中医们心急如焚，大声疾呼："我们不能成为中医药的一代'完人'！"

邓老和我商量，要运用毛主席的战略方针——"伤其十指，不如断其一指"，把全国名老中医邀请来我院带徒，以此为全国树立一个榜样。

在邓老的呼吁以及我的热诚邀请下，十五位国宝级老中医激情澎湃，纷纷表示愿意南下带徒。

2000年，邓铁涛、任继学、焦树德、路志正、干祖望、颜德馨、朱良春、陆广莘、张琪、唐由之、吉良晨、周仲瑛、石仰山、罗金官、张学文共十五位八九十岁的中医大家，到广东传递岐黄薪火。

开始时，有个问题很困扰我，就是怎样给老师报酬。我们征询了几个老中医的意见，他们都异口同声地说："吕院长，你不用花心思，我们一分钱都不要！有人愿意跟我学，就是最高的报酬；有人传承中医，就实现了我最大的心愿！"九十高龄的江苏名老中医干祖望当场留下"但使中医有传人，岭南裹尸亦不悔"的感人誓言。

老中医们对师承充满激情,让我没想到的是院内中青年骨干的跟师意愿并不积极,有人说"我们在学校早就学过,中医不就那么回事嘛,临床用起来很多地方不灵验"。报名跟师的热情不高。我想,不激发起"爱中医、学中医、用中医"的热情,人才计划就不可能落地。这关键在于科主任。于是,我用行政命令,要求50岁以下、中医背景的科主任必须跟师,不跟师就得辞职。

跟师计划一启动,所见所闻给徒弟们带来了极大的震撼。

内科有一位病人,头痛二十四年,全国很多著名的中西医都看过了,问题还是解决不了。在我院也住了两个多月,一直找不到更好的办法,头痛一发作就只能靠镇痛药来解决,而且止痛效果越来越不好。

徒弟请上海老中医颜德馨查房会诊这个病人。颜老用了自创的"衡法"给他诊治。令人惊奇的是,服药仅三天,折磨了病人二十四年的头痛缓解了。"不是中医不行,而是我们这些学习中医的人不行!"

随之,全院掀起了拜师热潮!

突破藩篱:门户之见,还是博采众长

十五位全国一流的大师在医院收徒传艺,他们精湛的学术造诣、神奇的诊治方法,令后辈折服。随之,一个想法在徒弟们的头脑里油然而生:能多跟几个老师吗?因为,传统中医有一条不成文的规矩:跟我,就不能再跟别人。

大师们的宽广胸怀,打破了这个藩篱。一次,路志正问弟子王小云,你除了跟我,还跟谁?王小云不知道如何回答。没想到,路老紧接着说,你除了跟我,还要跟焦树德,他的开方特点跟我有天壤之别,我的一条方子仅十来味药,很精炼;焦老一条方子四十多味药,注重后天脾胃的调养,这能拓展你的中医思路,值得好好学习。

弟子们希望多跟几个老师的愿望,我觉得应该支持。邓铁涛老非常赞同我的想法,他牵头与众位带徒的老师商量,对弟子的要求应该是"学我、似我、超我",而要超越,最好的路径就是博采众长!他们达成共识,这次的带徒要打破"一师一徒"的界限,"集体带、带集体",并且要求徒弟也要带更年轻的徒弟。"一代带二代、二代带三代",让中医的精华代代相传,越传越兴旺!大师们为了事业所展现的宽广胸怀,打破了传统的门户之见,创造了全新的带徒模式,为年轻中医"青出于蓝而胜于蓝"提供了条件。

中医药在发展的历史长河中,逐渐形成了独立的门派。但是,由于门户之见,流派之间甚少交流,甚至相互排斥。如果能够在医院引进不同的流派,形成百家争鸣、百花齐放的局面,对于提高中医药的临床疗效,是极其有价值的。这是值得我们下功夫去做的事情。

在筹备广东省中医院建院八十五周年的庆祝活动时，我提出"三个传承"应成为活动的主要内涵，其中梳理与传承好医院数十年来积淀下来的流派，尤为重要。

仅梳理好院内的流派还不够，要充分发挥好学术流派的作用，还需要面向全省、面向全国。我们首先把着眼点放在医院所在的区域。数千年与疾病作斗争的实践，岭南涌现出许许多多的名医，形成了独特的医学流派，但是缺乏系统的梳理、挖掘、研究、提高。

在广东"中医药强省"的政策支持下，以邓铁涛为总顾问的团队，对岭南医派进行了初步的梳理，编写了《岭南中医药文库》，陆续出版了72册图书。为了进一步深入研究，经我们努力争取，2012年"岭南中医学术流派传承"获批为国家中医药管理局重点研究室建设项目。

岭南医派研究中，我们重点梳理岭南皮肤病学术流派、岭南邓氏内科流派、岭南甄氏杂病流派。张忠德教授是岭南甄氏杂病流派的第四代传人。他深入研究了甄梦初的"通瘀"理论，善用寻常之药救治疑难沉疴，在抗击"非典"和"新冠"中发挥了重要作用。

我觉得还要面向全国，引进不同中医学术流派。根据广东的疾病谱特点，医院引进了以扶持阳气为主要特点的"扶阳派"，以及以调理脾胃为主要特点的"补土派"。我们专门组建了研究团队，并且在医院网站上开设了虚拟社区，临床上的一些复杂疑难病例，可以推送上去，各派流可以发表不同的诊治意见，百家争鸣、百花齐放，推动临床疗效的提高。

为把独特的流派学术思想和诊疗经验应用到临床，我们在全国首创了流派门诊。

广泛吸纳：医院殿堂与民间疗法

我一直苦苦思索一个问题。围绕提高疗效，我们还能做些什么？

一次，在执行保健任务时，有位省委领导试探着提出，最近一段时间声音嘶哑，咽喉发痒，不时咳嗽，明天就要开省委全会，要作三个多小时的工作报告，有什么办法能缓解一下。当时在场的邹旭主任建议可以用针灸，并且马上施以诊治，一针下去，领导同志表示，咽喉舒服了，不痒了。事后领导反映，第二天三个多小时的报告，声音清爽，没有咳嗽过一声。当时，邹旭主任用的是从北京军区王文远老师那里学来的平衡针手法。以后，这位领导同志在多次会议上谈到中医药的神奇疗效时，都用了这个例子。

我们先后引进了王文远的平衡针、薄智云的腹针、施安丽的砭石疗法、山东的小

儿按摩等十多种特色疗法，它们对特定的疾病和症状有着"一招鲜"的作用。尽管这些疗法大多来自民间医生，有些人连职业医师资格都没有，被认为难登三甲医院的大雅之堂，但治疗效果令人惊叹！在民间保留的这些中医疗法如同失落的明珠，是非常宝贵的医学资源，等待我们挖掘。我想，能不能每年组织一次大的活动，广泛寻找、收集、评价这些特色疗法。这个想法得到中央电视台中华医药专栏的大力支持，专栏同意和我们共同举办这个特别活动。当时分管宣传的胡延滨建议把这个活动命名为"杏林寻宝"，得到了大家的认同。

"杏林寻宝"从2008年开始，一办就是十多年。在中央电视台著名主持人洪涛和广东电视台孙璟艳精彩、精准的演绎下，活动越办越红火。我们又成立了有别于针灸科、按摩科的传统疗法中心来承接这些寻找回来的宝藏，且在保持疗效、保证安全的前提下，将其规范化、标准化，加以大力推广。邓铁涛老知道后，欣然为传统疗法中心题名。

十三年来，在"寻宝"团队的努力下，"杏林寻宝"已经成为全国挖掘中医药特色疗法的品牌，传统疗法中心也成了中医特色疗法的"博物馆"和"集散地"。这些"宝贝"在临床发挥了意想不到的效果。

除了这些外治疗法，来自民间有效的单方验方，也独具魅力。

香港的霍英东先生，他的病情已发展到每26天要输一次血，西医已无计可施。霍先生担心输血间隔越来越密，就找到我，问中医有没有办法。我和刘伟胜、罗云坚两位专家到香港为他诊治。服用一段时间中药后，病情控制住了，输血周期也有所延长，但始终做不到完全不用输血。后来我们运用了从民间挖掘整理的一个单方给他治疗，效果非常明显，逐渐不用输血了。他到北京协和医院体检时，发现自己的造血功能恢复了，协和的医生很惊奇，以为霍先生在国外接受了什么特别的治疗。霍先生回答他们，这段时间哪里都没去，只是坚持服用了中药。协和的医生对他说，"是传统中医救了你的命"。

中西交融：坚持中医为本，与追踪医学前沿

和任何其他学科的发展一样，中医药需要吸收人类文明的全部成果，也包括现代医学的成果。因此，我们在坚持突出中医特色优势办院方向的同时，并不排斥现代医学技术的引进。

在刘茂才教授带领下，脑病专科第一个从内科分化出去。他们的主攻方向是脑血管病，重点病种是中风。中医药治疗中风有一定的优势。随着专科的发展，病人越来越多，病情越来越复杂，当时医院没有CT、MR这些先进设备，对病人是什么原因引

起的中风，无法作出精准的判断，更没有开颅取血肿、溶栓这些治疗手段。为了保证病人的安全，我们和附近的西医院签订了协议，遇到较为复杂的病人需要转送过去时，请他们开通绿色通道。送得多了，病人觉得我们解决不了问题，直接就到西医院急诊了。没有了病人，我们的中医特色与优势也发挥不出来了。

临床实践使我们形成了这样的办院理念："中医水平站在前沿，现代医学跟踪得上，管理能力匹配到位，为患者提供最佳的诊疗方案，探索构建人类完美的医学。"

与之相适应，组建人才队伍计划、专科建设规划都作了相应的调整，要求医生中、西两套都要懂，成为复合型的人才；要求各个专科中、西两套都要强，集中人类到目前为止对疾病的认知并将其应用于诊治病人。即使有人产生误解，包括来自于卫生行政部门高层，批评我们西化了，我们都没有放弃。

2003年的"非典"，是前所未有的挑战，广东省中医院没有垮下来，且赢得了胜利，其中一个很重要的原因，就是用中西医结合的方法治疗"非典"病人。

"非典"中期，世界卫生组织专家来到广东考察"非典"防治情况。先考察西医院，最后一站来到广东省中医院。医院感染科林琳主任向世卫专家汇报了救治50例"非典"病人的情况。汇报后，我做了补充。我提到，在治疗"非典"病人前，并没有做严谨的临床研究方案设计，没有对照组，病例数也不算多。所以，结论仅供参考。

世卫专家、美国CDC临床流行病学专家马奎尔博士反驳了我。他说，"非典"是全人类从来没有遇到过的疾病，治疗"非典"，西医也没有事前的临床研究设计。其次，我从你们的报告里看到了三个事实：一是用中西医结合治疗"非典"病人，退烧后不反复；二是平均退热时间，比单纯用西药短；三是平均住院日比单纯用西药短。

胡锦涛总书记视察广东时专门接见了医院代表。临别之际，我向总书记建议"抗击'非典'要中西医结合"，总书记亲切地说："我在网上已经看到了，世界卫生组织评价很高，中医药学是我们祖国伟大的医学遗产，应该发挥它的作用。"

随后，广东省委省政府组织近百名医务人员准备到香港支援抗非。可香港医管局只要求我们派出两名中医专家。我们派出了林琳、杨志敏两位专家。在香港抗击"非典"胜利之后，香港医管局给世界卫生组织的总结里面专门写了这么一句话——"我们的临床研究证明中西医结合治疗'非典'是有效的，而且它突破了中医不能进香港公立医院的历史，从此香港医管局开始在香港公立医院组织中医门诊。"

思维模式：东方思维还是西方思维

中医思维的方式方法，不仅是中医药学的重要组成部分，更是中医理论体系和治疗手段的灵魂。

我对这个问题缺乏深刻的认识,对应用中医思维解决临床问题,宣传推动不够,在临床就出现了问题。一次,一个诊断为冠心病的住院病人,上级医生指示按中医常规,用活血化瘀的治疗方法。几次查房下来,治疗都是活血化瘀,但病人的状况一天比一天差。正在束手无策的时候,一个老中医从旁提醒,这个病人尽管是冠心病,但气血亏虚严重,不能再用活血化瘀了。这里就给我们提出了这样一个问题,是用西医思维应用中医药,还是用中医思维运用中医药。

哈尔滨的国医大师张琪老,擅长治疗肾病,在全国是著名的。我带着肾病专业的高燕翔医生去黑龙江拜张琪老为师。让我意想不到的是,与张琪老交流后,张琪老提出来,小高跟师的主题不是肾病的治疗,而是中医思维。小高也很诧异。张琪老解释,"学好了中医思维,才是最根本的,你才能更深刻理解我治疗肾病的思路,而且能更好地把握治疗其他疾病的方法,疗效水平会上到一个新的层次。"我听了以后,深以为然。三年后,小高出师时,答辩的题目就是中医思维,得到了张琪老的认可,其他专家也给予了高度的评价。我对推动中医思维应用于临床也有了更深刻的认识,决心要在医院成立中医临床思维研究室。这在全国中医院中是第一家。

研究室成立后,开展了对中医临床思维的梳理和研究工作,并且开展了广泛的培训推广。院长查房也增加了检查中医思维的应用状况。

院内对中医思维的关注度越来越高。内分泌专科的学科带头人范冠杰教授融合中国古代哲学和西方哲学思想,逐步形成了"源于临床—用于临床—高于临床"中医顶层辩证思维指导临床实践的系统理论,构建了"哲学中医"的临床思维体系,提出了"脉证—象思维—证素—核心病机—治法—药串一体化",总结了治疗糖尿病的"动—定序贯范氏八法",为提升中医临床疗效提供了新的策略和方法,广州中医药大学还专门成立哲学中医研究中心,建立哲学与中医互参共进的平台。

摆脱从属地位:"慢郎中"与"急先锋"

很多人承认中医在治疗慢性病上有独特的优势,而一遇到急危重病人时,首先想到是用西医手段,中医就没有什么用武之地了。但不少时候,西医也解决不了问题,而且带来很大的副作用。这些问题困扰着临床医生。

我想,在中华民族繁衍昌盛的历程中,中医药发挥了不可磨灭的历史作用。西医引入中国才两百多年,数千年来,一定有无数急危重的病人需要救治,大量的临床实践一定让我们的先辈积累了丰富的经验。因此,在急危重症的救治领域,有太多的宝贵经验亟待我们去挖掘和传承。要办纯中医病房,就应该让中医药在救治急危重症和复杂疑难病中,成为"急先锋",显出神威,这才有意义。

这种想法一经提出，马上激起了一阵波澜，有表示赞成的，有表示质疑的。质疑的人提出，用西医常规救治病人，治好了固然是好，治不好也没有人会诘问，现在用中医药治疗，值得冒这么大的风险吗？而且中医药抢救急危重患者往往使用超药典规定剂量的有毒中药，一旦出现医疗纠纷，谁来负责？

做还是不做？面对来自各方的质疑，我的内心是很不平静的。对于以探索中医院发展之路为己任的我们，用中医药治疗常见病、多发病，而且不断提高临床疗效固然重要，但用中医药救治急危重症复杂疑难病，补西医之短，这可是一所成功的中医院必须迈过的坎，更何况患者有这种需求。我觉得，大家提出来的问题都很在理，应该在探索实践中一一作答，而目前最需要回答的是，中医药在救治急危重症复杂疑难疾病患者时，谁有本事帮助我们去探索？

巧的是，此时出现的一个病例打开了大家的思路。

有一次，山西老中医李可到广州会诊西医院一位急危重症病人。病人的状况极其危险，医院已经几次发出病危通知，并建议家属放弃治疗了。但家属不甘心，到全国请中西名医会诊，李可是他们请的一个专家。在征得家属同意后，李可老第一时间用了200克附子，并配合以一套完整的辅助治疗方法。大剂量地使用附子，并不符合用药常规，但正是如此大胆的用药，才把濒死的病人抢救了过来，没几天就可以拔管了。

这件事对我的触动很大："可见，中医药不是没有能力，只是我们没有学到这些本事。广东省中医院有责任也有义务挖掘整理祖国医学宝库中的精华，传承和探索中医药治疗急危重症复杂疑难疾病的思路和方法。"

我把握住这一契机，结识了李可，并向他提出了办纯中医病房的想法。李可非常支持，他说自己不是什么"火神派"，只是遵循东汉"医圣"张仲景的路子。救治病人用的"破格救心汤"，也源自中医四大经典之一的《伤寒论》。

从开始有想法，到真正筹备建科，这段时间，我和杨志敏请教各地名医专家，每当问起办纯中医病房要怎么做时，几乎所有的专家都告诉我要回归经典。大家灵光一闪：这个纯中医病房，就叫"中医经典科"！

李可治疗急危重症手法很"重"，用药很"猛"，经常使用到毒性药物，尤以附子常见。对此，我是忐忑不安的，如何确保安全、降低风险？

思前想后，我决定请李可为我开一个药方，逐步加大剂量，直到含200克附子，以身试药。不仅是我，杨志敏、林琳、颜芳也加入了试药的队伍中，大家的共同目的就是确保病人大剂量服用附子不会出问题。

第一天、第二天，我感觉没事。一个星期下来，觉得嘴有点儿麻。再过几天，也就不麻了。这说明，煎煮得法、配方合理、服法得当，加上对血液中药物浓度的监控，200克的附子对于人体而言是可以承受的，是安全的。

中医经典科办起来了,而且越办越成功,得到了行内的高度关注,并且成为国家"十三五"传承创新重大项目的标准。国家发改委、国家中医药管理局还专门为经典科召开了现场会。

健康为本:治已病与治未病

2007年,国务院副总理吴仪从历史和时代发展的战略高度提出开展中医治未病工作的要求,国家中医药管理局随即启动了治未病试点工作。

在时任卫生部副部长、国家中医药管理局局长王国强的推动下,广东省中医院治未病中心于2007年成立,是我国最早的治未病中心。

这里说的"治未病"最早出自《黄帝内经》。"上工治未病",指的是医生的最高境界,是能够帮助人防患于未然,从而保持健康。

大家都觉得非常有道理。可是,我们查阅文献后发现,尽管许多经典著作里都有这样的说法,但如何"治未病"却涉及很少。该如何把"上工治未病"的理念转变为可以为人类健康服务的实践模式呢?

这时,一个理论进入了我们的视野:体质学说。北京中医药大学王琦教授提出体质学说,将人的体质分成九种。我想,能否从体质辨认、调理入手去预防疾病?如果可以,则治未病的对象又是谁?要提供什么服务呢?

杨志敏教授带领团队,反复探索。根据体质学说,体质偏颇状态的人群成为目标群体。所谓体质偏颇,指的是在中医理论指导下,评估人的健康状态,如果失去平衡,尽管目前尚未达到疾病诊断标准,但不及时作出干预调整,人体就会朝疾病方向发展,又被称作疾病前状态。这一人群就是治未病的服务对象。

对这样的人群,治未病中心在进行体质辨识、经络检测、功能状态评估等检查后,根据检查结果,运用中医药手段纠正其偏颇状态。

明晰了服务人群,治未病中心的工作就有了强有力的抓手。十多年过去,经过广东省中医院治未病中心的调理,有的患者渐渐消去了湿疹,有的鼻炎不再复发,还有多年不孕的怀上了孩子。起初,连医生都感到意外。如今,中医治未病的魅力和实力被越来越多的患者熟知。吴仪副总理亲自授予我们治未病中心为"'治未病'健康工程示范单位"。

中医治未病包括了"未病""欲病""已病"三个层次。我们把目光又投向了慢性病。对慢性病病人,诊断和治疗方案已经很明确,他们的重点在"管"。规范化用药的管理、健康生活方式的管理显得尤为重要,而且整个管理过程中充分发挥中医药特色和优势,可以让病人减轻对药物的依赖,减少药物的副作用,预防并发症的发生,阻断或延后病程向严重方向发展。

广东省中医院慢病管理中心已对二十余个病种开展管理，初步建立起糖尿病、高血压、慢性肾病、慢性阻塞性肺病、类风湿等疾病的规范化、标准化，具有中医特色的管理方案，为数以万计的患者建档立卡。全国政协医卫组到我院视察调研时，称赞我们是全国最好的慢病管理中心。

有的人认为，在三甲医院开展治未病，是大医院做了社区医院的工作。但是，我在实践中深深感到，只有在人才力量雄厚的三甲医院，才能为治未病研究提供基本思路和方法，针对患者的健康状态做出预测、预防、干预，在完整链条上形成"服务包"。未来，这些"服务包"将应用于两个方向：一是通过国家层面推动应用到县区级，进入社区成为医疗保险项目；二是服务于高端人群，与社会化的健康产业结合，提供高端的养生保健服务。

经过多年的不懈努力，广东省中医院建立了"未病""已病""慢病"三个层次的中医健康管理体系，有效提供了生命全周期、健康全过程的医疗与健康服务，为推进健康中国建设做出了重要贡献。

发展路径：故步自封还是守正创新

1993年，国家中医药管理局要在广东试点中医医院三甲评审，选中了广东省中医院。对医院的成长与发展而言，这是一个绝好的机遇。领导班子欢欣鼓舞，希望成为全国第一家三级甲等中医医院。

可一看到评审条件，大伙儿都傻眼了。其他还好说，但科研条件差距太大，评审要求必须有五个以上政府资助的科研项目，还要求近十年来在全国杂志发表至少十篇论文。这可谓非常基本的条件，但这两条，医院都达不到。

医院可以用"三个大零蛋"来形容，国家级的、省市级的甚至校院级的项目都为零。至于文章，将图书馆翻了个底朝天，好不容易才凑到了六篇。

当时医院只是注重医疗业务，对学术研究很少关注。但是，医院学术上不去，就很难上水平，也不可能持续发展。就中医药事业来说，没有了传承，就失去了根和魂；不去创新，就没有了活力和未来。

我认识到必须要改变发展思路，要在守正创新中，用创新驱动发展。广东省中医院的医生不能当"医匠"，要当医学家。医院要成为研究型医院，临床、学术共同成长，相得益彰。思路改变了，工作路径也随之变化。要改变医院重视科研不够的局面，我们把科研能力、学术水平作为分配的要素，并且设定为科主任的目标责任，构建起既有动力又有压力，既有激励又有约束的运行机制，调动大家做科研的积极性，科研工作逐步打开局面。

在此基础上，如何进一步调动科研人员积极性，产生有分量的研究成果成为核心问题。

经过不断地思考与探索，渐渐有了思路。我了解到，发达国家科研管理使用的是 PI 制。当时，中国科学院就逐步开始试行 PI 制，而且取得很大的成功。于是，我带着管理团队专门到中国科学院大连化工研究所学习调研，得到很大的启发。PI 制就是围绕项目，进行人、财、物资源的配置，实行 PI 负责人负责制，给予充分的自主权。这种科研管理机制，对于充分调动科研人员的积极性，多出成果、早出成果，有着极大的推动作用。

2011 年，广东省中医院在全国中医医院同行中率先推行 PI 制。只要符合条件的，都可以申报 PI 并组建创新团队。

随着科研工作的深入，更大的科学问题摆在了我们的面前。光靠一个 PI 团队已经不能胜任，需要更多个攻关团队联合攻关。于是，我们又出台政策，鼓励和推动协同创新，特别鼓励与国内外高水平的研究机构协同创新。比如，与国家蛋白质中心合作研究中医证候的物质基础；与澳大利亚皇家理工大学合作建立对古今文献进行系统性评价的方法与标准；与瑞典卡罗琳斯卡医学院合作，以中医药防治类风关为切入点，研究中药复方；与荷兰乌特列支大学合作研究中医药防治银屑病。

要进行高水平的科学研究，必须提供必要的条件，建设高水平的平台。为了进行高水平的临床研究，我们组建了全国中医院中第一个临床研究方法学团队；检验学科在全国医院中第一个通过了国家认可委的认可，检验结果获国际认可并且建立了国际认可的参考实验室；伦理审查在全国中医行业第一个得到国际认可；在全行业第一个建起了临床科研一体化的信息系统；第一个建起了符合国家、国际标准的生物样本资源库。同时，努力建设高水平的研究平台，建成了三个省级重点实验室，一个国家临床研究基地，一个中医药标准化研究基地。更令我们振奋的是，符合中医药特点、具有岭南特色的"湿证研究"，几经周折，获批为省部共建国家重点实验室。这是全国第一个以研究中医为主攻方向的国家重点实验室。现在我们正在努力冲刺建成国家医学中心。

机制、条件、平台有了，关键还要有一支善于创新的人才队伍。培养和引进人才，成了我们工作的着力点。

广东省中医院病人量大，临床实践机会多，做高水平的临床研究具备资源优势，但重要的是要解决临床医生研究素质不高的问题。

为了解决这个问题，医院专门请来广州中医药大学临床科研设计衡量评价（DME）国家培训中心的主任带着团队为医院举办科研方法学习班。这位对医院科研发展影响颇大的 DME 中心主任，正是广州中医药大学首席教授赖世隆。20 世纪 80 年代，赖世隆教授从国外研修临床研究方法学成归来，开始试图将临床研究方法（临床流行病学/DME）运用于中医药领域。

在医院支持下，赖世隆以神经内科为试点，借鉴循证医学的方法，开始高水平的临床研究。此后几年，医院的一些科室如妇科、心血管科、皮肤科、骨科开始与 DME 中心联合申报国家级项目，"九五""十五"期间，连续获得国家科技攻关计划项目。这样，不仅提升了临床研究能力，也带动了其他专业诸如临床药理、检验专业的飞速发展。

此后，医院又邀请了六位院士在医院建立了院士工作站或工作室，力求这些高水平的专家能把我们团队的科研素质带起来，同时，通过一个个点的突破，带来了医院整体科研能力的提高，构建起不断完善的创新体系。

近期，澳门科技大学的刘良院士团队加盟广东省中医药科学院，医院的科研队伍、研究能力更有了质的飞跃。如今，大家正鼓足干劲，努力奋斗，争取答好习近平总书记向中医药行业提出的两个问题，用科学数据说明中医药的有效性，用现代科技探索中医药"为什么能……"。

街头直播室

区念中*

【主编者言】 那个年代，新事物层出不穷。离经叛道的精神激励着，社会活力四射。把直播室搬到街头，是一种新尝试。贴近大众，与市民沟通互动，一直是媒体的不变追求。

二十世纪八十年代中到九十年代，是广东电台广播人创意勃发、"激情燃烧"的时期。虽然已经过去三十多年，但那个时代的吉光片羽，仍不时像倒带重放的电视影像，在记忆的屏幕中拉过。

1990年1月1日，元旦，九十年代第一天。我所在的广东电台新闻台刚开播一个多月。

为了迎接九十年代的到来，我们有一个大胆的想法：把高楼深院中"神秘"的电台直播室搬上街头，让"听得见，摸不着"的广播融入市井，成为民众生活的一部分。

那时，听众对电台一直抱有神秘感，不是吗？广播天天听，播音员、主持人听其声、闻其名，也都很熟悉，可只有极少人能够进入电台，进入直播室，和主持人面对面。即便我进入广播界后，有一次粤语播音员纪锋录我的节目，见到他的一瞬间，听到他金属般的嗓音，我的心里也一阵激动，"啊，他就是我以前经常听到的纪锋吗？"

广州市人民北路686号，从外面看，堪称典型的"高楼深院"。路过的人谁也看不透那栋深藏其中的大楼。马路边，大门旁，挂着"广东人民广播电台"的牌子，站着一个荷枪的武警卫兵，如果没有相关的手续，外人一律不能进入这扇大门。大门内一百来米左右，一排高大的玉兰树后，隐约可见四层广播大楼的侧面。这幢东欧风格的建筑，1959年启用，是广州纪念中华人民共和国成立十周年的"十大建筑"之一。正门向北，高大门廊的立柱后，也站着一个卫兵，任何人都必须验证通过。

两重岗哨后，进入宽阔的电台前厅，右侧宽阔的步梯可达四楼播出区，这里是电台的心脏，广东电台的播控中心就在里面。门口还有一个卫兵在把守。这里通常只有播音员和技术人员才能进入。就是电台内部的工作人员，证件上要有专门数字"621"

---

* 区念中，南方电视台原台长

标记，才能放行。

我在电台工作的头几年，从未进入过这个区域。大楼是方形建筑，内有一道环绕的方形长廊，每个位置看起来都差不多，分不清方向，以致我不时会在长廊里迷路。作为编辑，我在三楼录音区把录制好的节目审听完毕，在稿签上签上名字，然后登上一小段楼梯，上到四楼一个无人角落，通过一个不到一尺见方的小窗口，把录音胶带送进播出区。

把直播室搬上街头的"灵感"来自电台资料室。我在一些资料上看到，国际上有些电台，直接把直播室设在闹市区街头，市民在直播室前来来往往，高兴地透过玻璃窗张望一会儿（特别是有平时难得一见的名人在里面接受采访时），多数情况下人们看也不看就过去了，全天的节目就在听众的直视下播出。我那时觉得有点不可思议，怎么门口也不见有卫兵把守呀，他们如何考虑"播出安全"的呢？

我进台的时候，台里频率主要有省一台（普语台）、省二台和广州台（均为粤语台），编辑部采编的节目用不同的语言录音后，同一内容分别在三个频率先后播出。到八十年代初，广东电台领改革风气之先，在全国率先提出开办系列台的构想，即将原有频率按不同定位重新结构内容，以不同"专业"面对不同受众。业界的说法是将广播变为"窄播"。

系列台改革的第一声，是1986年12月15日珠江经济广播电台开播。这个台使用原来省二台的频率，仍用粤语播音。节目采用直播、主持人、杂志式节目和热线电话等全新元素相结合，完全不同于原来的省二台。最大的改变是观念上的，即把传播者与受众的关系，从原来"居高临下，我讲你听"，转变成以受众为服务对象的平等交流互动。结果令人欣喜，听众反应热烈，广东电台在省内特别是珠三角地区的收听率大幅提升，大大压缩了原来香港电台所占有的市场份额。其所形成的广播"珠江模式"，被业界和学界誉为中国广播改革的一个"里程碑"。广电部专门在广州举办研讨会，召集全国各省台台长来开会，其后"珠江模式"席卷全国。

系列台改革第二步接踵而来。1989年11月15日，广东电台新闻台诞生。

在这之前，原来省台社教部改为节目部，着手筹办新闻台。副台长高作则（时兼节目部主任）带着我们试制新节目，招聘和培训采编播合一的主持人。我受台里指派，到北京广播学院、中国人民大学等院校招聘主持人。北广新闻系副主任王振业教授对我说，现在广东电台改革名声在外，毕业生首选当然是留在北京，第二选择几乎都是广东。

一群来自天南海北热血沸腾的年轻人云集人民北路686号。他们中不少人是近两年毕业的大学生，除北京广播学院（现中国传媒大学）、中国人民大学外，还有北京大学和中山大学等名校的毕业生。也有来自其他单位，已经有了相当社会和传媒工作经

验的优秀青年，像封新城、窦文涛、陈晓琳、杨湛、蔡丰进和张坚等，他们的智慧和努力，让新闻台诞生了许多前所未有的节目。

那时，从台领导开始，大家思想都很活跃，全台上下创新的热情很高。那是一个互联网还没有普及，移动电话刚刚开始使用，微信则连概念都未曾听过的时期。但直播和热线电话引入日常播出，给电台创办各种形式的节目提供了很好的技术平台。理论上，只要电话线能到达的地方，直播访问就可以进行。后来我们的《你好，南极人》等节目，在海岸电台的协助下，直接把节目做到南极和北极。北京广播学院时任新闻系主任曹璐教授对此颇为感慨，评价说，该节目"把广播的优势发挥到极致"。

新闻台1989年底开播。转眼，八十年代很快就过去，九十年代的第一个新年马上就要到来。节目部着手研究"迎接九十年代"的节目计划，"街头直播室"的方案就提出来了。

大家有个共识，电台利用节假日，通过组织社会活动"制造新闻"，可以有效地吸引听众和社会，以及其他媒体的关注。我们特别留意了一下国内广播界，当时还没有把直播室搬到街头的先例，就想，如果我们借用九十年代第一天的契机，把直播室搬到街头，不是能引起公众和媒体的关注吗？我们庆幸遇到了一个可以创造广播自己的故事的年代。对于这个大胆的想法，当时我们自己也挺激动的。

要把直播室设在公众场合，我们要解决几个问题。一要产生影响，就要在人流比较多、比较热闹的商业区；二直播室前应有相应开阔的场地，能容纳一定数量的听众（观众）；三有一个相对独立的空间，能容纳主持人、技术人员和相应的设备；四能确保播出安全，让直播全程不受干扰；五要有"室"的形式感；六在技术上，现场信号和电台播出中心来回切换安全无误。

直播室设在哪儿呢？跑了几个地方后，在市中心环市东路369号的广州友谊商店前门，节目部同事发现了一个大约三米高、十几米宽的落地大橱窗。大橱窗正面落地玻璃，面对一个开阔的小广场，可以容纳上千人聚集。从商店内的"直播室"里，抬头可以看到马路对面的花园酒店，旁边是高耸的白云宾馆。这一带几乎是当时广州最热闹的商业区之一。行，就这儿！

我和同事到广州友谊公司，约他们的老总面谈。那时的广州友谊商店，是广州市的一个时尚高档商场，对他们来说，活动可能产生的商业效应自然是重要考量。我们的创意打动了他们。他们说，思路挺好，元旦那天，在他们商店里搞个电台的"直播室"，既有社会意义，又能吸引不少顾客。最后他们不但同意配合我们将橱窗改装成直播室，而且同意为现场参与游戏节目的观众提供奖品。

地点落实了，管经营的同事又争取到了一笔小额的商业赞助。从心里说，当时我们想的是，这事只要能做成，不亏本，就干。新闻台刚开播，要的是树立社会形象，提升知名度。

不过，现在回想起来，其实把直播室搬上街头，虽有创意，但仍有相当风险。副台长高作则审定并同意了我们的方案，在节目创新方面，他总是不动声色地支持和鼓励我们，与我们共担风险。记得还在 1984 年，广东电台诞生的全国第一个主持人和"板块节目"（杂志式结构）《星期天早晨》，就是他带着我们一起试办起来的。

事实上，在 1990 年元旦那天，广东新闻台的节目完全换了一个面貌，打破常规安排，把全天 19 个小时都做成一个"特别节目"，命名为《九十年代第一天》。当天每一个时段的节目都有不同的创意，由不同的节目组执行。每个节目直播的时间和空间都有很大的跨度。

在"街头直播室"之前的时段，有来自北京的直播，派出记者王欣专程赶赴北京，利用天安门广场国旗基座上的电话，和中央电台记者朱卫平现场报道了当天庄严的升旗仪式。信号切回广州，记者李樾巍和老诗人野曼，攀上广州当时的最高楼——建设中的广东国际大厦（广州人称"63 层"），迎着早晨第一缕阳光，朗读野曼"迎接新时代"的诗篇……

"街头直播室"这一段，是全天节目的一个重点环节，为时两个半小时，从上午 10 点到 12 点半。我们给了它一个名字，叫《九十年代希望广场》，我们自己感觉良好，新年嘛，应该充满希望。

这天早上，广州友谊商店现场，节目组和技术部头一天已经进入，直播室布置停当。直播台设在中央，远远就可以看到落地大玻璃窗上的"九十年代希望广场"几个红色大字。背景板右边是广东电台绿色的大台标，左边是友谊商店的红色店标。顾客和行人逐渐增多，并向直播室前靠拢，有些人已经在椅子上坐下。我知道，只要节目开始，直播室前肯定会集中大量的人群。

我戴着耳机，把小收音机放在衣兜里，一直监听着电台节目的播出。我前后走动，从广场透过落地大玻璃，盯着"直播室"里的情况，主持人文涛（窦文涛）和罗兰（吕玉兰）在安静地备稿，技术部的郑衍平静地坐在设备前。电台那辆漂亮的白色大奔驰转播车骄傲地停在广场一侧，看上去一切正常。了解点内情的人知道，这辆转播车出现在哪里，哪里就必定有重要事情发生。我看看手表，知道很快总部播控中心的信号就会切换到我们这里。

《九十年代希望广场》，具体由《家庭咏叹调》节目组负责，监制是余瑞金。《家庭咏叹调》每天傍晚 6:30—8:00 播出，由主持人和听众通过热线电话讨论当天社会关注的家庭（社会）问题，已经积累了现场直播和热线电话节目的调控经验。

节目部在 12 月开了好几个规划会，专门研究"迎接九十年代"的节目。这几乎是广东电台的传统，每逢节日，无论是节目部门还是新闻中心的编辑记者，铁定加班。

记得有一年,我和同事就是在录音间里度过除夕之夜的。

12月18日下午的部门监制会,检查每个节目组所负责的"特别节目"的具体方案。余瑞金提交了街头直播室的节目方案,我们研究了整个节目的运行程序,街头与总台的技术和通信联络方式,主持人与现场听众的互动,热线电话的使用与控制,等等。余瑞金是个有丰富经验的节目监制,她的节目方案,不会漏过每一个具体细节。我们还和技术部的同事一起商定了现场的技术保障。

当时新闻台逢正点都是新闻节目,由新闻播音员播报。现场特别节目,中间的正点新闻还要不要播报呢?从方便省事考虑,新闻也可以由主持人代播。但我们决定按正常播出安排,由新闻中心派出播音员来播报。让听众看到我们日常播出的常态。这样一来,就得由电台总部把新闻稿传到现场,再由新闻中心播音员正常播报。

最后一次准备工作的统筹会安排在12月29日。因为直播室安置在变化因素很多的公共场所,所以我们重点研究了《九十年代希望广场》的现场安全保障,如加强现场安保,使用"延时"保证热线电话安全,公众讨论时选择适当话题以保证内容安全等。

我当时是节目部副总监,街头直播室这一段的分工,台内由副总监李东在播控中心来统筹,《九十年代希望广场》的现场具体组织工作由我负责,而技术方面,则由技术部副主任戎明亮负责。

户外节目如何设置节目内容?平时电台广播只要考虑听觉效果就行了,一旦搬到户外现场,直接面对观众,节目就不但要能听,而且要有看头。

这一段的节目,是综合性的,有新闻、名人访谈、现场讨论、游戏和文艺表演等多种形式。让节目既可听又可看。节目这部分,具体由余瑞金带领全节目组的同事一起组织,主持人是文涛和罗兰。

为什么选这两位主持人?当时文涛和罗兰主持《家庭咏叹调》这个电话热线节目有一段时间了,这个每天播出的节目是"无稿直播",抓住当天一个新闻和社会话题,通过热线电话直接和听众进行交流,展开讨论,有相当的难度。两个主持人在现场反应、分寸把握、气氛调动、引导听众交流和把握讨论中心等方面已经积累了一些经验。这个节目在傍晚"全省新闻联播"后的6:30—8:00播出,成为广东晚餐时分的一道风景线。每天的讨论,往往又成为次日报纸报道的内容。窦文涛有"上千小时无稿直播"的积累,被评为"全国首届金话筒主持人",后来到了凤凰卫视,主持《锵锵三人行》而为全国电视观众所熟知。罗兰毕业于北京广播学院播音系,是最早从电台播音组抽调到节目部门培养为主持人的播音员。

现场,友谊商店大玻璃橱窗已经改装成新闻台直播室。当时,无论是负责节目的还是负责技术的,大家心情都既兴奋又紧张,兴奋的是我们终于把直播室搬上街头,直接面对听众;紧张的是搬上了街头的直播室变化因素太多,听众参与的程度较高,风险也很大,搞不好,无论在节目内容上,还是技术上,都可能出事。

我提前一个星期,以"路边"的笔名,在广东电台的报纸《声报》发出一则颇有"煽动性"的预告,我对读者和听众说,"如果你想目睹直播室内的'神秘世界',如果你想尝试一下进入直播室讲话的滋味,请不要忘记元旦上午到广东新闻台的这个街头直播室来。"

这个活动,当时台里的要求是只能成功,不能有任何差错,尤其是政治上的差错。副台长高作则从头开始一直关注着这个节目,当天也早早就到环市东路现场亲自坐镇。

1990年1月1日上午10点,"嘟嘟嘟"的报时信号响过。总台技术员将新闻台的信号,从人民北路播控中心切换到环市东路的现场。随之,新闻台的台标音乐响起。

直播室前面的广场上,为方便听众(观众)放置了多排折椅。我们把第一排作为待播区,接待准备进入直播间的客人。以往神秘的广播在这里坦然面对听众。人们透过玻璃将平日难以看到的电台直播室播出节目的情景一览无遗。

这时候,友谊商店前面的小广场的座椅已经坐满了人,外围也站了一大圈人。有些有心的听众是在广播中得知消息后特意从肇庆、博罗等地赶来的。还有一些是《家庭咏叹调》的老听众,其中有参加过热线电话讨论与主持人有过交流的,他们很好奇,到底电话那头的直播室和主持人是什么模样?

播出正常开始,我跑到围观的人群后面,留意观察整个现场的情况,发现有些听众是刚刚从附近的公寓楼上下来的,说听到广播,知道新闻台在这里播出,所以就赶过来看看。一个叫王坚的青年人,拄着拐杖转了几趟车才赶到现场,他来自广东省测绘大队。

有观众说,自己很喜欢新闻台的节目,特别是《家庭咏叹调》,对文涛和罗兰的声音也非常熟悉,不过从来没有见过他们,今天能见到他们真的很高兴。

当天在街头讨论的话题是"九十年代广东应树立什么样的社会新风尚"。我们请省市领导也来参加。时任广东省政协副主席王屏山、广州市副市长石安海也应邀来到街头直播室。

邀请和接待王屏山,由《家庭咏叹调》的余素琳负责,她和这位领导有过师生之谊。王屏山问她,"你这个'户外直播室',就是指不在电台大楼里吗?"她回答说,"是啊,我们就在一个广场上,在商场的橱窗内设置直播室做节目,不过做的事情就跟我们在电台直播室里做的一样。"到了现场,王屏山看到直播室前人头涌涌,问,"那么,在这里看的这些人都是哪里来的呢?"余素琳说,大多数都是听到广播后赶来的,还有一些应该是元旦新年假期来商场购物顺便过来的。王屏山说,"是这样啊,有意思。"

参加当天讨论的,有现场的听众,报名后可以进入直播室。听众在直播室里可以发表意见，和主持人交流自己的新年打算，或者通过广播问候远方的亲友。

听众不但可以在现场见到省市领导，节目中穿插的名人和演艺界艺人的访问也很受欢迎，像听众在广播里已经非常熟悉的演员张悦楷。张悦楷常年出现在电台的长篇小说连播节目，可谓家喻户晓，深受市民群众欢迎。内地流行女歌手张咪也进入了直播室。张咪当时正当红，后曾为电视剧《公关小姐》演唱主题曲，她在接受采访后，还现场演唱了歌曲。

游戏节目安排在直播室前的场地进行，直播室外的听众，只要参加节目中的一些游戏，就有机会获得友谊公司提供的奖品。

我往观众席上看，台长余统浩、副台长高作则，以及国家广电部政策研究室副主任朱砚都在观众席中坐着，这些广东广播改革的领头人，一直观察着整个播出的过程。朱砚是广东广播改革的观察者和研究者，也是有力的支持者。

这时，天空突然飘起了细雨。我担心人们会就此散开。幸而雨下得不大，有的人撑起雨伞，有的干脆就这么站着，没有挪开一步。一位中年妇女足足在友谊商店门口等了一个上午，为的是报名参加街头直播室的讨论。一群家住五羊新城的中学生，一大早就赶到友谊商店广场上"占位"。节目进行得很顺利，两个半小时的节目，现场气氛热烈，高潮迭起。

节目顺利结束，转回电台总部的信号也安全播出，我和戎明亮都长长舒了一口气。现场周围的观众还久久不愿离开，他们都很想与主持人和编辑记者说上几句话，或合影留念。

今天，时代和技术平台都发生了翻天覆地的变化。任何人单凭一部手机就可以直播，都可以成为直播主人，人们可能很难想象当时把直播室搬上街头的意义。但回到二十世纪九十年代的第一天，"街头直播室"这个故事，不但我们自己激动，很多来到现场采访的媒体记者也一样。广东和全国的不少传媒都报道了这个"前所未见"的故事。当天的《羊城晚报》说，新生的广东新闻台在九十年代第一天，将电台直播室搬上街头，"开了全国广播界的先河"。

进入九十年代，广东电台系列台——音乐之声、城市之声、羊城交通台等9个频率陆续推出。在广播大楼外开设直播室，也成为常态。珠江经济台在珠江边南方大厦的"南大直播室"、城市之声在仟村百货和东方宾馆的直播室、音乐之声在地铁站的"天生快活人"等等，这些市井中的定期或不定期的户外直播室，成为那个年代广播进入市民生活的一个标志。广东电台的发展进入了她的全盛时期。

"高登时代"

潘英伟[*]

【主编者言】作者是一个文科生，却对科技的进步保持着浓厚的兴趣，甚至出版了关于电脑操作的书。由于常逛市场，对电脑产品如数家珍，私人记忆也就是时代的印迹。

一、高登（Golden）

香港九龙深水埗有个商城，既称"高登"，又叫"黄金"，这个名字之所以且中且洋，源于这里有个黄金戏院，跟真金白银（Golden，黄金）没有半点儿关系。

1990年代初，我每往香港，必赴高登。

这里是电脑玩家的"天堂"。

邻近鸭寮街的这个商城，楼上叫"高登中心"，楼下称"黄金商场"。高登电脑中心在一楼，黄金电脑商场在地下一、二层，同一建筑物内，它们却是两个商场。高登电脑中心主要售卖电脑整机和硬件，黄金电脑商场则主要售卖电脑软件与配件。

香港曾经也是IT行业的翘楚，当年香港生产的"海洋"电脑主板，可以媲美台湾的"华硕""宏碁"。在这里，高登与黄金商场创造了香港组装电脑的DIY（Do It Yourself，自己动手制作）文化，以致香港人把组装电脑赋以"黄金唛"这样的品牌称号。与IBM PC相对而言，其他的品牌电脑如康柏、惠普、戴尔、东芝、索尼、长城、联想等的机器都可称之为兼容机。当年的品牌电脑非常昂贵，而组装机往往只是其价钱的1/5，性能却可以比之更强大。

DIY组装电脑最大的乐趣不是"丰俭由人"，而是"睇餸食饭"，自主搭配出具有极高性价比并适合特定用途的机器。比如，商务文书处理是一种配置，平面媒体制作是一种配置，玩游戏的装配就更是异彩纷呈。

国内计算机的升级换代，要比国际上迟好几年。我最早自己装配的第一台个人电

---

[*] 潘英伟，广东音像出版社原社长

脑,是 8088 中央处理器(CPU)配置的机器。

PC(Personal Computer,个人电脑)的概念来自美国苹果公司,代表是 Apple Ⅰ 和 Apple Ⅱ 台式机。把 PC 真正变成广泛的"个人电脑",则归功于美国国际商业机器公司(IBM)。

1981 年 IBM 正式推出了全球第一台桌上个人计算机——IBM PC,该机采用主频 4.77MHz 的英特尔(Intel)8088 处理器,运行微软公司专门为 IBM PC 开发的 MS-DOS 操作系统。但最为重要的是,IBM 开放了个人计算机的架构,为 PC 制订了全球通用的工业标准,亚洲的计算机部件生产的国际地位进一步奠定,"兼容机""组装机"于是成为潮流,充满了乐趣。

1990 年,在我对个人电脑开始"发烧"的时候,广州天河科技街已经"成行成市"(天河科技街开业于 1989 年),电脑产品、配件已经非常丰富,装配电脑,在广州已基本可以实现。

那时候组装电脑,延续"自摸"音响的"发烧"经历,主要是觉得好玩。

我的一台价格不菲的相当于"186"的组装电脑,内存仅 512Kb,没有硬盘,开机时得在软盘驱动器中插入 MS-DOS 的操作系统启动盘。因为软盘容量不够,要进一步启动 CCDOS 2.13 中文系统,必须同时调用两张软盘,为了免去抽来插去换软盘的麻烦,我在电脑上装配了两个 5.25 英寸的软盘驱动器(A 驱和 B 驱),机器通过上下读盘完成从 DOS 到中文系统的启动。今天计算机硬盘从 C 驱开始,没有 A 驱、B 驱,就是被这软驱的"历史"占位了。

早期 CPU 是固定装在电脑主板上的,CPU 与主板一同售卖,后来的电脑则可选择不同品牌主板与不同性能的 CPU 自由搭配。我后来的 386 电脑甚至在主板预留的基座上添加了 387 协处理器,据说可以加强浮点运算能力,增强多媒体的处理性能。

从 486 电脑开始,个人电脑才真正大规模进入普通人家,处理器、电脑主板以及显示卡等的选配,有了更多的腾挪空间。到了"586",英特尔把 CPU 改称"奔腾(Pentium)"了,此时又多了 AMD(超威)的 CPU 选择。

从无偿给亲朋好友配置拼装的机器,到后来成立广东基信彩色印前设计制作有限公司和广东教育出版社电子读物编辑室的数十台工作电脑,都是我亲自动手的兼容组装机,节省了好几十万元的费用。当年搞平面设计制作,言必称"麦金塔"(苹果电脑 Macintosh),我用事实证明,用 PC 兼容机同样可以制作出专业的效果。基信公司是广州第一家可以同时接受 IBM PC/XT 和 MAC 两种系统制作的印前输出中心。

组装电脑第一个工作就是 CPU 的安装。之前安装的 286、386 CPU 都是平面触点的芯片,直接对着方框按压下去就是了,当第一次打开 486 CPU 的包装,看到的是芯片底面丛林一样的针脚,而主板上的 CPU 基座旁居然还有铡刀模样的锁扣,心里极端惶恐纠结：这会不会锁扣一扳，针脚就弯了，从此进退不得？后来 Pentium CPU 改为封装好的竖式插法，估计也是觉得要解决顾客类似的疑惑。

不过装机还不算高科技的技术活，最令人忧心的是，一板一眼、按部就班把所有东西安装到位，然后伸直腰舒口气，按下电源——显示器没反应！这时候，就得头上冒着烟，反过来一件件卸下配件试错找原因，真正体会"功夫不负有心人"的艰苦历程……

个人电脑还是有很大用途的。

厦门大学的博导苏新春教授，当年还在广州师院，我提出了对他稿件的修改意见，同时建议他装配一台 286 电脑，然后他用那台电脑完成了大作《汉语词义学》（广东教育出版社 1992 年版）。苏老师还利用工余时间，发表了一篇关于五笔字型汉字输入法的论文，把用电脑处理文字的兴奋抒发得淋漓尽致。文人写作一旦用上了电脑，那是一发不可收拾……

那时候电脑还是黑白显示，能有 512 级灰度已经非常不错，我们文科生除了写字真没有什么可玩的。但是在高登，还是让我见识到电脑真的很好玩。

我常常去香港，一者香港是世界的窗口，可以大开眼界，看看计算机的硬件，此外，还想找找有什么新型、实用的软件，可以"参考借鉴"。

今天"多媒体"这个词儿有点儿滥了，当年却真正体现了这个行业的波谲云诡、日新月异。早期电脑没有声卡，主机上连接着一个跟蜂鸣器差不多的小喇叭，主要用于报错，比如开机时如果有那么三长两短的滴滴声可以通过查阅主板的手册了解可能出了什么毛病，当然通过程序也可以让这个小喇叭发出连串乐声。之前任天堂、红白机什么的电视游戏机非常流行，但电脑游戏将以一种更高势态的方式登场，因为其应用更便捷而效果也更震撼。

我关注多媒体电脑从改装 386 机器开始。先是如前所述加装了 387 协处理器，之后是增加声卡和光盘驱动器。

今天的电脑主板基本已经内置了声卡，高端的玩家才另加专业声卡。显卡今天基本也是内置在主板上了，当然高端的玩家也可以另加高性能显卡。最早生产声卡这种电脑配件的是新加坡创新科技（Creative），其产品"声霸卡"（Sound Blaster）曾经是 PC 声效的"非正式标准"。

我选择的 Sound Blaster 16 声卡是其中的增强版，近 30 厘米长，是我用过的扩充卡里最长最大的，横跨整个机箱，主要是这个声霸卡可以额外加插内存条，以扩展数字音乐处理时音色库的数量和质量。

很多人可能不知道，最早把光盘驱动器连接到 PC 上的也是声霸卡，因为 PC 主板上只有一个硬盘接口，创新把连接硬盘的 IDE 接口做在声卡上以连接光驱，直接达成

了多媒体 PC 的解决方案（声卡+光驱）。在电脑上直接播放 CD，边工作边听音乐，还是很拉风的。

当年，我把广东教育出版社社长黄尚立忽悠到我的宿舍以体验"多媒体电脑"，他可是华南理工大学的高才生，在广东科技出版社最早搞出个电脑室，机房还负责广东出版局的网络服务。

到香港买电脑硬件显得有点高端，那时候港币比人民币汇率高，所以我去买的更多是软件，因为内地根本找不到。

国际上有售的电脑应用及游戏软件，无论热门或冷门，无分领域和用途，都可以在香港黄金商场找得到。当年没有网络，遑论"下载软件"，软件都是直接买软盘回来安装使用，后来才以光盘为载体。

黄金商场的软件真的琳琅满目、应有尽有、分门别类、服务规范！每种软件基本是用软盘一至十数张装载，独立包装，丝印或者复印有详细的应用介绍、安装方法甚至破解技巧，包你搞清楚用来做什么和用来怎么做。

我的"多媒体电脑"虽然已经完备，听听 CD，玩玩游戏，除了编辑点文本，基本也就不务正业。但"多媒体"竟然已经成为我这样一个典型文科生的志向。

密切留意多媒体软件与应用，是我走向多媒体发展的契机，我的"多媒体电子读物""数字出版"都从这些软件和应用中开始启动。

Sound Blaster 16 声霸卡内部连接光驱，外部则还有两个接口：游戏杆接口和 MIDI 接口（乐器数字接口）。对于这个 MIDI 接口，因为没有应用软件，一直不知怎么用。

当我把家里的雅马哈 PSR-410 电子琴通过 MIDI 接口与电脑连接在一起时，在黄金商场找到的一个实用软件 Cakewalk 1.0 让我激动不已，居然有了一种要做音乐家的冲动。

使用 Cakewalk，电脑与电子琴互相控制发声，也就是说电子琴可以使用电脑上的音色，扩展和丰富乐曲的回放效果。在电子琴上即兴弹奏能在电脑上存储为音乐文件，而这个文件还可以在软件上对音符进行随意修改。其多轨道、多音色（乐器）的合成，为个人制作音乐作品甚至管弦乐效果的作品提供了可能。

多媒体电脑给我开启了一个新天地，而在若干年后很多人所谓的"学电脑"都仍然只停留在中文打字、文书处理、编制表格、演示文稿的层面上。

真正让我跟多媒体内容制作，或者日后叫"电子出版""数字出版"扯上关系的是 1994 年在香港黄金商场买到的《Dangerous Animal（凶猛野兽）》光盘。

微软不仅有 MS-DOS、Windows 和 Office，曾经也是数字内容开发和数字教育应用的领导者，出版过系列的多媒体只读光盘（CD-ROM），《Dangerous Animal（凶猛野兽）》就是其中一种。后来微软的这个类型的系列光盘我一共收集了十多种，涉及自然、科学、历史、文化等方面。严格来说，它们不算应用软件，我们叫它"电子读物"。

打开《Dangerous Animal（凶猛野兽）》光盘，呈现在眼前的不但有图文并茂的各种野生动物，还有穿插其间的活动视频、音频等等，丰富而感性，这不是唱片或影碟的单纯播放，而是可以跳跃着看自己感兴趣的内容，给人一种全新的学习体验。

原来，非线性阅读与多媒体内容制作和出版可以是这样的，从此，我把多媒体电子出版作为我的事业，一个文科生成了数字出版的"先驱"，多媒体应用开发被我努力成了"强项"。1995年成立的广东教育出版社电子读物编辑室，是广东也可能是全国最早的传统出版社的数字出版部门。

当年的多媒体电子出版物的开发有很多难以跨越的技术难题。

记得当年高效流媒体解压缩技术MPEG刚刚发布，姜万勐还未推出VCD影碟机这样的东西，一般的个人电脑还没有流畅音视频解码的性能，我们大哥曾志就迫不及待地买了一块电脑内置的MPEG解码板，组建其初世代的电脑家庭影院。

MPEG技术为多媒体电子读物的开发提供了极大的优势，今天制作小视频好像不算什么事，但当年常用的AVI和MOV视频格式，文件容积都相当大，我们开发电子出版物《每日日语》，其中需要嵌入50多个视频生活场景，但一张CD-ROM光盘的容量仅是650MB（4.7GB的DVD-ROM光盘还没出现），对这些视频，我们反复地修改画面尺寸和压缩率，才既保量又保质地完成了这个电子读物的多媒体制作合成。后来广东教育出版社出版的多媒体电子读物《每日日语》获得了首届广东省优秀出版物奖（音像和电子出版物奖）。

二、瀛海威（Information Highway）

中国第一条高速公路——广佛高速在1989年8月8日竣工运营，但到了1993年，大多数中国人还不知道高速公路是什么，而这时的大洋彼岸，美国已经开始建设"信息高速公路"国家信息基础设施（NII）。

1994年4月，中国首次接入国际互联网。

1995年1月，邮电部开始向社会提供国际互联网接入服务。

我应该是广州申请互联网服务的第一批用户之一。

电信和移动还未分家的广州邮电局，在校场西路的电信营业点，办理全广州的个人访问国际互联网的入网手续。

手续倒是简单，凭身份证登记注册后获得一个拨号上网的账号。

这个账号是一个电子邮箱名称。奇葩的是，工作人员在你自己拟定的英文字母名字前加上"GZ"两字，所以我的互联网账号就是"gzypan@ public. guangzhou. com"。

留意了一下，外地也是这样加地名缩写的规则，后来我干脆把"GZYPAN"作为我固定的网名了，因为地域和个人名字都很清晰！

更奇葩的是，入网手续除了同时签署一份承诺不访问反动、淫秽网站的"保证书"之外，还得交纳500元相同目的的"保证金"。后来只要有固定电话就可以拨号上网，上网用户也不需要办这些手续了，我的"保证金"发票还在，只是邮电局分家了，这"保证金"不知找谁要去。

访问互联网通过固定电话拨号上网，连接电脑得有只"猫"——Modem（调制解调器）。购置了Modem，PC总算"猫""鼠"（鼠标）齐备了。"猫"的拨号过程像老鼠一样"吱吱"叫唤一阵子，个人电脑与国际互联网就连通了。

其实这个时候，非专业玩电脑的"悲剧"重演了。

1980年代末，图形界面的Windows操作系统还未出现。如果没有正在使用的程序，或者记不住DOS的文字操作命令，面对着电脑只能抓瞎，屏幕"C：\ _"处闪烁着的光标仿佛在无休止地讥笑你的无能为力。

我们上网的那个时候，操作系统虽然是Windows 3.1了，应用软件大多也是通过鼠标点选，所见即所得，但悲催的是，除了收发电子邮件，对着浏览器你也一样无能为力。因为你不知道该访问什么域名，由于记不住网址，那时没有"搜索"，更没有"百度"，所以对着屏幕你依然抓瞎，做不了什么。

1995年女强人张树新创办了瀛海威，这是中国大陆最早在国际互联网络上提供中文信息、最先提供ISP（因特网服务提供商）业务的网络公司。瀛海威教育了中国人所有关于因特网的基本概念，许多人是跟着瀛海威走进因特网的。瀛海威即"Information Highway（信息高速公路）"的近似音译。

想通过瀛海威上网必须使用"瀛海威时空"专有程序。

我在广州电信拿到"瀛海威时空"上网客户端的安装盘，洋洋洒洒16张1.2Mb容量的5.25英寸软盘。瀛海威用户先通过固定电话线拨号上网，这个接入服务，中国电信收电话费，然后在"瀛海威时空"界面中进行互联网应用。

"瀛海威时空"可以说是中国最早的门户网站，是当时国内唯一的面向普通家庭开放的信息服务交互网络。瀛海威复制美国在线（AOL）的模式，为用户提供网络生活一站式解决方案，体验互联网化的生活娱乐。"进入瀛海威时空，你可以阅读电子报纸，到网络咖啡屋同不见面的朋友交谈，到网络论坛中畅所欲言，还可以随时到国际网络上漫步……"

据官方统计，1997年全国拨号上网只有25万用户，但从那个时候开始，互联网与人们的生活开始息息相关。

我们觉得，也该做点互联网的事。做什么呢，把自己的创作内容自主发布，于是我们也是第一批吃网络自媒体"螃蟹"的人。

那时候的"自媒体",没有平台可以应用,论坛性质的网站不算,国内只有新浪博客和新浪微博有影响,所以兴起了自建网站的热潮。

其做法基本是注册一个互联网域名,然后租用一个有一定带宽、某些特定技术支持的服务器接入"虚拟空间"。

我们自媒体之旅的起点,是注册一个域名。曾志与我,想着做个新闻热点的网站,拿着"焦点"这个词儿研究了一晚上,因为好写好记的国际域名都被人注册了,最后我们颇具创意地在"newfocus(新焦点)"前加了个"a",成功注册了域名 www.anew-focus.com,起名"网周刊"。

"网周刊",这个名称很大气,我们也没有将其注册为专用商标,不过好像今天也没人抢注。网周刊网站由曾志、庄兆声和我负责内容开发,曾志专注于原创新闻事件,以图片为主,理念是以图说事;庄兆声着力做网络文摘,汇聚网络见解;我则打下手,做维护,顺便把《粤海风》杂志的每期文章编辑上网。

其实我们凭兴趣和心情做自媒体,没有公司化的运作,更不像今天的自媒体有多个平台作依托,可以专注于内容创作和汇聚,但因精力、时间和内容组织的不逮,网周刊七八年下来最终不继。

网周刊租用新网的空间,网络服务器是 Windows 2000 Advanced Server 系统,我们自学成才,都很熟练地用 Microsoft FrontPage 和 Adobe Dreamweaver 编辑制作风格鲜明的交互网页。

随着个人自建网站热潮的到来,我们还不失时机地成为"互联网导师"。我与曾志一同编写了《网站开发实用手册》和《网站开发技巧手册》(中国广播电视出版社,2001年),俨然成了互联网应用的专家。

编辑出版三十五年记

秦 颖[*]

【主编者言】三十五年,时间长度似乎不足以为道。但是作为一个有追求的编辑出版人,却足以做许多事情。作者在老家时已经脱颖而出,岭南更是为他打开了一片新天地。

1987年7月,从华东师大历史系研究生毕业,在湖南人民出版社报到,1995年7月调广州花城出版社,2022年11月从南方出版传媒集团退休,这三十五年,我没有离开过出版行业。虽然最后十年,跟编辑出版拉开了距离,接触的主要是报刊。

一

我眼中的广东出版是充满活力的出版实验地。1995年调来广州时,犬子南南四岁,竟在从广州火车站到新家的这段路上,发表了一连串的意见:广州的人好多啊!广州的车好多啊!广州的桥(立交桥)好多啊!我想这也是大多数初次来广州的人都会有的感受。广州生活的快节奏、广州生存空间的逼仄和窒息感、广州给人的压力,是初来广州工作的人都会深切感受到的。对于我这么一个来自内地相对安宁悠闲的城市的人来说,要适应这一切还得有一个过程。在工作了近两年后,朋友问我广州怎么样,我竟回答:"从来没有喜欢过它,但出来久了又想它!"想它的什么呢?有好长一段时间我不知道。后来慢慢觉得,可能是广州的活力,我终于明确意识到自己是被这一片看似混乱无序的表象后面的活力吸引住了。

几年后,参加新闻出版署组织的美国纽约大学出版管理培训班的学习,我来到了纽约。朋友从加拿大赶来看我,问:"喜不喜欢纽约?"我说:"喜欢,拥挤、繁乱、节奏快,充满了活力和朝气,就像广州一样!"就像广州一样!应该说广州有点这种感觉。这位朋友说,国内来的,特别是男士都喜欢纽约,喜欢它的活力,似乎找到了施展才能的天地。广州正是这样,充满了机会和活力,让人兴奋……

---

[*] 秦颖,广东省出版集团出版部部长

不同人眼里的广州，是不一样的。在土生土长的广州人看来，广州的一切，都那么自然，它们给了这个城市一种稳定性和连续性。第二类是每日来往广州的外地人，在他们眼里这是一座被人流吞噬的拥挤和嘈杂的都市，于是有了进来像攻城，出去如突围的调侃。第三类是那些外地出生，来此奋斗的人，广州是他们的目的地，是他们奋发图强的热土，他们以探险者专注的眼光来发现广州，而在此同时，他们也成了广州的敏感气质和活力的来源之一。这就是广州，厚重的历史文化积淀和安乐的市民心态、躁动不安的流动人口和不断奋发的新移民造成了它的变化和活力。

经济的活跃相对淡化了政治的强势和影响力，但广州的出版文化并不像许多内地人所认为的，有一块跟他们不一样的空间，任其自由发展。它跟内地一样，是党的宣传文化事业的一部分，不同的是经济的迅猛发展带给它的冲击和挤压是内地人难以想象的。出版业在广东不像内地那样，横向比较起来，有为人羡慕的丰厚收入和较高的社会地位，因此人才流动率比较高，直接生产成本相对大，这些使它在全国的行业竞争中处于不利地位。经济强势之下，文化显得相对柔弱，于是又曾有一种说法，说广州是"文化沙漠"。在这种环境下的文化，形成了它自己的一些特点。而具体到出版文化，在我看来，它表现出的是一种强劲的个体生命的活力。

广州出版文化因受到经济的挤压，不能说有比别的地方更好的生存环境和发展机遇，然而，我们却不难看出它表现出了比其他地方的新闻出版更强的包容吸纳能力、前瞻眼光和胆识以及明确的主体意识。包容吸纳能力可以《花地》和《芳草地》为例，在这么一个被认为是文化缺位的南方省份，这两块"地"却能将全国优秀的作家聚集起来，影响着文坛，影响着广大读者，使文学走入寻常百姓家，实现着塑造通达的公民的理想。而明确的主体意识可以《花城》《随笔》为例。据我所知，先锋小说自提出之日起就颇引争议，而日后各种主张的提出和翻新，更是对它有不少的冲击，而杂志内部也曾有不同的意见，还招来外部的激烈批评。事实证明，坚持主张，就是坚持市场，力举"先锋"之旗，使《花城》不仅在文学期刊领域赢得了一席重要地位，经济上也略有盈余。

可以说，与广州城市特质"活力"相对应，出版业最具特色的地方应该是张扬个性。在经济压力大、出版业竞争激烈的形势下，在左冲右突为市场占有率和发行量努力的时候，广州出版业表现出了岭南文化的那种"善学而不古板，求实而不拘泥"的特点。

自二十世纪八十年代以来，出版业飞速发展，专业分工日细，表现在出版管理上，一般是严格专业划分，不容有跨专业出书的现象。广东的出版管理表现出了较大的宽容度和灵活性。各出版社的专业划分非常明确，但各社在选题开发，上级主管部门在选题审批时，对具体选题在专业内容上的交叉、跨越、重合等等情况，不是死板地画

地为牢、作茧自缚，而是采取了灵活包容的管理方式。管理部门所起的是"看水人"的作用，重在疏导，而指令性功能相对内地要淡化了许多。这种包容使广东的单个出版社有了相对宽阔一些的空间和相对灵活的自由度。当然，有得也有失，出版业的计划性、出版社图书的整体感则略显不足。报纸杂志情况有些不同，但从现状看，同样可感觉到那种灵活包容的管理特点。

因此，广州的出版业所表现出来的是有限的整体感和强劲的个体生命冲劲。也许我们可以把广州描述成一个充满活力的出版实验地。

二

我的出版生涯是从湖南开始的。最值得纪念的是"汉英对照中国古典名著丛书"。1992年，当我试探着以一册《汉英四书》在汉英对照中的古典名著读物这一块天地做一点事时，并没有想到它以后会成功地发展成一套丛书，更没有想到后来又被部分纳入新闻出版总署重点工程"大中华文库"。1995年我离开湖南，没能参加"大中华文库"第一、二辑的盛举。近十年后，在"大中华文库"协调委员会成员李林兄的推动下，2005年我代表花城出版社进入编辑委员会，申报的《紫钗记》《天工开物》等四种也获得批准，列入丛书第三辑翻译出版。

1995年的阳春三月，随湖南省新闻出版局调研组二十余人奔赴北京的那一幕还记忆犹新。我事先从沈昌文先生处得知新闻出版总署正在酝酿"大中华文库"的计划，在总署座谈时，向杨牧之先生请教。在听取了我关于"汉英对照中国古典名著丛书"出版的情况汇报后，杨先生表现出了浓厚的兴趣。"大中华文库"想法的提出大概在1994年，由于该计划的双语要求，中央各直属出版社除外文出版社外，没有过这方面的经验，也没有相应的编辑力量，迟迟没有启动。湖南出版社这套书的市场试水和初步成功，一方面证明了宣传推广中华文化的必要性、市场的可行性，同时也为非中央直属出版社从事此项工作的可行性提供了例证。大概是基于这两点吧，杨牧之先生正式邀湖南出版社参加，为避免重复浪费，希望原丛书停止出版。随后湖南出版局作了一个中长期计划，基本停止继续组稿，将已编辑组稿的近十部书稿陆续推出，补充了少量品种，之后逐渐淡出，全力投入"大中华文库"计划。

《华英对照四书》是父亲的珍藏。他曾写文回忆："抗战时期，我在宁乡县沩滨中学读书，看到老师徐灼礼先生的书架上有一本《华英对照四书》，知道是大学、中庸、论语、孟子四种书的华英对照。心甚奇之，心甚爱之。徐老师当时微近中年，毕业于北京大学外语系，是闻一多的弟子，在中央社工作过。抗战军兴，回到宁乡。时值沩滨中学创办，其兄徐钰礼先生当校长，便聘他来教英文和国文。徐钰礼到沩滨中学以后深得师生爱戴，他虽然没有教我们班的课，但我心中对徐老师甚为仰慕。1950年3月，我高中毕业后回到沩滨中学教学，和徐老师同事一学期，第二学期他去了北京。他的那本《华英对照四书》给了他的姨妹姜国芬老师。姜老师是我的恩师，于是我从姜老师的书架上取来细读……我经常将四书中的难句对照华英来读，能从比较中得到更透彻的解释，于是爱不释手。我后来到湖南师院读大学，并留校工作，这本书也不曾离开过身边。"

　　1987年，研究生毕业，我来到湖南人民出版社历史读物编辑室工作。1990—1991年，湖南人民出版社停业等待处理时，我被省新闻出版局图书处借用，参加省出版系统"九五规划"的制定工作。之后，回到新组建的湖南出版社，转到译文室工作。参与"九五规划"的制定的经历，成为我编辑出版的高级培训班。从历史读物转来编社科译文图书（原湖南人民出版社负责文学图书的译文一室转到了湖南文艺出版社），是一片新天地，对我也是很大的挑战。这时我想起了《华英对照四书》。选题讨论会上意见分歧很大，多数人认为这种对照读物不适合英语学习，因此学生不会读，而国人读的书不必加英文，外国人又只能读英文，况且因条件所限，我们无法走向海外。这种意见很有代表性，即使是书出版后，这种意见也仍然存在。

　　《华英对照四书》系英国汉学家理雅各的旧译，1936年由上海国际图书公司出版。理氏的译本质量如何？是否有更好的译本？这是个问题。《简明不列颠百科全书》没有理雅各的词条。这时原译文一室的退休老编辑唐荫荪先生，将他手上的一册《近代来华外国人名辞典》借我参考。理雅各是十九世纪英国著名的汉学家，25岁开始服务于"英华书院"，29岁迁居香港，在港居住达30年。历四十余年译成《中国经典》五大卷。其成就之浩大至今无人可比。介绍虽较粗泛，但此译本之价值大致可以确认。静下来读此书，发现排印有不少手民之误，而理氏的译本出来较早，现在来看，亦有必要请人审校一下。于是请来湖南师范大学刘重德教授校订《大学》《中庸》《论语》，江西大学的罗志野教授校订《孟子》。

　　这个过程中，如同打草鞋，一些想法做法都是慢慢地发展完善。《汉英四书》1992年4月推出，首印8000册，出版半年后，市场反应良好，读者来信踊跃。从读者来信，我们发现读者对象异常广泛，既有中国古典文学的研究者、科学工作者、外事工作者，还有外贸工作者、海外华人，这些对象不少是我们始料不及的。因为冠有丛书名"汉英对照中国古典学术名著丛书"，不少读者来询问丛书还有哪一些品种出版，哪里有购。这些反馈信息使我们认识到这套丛书的读者群，认识到其价值，于是决定连续开发，推出新品。读者也提出了比较具体的意见，如是否可增加白话文。第一次印刷的8000册半年多时间售罄，重印时我们听取了读者的意见，增加了白话译文；将"古典学术名著"改成"古典名著"。

1993年上半年，启动丛书第一辑工作，拟定书目并组织翻译校订者。首先要做的工作是了解中国经典西传的历史，以及各种古典作品英译的历史，从而知道我们的坐标和方位。读大学时，上过一门选修课：传教士与近代中国，授课老师顾长声先生，这份讲义后来正式出版了。今天，在此书后环衬上，留下了我记录的七八个与经典西传相关的书名：《明清间耶稣会士译著提要》《十八世纪中国与欧洲文化的接触》《中国哲学对于欧洲的影响》等等，这些书和文章我找到了五种，至于如何得到书目的，已记不清。只记得从何兆武先生送我的李约瑟《中国科学思想史》的附录获益不少。通过这些书，我对近代中国经典的西传，对我们这套书如何吸收利用现有成果组织新译，有了一个大致的了解和规划。这些研究还有一个副产品，一系列的小文章：经典"西行记"，包括《诗经的几个英译本》《周易西行记》《楚辞英译小史》《利玛窦、理雅各和四书的西译》等。

跟作者联系组稿，从来都是对一个编辑的考验。我曾写道，"入行当编辑后，有好多年，每天去上班都兴冲冲地，对新的一天充满了期待，像等待情书一样，期待收到作者的回信。开始组织'汉英对照中国古典名著丛书'后，这种期待目标更明确，心情更迫切。"1994年上半年，我拜访了李赋宁先生。他对中国经典的汉译工作非常支持，对于翻译人才，也充满了信心。他说："中国这么大，藏龙卧虎，应该找得到合适的翻译者。"还给我们推荐译者。杨宪益先生是著名的翻译家，他和夫人戴乃迭英译的《红楼梦》蜚声海外。通过萧乾先生提供的通信地址联系上。他对我们先从过往的译本中择善本推出的做法非常赞同，并表示他的译本尽可拿来用，如需授权只需写一个东西给他签字就行。还有李学勤先生。1994年12月李先生在信中说："'汉英对照中国古典名著丛书'是很重要的工作，我对你们的努力深表敬意，《史记》的英文全译，自然是件大事……但以一人之力，想完成是太难了。我们如能集团进行，当有希望。"李先生的信中还提到了拟将此项目列入清华大学国际汉学研究所的项目。另外，像何兆武、王宗炎、许渊冲、汪榕培、辜正坤等先生，都一一访到，有的加入了翻译队伍，有的提出了批评建议，或为我们介绍译者。

在那个年代，做这样的事情，有点知其不可而为之的意思。当时，还有几家出过类似的书，但或是一两本，或四五种后就难以为继，市场之外，可能还有一个出版大小环境的问题。湖南出版界在对待这套书的态度上，表现出了眼光、气度和勇气，可以看出湖南出版界的环境和氛围，这里有一批懂出版且有自信的出版人。

三

1995年夏，我从长沙来到了改革开放的热土广东，进入花城出版社做编辑。

1998年8月，参加在乌鲁木齐召开的鲁迅学术研讨会，会后顺便游览。记得在去北庭遗址的路上，我跟朱正、周楠本几位先生聊起了选题。朱老师提及当时出版界、读书界冒出的一个兴奋中心：思想类读物。约翰·穆勒有言："在精神奴役的一般气氛中，曾经有过而且也会再有伟大的个人思想家。可是，在那种气氛之中，从来没有且永远也不会有一种智力活跃的人民。"思想类读物的受欢迎，应该是八十年代思想解放以及九十年代初小平的南方讲话，造就的活跃精神氛围，形成的普遍的智力活跃环境的一个侧影。于是我们议论起哪些作者有思想、看问题深刻，可以组织一套丛书。朱正先生还就丛书名考究了一番："'思想家'这顶帽子太大，……入选者得有完整的思想体系，形成自己的一套学说，有几人能入选，没有把握。若以'思想者'命名，则灵活得多……只要他在思考问题，有自己的一得之见和闪光的地方，能够引导读者进行思考就行。"当我正式邀朱先生出任主编时，却被他挡了回来。他说："主编或策划，应署你我二人名。"我知道，这是朱先生想提携我这个晚辈。朱先生最初拟的十家，并没有将自己纳入。对此，邵燕祥先生就颇不理解："上次名单增删后，我就发现独缺朱正，为什么？我以为当仁不让，符合孔孟之道，望再思之。"接下来，就是组稿。我们分头约稿，还一起去北京，于是我有幸拜识了当代的许多大家：李慎之、舒芜、邵燕祥等。

第一辑最终定下了六种，作者有舒芜、邵燕祥、朱正、蓝英年、许纪霖和朱学勤。出于对"思想家"一词的敬畏，我们最终采用了"思想者文库"作为丛书名。这些想法在《编者的话》做了陈述："我们不要求我们的作者都如同思想史上的那些思想家一样，都有一个自成体系的原创性的思想。我们自负的是，每一位作者都在不断地思考历史和现实、传统和未来、中国和世界、社会与文化这些题目。他们的作品，也是在引导和启发读者思考这些题目。"

《思想史上的失踪者》一书的组稿，以及跟朱学勤先生在书名和篇目的探讨过程，可反映我当时的思想状态和工作方式。知道朱学勤，是因为工作后，在《读书》杂志上不断看到他的文章，比如《在文化的脂肪上挠痒》《我们需要一场灵魂的拷问》等。在他最初选编的目录里，一半的篇幅是硕士毕业论文，而我喜欢的文字，几乎没有收录。于是在1999年4月我们有一段密集的Email往来。这几篇文章，每一篇增加进来，都可以讲一个故事。"修改的序及两篇文章收到，请释念！关于《我们需要一场灵魂的拷问》一文，你的意见可以理解，但仍想说明一下为什么想补入此篇的原因。一、这篇文章应该是你影响最广泛的文字之一……二、此选本就我目前的初步感觉，你在提供自由主义学理如何在'我们这一代'重新开始的线索的同时，还想梳理自己的思想脉络，关于卢梭的两篇文章与这一主题的联系，主要根源还可能是研究卢梭是你思想发展的重要一环。而清理自己的思想轨迹，这篇重要的文章似乎不应该少。三、舒芜

先生是个有争议的人物……我们看重其文，并不等于认可他过去的做法。"最后是成功地说服他，将我喜欢的几篇悉数收入，书名也用了他的那篇名文。他在信中开玩笑，称自己是自由主义者，善于妥协，而跟我这个非自由主义者打交道，"总是要多妥协一点，因而总是吃亏"。如此，他这本集子，不仅好读，还是他思想发展历程的一个缩影，相当于思想自传，可以说是这套书中特色鲜明的一种。

组织"思想者文库"，对我是一个大的锻炼。几年后，《随笔》前主编退休，出版社决定让我接任。大概是社里考虑到我在文库的组稿过程中见过一些世面，跟《随笔》的一些作者有了接触，建立起了联系。冒冒失失地接下这个工作，让我在最初的一段时间里，在人生中第一次体验了失眠是咋回事。

报刊跟图书比起来，工作节奏和方式有很大的不同。好在《随笔》是双月刊，都说是把刊物当书在做，节奏相对舒缓。从来没有期刊经验的我，只能是摸着石头过河。其实，有些事旁观的时候觉得难，真正面对时，又似乎有点船到桥头自然直的感觉。接手不久，凭直觉我搞了一次读者调查，这成为我了解杂志读者群的捷径。在对读者的职业构成进行统计分析时，发现杂志的读者构成比想象中的目标读者群要广泛得多，人文社科研究人员、律师、公务员、编辑记者等一类的读者占51%，大中学老师占17.2%，让我吃惊的是自然科学、工农兵商经金融等界人士占32.2%，近三分之一，大中学生占1.4%。数据告诉我，《随笔》不是一份学院式的或书斋里的文人的杂志，而是宽泛意义上的知识分子的杂志，读者对象是有中等以上文化知识教养的公民。

接手两年后，在总结前几任主编办刊经验的基础上，借着选编《随笔双年选》，进一步明确了办刊的思路。一是办刊启蒙。坚持、继承二十世纪八十年代"思想解放"运动的传统，继续了启蒙的基本命题，持续进行现代公民和现代国家的基本观念的灌输。将常识说透，让常识深入人心，开启民智。二是办刊包容。从思想、观点、内容，到学派，到文笔，到作者构成，体现包容。只要是言之有文，言之有情，提供知识，启发思想的好文章，就让他在这个平台上说话。同时，作为一份刊物，她仍会有自己的选择和坚守。三是性情的文字。注重文学性。发挥随笔的特点，随时随地随人随事随心随性随意。强调书写者的个人经验、感受和思考，因小见大，婉约多趣，诚实无欺。四是理性、建设性。《随笔》看重思想性，看重独立的、深入的思考。但她不标榜思想。不是为批评而批评，为反对而反对，而是要有益于世道人心，有益于现实的改良和改造。将理性建设性定为《随笔》的基调。

接手《随笔》的年头，正是作者队伍加速变化的时期。陪杂志一路走过来的老作者，不少已经离世，许多已经写不动，仍然写稿的大概不到三分之一。发展新作者，扩大话题范围，成为当务之急。我鼓励编辑部的同事们，突破原有的思维惯性，走出超稳定的作者方阵，发挥主动性和积极性。经此努力，作者队伍有了明显变化：文化界学术界卓然有成的学者,如何兆武、葛剑雄、何怀宏、杜小真、林达等加入了进来,还有不为《随笔》读者熟悉却颇具实力的作者,如缪哲、胡文辉、褚孝泉、薛忆沩、唐小兵、羽戈、苍耳等加入了进来。徐贲的加入,记忆犹新。2005年去北京组稿,李静帮忙约了何怀宏、崔卫平喝茶聊天。闲谈中,崔卫平提到她熟悉的一位作者徐贲,特别欣赏他的写作不泛泛而谈,而是带有问题意识。回广州后,收到她推荐的徐贲的稿件《肮脏的手干净的手》。那年是萨特百年诞辰,这篇纪念萨特的文章,在另一家杂志不顺利,看看我们用不用。我第一时间看完,很兴奋,马上回复,可用。那家杂志估计之前一直是在犹豫,看到另有杂志"抢稿",及时醒悟过来。但通过这篇稿件,我了解了一位有实力的作者,随后我们建立了联系,从此他成了我们的核心作者。同时,我们还对《随笔》的读者,也给予了更多的关注,从中发现作者和作品。比如李建纲,他是多年的忠实读者,投来的《瑞典的官儿怎么当》,还有吴小娟的《小凯和我们在一起》等都在《随笔》上露面了。

同时,在杂志的话题和内容上,我们也尝试有所突破:文史话题之外,开始关注并参与当代文化现象、思想流向、重大话题的讨论。汪永晨的《四问怒江》涉及了环境保护问题,张柠的《表态运动和自由的累赘》对李敖的大陆文化之旅作了探讨;国外的人文话题明显增多,如林达的《亚马逊热带雨林里的信仰之路》,薛忆沩的《"域外读书"三则》,给人打开了一扇新的窗口。文体上,叙事、感怀、说明、议论等多种表现方式并存的主张也在推进,有些文章如《雨西湖》《筑巢而居》都是我们久违的"闲文",可看出我们的努力。

可惜,在《随笔》的时间只有不到四年,太短。一些想法和做法没有得到充分的发挥和验证,比如双年选只出了一次,没能继续下去,多种形式利用资源的设想没有结果;主编负责和全员参与组稿的模式,仍不能保证人事变动时稿源的稳定和质量;等等。

四

多年前,写过一篇《影响我的一个人、一本书、一段经历》。一本书是兰登书屋的创始人塞尔夫的《我与兰登书屋》。读此书大概是九十年代上半期。这本书让我明白了一个道理,出版社的正常运营靠的是长版书的经营,国外出版商的经营重点,是大搞基本建设,建立自己的常销书目。以此反观北京中央级的出版社,如商务印书馆、三联书店等,无不如此。我由此形成了这么一个理念:畅销书是幸运的意外,长版书是生存的基础。前面提到,广东的出版业所表现出来的,是有限的整体感和强劲的个体生命冲劲。什么意思呢,就是不时地会以放烟花的方式,出来一种现象级的书,但各

社出版的规划和专业板块，并不是很清晰，没有哪家出版社建立了自己的长期销售书目。当编辑做书，以及到管理岗位后进行的板块建设，我总是抱有出一些能沉淀下来不断重印图书的想法。记得1996年冬，在张家界举行的年度选题会，我报了一套"新注今译中国古典名著"丛书。选题讨论时，有不少编辑提出，这类书出得很多了，无新意、炒冷饭，有什么可做的呢？我的答辩主要在两点：一、古典名著注译本市场大，读者人群广泛而稳定，做得好的话，可以长销，市场上的各种版本说明了这是一块大蛋糕，我们为什么放弃，而不去分一块呢？二、古籍图书这一块有不少的市场机会，而广东省因为没有专业的古籍出版社，对这一块没有给予应有的关注，作为一个南方的大省，出一套这样的书，有补缺的作用。这个答辩似乎有一些说服力，选题通过了。经过几年经营，陆续推出了《周易》《孙子兵法》等近十种，到2018年离开花城社，全套平均印数4万多册，最多的一种《老子》印到8万册。

出版社实行目标管理后，利润指标始终是图书编辑的一个压力，同时也是动力。基于前面说的对长销书的理解，为了找到一份基本口粮，在策划图书时，更注重长版常销，重木本，轻草本，避免为完成利润，盲目开发，乱抓一气。有了基本口粮，不为"衣食"担忧了，做书会从容很多，放松状态下，对书稿、选题的判断准确得多。我做的很多"炒冷饭"的图书，如《福尔摩斯侦探小说全集》，"大家小集""名人名传文库"里的一些书如《拿破仑传》《鲁迅集》等等，都是在这样一个指导思想下做出来的。

当然，也想通过创新，实现长销。世纪初，我开始关注外国散文的译介。外国文学，主要是小说的经典名著，自改革开放以来，翻译出版有过几次高潮，有名的几乎都译介过来了，量很大，重复出版惊人。记得当时最典型的例子就是《红与黑》，有20余种版本。相比之下，散文就冷落得多了，又以选集比较多见，篇目的重复率还相当高，个人的选集虽说也有，但有影响的似乎不多，个人专集就很少见了。造成这种状况的原因很多，恐怕主要还是散文这种文体与小说、戏剧相比，翻译的难度要大得多。一般说来，散文艺术的特点是形散神不散，它不像小说、戏剧，有一个故事情节在。散文的魅力在文章的风格、思想和词彩。布封说：风格即人。指的正是文章的风格。这也是文章家共同追求和想表现的东西。这些因素再加上其他一些原因，使许多翻译者对散文的翻译浅尝辄止，偶尔为之。策划"经典散文译丛"就是想进军这片蓝海，定下的原则是：以个人专辑为主体，兼顾选本。这个原则，也引来了批评。高健先生就说："好的，全部优秀的散文专集太少。"经多年的经营，出了十来种，还是专集的反响大一些。如法布尔的《昆虫记》（全译本）、吉尔伯特·怀特的《塞耳彭自然史》《钓客清话》等，究其原因，它们是第一次介绍到中国，填补了空白。今天来看，除了散文译介上的突破外，它们还在自然观察和博物类图书的出版上，得风气之先。

老一辈知道法布尔《昆虫记》的人，大多是读了周作人的《法布耳〈昆虫记〉》，并且也由此被昆虫诱惑。舒芜在《读书》上发表的《远亲的消息》中，就说他是十二三岁时从《自己的园地》中读到《法布耳〈昆虫记〉》一文，开始神往，以后多次重读，发现它"不仅是爱玩昆虫的儿童爱看，越是于生命有体味的成人老人越会爱看"。六十多年后，1998年得到作家出版社的节译本。这本子刺激了他，发出"何时可以读到全书的中译本呢"的慨叹。周作人在中国第一个介绍法布尔《昆虫记》，翻译发表了《蝙蝠与癞虾蟆》《蜘蛛的毒》《爱昆虫的小孩》译文。他说，"读一本《昆虫记》，胜过一堆圣经贤传远矣，我之称赞生物学为最有益的青年必读书盖以此也。"全译本的推出，一度成为出版界的现象级事件。

  一个地方的传统有顽强的惯性。长销书思路，在自己努力的领域多少有一些效果，因为作为个人，比较容易一以贯之。今天，距第一版相隔近20年的一些书，比如《昆虫记》（全译本）、《福尔摩斯侦探小说全集》、《拿破仑传》等，花城社还在重印，其中一种还名列南方传媒2019年度十本畅销书排行榜。我离开花城社后，也有一些书没有守得住，主要是翻译作品的译文版权或著作权被其他出版社拿走，比如《塞耳彭自然史》（缪哲译，2021年有包括新星出版社在内的三家出版社出版），《伊利亚随笔》《钓客清话》以及"三尺书架"丛书中的一些品种。在出版社层面上的板块建设、产品线建设的努力，效果并不明显。

  我很庆幸自己选择了出版作为职业。这个职业吸引人的地方，正如美国出版家舒斯特所说：编辑不仅仅是一个充实人生的职业，编辑本身也是一种人文教育，你因此有机会和当代最有创造力的一群人认识，结交作家、教育家以及各种各样具有影响力的人物。你等于在修一门你愿意付费的终身学习课程，不同的是，你修课的时候不但领薪水，而且还可以在知识和心灵上得到充实和满足。我想强调的是，这份工作给了我相当的自由，可以选择我喜欢的事情做。出版工作在一定程度上需要发挥个人的自主性、能动性的特点，给了我自由发挥的空间和机会，让我这几十年的人生丰满而充实。

别了,城中村

丘树宏[*]

【主编者言】 作者是官员,却又是诗人,是一个文化人。他总是为自己的工作发掘文化的意义。此文写了自己如何处理城市建设的大难题,并为结局发出诗意的感叹。

众所周知,今天的珠海,以一个美丽的花园式海滨城市著称于世。

然而,你可曾知道,四十年多前,也就是珠海经济特区建设初期,香港的电台曾经出过这么一个让珠海人觉得很不好意思的谜语:一条街道、一盏红绿灯、一个警察、一间百货商店的大陆新兴城市是哪里?谜底就是珠海。

那时候的珠海,不过是一个名不见经传的小渔村而已。

不过,这个谜语很快就成了过去的记忆。

1980年珠海经济特区成立,各项建设一日千里、日新月异,可谓沧海桑田、翻天覆地。仅仅十多年的时间,珠海就已经出落成一个初具规模的海滨城市,在国内外声名鹊起、闻名遐迩。

然而,许多人更想象不到的是,就在珠海经济特区成立之后的二十年,已经头顶"全国环保模范城市""全国园林城市""全国卫生城市",以及联合国"改善人居环境最佳范例"等光环的这座美丽的城市,在2000年4月14日,一场降雨量达620毫米的百年不遇的特大暴雨袭来,珠海市的中心城区香洲区各城中村全都被淹,导致2人死亡,直接经济损失1.4亿元。

城市建设突飞猛进,没有及时很好地考虑和照顾到城中村的更新改造,不仅各种配套设施严重滞后,大建设更使得城中村成为标高低于道路的低洼地带,历史和现实问题凸显,村内几乎都是"一线天""握手楼",违章建筑、消防隐患严重,而且社会管理问题多多,"脏乱差"成了城中村的代名词。

一场百年一遇的大暴雨,浇醒了珠海市委、市政府领导的头脑;一场大暴雨造成的灾难,催生了一个历史性的重大决策。

---

[*] 丘树宏,中山市政协原主席

好事差点变成坏事

那个时候，我正担任珠海市香洲区的书记。我清楚地记得，那个时间我和市委书记黄龙云正在省里参加全省城市建设工作会议，收到暴雨消息的龙云同志当夜带我赶回珠海了解灾情。看到城中村一片汪洋，变成"水中村"的境况，我们的心情都非常沉重。结合省城市建设工作会议的精神，根据面前的严重情况，黄龙云同志当即决定，尽快启动城中村改造，并作为近几年城市建设的重点来部署实施。

我是1999年初才到香洲区任职的。到任后，马上展开市容环境整治、迎接澳门回归的工作，当年12月20日还组织了20万市民欢送驻澳部队进驻澳门。这是一场硬仗，既要清拆违章建筑，一些重要位置的合法建筑，如果对市容影响太大，也要清理甚至要拆建。记得位于拱北口岸的关闸村，开始拆了一大批的违章建筑，后来黄龙云书记来检查，觉得拆掉违章建筑后，露出来的旧村更加难看，于是就要求我们抓紧做通村民的思想工作，尽快拆建。

这可是老百姓祖祖辈辈居住的祖屋啊！我听了龙云书记的指示后，心里直打鼓。但是，站在拱北口岸回望关闸村，确实十分难看甚至是丑陋。以这样的"国门"面貌迎接澳门回归，确实会令人难堪。

从现场回来后，我立即召开区委常委会专题研究，决定派一个专责工作组进驻关闸村，要求半个月内做通村民的工作。然而，半个月过去了，组长回来向我报告，说根本做不通村民的工作，连村干部都不同意。

怎么办？时间不等人，再拖下去就不可能完成任务了。那天中午，我带上两瓶茅台酒，和一个工作人员，来到了关闸村附近的一家大排档，打电话请来了关闸村的书记、主任，请他们一起吃饭喝酒。

我说，今天不谈工作，只是喝酒。一杯、一杯地喝着，我一直都没有讲任何工作问题，只是与他们聊家常，谈改革开放后关闸村的变化。他们也说，以前是关闸村的人偷渡去澳门，现在是澳门的乡亲回来办厂；以前是澳门的乡亲带家电回村里，现在是澳门的乡亲在拱北买家电带回澳门。他们还说，澳门的乡亲甚至办酒席都订拱北的酒店，因为价廉物美。现在，留在关闸村的乡亲，比澳门同胞更有面子了。我顺着他们说，就是呀，如果没有国家改革开放的好政策，我们哪有今天的好日子呀！这时候，他们都觉醒过来了，说：丘书记，原来你今天摆的是鸿门宴啊！我们知道了，澳门回归，到了我们做贡献的时候啦！请区委给我们一个星期的时间，我们一定做通全体村民的思想工作，接受拆建的任务。

接着，区委马上召开会议，决定关闸村配合澳门回归市容环境整治的要求，率先

进行部分区域的改造。不到一周的时间，村里也迅速做通了每家每户的思想工作，决定清拆影响市容市貌的部分建筑。

一个月后，关闸村在澳门的、香港的，在东南亚的、美洲的乡亲，都派了代表回来，一起拜祭祖宗。拜祭时，大家说：改革开放后，家乡得到了许许多多的好处，生活一天比一天红火；现在澳门要回归了，是我们做贡献的时候了。我们要配合国家，配合国家的大事、喜事，营造一个优美的环境。我们拆了祖屋，市里会支持我们盖起高大漂亮的楼房，请祖宗理解，请祖宗放心。

当时的情景，如今依然还历历在目，想起来我依然感动得要流泪。

那个时候，香洲区除了要做好迎接澳门回归工作，又同时在开展街道管理体制改革、加强烟花爆竹燃放管理、国家社区建设试点等工作，一年来，连续打了几场硬仗，干部职工已经十分疲惫。现在，又要全面展开城中村改造。我很清楚，城中村改造是"天下第一难事"，当时在全国成功的例子极少，因此对于龙云书记的决定心里面很有些犯难。

然而，珠海处于南海之滨，台风频繁来袭，城中村经常遭受暴风雨侵袭，威胁非常大。珠海市正处于城市化高潮，香洲区又是国家级社区建设先行区。这些都决定了城中村改造不仅是当务之急，而且是一个最好的历史契机，倒不如下决心做起来。何况，市委、市政府的决定，作为下一级党委和政府也只有坚决服从和执行的份儿。

抓住机遇，先做起来！区委、区政府一班人很快提高了认识，统一了思想。市委、市政府也派出了以一名副市长为组长的专责小组进驻香洲区，与我们一起深入调查研究。只用了两个月，我们就草拟了《改造城中旧村、建设文明社区总体方案》，方案送市委、市政府审议后，于8月23日以市委、市政府"两办"的名义下发执行。

然而，让我们始料未及的是，这样的大好事，居然引发了大批的群众上访！

2000年6月8日，香洲区召开动员大会，我们旋即转入各项准备工作。但几天后的一个上午，突然在市政府大门前聚集了上千名上访人员，公开抵制抗议城中村改造，当天中午新闻就在香港的电视媒体上播出了。第二天，上访人员增加到两千多人，第三天更增加到三千多人，而且他们扬言要到拱北口岸示威。情势非常紧急。

在市委、市政府的坚强领导下，我们通过十分艰苦的努力，终于劝下了上访的群众，稳定了社情。我们答应大家，一定会认真考虑他们的合理诉求，按照实际情况，调整工作思路和有关政策，将好事办好。如此，一场建市以来最大规模的群众上访事件才得以平息。值得庆幸的是，全过程没有发生任何大的事故。

坏事变成了好事

问题究竟出在哪里呢？我们立即组织了十几个小组，带着问题深入到各个城中村调查研究。经过一个多星期的工作,终于弄清了症结所在。原因主要在两个方面:第一,我们对于城中村的历史和现状研究得不够,制订的政策和措施没有很好地解决这些问题,对村民的利益有所损害,群众意见比较大;第二,城中村的违章建筑非常多,但涉及的群体又非常复杂,我们公布的处理办法过于简单,一些既得利益者借机鼓动群众闹事;还有就是我们工作的推进过于急躁,没有做好细致的宣传解释工作。

问题和原因搞清楚后,我们很快调整了工作思路和节奏,有条不紊地全方位展开工作,进一步明确了"政府引导、政策推动、市场运作、村民参与"的改造模式,并采取了一手软、一手硬的工作战略方针。

"软",就是针对合理合法的问题和诉求,我们从群众利益第一的原则出发,尽量予以满足,特别是大大调整了拆迁补偿政策;对于由政府原因造成的历史问题,则以负责和开放的态度大胆改革,适当予以合理的补偿。

"硬",则是对于无理取闹尤其是煽动群众闹事的既得利益者,在宣传政策的同时,向他们宣传法律知识,讲清楚违法闹事的利害关系。我们了解到,有个别的村干部,本身就是违章建筑大户,他们非但没有做好村民的思想工作,还在背后组织鼓动群众闹事。我们通过各种途径掌握了这些村干部家里违章建筑的具体情况,以及他们在背后煽风点火的事实。用一天的时间,我会同市公安局的领导,将他们一个一个请到我的办公室,向他们晓之以理,同时给他们讲清利害关系。希望他们知道自己的错误、明确自己的责任,让他们将功补过,带头配合城中村改造工作。事实说明,这样的做法,效果极好。

通过一周的工作,整个工作局面发生了很大转变。我们向社会重新公布了城中村改造的"三赢"方案:一是最重要的要让村民"赢",告别杂乱迎来文明;二是让参与改造的开发商"赢",获得合理的利润空间;三是通过以上两赢,实现政府的"赢",提升整座城市的综合竞争力。"三赢"原则和政策的切实落地,加上细致周密有效的社会工作,珠海市的"城中旧村改造、建设文明社区"战略部署终于打开了局面。

然而这些还只是"画"上的东西,群众最看重的还是要有实实在在的看得见摸得着的东西,于是,我们以最快的速度选择了翠微新涌村和水湾头村等作为试点,先行先试。

2000年6月29日、30日,新涌村、水湾头村顺利拆迁,打响了旧村改建的第一炮。2000年7月20日,新涌文明社区正式破土动工。2001年5月15日,新涌文明社区顺利竣工移交,翠微村村主任代表160户村民从市委书记黄龙云手上接过了"新涌文明社区金钥匙",珠海市首个城中村改造项目圆满成功,充分发挥了先行村的模范作用。接着,水湾头村以一种亮丽的样貌完成高标准建设,昔日在脏乱差中过日子的村民住上了现代化海景"豪宅",一个崭新的现代化社区矗立在市民面前。

老百姓是最现实的,也是最讲道理的。旧村改建的成功实践回答了广大城中村居民的疑问,消除了居民心中的顾虑,使旧村改建这一历史性的社会系统工程进一步得到了群众的拥护和支持。此后各个村,包括原来闹得最凶的,都争相要求列入改造范围,珠海市的城中村改造很快进入高潮。2000年香洲区启动的26个城中旧村(行政村)改造工作,实际累计开展了32个(自然村或连片旧城)项目,截至目前已实际完成30个,改造涉及总占地面积约260万平方米,总拆迁面积约240万平方米,总户数约11000户,已实际建成回迁面积约188万平方米。2014年,香洲区再度启动剩余27个城中旧村(行政村)的改造工作,截至目前已完成3个行政村的改造和回迁房建设,涉及占地面积约19.5万平方米,建回迁房约31万平方米。经过孜孜不倦的艰苦努力,香洲区历史遗留问题最多的城中村均完成了改造和建设,城市面貌得到大大的改观和提升。

好事办成了大好事

珠海市城中旧村改造、建设文明社区成为全国城中村改造最成功的典型范例之一,得到了广大群众的一致好评,以及国家建设部和广东省政府的充分肯定并推广,对全省以至全国的城市建设起到了示范作用。记得当时国家建设部的领导来珠海考察时问我,珠海的城中村改造能够成功,对此你对国家建设部门有什么要说的?我问他,是说真话还是假话?他说当然是真话。我就说,这个成功,最重要的一点就是突破了国家建设部门的一些过时而不合理的政策规定,这就是珠海经济特区敢于改革的胆量和担当精神,也是珠海成功的"秘笈"所在。

珠海的城中村改造虽然有不少问题,比如我从城中村改造工作开始就组织了城中旧村文物调查,印发了《关于加强城中旧村文物保护审批工作的通知》,但由于各种原因,在具体的工作过程中,对人文留存的保护贯彻得还是不够坚决有效,等等,然而,最重要的是,我们毕竟做起来了,毕竟总体上成功了。珠海既为广东、为全国提供了许多可资利用的有益经验,也提供了一些值得借鉴的教训,探索出了一条新的路子,当时被各界称为"珠海模式"。

珠海市城中村改造的成功给人们最大的启示是:最核心的政策,是必须将最大的利益让给村民;最根本的工作,是要完全赢得民心;最关键的措施,是要大胆改革不合时宜的政策和规定。

从杂乱的旧村变成现代文明社区,这种历史性的跨越性转变,源于珠海市委、市政府在推进城市化进程中的一个创新理念的升华——通过城中旧村的改造,建设现代文明社区，增强珠海的环境与文化竞争力，从而提升城市综合竞争力，赢得民心。正如时任珠海市委书记黄龙云所言，珠海城中村改造不是市政建设简单的"填平补齐"，而是实现城市的整体增值，给人民创造优美舒适的生活环境，让他们最大限度地享受改革开放带来的红利和实惠，从而实现了"三赢"：政府赢得了现代化城市建设，村民赢得了良好的居住环境，开发商赢得了合理的利润回报；最后，是让整个珠海市获得了一次跨越式的发展，整个城市的建设一下子前进了十年以上。

最后，特别将我当年为珠海城中村改造写下的一首诗《别了，城中村》作为本文的结尾：

六百年前/爷爷说我们的祖先从中原迁移到这里/从此一个个村庄升起了生命的炊烟/荒凉的海滩一天天收获渔归的果实。

二十多年前/爸爸说封闭的边关演绎出春天的故事/从此小小的渔港童话般崛起一座城/沉重的村庄暗淡了都市五彩的美丽。

二〇〇〇年/我们说这是个梦想和希望成长的世纪/从此迷离的村庄完成了历史的使命/崭新的社区创造了现代文明的神奇。

啊，在梦想开始的地方/我们告别昨天的村庄/啊，在希望放飞的地方/我们走向明天的城市。

一生难解"三农缘"

饶伟强*

【主编者言】一个农民的孩子,读的是农业大学,毕业后长期从事"三农"工作。他的人生道路见证着农村变化和农业发展,让人看到一个农家子弟怎样热爱和反哺脚下的土地。

我来自粤东北的客家山村,出生在典型客家围屋"平阳堂",成长在常年"发大水"的松江边(韩江上游)。虽然我出生在"困难时期"的末尾,小时候吃苦多多,也在动乱时代蹉跎了一些少年岁月,但有幸赶上了恢复高考和改革开放,以及国家这几十年的高速发展。个人的命运,同国运,和时代的命运紧紧连在一起。

我1982年参加全国高考,本立志学医,做"仁心仁术"医生,却阴差阳错地被录取至"华南农学院农学系农学专业",后来同事笑称我从那个时候就注定了"三农"的缘分。在华农,我度过了充实而宝贵的四年大学"学农"时光,为之后几十年在"农业·农村·农民"领域的工作和事业奠定了坚实的基础。

我生于二十世纪六十年代,从懂事时起,虽然是在农村山区,也同样见证了"十年内乱"和"农业学大寨",后来也经历了"农业机械化"和"四个现代化"的提出。改革开放、分田到户、造林种果、山区开发、异地搬迁、"农业税"改革、华侨农场改制、对口挂钩帮扶、"双到"责任扶贫、扶贫攻坚战,直至当下全面实施乡村振兴,可以说我完整地见证并亲身经历了农业农村这一系列的改革发展。来于斯,长于斯,事于斯。这是我一生都解不开的"三农缘"。

我来自侨乡松口:亲情不断线

我家地处粤东北部的千年古镇松口。松口乃华侨之乡,是"海上丝绸之路"始发港之一,这一点还可以联合国教科文组织颁布的全球七处"移民纪念碑"为证,是亚洲唯一、中国唯一,松口因此名声大噪。

---

* 饶伟强,广东省农业融资担保有限责任公司原董事长

以前，江西赣南、福建闽西、粤东梅州的人要出海下南洋谋生，必经之路就是从松口坐"电船"经潮州到汕头，再转坐"客轮"漂洋过海到南洋。"家家户户有华侨，家家户户是侨眷"，这说法一点都不为过，当地人以"侨"为荣、以"侨"为傲，哪家七姑八婆、叔婆伯母、堂哥表妹的谁粘上个"侨"字，准能攀个不错的姻缘。

松口古镇随处可见古村落，现存略具规模的祖屋无不是清末民初华侨出资建造，革命先行者孙中山视察松口时入住多日的"爱春楼"，即为旅印尼爱国华侨谢氏昆仲所建，其间孙中山还应谢氏兄弟所邀赐予墨宝——"博爱从吾志，宜春有此家"；还有鼎力资助孙中山革命的同盟会会员、旅印尼爱国侨领梁密庵兴建的"承德楼"，等等，不胜枚举。我家的祖屋"平阳堂"是来自中原河南的先祖经江西抚州，历经迁徙到现在梅州松口开基立业所建的一座典型的客家半围龙屋，从清中期至今繁衍了几百号人，其中一大部分旅居印尼、印度、美国以及中国香港等国家和地区。

清末民初，众多海外华侨与国内亲人联系主要靠"水客"，而今留存的大量"侨批"是又一力证，侨批上只写"中国·汕头·松口"即可，而不用冠以"广东省梅州市"字样。因梅州古时又称"嘉应州"，故有"松口不认州"一说。

在我记忆中，每逢春节（过年）来临，家家户户最期盼的就是远处传来的信用社同志的单车铃声。铃声意味着海外亲人的过年汇款到了，有了侨汇便可以添置像样的年货，给小孩买些布料做件新衣裳，还能买些鱼啊肉啊过个体面的好年。在那个贫苦的年代，旅居东南亚的华侨、港澳台同胞深知内地骨肉亲人的贫困疾苦，逢年过节都会节衣缩食、想方设法寄回几十上百元钱，以解内陆亲人的燃眉之急。特别是家族中遇上红白大事、洪水浸淹或后辈考上大学之类的事，海外亲人都会或多或少地寄钱给予慰问或鼓励。

我们家也是侨属。祖父在我父亲还在奶奶腹中时便远走他乡谋生，到了印度的加尔各答。听闻在当地以加工皮革为生，仅堪自个儿糊口，贫困潦倒，最终客死他乡。我爷爷的弟弟，也就是我的叔公，还有大姑姑等有多位至亲就幸运多了，顺利漂到南洋印尼，从此在印尼开基散叶、人丁兴旺。叔公膝下有八个儿女，长子耀武，也就是本文中要提及的武叔。他历尽艰辛，发奋拼搏，成为当地著名侨领。我们家和叔公常有书信来往，每逢过年时节，也时常得到叔公济困慰问。旅居印尼的叔公叔婆省食俭用，将其子女孝敬的零花钱分寄给我们，每家按亲缘远近和困难程度一百至三百元不等。家家有份，皆大欢喜，就像每当过年时长辈给小孩压岁钱一般。

时至二十世纪八十年代，松口镇里街边还有旧岁月承袭下来的一门职业——专门代写书信的铺头和职业写信人。代书人会根据委托人的口述，将委托人要表达的内容写好后详细复述给委托人听，直至委托人满意，没有补充内容后才算完成。代写的报酬按内容长短五毛至两元钱不等，寄往印尼、美国的海外信件，要在信封上写上全英

文的收件人地址和姓名，为此还要加收五毛钱费用，代书人相当的专业耐心细致，备受欢迎。如今，随着社会的进步，教育普及、通信发达，这一职业早已消失在时光中。

1982年我考上大学，亦不忘写信将喜讯禀报叔公叔婆、姑姑姑丈等海外亲人，祈望得到鼓励和资助。那时我与叔公叔婆素未谋面，只知道老人家1949年以前便远赴南洋，教书为生，身居南洋几十载，仍胸怀乡梓。当时虽年事已高，仍时刻关心祖国建设，思念家乡，眷恋亲人。我算是中华人民共和国成立后"平阳堂"家族至亲里面第一个考上大学的，叔公他老人家甚是喜欢读书人，当即回信表示祝贺，并说要给予我助学金奖励，而且按家族中最高等级——每年三百元人民币，连续资助我四年，直至大学毕业。这项资助，对于家境贫寒的我来说，是何等的庆幸，又是何等的荣耀。

大学期间，叔公还时常关心过问我的学习生活。大二时收到他们专门托亲人从新加坡寄来的"三洋牌"收录机和英语磁带，叮嘱我要学好知识，读好外语，掌握本领，将来回报亲人，报效国家，造福社会。这台收录机，直到我毕业参加工作，继续学英语时还在使用。

我的武叔是位热心慈善、爱国爱乡的著名印尼侨领，数次以其父母的名义在家乡无偿捐赠巨资修建道路、桥梁、教学楼、医院等。梅州城区的彬芳大道、秋云大桥、彬芳教学楼都有他的慷慨捐资。当地政府为感谢捐赠巨资的爱国华侨，在城区繁华地段划拨地块供其商业开发作为回报，但遭武叔力拒，并将其全部回赠政府。后来政府又以照顾三十名亲属的就业作为答谢，也被武叔婉拒了。武叔向政府明确表示，自己是真情实意、无私无偿、不讲回报的"裸捐"；同时他也希望国内家属亲人自食其力，靠真本事做人做事，不要借此沾光，不能靠政府照顾，更不能给当地政府添堵添麻烦。回想当年，假如我在"照顾"之下拿了就业名额去工作，恐怕就不会努力学习考大学，也就没有如今的事业和人生了。

2011年，我们一家三口受邀参加印尼亲人的婚礼，才第一次见到我人生的"贵人"武叔。从广州白云国际机场直飞印尼首都雅加达，全程要五个小时，一路上我们因为激动没有丁点倦意。武叔亲自到机场迎接我们，因为我们提前告知，带了整整两大麻袋精心挑选的老家特产沙田柚，他特意多带了一辆车。我们拖着两袋柚子上飞机，带给海外亲人的，不仅是从家乡的水土中结出来的柚果，更是浓浓的亲情。

武叔热情地陪同我们一家三口多日。返程前，叔侄俩彻夜长谈。武叔教诲我要淡泊明志，谨记做人做事底线，带着慈悲爱心工作生活，要秉承祖训"权能理作则，富贵任为先"，要坚守为人之道、做人之心，要常思己过、常怀感恩，要无私奉献、珍惜岗位、回报社会！武叔跟我说这些话时的神情和眼中的亮光，至今历历在目，一直勉励着我砥砺前行。

少年记忆：大水中泡大的我

　　小时候我们家因人口多生活非常艰辛，吃不饱穿不暖的记忆至今十分鲜明。我家地处韩江上游的松江边低洼处，遭遇洪水浸泡，每年淹上几回是常有的事。特别是端午前后，隔天淹泡一次已是司空见惯。我父亲曾在我的笔记本上写了一句顺口溜——"松口系个好地方，大水一来浪荡光"，至今记忆犹新。洪水来袭经常导致庄稼淹死、粮食绝收。但如果是稻谷扬花灌浆时发的大水，就算还略有收成也是大水谷、泥浆米。那种米几经搓洗也无法洗去的"泥香味"，是我记忆中难以忘怀的特别滋味。

　　"抗灾扶困"，是在洪水中泡大的我成长记忆中的一种"意难平"。大水中，少年无助的记忆，让我在以后的人生旅途中，只要遇到有困难的人，就永远不忘伸手相助。

　　那时候，地方政府也没有忘记受淹的灾民，干部们积极组织村民抗洪抢险、复产自救，大队高音喇叭会不停地滚动播放"洪湖水，浪打浪……"，提醒村民时刻做好准备到高处避洪。如今的我，竟然对这首歌曲有了一种苦涩的回忆。大水来时，大队民兵也会临时搭建木排，昼夜巡查，救助来不及逃离的受困村民。如遇灾情严重庄稼绝收，政府还会给受灾家庭安排少则几斤多则几十斤的"救济粮""返销粮"以示慰问，虽杯水车薪但可解燃眉之急。年复一年，岁岁如此。

　　记得老母亲常说，嫁入"平阳堂"后，每年的雨、泡、搬、洗，年复一年，已习以为常，自己也成了抗洪能手，如今笑言悔不当初。还记得，每当洪水来袭，每家每户首要的任务就是抢先储备所剩的丁点口粮食物、盐巴柴火、黄连素等急需品。因为没有柴火就无法生火做饭，全家就得挨饿，就只能吃些木薯干片、生蕉等临急"口粮"；连续数日洪水淹泡，大人小孩拉肚子是常有的事，家里备有的黄连素便是最佳选择。

　　1982 年，也就是我考上大学的那一年，竟连续淹泡十二次。更诡异的是，大年初二居然被水淹，家人过了个"大水年"。当然，来年也就没能"旺财"。

　　时隔四年，1986 年 7 月我大学毕业，满怀壮志到接收单位报到。到单位后，高兴地得知，允许刚毕业报到的大学生回家探亲半个月。可我回家翌日便赶上一场特大洪水，堪称三十余年之最。

　　洪水刚退却，我便匆匆赶回单位报到，单位领导对我嘘寒问暖，同事们围着我好奇地关心询问灾情和受损情况，我顿觉组织领导及同事的关怀如此温暖。其实，这场洪水对于早已习惯了发大水的我来说真没啥稀奇的。可他们说，是从电视新闻了解到我的梅州老家那边遭遇了特大洪水，损失严重。省里机关单位组织捐款捐物，支持灾区抗洪救灾。为此，单位还专门给我这个刚报到的新同志发放二百大元"灾民"补助。

要知道，我参加工作的第一年，每月基本工资只有五十一元，转正后也只有六十四元，二百元的高额慰问金让我受宠若惊、感激无限。

如今，各级党委政府高度重视江河水利防洪工程，当地政府牵头引资、多方筹措，以堤（电）养水（利）创新模式，在松江所在的韩江流域先后新建了丙村、单竹窝、蓬辣滩、高陂潮州水利枢纽等多座水电站，既可发电创收又可调峰避洪。从此我家终于摆脱了每年遭水患浸泡之苦，告别了"救济粮""返销粮"。村里老人常说，不是新社会、不是共产党、不是好政府，哪有今天的幸福安稳生活，要是还发大水还被水淹，哪家姑娘会愿意嫁到咱低洼发大水的地方来……

打造"大沙模式"：驻村扶贫

2009年的盛夏，南粤大地掀起了一场声势浩大的扶贫开发运动，要求"规划到户责任到人"，也就是"双到"扶贫。记得那天我正在粤东揭阳出差，接到单位领导电话，直接通知我第二天上午立马赶到五华县水寨镇大沙村。挂了电话，我预感到上级组织将派我去五华驻村扶贫。我按时赶赴现场，见到了单位领导和同事，还见到了陪同调研的当地市县领导。单位领导郑重地向市县领导介绍了我——组织选派驻村扶贫工作队长，将在大沙村扎根驻守。

对于扶贫，我并不陌生。早在1985年广东省第一次山区工作会议后就成立了省山区办，1995年改名为省扶贫办，直至如今的省乡村振兴局；出台的相关政策从当初的造林种果、治山致富、异地搬迁，到1994年国家启动"八七扶贫攻坚计划"；1997年是扶贫攻关年，基本消灭了绝对贫困，提前三年实现国家"八七扶贫攻坚计划"奋斗目标；2009年广东省在全国首创开展富有中国特色的"双到"精准扶贫工作机制，直至2021年脱贫攻坚战取得全面胜利，"三农"工作中心实现历史性转移，开始实施乡村振兴战略。整个过程，我都是亲历者和见证者。

后来得知，单位之所以选派我和另一位同事搭档"双到"，正是考虑到我们俩都来自农村，骨子里对农业农村有感情。大学所学专业是农学，本人又在农业农村财政部门有多年扶贫相关工作经验。我还熟悉客家地区的习俗方言，可谓首批扶贫工作队的最佳人选。

驻村扶贫的每一个日夜，都倾注了我们的心血和汗水。

向单位领导立下军令状，我们便立马兵分两路，走村串户，起早贪黑，逐户核查村委会提交的贫困户家庭名单，仅用三天时间便基本摸清了村两委提交的78户对口帮扶贫困户。经过严格筛查核对，对12户没有达到帮扶贫困户标准的予以剔除；重新增补符合帮扶条件的贫困户，造册登记，向全村张榜公示，接受村民和社会监督，最后对78户对口帮扶贫困户名单予以确认、建档立卡，做到"一户一表""一户一卡""一户一策"。后来得知，被我们剔除的12户都是与村干部有亲属关系而受到照顾的"假贫困"。他们心知肚明，自然不敢作声。我们做到了既公正、公平又公开，体现了动真格地真扶贫。至此，"扶贫第一难题"被攻破，我们得到当地政府官员的肯定和广大村民的交口称赞。

经过十天的艰苦奋战，我们利用现场调研摸底获取第一手资料，具体帮扶措施征得镇村同意后，着手制定《对口帮扶实施方案》，按时报送并得到了单位领导的首肯。

我还有一个鲜明的记忆，就是进村入户调查。当地有养狗吃狗肉的习俗，几乎家家户户养狗，少则几条，多则十几条。刚进村时，长期在山坳土生土长的狗狗对来自大都市的客人非常凶悍，远远看到就吠叫着直冲过来。要不是狗主人出来及时喝止，后果不堪设想。但是，狗狗又最懂人情通人性，经过半年多的进村扶贫，村里的狗狗看见我们已不再吠叫，而是摇着尾巴友善地跑过来，争着引领我们到各自的主人家。动物不会撒谎，狗狗们已知道我们是大好人，会给主人家带来好处，给家里带来幸福快乐。

作为首批"双到"对口帮扶驻村扶贫工作队，没有先例可循，所有人都是各自摸着石头过河。所幸的是，我有着多年在政府扶贫部门工作积累的经验和思考，入村调查后我便提出"产业帮扶、救济帮扶、社会帮扶、智力帮扶"等创新帮扶理念，并将其全盘应用到大沙村，逐一进行探索实践检验。

回顾之前广东扶贫的经验教训，各级党委政府倡导多年的政府扶贫并没有达到预期效果，局部性的绝对贫困和区域性的相对贫困跟广东的经济高速发展极不相称，部分地区甚至出现越扶越贫的情况，"返贫"几乎成为常态。究其原因，是某些地方官员出现厌战情绪，一线扶贫干部又不愿带着真情实意下沉到田头村尾。驻村伊始，我们便注重转变乃至消除村民"等靠要"的思想观念，同时又在尊重当地的民风习俗方面下功夫，将上级提出的"扶贫先扶智，治贫先治愚"改成"扶贫先扶志，治贫先治懒"，将"智"换成"志"、"愚"改成"懒"。我们认为贫困户虽穷但不"愚"只是"懒"，要脱贫，村民就要树起彻底摆脱贫困的"志气"。这一改，化入了民心，赢得了赞誉！

功夫不负有心人，一年多的辛勤付出得到上级肯定、社会认同、村民赞誉。我们留下了村道改造、小学修缮、卫生站修建、水利排灌渠和自来水工程竣工并交付使用等一项项民心工程，留下了带不走的尊贤敬老基金、扶困助学基金、医疗救济基金以及一条条规章制度、乡规民约、治理理念。我们实现了进驻当年许下的诺言——"打造一支永不撤走的扶贫工作队"。

时隔十年，驻村的同事到村回访，看到熟悉的村干部和老村民脸上绽放的笑容，

资助的小学生已上大学,当年的小姑娘而今也已嫁人,还有那熟悉的"平安亭"和对联——"平和向善求自在,安心修福奔小康"。一幕一幕,让人感慨万千。

那天晚上,一场大雨后,我正好在村道上漫步,突然抬头看到远处的星光,心中突然响起了《光辉岁月》的旋律,那首我原本很熟悉的歌,竟然在那一刻产生了全新的神奇感觉,一种热切的人生情怀像潮水一样溢满心胸,真切无比……

经过一年多的大胆探索、创新实践,我们摸索出一条具有当今时代特征的扶贫模式——"大沙模式",这一模式得到了上级的认可并在全省推广。其间,本人荣幸地与红线女、谢杏芳、"口罩男"、"拜客"等被评为"面孔·2010"十大人物,还作为优秀驻村代表在省委一号楼听取汪洋书记的指示。驻村工作结束了,离开的那一刻,我流下了激动的泪水,我的人生经历,也因此变得更加丰厚多彩……

五旬创业:成为"农担"人

2016年的盛夏,我从宁夏出差回来,单位同事提醒我,省里要组建政策性农业信贷担保公司,单位正在组织报名选拔,建议我一试。本着对"三农"的情缘,我便毫不犹豫地报了名,经过层层选拔考察,我荣幸胜出。一纸公文,一声令下,又是当年的高效作风,筹建时间不足两个月,公司便顺利挂牌运行。

后来得知,建立全国农业信贷担保体系是党中央、国务院的决策部署。时任中央政治局委员、国务院副总理汪洋提出了调整财政支农支出结构,建立财政金融协同支农助农机制,有效破解农业融资难、融资贵问题,引导推动社会金融资本投向"三农",实现"全国一张网、全省一盘子"的建设思路。2017年4月,我还有幸作为省级农担公司董事长赴京参加全国农担工作座谈会,聆听汪洋副总理的讲话。汪副总理指出了全国农担体系建立的重要性,要注意保持政策定位,助农解"两难",要做到"贴农为农,不离农不脱农",发扬"两脚泥、晒黑脸、睡地板"的农担精神。这一精神一直在鞭策鼓舞着全国农担人继往开来、砥砺前行。

六年来,经过艰辛创业,广东农担从无到有、由小到大、由点到面,实现了体系健全、风险可控、业务覆盖全省,搭建了专注"三农"、直面"三农"、服务"三农"的创新服务平台,累计为全省两万多户次种养大户、家庭农场、小微三农企业等新型农业规模经营主体提供融资增信服务,助力解决"融资难、融资贵"等难题。

我们还致力于打造"餐桌上的农担"。尤其是疫情以来,老百姓基本生活所需要的鱼肉禽蛋蔬果茶,政府极力守护的"米袋子""菜篮子""果盘子""茶罐子"……我们可以无比自豪地说,这些都是我们农担提供的服务产品啊!

结语

　　还记得四十年前,我作为一个边远山区的孩子,从粤东北走进省城,对一切都感到陌生新奇。而今人世沧桑,我从当初连一句完整的普通话都不会说,到现在不但能说普通话,还能说流利的广府话,成为"新客家人";家乡链接广州的道路从全程车费九块八,在泥沙公路上满头尘灰地颠簸十二三个小时,到如今全程高速公路不到四个小时,再到即将通车的高铁全程仅需一个半小时,变化如此之大,回望岁月,感慨万分。如今我已经临近退休,将退出曾经热爱和服务近四十年的"三农"工作岗位。我热爱生命中的"三农缘",无愧生命中的"三农缘"。"穷家难舍,热土难离",退休,我就有更多的时间回归故里,回到生于斯长于斯服务于斯的乡村大地。我要去寻找童年玩伴,要漫步江岸、戏水桥墩。我要再度沉醉在熟悉的柚花香、龙眼味中,回到童年的木棉树下,拾捡那些火红、硕大的木棉花,仔细回味岁月的芬芳……

我的亦官亦文之路

唐 瑜[*]

【主编者言】作者的"亦官亦文"道路，是他自己的人生写照，却也展示了改革开放之初广东的文化对外开放。作为亲历者的回忆，文章写的那些事都满含历史的深意。

我原籍梅州市兴宁附城镇，1929 年 11 月出生，1947 年于兴宁一中学校毕业后，18 岁的我离家投奔我党领导下的九连山游击区，曾任连队文化教员、支队报社刻印员、记者，中华人民共和国成立后曾在地区级报社任记者、编委数年；1956 年被调入中共广东省委宣传部，担任文艺处副处长时，"文化大革命"开始，我被打成"牛鬼蛇神""靠边站"，后到"五七干校"边劳动边接受审查。这样几年后才"解放"，回到宣传部任副处长、处长。1979 年初被调到广东省文化厅（局）任副厅长，（1983 年）任厅长，后兼厅党组书记：其间还兼任省剧协（厅级建制）党组书记、省作协主席团成员数年。有人说我"红得发紫"。1991 年，我担任省文联党组书记兼常务副主席，1993 年获得国务院政府特殊津贴，至 1996 年离休。

二十世纪五十年代后期，我听从"向科学进军"的召唤，在业余时间学习写作，主要学写小说、散文。那时机关干部的业余时间是很少的，我写的也不多，省作协吸收我为会员不久，就遭遇"文化大革命"，1979 年广东人民出版社为我编了一本个人结集《绿谷》，广东省作家协会推荐我参加了全国作家协会。这时我已调到广东省文化厅担任副厅长了，连业余时间都要忙于看戏、谈戏，写作就更难了。我必须有所取舍。我专门请教了我的前辈，那些老共产党人叫我以公务为重，我也认为应当如此。于是停歇了做小说家之梦，把时间和精力都放在本职工作上，但也见缝插针地写一点小文章，走一条"短"的路子。这于公于私也都有个交代。后来我写的短小文章大都是随着文化领域的新现象、新问题的出现而写的，我称之为文化工作随笔；我在很长时间内与这种随笔结了缘。就我而言，这比我去写小说散文更有用、更有实效。这无形中也形成了我亦官亦文的道路。如说我是一个官员型的作家，亦无不可。

---

[*] 唐瑜，广东省文化厅原厅长

我给文化市场点了绿灯

那时我们国家已实行改革开放的决策,广东作为先行省,从经济领域到文化领域,都跃跃欲试地盼望改革。文化生活中一下子冒出了两个品牌:音乐茶座、群众舞会。我初时不很在意,后亲自到现场去看了一下,才醒觉过来,它们是群众求新、求知、求乐的文化需求,联系到广州的文化历史,就可估出它们的发展趋势,我就这样成了这些品牌的支持者。省文化厅党组赞同我的宽容态度,由我主持草拟的管理规定经省政府审定后以省政府([1981]248号文)的名义下发了。这些,后来都被列为广东出现的"全国第一"文化现象。

在这同时,一个包含各种文娱项目、文娱用品和文化服务的市场从沿海向内地迅速扩展,群众文化生活不断丰富和多样化。广东的"全国第一",据《南方日报》称曾达23项,这虽然不是很科学的统计,但也反映了文化界敢为人先的势态。不过由于多年的禁忌,有些项目往往引起争论,甚至在领导层也存在不同看法。我感到自己可以多做点事了,就与当时《广州日报》文艺部主任姚北全说起我准备写"千字文"的打算。姚北全凭着他老报人的眼光,马上感到它们的分量与影响,欣然表示欢迎,请我随写随送。于是就在《广州日报》上出现了我署名的"文化生活巡礼"专栏,文章题材自然是从音乐茶座、群众舞会开始的,当时是仍有争议的话题。这种署名文章很自然地引起文化界乃至社会上的注意。《羊城晚报》还发了一篇点着我的官名喝彩的文章。

接下来,我在这个专栏写了羊城音乐基金会、少儿艺术热、书画热、现代舞专业班和现代舞团、文化专业户、文化与旅游的结合等话题,文风是我一贯遵循的简洁流畅、实话实说、不打官腔。开始的几篇,我曾改头换面寄到北京、香港,都被发表了。有些媒体记者说这个专栏是我的拳头产品。文化部负责人到广东时,说我是全国最早研究文化市场的厅长。其中部分文章后来被我结集于《掠波集》《眺望集》两本小书中。

我曾致力把王洛宾拥上荣誉宝殿

我早年办理文化市场的事,于今讲来像讲古,像吃第一只大螃蟹;我当年同意举办王洛宾作品演唱会一事也像讲一段古、吃螃蟹似的。

那时的王洛宾还不是著名的音乐家,他有两次入狱的历史,戴着吓人的帽子。第一次入狱是在旧社会,入狱三年;第二次是在"文革"期间,被判刑十五年,成了刑

满释放人员。音乐界某位专家找到我，把能否举办王洛宾作品演唱会一事摆到了我的面前，我不免有些为难。虽说已经给他平反了，他还被任命为新疆部队文工团音乐顾问，但真相如何却不得而知。

我早年曾唱过王洛宾的《在那遥远的地方》《达坂城的姑娘》。我喜欢这些歌，并曾在部队教唱。我直到这时才得知这些歌是由于王洛宾的遭遇而"佚名"变为民歌的。这也使我开了窍，我们只是从艺术上帮王洛宾落实政策，如此而已，与政治不沾边，我就在举办音乐会一事上拍了板。

这样，广州友谊剧院举办了连续三场的王洛宾优秀作品音乐会，王洛宾应邀到会与观众见面，受到观众的热烈欢迎。

在我们国家"南大门"举办的演出引起的辐射作用，是连我们这些当事人都意料不到的。王洛宾的名字不翼而飞，名扬四海。他先后受邀出席在我国香港、台湾等地以及纽约联合国总部举行的王洛宾作品演唱会，后回到内地，在西宁、桂林、上海、南京、深圳等地都相继举办了演唱会；一个音乐家在连续数年的时间里如此频繁地举办专场音乐会，可谓绝无仅有。他被媒体戴上一顶顶桂冠——"西北民歌之父""西北歌王""一代歌王"等。负责主编王洛宾史料丛书的刘书环曾说，"王洛宾的晚年辉煌是从广州音乐会开始的"，事实如此。

王洛宾到广州的时间不长，但他与我一见如故，他谱曲，我填词，很快我们成了歌曲合作者。他接连为我谱写了《这世界忽然静了》《是你把幸福带给我》。前一首歌曾在广州的重要节日晚会上连续演出。王洛宾回到新疆后，曾一再嘱我寄歌词。可惜后来谱得不如初期的好。王洛宾辞世后，我曾写了《魂兮南来》一文，深情地悼念这位卓越的艺术家。我终生都会记得他那首迷人的名曲——《在那遥远的地方》。

那曾经引人注目的游记

广东开展对外文化交流具有得天独厚的条件，广东籍的海外华侨众多，还有港澳同胞的支持，我们充分发挥了这一优势。国务院很早就授权广东可自派艺术团体赴港澳演出，我们充分利用这一便利条件，对外文化交流迅速活跃起来，尤其在组织艺术团队赴海外演出方面，其批数、人数一直领先于全国。其中自然也包含了我的一分力量，我是这方面的积极推行者，这些情况就不细讲了。

我本人首次外出，是率领广东汉剧团到香港演出。那时香港尚未回归，这种外出是视同出国一样隆重的。我打起精神，圆满完成率团任务。演出回来，报社编辑问我，除了演出报道还能不能写点什么，我只能表示遗憾，后勉强交了几个"豆腐块"。之后我就注意积累素材了，要求自己所到之处都写点游记。

后来的我真的这样做了，到哪里都有个交代，说好听些是走到哪写到哪，这样做当然要多费些力气，我必须随时掏笔记下点东西，要写日记。我常常发现我是团（组）里最后一个熄灯的。但我乐意这样做，在那个外出的人不多，国门仍待敞得更开的情况下，读者需要这些信息，这从报社编辑对我的文稿处理上就能看出来。

随着广东对外文化交流的开展，我到外地的机会增多，我先后写过纽约、莫斯科、巴黎、东京、曼谷等世界著名大城市，写过气势非凡的王宫、庄严肃穆的教堂、一望无际的草原、水天一色的海滩。凭着我这个文化官员的独特视角，写过西方社会的剧场如何售"套票"以争取更多的观众进场；写过剧团如何加班拆卸舞台以节减成本；写过西方国家如何保护民族传统艺术，珍惜历史文化遗产，如何探索新的艺术形式（如现代美术、现代舞等）。

一次我被批准率领剧团到美国巡回演出一个月，那是我去外地时间最长的一次。这一次，我接触了较多的社会中下层，回来之后写了《美国粉墨行》，介绍了我在社会生活中感到的敬业、友善、亲切。文章写到我们剧团的一位女士，白日里在大街上被抢了一条项链，当地华人表示义愤与同情之余，当天买了一条金项链给她"赔偿"；也说到剧团女演员不止一次上街迷路了，幸亏当地白人驾车把她们送回住址等。我不清楚这些文章是怎样被当地报刊转载过去的，后来一位华人给我来信说："你回国后我从报纸上看到你写的几篇文章了。它们如实地反映了美国社会的某些层面和你自己的观感，无论从新闻和社会学的角度，共产党都应该提倡和鼓励你文章中这种实事求是、不欺不瞒的处事精神。"

这些游记，结集为《海外风尘》。现在时代不同了，旅游已变为平常事，各种风光景色在视频上应有尽有，当年那些文章已失去新鲜感了，但我并不后悔。

那偿还心愿的书目

从游击队里成长的我，一直牢记着培育我的革命摇篮，立愿要把它写进书里。应该说，我很早就留意这件事了，不时抓住机会访问当年部队的首长。作为一个基层干部，我是不可能掌握斗争全貌的，我必须采访他们。当年的部队首长都已在厅局、地委或者副省级的岗位上，都是大忙人，那时也不像如今喜欢谈政绩，有的还顾忌谈那些"内部的事"。我自告奋勇的行为还真起了点作用。我是在他们面前长大的，是九连山部队中出现的作家，因此他们对我的请求都没有拒绝，让我记下不少口述历史材料，可惜有些人我无缘相逢，天不假年，已离开人世了。

我从工作岗位上退下来后，就不存在业余不业余的问题了，我可以把全部时间都用来写作了。我毫不犹豫地把写九连山的斗争作为头等大事。一位哲人曾说，上帝在

召唤你啊,你得走快些。我决定"走快些",就找了原东江二支队主力三团的教导员陈君明,请他出面协助我合写这本书。陈君明是文武兼备的政工干部,是为九连山游击战争立下汗马功劳的,在1949年之后的政治运动中却遭到冤屈。他听到我的邀请就义无反顾地应承了。彼此不是外人,熟门熟路,经过一些必要的补充采访后定下了写作纲目,开始写作。

原九连山地区现大都属河源市。写书的消息在当地老战友中迅速传开了,一些战友给我们寄来了史料,有的跑到广州索借书稿。我们没有辜负众望,先分头执笔起稿,后相互交流修改,又多方征求意见,前后花了一年多的时间,终于交出了《九连山黎明前的战斗》这部书稿,1997年4月由广东人民出版社出版。《河源日报》将此书在报上连载。事实证明,我们这一步走对了。陈君明于此书出版一年后不幸病逝了。

老天爷眷爱,让我仍活了这些年,因而我仍继续写作。现在写的全是纪实文章了,大体上隔几年就汇编成一本;如遇到老战友邀请我为他写序的,我大都给予支持。按年代排列,1999年,我结集出版了《风雨情怀》(散文集),其中部分也是取材九连山的;2001年出版了《驿站》,是根据我当年部队生活日记整理的,此书也曾在《河源日报》连载;2006年,在广东中华民族凝聚力研究会的支持下,《九连山黎明前的战斗》重印发行;2008年,为纪念改革开放三十年出版了《前沿文化纪事》;2010年,我曾将历年为老战友写的序、诗等结集为《忘不了的情缘》。其间还可以说的,是2008年我与李明宗、肖承罡主编的《郑群戎马岁月忆述集》。郑群是原东江纵队二支队司令员。此书是在他的主持下编写的,大部分文章出自他的笔下,我们三个主编也出了力,帮忙查询、审核、校正等。它是迄今为止对九连山斗争最具权威性的论著,时任省委书记汪洋、省长黄华华分别来函赞誉。

除此之外,我还想说几句。文化厅的一项职能是主管艺术表演团体,我在这方面也作了努力。我提出举办省艺术节也属"全国第一",我采取了多种措施促进创作,但成效不是很理想;我个人也写过一些剧目评论,但对艺术思想、理论以及我国艺术体制、机制上的问题却缺乏研究,这就只能表示遗憾了。

[附言]

庆榴同志:

久未面晤,你好。

这是我应张磊同志叮嘱整理的,他没有细说他的打算。那时我恰有一个接受采访的口述稿,就把它整理出来了。但张磊同志却不幸旧病重发,要动手术。我至今未有见面的机会,当然不宜打扰他。

我最近也是旧病又添上新麻烦，连打牌也成了稀罕事.今天却凑巧与尊夫人一起打牌，大家都高兴。借此机会请她将此件送你一阅。倘若能得到你的赐教，感激不尽，请勿见笑，专此，并致

敬礼！

唐瑜
五月十一日

【主编附记】唐瑜（1929—2021）去世前，将这篇文章托付给了曾庆榴先生。希望他找报刊发表。曾庆榴是历史学家，曾任中共广东省委党史研究室副主任。我主编《粤海风》杂志期间，曾多次发表他的文章，因而是熟人。这次得知我编《南方岁月——改革开放年代的人生记忆》，他就将唐瑜的文章给了我。是手写稿。可这是哪一年交到他手里的，曾庆榴也记不清楚了。唐瑜留给他的信，也只署了月、日，偏偏没有署年份。不过可以肯定的是，文章写于改革开放之初，说的是广东的事，合乎我们此书的选文标准。

与时代同行

田 丰*

【主编者言】 学术之路总要打上时代烙印，总是可以在文章的字里行间感受历史的风云。尤其是从事哲学社会科学研究的学者。有时候，在场或缺席都说明着某些东西。

我的学术专业是马克思主义哲学史，作为一门历史科学，它要结合时代演进研究马哲的产生和发展过程，而它又是一门思想史，要从历史和逻辑的统一中阐发马克思主义原理及其体系的创新规律及其精神实质。应该说，这属于抽象思维的工作，而我念大学以前干过艰苦的体力劳动，当过音乐老师，在县级文艺团体做过5年的小提琴演奏员，与哲学思维相距甚远。中山大学的师妹问我从文艺工作转向哲学研究的体会，我说文艺思维与哲学思维既有对立也有互补。艺术修养对于哲学思考是有帮助的。比如音乐的普世性与哲学的世界性、音乐美感与理论表述的流畅是相关的。此外，不管是音乐还是哲学，都需要激情和想象力，没有激情和想象力，当不了音乐家，也当不了哲学家。

我的学术生涯受益于大学本科时期的哲学及社会科学的启蒙教育。受毕业于中山医学院的大哥、在读中山大学的二哥的鼓励，我于1979年参加高考，考入华南师范大学政治系，感谢邓小平果断恢复高考，使我这个初中毕业的知青有幸赶上了历史列车。当时华师大的哲学研究和教学水平在全国是有影响的，从中国社科院哲学所调回来的邹永图教授精于思辨，十分重视哲学抽象思维的培养，他给我们讲授哲学原理的第一课，用抽象的鸡和具体的鸡为例，讲述普遍性和特殊性的关系，生动的场景至今记忆犹新。抽象力是从事哲学研究的基本能力，马克思说过，"分析经济形式，既不能用显微镜，也不能用化学试剂。二者都必须用抽象力来代替。"列宁也说，如果不读懂黑格尔的《小逻辑》，就无法读懂《资本论》，可见抽象思维是一切科学尤其是哲学的基础。此外，周德绪教授的经济学原理、邹柏松教授的经济学说史也很受同学们的欢迎。二十世纪八十年代前后的华南师大校园，洋溢着为中华崛起而读书，为追求真理而奋斗的活跃学风，一批恢复高考后从知青中走出的学兄学姐（如谢百三、冯邦彦等）以

---

* 田丰，广东省社科院原党组书记

敢言善辩、才华横溢博得我们的由衷敬佩。

然而真正进入学术研究的层面应是研究生时期。1983年从华师政治系毕业后,我直接考取了中大哲学系攻读马哲史专业硕士研究生。之所以报考中山大学哲学系,首先是因为我二哥田宇是该系78级学生(兼任78级党支部书记),周末我经常到中大走动,受到师兄们哲思氛围的感染;更主要的是,这所由世界伟人孙中山创立的大学,以其历史厚重、名师辈出、学风严谨、理念前沿、校园美丽而使我心生敬意和向往。而中大的哲学学科包括马克思主义哲学、中国哲学、西方哲学、科学哲学都在国内处于一流地位,我主修的马哲史专业由于马克思一批早期著作的发现而成为显学,全国第一本大学教材《马克思主义哲学史稿》就由中大主编,因此我和蒋斌、刘德福、王培林、廖晓义、周世田诸位同学都为考进中大哲学系,成为刘嵘、高齐云、叶汝贤等名师的研究生深感幸运和自豪,也为能与刘悦伦、廖为建、郭魏青、李江涛等学兄经常讨论时政和理论问题而高兴。

研究生课程的第一课由高齐云教授给我们讲如何做文献综述。文献综述初看起来简单,实则不易而且重要。哲学研究的问题必须是前沿的,研究成果必须是创新性的,是要在国内乃至国际上引领学术潮流的。因此需要追踪综合分析特定领域内已取得的成果和进展,提出有待深入研究的课题。如当时学术界围绕人道主义问题、异化问题争论很大,莫衷一是,包括对马克思、恩格斯有关观点和原理的理解也争论不休,这不是简单地回到马克思或重读马克思就能解决的,需要从马克思主义学说史、共运史及时代主题的结合上,从诸多研究成果和理论问题的梳理上,概括出科学评价和分析的方法论,确立深入研究的切入口和创新点。做好文献综述,关键是两点,一是全面地占有资料,二是敏锐地把握前沿,站在巨人的肩膀上进行研究,才有可能攀登学术的高峰。

研究生专业的第一课也是高齐云老师讲课,讲的是马克思的博士论文《德谟克里特的自然哲学和伊壁鸠鲁的自然哲学的差别》。高老师治学严谨,不苟言笑,习惯用自己书写工整的读书卡片讲课,课间和课后让大家提问讨论,由于马克思的博士论文晦涩深奥,大家提不出什么学术问题,然而马克思论文中的自由精神和实践精神深深地影响了我们的思维方式。继"马恩早期思想"后,主课还有刘嵘老师的《毛泽东哲学思想概述》,叶汝贤老师的《唯物史观发展史》,这些名师用各自的研究成果及精彩演讲,引领我们趟进马克思主义哲学发展及其中国化的历史长河,从中不断汲取革命导师们的理论成果和创新精神。此外,施为民的《小逻辑与哲学笔记》,陈长畅的《列宁哲学思想研究》,何梓焜的《普列汉诺夫哲学思想》,李尚德的《苏联哲学研究》均从不同角度帮助我们拓展对马哲史的认识,给我们留下深刻印象。

硕士研究生毕业后,中大研究生处分配我到广东省委宣传部工作。我的初衷是留

校任教，陈田香处长找我谈话，认为我是共产党员，又有十一年的基层工作经历，适合到省委机关工作，还以毕业于中国社科院、当时在广东省委政策研究室当领导的钟阳胜同志为例，来说明研究生在党政机关同样大有可为。后来我在省委宣传部的工作，包括担任省委常委、宣传部长黄浩同志的秘书以及研究室、外宣办等多个岗位。我的工作经历也证明，只要有志于把马克思主义理论应用于中国现代化实践，党政机关反而是把握国情、深入实践的良好渠道和平台。在省委宣传部工作的十年，除了结合岗位工作开展调研外，我还进行了岭南文化和宣传学方面的研究，取得一些成果。然而，在实际工作中我也深感自己存在读书不够广博、理论功底欠厚实的问题。1995年春，当刘嵘教授征询我是否报读他的"马克思哲学与中国现代化"专业博士研究生时，我深感荣幸并欣然接受了，我还动员老同学也是省委宣传部的同事蒋斌，一起报考刘嵘、叶汝贤两位恩师的在职博士研究生，没想到，这一读竟是"七年之痒"。虽说是在职，其实与全职在校生的课程和要求完全一样。

博士课程的第一课由刘嵘老师讲授，他结合马克思主义中国化的历程提出一个非常重要的哲学方法论：合规律性和合目的性的统一，也就是事实认识与价值认识的统一，客观尺度与主体尺度的统一，真理观与价值观的统一。对这个方法论的研究和应用，贯穿于我的学术生涯之中，可称之为我的学术研究的座右铭。刘嵘老师还根据我当时从事外宣工作的经历和经验，建议我的博士论文以时代问题为方向，同时开列了阅读的书目清单。很遗憾，我的博士论文尚未开题，这位兼有政治家和哲学家风范的导师就因病与世长辞了，他坚定的政治信念、理论联系实际的学风和睿智幽默的演讲风格成为中大哲学人宝贵的精神遗产。

此后，改由唯物史观权威专家——叶汝贤教授指导我的博士论文。叶老师有强烈的专业精神，充满创新活力，为把中山大学马哲所建设成为全国高校百强人文学科科研基地呕心沥血，吸引了大批中青年哲学英才，饮誉海内外马哲学术界。1997年夏天，我和叶老师讨论经济全球化进程中的文化发展问题，提出以此作为博士论文选题方向，得到了他的肯定。于是我结合社科院的工作实际，潜心研读马克思主义经典著作和中外有关著述，密切联系世界格局的剧烈变化及人类文化思潮演变的现实，不断进行理论的抽象和概括，其间不断在核心期刊发表阶段性的研究成果，遂于读博七年后完成了博士学位论文《文化进步论——对全球化进程中的文化的哲学思考》，得到了以杨耕教授为主席的答辩委员会的充分肯定和一致通过。几年的博士学位论文写作研究过程，自己不仅在学业上得到叶汝贤教授深厚学养的启迪，而且深受他矢志推进马克思主义哲学学科创新的学术精神的熏陶。

哲学是时代精神的精华，马克思主义哲学要与时代同行。继博士论文发表后，我继续围绕全球化与文化发展问题开展研究，着力从马克思的"世界历史观"揭示全球化的本质特征，探讨全球化与文化的关系，探讨全球化进程中文化发展、进步的动力、过程、机制和规律，这对于全面把握马克思的文化理论，正确认识文化在中国改革开放以及人类解放历史进程中的历史使命，重建人类精神家园，创建开放兼容的中国特色社会主义新文化具有实践意义，对构建体现时代精神的文化哲学体系也具有理论意义。关注文化的发展从根本上来说就是关注人的发展，人的解放就是人不断打破文化桎梏走向开放创新的过程，人的自由就是人不断克服文化僵化走向全面发展的过程。"每一个人自由发展是一切人自由发展的前提和条件"，马克思、恩格斯用这句话来概括《共产党宣言》的精神实质，充分体现了革命导师的崇高理想和人文情怀，这是未来社会和人类文明发展的根本目标，也是马克思主义文化哲学的出发点和落脚点。

在省社科院工作期间，我兼任广东省精神文明研究中心主任，结合广东文化大省建设的战略部署，我和研究中心的周薇、章扬定等专家们编撰了《现代化进程中的精神文明建设丛书》《广东精神文明建设红皮书》《广东建设文化大省理论与战略》等著作，同时着重从提升文化竞争力的维度深入研究，提供基础理论支撑和策略参考。我撰写了多篇论文和调研报告参与建设文化大省的研讨，我认为岭南文化是广东文化发展的深厚根基，传承、重构、创新岭南文化，达到现代文化自觉，是提升广东文化竞争力的前提条件。文化自觉是费孝通先生提出来的，所谓自觉，就是在文化上有"自知之明"，把我们置身其中的、深刻影响我们日常生活和思维方式的文化模式作为比较、反思、批判的对象，认识其历史价值，挖掘其精神内核，推动其与时俱进、创新发展，达到顺应时代潮流的文化自信，创造性地转化为主体的内在的认同和动力。从区域特征看，岭南文化作为改革开放的前沿地使之具有开放兼容务实的品格，然而从其历史积淀和内涵结构看，思想的深度性、批判性、系统性还不足，文化对经济社会的引领力有待提升。在经济全球化、知识化、信息化的背景下，广东要建成比肩京沪的文化大省乃至文化强省，必须加快发展文化生产力、文化消费力、文化创造力、文化传播力和文化持续力，坚持不断地解放思想，以岭南文化价值创新带动文化知识体系创新以及文化产业的转型发展。在研究岭南文化竞争力的基础上，我们团队又从民族文化、城市文化及企业文化的形态上研究文化竞争力。2006年，我出版了专著《文化竞争力研究》（与肖海鹏、夏辉合著），《哲学研究》为此还刊发了单世联教授的评论文章。

2008年我调到省社科联，继续从事哲学社会科学工作。由于省社科联老主席、老红军、哲学家张江明教授的推荐，我参与了广东社会主义社会辩证法研究会的工作，从马克思主义中国化、大众化、时代化的层面深化中国特色社会主义理论的研究，召开了"全面深化改革与哲学方法论"系列研讨会，主持了《问题的哲学》（与成龙、冯立鳌合著）等著作的撰写。党的十八大以来，协助广东省原省长卢瑞华同志和张磊

老院长开展《中国生态哲学》的研究和编撰。卢瑞华同志是专家型领导人，不但有丰富的领导经济建设实践的经验，而且在经济发展战略及高新科技研究等方面有许多深刻、独到的观点。在生态伦理和绿色发展上，他更是率先示范，带领研究团队深入学习研究习近平新时代中国特色社会主义思想，以习近平生态文明思想为指导，在深入汲取马克思主义生态思想、中国传统生态理念和西方现代生态伦理的基础上，探索建立中国生态哲学体系的新思路。作为执行主编，我深感责任重大，组成了由若干自然科学和社会科学著名专家合作攻关的课题组，深入领会"绿水青山就是金山银山"命题中蕴含的本体论、价值论和方法论意义，讨论全书的中心思想和框架章节，明确研究的重点、难点并分配写作任务。历经四年的努力，《中国生态哲学》终于问世。著名哲学理论家、中央党校原副校长徐伟新教授认为：《中国生态哲学》在把绿色发展作为一种使命，作为一种生产方式、生活方式以及现代社会治理方式方面做了深入的理论探索。中央政策研究室原主任郑新立指出：《中国生态哲学》是新征程上打赢青山绿水蓝天保卫战的一本关于生态文明的重要著作，为人类命运共同体的绿色可持续发展，贡献了粤港澳大湾区的智慧和理论。

自2013年起，我的学术活动重点逐步转到文史资料研究上来，包括在省政协文化与文史资料委员会和省政府文史馆的工作。一是编撰广东改革开放"三亲"史料。"三亲"是政协文史研究工作的特色，所谓"三亲"史料，即由历史事件的亲历、亲见、亲闻者口述或撰写整理的史料，具有"存史、咨政、团结、育人"等社会价值和功能。"大潮起珠江"，党的十一届三中全会以来，以邓小平为首的党中央大力支持广东敢闯敢试，以习仲勋为代表的改革先行者破冰前行，四十年来广东不负使命，奋力"杀出一条血路"，取得举世瞩目的发展成就，成为中国改革开放的排头兵、先行地、试验区。反映和总结这个伟大进程无疑是文史资料工作的首要任务。在王荣主席、梁伟发副主席和著名文史专家、全国政协文史和学习委员会副主任卞晋平的领导和指导下，我们专委会发动组织全省各地市、各省直部门，聚焦广东在中国改革开放35年来的伟大进程中的首创、率先、第一，编辑出版了《敢为人先——改革开放广东一千个率先》"三亲"文史资料丛书。该丛书含政治、经济、文化、社会、科技、港澳台侨等八册，近500万字，其中大部分是第一手资料，而且经过了文史专家的鉴别分析，成为研究广东改革开放的不可多得的珍贵的文史资料。全国政协副主席叶选平在序言中指出，"在这记录上千个改革创新的鲜活实例中，我们看到了广东千百万人民在党的领导下艰辛探索的过程，看到了南粤大地上波澜壮阔的改革开放的历史画卷。"二是研究广东改革开放思想史。在省委宣传部的支持下，我和省社科院的专家们承担了这项任务，整理和研究习仲勋、任仲夷、谢非等几任改革开放初期广东省委主要领导人关于广东改革开放和现代化建设的理论探索、战略思考和决策思维，以及他们的政治智慧和价值理念，编撰了《习仲勋与广东改革开放思想研究》《任仲夷与广东改革开放思想研究》《谢非与广东改革开放思想研究》等著作。三是研究和编撰岭南文化有关文史资料。结合省文史馆的工作，我撰写了《海上丝绸之路精神与广东近代思潮》《马克思关于鸦片战争论述的历史辩证法及其时代价值》《岭南人文精神与人文湾区》等论文，阐述共建人类命运共同体与传承岭南优秀传统文化的关系。此外，我还和林有能研究员，以及省社科联、省政协文史委的同仁们一起，编辑出版了《岭南风物》《岭南记忆》等研究岭南地方特色文化的文集。

实践是思想之母，时代是思想之源。没有改革开放，就没有中国特色社会主义学术和文化的大发展大繁荣，当然也没有我的所谓学术成果。回顾我写的文章，基本上反映了改革开放各个时期的实践之问和学术之思。与时代同行是思想者的神圣使命，改革开放永无止境，思想解放永无止境，以哲学和文化的方式为改革开放、为中国特色社会主义新时代鼓与呼也永无止境。

"南方"的模式

王克曼[*]

【主编者言】 广东广电的改革,是文化体制改革的一场大戏。作者是这场大戏的主要角色之一。他的回望,勾勒了活跃在阔大历史舞台上的情节演绎和人物剪影。

南方传媒集团因改革而生,是改革大潮在南海之滨激起的一朵美丽的浪花。

逝者如斯,历历往事,回首依然心潮澎湃!围绕广东广电这一主题的故事情节曲折艰难,如同一部扣人心弦的电视连续剧。而改革过程中的那份忠诚,那份敢于承担和开拓的气势,还有那份顾全大局的宽宏,恒久地回响在历史的深处,激荡在人们的心中。

如今,站在新的历史高度回望,作为南方传媒集团改革的亲历者,对于曾经的艰辛与欣慰,不免有了更多更深的体悟,希望这些文字,也能带引读者领略那段激情燃烧的岁月。

南方台横空出世

历史的转折总是以几个标志性事件构成和突显的,南方电视台的横空出世算得上是广东广电改革的标志性事件之一。

组建南方台的设想,始于一次国内考察之行。那是1999年4月中旬,我带领广东省广电厅工作人员组成的考察组,赴浙江、上海、湖南学习考察广电系统的体制改革实践。短短十天的行程,给考察组一行留下了深刻的印象。兄弟省市广电部门解放思想、抓住机遇、大胆改革所取得的显著成绩,使我们深受启发。

上海市广电局以改革促发展,通过集中统一管理,按照产业化的要求进行集约经营,实现了跨越式发展。经济效益从1991年创收1亿元,发展到1998年的17.8亿元,组建形成了上海电台、上海电视台、东方电台、东方电视台、上海有线电视台、上海卫星电视台六大广播电视媒体,以及上影集团、永乐集团、上海广播电视发展总公司、

---

[*] 王克曼,南方广播电视传媒集团总裁

东方明珠集团公司。到 1999 年，上海广电局累积净资产已近百亿元，成为上海经济社会发展格局中占有重要地位的文化产业集团。

上海的成功经验，很自然地触发了我们的灵感。考察期间，我将体改办的两位负责人叫到一起，提出可以参照东方电视台的做法，将广东有线电视台和经济台合并，组建南方电视台。

说是灵感，却并不是凭空而来，而是周密调研、深思熟虑后的灵光一现。

考察组成行之前，厅体改办就对省广电厅下属电台、电视台、经济电视台、有线广播电视台、技术中心进行了为期一周的调研，了解各单位的现行体制运行情况，向他们征求对体制改革的意见。

在调研中我们也发现一些突出的问题，如省有线电视台的广告收入主要来自插播香港电视节目所得，这显然不是长久之策。有线台实行的是台网合一的管理体制，全省骨干网建成后与市县的联网及多功能开发进展缓慢，单靠有线台自身的力量难以解决省网运行中遇到的复杂问题。

省经济电视台当时经费短缺，负债 4000 多万元，靠自身的力量已难以偿还。经济台建台之初，靠的是自筹资金、自负盈亏、自我发展，规模较小，工作人员也就 120 多人；但其内设机构功能齐全，导致全台长期处于超负荷工作状态，对覆盖率等困难估计不足，节目制作难出精品，广告经营难上台阶。

无论是有线台还是经济台，这种单打独斗的粗放式经营模式使各自的发展都受到掣肘。而就在这个时候，国家广电总局下发文件，要求各地无线电视台和有线电视台进行合并，并明确限期完成。这样，就促成我萌生了将广东有线电视台与广东经济电视台进行合并，并成立一个全新电视台的设想。如此，广东就有了两个省级电视台。

在当时合并撤台的大背景下，广东要想说服国家广电总局再批准成立一个新电视台，不免被人视为异想天开。但广东广电人有充足的理由。

首先，从广东与境外电视的竞争态势考虑，广东毗邻港澳，与境外电视媒体的竞争尤为激烈。当年，珠江三角洲普通老百姓通过有线电视网能收看到多套境外电视节目，从 2000 年的调查情况看，个别境外电视节目收视率常常占有较高的受众份额，竞争态势严峻。因此，从有利于与境外电视媒体竞争的角度，以及广东作为经济大省的发展需要，拥有两个省级电视台是有其实际需求的。通过两者不同的定位和分工，可以与境外媒体争夺不同的观众群，从而巩固和扩大电视宣传舆论阵地。

其次，从管理的幅度看，当时省级电视台已播出的自办频道有十个，加上正在筹办的一个海外频道，如果都由一个电视台来管辖，每个频道播出 20～24 小时，不免幅度过宽、容量过大，必然造成管理机构精力分散，顾此失彼，难以提高竞争力。如果能设立两个省级电视台，促进频道实现专业化和对象化，广东电视台向时政台、综合

台方向发展,南方电视台向专业频道发展,就有可能集中精力,办出特色,实现唱响主旋律,提倡多样化的目标。

再者,这样的整合,也可以实现优势互补,妥善处理改革、发展与稳定之间的关系。广东经济电视台有人才优势、广东有线电视台有资金和频道资源优势,与此同时两台都实行自筹资金、自收自支的财政管理体制,两台合并既可以实现优势互补,又易于操作,同时也有利于人员的妥善安置和体制改革的平稳过渡。

"总体设计、协调发展、先易后难、先简后繁",是国家广电总局提出的改革思路,广东正是按照这一思路,寻找着切合自身实际的方案。

包括名字问题。广东有线广播电视台和经济电视台(无线)合并后,广东有线电视台的呼号将被取消,经济电视台的呼号又过于专业,无法涵盖和准确表达合并后的电视台频道,必须为这个新生儿起一个响亮大气的名字。

很自然的联想就是南方电视台。上海已经成立了东方电视台,采用新的运行机制,发展比较快,很多成功的经验都值得我们借鉴。而且,"南方"二字,已经成为广东省区域内社会经济发展的形象和品牌,使用频率很高。如毛泽东同志二十世纪五十年代为中共广东省委机关报题名的《南方日报》;中华人民共和国成立以来广东成立的许多在国内外享有盛誉的企事业单位,如南方电网、南方航空公司、南方证券有限公司、南方人才交流中心等等。把广东称之为"南方",已是自然而然的约定俗成。广东有线电视台和经济电视台合并后冠名为南方电视台,既能准确表达该台的地理位置,更能充分利用"南方"二字已有的品牌效应,把广东电视事业做强做大。

方案很快呈报到了国家广电总局。为了争取总局对广东方案的支持,我们在请示省委宣传部后,给总局主要领导专门写了一封信,重申了广东广播电视的特殊性,希望得到总局领导对方案的理解与支持。

广东广电的奇迹

可是一纸批文来得实在不容易。

按照国家广电总局的通知要求,各地要在2001年6月30日前完成有线台和无线台的合并工作。结果,直到6月30日最后的时限到来时,总局的批文才伴随着暮色赶到了,宛如悬念大师导演的影片一般。

此时,我们也回过味来,这不是总局"玩惊险"或者吊胃口,这其中有着战略的思考。成立南方电视台是广电总局批准的唯一的与众不同的有线无线合并方案,一旦被别的省、市过早获悉,很有可能引起连锁反应。总局不得不细心而稳妥地把握批复时机,用心可谓良苦。

拿到批文，我们也做到了无缝对接。说是第二天，其实也就是几个小时之后，7月1日，南方电视台各频道便按照新的台标开始播出。

接下来，就是南方电视台的正式组建。可以说，南方电视台从一开始就是全新的机制。除了一把手外，其他班子成员全部实行竞争上岗，平级调动也要竞争上岗。

南方台的领导班子，是来自广播电视系统各个方面的全新组合。他们有着不同的背景，各有所长，互相配合；大家都比较理性，容易形成统一的意志；更为重要的是，他们有很强的执行力，一个决策出来，能够很快地变成行动。我们相信这个台一定能够搞好。

后来的南方台也用事实证明了这一点。

2011年，南方电视台成立十周年时，南方台记者肖枞采访我，当时我总结了一段话：南方电视台，是广东广电集团化改革的产物，也是广东广电集团化改革的成果，是应对境外媒体激烈竞争和严峻挑战的重大举措。组建南方电视台，为实现集团化改革的目标，壮大广东广电的实力，增强其发展活力，提高竞争力，彻底改变广东与境外媒体的竞争格局发挥了重要作用。

时过境迁，今天我们回想起来，依然不禁为南方电视台当时所取得的辉煌成绩而欣慰：

南方台开播后，仅四年时间，我们在全省的收视市场份额，就全面超越香港电视台，改写了境外电视在长达20年的时间里占据广东收视市场优势的历史。据央视索福瑞公司收视调查数据显示，2004年10月，境内电视频道总体市场占有率已达67.1%，已大大超过境外频道的32.9%。为打破香港电视的长期垄断、彻底改变与境外媒体的竞争格局，南方台发挥了生力军的作用。

在节目的覆盖面上，有线电视台和经济电视台原来只是在广州市区，随着南方传媒集团的成立，凭借集团"联合发展"的东风全面铺开通道建设工程，从而使得全省地级以上市的覆盖率提升到90%。

多年来，南方台按照"以本土化节目扩大市场份额，以品牌活动做大全国影响"的总体思路进行内容生产，培育了一批在广东家喻户晓的名牌节目，譬如：《今日一线》《城事特搜》《马后炮》《都市笑口组》和粤语短剧《七十二家房客》等，粤味十足，很对观众胃口。

影视产业更成为南方台打造品牌的突破口，相继出品了《亮剑》《潜伏》《五星红旗迎风飘扬》《下海》等经典之作。在此基础上，南方台又推出了影视盛典等五大盛典活动，影响遍及全省乃至全国。国内影视制作公司向我们反馈，影视盛典是他们了解南方市场、决策影视生产的风向标。

经营创收上，更有着实实在在的数据支撑。南方台建台之初，其广告收入仅有

4500万元，不到一年，其创收总额就近1.5亿元，相当于2001年原省有线台和商台自办频道总收入的2.6倍，其后每年保持一个多亿的增长，其增速之快，增幅之高，在国内电视媒体中十分罕见。

南方台同时也眼光向外，积极践行集团"走出去"战略，在开展国际合作方面成绩斐然。十年来，跟南方台有过项目合作的国家遍及欧、美、亚三大洲，并出版了图书，拍摄了纪录片。

南方台致力于打造一个学习型团队，每年都召开南方电视发展研讨会，我在任期间每一次都出席并发言。南方台还积极介入出版界，出版发行"南方电视丛书"等，为电视同行作了一个跨界发展的示范。

南方传媒集团成立后，提出以省台为龙头，充分发挥广电资源的整体优势，带动扶持地市广播电视事业的发展，以业务为纽带整合资源，促进市县广播电视播出机构的职能转变，把全省广电事业做大做强。南方台为广东广电在体制上实现条块结合、三级贯通，为"南方模式"的探索，做出了历史贡献。

可以毫不夸张地说，南方电视台创造了广东广电的奇迹！

改革的红利，也惠及南方台的每一位职工，不少人很快就买了车、买了房，甚至住进了别墅。南方台一时成了招凰引凤吸引全国人才的梧桐树。

南方传媒集团的组建

广东是一块哺育先行者的土地。广东广电的改革就是在这块洋溢着改革精神的热土上展开的。

在南方电视台改革初见成效后，广东广电的集团化改革，即南方广播影视传媒集团的组建，便在2002年提上了议事日程。

南方广播影视传媒集团的组建不仅仅是广电系统的事情，它关系到广东的改革大势，一直得到广东省委的重视。

2002年5月10日下午，中共中央政治局委员、广东省委书记李长春，省委常委、宣传部部长钟阳胜，副省长李兰芳等听取了省广电局的汇报。我和阎宪奇局长、冯锡增副局长三人参加了会议。听完汇报后，李长春同志指示，党的十六大召开后，认真讨论广电改革方案，成立省的领导小组，这件事比较大。我们要成立一个有实力的集团，而不是一个行政性的公司，其他的市就相当于连锁店的分公司，他们没有采购权，不是一级核算，实行统一管理，统一配送，配送就是节目，这是个保证。那么广州、深圳是子公司，是一级核算单位，有一定的自主权，可以互相参股，大体是这么个意见，先把这些关键问题弄透，完善方案，然后向中宣部、广电总局汇报。

具体方案的起草工作，由我和时任省政府副秘书长的张思平负责。

党的十六大如期于 2002 年 11 月召开。其后，广东建设文化大省的步伐在不断加快。

2002 年底，中共广东省委九届二次全会随即召开。刚刚由浙江省委书记任上调任广东省委书记的张德江，在会上就发出加快建设文化大省的号召，提出把"建设经济强省、文化大省、法治社会、和谐广东，实现全省人民富裕安康"作为小康社会建设的目标。

起草好的集团组建方案，也很快呈报到了省委书记张德江的桌上。

2003 年 2 月 10 日，省委书记张德江主持召开省委常委会议，研究并原则通过了《南方广播影视传媒集团组建方案》。

然而，就在广东准备发力向文化大省挺进的时候，2003 年初一场突如其来的"非典"疫情，打乱了它原本计划好的步伐。抗击"非典"成为当时的头等大事。

也许是好事多磨，在"非典"疫情刚刚得到有效控制的时候，广东盼来了重大的利好消息。

2003 年 6 月，中央将广东、浙江两省确定为全国文化体制改革综合试点省。要求两个试点省在不到一年半的时间里，不仅要实现自身文化体制改革的新突破，而且要为全国的改革做好示范、提供经验。

过去的二十多年，广东出色地担当了全国改革开放的试验区和探路者，如今，中央又寄望于先富起来的广东，在文化体制改革方面先行一步，为全国提供借鉴、创造经验。

广东义不容辞。建设文化大省的目标再度提到了广东省委、省政府的议事日程上来。

在接下来的两三个月里，张德江书记亲自带队到广东各试点市、试点单位进行调研考察。8 月 20 日，他先后考察了省电台、电视台、南方台、技术中心和网络公司。

此时，正是《南方广播影视传媒集团组建方案》处于最后修改的关键时刻。

一个月后的 9 月 23 日，广东省文化大省建设工作会议召开。张德江在讲话中对如何深化文化体制改革，加快文化事业和文化产业发展，建设文化大省作出了全面部署，并明确提出要"以组建广电传媒集团为突破口，加快组建多个全省性集团"。黄华华省长提出："重点扶持南方广播影视传媒集团、南方日报报业集团、羊城晚报报业集团、广东省出版集团、家庭期刊集团等，使之做大做强，成为全省文化的龙头。"广东正式吹响了文化体制集团化改革的进军号角。

10 月 9 日，《中共广东省委、广东省人民政府关于加快建设文化大省的决定》就发到了全省的县级单位，作为附件同时发下去的还有《广东省建设文化大省规划纲要

(2003—2010年)》。10月15日，省长黄华华主持召开省政府常务会议，审议南方广播影视传媒集团的组建方案，并具体提出了修改意见。

由于全国广电系统改革的形势变化加快，宏观政策处于不断调整中，一些大的改革思路也处在形成及不断修改之中，因应这些变化，南方广播影视传媒集团的组建方案进行了三十多次修改，其中大的修改有四次。省委宣传部前后两任部长钟阳胜、蔡东士亲自组织、直接参与指导了方案的修改、论证和报批工作。

可以说，这个方案是领导、专家、群众集思广益的成果，是民主决策、科学决策的产物。

四次大的修改集中在关于集团性质的表述上。这是生死攸关的主旨，关系到改革成功还是失败，是改在实处还是徒有其表、换汤不换药。

第一个方案将南方广播影视传媒集团的性质定为事业性集团，"管办不分"，广电局与集团的领导班子交叉任职。

第二个方案则将南方广播影视传媒集团定性为企业集团。集团整体转制；广电局的职能直接回归政府系列。

第三个方案将集团定性为事业性企业法人实体，在过渡期间，局与集团一把手交叉任职。这个方案有较明显的过渡性特征。

第四个方案即为最后的方案，是在集团内部将事业单位与企业单位的性质分开界定。其特点是"管办分离"，机构分设。

如此的反复修改，如此的斟词酌句，令人不难想象集团化改革的进程何等曲折、迂回。这也告诉人们，广东广电的改革是何等的慎重，寄托了多少人的理想和期望。

按照最后的呈报方案，全省广电系统的调整归并，同南方广播影视传媒集团的组建衔接，各地级市新组建的广播电视台为南方广播影视传媒集团的成员单位，台里的主要领导进入集团管委会，分管领导分别进入集团编辑委员会和经营管理委员会及控股公司董事会。至此，南方广播影视传媒集团已经是十月怀胎了。

"南方"的定位

相较于当年南方电视台成立的批文，在最后一刻姗姗来迟，这次，国家广电总局迅速回应。不到一个月的时间，2003年11月18日，就批准了广东组建广电集团的方案。广东广电集团化改革取得了突破性的进展。

两个月后，2004年1月18日，南方广播影视传媒集团正式挂牌成立。

借着文化体制改革的东风，蓄势多年的南方广播影视传媒集团终于破土而出。在集团挂牌成立大会上，省委宣布了有关任命，由省广电局局长的我兼任南方广播影视传媒集团总裁，副局长梁浩泉、刘红兵、白玲兼任集团副总裁。

"南方"正在成为广东媒体的符号。南方电视台、南方广播影视传媒集团……一个以"南方"为标识的媒体链已初具规模，一个媒体的"南方"品牌正在形成，一个"南方"的模式正在酝酿中。

对这一品牌、模式，"南方人"自己用了四句话来概括其背后的蕴义：系统调研，总体设计；统一规范，管办分离；条块结合，理顺关系；联合发展，壮大实力。

如何理顺省广电局与广电集团的关系，是事关改革能否顺利推进的关键问题。政事政企分开，管办分离，这是大原则。但参照一些兄弟省市的经验教训，在"办"的系统尚未形成之时，过早分设，极易导致"两张皮"现象出现，引发局与集团、集团与台、集团与地市的多方矛盾。

广东采取的是"整体转制，平稳过渡"的思路。在过渡期间，局和集团的管理职能相对分开，主要领导成员交叉任职，待集团整合和运作步入正轨，也就是"办"的系统建立后，再实现管办分离，整体转制。

而在实现了省一级的"管办分离"之后，机遇又一次不期而至。2004年8月31日，国务院发文，要求文化体制改革综合性试点省份的省辖市、县级市和县里现有的文化局、广播影视局、新闻出版局合并，"设立文化广电新闻出版局，统一履行文化、广播影视、新闻出版等部门的行政管理职能"，"原广播影视局、电台、电视台合一的，要按政事分开、管办分离的原则，将电台、电视台分离出来"。与此同时，试点的直辖市、副省级城市组建文化市场行政执法总队，试点省份的省辖市组建文化市场行政执法大队，县级市和县组建文化市场行政执法队，分别对属地文化市场实施综合执法。

这份文件的标题是《关于在文化体制改革综合性试点地区建立文化市场综合执法机构的意见》，然而，它实际带来的内容则远不止于此。通过这样的分离、合并，等于就是对全省广电系统的一次大调整、大改革。

广东广电顺应形势展开了整合，除了将三局合一外，还将从广电局脱离出来的电台、电视台和其他广电机构，统一组建成新的广播电视台，作为南方广播影视传媒集团的成员单位。统一的大势遂见雏形。

联合发展则是南方模式的核心内容，是广东广电体制改革的主要特征，也是南方传媒集团的突出特点和优势所在。集团成立之初，就确立了以省台为龙头，以业务为纽带，发挥集团资源的整体优势，带动市、县广播、电视事业联合发展的思路。

集团化改革壮大了广东广电的整体实力，根据国家广电总局公布全国广电系统统计数据显示：广东广电主营收入、总资产、净资产、有线电视用户连续五年稳步增长，主要经济指标连续四年居全国首位。

相比仅由省级电台、电视台合并组建而成的其他省的广电集团，南方广播影视传

媒集团作为全国第一个全省性广电集团，形成了四个方面的优势：

一是体制优势。这是改革最为明显的成果，因为实现了省、市、县的三级贯通和联合发展，解决了原先由计划经济形成的体制障碍。

二是资源优势。这也是其他省没法比拟的。南方广播影视传媒集团的规模全国最大，实力也最强。从频道资源来看，一般的省最多十个八个，广东却有73个。广东有700多万有线电视用户。上有卫星、下有有线，中有微波、中波，调频，可以方便地实现节目的全省综合立体覆盖。同时这也成为与境外媒体竞争主动权的一块王牌，阵地在自己手里，市场必然也就控制在自己手里。

三是市场优势。广东是经济强省，市场比较大。南方广播影视传媒集团的效益随广东GDP的增长而增长，年增长率达到百分之十几。

四是外联优势。传媒集团通过联合发展壮大了自己，掌握了主动权，于是，把境外媒体竞争对手转化为全方位合作的伙伴，柳暗花明又一村，反过来形成和国内媒体竞争的特有的优势。

"南方"已经成为南中国这块改革热土上一面迎风招展的旗帜。

南方的眷顾

当然，任何改革都不可能一帆风顺。南方广播影视传媒集团的组建发展，也有过阴晴圆缺的莫测变幻，有过起伏不定的风云舒卷。

因为与其他省市的改革方案不同，组建方案也曾几经周折，受到过质疑，仅仅是方案的报批就无异于一次长跑，经历了两任省委书记的关注和过问，有四任宣传部长参加接力。至于广电局领导为此在北京的奔波往返，就更是家常便饭。

但是广东广电最终得到了历史的眷顾。

2006年8月23日。北京，中国国际广播影视博览会。时任中共中央政治局常委李长春视察了南方广播影视传媒集团新媒体展区，听取了我的情况汇报后，他回过头对在场的中宣部、国家广电总局领导说："他们在广电系统体制改革的步伐最大。他们就是把市里面十几个台，跟省里面搞成一个板块，解决了长期以来我们电视体制是按照块块来管理这种分散的资源浪费问题，国外没有这种体制，这种体制是我在省里就定下的这个方向。"

很快，时任中宣部部长刘云山作出批示，要求国家广电总局研究总结广东的经验。总局随即派出调研组赴广东进行调查研究。

对南方广播影视传媒集团而言，有中央领导的高度赞扬，无疑是最权威的评价。多年的探寻和跋涉获得了最终的肯定，"南方模式"因此浮出水面，并在调研中逐步变得清晰、成熟。

尽管有人认为，广东人不善于理论总结，"会生孩子却不会取名字"，但是广东却实实在在地为改革开放贡献了不少创新。

二十世纪八十年代中期，中国广播的改革率先从广东开始。1986年，珠江经济广播电台的诞生使广东电台焕发了青春，也引领中国的广播改革进入"珠江模式"时代。在中国广播电视史上，"珠江模式"成为广播电视改革的第一个阶段而载入史册。

当时光流入二十一世纪，在艰难中坚守、静默中等待的广东电视也终于爆发了。在全国大多数广电集团陷入迷茫的背景下，在面临着独一无二的与香港电视激烈竞争的环境下，广东广电再度奋起，为全国同行贡献了独特的"南方模式"。

当年广播改革的"珠江模式"，改变了广东与香港广播竞争的弱势。广电改革中的"南方模式"，也彻底打破了香港电视二十年的"神话"，扭转了广东电视外强我弱的被动局面。

历史证明，广东又一次走在了改革的前头。南方广播影视传媒集团的改革发展由此站上一个更高的平台。

张德江在广东省委书记任上的五年时间，直接领导、见证了南方广播影视传媒集团从筹建、成立到发展的整个过程。

2004年10月，南方广播影视传媒集团的收视市场占有率，在全省的电视收视市场份额第一次超过了香港无线和亚视两台，实现了历史性突破。新华社专门以内参形式发布了这一消息并上报中央。

2004年11月，在一次省委常委扩大会议上，张德江跟大家说："最近我看了一份资料，感到很欣慰，广东电视的收视率超过了香港电视。克曼同志你来了，请你讲一讲……"其激动之情令人动容。

在其他一些场合，张德江也充满喜悦之情地说："南方广播影视传媒集团办成了我在浙江想办却没办成的大事。三级贯通、收视市场份额超过境外媒体，很不简单！"

张德江书记在任期间，共给南方广播影视传媒集团作过四次重要批示，写过两封贺信。除此之外，还在不同场合作过多次讲话。

来自省委书记如此频繁的批示，对于一家传媒集团而言，算得上是一种格外的优遇。高层领导的强力支持，无疑为广东广电集团化改革营造环境、排除干扰、消除杂音、统一思想、坚定信心起了重要作用。

在回望走过的路程时，有一个问题始终在脑海里萦绕不去：广东广电的改革为什么能够穿越波谲云诡的岁月，取得突破性进展？

原因也许有千万条，但是高层领导的高瞻远瞩、强力推进，挡风遮雨、排忧解难，无疑是广东广电集团化改革成功最关键的一条。

2007年1月19日，央视《新闻联播》播出的新闻《广东广播电视发展实现历史性突破》受到全国广电系统的关注。这是为南方广播影视传媒集团三周年庆典而发：

新闻主播：近年来，广东广播电视坚持改革创新，整合广电资源，创造了具有广东特色的广电体制改革"南方模式"，广播电视事业发展实现了历史性突破。

根据最新统计数据，2006年广东广电的收视市场份额超过境外电视49个百分点，彻底改变了广东广电与境外媒体的竞争格局。三年前，全国第一个由省、市、县三级广电机构联合组成的全省性广电集团——广东南方广播影视传媒集团诞生，以省级台为龙头，以业务为纽带，在资金、节目、人才、技术设备等方面支持市、县广电事业。广东电视台免费提供收视率高的节目给清远等地级市台播出，使地级市台自办频道的收视率得到提升。南方电视台与15个市的电视台建立了稿件电子通联系统，加大了地级市台节目的信息量。同时集团着力推动中央和省级广播电视节目完整传输，扩大覆盖，目前广东省所有的地级市和76个县都能收到中央台和省台的电视节目。

大区域、多层次、140多个电视频道整合营销，还带来了与市、县广告效益同步增长。2006年广东广电总收入超过90亿元，实现了历史性的突破。

由央视新闻联播节目报道一省的广电改革已属不寻常，而在报道事件时将"南方模式"这个关键词点出，意味着"南方模式"已得到官方的认可并加以推广。

这是狂飙突进的过程，也是稳扎稳打的过程。

这是广东广电人集体的智慧与骄傲。广东广电人已经抢占了先机。面对未来，更充满着强烈的紧迫感、使命感。就像蝶咬破茧，就像幼苗冲破泥土，在极度的痛苦和喜悦中，全身都在向上挣扎，挣开所有的羁绊，去迎接风中的轻扬。

南方！南方！它代表着广东广电的一段奋斗历程，也是每一位奋斗者的难忘记忆！

（陈桥生据作者口述整理、编写）

河西四十年

王少明*

【主编者言】河东与河西之并列，是地域划分的象征物，也是时代划分的隐喻词，更是人生跋涉和心理感受的分水岭。非言河东多不好，实乃河西遂我心。

走向"古稀"，实属不易，按老话说已够本了，再多活一天就算赚一天，如果活到"天年"，那就赚大了，细数起来可赚上一万八千二百五十天。不过，话说回来，那该需要多大的福报啊！因为老天是有眼的。

"七十"也是"随心所欲不逾矩"的年龄。也就是说，到了七十岁，人生就可以达到比较高的境界，这是孔子言诠自己的。但之于我辈，对此只能仰之弥高。我已接近七十了，总有一种囿限的"悖论"：当"随心所欲"时，容易"逾矩"；而"不逾矩"时，亦很难"随心所欲"。我的天性喜欢随心所欲，因此也曾"犯过规"。要在实践中把两者结合起来实属不易，但也不能放弃结合的努力，至少可以"心向往之"。

俗话说，三十年河东四十年河西。这句俗语也正好对应我的人生。我从"河东"摆渡到"河西"的七十年，既有"时乖运拙"，也有"时来运转"，其间有幸福几许，更有苦难几度。可以说，我的人生，大半是瘸着腿走过来的。前三十年的头十年是身体瘸腿，接着的二十年是精神（知识）瘸腿；后四十年，先后遇上思想解放运动兴起、西方思潮的来袭，改革开放的深入，一方面让我从"左"的思想睡梦中醒来，思想观念出现了一百八十度的拐弯，另一方面，又不断地在"自我否定"中寻找真实的"自我"，让"瘸腿"的灵魂迈开矫健的步伐。

河东三十年

小时候我很调皮，经常打架，有一个让人笑话的绰号——"吊脚蜂子"，就是打起架来像吊脚蜂子一样蜇人，甚至把别人往死里打，即便打输了也要把别人咬一口，结果自己大祸临头。一次打架，由于打得过猛，别人报复过重，结果右腿被打断，当时

---

* 王少明，星海音乐学院教授

痛得死去活来。又正值三年困难时期,连肚子都吃不饱,更谈不上求医寻药。再说那时农村医疗条件很差(赤脚医生还是"文革"期间才有),要去城里治疗,交通又极不方便。我疼得几乎晕死过去,父母实在不忍心,到处打听哪里有民间医生可以救治我,以免落个终身残疾。后来打听到,离我家十几公里外的地方有一位老中医。尽管全家人饿得奄奄一息,父亲还是赶紧回家,把自己在棉花地里偷偷种的红薯挖了两筐送到老中医家里,后又把老中医接到家里给我治疗了几个月。治愈后,尽管没有留下明显的残疾,但尔后几年我走起路来仍有点一瘸一拐,村里人又给我起了一个绰号——"路不平"。读高中时,我很想参军,大伯的三个儿子都是军人,荣光无限。我臆想着,如果参军将来一定能混出个人样,无奈在体检时,因我走路仍有些"不平"而被拒。

雪上加霜的是,刚把腿治好,淋巴结又严重发炎,脖子上几处脓肿,疼痛难忍,父母轮流背着我四处求医。民间医生把又长又细的钢针烧得通红通红的,扎进我的脖子里,我痛不欲生。现在想来仍不寒而栗,脖子上也留下几处带有纪念性的伤痕。

我的小学六年是在"文革"前读的。初中、高中是在"文革"期间读的。小学阶段还正规地学到一些东西,"文革"中读的初中、高中四年(均为两年制),先是"停课闹革命"、后是"开门办学,学工学农"。除所谓"修正主义路线回潮"(1973年)时在高中短时间内基础性地学了数学、物理、化学、俄语外,大部分时光是荒废的。好在父亲曾读过几年私塾,家里有一些藏书,不少是线装本,可供我阅读。父亲对四书五经以及其他国学经典的某些部分烂熟于心,教育我时也总是引经据典。我耳濡目染,无论读小学,还是初中、高中,成绩总是名列前茅。不仅学习优秀,我还总是被选为学生干部。记得读高中时,邓小平第二次被打倒后重新上台抓教学质量,我被树为学习典型,学校号召全校学生向我学习,我还向全校介绍学习经验。后因"反击右倾翻案风",邓小平又一次被打倒。那时我们没有考大学的机会,只能回乡务农。好在我高中一毕业,被当时人民公社管文教的领导(也是我上初中时的校长)看中,没有让我回农村务农,他把我安排在大队"戴帽"(有初中)的小学教书。先教小学,后来又教初中。没想到的是,刚刚入职一年,前任校长作为工农兵学员被推荐读大学,组织为了培养和锻炼我,直接就让我接任校长职务。那时我刚满二十岁。当时我们村是个大村,小学初中共有学生近三千人,近四十个老师,有的老师甚至是名校毕业的。我也是当时孝感县最年轻的小学校长,现在回想起来就像天方夜谭。

我前后当了四年校长,从1973年至1977年3月,基本处于"文革"期间。受"左"的思想影响,我干了些"极左"的事情,如组织学生"破四旧,立四新",让学生关注并揭发农村"阶级斗争新动向",组织"地富反坏右"批斗会,主办批判专栏等。再如农忙时,学校停课,组织师生参加"双抢"(抢收、抢种)。为此我获得很多

"殊荣"，当时不免自鸣得意。鉴于我的表现，我不仅被当作全县小学的典型得到表彰，还作为"特殊"的工农兵学员，于 1977 年 3 月，被推荐到华中师大政教系读书。所谓特殊，不仅仅是推荐，我还参加了地方统一组织的考试。考试内容只有政治、语文和数学，由于题目简单，很容易过关。我读的那个班是个试点班——由推荐向全国统考过渡转型的试点。我那个班大多数同学都比较优秀。仅就我们宿舍的七位同学来说吧，其中三位分别成为大学知名教授、一家杂志的主编（作家）、一位全国模范教师（湖北省重点中学校长），另外两位分别是实业家和某市市委领导。毕业后我被分到华中师大郧阳分院，现改为汉江师范学院。名义上留校，实际上是支援山区教育。

自此以后我便开始了人生的"四级跳"，即进入"河西四十年"，实际上也正好赶上改革开放四十年。在这四十年中，从身体到心理、精神到灵魂，相当长的时间里我是瘸着腿走过来的，直至退休后才真正开始从诗意中寻找自己想要的东西，从而蹈起灵魂的舞步。

河西四十年

第一级"跳"：是进入经济学专业。我在大学学习的专业是政治教育，但我把侧重点放在经济学，主要是政治经济学。我觉得经济学可以带来经济利益，一改我本人以及家族世世代代"一穷二白"的历史和现状。当时还准备考研究生，看了很多关于经济学的书，除了要考试的经济学著作，还粗略阅读了马克思的《资本论》《政治经济学批判》，也读过亚当·斯密的《国富论》以及一些西方宏观经济学的书。由于把考研究生看得很神秘，临考时，觉得自己准备不充分而放弃。毕业后，在大学教政治经济学，为了教学的需要，我还专门到武汉大学经济学院进修半年，后来觉得自己不是学经济学的那块料，兴趣也慢慢淡了。我倒是喜欢思考一些人生问题，希望我的心能够纯净些，保持本真状态。于是在进修经济学时做好了改行转向哲学的准备，并利用进修看了不少哲学的书。

第二级"跳"：从经济学转向哲学。1978 年 11 月党的十一届三中全会召开后的十年，是我国思想大解放的十年，也是我的思想和精神得到提升和"洗礼"的十年。这十年，我陆续接触了西方各种哲学思潮。一进入哲学这片天地，我就像一头饿牛闯进菜园一样拼命吸收各种哲学智慧的营养。我尤其喜欢阅读西方哲学家尼采、叔本华、弗洛伊德、萨特、罗尔斯等人的著作，如尼采的《瞧，这个人》《悲剧的诞生》《查拉图斯特拉如是说》、叔本华的《作为意志和表象的世界》、弗洛伊德的《梦的解析》、萨特的《存在与虚无》、罗尔斯的《正义论》等。尽管有些似懂非懂，只是了解个大概，但对我来说，视野可谓开了个天窗。在传统文化热中，我还接受了传统文化复兴

的洗礼,悉心阅读了中国大陆和台湾一些文化大家的著作。我还特别喜欢四川人民出版社出版的"走向未来"系列丛书,从中了解到很多西方的科学和人文前沿知识。国内当时有一本被称为当代"新青年"的杂志,叫《青年论坛》,每篇文章都是思想的利剑、自由的呐喊以及对民主的吁求,对我的冲击力非常大。我每期必买,可惜当时出了十四期就因故停刊。

1984年下半年,我争取到了由中国社科院哲学研究所举办的"哲学与现代化"培训班的学习指标。三个月的培训,我聆听了周国平、查汝强、姜丕之、汝信、张家龙、何怀宏、邢贲思、王若水、王雨田等一批著名哲学家的演讲。他们每个人的演讲,都是一道精神的佳肴、智慧的盛宴,让我受用不尽!印象尤其深刻的是周国平先生,他的几次演讲,涉及的内容都是我最感兴趣的,包括对尼采的解读、对人生哲理的感悟以及女性主义的观点。读书界有一种说法:如果你是男人,一定要读王小波的书,尤其是他的小说《黄金时代》,充满了阳刚之气;如果你是女人,一定要读周国平的书,他的一些涉及女人的哲学观,让万千女性对其青眼有加。

1985年上半年,我又争取到湖北大学"德国古典哲学研究所"举办的研修班学习的机会。该所聘请了当时北大研究黑格尔的专家张世英教授(因他是武汉人)任所长。讲学的老师都是一流的研究德国哲学的专家,如北京大学哲学系的齐良骥、熊伟、张世英教授,武汉大学的江天骥、陈修斋、杨祖陶教授以及邓晓芒、李晓明、张志扬(墨哲兰)、陈家琪等一批年轻的哲学家。这让我对哲学有了进一步的了解,尤其是对德国古典哲学有了一个轮廓性的认识与感悟,从唯理论、经验论到康德主体性哲学,从柏拉图"理念论"到黑格尔的"绝对理念"有了逻辑上的认知。后来我被人冤枉,政治上遭到打击,好在我没有沉沦,而是选择考武汉大学哲学系的研究生。考前我利用停职反省的时间复习英语,我们这个年龄的人英语普遍都不好,我不得不花成倍的时间去复习,以便在全国统考中过关。每天我要花近十个小时的时间复习英语,考前一个星期,右手因为默写英语单词累得不能动弹,去医院理疗后才恢复了写字功能。记得当时英语及格线是50分,我考了52分,也算是险过。我考的是"马哲史"方向,导师是著名哲学家雍涛教授。在他的指导下,我除了大量阅读马克思、恩格斯、列宁、毛泽东的哲学著作以及马克思主义哲学史的书籍外,还进一步系统地阅读了一些哲学尤其是西方哲学的名作,如柏拉图的《理想国》《巴门尼德篇》,亚里士多德的《形而上学》《工具论》,康德的《纯粹理性批判》,黑格尔的《逻辑学》《精神哲学》《美学》等,此外还有一些中国古代哲学史和现代哲学、美学的书。研究生毕业时,由于成绩优异,我被免考推荐为博士生,遗憾的是我是定向生,原来的学校不让我继续读博,要我必须回学校服务几年,我不得不回原校工作。这也是我人生的一个遗憾!我教授的课程有"马克思主义哲学原理""邓小平理论""中西哲学比较""伦理学""西方哲学史"等,在各类报纸杂志发表近百篇哲学、伦理、政治方面的文章,出版专著《毛泽东和邓小平思想比较研究》。在这个阶段,我觉得,无论是教学还是研究,总感觉不够纯粹,尽管这些工作在思想上带给我很多启发,但外在表现出来的要么是迎合某种政治需要,要么是为了获得学历、职称之虚名。总之,总感觉自己带有某种功名利禄之心。

第三级"跳":从哲学到音乐学。毕业回到原校服务几年后,一个偶然的机会得知星海音乐学院缺哲学老师,于是我作为人才引进于1996年底调进星海音乐学院,教了一年马克思主义理论课,接着又在当时的研究部主持了一届科研行政工作(因我调来前,任过原学校科研处的处长)。主管科研期间,我组织并主持了一些全国性的音乐学术会议、论坛。那时,院内院外的一些专家就建议我转到音乐学领域,他们认为音乐界缺乏搞哲学的人。我深入研究之后,深深感到把哲学注入音乐的重要性。我认为,哲学和音乐本是一对情人,它们都是抽象的:一个是理性的抽象,一个是感性的抽象,我应该成为这对情人的"月下老",为它们牵线搭桥。我还创作了一首题为"哲学与音乐"的长诗,摘录如下:

它们闪烁在精神银河的两岸
像牛郎织女
遥遥相望
秋波宛如银光般灿烂

它们都以抽象的符号
演绎着最神圣的名字
灵魂　爱情
自由　自然

音乐是感性的抽象
以乐音的形象
比拟生命的往返
哲学是理性的抽象
用思辨的能指
去把世界本体俯瞰

音乐是上界的语言

它让我们知道
什么是幸福感
哲学用概念作游戏
推动着万能的法轮
在飘渺的虚无中
自由地旋转

音乐和哲学
在诗的鹊桥
才显得浪漫
爱一次就是一个永恒的轮回
我愿借酒后的诗性
去歌颂它们
天地不语的情欢

我很认同复旦大学哲学系教授王德峰的话,音乐学院应增加两个系:文学系和哲学系。他是针对音乐的内涵说的。我认为,单独增加两个专业系,可能不现实,但加强学生这方面的素养是当务之急。我多年的教学和研究经验表明,学音乐的人,如果没有哲学和文学的修养,是没有灵魂的工匠,或者是只知"音"不知"乐"的"单面人"。这里之所以要把"音"和"乐"分开,因为"音"代表的是技术、技巧,而"乐"代表的是人文思想和精神。正像古人所云:"乐者,象德也";"乐者,乐也"。我向学院领导提出辞职,不接任处长的职位,很多人不解,学院主要领导几次找我谈话,我执意不从。不过还是要感谢学院领导对我的理解和关照,最终答应让我辞去研究部的职位,转入音乐学系从事教学和研究。特别要感谢我国著名音乐理论家罗小平教授和著名音乐学者邓希路教授(音乐学系主任)及系里的全体老师。罗教授是一位杰出的音乐学者,又是一位非常"好玩"、很有情趣的学者。她一直鼓励我实现"华丽转身",跟她搭档一起带音乐美学的研究生。我们合作很愉快,她给我很多帮助。而邓希路教授是一位博学多才的学者,他极希望我去音乐学系。事实上,我去了之后,为音乐学系注入了不少哲学营养,我不是音乐科班出身,只能从哲学美学的角度切入音乐。自此以后,我听了很多音乐学老师的课,看了不少音乐学、音乐哲学、音乐美学、音乐史和音乐家传记的书,也欣赏了不少音乐作品。好在小时候还玩过民乐,如二胡、唢呐、笛子(因我出生的那个自然村是个唢呐村,每家每户都吹唢呐,也玩其他民乐乐器),我给本科生和研究生开了近十门必修课和选修课——"音乐美学""西方哲学智慧""中西艺术比较""诗化哲学""美学""逻辑学""艺术哲学""艺术鉴赏与评论""音乐写作"等。在科研上，我在国家级和省级专业刊物发表了一百多篇音乐研究论文和评论，专著有《神唇之笛》《岭南乐空中的缪斯》，合译合著有《纯音乐：音乐体验的哲学思考》《老年 精神 音乐》等。其中《音乐美的寻觅》和《音乐不是"什么"——音乐理性主义批判》荣获国家级"金钟奖"和省级政府奖。

《音乐不是"什么"——音乐理性主义批判》是一篇讲述音乐哲理的论文，在音乐权威刊物《音乐研究》发表后，引起音乐学界的广泛关注。我从哲学的视角对音乐的哲学蕴涵进行了论析，在国内第一次提出了"音乐不是'什么'"的命题；辩证论述了音乐是"什么"与不是"什么"的关系，前者是从形态学意义所言，后者是从哲学本体意义而言。

《神唇之笛》这本书是以哲学眼光来看音乐，可以说我是第一个在音乐领域以哲理随笔的方式来感悟音乐的人；这本书以"神唇之笛"命名，既非讲述音乐与哲学关系的纯思辨性的"宏大叙事"，亦非能工巧匠式的"精细节目"，而只是一道让哲学和音乐通过凝眸相睇而"缔结连理"的"情侣便餐"。书中所言之"神"，不是狭义上具体的神，而是广义上的"天道天命"，它包括一切具有超越之维的东西，如神性、诗性、生命、心性、灵魂、爱、情感、自然、女人、美、智慧、善良、高贵等。音乐家的音乐作品被喻为笛子，只有被置于"神之唇"旁，方能吹出神之乐音，如果位子被错置，就会吹出"郑卫之音"甚至魔鬼之音。

《岭南乐空中的缪斯》是一部岭南音乐名家的学术访谈、音乐评论和音乐研究的著作，也是我多年研究岭南音乐的学术成果，感谢学院在校庆六十周年之际资助我在人民音乐出版社付梓出版。

我退休几年后接受了赵宋光学术思想研究中心主任一职。原想退休后安享天伦之乐，从"物质生活""精神生活"中超越出来，获得一种真正的灵魂的生活，有如著名作家史铁生所说：与灵魂对话。我退休时写了一首诗：老夫六十至，顿感愚且痴。回品人生味，懒问值不值。人只有放下一切外在所为，才能与灵魂对话。也许我世俗的使命还没完成，也许上苍想让我以另一种方式与灵魂对话。这种方式就是借助大师的力量。我接受了"主任"这一职位，并且不要一分钱的报酬。因为我把履行这一职责看作带有"天命式"的使命。对普罗大众来说，赵宋光不是偶像，不是网红，更不是明星；但在学术圈尤其是音乐学术圈，他是一个响当当的人物，是堪称"大师"的当代学者、智者，哲学家、美学家、音乐家、教育家、科学家、发明家。他德业双修，智慧超人，真诚恻怛，学贯中西，其所涉猎的研究领域跨自然科学、工艺学、社会科学、人文科学和思维科学，被学界誉称为"唯一"的"不可复制"的"奇人"，是当代中国"百科全书式"的人物，在我国学术界尤其是音乐学界，难以找到与他比肩者。

他思想理论的重大建树为学界和艺术界所公认,是我国当代最为宝贵的学术、艺术资源和精神财富。他在北大哲学系读书时的师弟、著名哲学家李泽厚有两句评价赵先生的话堪为经典——第一句:我到欧美很多国家,在我的外国的学者朋友中还没有发现一位比宋光更聪明的人;第二句:在国内,宋光是我哲学上谈话的对手。我有时把他当"神",与他对话就是与"神"对话。他是集学术、思想、智慧与爱于一身的具有超越意义的"神",是一尊耀世的"火神"。作为"火神",他的"光"不仅朗照着我国学术和艺术界,希望也能朗照到世界,尤其朗照着我们在俗世中无明的心。

基于赵宋光在学界的地位、影响和贡献,更基于老人家对我的信任,这些年来我以及我的学术团队开展了一系列学术活动,举办了"与宋光对话"四季论坛,邀请国内各界学术名流前来与赵宋光先生交流,影响弥深。我们还争取了国家和省里的一些重大课题,在潜心研究的基础上,出了一批研究赵宋光学术思想的学术成果。我本人在《马克思主义美学研究》等专业刊物上发表了近十篇关于赵宋光美学思想的研究文章。

第四级"跳":从音乐研究到诗的创作。退休之后,我突然感到有一种内在生命之流在灵魂深处涌动,我力求找到一种表达方式,就开始以"张三"这个微名来写诗,名之为"张三日记"。微友问我:何以用这么俗的微名?我说我曾经跟母亲姓,姓张,我又排行老三,小时候由于舅舅没有儿子,过继给舅舅家,给舅舅当了三个月的儿子后,由于不适应又偷跑回来。为了怀念母亲去世三十周年,故起名"张三"。当然,"张三"这个微名还有哲学含义,如"道生一,一生二,二生三""一分为三"等。退休八年多来,我大概创作了七百多首诗。有些朋友看了就推荐发表或参加比赛,但是我觉得,一则我不是科班出身的诗人,我的诗不入诗律,难免贻笑大方;二则写诗完全是一种生命表达,为自己所写,我并不想通过诗歌来扬名立万,就像自己的生命莲花,是为自己绽放。我认为,诗有两种,一是文学意义上的诗,二是生命意义上的诗。后者有如海德格尔所向往的"诗意的栖居"。我的诗不是完全文学意义上的诗,尽管带有一定的文学性,但一定是生命意义上的诗,因为我想追求生命的诗情、诗性和诗意。其实任何一种追求,只有达到诗的境界,才是高蹈的哲学境界,就如我的哲理诗《思如风》——

思如风
吹遍东西南北中
诗似雨
洒落大地亦蒙蒙

风和着思情
鼓满长空
雨夹着诗意
漫游苍穹

风雨相恋
思诗相通
风让思不再沉重
雨把诗化作霓虹。

关于情感尤其是爱情的诗我创作了不少，也许是"老夫喜作黄昏颂"吧！在这些诗中，有我的守望与失落、追求与彷徨、感悟与迷思。不过每首诗都如实反映了我的真性情。

我相信，很多人都会有这种经历，这种共情。岁月的无奈，让很多美好的东西要么化作乌有，要么成为他的对立面。

我也喜欢旅游，写了近百首游吟诗。尽管我在形式上没有皈依佛门，但作为走在修行路上的人总会有些禅悟，我也把一些禅悟变成了诗。

我的文学基础不是很扎实，以前基本没有写过诗，更没有系统的诗学和文学的修养和积淀。尽管看了一些有代表性的中西文学著作，但若要真正谈诗论道，就会捉襟见肘。退休后，我开始慢慢补课。为了创作的需要，我还阅读以前没有读过的一些古今中外的诗作和诗论。我觉得只有不为任何目的的创作才是最纯粹的。就像电影《无问西东》一样，"西东"就是外在的一切，"无问"就是不过问，就是不在乎别人怎么评价，不在乎这个世道怎么变化，不在乎名与利的得失。我想通过诗的创作，作为一种实修，寻求生命的实相。

并不多余的话

记得我刚退休时，受深圳一家国学院之邀，为一个企业老总培训班讲"乐道"，培训班就安排在深圳欢乐谷对面五星级酒店的香道馆。当品鉴完一位美女技师为我们展示的沉香后，我就接着开讲了。我从哲学的角度讲香道之于人的生成意义，我说，大家都知道，沉香位列中国四大名香之首。沉香树生长在热带、亚热带，每年台风会把树枝、树干刮断，而我们品的香就是沉香树受伤后凝结而成的"伤疤""泪痕"。当我们把它们从树上挖下来，磨成香粉，制成香品，然后供人品闻时，那种沁人的香馨，对人身体带来的好处自不待言，而我感悟到的是人生。我是一棵60年的沉香树，像沉香树一样经历了很多来自自然和社会的风风雨雨。我经历过身体、家庭、婚姻、社会、政治的悲剧，我的身体和心灵也有很多伤疤和泪痕。当我在品沉香时，仿佛在品我自己，在回味我人生中带有原罪色彩的苦难，但我现在已不再把它当作苦难，那是因为在战胜这些苦难后，我已在灵魂深处超越了它，从而让它成为我灵魂的香馨，在品味时也就有了一种狄俄尼索斯式的沉醉感。

每个人都必须经历苦难且具有苦难意识才能长大。苦难的意义不在于苦难本身，而在于有苦难感。一个有苦难而没有苦难感的民族和个人，是永远长不大的，更谈不上成熟。我们这个民族是一个苦难的民族，但我们的民族缺乏深重的苦难感或苦难意识，几千年来大多数人仅仅活在满足于温饱的动物式的生存状态中，至多也就是生活状态，生命和生灵意识对他们来说是陌生的。更可悲的是，不少人往往把动物式的快感当作生活的快乐感、生命的美感和灵魂的幸福感，并乐此不疲地享受这种感觉。歌德曾说，未曾在长夜痛哭的人，不足以语人生。言下之意，是说没有经受过苦难尤其没有苦难感的人是没有资格谈人生的。有的人很幸福，但没有幸福感，感到人生了无意义，甚至走上自杀的绝途。原因在于：他们既没有经历苦难，也没有灵魂深处的苦难感。我告诉我的学生：一个人可以没有苦难，但绝不能没有苦难感。苦难感既是对自身苦难的自我意识，更是对所有生命苦难的自我意识。一个不同情不怜悯众生苦难的人，是一个野蛮的人；一个不尊重人性、人格、人道的民族，是一个未开化的民族。他们与文明人、文明社会有着霄壤之别。苦难感是超越人种、国家、民族的，有些人幸灾乐祸于他人的苦难、异地异族异邦的苦难，甚至把他人、异地、异族、异邦的苦难当歌唱，当舞蹈；更有甚者，对这种歌者、舞者的表演，他们的心也跟着歌、跟着舞，不管是前者还是后者，他们根本不配做人，连畜生、蚁虫都不如！他们在六道轮回中一定会坠入十八层地狱。真正的幸福感是苦难感的升华，无论是幸福感还是苦难感，一定是灵魂意义上的，用哲学家周国平的话说：幸福是灵魂的歌唱，苦难是灵魂的哭泣。而我要说，苦难的真正意义是对苦难的超越，是走向灵魂幸福的歌唱。

上面提到，我是1973年开始教书的，从事教育举凡近五十年，其间一直守望在杏坛，守着初心，拒绝了很多诱惑。我的经验告诉我，教育的旨趣在于，首先教学生做"人"，而不是首先教做"什么人"。现在的教育反其道而行之，无论是家庭、学校还是社会，首先教人要赢在起跑线上，为了将来能做"什么人"，如做什么什么"家"、什么什么"官"、什么什么"明星"等，就是不培养"人"本身。过去儒道佛都强调"内圣外王"。内圣即做人，外王即做什么人或做事。儒家的"外王"是做官，认为只有把人做好了才能做好官；佛道两家的"外王"是做事，认为只有把人做好了才能做好事。其次，在教育学生"做人"的基础上，还要教学生把做"有意义的人"和做

"有意思的人"结合起来。我认为,我们现在的教育,不仅偏于"做什么人"的教育,而且即便是"做人"的教育,也偏于做所谓"有意义的人"的教育。目下我们只追求"有意义的人"的教育,结果使很多人受教育以后感到活得没有一点意思。我以为,真正意义上的"做人"教育,必须是让人有意思地追求人生的意义。这也正是现有教育和传统教育所缺失的。无论是有意义的人生教育还是有意思的人生教育,一定要教育人活出人生的故事来,故事越多越精彩越好,每个人的故事多了,一个民族一个国家的故事也就多了。故事越多的人,内心就越强大,就有十足的幸福感;故事越多的国家和民族,精神就越强劲,国魂就越雄逸。但千万不要把故事酿成事故。退言之,即便酿成事故,一定要把事故还原为故事,哪怕是悲剧性的故事也好。

民国时期,学者叶公超把教师分为三等:一等教人,二等教书,三等念书。鄙以为:一等为人师,二等为经师,三等为庸师。可惜现连做经师都很难,岂论人师乎?作为人类灵魂的工程师,首先自己的灵魂要纯洁、高贵。我总是用往生的净空法师的开示来激励自己,这是他的老师李炳南讲给他听的。他的老师说:从前有一位大夫,看的病人都死了,死后被阎王判堕十八层地狱。他大喊冤枉:"我是好心,我的医术不行,我是误杀,不是有心杀的,不应该堕十八层地狱。"大夫在那里又哭又闹又跳。跳的时候,听到下面有声音说:"老兄,你不要跳了,灰尘都落到我身上了。"他想:"难道底下还有十九层吗?"那个声音回答:"是!我在十九层。"他问:"你是做什么的?"那人回答说:"我是教书的。"教书误人子弟,比庸医杀人的罪还重——你没有教好,没有带好,就脱不了干系。这个故事非常具有开示性,是我当好一个老师的座右铭。

我让学生更多地关注古典音乐,因为古典音乐是灵魂的歌唱。"听觉化"时代(即古典音乐时期)是灵魂狂舞的时代,二十世纪中叶后,视觉化时代代替了听觉化时代,肉体狂欢代替了灵魂狂欢。我还告诉学生,要想获得灵魂的高贵与幸福,必须多聆听古典音乐。

我经常向我的学生和听众灌输我的"四生"与"四境"理论。我认为,人生追求不同层次的境界——真、善、美、贵,但要通过"四生"——生存、生活、生命和生灵的实践去追求。"真"对应的是生存境界;"善"对应的是生活境界;"美"对应的是生命境界;"贵"对应的是生灵或灵魂境界。其中最高的境界是生灵或灵魂即"贵"(高贵)的境界。

五十年来,我没有值得炫耀的成功感,但有内在殊胜的成就感,我教过的学生数以万计,很多都是各个方面的优秀人才。我退休八年了,每年还带着好几个研究生。现在越来越多的学生管我叫"师父",我感到无比的欣慰。我将努力不负这一"尊称",继续当好他们所期待的"父亲"般的老师。

留在记忆深处的时光

王业群*

【主编者言】作者记忆深处的这段时光,正是那十年他参与广东文化建设的宝贵经历。从一个刚转业的机关干部,到在全国范围内首次提出"文化产业"的概念,这一华丽转身昭示着他的人生意义。

广州培正一横路8号,是广东省文化厅原机关所在地,属广州市原来所设的东山区。我知道它的存在,还是二十世纪七十年代中期的事。从部队退伍后,我被安排在厅下属的省电影公司行政科工作,后调到人事科负责抓公司员工学习;因要汇报公司学习情况,故不时会到那里去参加会议。

那是一座老式办公楼,占地面积小不说,仅仅也只有三层半高;但门厅还显得比较宽阔,并建有柱廊。那时我很年轻,只二十出头,因这个机关所处的环境较幽静,机关氛围似乎也给人一种过于严肃的印象,加上里面干部的年龄都不低,不说厅长、处长一级,就连一个科级干部,看上去也有相当的资历,我难免心想:啊,幸好不是在这工作,我是不适应这种地方的。

谁晓得,命运却有意跟我开了个玩笑。十年后,文化厅先是三番五次地要调我到机关,尽管我以热爱电影工作为由,一再婉言推托,厅里却始终没放弃,直到1990年,这场"拉锯战"才初步有了结果,文化厅任命我为机关电影处副处长,仍旧从事电影工作,办公地点也仍然在省电影公司,我才算是心里有了点平衡。

可没想到,在电影处工作未满一年,因全国职称评定改革工作开始走向正常化,文化厅成立了职称改革工作办公室,又决定借调我去担任常务副主任,负责指导全省文化系统职称改革工作,并具体负责全省文化艺术领域高级职称的评定。这样一来,我就不得不真的要到培正一横路来上班了。起先我还想,去就去吧,反正职改是临时任务,搞完了还是要回电影公司上班的;可后来的情况表明,我这个想法根本只是一厢情愿。

职改办工作起步时,连我在内,一共从下属单位抽调了四个人,办公地点设在厅

---

* 王业群,广东省文化厅原副厅长

机关对面楼房底层一间不大的房子里，十来平方的样子，里头除了几张用于办公的旧桌椅和接待用的一套旧茶几沙发外，一无所有。

由于在电影公司当副经理时，我曾负责过改革开放后全省电影系统首次开展的职称评定，故而对这项工作算是驾轻就熟，加上几位同事的齐心协力，厅职改办工作顺利展开且有条不紊，不久便得到了文化艺术各领域高评委专家的一致肯定。特别是艺术高评委委员、著名高胡演奏家余其伟和著名粤剧演员关国华（昵称"关爷"），以及文博高评委中几位来自高校的资深教授，都对我对政策的熟稔和令人信服、富有逻辑性的解释、阐述，给予了不低的评价；厅领导对我们的工作也相当满意和放心。

然而，职称评定工作毕竟忙闲过于不均，忙的时候要晚上加班，闲的时候简直无事可做，夸张些说，甚至几个月都可以不用来人坐班；可办公室又一时不能解散，不能没人在。于是，我就自己做主，忙完一个阶段后，让其他人都暂时回单位待命，接下来的几个月里，自己一人留下来守办公室。我坚持每天骑着一辆旧自行车，准时到培正一横路上班；没事可干，就一个人静静地坐在办公室里看书，不到下班时间不离开。

我是个爱读书的人，这样的日子对我来说，简直求之不得，也妙不可言，它使我得以极其安静地阅读了大量的书，思想上收获不菲。如若提及我参加工作后的读书生涯，算上这一次，应该有过两段可以如此集中大量时间读书和静思遐想的日子。

第一段是我当兵的时期。在河南省偃师县，也是被从副连长一职借调到部队临时机构营建办公室工作。当时大部队还在湖北搞生产没回，机关留守大楼除先期到达的营建办人员外，基本是空的，尤其三楼的那半层，因没拉电灯线，所有人都不愿到这一层来住。就我为图清静搬了上来，住在一间木板隔开的小房间里，晚上看书，只能点燃蜡烛。所以，我经常要掏钱到军人服务社买蜡烛，次数多了，大概连服务社里的军人家属都觉得不可思议：这个年轻军官怎么了，要把这么多钱花在蜡烛上，不是有现成的电灯吗？

那段时间，我几乎每夜每夜都如饥似渴地阅读从县图书馆借来的文学书籍，一本接一本，经常读到子夜时分，有时甚至到黎明。有关那段时间的经历和感受，改革开放后我曾应省中山图书馆馆长李昭淳之约，写成文章，收进了他主编的《我与图书馆》一书。时至今日，我都还很怀念生命中的那段时光。以后的数十年间，我之所以历经曲折和各种岗位不停变换，却始终没有放弃文学创作的梦想，那间木板隔房里度过的无数夜晚，应该就是我在朦胧中的一块处女地最初种下的种子；尽管它于地底下埋了那么漫长的时间而没发芽，可却一直在顽强地、拼命地挣扎着，没有死去。

在文化厅职改办工作的这一段时间，我的读书范围则增大了许多，除文学外，还有哲学、史学、政治经济学及各类杂书。当时改革开放已十来个年头，社会的高速发

展和变化,为人们提供了更为广阔的视野,改革也渐次进入到了更深层次的领域,我大量读书和吸收各种知识的结果,无疑又为我后来正式进入厅机关,在文化建设和管理领域尽情发挥个人的聪明才智奠定了基础。

记得第一次参加厅机关厅务会的我,还任着电影处副处长。那次会议是由唐瑜厅长委托郑泽才副厅长主持的,内容是讨论贯彻广东省委宣传部黄浩部长对文化工作的一个指示。黄浩部长的指示大意是,省文化厅的工作,不要总是习惯性地盯着山区、农村,还要注意研究逐渐富裕起来的地区的文化工作应该如何做。

我是厅务会的新面孔,原本是不打算发言的,可到底因为年轻,不说出自己认为有道理的想法,心里憋得慌。于是我鼓足勇气发了言,对如何全面、准确理解领导的意图谈了个人看法。我认为,作为全省文化工作的主管部门,应该有个全省文化建设发展的战略性规划,既要重视富裕起来的地区的文化建设,同时也要兼顾山区、农村,不要把两篇文章分割开,而是一起研究,整体部署,且目光要放得更长远一些。

郑泽才副厅长是位谦虚谨慎、从善如流的领导,一直也比较重视年轻干部的成长与培养。我还在省电影公司当宣传科长时,他就认识了我。听完我的发言后,他立即点头表示认可并加以展开,他认为文化厅制订这样一个战略性长远规划看来很有必要。会议议题一下子就从原来只研究富裕地区的文化工作怎么跟上时代发展的步伐,转到了如何制订一个更加全面的全省文化建设发展的战略性规划上来。

到厅职改办后,我获悉厅里已正式启动了这项规划工作,就给规划起了个很雅的名字,叫《南粤锦绣工程——广东省文化建设发展规划》,这是一个从1990年至2010年的长达二十年的规划。为此厅里专门成立了规划起草小组,决定把我也抽调过去。我得知后,便以职改工作起步不久,事情千头万绪,政策性又强,实在走不开为由,向厅里提出了异议。大概厅领导也考虑到一时实在也抽不出合适的人顶替我的位置,于是只好作罢。

就我所知,《南粤锦绣工程》最初的起草工作,除厅领导亲自担纲外,主要由厅艺术处的负责人吴惟庆和老处长关汉具体执笔。这两人都熟悉文化工作,也是厅机关里的"写手",算是合适人选。其中,关汉还是当时厅机关年龄最大、资历最老的处长,大概属于我从前认为的那种面孔严肃的"机关老人"吧。只是后来接触多了,我才发现他外表看起来虽然严肃,却很好相处,完全不是我最初印象中的那个样子。吴惟庆则属当时机关里承上启下的一代,处事沉稳而有见地,文字缜密,后来调去了省艺术研究所任所长。多年后我才听他说,中学时他跟我读的是同一所名校——华师附中,他比我要高两个年级。

职改进行了两年,全省大批量的职称评定工作暂时告一段落,职改办各项工作也步入了正轨,文化厅便撤销了这个临时机构,将职称评定纳入厅人事处日常业务工作范畴，而我，则再一次出乎意料，不能回电影公司上班了，直接被任命为厅办公室主任。这是1993年中的事，那时郑泽才已接替唐瑜，担任了文化厅厅长一职。

有意思的是，在厅办公室当主任的两年，以及离开办公室到业务处当处长之后的若干年，文化厅给我印象最深的一件事，仍然跟《南粤锦绣工程》有关。尽管这个规划当时还只是省文化厅的一个部门文件，可实际上已经在全省文化系统产生了很大影响，也成了省厅推动全省文化工作的重要抓手；厅里每次召开各市文化局长会议，《南粤锦绣工程》几乎毫无例外都会成为会议的中心议题；讨论的活跃程度，各市局长建言献策的积极性，也为多年罕见。我作为厅办公室主任，自然是每次会议的具体操办人，也就有幸见证了那段时间全省文化建设蓬勃发展，一大批新型的现代化的文化设施在各地，尤其在珠江三角洲地区拔地而起的过程。经我之手，1995年2月，《南粤锦绣工程》做了最后一次修订，然后以省文化厅和省计划委员会联合制订规划的形式，上报省政府，由省政府批转各地执行。这样，原来只是政府部门的文件，便上升成为政府文件，成了具有政府规章性质的工作指令和部署，这就为推动规划的进一步落实创造了更加有利的条件。广东的文化建设和发展，也由此完成了一个重要转折——全省统筹谋划，明确了今后相当长一段时期内广东省和各级地方及各门类文化建设的总体目标、阶段任务及步骤措施。接下来的工作，就是一步步抓好落实了。

郑泽才离任，阎宪奇接任厅长，跟从前一样，《南粤锦绣工程》的实施，依然是文化厅工作的中心和重点，且经持续几年的努力，已见成效，尤其是珠三角核心地带，即使到乡镇一级，也都出人意表地建成了一大批适应时代发展和人民精神文化生活需求的新型文化场所，如音乐厅、剧院、电影院、公共图书馆、博物馆、群众艺术馆和文化广场等。由此，珠三角地区形成了一道十分亮丽的风景线；这些场所设施设备的完善和富有现代气息的外观造型，让不少人见了都很惊讶，认为是十年前想都不敢想的事。国家文化部欣慰于广东文化建设在改革开放后取得的这些成果，兴致勃勃地在广东召开了全国现场会，孙家正部长和徐文伯副部长亲自到会，由此引发了全国各省、市、区文化部门官员的热切关注和广泛议论，他们纷纷向广东索要省政府印发的这份《南粤锦绣工程》规划文件。到了这时候，我们才恍然体会到，我省如此之早便起步制订一个长达二十年的文化建设发展规划，实在有超前意识；要知道，那时别说全国的文化部门了，就是其他各行各业，也鲜有制订这么长时间的发展规划的。

谈到《南粤锦绣工程》规划的制订，我还要提到一个人，就是时任佛山市文化局局长的胡正士。他原是一名知青，老三届。在我眼里，那时的各市文化局长中，他算得上是最出色的一位，既有知识底蕴，又颇具远见卓识和工作魄力。讨论规划时，他提出的拟在佛山充分利用和盘活历史文化资源，打造一处古镇民居开发区的设想，是我最赞赏、最看好的项目，我极力为其宣传推广。现在不少人都知道，佛山有个叫

"岭南新天地"的热门文化旅游区,一到节假日,各地来观光游览的人便络绎不绝,也成了佛山周边地带年轻人的打卡地。我曾多次问现在佛山市文化局的人:"你们了解吗?这个成功的文化旅游区,其开发理念的形成,最初源头可以追溯到什么时候?"被我问及的人,往往都一脸茫然。于是我便告诉他们,是胡正士当局长的年代,离现在已有三十年了。接着,我就向他们介绍当年的情形。实话说,我介绍的时候,自己都会发出感叹:是啊,也难怪大家都不知道,因为不知不觉,已经过去三十年了。三十年,会发生了多少人事的更迭与变换啊!正所谓"江流石不转"。三十年前,胡正士局长恐怕也想不到,如今能够吸引如此强劲的社会投资来做他从前想做的事。我常常想,这样一位年富力强、才华横溢而又兢兢业业的局长,如果不那么早去世,而是遇到了今天这样的发展机会,一定会甩手大干一番并有所建树的。

《南粤锦绣工程》工作展开之后不久,广东的文化建设发展又迎来了另外一件举足轻重的大事。

改革开放十年后,广东经济突飞猛进,社会文化层面出现了诸多新课题,省领导开始深切关注文化领域,他们意识到文化发展在经济发展和社会整体进步中有着不可忽视的重要作用;广东经济的不断发展,正在呼唤文化建设的升华和加强。在这样的背景下,1993年中,我前脚才刚刚跨进厅机关办公室,就听到了郑泽才厅长向厅机关传达的一个重要信息,说已在省人大担任主任一职的原省委书记林若,十分重视广东改革开放之后的文化建设,准备由省人大颁布一个加强全省文化事业发展的决议,并将决议起草的具体工作交由省人大科教文卫委员会和文化厅协同进行。事关重大,郑厅长决定亲自抓这件事,同时把代人大决议起草的执笔任务交给了我这个办公室新人。我不免忐忑不安,一来自己才到任没几天,完全不熟悉文化行政管理工作,更不了解全省文化事业状况;二来决议这种文件,自己从来不曾沾过边,连文体都不清楚,生怕不胜任;更不要说这个决议的层次还不低,是省一级的。

我的不安并非没有理由。特别是当我把初稿写出来后,郑厅长领着我把它拿到科教文卫委审核讨论的时候,面对在场多位科教文卫领导的审核把关,我深深体会到,这些从宣传、教育、社科等不同部门领导岗位过来的老干部,对决议里面涉及的相关提法和文字表述,严苛到几乎是一个字一个字"抠"的程度,我坐在那从头到尾一声不吭,只顾拿笔默默记录大家的发言。感受最深的是,时任科教文卫委主任杜联坚字斟句酌的严谨细致和慢条斯理的谈吐风格,留给我一个历经磨练、经验丰富、老成持重、胸有文墨的长者印象。不过,对我这个初来乍到的执笔人,他说话的语调显得十分平和客气。这天,应该说是我到文化厅后,在机关文件应如何把好严谨细致关方面上的第一课。

没过多久,广东省第八届人民代表大会常务委员会就召开了第三次会议(1993年

7月15日），顺利通过了这份《广东省人民代表大会常务委员会关于发展文化事业的决议》。导语之后，决议共分"提高文化工作在社会进步和经济发展中重要地位的认识"，"加强文化建设规划、推进文化体制改革"，"加强社会文化市场管理"和"增加对文化事业资金的投入、完善有关文化经济政策"四个部分（简括，作者注）。

以省一级人大决议的形式推动文化建设发展，在全国范围内开创了前所未有的先例，立即在社会上产生了积极影响。其中，第四部分里面的一个具体提法——"各级人民政府安排文化事业的经费要做到逐年有所增加，各级财政的文化事业经费，应不低于当地的财政总支出的1%"，应该说填补了一档历史空白，它首次以财政总支出的占比数目形式，明确规定了政府对文化事业予以资金支持应达到的具体的、可以量化的要求。正是这个数字，不仅为今后我省文化事业持续不断的发展注入了强劲动力，也在全国文化系统中产生了非常积极的示范效应，各省文化部门不断来函要求我们提供这个决议的文本。甚至在决议颁布实施了十来年后，一次，新任国家文化部党组书记于幼军率队来广东调研文化工作，在珠岛宾馆召开的会议上，他开场白中仍然还在提这件事，说"值得大书特书"。那次会议我恰好也参加了。

郑泽才厅长不愧是个诚实厚道人。1994年他即将离任时，我去了他办公室，意在请他离任之前先把我调离厅办公室，他未直面应允，最终也没这么做。我思忖，他一定是因为要遵守纪律，不想在班子变动之际，轻易做出调动或提拔干部的事；尽管他一直对我很好，工作上很信任，并且早知道我并不愿意做办公室工作。可后来据我推测，他在和新厅长交接工作时，还是把我想调动的事告诉了新来的厅长。不然，阎宪奇厅长也不会在跟我谈话时说了句"你暂时还不能离开办公室"的话。

一段时间后，我终于离开厅办公室，到文化市场处当了处长，自我感觉似乎也轻松了很多。

可没想即便如此，厅里凡有重要文件或讲话、材料的起草，仍然还是找我。也许是写作所形成的一种性格使然吧，我心里老想着，不愿隔夜，不愿拖；所以，我写机关材料，每次基本上不会超出三天。最快一次，一天一夜的工夫就完成了任务；一个人住在宾馆里，到清晨离开时才发现，电视没开不说，连床单都没摸过一下！据说，有些厅领导和老处长，曾对我写东西有所谓"两度"的评价，即"够速度、够高度"；这自然是过誉之词。其实，凡写机关材料的人，都有一个共同感受，叫甘苦自知。

二十世纪八十年代中期以后，我国的文化事业，渐渐开始发生了一个重要变化，以"创收""多种经营""以文促文"的方式搞活文化事业单位逐渐成为业内共识；经商的血液，开始日益活跃地流淌在文化单位的机体内。而处于改革开放先行地区的广东，自不待言，经过十来年的探索，在这方面称得上已交出了骄人的成绩。此时，一个更新的概念——"文化产业"在不知不觉中悄悄萌芽；它散见于国内一些专家、学

者的文章或著述中,却缺乏清晰明确的内涵,仍处在"犹抱琵琶半遮面"的状态。至于国内文化行政管理机关和文化企事业单位,更是还处在意识朦胧阶段。

在这种情况下,我写了个建议,大约两张稿纸的篇幅,交给了新来不久的阎宪奇厅长,我提议文化厅以时不我待的精神,尽快开展有关文化产业方面的研究和工作部署,具体有三条建议:一,迅速撰写一篇确立文化产业概念,且具有宣言意义的理论文章;二,及时组织一次本省及国内文化产业方面的调研;三,着手起草一个我省文化产业发展的战略规划。这些工作的经费,我估摸要用七八万元。

很快,阎厅长便批复同意了我的建议,并将经费增加到二十万元左右。我明白,这个经费数目意味着要出国考察。

不管怎么说,我当即投入到理论文章的写作中。说来还真有些困难,主要是因当时国家根本就没有关于文化产业的统计数字;而文化产业的概念已到了需要适时确立的关头,除理论观点的阐述外,统计数字是一个重要依据。没办法,我只好找来全国关于第三产业的统计资料,再结合国家文化部关于文化事业的统计资料,用极其原始的方法,一点一点地、一个数据一个数据地经过研判后进行加减乘除。

经过三天不懈的努力,一篇近万字的题为《试论转型期的文化产业》论文就算脱稿了;还没来得及修改,我就把它交给了厅长,想先听听他的总体看法,然后再做修改。却没想,这个稿子交上去后,数月内都没见回音,我也不方便问,直到文章原封不动地被《中国文化报》以整版的篇幅刊了出来,我才有些后悔。心想,早知如此,等我把文章修改完再交就好了;因有的字句似可再作推敲,有些想法我一时也还没能完全表达出来。再过不久,通知下来了,文化部要在大连召开全国第一次文化产业会议,并确定这篇文章作为大会发言材料之一。

我因临时处理一件紧急公务,未能出席这次大会,而是委托一位副处长出席并代我宣读文章。他回来后告诉了我几件和这次大会有关的事。一是因国家尚没有明确的关于文化产业的提法,文化部的这次会议是闭门开的,没有邀请记者参加;二是大会发言材料中,唯有我省这一篇是论述文化产业概念的理论性文章,其他均为各省开展文化多种经营活动的经验或介绍材料(我看了他带回来的这些大会发言材料,的确如此);三是各省代表对我省宣读的这篇文章产生了不小的兴趣。其中青岛市文化局局长王永章还称,这篇文章见报后,他即在全市文化干部中组织了学习。正是这位局长,不久后在文化部新成立的文化产业司担任了首任司长。这是后话。

1990年代的最后两年,省文化厅的文化产业工作部署和培训业已开展得如火如荼;原定的战略规划,则以《面对知识经济时代的广东文化产业发展战略研究》的形式,由我和一位副处长完成面世;在阎宪奇厅长组织下,赴英、法两国的文化事业和经营活动考察也如期进行,并由我写了七篇访英随笔在《中国文化报》连续发表;《中国文化报》十分欣喜，说他们还从来没获得过如此系统地介绍英国文化状况方面的稿件。接着，我又写了三篇访法随笔在其他刊物发表。

我省这一系列的动作，引起了中央和国家有关领导机关的高度关注。据悉，中宣部通过广东省委宣传部，调阅了我的相关研究文章；分管国家计划工作的领导和国家计委领导，也对广东的探索研究表示了充分认可和热情支持，省计委不仅向我厅转达了这些情况，还为此专门召开了省宣传、文化系统相关部门负责人会议，要求我去向与会者宣讲文化产业概念。

令人兴奋的是，文化产业概念确立后不久便迅速步入了快车道，先是写进了国务院国民经济发展计划纲要，接着写进了中共全国代表大会决议。文化产业大潮，随之在我国境内渐次形成了波澜壮阔之势。

回想起来，那个年代，人们解放思想的活跃程度是多么高，探索问题的环境又是多么宽松啊；若不是有这个大的时代背景，我们不可能会如此迅速地取得这些重要成果。

也算是我对文化产业已到了呼之欲出的关头有预感、有信心吧，在《试论转型期的文化产业》一文的"引论"中，我特意还写进了这么一段话："可以说，就文化产业讲，我们已经走到了可以望见它理论桅杆的海岸边上了。而转型期文化产业观念的最终确立，将会引发一系列我们可以预见和不能完全预见的问题，具有深层次的意义。"

后来形势的发展果然如此。

当然，做任何事都不可能是完全顺利、一帆风顺的。我在阐述文化资源，包括历史文化资源，均可纳入文化产业范畴，在有效保护的同时，应进行合理的开发和利用，而开发利用本身也为更好地保护资源提供条件这一观点时，就不可避免地听到了来自文化界，尤其是文物界一些人士的质疑声。我认为这一点也不奇怪，也无意和他们争辩，还是让事实说话吧。

同样的，那些年里，我也没少遭遇人生苦闷。值得庆幸的是，我把它们都放下了，淡化处理了。特别是在后来的几年里，也是在培正一横路8号这里，我还发现了一条属于自己的人生新路——历史文化的考察研究。

起先，我是有感于广东文化领域对本省历史文化资源的重视不够，才开始考察研究的。不曾想，由此产生的浓厚兴致，导致我一发不可收，脚步再也无法停下，研究范围由广东省内延伸到了全国，并且把读书和实地考察结合在一起，不仅阅读范围进一步拓展，深入到思想、文化史以及儒学、宗教和人物传记领域，而且行走的地域也越来越广阔，越来越深入。直到今天，我的这种行走和读书也没间断。数十年间，我沉浸其中，享受着属于自己独有的那一份快乐，并先后出版了两卷本的著作《在历史文化间行走》。第二卷出版时，时任国家文物局局长刘玉珠还在"序言"中鼓励我，"继续走下去、写下去，既丰富自己的人生，又传播多彩的文化……"

而这一切的开端，都始于我来到培正一横路8号。从1991年到这里上班开始，到2001年厅机关迁离此地，中间恰好整整十年。

文化厅自身也发生了太多、太大的变化。如果再往前推到二十世纪七十年代中期，到2001年为止，其间我认识并熟悉，在此地担任文化厅长（最早的时候是文化局，称局长）、党组书记职务，又先后离世的领导就有六位；还有些曾与我相识并共过事的老处长，也都已不在人世了。现实真是残酷！不过我总觉得，这些于文化事业做出过各自努力和不同贡献的人，他们的音容和身影，如同画像一般，仍刻在培正一横路8号这座机关的老办公楼内，令人不时想起，难以忘怀。

厅机关搬离此地，距今也已经二十年有多了。当我偶然路过这里的时候，禁不住还会驻足观望，似有种"海棠依旧"的感觉，却不敢走近它。因为那份熟悉和亲切，连着我初次见到它时的印象和个人的心路历程，总令人有恍如隔世之感。

广州开放的民主党派工作

王则楚*

【主编者言】作者作为政协委员,曾因为坚持质疑广州一座桥的收费问题而名噪一时。他的锲而不舍,终于使问题得以解决。他的勇气,其实有历史和社会根源可以追溯。

我在49岁时才调回广州工作。华南建设学院(西院)正在安装由美国买回来的三维抗震试验台,需要懂得安装的人员,学院才同意把我从安徽财贸学院调回来。也许是由于我在蚌埠起重机厂工作时与一机部第一设计院结构室一起搞过一维的抗震试验台吧,一回来,我就在周福霖副院长的领导下,紧张地进行试验台的安装工作。

万万没想到,中共广州市委统战部通过市委要把我调到民盟广州市委员会工作。这大概与我在安徽担任过民盟安徽省委常委、民盟蚌埠市委副主委的经历有关,也与我原来是安徽财贸学院科研处主持工作的副处长有关,这些条件加上我父亲原来担任过民盟广州市委的主委,中共广州市委统战部对民盟广州市委班子作调整时,根据民盟广州市委班子的提议,来学院当面了解了一下我的工作,当时我根本不知道他们是谁。最后,当时的民盟广州市委主委陈其昌约我喝茶,说了要调我到民盟广州市委做秘书长的事。他因直肠癌复发,身体极度虚弱,满头虚汗。尽管许多同学、同事都反对我去民主党派工作,认为那里干不出什么事,但我还是明确答复,服从组织安排,但必须由组织上与华建西院讲清楚。

回来后,我继续安装试验台。有意思的是,在安装水平推拉油缸底座时,要求误差不得大于1毫米,这对于相距5米且已预先浇筑固定的螺丝杆、厚40毫米的安装底板而言,是个几乎不可能完成的任务。我让机械加工师傅不要慌,通过现场测量,确定了误差之后,我让他用高强度钢柱无误差地把孔填好,然后按测量确定的空位重新打出定位孔来,解决了这个问题。这是我在广西特种电机厂维修车间维修800吨摩擦压力机时就干过的活,在这里也用上了。

试验台终于在年底通过了验收,很快就可以进行实验了,头一个实验模型已经固

---

* 王则楚,中国民主同盟广东省省委会原副主委

定在试验台上，应力片的粘贴工作已经开始。这时，陈其昌主委的追悼会已经开过，我一月份的工资已经由民盟广州市委员会发了。这时我才与周福霖院长谈到谁来接替我的问题。周院长征求我的意见，我推荐了清华大学的博士生徐某，他同意了。不久，我就到民盟广州市委员会上班了。

当时，正逢邓小平南方讲话在南粤大地广为传播，一股经济建设的大潮在珠江两岸涌动，各个单位都搞建设，民主党派也不是旁观者。民盟广州市委也在盟员中集资了70万元在增城建石场，协议上写的是广州市盟提供多少资金，共同开发经营，第一年还多少钱，第二年还多少钱……，实际上就是一个借款合同。钱付出去了，钱根本就没有还，还不断地要求追加投资。每次增城的政协刘副主席（他是科协的）来，都是笑容满面。我接手后，明确指出，这就是一个借款合同，你没有按合同规定还钱给民盟。他马上就翻脸了。结果民盟的投资就打了水漂。如何筹钱还给集资的盟员成了一个大问题。只好用民盟开办的光明职业中学收取的费用来还，经过近五年的时间才还清了这些集资款。从那以后，民盟广州市委没有再搞经济活动，把主要精力放在建设"高素质参政党"上面来。

那段时间，广州市各级党委、政府的工作中，改革开放的风气很盛。例如，我在担任民盟广州市委专职副主委的时候，也同时当选了广州市人大的常委。那个时候，人大的大会是安排大会发言的。我在大会上发言，呼吁要落实人大的重大事项决定权，第二天的《羊城晚报》头版头条做了报道。我小时候的玩伴、詹安泰先生的小儿子詹叔夏马上打电话给我，让我说话要小心一些。在要举行居民水费调整听证会的时候，我们提出要向人大代表通报情况，结果居民水费调整一直推迟到年底。武汉和无锡的人大还打电话到广州人大，询问水费调整人大是否可以过问。第二年的大会我做了"公共事业类收费应该公开举行听证会"的大会发言。发言中，我提出洛溪大桥应该停止收费，应该取消手机、BB机的无线电管理委员会的收费等问题。我正式提出了关于洛溪桥停止收费的建议，在建议上附议的还有原人大副主任王文赞同志，这让我感到广州人大的工作特别开放。同年，我们在人大常委会里的民主党派委员还联合一些人大代表提出了八个询问案。经媒体报道，这一事件被称为人大工作的"广州现象"。事后，日本在香港领事馆的一位博士还专门到广州来采访我，在市委统战部同志的陪同下，我明确回答了他的问题。

这个时期，广州市的民主党派工作也十分开放，说起话来也特别有趣。当年，陈开枝担任政协主席后，到民主大楼听取民主党派的意见。民革市委会的秘书长张宗鄂同志发言说，"你们中共是五讲四美，我们民主党派呢是三从四德。"广州人讲普通话，"讲"字念成了"港"，陈开枝听了就问，你的意见是什么？张宗鄂回答，你们中共的科级干部都已经去过五次香港、四次美国了，而我们民主党派的市委干部才去过三次从化、四次顺德。很快,在陈开枝主席的过问下,当年年底统战部廖志刚部长就带着民主党派的领导同志到香港考察,第二年由市政协黄继胜秘书长带队,民主党派的领导同志还到北欧的芬兰走访了友好城市坦佩雷。这个事例,充分反映了当时广州市民主党派工作的开放性。

特别要提一下的是,我提出"洛溪大桥应该停止收费"的建议后,番禺市人大主任还特别通过民盟盟员杨宝祥同志转交给我一份洛溪大桥建设的可行性报告,而且很认真地对我的建议给出了回答。其实,可行性报告已经做了经济性分析,估计在2013年就可以收回投资,但收费期限却定到2028年。可见利润率是多么高。

我为了了解情况,向市人大代表工作联络委员会提出要求,持证视察广州市桥隧公司,也得到了广州市人大的同意,并且还为我的持证视察做好了联系工作。《羊城晚报》记者洪启旺还跟着我一起去视察。被视察单位的负责同志是我在业余大学教房地产投资课的学生,一问一答里,他如实回答,而且概念也清晰,交流起来也容易。我了解到鹤洞大桥、江湾大桥和解放大桥的投资,要保证10%的利率、10%的投资回报率以及5%的折旧率,如此之高的投资收益,简直就是高利贷。记者根据持证视察的记录,马上就发稿,在第二天的《羊城晚报》上头版头条刊登了。这为广州市政府利用全球金融风暴时贷款利率较低,贷款回购三座桥的经营权,对实现广州市路桥收费的年票制,做了很好的准备。同时也为政府节约了一大笔钱。

洪启旺同志还和我一起见了霍英东先生。霍先生回答了他为什么提出洛溪大桥要停止收费的问题。当时,他说了,这座桥是他捐建的,以前没有收过一分钱,今后也不会收一分钱。要求《羊城晚报》把他的话登出来。我当即向市人大作了汇报。第二天他的话没有见报,霍英东先生又托人打电话给我,表示如果广州不能登,他就在香港登。过了一天,《羊城晚报》刊登了霍英东先生的这段话。一石激起千层浪,捐建的桥怎么能收费呢?省人大副主任卢钟鹤的表态给了我很大的支持。现在,霍英东先生已经离开了我们,我亲自去南沙参加了他的追悼会,写了挽联——"造福桑梓;无出其外"。

继洛溪大桥2005年7月1日零时停止收费后,我又提出了促使花都市的五个收费站取消收费50年的规定的提案。省交通厅在答复中明确指出要广州市进行整改。但在第二年我和记者再去杨荷收费站时,收费50年的公示牌依然岿然不动。花都回复,这些公路建设费里有外资投资,必须按合同规定执行。2006年4月,中央电视台二套节目来采访我,我让他们去那里看看。他们去看了之后,查了所谓的"外资",原来是省国投,而省国投早在十年前就破产了。5月1日,花都的五个收费站都取消了收费。2015年,我们又促成取消广州市路桥收费的年票制。现在我还在关注收费期限即将到期的收费路桥的收费问题。

2002年民盟广州市委员会换届之后,我调到民盟广东省委员会工作,并当选为民盟广东省委员会专职副主委。那个时候,当选后定为副厅级干部,这件事是半年后到中共省委组织部开会时由罗东凯副部长宣布的。他祝贺大家成为党的高级干部,说这个意见还需要回单位公示,公示没有问题了,就会正式任命。其中两位同志表示感谢组织的培养。我接着发言:民主党派的专职干部也是党的干部,提拔时组织部"演戏也要演得真一些",在提名他们为候选人的时候就应该公示;这个时候都已经当选了再公示,难道公示不通过,就不承认大会的选举结果了吗?我发言后,又有一个同志发言。罗东凯副部长宣布会议结束。下午就通知我们,民主党派的专职副主委的干部级别提拔不公示了。可见广东民主党派工作的开放程度也非常高。

在参加由中共省委统战部时任常务副部长朱小丹主持的关于制定民主党派工作程序化、制度化和规范化的文件的座谈会时,我参照中共广州市委邬梦兆副书记主持制定过三个相关文件的经验,发言表示:民主党派工作的程序化、制度化和规范化的问题,其实就是一种"政治设计院"的工作,还是由中共广东省委来制定比较好。会后我们的领导向朱小丹同志表示,"王则楚就是这么一个直来直去的人,请别介意"。小丹同志回答:这才是诤友。他的大度很让我感动。

当选为省政协学习与文史委员会副主任后,我提出意见,建议在2005年抗日战争胜利六十周年的时候,召开"广东战时省会研讨会",列入工作计划后,得到了省政协主持工作的石安海副主席的支持。我们在连州、连南和韶关,提出了修复连州中学李汉魂等人的办公楼的意见。会议连续在韶关、连州召开,取得了很好的效果。

所有这些,都是广东省、广州市开放的民主党派工作之风带来的。我非常怀念那样一个开放的时期,它让我和我的朋友觉得,到民主党派工作,也是可以大有作为的。

伶仃洋边，故事不再伶仃

吴春燕 *

【主编者言】 从京城来广东工作，必然有许多新感受。做记者更是了解多多，思考多多，感慨多多。广东给了涉足这块土地的人许多新体验，他们则用自己的努力予以回报。

眼前是一片喇叭口状的辽阔海域，翡翠色的大海向远方铺展，潋滟潋滟、浮天无岸。扑面而来的，是海风的腥咸。

2002 年起，我从《光明日报》北京总社调至《光明日报》广东记者站，在改革开放先行一步的广东，我有过独行旷野的寂寞，有过激情燃烧的岁月，还有那刻骨铭心的种种故事。就像潮水退却之后，沙滩上留下蜿蜒的波痕和星星点点的贝壳，记录着潮水的心声……

在广东的二十多年记者生涯中，我参加过广州"非典"疫情、亚运会、世界大学生运动会等重大事件的报道工作。因《光明日报》的性质决定，更因为我对文化和科技的情感，我平时喜欢与知识分子打交道，故更多采访学界名流。写的有关报道如《钟南山：敢医敢言护苍生》《杨福家：我如何当上英国诺丁汉大学校长》《中山大学校长黄达人：大学科技成果能否零代价转让》《与庞加莱猜想证明者——朱熹平教授对话》《吴敬琏：名牌从何而来》。我也写了一些被众多新闻网站或海内外重要媒体转载的稿件——《港珠澳大桥背后的科技支撑》《孙志刚案：公审背后的遗憾》《沙船偏航撞塌广东九江大桥》《八百年古沉船"南海一号"成功出水》《广东亿元补助"乡村医生"》，等等。

2003 年，我在广州过了第一个春节，当我带着家人跟着成千上万的人，在中山二院门口兴致勃勃地观看白鹅潭上激情绽放的烟花，庆贺新年的时候，却不知道，盛大的欢乐中潜伏着极度的危险：就在同一天，一位后来在"非典"中被称作"毒王"的患者，因为高烧不退住进了身边这家中国最早的西医院——中山二院。"毒王"原本是个海鲜批发商，大年初一从芳村一家区级医院转到中山二院，医院以为他只是一位普

---

* 吴春燕，《光明日报》广东记者站站长

通的肺病患者。然而没几天,中山二院先后有九十多位医生被"毒王"传染上"怪病"。"广州医院出现怪病!"深更半夜读者报料的铃声把我从梦中惊醒。我戴着厚厚的口罩来到中山二院采写内参,见到了染上"非典"、职务最高的患者——中山二院副院长黄子通。他曾一度病危,被送到广州市呼吸疾病研究所(ICU)。

谈起如何被传染"非典",黄子通告诉我,都是手机惹的祸。原来,在把"毒王"转院到中山三院的过程中,司机范信德被传染了"非典"。作为医院领导,黄子通代表医院去看望范信德。因为病情危急,范信德需要做气管手术,黄子通当场用自己的手机给范妻打电话征求意见,又把这个手机送到范信德嘴边让他给妻子说几句,之后黄子通用这个手机又再三安慰范妻。尽管戴了口罩,但黄子通还是感染了"非典"。

司机范信德因公殉职,成了抗击"非典"的烈士。黄子通则幸运地逃过了一劫。病愈后,他把自己住院期间的九张X光片当成非典型肺炎的活教材,向年轻医生讲授治疗经验。他指着X光片非常轻松地告诉我:"这是我康复后复查的照片,你看,肺部透亮清晰,和患病前正常的肺一模一样。"

就这样,"非典"期间,我们冒着生命危险深入一线采访,采写了《中山二院93名医生感染"非典"》《抗击"非典"需要法律的深层介入》《"非典"与高校的危机管理机制》等内参,以及《冲锋在抗击"非典"第一线》《团结就是力量》《南山风骨》《世卫专家:广东将很快控制"非典"流行》《"非典"溯源突击队》《广东加大投入建设重症监护病房》等四十多篇抗击"非典"的公开报道,其中几篇被中宣部和全国记协评为抗击"非典"优秀作品。我因而获得"全国新闻界抗击'非典'新闻宣传优秀记者"荣誉称号,并被报社编委会授予总编辑一等奖。《光明日报》广东记者站也被中共广东省委宣传部评为广东省抗击"非典"宣传工作先进单位。

回顾当年抗击"非典"的战斗,我是幸运的。作为一名记者,我也感受到,生命有时候是这样的脆弱,比如孙志刚案。大学生孙志刚被收容人员殴打致死,案件震惊了全国,我联合了《中国青年报》、《法制日报》、中央人民广播电台、《工人日报》等媒体,采写了《公审背后的遗憾》,该文发表后迅速被国内各大网站转载。孙志刚的死加速了收容制度的终结。

作为一名常驻广州的记者,我于2009年11月12日,即亚运倒计时一周年当天,促成《光明日报》与广州亚组委合作,开辟了"亚运视点"专栏,这是中央媒体最先开辟的迎接亚运会专栏之一。作为专栏的主要作者,我对亚运会筹办情况以及广州城市历史、人文、教育、环保、国际交流等进行多角度、全方位精心策划和宣传,全面介绍广州亚运会,共撰写迎接亚运的专栏稿件二十余篇,如《广东全面进入"亚运时间"》《广州蓝天碧水迎亚运》、《让广州亚运与城市文明相牵》《亚运场馆:既有岭南特色又利于赛后运营》《广州九成市民想当亚运志愿者》《平安亚运》《争做好市民当

好东道主》《探秘亚运圣火传递》《让亚运精神传播世界各地》等等,这些集中的专题性报道,引导了读者对广州亚运会的关注度,起到了恰当的预热效果。

两个亚运同样精彩。我对广州亚运和亚残运会的报道并没有厚此薄彼。亚残运会期间,我担任《光明日报》前方报道组组长,在报社编委会的指导下,坚持"跳出亚残运宣传亚残运"的理念,大刀阔斧地革新和拓宽报道内容,不仅关注亚残运会的新闻,更紧紧围绕"我们欢聚,我们分享,我们共赢"的主题,重点报道文明观赛、人文关怀、残健共融、人文亚运等内容。

由于前方记者组人手较少,我与同事们每天奋战至深夜,共采写了亚残运会特刊11期。其中本人采写的头条文章就发表了五篇——《在这里感受爱》《广州亚残运会有爱无障》《残缺的艺术更动人心魄》《那一抹迷人的绿》《红段子倡导文明亚残运会》,圆满完成了报社布置的任务。

2011年4月,我被人力资源和社会保障部、国家体育总局、解放军总政治部、中国残疾人联合会、中共广东省委、广东省政府等六部委授予"广州亚运会、亚残运会先进个人"称号。

时光流逝,一转眼,我在《光明日报》广东记者站已工作了整整二十年。对比自己在《光明日报》总社时的工作,广东记者站的工作更具挑战性。在努力完成报道任务的同时,我一方面自觉拓宽报道领域,另一方面让自己的报道尽可能多地体现《光明日报》的思想品格和文化品格,并逐步形成自己的报道风格,力求在当地有一定的影响力。那么,对记者站来说,什么文章才能在当地产生影响呢?我们认为,要力争做好以下几方面的报道文章:

一是抓好重点报道,增强传播力。近年以来,广东记者站一如既往紧扣省内"1+1+9"工作部署,以及粤港澳大湾区建设、文化强省建设等中心工作,推出了《粤港澳大湾区:"让创新者放手去做"》《伶仃洋,有一座"科创灯塔"》《广东:跑出高质量发展"加速度"》《横琴:谱写粤澳合作开发新篇章》《广东:改革开放永不止步 高质量发展再创辉煌》《广州:守正创新 建设文化强市》等一系列重磅报道,在广东各级党委政府以及高校、科研单位和知识分子中收获了较高的评价,引起了反响。

根据习近平总书记提出的"把饭碗牢牢端在中国人自己手里"这一指示精神,《光明日报》开设了"春耕时节·我们在行动"专栏,报道全国各地在保耕促产和种业创新等方面的工作和努力。广东站推出了报道华南农业大学种业创新团队的报道——《"基因编辑师"培育新品种》。在全国上下喜迎二十大召开的时间节点,开设了"陌上正春风"专栏,从小切口入手,从小角度切入,以点带面,展现新时代的发展和成就。广东站推出了反映摩托返乡大军转型的《"摩托大军"去哪儿了》《"摩骑老兵"转型记》连续报道。

2021年是中国共产党建党百年和"十四五"开局之年，《光明日报》在头版头条位置刊发稿件《广东：跑出高质量发展"加速度"》，聚焦作为改革发展排头兵的广东，在高质量发展方面的突出成就，展望了"十四五"时期广东高质量发展的宏伟蓝图。作为粤港澳大湾区建设的重要平台，在横琴粤澳深度合作区建设总体方案正式印发，以及横琴粤澳深度合作区管理机构揭牌的重要时间节点，《光明日报》以头版头条的形式刊发了报道《横琴：谱写粤澳合作开发新篇章》，回顾了粤澳合作取得的诸多成就，展望了横琴未来发展的无限可能。

对广东的重大活动，《光明日报》不惜版面，对深圳文博会、广交会、粤港澳大湾区科学论坛等重大活动进行了深入且全方位的报道，与国家重大战略和广东省中心工作"同频共振"，以富有光明特色的方式多角度呈现了粤港澳大湾区的建设发展成就。

二是抓好特色报道，彰显《光明日报》品牌。《光明日报》向来重视教育、科技、文化、卫生报道。我们坚持以《光明日报》的特色和视角关注广东的发展，为广东取得的成就，尤其是大文化建设领域取得的成就鼓与呼。例如《广东新追求：建设文化强省》《广州：守正创新 建设文化强市》《广东用楷模引领和谐社会风尚》等稿件，重点关注广东建设文化、教育强省的脚步。特别是2004年9月，面积相当于一个澳门的广州大学城启用，十所大学的新生入驻大学城。然而，由于当时全国其他地方的大学城大部分以失败告终，许多人对"大学城"心存顾虑。通过调查，我发现广州大学城不像其他一些地方的大学城那样引入大量企业，导致大学城充斥着浓厚的商业味；广州大学城完全靠政府和大学来建设的做法值得肯定。于是我采写了报道《广东教育现代化建设的里程碑——写在广州十所高校师生入住新大学城之际》，为广州大学城在广东教育史上留下浓墨重彩的一笔。

三是力争采写一批独家新闻。《光明日报》是知识分子的精神家园，许多著名专家都对它高看一眼，这为我采写知识界的独家新闻创造了有利条件。2011—2012年，我在最美乡村教师专栏中采写了深圳支教教师典型孙影、广东梅州大埔英语义教廖乐年，孙影、廖乐年在《光明日报》和北京广播电视台联合主办的"寻找最美乡村教师"大型系列公益活动中获评当年全国"最美乡村教师"（共十人），节目在中央电视台直播。

孙影成功当选"最美乡村教师"的消息见报后，总有好奇的朋友向我打听，孙影的事迹真的那么感人吗？你眼中的孙影是什么样的？世上真有这样无私的人吗？说真的，我作为一个比孙影的年龄大得多的老记者，在近二十年的采访生涯中，见过的人，见过的事，实在太多！多到让我有了审美疲劳，实在难以碰到无法释怀的人、难以忘却的事。许多采访对象，只在我的寻访中一闪而过。而孙影，却让我那不再年轻的心灵经历了一场纯净之旅。

孙影的事迹，最早是在与她的同事、深圳关爱行动组委会办公室副主任陈励吃饭时聊起的。陈励说，尽管孙影是一个"80后"，尽管孙影容貌普通，尽管自己经常与孙影见面，但孙影五年十赴贵州山区，花光积蓄建四所小学，为三百名贫困生找到爱心资助的故事还是让人佩服与感动。真可谓未见其人、先闻其声啊！

后来与孙影会面，我觉得从外貌看，孙影真的只是一堆人中的"之一"：T恤衫、牛仔裤、白色球鞋……一眼瞥过去，孙影就是个平常的女孩，让人以为她是一个普通的深圳打工妹。

然而一说话，孙影三句不离支教，不离她的学生，不离贵州的山山水水……她口述的贵州支教生活：有她坐过的，最颠簸的汽车；有她见过的，最美丽的景色；有她感受过的，最心酸的家访；有她听过的，最动听的歌声；有她吃过的，最香甜的米饭；还有她拥有过的，最幸福的瞬间！如果不是出于对山里娃的由衷热爱，这五年如一日的执着支教从何而来？

标题是文章的眼睛。采访完后，记者思索着如何做标题呢？"支教钉子户"？"最热心的爱心中介"？"最美包工头"？"最美深圳女孩"？这些都是人们对孙影的爱称，但每个称呼都只是孙影事迹的其中一方面。

此时，我突然想起曾经读过的艾青的诗歌《光荣的冠冕》："奇迹的花朵／闪耀在随时延伸的路上／从必然通向自由／是历尽艰辛的长征／光荣的冠冕／从来都用荆棘编成"……这首诗不就是孙影支教生活的真实写照吗？孙影获得那么多光荣的称号，哪个不是用荆棘编成？孙影，不就是"绽放在山区的城市花朵"吗？标题就这么定了！

由于篇幅有限，只有短短千余字，实在无法尽情表达记者的感动，只能浓缩孙影事迹的精华。记者从孙影事迹中挑选了三个方面的内容来重点描写："最美深圳女孩""最热心的爱心中介""赶不走的深圳女孩"。

2010年11月，我采写的《华人物理学家丁肇中：十六年来我只做一件事》，被中国新闻社等媒体转载。2006年，中山大学教授朱熹平成功证明了"庞加莱猜想"，许多记者想采访他都吃了闭门羹，他却唯独对我的采访开启了一扇门，单独约我，写成了《与庞加莱猜想证明者——朱熹平教授对话》，被众多媒体和网站转载。2009年7月，世博会中国馆设计大师何镜堂院士特邀我等记者随他到上海，提前探营上海世博会，写成人物版长篇通讯《何镜堂：为世博会戴上"东方之冠"》。我独家采写的《倪阳和他的大国建筑梦》一文被中国新闻社转载时改了标题——《世博会中国馆副总设计师倪阳：我比老婆都爱逛街》，并被台湾媒体再次转载。

2018年10月底，我们来到刚刚开通的港珠澳大桥采访，"伶仃洋"，这个曾留下爱国诗人文天祥慷慨浩叹的悲壮之地，这片因战乱流离而深烙民族记忆中的悲情海域，斗转星移，沧海桑田，如今的伶仃洋，哪里还有半点"伶仃"的模样？洋面上最具代表性的标识，不再是沉静海中的伶仃山，而是飞跨洋面的港珠澳大桥。放眼望去，青

州航道桥上,"中国结"熠熠生辉;九洲航道桥,"风帆塔"扬帆矗立……伶仃洋畔,有了一个响亮的新名字——粤港澳大湾区。这里十几年来的发展变化,让人惊掉下巴!我们采写的通讯《港珠澳大桥背后的科技支撑》,被选入2019年全国高考Ⅱ卷语文实用类文本阅读题。

仅2022年,《光明日报》刊发的有关广东的稿件就有一百余篇,其中头版头条有五篇——《"基因编辑师"培育新品种》《"摩骑老兵"转型记》《郭兰英:用歌声串起新中国历史》《伶仃洋已不伶仃》《很多股力量,托举起"乡漂漂"》。这些报道,均在社会各界产生热烈反响。

四是重视话题新闻的采写,不漏报重大新闻。我在"光明视点""观察"等专栏发表了大量话题新闻。比如获得报社好新闻一等奖的有《伶仃洋已不再伶仃》《火爆的茶馆现象》《八百年古沉船"南海一号"成功出水》。还有大量的话题新闻——《业内人士批低俗文化:要文化创新,更要社会责任》《文艺界人士普遍呼吁:让"高雅"成为创作的主流》《观众谈抵制文艺节目低俗之风:低俗娱乐节目是污染》《中国丹霞:申遗成功后怎么办?》《"奥数班"叫停利大于弊》《透视香山文化现象》《不许暴力低俗玩具侵害少年儿童》《"南海一号":多少秘密令人期待》,等等。

当前网络时代,我们利用《光明日报》融媒体平台开展宣传,每年的招生季节,都在中山大学、华南理工大学、华南师范大学、暨南大学等高校举办"高校招生服务光明大直播"活动,联合暨南大学拍摄制作了《同心——与来自香港的他们谈谈心》短视频,获得了第31届中国新闻奖三等奖。

回望岁月,我很庆幸:作为一名记者,亲历了许许多多精彩的瞬间。然而要记录这一切,优秀的记者除了快速的反应能力,还需要深厚的文学功底。值得庆幸的是,学校教育与社会经历给了我知识,教了我能力,成了我前进的发动机。

《木棉花开》为什么这样红

吴东峰*

【主编者言】木棉被称为英雄花,因其花朵红艳硕大,树干高大挺拔,有鳞状刺,少枝桠而不易攀援。广东人爱其浓烈、轩昂,常以其比喻英雄气和英雄人物。

百年后的曾国藩——任仲夷

李春雷的短篇报告文学《木棉花开》发表转眼已经快八年了,作为当时的《广州文艺》杂志社社长兼主编,我至今仍为这篇作品能够在我们《广州文艺》首发而感到自豪。其实,当时发表这篇作品之时,我们除了兴奋,还有一些忐忑不安。

作者李春雷兄在《木棉花开》的开头透露了一点采写这篇作品的缘起。当时的情景我还回忆得起来。那是由中国报告文学学会在广州举办的一次"中国作家聚焦广丰汽车"的采风活动,我和春雷作为被邀作者参加了这次采风。2007年9月16日下午,各地作家纷纷来到广州天河嘉逸国际酒店报到。

那天晚上,我们《广州文艺》作为"地陪"在附近的炳胜私厨宴请先期到会的作家们,其中有陈歆耕、黄传会、陈道阔、张俊南、田永昌、李春雷、杨守松、何锦新等,《广州文艺》杂志社副主编鲍十、编辑室主任朱继红陪同。我们《广州文艺》之所以做"地陪",还有一个目的,就是想趁机向名作家们约约稿。在吃饭中大家自然聊到了广东的改革开放形势,我提出这是一片报告文学的富矿时,谈到了广东改革开放的先行者任仲夷,并提出一个观点:一百年以后,任仲夷的历史地位,就是今天的曾国藩、左宗棠,甚至可能还要高些,可惜广东没有人写。"谬论"一出,大家议论纷纷,便议出了写任仲夷报告文学的策划。

在这次聚餐中,我和李春雷是第一次见面。他给我的印象很好,清秀谦和,略显腼腆,瘦削文弱,激情洋溢。在春雷兄自告奋勇及其他作家的一致推荐下,我们在餐桌上当场敲定了请李春雷为《广州文艺》杂志社采写任仲夷报告文学的任务。

---

* 吴东峰,广州出版社原副社长

李春雷果然不负众望，他为《广州文艺》采写的这篇报告文学《木棉花开》一面世就迅速走红大江南北。除了上千家报刊转载外，还先后获得第四届徐迟报告文学奖（2009年8月）、"新中国六十年优秀中短篇报告文学奖"（2009年12月），2010年10月还与第五届鲁迅文学奖因差之毫厘擦肩而过，内中原因只有春雷自知。后来，甚至包括现在，一直有很多人问我，广东作家那么多，为什么不叫他们写？我的回答是："当时根本没有想过这个问题，只想找一位能把任仲夷写好的作家来写。"

其实，任仲夷只是我们《广州文艺》拟定的改革开放人物系列中的首篇。为了纪念改革开放三十周年，我们原来酝酿过一个宏大的出版计划，想在《广州文艺》连续推出十位改革开放中任省委书记的人物，如任仲夷、万里、高扬、项南、段君毅、彭冲、杨易辰、汪锋等等并结集成书，书名就叫《省委第一书记》，可惜这一宏伟的计划由于经费问题而未能实现。在这个计划中，《木棉花开》是一个美丽的开头，也是一个美丽的结束。

李春雷是10月份来广州采访的，住在广州市越秀区的合群宾馆。他来后，我们组织他与任仲夷夫人王玄、其次子任克宁一起在广州大道的冰花酒店吃了一餐饭。这次聚会由广州书画研究院副院长孙戈牵头。孙戈是哈尔滨人，与任仲夷私交很好，正在创作任仲夷的画像。采访中，李春雷虚心、认真、细致，给王玄留下了很好的印象。但任克宁的态度好像不是太积极，可能是写任仲夷的书太多了，他已习以为常，但谈起他父亲来还是滔滔不绝的。印象最深的是他说父亲去世后，他买了两个纸制的美女烧给父亲。这是玩笑话，意思是父亲一辈子不近女色，富贵不能淫。

李春雷大约在广州采访了十多天，便回去埋头写作了。

这期间，李春雷打过一个电话来，说稿子写好了，但自己还要改，稿子要往后推推。我说可以，原准备春节发的稿子最后推到了来年四月。

《广州文艺》杂志社编辑室主任朱继红是李春雷稿件的责任编辑，她不但负责稿件的编辑，还负责全程陪同李春雷在广州的采访活动。李春雷在广州采访了两个星期，共采访了十多位任仲夷的知情者。《广州文艺》当时条件不是很好，只能提供保障采访的基本条件，与那时作家采访企业的条件相差巨大，但李春雷毫不介意。据朱继红回忆，李春雷在广东期间的全部采访费用，包括食宿只用了1万多元。

李春雷没有见过木棉花开

大约是过完春节后，我们收到了李春雷发来的报告文学《木棉花开》。看完稿子，我们都认为很好，我让朱继红先编辑。

这篇稿子李春雷基本是放开了写的。对于任仲夷"二进宫"和任仲夷与于光远交往这两件最敏感的事，我们经过反复考虑还是坚持保留了，当然也"磨"了一"磨"。最后定稿时，我、鲍十、朱继红三人一起过一遍，主要是把个别"骨刺"再"磨一磨"，增加一些"肉感"（其实骨头还在）。磨得最多的是，稿子中涉及的党中央、国务院的具体部门，全部改成"有关部门"或"有关单位"，这种改法容易伤害文气，但也是出于无奈。

对任仲夷这样一位重要人物的稿子，按照出版规矩，应该送广东省党史研究室和任仲夷家人审稿。但本着"送审就是送死"的沉痛教训，我不得不决定此稿"不报告，不送审"。只是在刊物出来后，第一时间送了一本给广州市委宣传部常务副部长李哲夫。我对他说，我们在这期出了一篇任仲夷的报告文学，可能会打响，也可能会挨批。广东省宣传部门的领导饱经风霜，见多识广。李哲夫看后，对李春雷的文笔赞不绝口。最后轻描淡写地说了一句："现在你们办刊物确实很难，想办好嘛就得出点格，但一出格又会挨批。这是一个矛盾。我觉得只要事实没有错就不用怕。"他的豁达使我至今想起仍感到很温暖。

这里有一个小插曲。我也要爆一下料。李春雷《木棉花开》写得这么好，其实他到现在为止还没有见过木棉花呢。李春雷的稿子发来后，我对朱继红说："文章没有问题了，就是题目不理想，跟春雷商量一下能不能换个更好的。"我到现在还是觉得这个题目太普通了，雷同的也多。后来我又拟了几个，如"火红的木棉花""燃烧的木棉花"等等，但始终没有满意的。这时，朱继红告诉我，和李春雷沟通过了，他不愿意换题目。我就说："那就尊重作者意见吧！"可惜李春雷没有见过木棉花开，如果他见过，肯定会激活灵感，想出一个更好的题目来。

媒体大爆发：300多家报刊转发

《木棉花开》于2008年4月期在《广州文艺》杂志首发。

我们没有想到该文发表后，出人意料地出现了一股自发的媒体宣传热潮。尽管李春雷没有见过木棉花开，但《木棉花开》还是一个劲地火红起来了。

下面，我想概略回顾一下2008年媒体对《木棉花开》的主要转载情况：

2008年4月3日、4日，上海《新民晚报》分上、下篇全文连载。这是全国媒体中首家转载此文的。

2008年4月4日，上海《文学报》以一个版加编者按的形式刊登。

2008年5月23日，《南方日报》转载。几乎同时，《广州日报》也全文连载。

2008年6月，《新华文摘》第12期转载。

2008年7月，吉林省突然在该省各大媒体掀起了刊登《木棉花开》和"学习任仲

夷，学习广东"的热潮。

（这期间，全国各地报刊开始纷纷转载，不胜枚举。）

2008年9月11日，《南方都市报》以一个版的篇幅刊登记者许黎娜采写的专题报道《他写任仲夷，红遍大江南北》。

2008年9月15日，北京《文艺报》发表了报告文学评论家李炳银的评论——《"木棉花开"红胜火》。这是最早的一篇有关《木棉花开》的评论文章。

2008年9月26日、27日，《河北日报》推出两个版刊登《木棉花开》和作者李春雷独家访谈报道《花开南国　根扎燕赵——与〈木棉花开〉作者李春雷对话》。

2008年10月16日，中国作家网和《文艺报》发出新闻《两岸三地专家学者探讨中短篇传记文学新突破》，报道了中国传记文学学会在广州召开传记文学研讨会研讨《木棉花开》的情况。

2008年10月27日，《人民日报》发表上海《文学报》主编陈歆耕的文艺评论《〈木棉花开〉引发的思考》。

2008年12月3日，广东省委机关刊物《南方月刊》发表该刊记者孔令源写的评论《广东报告文学，何时木棉花再开?》，称非广东籍的李春雷意外地摘了"广东的葡萄"。

……

据不完全统计，《木棉花开》发表后不到一年，全国就有三百多家报刊转发该文或发表该文的评论。至于发表的有关消息，则是海量了。

上述情况表明，从2008年4月始，中国的新闻媒体由南至北，由东向西，你呼我应，前后接力，自发形成了一股《木棉花开》红遍大江南北的宣传热潮。

省委书记为《木棉花开》作出批示

《木棉花开》究竟是怎样红起来的?

现在回想起来，还真是有点儿像奇迹。

我们《广州文艺》在宣传方面，没有策划，没有炒作，没有领导指示，没有进京开会，没有花一分钱的宣传费。《木棉花开》就这么突然红起来了。

一篇文章的流行，需要诸多条件甚至特殊的机缘才行，一般都要等待相当长的时间孕化。《木棉花开》的流行离不开媒体的努力宣传，这其中有几个至关重要的节点：

上海《新民晚报》和《文学报》最先发声。上海媒体向来谨慎小心，但他们这次则大胆果断。《文学报》以一个整版转载，《新民晚报》以"任仲夷在广东"为题转载两个版。他们的敏感和速度出人意料。接着《光明日报》和《南方日报》转载。上述报纸的宣传为以后的《新华文摘》转摘，起了预热和铺垫的作用。

《木棉花开》为什么这样红

应该说北京《新华文摘》的转载，是《木棉花开》红遍全国的关键一环。那时《新华文摘》是中国最权威的代表中央声音的时政类综合性刊物，被称为高层人士的"案头必备刊"。我与《新华文摘》总编辑张耀铭神交已久，但从未谋面。当时春雷曾打过电话给我，希望向《新华文摘》推荐一下。我没告诉他《新华文摘》有熟人。我们给张耀铭寄了刊物后，只给他打了一个电话，问他《木棉花开》看过了没有。他对我说："看过了，文章写得好，如果本刊要用，就一定要修改，你们同意不同意修改？"我连忙说："没有问题，按你们的要求改，作者也没有意见。"我和张耀铭的这层关系并没有告诉李春雷，没有落实的事，我是不会承诺的。后来，我和张耀铭第一次在北京见面时，他说："任仲夷这个人在上层太敏感了，我们用这篇稿子是冒了风险的，后来还挨了批评。"

正是由于《新华文摘》的刊用，引发了吉林省学习《木棉花开》的热潮。2008年7月，吉林省委领导看了《新华文摘》上刊登的《木棉花开》后作出批示，要求将《木棉花开》一文印发全省各地，供干部学习，学习任仲夷，学习广东。由此，吉林省委办公厅参阅件第3期加按语全文转发了报告文学《木棉花开》。"按语"中写道："当前我省正深入开展'继续解放思想、推动吉林振兴'大讨论活动，重温任仲夷与广东改革开放的历史，仍有着特殊的借鉴意义。现将《木棉花开》一文印发各地各部门，供参阅。"随即，学习讨论《木棉花开》活动在吉林省各地全面开展，使《木棉花开》迅速在东北大地红了起来，包括黑龙江、辽宁也做了大量报道。

一篇文学作品，得到省委书记如此重视，这种"待遇"，自改革开放以来，只有江苏作家陆文夫"享受过"——1983年，时任河北省委第一书记高扬读了陆文夫小说《围墙》后，很有感触，建议把这篇小说印发给河北省直机关各单位所有的工作人员阅读。2008年9月上旬，广州《南方都市报》记者许黎娜在一次会议上了解到吉林省委对《木棉花开》批示的情况，以记者的职业敏感，马上电话采访李春雷，当晚便写出长篇报道《他写任仲夷，红遍大江南北》，于9月11日以一个整版的篇幅发表在《南方都市报》上。

这篇报道，把《木棉花开》从吉林又引回了广东。

2008年10月25日，广东一年一度的"南国书香节"上，我们看到了广东省委常委、宣传部长林雄为《木棉花开》站台的情景。据报道，广东省委宣传部长林雄和广东省新闻出版局局长朱仲南邀请李春雷参加南国书香节，隆重推出《木棉花开》一书。广东省委宣传部副部长顾作义在书香节上给予外省作家李春雷的创作成果以高度评价。

据李春雷回忆，在这之前他受广东省委宣传部邀请，将原作《木棉花开》扩充为包括"玉兰飘香"在内的一本书，书名仍为《木棉花开》，由广东人民出版社出版（注：此《木棉花开》非彼《木棉花开》），这是广东省宣传部门首次公开介入《木棉

花开》的宣传。

纯粹由于偶然，几乎与南国书香节同时，中国传记文学学会在从化市召开了由海峡两岸及港澳传记文学作家参加的座谈会。由于此次座谈会由我们广州市文联承办，研讨的又是中短篇传记文学发展问题，我们建议在会议中间插进一个《木棉花开》研讨专题（不到半天时间）。

大家看过《木棉花开》后，发言格外热烈。著名报告文学作家理由、报告文学评论家李炳银、文学评论家谢望新、台湾传记文学学会会长成露茜等在会上集体发声，都给予《木棉花开》以极高的评价。

在这里，要特别感谢的是，李炳银和陈歆耕撰写的文学评论《"木棉花开"红胜火》《〈木棉花开〉引发的思考》，为《木棉花开》迅速红起来，起到了业内慧眼先一步认证的重要作用。

民众期盼继续深化改革开放

《木棉花开》为什么这样红？八年后回想当年不胜唏嘘。这里面固然有许多偶然因素在起作用，但也有其必然性的规律，就是我们不能忽视2008年，改革开放三十周年这个历史背景。

李春雷也曾经如是说，《木棉花开》"火爆"的主要原因还是时代背景。他说："今年是改革开放三十周年，各地都在掀起新一轮的解放思想大讨论活动，重温广东当年艰难的改革历程，仍有着特殊的借鉴意义。"

任仲夷是改革开放的象征和代表人物。怀念和赞美任仲夷，在某种程度上可以说，就是怀念和赞美改革开放时代。

十六大、十七大以来，中国成为世界上仅次于美国的第二大经济体。正好就在2002年到2012年这十年内。2007年10月15日至21日，党的十七大在北京召开。

《木棉花开》之所以能够红遍大江南北，是当时社会舆情的必然趋势。《木棉花开》的发表，不经意地为广东释放了一个重大的政治信号。记得当时人民网发了一篇时评，就是从《木棉花开》在广东发表谈起，详细报道了广东进一步解放思想、改革开放的大势。

一场以纪念改革开放三十周年为由头的继续深化改革的美好期盼，只能从任仲夷身上，在《木棉花开》这样一篇小文章上倾注澎湃的激情，书写继续深化改革的希冀。

作家的创作激情，出版家的责任担当，评论家的学术肯定，政治家的开明介入，形成了一股宣传任仲夷的合力，宣传解放思想的合力，宣传改革开放的合力。就是这种合力，把《木棉花开》推上了纪念改革开放三十周年舆情的高潮。

李春雷的一篇不到两万字的文章，反映了那个时代一批真诚的知识分子，包括官员，也包括以敏锐眼光发现这篇文章的深远价值并勇于担当的各级宣传部门领导，各出版社、报社领导，对中国继续深化改革的真诚期盼。

　　最后我还要补充一点，很多人在《木棉花开》中看重的是这篇文章的思想性和艺术性。我个人认为，其实在这篇文章中最能打动人的是贯穿全文的人性光芒，文章人性化地描写了任仲夷在改革开放中的喜怒哀乐（李春雷后来写的《朋友》和《我的抗日战争纪实》也充分体现了这一特点，它将在春雷以后的文学发展中产生不可估量的后劲）。也正是李春雷的这一思想高度，使当年这篇仅17000字的作品，真诚地打动了亿万读者的心。

从一本刊物看社会变迁

徐春莲*

【主编者言】 二十世纪八十年代,广东的报刊风起云涌。其中一本风行一时的杂志,独树一帜,达到"似俗而不俗、似有还无"的境界。作者伴随着此杂志的诞生而成长。

从二十世纪八十年代初筹办妇女类杂志到现在,中国家庭生活第一刊《家庭》杂志已经走过四十多年的岁月。它是改革开放的产物,在改革开放的前沿中诞生,又伴随着改革开放的春风不断发展,由最初发行两三万本的小杂志,发展成为品牌深入人心的大刊名刊,并在2002年组建了中国首家期刊集团。

我作为亲历了改革开放的大时代,参与创办品牌期刊并见证了中国期刊业巨变的出版人,从一本刊物看数十年社会变迁,感慨良多。

任书记:广东可以办妇女杂志

二十世纪八十年代初,我从中山大学毕业后,分配到广东省妇联,当时很不安心,妇联工作和我的志趣相去甚远。我从小喜欢文学,志向是当作家。第二年,一个做梦也想不到的机会,让我终于有了实现理想和追求的希望。

当时,祖国大地处处荡漾着改革开放的春风,作为改革开放前沿阵地的广东,得天时、地利优势,又占改革开放风气之先,在很多方面都走在全国前列。1980年11月,任仲夷同志从辽宁调任广东省委第一书记。任书记思想解放,实事求是。他一到广东,就马不停蹄地深入基层,视察、调研、召开各种会议,虚心听取广大干部群众的意见和建议,积极支持革新和创造。任书记到广东省妇联视察并和妇联的同志座谈时提出,辽宁有本《妇女》杂志,广东也可以办一本。当时,全国只有《中国妇女》《内蒙古妇女》和《妇女》三家妇女期刊,任书记的建议使妇联领导受到鼓舞和启发。在省委书记的关心支持下,1981年6月,省妇联正式筹备成立《广东妇女》杂志社。

---

* 徐春莲,《家庭》杂志社原社长

当时的条件非常艰苦，筹备小组由我们妇联宣传部的几个同志组成，办公条件也就是原先那几张破旧的办公桌而已。更为难的是，我们几个人除了一腔热情以外，什么都不懂，顶着烈日，踩着自行车四处奔波，跑邮局，联系发行，跑工厂联系印刷，人家一问我们三不知。对方见我们如此茫然而又懵懂，于是对我们一脸不屑："就你们这样几个人，办什么杂志？"我们没有泄气，不耻下问，边干边学。初生牛犊不怕虎，整个采编工作也是我们几个毫无办刊经验的人在那里顶着，稿件编完以后再交由省妇联班子成员轮流审阅，仁者见仁，智者见智。结果，每个领导都提了一大堆意见，我们又只好从头再来。1982年1月，《广东妇女》试刊号和同年4月的创刊号，就是在这种情况下问世的。

这期间，期刊社开始陆续物色一些人进来，尽管都没有办刊经验，但各个岗位好歹总算有了人。原先参与筹备的人员除我留下以外，其余几个都抽回了省妇联宣传部。如此一来，我也就成了《家庭》唯一的"元老"。

解放思想　大胆改版

起初，《广东妇女》从内容到读者群都非常狭窄，既局限在"广东"，又局限在"妇女"。占51%的男人不看，因为他们不是妇女，个别男人看时为免遭人取笑，还偷偷把封面撕掉。年轻姑娘也不订阅，因为她们是妙龄少女，在她们眼中，妇女是指结婚生了孩子的女人。结果，《广东妇女》一半卖一半送，发行量不过两三万本。这使我们意识到一定要改刊名，要打破地域和性别的双重限制，对刊物内容进行全面改版。

然而，改什么？如何改？刊名改得好不好，将直接影响到整个改版的成败。思想解放是改革开放的先导。广东改革开放的先行，得益于思想解放的先行。当时，我们在社会上广泛征求意见，广东文学界名流吴有恒、秦牧等也都纷纷出谋献策。短短时间，征集到的刊名就有数十个之多，五花八门，令人眼花缭乱。其中比较集中的意见是偏向"家庭与社会"这一类，基本共识是："极左"时期，人们都不敢提"家庭"二字，谁有"家庭观念"，谁的思想就有问题，谁就要"斗私批修"，要脱胎换骨地改造。那些样板戏中的"样板式英雄"个个都没家。《海港》中的方海珍有没有丈夫不知道；《龙江颂》中的江水英上无老、下无小，更没有夫君在家，得了病还要喝别人送的鸡汤；《沙家浜》中的阿庆嫂，虽说是个有丈夫的人，可阿庆跑单帮去了，茶馆还是一个人经营；《红灯记》倒有个家，可祖孙三代是个不同血缘的"革命部落"。

事实上，中国是最早提出"齐家、治国、平天下"理论的国家，也是世界上家庭最多的国家。家庭是社会的细胞，有了健全的细胞，才会有一个健全强盛的国家，非常有必要办一份描绘社会细胞的刊物，且大有文章可做。但是，在是否取名"家庭"

这个问题上，又是意见纷纷。有人反对说，这会引起误解，"现在全世界的潮流是妇女走出家庭，中国妇女运动搞了几十年，还不是为了解放妇女，如果办个刊物叫《家庭》，这不是主张妇女从社会回到家庭中去吗？应该叫《家庭与社会》，谁也挑不出毛病。"那时，我们自己也觉得"家庭"这个刊名不好接受。人家问起你在哪儿工作，在"家庭"，觉得很难听。然而，改革开放首先就是要解放思想，要敢于冲破原有的禁锢的观念和误区。从1983年第1期起，《广东妇女》终于改名《家庭》！谁没有家庭？谁不爱家庭！"家庭"，这个令人感到亲切、温馨且有特色和新意的刊名，就这样在众多的刊名中脱颖而出。开宗明义，本刊就是研究家庭的，办刊宗旨是：在婚姻家庭领域里倡导社会主义精神文明，促进现代家庭生活方式的变革，竭诚帮助读者营造幸福美满的家庭。随着刊名的更改和办刊宗旨的变动，刊物从栏目、内容到读者层面都发生了根本性的变化。这一变，真灵！1983年第1期，刊物印数就从3万册升到20万册，尔后是30万、50万、80万，一路飙升，1984年150万册，到了1987年，《家庭》月发行量竟高达278万册！在全国同类刊物中，《家庭》发行量遥遥领先。

作为中国第一家也是当时唯一一家以恋爱、婚姻、家庭为报道和研究对象的综合性月刊，《家庭》改版的成功，在中国期刊界掀起了一股冲击波。步《家庭》后尘，各种跟"家庭"二字关联的杂志纷纷问世，继而，连一些报纸的副刊也都有了"家庭"版。这种令人意想不到的"家庭"效应，促使我们以最快的速度到工商行政管理部门对"家庭"进行了商标注册。更令人意想不到的是，《家庭》登上了1988年出版的《世界新学科总览》"家庭学"的条目。其条目有这样一段文字："几年来，以研究家庭为对象的杂志相继创刊，有广州的《家庭》等。"

如果说，《家庭》的大胆改版并获得巨大成功是个壮举的话，那么，这个壮举应归功于改革开放。是广东省这艘改革开放的"先驱号"，带领我们沿着改革开放的航线勇于探索、大胆创新的结果。总之一句话，《家庭》是集体智慧的结晶，更是改革开放的产物。

地跨三界　创出品牌

广东作为改革开放的前沿阵地和综合试验场，各个领域探索出来的成功做法，不断为全国的改革开放和现代化建设提供示范和经验，成为传送新观念、新事物、新潮流的"南风窗"。同样，《家庭》作为在这片热土上创办的文化综合类月刊，从一开始就很注意文化含量。为使刊物办出档次和特色，《家庭》地跨新闻、文学、学术三界，团结了一大批作家、专家和学者，这在当时期刊界是很罕见的。

早在1987年，我们就提出一个文学新概念：家庭文学！诗人、作家洪洋，专为新

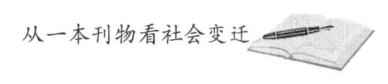

概念写了篇文章发表在《文艺报》上，盛赞此举并描述了"家庭文学"居然有那么大的磁力，全国许多著名作家都为《家庭》寄来佳作，王蒙、丛维熙、秦牧、徐迟、碧野、柯岩、陈建功、韶华、汪曾祺、李国文、张贤亮、莫应丰、叶兆言、俞天白、苏叔阳、陈国凯、王安忆、张抗抗、毕淑敏……100多位！200多万份的月发行量，其传播效应任何文学刊物都望尘莫及。程乃珊说："我没想到在《家庭》发作品影响会那么大！连上海弄堂里的大妈都说看到了。"这些名家的"家庭问题小说"不仅吸引了众多读者，而且通过《家庭》这个载体，营造出一块新的文学生态区，就像把川西北无食的熊猫移到湖北神农架的箭竹林里一样。

1989年，著名归侨女作家陈慧瑛为《家庭》撰写了习近平和彭丽媛的爱情故事，首次翔实披露其幸福美满的婚姻家庭生活，故事温馨感人，文章字字珠玑，一经刊出，即刻引起社会广泛关注和强烈反响。许多报刊纷纷转载。彭丽媛远在山东的妈妈看到《家庭》后很高兴，第一时间把这期杂志寄到女儿手中。1990年，贾平凹开始为《家庭》撰稿，继而开设"平凹说家"专栏。贾平凹作为一个农民的儿子，文章没有说教，不拿架子，角度新颖，自成一家，深受读者欢迎。1992年，作家白描一篇催人泪下、描写陕北知青命运故事的《一颗遗落在荒原的种子》荣获全国优秀报告文学奖，我获优秀责任编辑奖。我和白描一起出席在北京饭店举办的文学界盛典，上台领奖。这是杂志和作者的荣耀，也是编辑的荣光。

改革开放的大潮中，屋檐下的变革也在不断发生。国是大家庭，家是小社会。社会发展的每次重大变革都反映在家庭的变化当中。多元化的社会，日益发展的市场经济，促使当代中国家庭正面临着许多新的挑战。在这个时代大背景下，《家庭》注重对婚姻家庭问题的研究。改版不久，我们又以敢为人先的精神，干了一件中国社会学界"史无前例"的事情。

1984年5月，期刊社组织召开了我国开天辟地第一次专题讨论家庭问题的全国性学术会议，近百名海内外学者共同研讨炎黄子孙穿越草房——砖瓦房——钢筋水泥楼之后，在不同的屋檐下延续的生命故事。会后出版了我国第一本家庭问题论文专集——《婚姻家庭探索》，发表了第一个"家庭宣言"。《人民日报》《光明日报》等媒体都报道了这次会议。之后，这种国际性的学术研讨会每三年召开一次，与海内外专家、学者不断探讨婚姻家庭领域中的各种现象和问题，继而，我国第一个"家庭研究中心"应运而生，我们与国内有关研究机构合作，先后进行了当代中国城市居民文化素质的调查、社会转型期中的婚姻质量调查等多项有影响的全国性社会调查，这些调查及研究成果，逐步提高了编辑的理论素养，确保期刊社拥有一支高素质、学者型的编辑队伍来参与办刊。同时，也为我们了解当代中国婚姻家庭的现状和发展趋势，准确把握婚姻家庭的脉搏和动向提供了第一手材料，帮助我们用精彩耐读的故事，说出不同的

屋檐下那些越来越琢磨不透的家庭生活，以及温馨幸福的情感归依。比如，我们发过《人格无价，她拒收68万丈夫转让金》一文，通过一个下岗女工的婚变故事，努力挖掘她在逆境中自尊自强的人格，使之升华出"金钱有价，人格无价"的闪光精神，视角新，观念新，导向明确，有感人的力量。该文刊出后，引起读者强烈反响，并同时被5家电影厂及电视台看中，要求买下版权，改编成电影和电视剧。

通俗刊物最难的是似俗而不俗。《家庭》曾先后约请著名学者费孝通、雷洁琼等，撰写将学术概念阐述成自然语言的文章。学术化了的通俗性，使刊物达到"似俗而不俗、似有还无"的境地，《家庭》的档次和特色得到了体现。二十世纪八十年代末期，物价飞涨，人们的购买力降低，尤其是购买文化消费品的热情和能力俱降，很多刊物的发行量都在下跌，唯独《家庭》发行量稳步上升。黑格尔有一句话：美是理念的感性显现。《家庭》召集作家和学者们生产了"家庭理念"，然后通俗地感性显现，因而有了美。美的魅力让百姓人家把菜篮里的钱掏出来买了杂志。

事业的崛起和知名度的提高，使《家庭》从广东走向全国，从国内走向海外。随着事业拓展的需要，《家庭》先后在全国各地增设了十多个分印点，杂志发行到港澳地区及海外27个国家，成为一个闪亮的文化品牌。

1990年4月，《家庭》创刊100期之际，时任全国人大常委会副委员长的习仲勋同志给《家庭》题词：《家庭》为社会主义精神文明添光彩。1990年8月7日，习仲勋同志和时任中央政治局常委李瑞环同志在北京人民大会堂出席家庭杂志社参与举办的"全国美好家庭"评选活动及颁奖仪式。

2008年，我国改革开放三十周年，《家庭》作为中国首家期刊集团，已一共举办了八届全国家庭问题学术研讨会，不仅有力推动了我国婚姻家庭领域的学术研究，且对社会主义家庭文明建设，构建和谐社会、和谐家庭起到积极推动作用。作为改革开放的一个缩影，我主编出版了首部全景式记录改革开放三十周年中国家庭变迁轨迹的专著《屋檐下的宁静变革——中国家庭三十年》。书名为第九届全国人大常委会副委员长彭珮云所题。该书作为广东省纪念改革开放三十周年图书，获首届南粤出版奖。

作家讲心事的朋友

1990年，中国作协"深圳创作之家"落成，当时可谓中国文学创作的"南方大本营"，作家们纷纷来到深圳这块热土，感受改革开放进程的足音。名家大咖路过广州时，也总是会提到《家庭》。大家相约见个面，谈谈文学，约约稿。岁月留痕，与《家庭》的情缘越来越深。

与此同时，《家庭》也成了作家们最可以讲心事的朋友。1988年下半年，莫应丰给《家庭》写来《事到如今悔也迟》一文，写的是关于离婚的故事。《家庭》登出后，受到文坛广泛关注并被《新华文摘》转载。莫应丰擅长书法，他在给我题字的同时，还给《家庭》题了字——"愿天下家庭多幸事"。起始，我并不知道他这篇文章和题字都是有感而发，更万万没想到，他那掺和着内心的矛盾、痛苦、悔恨和企盼的文章、题字，竟成了他的绝笔和最后的遗愿。这年刚过完春节，我正要代表杂志社前往长沙探望病榻中的莫应丰，忽闻他已与世长辞。当时我好难过，也好后悔，如果早几天出发，兴许还能与他最后一别。带着深深的遗憾和悲哀，我还是去了，去慰问他的家人。之后，我写了《莫应丰的绝笔和他的家庭悲剧》发表在《家庭》1989年7期，该文被多家刊物转载。

那时候，每逢《家庭》开笔会，名家齐聚，高手云集，也有个别作家朋友跟我们坦言内心不为人所知的隐秘："希望能带妻子一起来，回去就要办离婚了。"我们理解，以诚相待。婚姻好比鞋子，合不合适只有自己的脚趾头知道。改革开放，最大的变化是人的思想观念的变化。过去，以起诉离婚为主的传统离婚形式常常伴随着当事人的争吵殴打、摔锅砸碗，甚至头破血流、悬梁上吊等血案命案。而今，新的生产、生活方式带来了新型人际关系，随着人们观念的更新，以往那种吵吵闹闹、寻死觅活、惊官动府、反目为仇的离婚模式已逐渐被心平气和的协议离婚所取代。为摆脱痛苦重建幸福生活，提高婚姻家庭生活质量，文明离婚无疑是一种社会的进步。

一次，张贤亮出访归国取道广州，我和同仁在广州珠岛宾馆设宴为他接风洗尘。那阵子，他的《绿化树》《男人的一半是女人》等作品在国内文坛引起轰动。席间，我们所谈的，除了文学，还是文学。之前，在深圳罗湖口岸关口，目睹了张贤亮与飞奔过去迎接他的孩子紧紧相拥，父子情深，温暖实在，令人感动。时任中华文学基金会常务副会长张锲，因工作关系，到深圳相对多一些，有时张锲来了，我们也会赶去看看他。天长日久，《家庭》凝聚的作家朋友越来越多，在文化圈里的影响也越来越大。名家们因了一个"家"字而精心打造的精品力作，既有强烈的时代感和丰富的社会内涵，又有动人的故事，提升了刊物的思想品格和文化品位，让《家庭》以独特的韵味和魅力在社会上产生更大影响，也满足了社会转型期广大读者日益丰富的阅读需求，在报刊亭，在街头书摊，那些渴望亲情、深爱家庭的男男女女走近它时，都会眼前一亮、心头一热，不自禁地驻足凝视，伸出双手。

一体两翼　比翼双飞

刊物一旦赢得市场，成为名牌产品，那么，其效益就不仅仅局限于刊物本身，而是可以由此派生出多种与刊物密切相关的经营活动。从八十年代中后期开始，期刊社就注意充分利用《家庭》杂志的优势，开展多种经营活动，探索如何办好一个文化企业，使企业在建设具有中国特色的社会主义市场经济中起到应有的作用，并逐步完善"一体两翼"的办刊办社方针，一方面在广州、珠海、东莞等地创办经济实体，增强经济实力，一方面独资或与企业文化单位合资举办各种形式的社会文化公益事业。比如，当时作为广东"四小龙"之一的东莞，经济正在迅速腾飞，期刊社在毗邻港澳、交通方便的东莞先后投资三座厂房搞来料加工，不仅很快回收成本，还不断赢利。后来，还成立全民所有制公司，并抓准时机，大胆涉足股份制。期刊社家大业大，经济实力雄厚。刊物月发行量将近400万份，居全国同类期刊前列。1999年3月，《家庭》在1998年度广东缴纳企业所得税500万元以上省属企业排行榜上名列第二，人均年创利税近百万元。

期刊社的社会公益活动也开展得火火红红，在社会上产生广泛影响。如先后举办"全国美好家庭""全国优秀教育世家""全国体育明星优秀家长"等一系列在全国具有重大影响的评选活动，并先后拨出资金发起一系列爱心行动，倡导弘扬"一方有难，八方支援"的良好社会风尚，进一步树立了期刊社良好的社会形象。

追求特色，力促精品

鲜明的个性特色和深厚的思想艺术功力，是刊物生存与发展的活力。全国有9000多种期刊，品种繁多，市场饱和，竞争激烈。刊物如果没有自己的特色和上乘的质量，很难在激烈的市场竞争中生存和发展。为此，在办刊实践中，《家庭》竭尽全力体现既定的办刊宗旨，爱憎分明，注意大力宣传有利于改革开放和现代化的思想和精神，报道正面的、具有典型意义的真实故事，让献身改革开放和社会主义两个文明建设的典型人物成为刊物宣传的主角，在内容上不打"擦边球"，不该登的东西坚决不登。在办刊方针上，坚持主旋律与多样化相结合，充分运用文化综合类期刊特有的"潜移默化""寓教于乐"的功能，努力通过内容的健康和文章的生动活泼来体现主旋律。同时注意突出经济建设这个中心，以变革观点观察和反映社会转型期婚姻家庭领域的生活实际，花大力气组织编发一系列反映改革开放中涌现出的优秀人物的报道，使读者从中受到启发和激励。

在优秀传统和现代文明之间，在刊物的"雅"与"俗"之间，也努力下功夫去钻研和经营，通过刊发既不四平八稳，又有见地、有深度，能引导人们对新时期婚姻家庭进行思考的理性文章，给读者以新知卓见，启人眼界。在改革开放的推动下，《家庭》大胆创新，不断赢得读者的同时，也赢得了诸多荣誉，先后获得"首届全国优秀社会科学期刊奖"等十多项大奖，还作为广东省唯一的文化精品代表参加了中华人民共和国成立四十五周年中国社会发展成就展。

居安思危，开拓进取

　　社会主义市场经济的建立，为我国期刊事业的发展提供了前所未有的机遇，同时也给期刊界带来更多新的考验。在竞争激烈的文化市场中，适者生存，不适者淘汰——商品经济的规律就这样无情地直面每个商品的生产者。在市场经济这样一个恣肆汪洋的大海里，在刊物林立的激烈的市场竞争中，期刊将如何求生存谋发展，特别是作为名牌期刊的《家庭》，如何在激烈的文化市场竞争中保持领先地位，这是一个十分严峻的命题。

　　1996年，我们迎来了《家庭》创刊十五周年。十五年的艰苦创业和大胆创新，带来辉煌，但同时也不可避免地带来某种局限。因为刊物办了十几年，容易形成老的面孔和模式。如何在老面孔和惯有模式下寻求新的突破，并凭借自己的实力在竞争中获胜，难度是相当大的。特别是期刊市场品种繁多、竞争激烈，对市场的争夺已不仅仅局限于期刊界内部，还扩大到期刊与报纸、图书、广播、电视等大众传媒之间。报纸期刊化，电视杂志化，已是一个众所周知的事实。当时，我刚接任总编辑，深感责任重大。但受命于期刊竞争激烈之时，要想继续保住《家庭》的品牌，并且在月发行250万册的基础上再攀升一步，谈何容易！面临挑战和压力，我深知，改革开放，原本就是一条前所未有的道路，只有不断创新，迎难而上，才有可能前进。

　　改革开放，最大的变化是人的思想观念的变化，人的潜能也因为观念的更新而得到最大的发挥。当时我向全社提出"走过十五年，再创新成绩"的口号，要求大家明确树立一个思想：成绩只能说明过去，不能说明现在，更不能说明将来。市场竞争是无情的，优胜劣汰，始终是竞争者面临的生死挑战。强调增强"三感"意识，即责任感、危机感、紧迫感。刊物内容方面，在保持原有风格的基础上，加强导向明确、有感人力量的典型报道，以新视角、新思维及时反映、剖析婚姻家庭领域的新矛盾、新问题，同时注意保持刊物所具有的指导性、科学性、实用性、趣味性的总体优势，精选精编。还通过狠抓"高山响鼓"式的重头文章，使刊物的质量和同行相比更胜一筹。

　　1998年5月，《家庭》月发行量突破300万册。1999年1月，月发行近400万册，不少佳作被改编成电影、电视剧和广播剧，社会效益和经济效益取得更为显著的成绩。《家庭》在原有一系列荣誉的基础上先后两次被评为"全国百种重点社科期刊"，并荣登"广东省第二届优秀期刊奖"榜首。1998年10月，《家庭》的上级主管单位广东省妇联专门作出"关于表彰家庭杂志社的决定"，号召全省妇联系统向家庭杂志社学习，掀起新一轮创业热潮，为广东增创新优势作出新的贡献。1999年10月12日，时任全

国人大常委会副委员长彭珮云同志来家庭杂志社视察,对期刊社在两个文明建设中所取得的突出业绩给予高度评价。1999年1月,缩短出版周期后的《家庭》发行量继续攀升,据总部设在伦敦的国际期刊联盟出版的《世界期刊趋势1999/2000》介绍,在世界期刊行业发行量前五十名排行榜上,《家庭》排在综合类期刊第八位。

组建全国首家期刊集团

2002年1月25日,经中宣部和国家新闻出版总署批准,由家庭杂志社组建全国首家期刊集团——家庭期刊集团。作为集团的党委书记、管委会主任兼家庭杂志社社长,我带领大家坚持以刊为本、多业并举的发展方针,在继续办好核心刊《家庭》的基础上,大力实施品牌多元化发展战略,积极拓展产业规模,不断增强综合实力。

2004年,新闻出版总署统计发布,在全国31家出版、报业、发行、期刊集团中,家庭期刊集团的销售利润率、人均利润率居首位,资产利润率居第三位。2006年,由中国报业网、人民网、新生代市场监测机构和龙源期刊网主办的"首届品牌媒体100强"评选活动中,《家庭》荣登"中国十强期刊媒体"榜。2007年,在新闻出版总署主办、中国出版科学研究所承办的"中国报刊经营模式创新论坛"上,家庭期刊集团作为成功个案入选"中国报刊十大经营管理模式单位"。

2003年9月,家庭期刊集团被确定为广东省重点扶持的七大文化龙头产业集团之一和首批文化体制改革试点单位。我们遵循中央及广东省的有关精神和要求,不断解放思想,转变观念,大胆探索,为全国文化体制改革工作开创了新的模式和机制。2008年6月6日,经广东省人民政府批准,正式组建家庭期刊集团有限公司。作为集团公司的掌门人,我率全体"家庭人"抓住时机,进一步深化改革,加快发展,做强、做大、做优《家庭》主刊品牌,对期刊的内容资源和营销策略进行重新整合,实现了期刊品牌与内容资源的价值最大化,有效拓展产业规模,不断提高核心竞争力和综合实力,确保国有资产的保值增值,在新时期媒体的激烈竞争中,努力开拓了《家庭》改革发展的新局面。

伴随着刊物一起成长,是我一生幸事。我钟爱这份飘逸着墨香,创造美好精神家园的工作。几十年一路走来,党和人民给了我很多荣誉。如今,历史的车轮驶进改革开放的轨道已有四十多年。四十多年的社会变迁,四十多年的流光浸润,披沙沥金,拾掇情怀,于是便有了这篇文字。

奔向岭南怀抱

徐南铁[*]

【主编者言】 那个时代大量年轻人南行，是因为美美岭南春色，也因为岭南为他们张开了热情的怀抱。作者认为，岭南并非遍地金钱，但是岭南遍地是机会。

二十世纪八十年代真是个出人意表的年代。那个时代的广州，也真是个出人意表的城市。

当时我在赣南师范学院中文系当助教，却已经任课了，在给学生讲授中国当代文学课程，闲时客串几节书法课。体制内的日子平稳、平静、平和、平淡，可以悠然自得。可是年轻的心向往远方。

以一篇报告文学成为《现代人报》记者

得知海南要建省，利用自己没课的空闲，我偷偷溜到那座岛上逛了一圈。那几天时间里，我为浪潮所动，就在岛上匆匆写了一篇报告文学。题为《海南岛：汹涌的人才大潮》。一万字左右，是趴在公园的石凳上、小旅店的床上断断续续写成的。回程路过广州，我把那份手写的文稿送去了当时风头正健的新锐报纸《现代人报》。

正好总编辑易征在办公室。这个在我看起来有点魁梧的湖南人接过那一沓字纸，用一种见惯美文也见惯拙劣文字的漫不经心，随手翻了几下，看起来似乎未必真正读了。他当即叫来编辑部主任林剑伦，一个白净、已经微微发福的中年人，当着我的面把稿子交给了他，却没有跟他交代什么，也没有跟我应允什么。

读大学三年级的时候，我已经在江西的省级文学期刊《星火》发表过散文，知道能否"见报""见刊"不是一件容易说得清楚的事。所以走出报社的大门，我并没有存什么希望和念想，只是继续自己回江西的旅程。回到学校，也就回到了以往的日子，有课时上课，没课时打打篮球。没想到回到江西后不几天，就收到现代人报社的信，让我去一趟广州，却没有说因为什么事。那时的联系主要靠写信，所以总是言简意赅，

---

[*] 徐南铁，《粤海风》杂志原主编

话难免说得不十分明白。按照一般的思路,我以为要我去修改那篇报告文学。几天后,我带着忐忑,又抽空赶到了广州。

从火车站出来,坐上去报社方向的公交车。发现前排的人正在读《现代人报》。那时所有的报纸都只有四个版面,那人正举着翻开的第二版,我瞄了一眼,眼睛突然一亮,那是我的文章,整版!标题是手写行书,后来知道是易征的手迹。这让我有了一点小激动。那年月发篇文章真不容易,何况发了报纸的一个整版!

更意想不到的是接下来发生的事。来到报社,易征不在,只见到林剑伦。他问我,你去海南想必也是想从江西出来吧,那不如就在我们报社干。我其实对于离开江西并没有明确和具体的想法,只是想改变自己。接到这样突然抛来的橄榄枝,一时竟有点恍惚。林剑伦看我没表示反对,就肯定地说,那就作为本报记者,再去海南写一写这个题材吧。接着他就是一阵让人眼花缭乱的操作——给我安排了当晚的住处,办好了记者证,买好了次日飞海口的机票,还帮我预支了一点差旅费。第二天一早,我竟然揣着《现代人报》的记者证,独自从万米高空飞越琼州海峡,又一次来到了海南。前不久我还是闯荡海南的人,现在我却已经是专程前来采访闯荡者的记者了。

说实话,一直到下飞机,我都有点蒙。因为这种转换的反差太大,也过于迅疾。如果说,《现代人报》这么快就发出我的文章,可能是因为文章抓住了一个社会热点——去海南放飞理想,这是当时年轻人众心所向的时代试探。但是我的身份竟然如此急速转换,这又是因为什么?虽然记者证是报社发的,不像后来要由新闻出版管理部门统一发放,可毕竟是当时能够通行社会的证件啊。要是在内地,这种并非组织特意安排的身份转换,必须按部就班一级级审批,有可能要历经几度拒绝,要经过旷日持久的努力和等待。如今我却做梦一般地转眼完成了。这显然未必与社会热点相关,是因为我们所处的时代不同了,因为这块热土上先行一步的精神,因为广东看重能力和效果,因为一份对志同道合的信任。

我无暇想太多,一下飞机就开始投入了采访。于是我就有了关于各地大批年轻人涌向海南的第二篇报告文学《流动的思考》,再次占了《现代人报》一个整版。当时全国抓住这个题材大做文章的媒体,也就《现代人报》一家。后来海南正式建省,报社又派我再赴海南,因而我又有了关于海南的第三篇报告文学《海南岛:赶海人的梦》,主要写那些折翼海南的年轻人,写他们的迷茫和困惑。这篇写得太长,有三万余字,《现代人报》的版面无法容纳,最后是在中国作协的大型文学期刊《中国作家》发表。因为户口还在江西,我仍算是江西人,这篇报告文学还获得了当年江西省的文学最高奖"谷雨文学奖"。

三次赴海南,一次一篇报告文学,对我的人生产生了巨大影响,也极大地增添了我的自信。很感谢《现代人报》的信任,我作为记者派去的两次都是独自前往,没有安排具体的写作任务，没有人教我该采访谁、如何写。飞机来去，在岛上住宾馆，第三次回来竟然将文章发到北京去了，也没有人问及差旅费该谁出的问题。在赣州当大学助教时根本没有资格乘飞机。记得有一次去厦门调研，办完事，已经买不到回赣州的长途班车票了，因为不想在外多住一天，就登上了车费稍贵的豪华大巴。明明是节省了一天的住宿费用，但是因为不符合规定，回来后报账遇到麻烦。这张车票硬是被财务科卡了许久不给报。这样的严格管理制度自有它的理由，不容易做出是或非的评判，但是相比之下，广东的机动灵活确实具有强大的吸引力。

我的许多教书的年轻同事，其中不乏想调入广东的，他们猜想我能进入广州，必定有亲戚朋友的得力介绍。其实并没有。那时候社会上流行一句话：广东遍地是黄金。我却在很多场合都说：广东遍地是机会。对人生而言，机会常常比黄金更重要，更有意义。是先行一步的广东给了产生机会的温床，而《现代人报》创造了一种机会，易征则给了我这个素昧平生的人一个机会。

通过《现代人报》，我还认识了北京的徐刚、湖北的祖慰、上海的陈冠柏、广州的黄树森等人，这些人当时已负盛名，却都被《现代人报》和易征的锐气所吸引，积极为这份报纸写稿。他们写的都是大稿、重头稿，而我那时还是一个写新闻的新手，还不善于寻找新闻线索。《现代人报》的副刊分主题轮番刊出，如"八面人生""思想者""开放""常青藤""夜生活"，倒是很适合我。那段时间，我写的新闻稿不多，反倒是接二连三地给副刊写了许多不长不短的散文。当然，都是张扬新的文化观念，如《检讨的回忆》《负重的鞭炮》《痛苦不是外星人》《禁哭》《长夜与短夜》《土地：永恒的厚实感与新的堆积层》《做父亲太沉重》等等。易征并不反对我这个新来者占用报纸那么多版面，看到对胃口的文章，一时兴起，还提起毛笔为我的文章书写标题。这些文章的大多数，和我写海南的报告文学一起，后来被收入易征主编、陈俊年担任副主编的10卷本丛书《现代人文丛》。丛书由广东旅游出版社出版，规模不大，明显有急就章的感觉。这种激情奔涌的急就章风格属于那个时代。我喜欢写作，可是江西报刊少，难得有机会发表，如今有机会，我自然非常勤奋。那时都是手写，用时髦的表述我那是"奋笔疾书"，一天可以写一万多字。

秋天，报社组织员工到白藤湖度假，我也参加了。此行结识了花城出版社的陈俊年。那时的陈俊年也就三十多岁，已经是花城出版社的副总编辑。他在《现代人报》兼职，作为报纸副总编负责决审工作。他跟我说了《现代人报》刊发我的第一篇报告文学的经过。他说那天易征看了我的稿子很兴奋，特意提醒他留意。多年之后，陈俊年还在《记忆的延伸》一文里，对当时的具体的场景，绘声绘色地作了一番回顾：

拟发稿通常由我审签即可。但手头上这一期却例外。易征要我好好看看待发的报告文学《海南岛：汹涌的人才大潮》。我一看，作者是徐南铁，素不相识，却着实被他

的文笔打动了：近万字的篇幅，全景式地展现海南建省前夕人才蜂拥的澎湃热潮，既热切写及南下青年才俊满怀希冀的闯荡与冒险，也真实地揭示建省筹备工作的忙乱与无序。行文充满青春的躁动，也不乏前瞻性独到的思索。现场感强烈，分寸感适度，读之俨然沐浴着一场热带豪雨，酣畅淋漓。我向易征谈了阅读感，他接过稿子，就埋头看下去。读到精彩处，他放声朗诵起来。未几，他兴奋得像小孩似的，连声直呼："坚嘢！坚嘢！发全版！我来手书标题！"

"坚嘢"是粤语"好东西"的意思。易征是诗人、散文家，更是性情中人，对办报纸满怀激情。陈俊年这段文字活灵活现地勾勒出一个激越报人的直率和热情，也刻画了时代给一家新报纸的广阔天空。此文抓住了历史瞬间，也写出了一个年轻人的命运转折，被中国网的《湾区好故事》评为三等奖。

易征是一个具有实干精神的报人。《现代人报》在他主持下，红红火火、蒸蒸日上，不多久报社就进入筹划盖大楼的阶段了。我在报社似乎如鱼得水，前程似锦，却又受旧式观念影响，总记挂着正式调动的问题，还是希望能够在体制内工作。经报社同意，我赶紧回赣州办理商调手续。

学院人事处的年轻工作人员告诉我，院长听说我要走，声称要找我谈话。可是当我满怀希望地找到这位当院长的化学教授时，他却不记得找我有什么事，最后理所当然地让我先经过系里同意。那时想调往沿海地区的青年老师很多，当院长的定然面对这许多难题。

好在系里并没有怎么刁难我，答应放我走，条件是我再上半个学期的课。我担任的中国当代文学课程没有老师愿意接手，于是我又返回课堂，上了几个月课，新带了一届江西的子弟。

可是《现代人报》没有自主人事权。调人的指标迟迟没有批复，因而正式入户广州仍有波折。当时我被安排住在报社旁边一幢二层小楼里，小楼在一棵高大的木棉树下。早晨，可以远远望见熙熙攘攘的人群，上学的、上班的、买早点的，送孩子去幼儿园的，纷纷从不远处经过，人们都在忙自己的生活，好一幅热闹的市井图画。夜晚，猫在屋顶嬉戏。时有硕大的木棉花坠落屋顶，声音如沉闷的叹息。我总觉得自己与这座城市还有一层隔阂。尽管不舍，无奈之下，我还是选择了离开《现代人报》，这份引导我改变生命轨迹的报纸。

在《沿海大文化报》创刊号亮相

我进入了人生中的第二份报纸——《沿海大文化报》。这是广东省新闻出版局新办的报纸，我加入的时候还没有出创刊号呢。我知道它并投奔它去，是由陈俊年介绍的。

那是一个有志于文化的人惺惺相惜的时代。陈俊年看我为调动的事心神不定，就介绍我去这家正在创办的新报纸。他认为，毕竟是新闻出版局办的报纸，应该更容易解决调动问题。他很崇敬年长的易征，一直称易征为"恩师"。可是他帮助我这个易征的手下离开，一心只是为了我好，并没有忌讳易征是否高兴。我离开《现代人报》后，仍继续向它投稿，当然大多是散文杂文。编辑们只要看见是好的稿子，没有任何忌讳，照用不误。1990年2月27日，《现代人报》刊发我的《从热烈到走向成熟》，那时我已经准备进入广州市社科院的《开放时代》杂志，但是还没有成行，报社却特地标明了我即将获得的新身份。而易征看到我的让他中意的文章，兴之所至，依旧挥毫题写标题。手写标题，是当时文化人办报的某种"流行病"，既体现了一种传统的审美情趣，也展示了某种文化的自信。我的一些文章标题能激起易征的书写欲望，是他与我的心灵相通。据说易征跟陈俊年谈到我的离开时，只说了一句：徐南铁可是自己要走的啊。这说明他并没有责怪我，反倒是要声明他对于我的走没有责任，甚或存有一丝惋惜之情。他这句话让我至今念之，仍感动不已。那个时代有真性情的人不少，很多人的主要心思放在发展事业上，心有所寄，所以较少在个人恩怨的枝枝蔓蔓上纠结。陈俊年似乎也是这样的人，没有过多人情方面的考虑。他是诗人、散文家，后来当省新闻出版局局长多年。而我在广东几十年一直没有离开报刊出版界。我们都退休之后，回顾走过的路，我曾有诗书赠给他：

飘荡南来一叶舟，逢君携手唱潮流。

造书万卷悲欢忆，一笑樽前两白头。

去《沿海大文化报》的时候，我也交了一份作业《鹿的悲歌》，刊登在创刊号第一版的下部，通栏。这篇文章感叹海南岛的"鹿回头"传说，也感叹因这个故事矗立于海边的著名雕塑，分析其隐含的文化心理。虽然是一篇文化散文，却被注重新闻的报纸重用。这也许与报社的社长范汉生、总编辑苏晨有关。他们不但是编辑大家，而且都是散文大家。范汉生的小说叙事语言有明显的散淡之风，而苏晨已经出版多部散文集。我想，他们或许对散文有所偏好吧。

报纸的版面由苏晨具体负责。他派我去汕头采访，没有具体交代任务，写什么由我自己定。因为汕头是四个经济特区之一，在那个年代，总有东西能引起读者关注。于是我有机会独自在陌生的汕头市里瞎逛，在江边自由遐思。那真是一个给人充分发挥空间、让人大展拳脚的时代！苏晨是老报人，曾在北京《光明日报》待过，懂得记者要放出去跑。我携着满怀激情而去，自己选定投资环境作为采访的主题，采访了政府有关部门、引资机构、外资企业和投资者。那几天晚上，我在宾馆里写就一篇通讯，高高兴兴带回广州。我没有辜负报社的信任，那是一次愉快的行程。还记得返程上飞机时，看到很多乘客提着一种我不认识的褐色丸子。回来跟同事说起，广东的同事笑

我，说你也应该买一些的呀。原来那就是著名的潮汕牛肉丸。

后来我又被报社派去珠江三角洲采访，也是没有给什么硬性任务。那时的珠江三角洲是世界关注的热土，似乎遍地是新闻。从东莞、惠州、深圳，一路走来，不需要接待和安排，我独自行走在气象万千的城镇和乡村，边走边看边思考。那时的我已经基本适应了记者的角色要求，陆续在报纸上发表了状写打工青年生活的《被文化遗忘的角落》，警醒土地危机的《耕地、耕地！没有耕地，何以种粮？》，反映经济发展动态的《外商承包，一个崭新的课题》，跟踪社会现象的《广东涉外婚姻走向》等。其中关于耕地的那篇作了报纸的头版头条。关于打工青年文化生活的，也发在头版。我不是新闻专业毕业，也没有新闻单位的从业经验，但是在那个风起云涌的时代，广东的报纸注重能力，勇于接纳，敢放手让我去写。我因而充满激情，积极主动。报社没有宿舍，但是提供了行军床，允许我们几个所谓的"流浪记者"住在办公室里。那时买自行车需要凭票。为了方便采访，我把自己的自行车从赣州托运到广州，得以在广州的大街小巷留下了奔波不歇的踪影，也由此对这座城市的纵横切面有了细微和深入的接触。作为曾经的大学教师，我觉得自己做新闻也有自己的特点，那就是看问题略微深刻一点、全面一点，而且因为一直涉猎文艺创作，文字感性一点。

可是没多久，新闻出版局打算主动将《沿海大文化报》停刊。报社的年轻人感到幻灭、迷茫和失望。为了发泄不满或寻一点可怜的心理补偿，有人就把能拿走的办公用品都拿走。办公室的风扇不见了，墙上的挂钟也被人取下来带回家去。我明白，这不关"钱财"之事，只是一种难解愤懑心情的徒然表达。

范汉生此时已经被选为花城出版社社长，无法分身考虑报纸的事。苏晨本就是花城出版社的人，自然不担心去处。只是他的办刊心思不灭，还在1993年创办了《财富》杂志，请二十多个中国著名经济学家做顾问。我应约为创刊号写了《角逐新世纪：一体化的珠江三角洲》，还与人合写了一篇批评《铁路，你究竟属于谁》。但是受报刊大势影响，《财富》最后也无疾而终。

《沿海大文化报》的退出，使我又面临人生的去向问题。我不愿意回江西接续原来的生活。幸而生活总是环环相扣，机遇有时令人意想不到。就在这期间，《开放时代》杂志找到了我。他们是看到我的《耕地、耕地！没有耕地，何以种粮？》这篇文章找来的，想约我为他们写稿。当听我说《沿海大文化报》可能不办了，他们就约我参与《开放时代》的采编工作，而且肯定地告诉我：社科院可以为你办正式调入广州的手续。《开放时代》是广州市社会科学院主办的杂志，刚刚由《广州研究》改名，其张扬的精神和价值取向合乎我的就业理念。于是我就将眼光由报纸转向杂志，并开始筹划移家广州的事宜了。在回江西办正式调动手续之前，我也和到《沿海大文化报》的时候一样，赶写出一篇文章作为见面礼，交给《开放时代》，在1989年第五期"独家

调查"栏目刊发。那是一篇追溯社会问题的小型报告文学《广东：开放大潮中的土地危机》，为此文我采访了农委、国土厅、规划局、地理研究所、粮食局、郊区的乡镇政府和农民。采访对象甚至包括我的舅舅，当时在赣州地区土地管理局任职。好在那时的我，没有任何硬性的工作指标，可以认真经营我自己的选题。

调入正停刊整顿的《开放时代》杂志

我南下广东的几次转折挪移，都是由文章开路。我没有其他资源，没有什么可以借用的社会关系，只能尽力展示自己所长，让别人了解你，愿意接受你。我能被广东接纳，正是广东社会风气开放的体现，也是广东恢弘气度的展示。不管是最初吸引我南来的《现代人报》还是《沿海大文化报》，或者是最终调我进入广州的广州市社会科学院，都是展开双臂与我相向而来，没有让我经历什么折腾。广州社科院在进入指标还没有正式批下来的时候，是先用"企业指标"给我办了调入手续，并办理了入户广州的手续。在二十世纪末的火红岁月里，人们向往广东，广东展开双臂拥抱来自四面八方的人。只要你能干事，就很有可能在这块土地上找到立足点。

赣南师范学院要求我继续的课程结束后，学校没有食言，我终于可以走了。广州这边的接收也水到渠成，所谓"企业指标"并没有影响我进入广东的脚步。我离开了那片红色的土地，离开了那所学校。我的离开是"好说好散"，没有出现我曾担心的与学校剑拔弩张的情形。我很感谢那所学校，我游走、悬浮在《沿海大文化报》的时候，正好到了符合评中级职称的年限，学校还按照条件给远在广州的我评了讲师。2016年春天，学校改名为赣南师范大学，我作为嘉宾，受邀参加了庆典。

1989年6月，怀揣工作调动证明和户口迁移证，我从江西匆匆赶到广州报到。当时的政策要求，落户必须有具体的永久性住址，租住的房屋不算数。而我只是租了广州东部近郊的农民房暂且栖身，因而无法在广州市将户口落下。广州市社科院的副院长王昭儒让我先把户口落到他的家里。这种变通，理由何在？正是广东为了吸纳人才的举措，在其他地方恐怕难以施行。不过那时买米买油还得凭粮油本，粮油本子是跟户口的，需在户口附近指定的粮店买米买油。因而我不得不根据户口所在地，到王昭儒先生家附近的指定粮店去购买米油。户口在三元里，而我住在棠下村，这是广州市的东西两头。买一次米和油要骑自行车东西往返，经由广园东路、广园中路、广园西路。那时候广州的繁华还没有扩充到北边的广园路，新开辟出来的广园路宽阔却几乎没有车，也极少行人，两边更没有商铺。大白天骑自行车走过，仍不免在静谧中生出惴惴不安的感觉。与如今广园路的车水马龙相比，年轻人恐怕很难相信当年那种情形，至少无法想象。幸好没过多久，广东就率先放开了粮油市场，不再规定要到指定的粮

店去买米买油了。当年的广东为了增强社会活力，为了吸纳新的力量，最大限度地敞开了胸怀，让我迅速融入岭南社会。当回顾那些远去的岁月，回想起曾经"寄居"在别人家的户口和漫长的买米路，我的心里不但没有委屈和抱怨，反倒对广州这座包容的城市充满感恩。

户口安顿好了，一家人正式成为广州市民。但是我到单位去报到，却遇到《开放时代》杂志停刊整顿，我被通知参加全体办刊人员的集中学习。这种情形在那个时代并不是稀奇事。于是我正式成为广州市民的生活是从日复一日的政治学习开始的。半年多的停刊整顿期间还出现了主编苏君正自尽这样的突发事件。

连番不断地学习从7月一直延续到次年夏天。虽然我跟《开放时代》的关系也就是刚发表过一篇文章。但是作为未来的编辑，反思和提高自然不可缺失。除了学习，那时的我似乎没有什么事可做。毕竟怀揣着闯荡世界的雄心而来，不甘这样过日子，于是就给各种报刊写稿。此时对社会经济的发展大势我已经比较熟悉，写点社会、经济、文化的时评得心应手。当时仅刊登过我文章的广州地区的报刊就有《亚太经济时报》《粤港信息日报》《中国金报》《文化参考报》《潇洒》《财富》《荣誉》《企业文化报》《岭南文化时报》《书报刊》《看世界》《街道》《广州社会》《星报》《风流人物报》《读书人报》《生活导报》等，甚至还有《科学与你》《粤商》《华夏酒报》《深圳警察》《房地产纵横》等等。其中有几篇文章还是发在杂志的创刊号上。

因为名字见报频繁，有好事者私下里将我列入民间圈定的"羊城八支笔"。当时只想多写几篇文章，落足岭南，并没有什么远大的目标，只是暗自觉得应该努力，甚至希望在所有的报刊上出现我的名字。何况能拿到相对内地来说较高的稿费，对当时的我来说也聊以为慰。这样的"炒更"一发难收，后来我甚至在《粤港信息日报》主编了副刊《经济人生》，后来改名为《弄潮》。每半月一个整版，需要不少文章，其中有不少文章不免是我自己写的，因而那段时间给自己取了许多笔名。这个专版的文章后来也被集成了书。沿袭老一辈报人的传统，专版的名字和书名都是我的手书。

如今这些报刊基本都和《现代人报》《沿海大文化报》一样，早已经烟消云散，难得再有人提及。但它们的时代是不可忘记的存在。它们使我感受到了岭南的活力和气度。报刊叱咤风云，对社会的繁荣和发展起了巨大的推动作用。中国近代报刊的源起就在十八世纪初的广东。办报刊一度成为文化青年的生命理想。二十世纪末，广东的报刊挟经济发展风雷，更是百舸争流、蔚为大观。在众声喧哗中，形成了广东报刊与京、沪三足鼎立的局面。广东甚至出现过纸质媒体的广告收益大于电台电视台的广告收益的现象，这是全国罕见的传媒态势。这个时代恰被我赶上了。但是大量的新报刊很快湮灭在时代的尘埃之中。从报刊史看，它们只是短暂划过天幕的流星，但由它们托举的星光满天景象，却深深镌刻在历史的记忆里，也留在我们心中，成为时代精神的投影。除此之外,我也给北京和外省的报刊写稿,并与电视艺术产生交集,开始为省市电视台写专题片,也曾参与写电视连续剧。并且为一些大型文艺演出写串词。岭南似乎总在呼唤生活的忙碌。老母亲曾经劝我:回来教书吧,没那么累。但是已经投身社会发展洪流的我不可能回头。我在1988年1月2日的日记里就这样写道:"今天,巨大的转折呈现在我的面前。我要不顾一切地走出这一大步!"1991年1月8日在《现代人报》发表的《告别自己》一文中,我表达了自己的认识:"人生充满了告别,人生必须不断地告别自己。"

刚刚成为广州市户籍人口的那些日子,我的时间分为两种忙碌。白天在《开放时代》的停刊学习整顿中忙碌,晚上为各种报刊的写稿而忙碌。日历一页页不紧不慢地翻过,杂志终于可以复刊了,时间已经是1990年秋天。留给这一年的"复刊"也就只来得及出一期。我为这一期写了一篇文章《卡拉OK:社会心理的三棱镜》,那是我采访了一些卡拉OK经营者、管理部门和卡拉OK爱好者写的,也算是记录了社会历史的一个细部。多年后的2018年,中央电视台策划了一组纪录片《40年的40个第一》,以回顾和纪念改革开放的40年岁月,其中有关于卡拉OK的一集。摄制组根据我这篇旧文章循迹来到广州,找到我进行采访,让我谈当年关于这个选题的情况。其实很多具体内容我都已经淡忘了,只好翻找出当年的采访本来唤起回忆。没想到编导对这个带着沧桑感的旧本子很感兴趣,特意给了它一个镜头。

主编《粤海风》杂志一百期

1991年,《开放时代》缓过气来,回归了正常的编辑出版。当时编辑部还在试图走贴近社会、积极干预社会的办刊路子。我为开年的第一期采写了《广州:全力优化投资环境》《用思想的厚度托举广东文学的繁荣》两篇文章,后者是著名文艺理论家饶芃子先生的访谈,被《中华日报》《澳门日报》转载,算是杂志当时对理论阵地恋恋不舍的回望。

九十年代初的《开放时代》,每期都有一至两篇我的文章或报道,最多时一期有四篇,当然大多用的笔名。《辟一方"文人小说"的天地》等,受到了省文联主席刘斯奋的关注。刘斯奋以省委宣传部副部长的身份兼任省文联主席,却没有淡化他十足的文化人气质、才识和情怀,没有遮掩他的家学渊源,没有影响他对文化的理解。文联的刊物《粤海风》要改版,文联让我去主持。关于杂志改版的定位,刘斯奋充分听取了我的意见,并在此后的编辑工作中,给了我充分的自由,使我一以贯之地享受岭南春风拂面的浩然气韵,让我和这份杂志一起成就了一段值得记取的历史。

就这样,我的南行脚步终于在广东省文联停驻,做了18年《粤海风》的主编。其

间到岭南美术出版社任社长兼总编辑，却没有中断继续主编《粤海风》，并兼任《画廊》《岭南音乐》等艺术期刊的主编。后来，我又紧随新媒体的脚步，创办了两个微信公众号"记忆""粤海述评"，一直持续到现在。我编故我在，由报刊进入岭南的怀抱，最终在岭南的媒体中找到自己的价值。我的生命意义在广东编辑出版的大江大河里泛着自己的波光。

甲午年，我主持《粤海风》满100期。写诗一首以作纪念：

年岁青黄甲午分，沧浪清浊洗征尘。

独行未惧山高峻，百渡方知水浅深。

回首萧然惊皓首，问心难免怕诛心。

夜长莫叹多风雨，曾领疏篱一段春。

诗里诉说的是办《粤海风》18年的经历与心情，但实际上是对我的编辑出版人生的总结。我又将自己为广东写的相关文章，无论写人、写事、写社会现象还是探寻文化脉络，集成一本近70万字的《岭南纪事》。在此书的自序里，我总结了自己与岭南的深刻相融，那是切实的文字缘。这些文章"是青春激流在脚下这块土地上的冲荡印记，是生命曾经积极向上、拼搏开拓的证明，像我心灵的根系紧紧拥抱岭南的土地，让我像一棵依山势生长的树，和山石一起观望流云，经历风雨，体验冷暖，感知脚下深厚的托举力量"。

随着岁月的推移，随着人生各方面的逐步安定，我渐渐熟悉了广东，也已经融入了广东。南来广州是我改变人生的重要选择，我为自己作出这次人生大抉择欣慰，也为自己的勇气而深深感慨生命的不虚此行。非常幸运的是，我的寻找和岭南的接受都是一个充满激情和愉悦的过程，但是我尤其明白，如果没有广州的热情拥抱，我的南行将没有这一份坚定。

如今，广州已然成为我此生待的时间最长的城市。我对岭南充满情感，对广州更是满怀理解和热爱。在全国各地行走，每逢有人问我是哪里人，我总是自然而然且不失一丝骄傲地告诉他：广州！

十年磨一剑

杨兴锋[*]

【主编者言】 当年《南方日报》的改版，有人称之为"党报再造工程"。那时该报特别强调高度，提出"高度决定影响力"的口号。作者曾以《高度，你我共同的追求》喊出目标。

"十年磨一剑"，这是2012年《南方日报》纪念新世纪以来全新改版十周年前夕，广东省委老书记吴南生亲笔书写的条幅，特地托《南方日报》年轻记者陈枫带给我。这位德高望重的老领导，以这种方式表达他对我们长期致力于党报改革的勉励，对历经十年全新改版的《南方日报》的肯定。

改版是"逼"出来的。从二十世纪九十年代后期起，尤其是在中国加入WTO以后，我国报刊市场发生了很大变化，城市报纸风生水起，网络媒体悄然崛起，境外媒体伺机抢滩，省级党报面临着严峻挑战，发行和广告持续下滑，昔日的"龙头老大"日渐边缘化。多年居省级党报发行量之首的《南方日报》也不例外，其风头逐渐被《南方周末》《南方都市报》等子报盖过。为了改变这种状况，《南方日报》与全国各地省级党报一样，进行了一次次改版，试图走出困境。有的同行提出"软些软些再软些"，希望通过扩大副刊版面来打开市场；有的同行主张向都市类报纸学习，希望以社会新闻、娱乐新闻来吸引读者。但效果都不明显，反而显得不伦不类，进退失据。"社会主义市场经济条件下省级党报的振兴之路在哪？"我一遍又一遍地追问自己。

没有调查就没有发言权。2002年初，我担任《南方日报》总编辑的第一件事，就是成立一个调研小组，由曹轲同志负责，组员有尹连根、刘晓璐、郭滨、赵小星等，还请来暨南大学新闻系的张晋升老师帮忙。他们以各种方式向市场要数据，向读者要意见，向实践要答案。经过半年多的调查和摸索，他们拿出了全新改版的初步方案。

我与调研小组进行了深入的交流和探讨。我们发现，党报的基本读者，是我们这个社会的主流人群、高端读者，他们对经济社会的发展和政治文化走势具有高度的影响力。党报的优势不在别处，恰恰在于它的权威性和公信力。这种优势来自主流新闻、

---

[*] 杨兴锋，《南方日报》原社长

权威发布和深度分析,来自政策传播、主流舆论和舆论监督。因此必须对《南方日报》明确定位,扬己所长,走差异化竞争之路,将《南方日报》办成一张权威政经大报、主流严肃大报,以大时政、大经济、大文化的思路做好做活主流新闻,影响主流、高端读者,从而巩固和扩大党的舆论阵地。根据这个认识,我们逐渐完善了全新改版方案,并针对《南方日报》的新定位,提出了一个办报理念:高度决定影响力。

全新改版方案得到了时任社长范以锦的支持,报社领导班子成员在开会讨论时也一致赞同。2002年8月6日,我们启动了《南方日报》新世纪以来的第一次全新改版。这次改版,从新闻产品的角度来看,是一次从内容到形式的全新改进和包装;从精神内核的角度来说,是对党报办报理念的全新思考和定位;从组织运营的角度来讲,是对现代报业制度建设和市场营销的全新探索和实践。可以说,它几乎涵盖了党报改革涉及的所有问题,其起点之高,思路之新,力度之大,影响之深,按《中国记者》年度分析文章的说法,是新中国新闻史上的"第一次",因此有人称之为"党报再造工程"。

这天一大早,一位与我相熟的厅级领导干部在读报之后兴奋地给我打来电话:"你们改得好!"当天,报社组织了1500名在读大学生,与编辑记者一道上街收集读者反馈的信息。对广州地区两万名读者所作的调查结果表明:六成以上读者对改版后的《南方日报》表示肯定,其中很多读者不吝赞美之辞。

那么,怎样理解"高度决定影响力"呢?改版前夕,我就以《高度,你我共同的追求》为题,在《南方日报》上发表了"总编辑致合作伙伴和广告客户的一封信",吹了一些风。改版当月,广告公司老总邀请我到海南博鳌给合作伙伴和广告客户作专题演讲。同年11月,在暨南大学承办的"新闻改革研讨会"上,我也对它的内涵作过详尽的阐述。简而言之,我们说"高度决定影响力",就是在新闻信息的选择、处理上,有自己的高度,有自己的独特见解,发出自己的权威声音,对社会舆论产生引导和主导作用,产生更大的影响力。

改版初期的那些日子里,我经常在编辑部与同事们讨论:如何提供一个又一个"隆中对",为读者的思考和判断拓展更有方向感的空间?三国时刘备之所以能够"三分天下占其一",是因为在听取了诸葛亮的"隆中对"后找到了正确的方向和答案。《南方日报》所追求的"高度",就是要为社会各界人士提供大大小小的"隆中对",成为他们手中必备的"智库"和"锦囊"。这就是"高度",这就是影响力。

改版不到半年,一个严峻的考验伴随着一场危机突如其来。

2003年春节前后,"非典"病毒肆虐,患者和医护人员陆续倒下,可病原一时又难以找到,情势非常危急。2月18日,国内一家权威媒体播发了北方专家经过研究后的推断——"非典型肺炎病原是衣原体"。这一权威机构发布的权威消息,让很多人以为找到了"非典"的"真凶",可以松一口气了。可《南方日报》负责医疗战线报道的记者段功伟向钟南山等广东专家求证时，他们却对"衣原体"之说持保留意见，认为本次非典型肺炎是病毒性肺炎的可能性极大，提出了四点很有说服力的理由，并以广东行之有效的治疗方案予以证明。

怎么办？在权威机构已经发布权威消息之后，我们还要不要公开报道广东专家的质疑意见？那天晚上，我读着记者发来的新闻稿，心里很矛盾。在当时的情势下，按权威机构的口径报道无疑是最"安全"也是最"省事"的，但正如广东专家所言，如果按衣原体肺炎的判断来治疗，会死很多人。我想，这已不是简单的学术之争，而是对事实是否尊重的问题。权衡再三之后，我决定实事求是，如实报道。第二天，《南方日报》以《非典型肺炎病原是衣原体？》为题，报道了广东专家的质疑和分析，在关键时刻发出了独特的声音。

由于得到省委机关报舆论上的有力支持，广东专家继续按照已经探索出来的治疗方案应对"非典"，使"非典"死亡率降到不足5%，成为世界上治疗"非典"成绩最好的地区。事实证明，广东专家的意见是正确的。钟南山其后以《南方日报与我们打响"生命保卫战"》为题发表了文章，文章说，"感谢南方日报对事实的尊重，对生命、科学的尊重，让我们最终共同赢得了生命保卫战"。

后来在评选当年广东新闻奖和中国新闻奖时，这篇报道被一致认为是坚持真理，不唯上，不唯书，只唯实，体现了政治家办报与独立思考的统一，获得了一等奖。同行之间的议论更形象、更直接："记者敢写，报纸敢发。"

为了表彰新闻界在抗击"非典"战斗中立下的汗马功劳，中宣部、中国记协在人民大会堂召开全国抗击"非典"宣传工作表彰大会。在此之前，广东已开过抗非宣传总结表彰大会，南方日报获先进单位奖，我在会上介绍了南方日报的经验。北京的这次表彰会规格很高，李长春、刘云山等中央领导出席大会。会议安排我代表南方报业传媒集团等六家广东新闻媒体领取"先进集体奖"。走上主席台时，我向曾在广东担任过省委书记的李长春打了一个招呼，他见到我，马上与我握手，那亲切的微笑，似乎在向南方报业获奖表示热烈的祝贺。拿着沉甸甸的奖牌回到座位上，我发现段功伟已经作为优秀地方记者的唯一代表上台作事迹发言。这样的安排，反映了中央有关部门对我们的"非典"报道的肯定。

"非典"报道的成功，是"高度决定影响力"的最好注脚。改版一年之后，2003年7月底，中国记协在北京主办"坚持三贴近进一步提高党报质量"研讨会，以南方日报为例，着重探讨党报创新发展之路。中宣部、新闻出版总署、中国记协的领导，中国社会科学院、中国人民大学、新华社研究所的专家，以及首都、地方新闻单位负责人，出席了研讨会。我在会上汇报了南方日报全新改版的思路和体会，得到了与会者的高度评价。中国记协主办的《中华新闻报》，用四个版面的篇幅刊登了南方日报的

改版经验和与会者的评价,并在头版发表评论文章,阐述《南方日报》改版带来的启示。中央分管意识形态工作的政治局常委李长春也在我们的改版汇报上作出批示:"再接再厉,与时俱进。"由此开始,新一轮党报改革潮在全国掀起。

初战告捷,增强了我们的信心和勇气,但我们并未飘飘然,更没就此停步,十年中进行了九次改版。从2002年至2006年,我在担任总编辑期间,共主持了五次改版;从2007年至2012年,我在担任社长期间,又推动了四次改版。在采编创新方面,我们总结了以全新思路经营主流新闻的八条经验,同时注意处理好新闻与引导的关系、高度与贴近的关系,速度与深度的关系,等等。比如,在处理正面宣传与舆论监督的关系时,我们除经营好钟南山、赵广军、廖乐年等重大典型,经营好重大主题宣传、重大政策解读外,还以违反科学发展的现象作为靶子开展舆论监督,如《广东江河水忧思录》《企业注册磨难记》等,仅2010年一年就在报纸上发表了105篇舆论监督的报道,基本做到件件监督有结果,推动了科学发展观在广东的实践,受到省委领导的肯定和社会各界的好评。省政协在督查江河水治理情况时,还邀请南方日报派记者参加。

如果说从第一次改版到第六次改版,解决的是纸媒存在问题的话,那么,从2009年第七次改版开始,我们就根据新媒体迅猛发展的新形势,明确提出要向全媒体转型,此后又推行媒体"聚合战略",处理好内容与渠道的关系、发展新媒体与深耕传统媒体的关系,向全媒体生产、全介质传播、全方位运营的方向迈进,形成了平面媒体、网络媒体、移动媒体、广电媒体、户外LED媒体和电子阅报栏等六条新闻产品生产线,使《南方日报》的影响力一年年提高和扩大。

也许是出于对《南方日报》改版成果的肯定,2004年,我被授予中国新闻界最高荣誉——第六届韬奋新闻奖。我当时就对前来采访的记者说,荣誉并不属于我个人,荣誉属于团结拼搏、锐意进取的南方报人。《南方日报》改版的成功,是全体南方报人共同努力的结果。

我最难忘的是改版初期采编大楼那耀眼的灯光。我一直住在报社大院里,无论是工作日还是双休日、节假日,我发现采编部门的许多办公室都是夜夜灯火通明,不少记者、编辑对改版表现出了巨大的热情,他们或者放弃与亲人的团聚,或者推掉与朋友的聚会,殚精竭虑,孜孜以求,既坚持正确的舆论导向,又遵循新闻传播规律,以提升公信力、唱响主旋律为己任,源源不断地推出体现南方高度的新闻精品。要闻编辑中心发挥编辑主导作用,为经营新闻精品,落实办报理念起到了至关重要的作用。时政新闻中心精心打造《时政南方眼》《外眼探粤》等栏目,推出了《小平百年》《激流中的南山》《走马浙江探索广东教育大发展》《广东国投破产案》等佳作。经济新闻中心倾力打造《政经大视野》《南方经济圆桌》等栏目,推出了《广东又一个春天》《广东率先实践科学发展观》《科学发展曙光昭示广东前途》《广东工业产业竞争力研究报告》等力作。文体新闻中心着力经营《文化视点》等栏目，推出了文化大省建设、广东历史文化行、岭南记忆、世纪广东学人等重大系列报道。机动记者部努力打造《南方调查》《南方深读》等栏目，先后推出了《"穷广东"调查》《"双到"扶贫AB面》等在社会上影响很大的系列报道。理论评论部用心经营获中国新闻奖名专栏的《热点话题》，先后推出了《广东亟需再来一次思想大解放》《论转轨》《再造珠三角的发展春天》等宏论。珠三角新闻中心和地方新闻中心除了精益求精编好几个地方观察外，还分别推出了《珠三角竞争力年度报告》和《粤东西北竞争力年度报告》等。视觉中心积极贯彻"图文并重，两翼齐飞""大视觉"理念，源源不断地推出新闻摄影精品和版面设计精品。

对现代报业制度建设和营销组织的全新探索与实践，也是《南方日报》十年全新改版的重要内容。《南方日报》的管理、运营团队在这方面发挥了很大的作用。报社制订了11项管理制度，建立起一套符合现代报业生产的采编运作流程，建立起采编、发行、广告、品牌"四轮驱动"的现代报业运作模式。集团公共事务部与集团各报刊联手，整合相关资源和力量，使南方报业、南方日报成为北京奥运会、上海世博会、广州亚运会、深圳大运会的战略合作媒体，让人感叹"盛会有南方"。南方广告公司实行差异化竞争战略和阶梯配置的产品结构策略，策划了一系列高端品牌活动，着力吸引高端广告，使商业广告占总广告量的份额从原先约四成提升到六成以上，不仅广告额逐年上升，而且报相得到全面改观。南方发行总公司始终贯彻办报理念，紧贴目标读者实施有效发行，使《南方日报》不仅覆盖机关和企事业单位，还进入家庭和各类高端人群聚集的场所，实现了发行结构的优化和发行量的提升。此外，行政部、市场部、新闻研究所等，也为南方日报的全新改版作出了独特的贡献。

作为全新改版的发动者、推动者，我当然不能隔岸观火，而是全身心投入改版实践之中，天天如履薄冰，不敢有丝毫的懈怠。从担任总编辑那一天起，我从来没有在晚上十二点之前睡过觉。改版最初那几个月，我几乎天天晚上坐镇要闻编辑中心，与值班社委和带班主任研究稿件，策划版面。原来每天下午开一次编前会，改版后变成上午开一次采前会、下午开一次采编协调会、晚上开一次编前会。只要我在家，每天都会出面主持采前会和采编协调会，晚上只要新华社没关机，我的电脑就会一直开着，每逢重大报道总会守在夜班一起商量稿件处理和版面安排。我曾因为一个重大策划日夜奋战十几天而闹上了高血压，因为长期伏案工作落下了腰椎间盘突出。抗击"非典"期间，为了策划一篇重大报道，我连续奋战19个小时，仅仅休息了四五个小时，又带队下乡采访去了。

对于报业发展，我同样倾心尽力。我以"让新闻理想与产业抱负比翼齐飞"的愿景勉励各位同事，强力推行差异化发展战略和梯次发展战略，深耕珠三角，推出"广

州观察""深圳观察""佛山观察""东莞观察"等,还鼎力支持报社经营和品牌拓展工作,做到采编、发行、广告、品牌一起抓,被同事们戏称为"首席发行员""首席广告业务员""首席品牌宣讲员"。那段时间,我的脑海里只有一个念头:努力找到社会主义市场经济条件下省级党报发展壮大之路。

《南方日报》的全新改版,引起了国内同行的密切关注。根据时任南方日报夜班带班主任孙爱群的回忆,2002年底赴沈阳参加全国省级党报总编辑夜班工作研讨会时,令他意想不到的是,"这次会议竟开成了《南方日报》的研讨会";"在各报的要求下,大会要我详细介绍《南方日报》改版的情况,我这个小人物居然成了各报老总的采访对象";"我惊奇地发现,《湖南日报》《广西日报》在会上提交的论文,竟然是专门研究《南方日报》改版的!""《南方日报》全新改版之所以在全国报界引起如此强烈的反响,正是因为《南方日报》的改版直入命门,事关省报在激烈的市场竞争中如何立于不败之地、不断发展壮大的大问题"。

当时的情况确实如此。改版的那些年,《人民日报》《大众日报》《湖北日报》《新华日报》《重庆日报》《河北日报》《云南日报》等党报同行纷纷前来考察交流。有的派来庞大的考察阵容,有的直接把我们的改版方案拿回去"克隆",有的在报社蹲点一周,扬言要把"真经"学到手。《人民日报》社社长许中田听我汇报改版体会后,意犹未尽,感叹交流的时间太短,表示再找机会专程前来共同探讨党报改革。兄弟单位的考察组来到广州时,只要我在家,都会出面介绍情况,对他们想要的改版方案,包括报社各种规章制度,一概原样奉送,毫无保留。我还把自己在采前会上的评报整理成文,加上相关编辑记者的体会文章和报社的规章制度,结集出版了《高度决定影响力》一书,成为不少新闻从业人员案头的读物,被业界称为"党报改革必读书"。我对同事们说,如果说《南方日报》有一点成功的经验,那绝不是我一个人的,也不是《南方日报》一家的,它应该变成促进我国党报发展的精神财富。

《南方日报》的全新改版,也激起了社会各界的热议。省委书记张德江,连续四年对南方日报作出表扬性的批示。2004年1月,他在《南方日报》的汇报材料上批示说:"《南方日报》坚持省委机关报的鲜明特色,围绕省委的中心工作,坚持正确的舆论导向,及时、生动地组织宣传报道,可以说是琳琅满目,硕果累累。其中,有许多精彩之笔和闪光之作,不但有阅读价值,还有欣赏价值和收藏价值。在2003年的全省工作成绩中,《南方日报》功不可没,应该记一大功。在新时期新形势下,如何办好党报,是个大课题,我认为《南方日报》正在进行积极的探索,并且积累了宝贵的经验。"国务院学位委员会学科评议组成员、中国社会科学院新闻研究所所长尹韵公很欣赏《南方日报》的办报理念,他说,"《南方日报》改版之所以成功,主要是真正把权威性和公信力的资源用足用活了。"时任中山大学政治与公共事务管理学院院长的任剑涛教授,对《南方日报》的改版有一番精辟的见解,他认为改版后的《南方日报》在某种意义上开启了中国现代报纸转型的大门。搜狐公司 CEO 张朝阳说,作为一名关注南方日报的读者,同时也是网络媒体的经营者,我感觉,改版后的《南方日报》在内容和形式上更吸引读者、贴近受众,是实实在在的信息窗口,展示了相当的实力、激情和品位。我很欣赏《南方日报》的办报理念——高度决定影响力。

令我印象最深的,是省委书记汪洋 2009 年 10 月 23 日考察《南方日报》的情景。那天,是《南方日报》创刊六十周年纪念日,汪洋在省委常委、秘书长徐少华陪同下前来报社考察。在参观报社六十年发展历程图片展时,他充分肯定《南方日报》创刊六十年来特别是改革开放以来,在广东改革开放和社会主义现代化建设中作出的重要贡献。在参观"《南方日报》六十年六十名篇展览"时,他不时停下脚步,仔细观看,充满感慨地说:"好文章经得起历史和时间的考验。多年后,这些作品仍然站得住,说明了优秀新闻记者的远见卓识。"在出报的"总装车间"要闻编辑中心,他看到编辑正在为《南方日报》创刊六十周年特刊作最后的修改时,便拿起新鲜出炉的版样兴致勃勃地观看,应编辑们的邀请,提笔签发了这个版面,编辑部里响起了热烈的掌声。在与报社领导班子成员和各部门、各系列报负责人及一线记者编辑座谈时,他说,《南方日报》是胸中有大局、工作有创新的集体,在坚持主旋律的同时积极创新,提高了主旋律报道的可读性,这一点我是非常肯定的。我很赞同你们提出的"高度决定影响力"的办报理念,希望《南方日报》成为全国省级党报的排头兵,成为全国新闻界的榜样。

十年磨一剑,新风起南方。2012 年 12 月 20 日,《新闻战线》杂志社在广州召开了"《南方日报》改版十周年研讨会",来自新华社、《中国记者》、《中国新闻出版报》等媒体的代表,中国传媒大学、暨南大学的负责人,《天津日报》《浙江日报》《河南日报》《四川日报》等十多家省级党报的负责人,参加了研讨。我在会上做了《社会主义市场经济条件下办好党报的南方实践》的主题报告。我说,《南方日报》的全新改版,是在社会主义市场经济条件下努力破解党报主流主导、可读悦读、做大做强三大命题的实践。我高兴地告诉各位同行,十年九改,使《南方日报》的采编、发行、广告、品牌实现了质的飞跃,发行量增加二十多万份,高居全国省级党报榜首;广告收入从 8000 多万元增加到 3 亿多元;品牌价值从 20 亿元上升到 100 亿元,成为全国第一家品牌价值超百亿元的省级党报。比这些数字更有价值的,是《南方日报》以自己十年的创新实践,交出了一份在社会主义市场经济条件下办好党报的南方答卷。

"在我 40 年的新闻生涯中,最难忘的就是《南方日报》全新改版这十年。我与每个热爱新闻、热爱南方的南方报人一样,把自己的心血都放在了改版上。" 2013 年的"南方之夜"上,即将告别新闻生涯的我,动情地说了上述那番话。那是 1 月 16 日的晚上,广州星河湾酒店宴会大厅喜气洋洋,热闹非常,《南方日报》的员工在这里总结

2012年的改革发展成果，庆祝十年改版取得的成功。我谈了三个词：感谢，清醒，价值。我认为，"南方的价值，就是既追求导向正确，又坚持南方的特色"，而南方的特色，就是"社会责任＋专业精神＋改革创新"。我引用佛教《华严经》的名言"不忘初心，方得始终"，勉励同事们在媒体转型发展中，不要忘记为什么而当记者、编辑，不要忘记最初始的那一颗纯朴的心。同事们则用热烈的掌声，回应着他们心中的共鸣。

非典型肺炎的非典型记忆

姚志彬[*]

【主编者言】抗击"非典"是广东面对自然灾害所经受的一次重大考验。在"非典"肆虐期间，作者被时代推到风口浪尖，留下了一段难以磨灭的记忆。

2003年初，冬去春来正值春节之际，在这万家欢乐喜庆祥和的日子里，一场不明原因的疫情悄然侵袭南粤大地。一开始因为病例不多且病因不明，并没有引起很大的注意。2月12日，广东省两会如期召开；2月18日，我以九三学社广东省主委的身份，在广东省九届一次政协大会上当选为省政协副主席，其时我仍担任着中山市副市长。当时，我对疫情了解不多，市卫生局长向我汇报，从1月中旬开始有二十几个病因不明的病人，其中有些是医务人员，病情已基本得到控制。随后市卫生局向省卫生厅报告了病例，1月21日下午省厅的专家组到中山现场调查会诊。这次调查起草完成了《中山市不明原因肺炎调查报告》，正式将其命名为"非典型肺炎"，当晚，我与调查组专家共进晚餐，大家言语间都尚未意识到事态的严重性，更没想到这个病会造成后来那么大的损失和影响。

2月25日，我到北京参加全国政协常委会议及随后的十届一次会议，会议结束后3月16日回到中山。此时我国的港台地区、北京以及新加坡等地陆续有病例报告，广东省内的疫情仍继续平稳发展，中山市的疫情基本得到控制。3月底我被省人大常委会任命为卫生厅厅长。

非常时期的非常任命

4月16日，我正式到省卫生厅上任。本来通知12日报到，后因胡锦涛总书记来广东视察工作（4月13—15日）而改期到16日。此时疫情防控形势变得严峻起来，国内外病例数继续增加，时有医务人员因感染而死亡的报道。

---

[*] 姚志彬，广东省政协原副主席、卫生厅厅长

新卫生厅长的上任引起了某些媒体的注意，说我是临危受命，甚至有些人把老厅长免职与卫生部部长的免职联系起来，说成"因疫情防控问责"而免职。其实，这是一次正常的政府部门人事更替任免。老厅长黄庆道同志是因为任职年限（当时他已任卫生厅厅长满两届）和年龄的原因转任省人大教科文卫委副主任。在他任职期间，广东的"非典"疫情防控工作做得很好，早在2月份广东省卫生厅就已召开记者见面会，向社会公布了"非典"疫情和预防知识。这是1989年我国《传染病防治法》颁布以来，首次由政府发布此类新闻，同时广东卫生厅也制订了我国第一份《非典型肺炎防治指引》等一系列防治文件和防治措施。广东的防疫工作得到世界卫生组织专家考察组的肯定，得到卫生部、广东省委省政府的肯定。

当然，如果从另一个角度看，说我的卫生厅厅长任职是非常任命也有一定的道理，这是"文革"结束以后，全国首个非中共的民主党派人士任职政府部门行政主要负责人，且我是以省政协副主席的身份兼任省卫生厅长。这一非常任命除考虑我的医学教育、研究和行政任职经历背景外，是广东省委在践行我国多党合作制度上的一次大胆突破和创新，是随后其他省市乃至中央部委政府部门陆续有民主党派人士担任一把手的一次先期尝试。

值得一提的是，4月23日，我在主持省领导参加的广州地区医疗机构负责人的座谈会上，首先提出要让表现优秀的医务人员火线入党，随后许多医务人员积极加入了党组织。后来便有人说我是一个非党的共产党员。

集中有经验的专家会诊，排除误诊病例

上任后我随即安排到省疾病控制中心（CDC）进行工作调研。座谈时我了解到，非典型肺炎的命名依据是已有的"社区获得性不明原因肺炎"，又称非典型性肺炎。我马上询问专家，该病是否属于报告病例？每年大概有多少例？回答是属于报告病种，每年全省大概2000例。当问到今年的数据时，专家稍作停顿，思考了一下，说今年好像略有减少。可能他们今年的注意力主要集中在"非典"疫情上，一时答不出具体数字。我马上交代回头把今年和往年同期数据整理后报给我。

此时，我的脑内闪过一个想法，是否有可能少数传统的"非典"病例被误报为现在的"非典"病例了？毕竟这是一个新发的传染性疾病，对它的病理病机认识还不足，更缺乏诊断的"金标准"，在当前的一日一报告病例，且不准瞒报、漏报的要求下，误报是可能会发生的。鉴于当时的形势，我这一想法并未表露出来。

4月16日，世界卫生组织宣布"非典型肺炎"是由新型冠状病毒引起，并正式命名为急性呼吸困难综合征（SARS）。

4月19日，北京市宣布疫情从原先的37例突然增至339例。随后中央宣布撤销北京市市长孟学农和卫生部部长张文康的职务，同时，提名王岐山代理北京市市长，高强任卫生部党组书记，吴仪副总理兼任卫生部部长。此时，中央意识到"非典"疫情的严重程度和潜在威胁，并高度重视，警告各地，如瞒报疫情将面临严厉处分。

4月下旬，全国疫情防控形势骤然紧张，各地的"非典"病例报告数增加。广东省一度相对稳定甚至有下降趋势的新发病例数又逐渐增多，甚至全省单日报告病例和疑似病例数接近百例。省委常委召开紧急会议研究对策，会场的氛围有些凝重，大家发表意见，甚至有所争论，作为列席人员我请求发言，提出现在的关键是准确地进行病例诊断，因为没有明确统一的标准，各地各医疗单位的诊断比较混乱，很可能有误诊病例，请求上收诊断权，每天由省卫生厅组织有经验的专家集体讨论，做出诊断，省委领导当即同意了我们的请求。

第二天省厅立即组织十余位省属和部队大医院的呼吸科、急诊科和放射科专家成立专家小组，由各医疗机构业务负责人和科室负责人带上拟诊断病人的详细病历资料和肺部X射线影像到卫生厅六楼会议室统一汇报病情，逐一讨论会诊。结果全省当日拟诊断的100余例拟报确诊和疑似病例大多数被排除，最后诊断报告的仅十余例。同时，又对前几日的病例进行了讨论及排查。随后，接连几日的专家集中会诊，诊断的科学性和准确性大幅提高，病例逐日减少。病例数的减少，极大地降低了社会的恐慌度，提振了医务人员的信心和士气。5月13日，广州新增病例首日为零，6月16日全省连续20天无新增病例。至此，WHO将广东从SARS公布表上除名，并解除对广东的旅游禁令。6月24日，WHO解除了对北京的旅游禁令。

省督查组应着眼当前防疫不翻旧账

随着疫情防控形势的升级，4月22日省政府决定派出五个督查组，分赴全省各地开展"非典"防治督查工作。各组负责人多由省卫生厅领导担任。当天中午，我接到了中山市卫生局长梁厚祥打来的电话，电话接通后，听到了熟悉的广东普通话：厅长，你在忙么？陈市长（中山市市长陈根楷）想与你说话，他就在我身边。原来，陈市长听说省里督查组要来中山督查，中山市早期还有少数病因不明确的病例，不知是否要作为"非典"病例上报。我想了一下，随后回答没有明确诊断的病例暂时不考虑，主要还是先做好当前的病例诊断和报告。

放下电话后，我想类似中山这种情况不知其他地市是否存在，这次督查应该着眼当前的疫情防控，不能翻旧账，也不能轻易追究责任，翻旧账和追究责任都会影响眼前的防疫工作。想到这些，我马上把带队督察的同志分别叫到办公室交代他们，督察

工作重点是做好防疫措施、病人救治和新发病例报告，特别是做好医护人员的防护措施，不要纠结过去的病例漏报问题，更不能轻启追究漏报的责任。

因为当时其他地方已传出有问责处分官员的信息了，而保护士气、信心和积极性是抗疫成功与否的重要因素，我们不希望因为问责而挫伤行政人员和医护人员的积极性，甚至影响防疫大局。

深圳三十多人的群体感染，一场虚惊

5月上旬某日一大早，我随省委领导乘车去当时抗疫的主战场广州检查防疫工作。约8时15分，突然接到省委办公厅电话，让我8点50分赶到省委大院，随张德江书记去深圳。我拦了一辆出租车赶到省委大院，张书记、蔡东士（省委秘书长）等一行人已到齐。上车后才得知，因为前几天一个外省的民间艺术团体到深圳演出，导致三十余人发热，此事被一个记者用内参的形式作为疑似"非典"感染上报了中央，胡锦涛总书记作了专门的批示，要求广东省委高度重视。

约11时车到深圳，省委领导马上听取市委书记黄丽满、市长于幼军等人的汇报。黄丽满主持会议，简短开场后，她请市卫生局局长周俊安同志汇报有关集体感染发热病人的具体情况。她说周俊安是专业人士，说得清楚。周俊安详细地汇报了病人的人数、症状、体征和治疗情况，医院已对所有病人都采取了隔离措施。关于疾病诊断，市卫生局已组织专家会诊。病人有发热、咳嗽和白细胞升高等症状，但没有肺炎症状和X光影像表现。专家分析，认为是感冒或流感，"非典"的可能性不大，医院已经对病人采样进行了感冒和流感病毒检测，下午就可以出结果。听完汇报，我悬着的心落了下来，同时我也感觉到张德江、蔡东士等领导同志的心情放松了许多。

下午到深圳市疾控中心考察调研，约5时许检测结果出来了，是流感病毒。此时，大家脸上都露出了笑容。接着是给中共中央写有关这一疫情的报告，深圳市委起草了报告的初稿，晚上7时经于幼军修改后呈张德江同志审阅修改。于幼军是省委宣传部长出身，是广东"四大才子"之一，文字功底很好。张书记很认真，反复修改多次，当晚9时40分左右，报告终于定稿发出。

我们一行人连夜乘车回广州。回程的路上，大家都有些疲惫，张德江同志语重心长地说："志彬同志，辛苦了，我们是同一战壕的战友啊。"全车十几个人，书记单独点名并慰问我，我想这是因为我是党外人士的原因，是他作为政治家，作为省委主要领导对一个党外人士的关爱。

为什么东莞没有病例

5月上旬某天下午,省委常委会结束后,张德江书记让我去他办公室,询问了一些近期疫情和上任后的工作情况后,他指着桌面上的一张广东省地图问我,为什么广州、深圳都有不少病例,而东莞市没有"非典"病例?这个问题很突然,一下问倒了我,因为我压根没有注意到,也没有考虑过这个问题。我走近桌旁,看到地图上用笔标记着广州、深圳等各市的病例数,东莞市为0,并打了一个问号。思考片刻后,我指着地图上的广深高速说,可能是高速公路使广深两地联系太密切,言下之意是广州的疫情通过高速公路的人员流动快速地传播到了深圳,对我的回答他没有表态,其实我自己对这个解释也很不满意。回去后,我对着地图继续琢磨这个问题,的确,广州、深圳、中山、河源和香港都有不少病例,可东莞也是个近千万人口的城市,其卫生条件、管理水平与广州、深圳比并不高,甚至还有差距,为什么唯独东莞没有病例?我百思不得其解。随着疫情缓解,后续工作陆续展开,我将这个问题暂时搁下,放在心底。

疫情结束后,我将主要精力投入到全省的公共卫生体系建设,到粤东、西、北欠发达地区的市县和乡镇卫生院调研。年底,终于有时间到珠三角发达地区调研工作。12月上旬,我来到东莞市,考察了市疾控中心、人民医院、中心血站和几家乡镇卫生院。晚餐时,我向市卫生局局长老洪提出了"东莞为什么没有非典病例?"这个搁在心底的问题。

老洪笑着说:"报告厅长,初期东莞的确没有发现病例,4月下旬形势紧张时,他们诊断了一些病例,我觉得不靠谱,没让他们上报。再后来疑似病例都被省里排除了。"

听了他的话,我恍然大悟,马上站起来说:"老洪,我敬你一杯酒!"我对老洪的胆量和担当意识肃然起敬。

我一口饮完杯中酒,旋即笑着说:这样你们东莞获得的抗击"非典"奖励可就比其他市少了。老洪笑答:"是少了些,但还是有奖励,感谢省委、省政府对我们的奖励。"说完我们又共饮了一杯。

这个问题的答案,也似乎解答了我一直在思考的关于疫情的另一个问题,即我们所有报告的病例里是否有一些误诊的,这似乎可以部分地解释为什么内地的"非典"致死率明显低于香港和海外其他国家或地区。据统计,当年中国内地非典型肺炎的致死率为6%,而香港达到17%,全球平均为9.6%。

扑杀果子狸冤不冤

6月中旬，随着最后一个"非典"病人出院，随着夏天的到来，"非典"突然无影无踪了，再也没有出现，人们的解释是夏天气温升高，不利于病毒的生存，同时又担心冬天会不会卷土重来。

2003年12月下旬，广州连续报告了3例"非典"病例。流调显示，病例都与一家野味餐厅有关。似乎疫情的阴霾有卷土重来之势。

2004年1月3日（元旦假期）下午5时，我突然接到省政府值班室电话，说黄华华省长找我。电话里，省长让我马上赶去广东大厦，因为钟南山院士给省长打电话，说香港大学管轶教授专程来广州，报告关于"非典"疫情的情况。我赶到广东大厦会议室，钟院士，管轶教授，省府副秘书长江海燕，卫生厅王智琼副厅长、黄飞主任等都已到场，桌上放了一台手提电脑和投影仪，显然他们已经开始了。

我与管轶是老熟人。1994年，我在美国孟菲斯医学院做访问学者时与他是室友，并建立了深厚的友谊。当时，他师承国际流感病毒权威专家Webbs教授读博士。后来，他选择到香港大学任教，他的研究方向与亚洲禽流感病毒有关。2003年2月份他曾打电话给我，想要获取中山"非典"病人的血液样本，他怀疑病原体是禽流感病毒，因为国家有关政策原因，我未能提供样本给他。

入座后，管轶教授马上对着电脑投影，介绍他近期的研究结果。入冬以来，他们在广州及其周边地区的几十个农贸市场，收集了几百份样品，发现果子狸的毛发和粪便含有大量的新型冠状病毒（SARS病毒）的S基因片段，他们认为很可能会引起新的疫情。随后我们进行了讨论，并统一了意见，建议政府采取措施，防止新一轮疫情的发生。江海燕当即拨通黄华华省长的电话，由我向省长汇报了管轶的研究和建议，以及我们讨论的意见。

当晚8时，省政府召开紧急常务会议，钟南山院士列席，由我汇报有关情况并表述了卫生部门的意见：专家的研究很及时、很重要；尽管作为一项新的研究，结果正确与否，还需要得到其他实验室的研究验证，但考虑到疫情防控事关重大，如果等待其他专家收集样本，再检测验证，花费时间太长。防疫如救火，我们等不起；权衡利弊，建议采纳专家意见，采取果断措施，扑杀果子狸，以防新一轮疫情发生。钟南山院士从专业角度做了一些说明。随后大家进行讨论，农业、林业、财政等部门就经济补偿、现场处理发表了意见。随即黄华华省长果断决策，采纳专家和卫生部门的意见，并要求各相关部门做好准备工作；他将向张德江书记汇报，张书记当时在外地。

1月5日一早，广东省委在红棉厅召开全省市委书记、市长会议，布置扑杀果子狸及冬春季防疫工作。会议由连夜赶回广州的张德江书记亲自主持，黄华华省长布置工作。

5日上午10时，省卫生厅召开新闻发布会说明情况，同时，管轶教授在香港召开发布会，发表SARS病毒溯源新的研究结果。当天，全省开始扑杀果子狸。经统计，共扑杀养殖场及市场上的果子狸一万余只，同时关闭广东所有野生动物市场，并对外省入粤的果子狸进行封堵。

2004年全年再也没有出现SARS疫情，除了4月份北京CDC实验室感染出现了几个病例之外。

随后的科学研究基本证实，SARS冠状病毒的宿主是一种叫菊头蝠的蝙蝠，果子狸是中间宿主，菊头蝠把病毒传给了果子狸，果子狸把病毒传染给人。由此可见，当时扑杀果子狸的决策和行动是正确的，果子狸被杀不冤。扑杀果子狸行动还带动了广东地区乃至全国掀起禁食野生动物的社会行动，对改变广东人喜欢吃野味的陋习和保护野生动物发挥了积极作用。

谁是零号病人

零号病人也称初始病例，他是第一个患传染病并开始播散病毒，传染他人的患者。在流行病调查中零号病人的发现和确立，对疾病的溯源，传播规律的认识和制定防治措施都非常重要。

关于谁是"非典型肺炎"的零号病人，一直有不同的说法，网上常见的说法有两种：一个是家住河源的黄××，他是一个厨师，在深圳一家餐馆工作，他在2002年12月初发病，先在深圳社区医院治疗，后回河源医治，病情转重后转入广州军区总医院，经医护人员全力治疗后，于12月中旬出院。住院期间，为他诊疗的医护人员也被感染。另一个说法是2002年11月下旬佛山市人民医院收治的一个45岁肺炎患者唐××，他是本地人，有吃野味的习惯，住院期间有典型的呼吸道症状，其间照顾他的家人也相继出现感染症状。

其实这两个零号病人都未得到官方认可。说他们是零号病人，是由于为他们治疗的医务人员通过病例回顾，然后向外发布的。在当时的社会环境下，媒体对寻找零号病人表现出极大的热情，甚至一度导致一个零号病人隐姓埋名，从社会上消失了。零号病人的确定是一件非常复杂且专业性极强的事情，也是一项困难的工作。需组织专家对其进行流行病学调查，进行医学诊断、病源学检测和血清抗体检测等。而2003年的SARS疫情初期，发病隐蔽，并未引起医学界和社会的注意，病人的有关资料和血液样本等并未收集保存，甚至当时有些基层医疗卫生机构的病历记录都很不完整，由此

对当时引发疫情的零号病人进行科学严谨的鉴定便成了一件悬案。

三年新冠疫情期间，我常常被困在社区，不能远足，时而郁闷，时而释然。作为一名古稀老人，我思考并比较新冠疫情与当年的 SARS 疫情，两者有相似也有不同。又是一个冠状病毒新的亚型，"小样，换了个马甲重来呀！（赵本山语）"。其实人类与病毒的斗争，是一个长期的过程，科学研究揭示，人类的基因里有许多病毒的基因序列并从中受益。从进化的角度来看，人类与病毒是长期共存，共同进步。绿水青山枉自多，华佗无奈小虫何。我们不要轻言谁战胜了谁，应发挥人类特有的智慧，顺应大自然的规律，掌握与病毒共存的方法，利用病毒为人类服务，并最大限度地降低病毒造成的伤害。

时光荏苒，转眼"非典"疫情已经过去二十年。前几天我们几个当年参与抗击"非典"的老人聚在一起，说起那段众志成城、紧张而充满激情的日子，大家很激动，也很唏嘘。往事如烟，往事又并不如烟，有些记忆已模糊了，许多情景仍历历在目，甚至有人还提出，如果"非典"疫情再来一次，还是让我们参与处理，我们会如何改进呢？

吾心安何处，岭南芳草萋

叶金宝*

【主编者言】二十世纪八十年代以来，广东吸纳了大量人才，形成持续腾飞的动力。许多年轻人在岭南找到了属于自己的新天地，快乐地放飞理想，贡献智力、汗水和激情。

不经意间，来广东生活已经三十七个春秋！这也是广东改革开放引领潮流、蓬勃向上、经济社会大发展的年代，虽然未能生于斯，但能求学于斯、工作于斯，体味广东的生活，见证广东改革开放的奇迹，又是何等有幸，何其有福！三十七个冬夏，从陌生到熟悉，从认同到自觉，终觉岭南是一方福土！

上大学之前，我一直在湖南安乡县城生活读书。说是生活，其实是捱生活，感受生活的艰辛。那时候生活条件极差，高中时五块钱就解决一个月吃的问题，学校两毛钱一份的五花肉，大概也就两三片，一般还不卖给学生，只卖给老师。读书倒是真读苦学深思，基本不用家长和老师操心，就读的学校安乡一中当时是全县最好的中学，现在是湖南省重点中学。高中时，对广东开始有了一些了解和好奇，大概就是听人说如何将湖南的黄鳝、甲鱼等运来广东卖高价致富的故事，还有就是《射雕英雄传》等粤语电视粤语歌曲之类的东西。非常幸运的是1985年通过高考进入中山大学哲学系学习，从此学习工作生活都渐入佳境，也逐渐从一个"湘人"变成了"老广"。

二十世纪八十年代的大学生活令人难以忘怀！那是一个思想大解放的年代，求新求变敢想敢干的年代，同学们充满理想充满热情，可以自由思想，可以尽情言说，可以批判讨论。印象最深的就是社团活动和各种讲座，大家也乐意参加社团活动，乐意表达，乐意交流，乐意贩卖自己的思想。学校像个新思想的集市，各种社团活动海报随处可见，热闹非凡。时不时也有一些比较活跃的同学拉我加入社团，但我那时对读书似乎更感兴趣一些，喜欢读洛克、笛卡尔等人的原著，虽然也看不太懂，但会引发自己的思考，野心也很大，希望能够看透世界的本质和真相，做个真正的明白人，所以未参加过学校的社团，始终只是一个热心的观众。但是各种讲座我却很乐意参加。

---

* 叶金宝，广东省社科联副主席、《学术研究》主编

记得有些讲座由名家大师主讲，社会学系的何肇发老师经常有讲座，可能是出国交流多的缘故，讲国际形势国际交往比较多；胡守为老师开过交响乐欣赏的讲座。也有很多研究生讲的，哲学系的研究生特别活跃。李宗桂、肖滨、吴重庆那时都是研究生，也常开讲座，后来都成了学问大家。给我印象比较深的还有刘德福，他是高齐云老师的研究生，讲党史讲党的八大，语速很快，山东口音特浓，记忆力特强，具有很强的冲击力和感染力！冯达文老师那时还组织了一个稷下论坛，由京粤电脑公司赞助，每周在中山四路广州图书馆举办讲座。我也做了一点组织工作，主要是写海报，然后张贴在广州图书馆。有时也会到广州图书馆联系一些会场安排的事情。广州图书馆的同志非常热情，那时候好像大家对新思想的传播都比较感兴趣。

　　二十世纪八十年代，学术界的一大热点就是关于文化问题的讨论，在中西文化的比较中进行价值重塑，寻找中国现代化的出路。学校讲座的主题也有很多是关于文化讨论的，涉及社会生活的方方面面，有许多新颖的观点、独特的视角，对有些历史人物和事件的评价甚至是颠覆性的，颇能激发同学们的讨论兴趣。李泽厚先生的演讲录音被大家反复借来听，李先生的长沙普通话很难完全听懂，但大家似乎完全能够领会其中的主体性和批判精神。《河殇》在电视台播放的时候也是轰动一时，很多青年学子看得热血沸腾，自认为找到了问题的症结，明白了方向。八十年代的文化热对解放思想、破除旧观念确实起了很大的作用，但是其中也有许多情绪化、非理性的因素，一些观点有失偏颇，没有做深入细致的学术辨析，既缺乏经验事实的检验，也经不住逻辑的追问。在这场文化热中，中大哲学系的老师大多保持了一种理性的态度，也出版发表了一批学术力作。李锦全老师始终坚持"矛盾融合，承传创新"的哲学史观，坚持用矛盾分析方法来研究中国传统思想各流派的变化和发展，坚持一切以时间、地点、条件为转移来评价中国哲学史上的人物和事件，坚持价值判断与事实判断相区别，对中华文化的人文精神给予高度肯定，对中国传统文化的现代转型也做了深入的思考，认为从多元民族文化与世界文化的关系来看，有如百川众流之归大海，这个大海既不属于西方，又不属于东方，是世界各族人民的历史性创造，是人类共同智慧的升华，这里不存在文化霸权主义、文化殖民主义和文化救世主义。我们的民族文化在世界文化发展的长河中必将占有一席之地，并以创新的面貌走向世界。冯达文老师出版了《中国哲学的探索与困惑（殷商—魏晋）》。李宗桂老师在全面系统考察前贤的研究和八十年代文化研讨的基础上，对中国传统文化进行了整体性研究，出版了《中国文化概论》一书，这是中华人民共和国成立后第一部总体论述中国传统文化的专著。这两本书的出版，我也做了一点点小的工作。当时两位老师担心手写稿不太好认，出版社排版时容易出差错，找到我帮忙誊抄一遍。由于工作量比较大，我找了周益成、罗干坤几位同学一起完成了这项任务。

总的感觉，大学四年是中国思想界最活跃的时候，现在学者们常常讲改革开放我们享受了人口红利，其实我们又何尝不是在享受改革开放初期思想解放的红利呢！中山大学是我到广东的第一站，虽然对广东的了解仅仅限于大学生活，但我能充分感受到广东率先改革开放带来的盎然生机！也希望毕业后能留在广东工作。到中山大学读书，这是广东送给我的人生第一份礼物！

1989年本科毕业后在李锦全等老师的推荐下到了省社科联工作。从此在这里安身立命，一干就是三十三年，前十一年在学会处工作，后二十二年与《学术研究》结下了不解之缘，可以说见证了广东社科事业的发展。

我大学毕业联系工作的时候，省社科联还在越秀北222号与省社科院一起办公，报到的时候已经搬到位于黄花路四号之二的新办公楼。那时候省社科联的办公条件和干部的住房条件在省直机关里面算比较好的，我有时到领导和同事家里送材料，他们都有一种满足感幸福感。我报到的时候，新宿舍已经分完了，单位在越秀北旧办公楼五楼给我分了一间十多平方米的办公室，暂时解决了住的问题，左邻右舍还有江中孝等人。由于是办公楼，生活很不方便，冲凉洗衣服都要下到一楼。即使如此，对于刚分配到单位的大学毕业生来讲也算不错的了，单位领导李蒲弥先生对年轻人特别关心，找了一些旧柜子和办公桌给我们放东西，让我们感受到组织的温暖。

新办公楼是一栋八层楼，虽然新但没有电梯，或许是经费预算紧张的缘故。由于没有电梯，而且大会议室又设在八楼，一些社科界的老专家来开会就很不方便。为解决电梯的问题，社科联的领导多次打报告给有关部门，但由于经费紧张等原因都未解决。直到有一次省社科联开全委会，时任省委副书记谢非来出席会议，看到三楼、六楼的转角处都放着一张凳子，询问何故，单位领导解释是一些老专家上楼辛苦，中途需要坐下来休息一下。谢非同志听了很受触动，电梯的事情没多久就解决了。

那时候省社科联的全称是广东省社会科学学会联合会，学会工作是主要业务。学会工作主要是组织策划各种会议，学会处也被戏称为"开会处"。1990年代初，还是思想比较活跃的年代，虽然已不如八十年代猛烈，社团活动仍比较多，各种研讨会也比较多。那时候开学术会议与现在有很大不同，大家都乐意参加，愿意互相交流思想，会议时间也长一些，大型的学术会议经常开两到三天，参会一般都会提交论文，李锦全老师称为"门票文章"，会议一般也会安排一些文化考察。现在物质条件改善了，经费多、会议多，但大家参会的意愿并不太强，名流大家出席一般还需要出场费，交流的意愿也不强，没啥讨论的，一般自己讲完就离场了，很多大型会议也就开半天草草了事。那时候开会请名家大家也不需要出场费，张江明先生倡导的社会主义社会辩证法研究在全国开过二十多次大型的研讨会，经常请肖前、赵凤岐、杨春贵等大学者出席，我印象中从未给过讲课费。九十年代开会，学会会长最头疼的就是经费问题，需

要到处化缘找赞助。张江明先生热心推动社会主义社会辩证法研究,基本上每年召开一次全国性的学术研讨会,每次都亲自化缘,自称新时期的武训。记得有一次还通过时任深圳大学校长蔡德麟先生找到巨人汉卡的史玉柱先生赞助了五万元,九十年代初那还算一笔大钱。

八九十年代是一个思想解放、热闹非凡的年代,虽然也有一些乱象,但是充满活力充满希望。记得当时为了解决经费不足的问题,省社科联还成立了一家房地产公司。

2000年之后,我由省社科联机关调整到了《学术研究》杂志社工作,先是负责政法类稿件的编辑,后来又担任编辑部主任、副主编、主编,一直到现在。《学术研究》1958年创刊,是当时全国少有的几本学术理论刊物。1962年郭沫若到从化时亲自为本刊题写刊名。据省社科院原院长曾牧野先生回忆,当时他坐了近六小时的车从广州到从化求字,郭老一共写了六幅由他挑,可惜现在已找不到原件。杜国庠等学术大家担任过《学术研究》主编。陈寅恪、容庚、商承祚、詹安泰、戴裔煊、刘节、李镜池、金应熙、卓炯、李泽厚等一大批名家都在《学术研究》发表过文章。在改革开放初期,《学术研究》率先开展了商品经济、市场经济、特区建设、价格改革等问题的讨论,为推动广东的改革开放发挥了积极作用,在全国学术界具有重要影响。说实话,担任这样一本有重要影响的学术期刊的主编感觉压力还是蛮大的,既有政治导向把关的压力,也有学术价值判断的压力,还有各方面关系协调的压力。所幸的是,各方面对这本刊物都很爱护很关心很支持,各级领导如是,专家学者如是,编辑自身也如是!

我任主编期间,时任省委书记汪洋、胡春华、李希都对《学术研究》给予过关怀指导。汪洋同志在《学术研究》2010年第3期还发表过署名文章《自主创新是加快转变经济发展方式的核心推动力》。胡春华同志2015年11月亲临杂志社调研指导。李希同志在《学术研究》创刊60周年之际对杂志社的工作给予了亲切指导并提出了明确要求。《学术研究》是国家社科基金首批资助期刊,国家社科工作办每年给予40万~50万元的经费资助。21世纪以来,省委宣传部也逐渐加大了对《学术研究》办刊经费的支持,目前办刊经费问题完全得到解决,不像二十世纪八九十年代要到处求人找广告拉赞助。现在不仅不需要登广告,而且还有比较丰厚的稿酬。我任主编后经费的压力一直是不存在的,这确实幸运,也令许多兄弟期刊羡慕。

2020年省编制办将《学术研究》杂志社明确为一类事业单位,完全解决了编辑队伍的后顾之忧,杂志社不再需要到处找关系找项目来解决福利待遇问题,可以专注于学术研究、安心做好编辑工作。事业单位分类改革是困扰杂志社多年的问题,2010年前后,按照政策文件杂志社拟划为二类事业单位,那就意味着杂志社要自己去找钱解决部分经费问题,极有可能导致杂志的学术质量学术品位没有办法保证,杂志社将实际情况向省社科联和省委宣传部做了反映,省委宣传部和省社科联领导颜泽贤、田丰、

王晓都高度重视，为了保住这块学术招牌，积极与相关职能部门沟通协调，最后决定暂不分类。2019年，我有机会和省编制办的刘光大副主任一起学习，得便多次向他汇报学术期刊的特殊性，强调学术期刊应该划为一类事业单位，光大同志表示理解并给予了极大的支持，2020年杂志社终于明确为公益一类事业单位。

《学术研究》在学术界有良好的口碑，源于比较好的编辑部传统，我之前的两任主编刘斯翰先生、郑英隆先生都是书卷气浓郁且非常严谨较真的学者，编辑队伍也比较单纯，大家专注做好编辑工作，虽然对行政事务不是太热心太擅长，但都很敬业，与学者也建立了良好的互动关系，彼此之间相互支持相互尊重。特别是一些学者对学术的真诚、对《学术研究》的看重使编辑们充分认识到自身工作的价值。记得有一次，一位青年学者在《学术研究》发表文章后，抑制不住内心的喜悦，将杂志放在一方有图案的丝绢上拍了一张照片发给责任编辑，那张照片非常美，杂志的清新封面与丝绢的繁花图案相得益彰，编辑们看了都非常感动，因为作者高兴并重视，编辑们也增强了不少自我认同。

2015年，我到南京出差，和南京大学的胡大平、东南大学的袁久红等老师一起用餐，席间大平教授将刚完成的一篇新作从头到尾朗诵了一遍，作者很享受，听着也为之动容。这篇文章的题目是《南京长江大桥》，初看像一篇科普文章，实际上作者非常细腻地阐释了大桥承载的历史文化内涵，也饱含了作者的时代情感。其中一些话，令我至今难忘。"在大桥之上，像大桥那样注视世界，把目光伸向尽头的时候，我突然理解有一种品质叫坚强，有一种气质叫高傲……大桥是充盈的，这篇对它的叙述亦是一个与零度写作相反的充盈写作凝结而成的文本，我试图用自己内心深处的那一滴泪来温暖大桥。"这篇文章本来是作者应其他文集写的稿件，但我知道这是一篇非常难得的好文章，它不仅是一篇客观研究，还融入了作者的情感，是带有哲人色彩的一种精神表达，因此斗胆请求大平先生授权《学术研究》刊发，并许诺全篇彩色排版。这篇文章后来刊发在《学术研究》2015年第10期，虽然有很多图片，篇幅也比较长，但还是被中国人民大学复印报刊资料全文转载了。2017年第6期《学术研究》发表了中国社科院原副院长张江先生的《公共阐释论纲》，这是一篇原创性论文，也是作者的心血之作，发表之后在国内国际学术界产生了广泛影响，转载率、引用率、下载率都很高。文章虽然不长，只有7000字左右，但是字字珠玑，是中国阐释学理论建构的核心概念。在编校的过程中，作者专程来编辑部，整整花了一天时间，在编辑部简陋的会议室里，与赵培杰、王法敏、罗萍等一起再次对文章进行字斟句酌的修改打磨。作为一位大学者，其严谨的学风令编辑感动不已。能够有这样一群作者，有这样一群编辑，作为主编我感到十分欣慰。刚做主编时，分管《学术研究》杂志社的张国仪副主席跟我说，这是一个可以长期坚守的岗位，要好好珍惜！当时也未觉得有什么特别的。现

在来看，这确实是广东送给我的另一份人生礼物！

真正对岭南文化有认同感和归属感还是近几年的事情，原来总觉得自己是一名广东的"外来工"。以前开会看文章，也听说岭南文化如何开放如何包容如何务实，但感觉在大一统的文化背景下，区域文化之间的差异并不大。对岭南文化的体会之深还是近几年的事情，特别是新冠疫情暴发后，广东人的淡定、理性、务实、乐观、高效确实与内地一些城市有明显的差别，因而我常常寻思何为岭南文化的根本特征和优长。有一次和北京调来中山大学工作的一位老师聚会，小酌之后，他说自己很欣赏广东文化，南北文化差异很明显，北方文化像蛙泳，南方文化像蝶泳，一个是往外推，一个是往里抱，我觉得这个说法也蛮形象，给我很多启发。我进一步想，或许南方文化更注重整体利益的最大化，像俗话讲的有钱大家一起赚，北方文化更注重个体利益的最大化。一个更重视合作，虽然也有博弈；一个更重视斗争，虽然也讲义气。这样的理解不免简单化，但也有一定道理。

对岭南区域文化更进一步的认同则是源于《岭南文化辞典》的编纂工作。《岭南文化辞典》是广东文化强省建设的一项重要工程，李希同志在讲话中强调，要编好《岭南文化辞典》，赓续岭南文脉。时任省委常委傅华同志多次召开编撰工作会议，对编撰工作给予具体指导，提出明确要求。主编由黄天骥老师担任，我和左鹏军老师担任执行主编。在具体的编纂工作中，我对岭南文化有了更深入的学习和了解。全书分为十九卷，包括地理、历史、民族民系、宗教、民俗、学术与教育、语言文字、文学、艺术、新闻出版、科技、建筑、饮食、中医药、武术、对外贸易、华侨侨乡、海洋文化、人物等等，可以说是比较全面系统的。如何整体把握岭南文化的精神特质，如何理解岭南文化在中国文化中的地位和作用，如何看待岭南文化的未来前景，对这些问题的思考，也使自己对岭南文化有了新的自觉。我个人觉得，岭南文化最重要的精神特质就是基于商业传统和与中原政权的博弈基础之上的务实理性，这一点对理解岭南文化的传统和未来、评价岭南文化的地位和作用非常重要。很多学者都将务实看作岭南文化的重要精神特质，徐南铁先生是岭南文化研究的大家，也有文章专门谈广东人的务实。但大家对务实的理解和评价却存在不少差异。为了进一步理清这个问题，有一次我请徐先生就广东人的务实下一个定义。徐先生才思敏捷，很快就回复了我，他认为是"重结果而轻虚名的一种价值取向，是广东人因远离文化中心而形成的一种实用型文化精神"，这可算是对务实的一种比较清晰的认识，与我的想法也较为接近。我一直不认同"广东人的优点是务实，缺点是太务实"这样一种说法，弄不明白务实怎么可能是缺点！实是与虚相对的，是与假大空相对的，是与真一致的，务实没有太过的问题！务实绝不是只关注当下、关注物质，而是理性对待一切，在生活的一切方面都体现务实，即使是形而上的问题，也有务实的一面，比如六祖的生活禅，就主张在劈柴担水等世俗生活中悟道。照我理解，务实就是一种理性，它更注重事物的辩证统一，在形上与形下、物质与精神、现实与未来、世俗与超越、本土与外来、传统与现代等等之间寻求平衡与统一，从而在实践上达到比较好的结果或者效果，这是改革开放成功的重要文化基础。广东未来的发展也仍然需要秉承这样一种文化传统，务实才会有创新有包容，才会有动力有出路。我相信广东务实的文化传统是不会断的，广东在未来中国发展中或许将发挥更加重要的作用。能够参与《岭南文化辞典》的编纂工作是幸运的，这是广东送给我的人生第三份礼物！

对我而言，岭南确为可安心之处，但也常有心不安处。那就是岭南给予自己的多，自己回报岭南的少！常常心生惭愧！……馨香何以报，唯有君子心！

我的"老人与海"

于 力[*]

【主编者言】 作者认为：《老人与海》组建了一种隐藏的未知结构，把人类纳入了一种两难。他以自己改革开放以来的影视剧本创作经历，发出自己的"老人与海"感叹。

怀着投身改革大潮的热望，我调到了广东。

离开第二故乡广西时，一位省领导让女儿登门，语重心长地劝我："你在这里已经是地位很突出的'名人'了，头衔有这么多！你调到新地方，未必能享有这样的社会尊敬，最终对你的文学成长也未必有利，你冷静想想！"

领导甚至安排了两个不低的行政职务来征求我的意见。

一位文学前辈则劝我："你在诗歌领域已经是全国重点培养的八个尖子之一，你离开文学去做专职编剧，明智吗？"

我很感激第二故乡对我的深情，但我还是执意调来了岭海。社会地位无所谓，只要能体验一下改革第一线的南海大潮、让笔下有相应的深度灵动，那就千载难逢！

弹指间，三十多个春秋过去，回首往事，聊以自慰的是，火热的生活千真万确令我的笔下涌出一批新作。归结到一点，可以说第一线帮我捕捉到了大潮中人的变化。

改革，最大的阻力来自我们自己，来自我们的习惯思维和小生产基因。在文学艺术方面体现为小农的价值观和美学观。借用中医经络用语，最大的"阿是穴"是我们的内心。

刚到珠影的第一个任务是写《孙中山》。因为复杂的人事原因，初稿被热捧而二稿又遭痛贬，个中内幕不想多谈，我的舆论形象被贬到只有草根那么高。领导为了安慰我，让我改编一部名家名作，这等于白送我一份成功，但我谢绝了。我决定到第一线去，拿出成果来洗刷自己，证明自己！

一

岭南的优势是有丰富的深入第一线的机会，给珠三角民营企业拍纪录片是最佳途

---

[*] 于力，珠江电影制片公司编剧

径之一。领此任务的老导演已经靠边了很久，再接此活颇为不快。我劝他说："把这个活当作最后一次机会来对待吧！完成好了，会有马太效应。我来和你一起干！"

此话让他很受用，后来他连续几部片均有了新突破。

我们去了珠三角顺德的桂洲、容奇、乐从和珠海、中山等地。

去那一带，现在走高速路很快到达，但那时得摆渡几十次，有时要步行。在乐从一地，两条大榕树的粗气根伸到对岸而形成的小桥边，我们吃惊地见到了正逐渐成形的十里家具长街。住下来后，了解到长街起步的历史：当时一个"不务正业"的后生仔，在本村抬不起头来，便背着木工箱四处找活干。改革开放的大潮让他找到了机会，他为一个建筑工地赶制门窗。他向村里要地，建木工作坊，村里在村边上给他划了一小块三角地。没想到，改革的契机让丑小鸭变成了白天鹅，他的木工作坊变成了红极一时的门窗公司。而且"头雁效应"让后来者排成"雁翎队"，新木工厂一家接一家开张，十里家具长街便这样成形，后来接到了欧洲一些国家的家具订单。

我们在各地采访了一大批这样的奇迹创造者。细节和诗的语言自动变成了纪录片的解说词："两个世纪前，启蒙主义思想家伏尔泰提过一个问题：什么最长而又最短，最快而又最慢，最值得人们珍惜而又最容易被人们忽略？

"答案是时间。

"有了时间的答案，也就有了时差的概念。时差有物理上的，也有社会发展史上的。世界史上，中国曾经遥遥领先，但是在近代我们悲哀地落在了后面！为了缩短时差，我们民族做了前赴后继的探索。改革开放以来，中国开始了新的加速！当现代化的春风在黄金海岸开播春天的故事，五岭昂起了高高的头颅，珠江睁大了探索的眼睛……"

后面通篇都是这种语言：写白云山制药集团的老工人，"皱纹在他们额头上增加，在他们心头却退却了！他们活跃在创新第一线，是白云山上常青的智慧树！"写珠江钢琴热销海内外，"激昂的钢琴旋律随着春潮涌向大海，五大洲几十个国家都推开了窗子，倾听来自珠江的钢琴协奏曲……"

结尾是"一切都会过去，只有真理留下。真理是时间的女儿！未来，在向我们招手！"

成片定名《未来的定位》，彩色宽银幕大型纪录片。公映反响强烈，解说词让放映场一句一响，影片得到谢非同志的表扬，受到企业家群体的热捧。解说词获珠江电影制片厂"小百花奖"，大型文学期刊《虎门》全文刊出。我把深入生活的感受写成组诗《中国企业家》，寄给《诗刊》，获头条刊出。随后《人民日报》和一些文学刊物也发表了我在第一线写出的其他诗作。

文学、影视可兼顾！似可为。

影视上的新成果，是在家具十里长街受到冲击后涌出的剧本《半边渡》。此剧写出了改革中的小人物——新一代农民工的内心变化。主人公金仔给木器厂老板五魁打工，在下河扛船时与打工妹细柳并肩，两个青春的胴体碰撞在一起，两人暗生情愫。这让把细柳视若禁脔的五魁恨得咬牙切齿，不由分说把金仔赶走。深感屈辱的金仔愤而去别处打工，发誓要在五魁的对面搞起自己的木器厂，并发誓将来厂子的门面要比五魁的厂子高出一匹砖！

改革的大潮让金仔成功了！他的木器厂比五魁的果然高出一层楼，细柳几经坎坷也进了他的新厂。可对今后的发展，细柳跟他想的却是两股道上跑的车。金仔一门心思再压五魁一头，把厂子办大，而且要搞连锁，在珠三角各建筑工地旁大办新厂。而细柳却心事重重，怯怯地建议能不能到山里去办厂。金仔笑她外行，自己兴冲冲地准备大办婚事。细柳却郁郁寡欢，最后如同当初离开五魁那样对金仔也不辞而别。金仔历尽曲折，一直追到山里才找到已经回老家看望老人的细柳。细柳带他四处参观，山区的穷困落后让金仔震惊，他终于理解了细柳，两个人帮山里人办起了土产加工厂。两个相爱的人又像初识时那样在河滩上一起下水扛船……

片中有大量赤膊扛船、吃"炒春卵"等新鲜热辣又新奇的细节，都是我在深入生活中得到的。

故事中船的背后，有一个舱位高、吃水深的"船舱"——那就是写人的精神变化。对大批进了城的农民工来说，从衣食住行上突破易，而在精神基因上改造难，几千年小农经济造成的小农意识，不是一朝一夕可以改变的。改革开放的根本难点说到底是人的改变。

在艺术上，剧本表达了我的某些写作追求，可概括为五灵式写作：灵感、灵动、灵变、灵光、灵境。

广西电影制片厂拍摄了这个剧本，片名定为《远山情》。导演曾学强，女主角陈红。此前他们拍过我的一部片子《黑色狂人》，让我留下较多遗憾。《远山情》我不愿署真名，便用笔名棘委矢，但《人民日报》发公映消息时，编剧写的还是于力。影片上映后评论界反响热烈，认为此片在小平南方谈话之前便提出了防止贫困两极分化及先富帮后富的问题，有时代敏感度。党的十四大时，此片被安排在人民大会堂放映，代表们抵京后，第一个活动便是观看此片。

接下来，广州市培正中学令我受到触动：新西兰老师彼特向往中国，却不幸得了绝症，他来到中国，要把最后的生命献给中国孩子。他到广州培正中学教英语，和孩子们建立了真挚的友情。这个故事让我有了强烈的创作冲动，不幸的是前去采访时彼特已经离世。我不甘作罢，骑一辆破自行车走访了所有接触过彼特的人，连菜场卖菜的老阿婆也没放过，我先后采访了一百多位与他有过交集的人。彼特的形象在我心里活了起来，创作力也活跃异常，最后写出了剧本《忘年》。

剧本通过一双孩子的眼睛来写彼特。实验学校三年级的调皮大王哈小乐从四岁起就没了妈妈，当经理的爸爸怕委屈了孩子也没再娶。一天哈小乐突然要给爸爸当"婚介所"——他发现班主任女老师陈曦对他温柔而体贴，很像记忆里的妈妈，就闹着让爸爸把她"娶回家来"。可就在这时一座"飞来峰"吭哧落在了中间——彼特出现了。彼特性格开朗风趣，深受孩子们的喜爱。可彼特也是独身而且对陈老师特别亲近，哈小乐极度敏感，把他当成假想敌，暗地里使坏。彼特给孩子们带来极大的快乐，也终于征服了哈小乐，他和彼特成了"忘年交"，但一颗稚嫩的心也痛苦地裂成了两半儿："彼特老师和陈老师如果是一个人，世界该有多好啊！"正当哈小乐在矛盾中愈陷愈深之时，彼特"失踪"了——他病情渐重，弟弟给他在大洋彼岸安排了手术。孩子们焦急地给他打越洋电话，他在病榻上安慰孩子："会有奇迹出现的！"——结尾是开放式的，孩子们接到电报到机场接机，来的是彼特还是接替他的弟弟呢？影片形象化地出现了两种结尾，哪种会真的出现呢？孩子们在一曲《忘年》的歌声中焦急地赶往机场，结尾留给观众去想象……

这个剧本获第一届夏衍电影文学奖评委奖，北影的刊物后来也头条刊出。之后，多家制片部门前来联系拍摄，香港著名导演许鞍华还为此来找我数次，与我一起打磨了半年，并把剧本全文译成了英文。

但是，剧本因本厂欠"人和"，一直拖到十几年后才由韩国海纳公司与长影第十工作室联合投拍，而且拍的是数字电影。开拍不久，广电总局剧本中心打来电话，告诉我剧本中心要把剧本作为重点来抓。我只能遗憾地报告"已经有厂投拍"，剧本中心遂遗憾作罢。此片拍竣，名为《云朵上的羊角花》，虽为数字电影，但仍作为那一届儿童片汇展时的首映片，并参加了韩国釜山电影节。

也是这段时间，我还领衔创作了新时期的儿童故事片《广州来了新疆娃》。我因此片成为民族团结的使者，参加了广东民族团结访问团，赴新疆阿克苏、乌什、喀什等地，走访了南疆的民族村落。此片获第六届童牛奖特别奖。

此时，路子渐渐趟开。《半边渡》剧本如果改成中篇小说，《忘年》剧本如果改成中篇散文都是现成的，但我一部接一部投入新剧作心切，鱼与熊掌不可兼得，况且第一线的热浪也令我欲罢不能。

二

"地球，总是一半黑暗一半光明；人类，总是一半睡着一半清醒；潮流，总是有人倒下有人冲浪"——这是我另一个剧本《阿罗汉神兽》的旁白。此前，拍摄彩色纪录片《未来的定位》中，被拍到的企业家不止一位下场竟不太妙，如健力宝的李经纬，先是因得罪了人，健力宝走红后他被逐出，后竟锒铛入狱，并忧愤成疾，病危时困窘到无钱就医，幸亏李宁挺身相助，出资为他治病，但他仍郁郁而终；而某制药集团的领头人也先红后"黑"，破产离厂，竟落魄到租房暂居的地步……

他们的结局令我深思，遂写出剧本《阿罗汉神兽》。成片的背后，呼吁改革者警惕改革带来的利益变化，利益对人是新的考验。

《阿罗汉神兽》公映后也反响热烈。此片为较早出现的反腐作品，中纪委发红头文件，要求全体党员观看此片。全国六十多家报刊选登了影片的对话与旁白，有的报纸还把此片改编成小说连载刊登。

有了些许成果，马太效应就扩大了。福建电视台闻讯找来，他们有宣传先进人物拍片的任务，担心我们不愿接。对我来说，有机会下第一线就是美差。我谢绝了高层约写大片的任务，来到福建惠安县崇武镇。

崇武有四千余年的历史，乃古老的海防卫所，当年驻有水师。一座坚固的石头城环卫而立，防台风防海盗更防倭寇。这里九分石头一分沙，过去穷得连粥都吃不上。改革开放后，他们成了"石材第一乡"，出了一批颇富传奇色彩的女企业家。

但是，采访工作困难重重。

崇武卫的石头城固若金汤，令人猝不及防的是这里还有座比石头城更牢固的"石头城"——有千百年历史的"娃娃亲"恶俗。惠安地处滨海，行船走马三分险，过去出海回不来的悲剧很多，直到今日还可见为葬身大海者修的水墓。鉴于此，这一带盛行早婚，孩子不到四岁，便无一例外地定了娃娃亲。石头城的婚姻半径很窄，不快点定亲，再大一点就很难找着配偶了。

因为生产力落后，娃娃亲的恶俗连"文化大革命"也未能破除。

我们要采访的几个女性先进人物，也无一例外地被笼罩在这片阴影之下。

但是，改革开放毕竟让她们从旧三台（灶台、船台、灯台）走上了经济活动的新前台：有的成了国家级的石雕大师，有的办起了石材厂，有的成为影雕出口企业的领头人，有的办起了特色酒厂——我要采访的先进人物刘碧蓝、邱淑花等人就是这样的佼佼者。

刘碧蓝是我国参加第四届世界妇女代表大会的代表，但是，她的个人生活很不幸，一直被压在娃娃亲的大石头下。

我采访她，说到这事时她眼睛红红地，一声不吭。

我在她创办的影雕大楼里蹲点七天，竟一无所获。第八天，按计划我必须采访邱淑花了，就这样空手而别吗？不，一定要挖出点什么。

那天恰好停电，她也不能干别的，我对她说："大姐，你不肯谈过去，我就先对你说说我自己吧!"

我谈起了自己坎坷的童年。母亲九岁被卖,在"文革"的极左年代我的恋爱几成没有尽头的"马拉松",迟迟不能结婚。一直到"文革"结束和改革开放,我的个人生活才出现转折。

我的故事把她说哭了。她流下了眼泪,话匣子也缓缓打开了。

原来,她早就心有所属,可娃娃亲让她无法与相爱的人结合。直到改革开放,她成了出口企业影雕公司的创办人,第四届世界妇女代表大会的主席班达拉奈克夫人看了她的影雕后惊叹不已,找到她,要"看看这只上帝才能有的手"。惠安女的能量奇迹般地爆发了,有的还到日本、缅甸、欧洲等境外去做生意。她们用石材雕出的莲座、石灯、宝塔远渡重洋,销往日本。她们是第一批用电脑和客户联系、接活、传设计图的前卫企业家,刘碧蓝的影雕公司有几层楼房,产品远销海内外。

她们的社会地位、经济地位彻底改观了,说话终于有人听了,在娃娃亲的问题上终于有了说话的权利。

刘碧蓝先用雄厚的财力帮助前夫办起了商店,并帮他找到了真正的爱人。她们终于都从娃娃亲的桎梏中挣脱出来,又都和心爱的人走到了一起。改革开放,让"文革"都无能为力的恶俗瓦解了,拍空裂岸的大潮终于冲开了娃娃亲的枷锁。

我们以此为原型,再加上邱淑花等其他女企业家的元素创作了剧本《惠安女》。

这里还有个插曲:由广电总局提名、经中宣部批准,令我去写剧本《詹天佑》。但时间恰与《惠安女》冲突,我便请来作家友人合作,请他们先写此剧,待我那边把《詹天佑》的本子交了,再回过头来写此剧本。

我们按此计划推进。未料,合作者写的初稿遭到全盘否定,而且否定活动搞得很彻底、很"隆重"、很仪式化——拉起了大红横幅,贴了"剧本研讨会"几个大字,省委宣传部一位副部长出席会议,电视台记者也拎机前来。发言者轮番开火,十几个人一致否定。

此时我刚刚从北京回到福州,对如此这般的炮轰毫无思想准备。但是,惠安女的动人事迹在我们心中呼之欲出,由此就有了踏实的底气。大家批完,我要求发言。不说别的,只讲惠安女的感人故事。我一说说了两个多钟头,语罢,否定者默然无声,其他人活跃兴奋。宣传部领导说:"有这样的好故事,这个题材还是可以搞下去的。"

有此令箭,我关在宾馆里,三天一集,连写了两个月,连头发长成乱麻也顾不得管。六十多天过去,二十多集的剧本交稿。又留下两集给合作者完成。再接下来,剧本一路过关,由拍碟子升格为拍电视,又由拍电视升格为拍电视连续剧,最后由拍电视连续剧升格为拍省台重点影片。剧本以母女两代人的冲突为主线,母亲自己过去深受娃娃亲的毒害,现在却成了顽固的娃娃亲捍卫者——她怕恶习积重难返,女儿不但

扳不倒这座"石头城"反会惹火烧身。但是，女儿的不屈不挠让她吃惊，而女儿的创业硕果和社会影响力的变化让老妈心里的"石头城"轰然崩塌，最后母女俩抱头痛哭，个人的命运与大时代的命运深深扭结在一起。此剧由著名导演苏舟执导，著名演员奚美娟扮演母亲。成片后，再一路升格，不但上了央视，而且成为中华人民共和国成立五十周年十大献礼剧目之一，荣获五个一工程奖。

除此之外，以改革开放为主题的剧目（含合作）我还写了《今生无悔》（深圳电视台出品，获中南五省金帆奖）；《跨越》（珠影电视部，获五个一工程奖）；《远方星辰》（北影李新执导，青影出品）；《喜相逢》（上影出品，赵焕章执导，剧本获上海文化基金会奖）；《漠江少年》（珠影电视部，王毅执导），等等。

我以三茂铁路为原型的电影剧本《生于同月同日》，已经由央视影视部通过，并出资交珠影电视部投拍。导演金作信已经率摄制组出了外景。后来剧组要求追加投资，令电视部领导颇为恼火，一怒之下竟下令停拍。此片如能拍出也必是一部佳作。

情况相似的还有《神农》，以"杂交水稻之父"袁隆平为原型。剧本为广电部剧本中心点将，部里还介绍我到袁隆平同志工作的湖南水稻研究所深入生活。我随袁隆平同志一起下田，在那里住了数十天。袁隆平同志的感人事迹与幽默开朗深深打动了我。写出的剧本获得了通过，也得到袁隆平同志的首肯，严格苛刻的湖南同行在剧本研讨会上也给予好评。

但是因领导层对片子的经济效益意见相左，竟未拍摄。中途停拍的还有已获北影通过的剧本《水乡女子》，但是导演的异议大大启发了我。

三

在第一线，传统与现代、后现代艺术发生了更加激烈的碰撞，艺术独特性和差异化的追求也有了更多的自觉：艺术来自生活但不是生活本身，生活与艺术有着根本区别，要善于找到艺术与生活的错位，找到在特殊环境中的特殊体悟，进而发现特殊的艺术构建。例如诗歌的形意错位、影视的情感错位。

被聘为省文史馆员后，我从诸多学科的重量级专家那里获取了"跨界营养"，我的创作追求有了较深的变革。珠影艺术教育部安排我给年轻人讲课，我概况为十句话：

一、一个支点——心灵裂变。二、两个对头——首先是"人身上的人"，即人物与自己身上的另一个自我的较量，再就是人物之间的心理错位。要找到生活、性格、灵魂中的二律背反，从而把对抗性的宏观矛盾衍化为反常的、非常的、异常的、生活化的具体微观冲突。三、三角关系——在同一精神结构中，对手戏需要一个导体，这就是第三者的必要。最本质的三角关系是灵魂自身的三维对话：人物与自己的灵魂对话，人物与"神明"包括超验及先验感觉的对话，人物与大自然等外部环境的对话。四、四面设伏：电影是悬念的艺术，影片的故事内核要有足够的意料之外，要有丰富的"突变"、大逆转、高危急转，最后是直抵灵魂的心灵巨变，为此应有足够的伏笔。五、五福临门：剧本要通过"五灵"式的艺术创作（灵气、灵感、灵动、灵境、灵光）实现剧本的五化——奇观化、反常化、高危化、意象化、空灵化。六、六道轮回：让人物上刀山、下火海、爬钉床、进油锅，受够折磨，展现灵魂的每一个侧面。七、七分朦胧：不要写透，更勿写尽，要留空、留白，理性感悟切忌说破，世界本来就是混沌朦胧的，艺术也应混沌朦胧。八、八大山人：如同八大山人那样别有寄托，写意写变但绝不点破写实，如同八大山人那样寄实于虚，意象化叙说。九、九九归一：故事背后必有隐藏的灵悟之桥，精神之舱，让人们见仁见智，思而得之，影片的彼岸说到底是表达只有影视才能表达的人生感悟。十、十方空灵：迷时三界有，悟后十方空。作品是心灵的世界，是血与泪的升华，不是剧作法的拼凑。

年轻人要我挑两部自己偏爱的习作，我挑的竟是剧本虽已发表但尚未投拍的《山祭》。此剧写革命战争年代的浪漫爱情，此作与流行色反差较大，造型构思完整而奇特，造型线有发生、发展、反转与高潮等曲线，且造型高潮与情节高潮、情绪高潮曲线同步，这一特点为此剧首创。此剧总体风格浪漫而野性，雷铎读后感叹说，"这个剧本是'最于力'的！"

《忘年》也是一例。

剧本突出了影视与文学的优势互补，突出了绿叶的意象与造型。在变化多端的林涛碧浪中，剧本在行文与结构上借鉴了文学大师沈从文的风格，春夏秋冬四季四章用四行小字幕隔开：

春天，一个新绿如茵的春天；

夏天和虫鸣蝉唱一起大喊大叫地走来了；

秋来了，又见南来雁；秋深了，又闻雁唳天；

冬天。不！绿叶和流光溢彩的一切作证，这绝不是冬天！

剧本突出绿叶的诗意，突出了诗与声画的联姻，江苏省一个电台把剧本改编为广播剧时就叫《绿叶信》。

这些异类文本，是改革大环境和文化变革带来的求异思维，只是我把一种群体化追求更加自觉化、极端化了。

迄今为止，我发表的电影剧本约二十部，其中投拍了十三部；拍摄电视连续剧七部，出版长篇小说与长篇纪实等八本书，有的产生了较好的社会反响；还有几百篇散文作品；所拍片子获华表奖（《詹天佑》）、金鸡奖（《孙中山》）、童牛奖（《广州来了新疆娃》）、广东鲁迅文学艺术奖等。

这些作品里，《张衡》、《元帅之死》（合作）、《北运河风情画》《瓜棚女杰》）、《陆游》（合作，为写此剧本与拟演此片的演员孙道临及导演张铮一起到陆游故乡深入生活大半年）、《千秋家国梦》（合作，三十多集，香港拍摄）、《鸦片战争》（合作，二十多集）、《玉井传奇》（二十多集，合作）等片和长篇小说《走方调》、长篇纪实作品《梦之岛的菩提树》（合作）、《汽车梦》等文学作品，也都是在改革开放的大气候里写出的。

剧本已发表但未投拍的有《四个酸柠檬》（残疾人的故事，音画丰富）、《陆游》等，这类习作也与他人反差较大，故也敝帚自珍。

此外还有发表于北影刊物的《神农》，发表于西影刊物的《中国战俘》上下集（与导演姚守岗合作）等。中途暂停的有《三国演义》，本来福建台拟与日本合拍，计划为一百集电视剧并套拍若干部电影，由日方投资，五位编剧为张天民、张笑天、苏叔阳、毕必成与我，每人写二十集。1989年，日方撤资。剧本我们已经写出，遂给每人出了一本剧本集。这些习作也各有艺术特点。

我还编导了数量可观的专题片、纪录片以及广告片。我绝不轻视这块阵地，将其视为与诗歌散文堪可比肩的艺术平台，我的短片创意成就了数量不菲的制作人。

这些成果均得益于改革开放。

改革开放释放了文艺生产力，同时也在潜移默化中改变了作者的精神风骨，提升了作家独立思考的能力。所谓文化自信如果脱离了个体的深思熟虑是不可能建立起来的。

我曾在三部片子开拍之前"舌战群儒"，力挽狂澜。

第一部是《张衡》。这也是我在剧本创作上的处女作。

我本来写诗，《张衡》是由诗而剧。陶渊明的诗意给我的印象较深，他在《闲情赋》里竟连发十个"愿"献给深爱的女性，我惊讶陶老夫子竟然也有这样燃烧的爱情。后发现此赋深受张衡《定情赋》的影响，但他们的爱情热烈却压抑，这究竟是为什么？

我借来《张衡诗文集》，读到《四愁诗》等篇章，一个忧国忧民的诗人兼科学家的形象在心中巍然立起。这引发我进一步的深思，他仕途坎坷，郁郁终生，那个年代"谶纬神学"神化皇权，成为东汉官方的意识形态。在这个大背景下，张衡的科学精神越突出，做人越正直，与"谶纬神学"的冲突也就越难以调和，张衡的命运也就越悲惨。那时人们刚刚经历"文革"，我想到大家在"极左"桎梏下的不幸，想到自己的坎坷与磨难，张衡的故事翻搅得我无法入睡。我索性三天四夜不睡觉，一气呵成写成急就章。写罢，读给北方文艺出版社社长谢树听，读到一半我哭得读不下去了，他听得也满脸泪水。

以后，皇权神权与科学精神的冲突便成为我作品的总主题，诗与声画的联姻便成为我艺术上的总意境。

但是，作为"文革"后上海电影制片厂的第一部彩色古装片，开拍前却遇到意外的阻力，质疑竟来自主要演员。

那时稿费制刚刚恢复，我得到的一千五百元稿费被视为天文数字。副导演出面让我为主要演员买手表。但实话实说，《张衡》开拍时我的另一部剧本已经投拍，还有两个剧本也在推进，我也进入电影学院深造——在学院我还是小班长，其间不得不宴请的次数委实不少；也有一些亲朋好友认为我发了，有困难理所当然来找我。那一点点稿费，此时早已经精光。手表实在无力购买。不料此事竟发酵到对张衡的质疑上。导演被搅得六神无主，打电报把我叫到外景地。我当时只是个来自西部的"小土包子"，在大演员面前矬了大半截。但是我很快看出"阿是穴"所在：我不谈剧本，只谈为什么力荐对方来演主角。说到底，是因为他曾在西部饱受磨难。讲到许多细节，把他眼睛说红了。语未罢，他拍案而起："放心，这个角色我一定演好！"

秦怡、高博等偶像也在此片中分担角色，这部片成了我跟片到底的电影学习班。

第二次"舌战群儒"是《惠安女》。

第三次"舌战群儒"竟是《詹天佑》。

《詹天佑》前后写的九稿，均为我独立编剧，在《电影新作》发表时也是我独立署名。《电影新作》编辑部的"编者按"对此也做了强调说明。但因特殊情况，影片最后署名时在我前边还加了一位老同志。此片投拍前，电影局召开了一次较高级别的剧本研讨会，广电部主管电影的赵实副部长、电影局前任局长石方禹、现任局长刘建中及电影学院的院长谢飞都出席了。剧组的主创人员中出席的有孙道临和我。会场坐满一屋子人，我这个"小土包子"在这种场合只有龟缩在一角的份儿。

会上，著名的电影理论家、电影学院的某教授做主要发言。他捧出厚厚一大摞历史书，引经据典道：詹天佑是清廷"剿灭捻军"的产物，清廷派出三十六名幼童赴美留学不外乎是为了延长其腐朽统治。因此这个人物站不住，此片不该拍。

他的发言颇具权威色彩，把领导说懵了，把导演孙道临也说得灰头土脸。我坐在后面干着急，捅捅孙老师让他赶快反驳。未料孙导迟迟不出声。主持会议的局长四顾会场，见无人吭声，迟疑道："会议是否先开到这里，编导回去再考虑一下？"

我知道，会议一旦这样结束，剧本就永无出头之日了！我不顾一切了，高高举手，要求发言。我站起来大声道："教授的发言，其艺术观很先进，但是其历史观，恕我直言——"这时我不客气了，直接指着他，提高了音量，"其历史观是十分——十分陈旧的！"

教授的脸腾地红了。

我接着说道："看一个历史人物是否站得住，有四条标准：一是他是否有利于中国

政治制度的现代化;二是他是否有利于中国经济的现代化;三是他是否有利于中国国防的现代化;四是他是否有利于中国科学文化的现代化!以此为标准,詹天佑无疑是我国近代史上科技战线的民族英雄!"

我话音刚落,教授怒叱:"你这是香港的观点!"

我道:"对不起,香港目前还没有这么好的观点!我说的是广东社科院张院长、四川社科院隗院长、上海社科院某院长等全国一些省级社科院专家的共同观点!"

我和导演孙道临沿詹天佑的足迹走遍半个中国,走访了一切应走访的专家、教授和詹天佑的后人,来之前做足了功课。

我又取过教授带来的历史书,翻看出版日期,补充道:"教授带来的书,是'文革'年代出版的。不足为训!"

辩论到这里,电影局前局长、艺术界的老前辈石方禹老师说:"我看这个本子可以拍了!"

从这以后,发言一边倒,剧本终获最高研讨会的通过。

影片公映后,孙导演接到江泽民总书记热情洋溢的来信,总书记充分肯定了此片,称赞是爱国主义的好教材。艺术家在艺术上的争论并非一定要"唯上",但是对历史人物的政治评价就不能不听听政治家的意见了。

这里还要说一个流产的剧本——《司马迁》。

二十世纪七十年代,上海市委副书记兼市委宣传部长陈沂同志令上影筹拍《司马迁》,上影把剧作任务交给了我。我很受鼓舞,决心不负重托。同时还想到江西的一位老同学,他"文革"时受冲击,正处逆境。而此时我一个剧本恰在北影推进,与写《司马迁》时间上撞车。我正可以此为由把他借来上影,帮他跳出逆境。让他先写,待我档期错开再回过头来写,如同写《惠安女》那样。几经曲折终于帮老同学成功来沪,此事在江西颇为轰动。但老同学急于事功,他初稿写出后不管后边还有八九稿要由我来写,竟不打招呼便擅自拿回本省某内部刊物发表,在署名上也尽量突出其个人;在该省的新闻宣传中也是如此:不提上海市委与上影的决策,也不提借他来上影的经过,自称他先独自创作了《司马迁》,自由投稿寄给我后,我硬是署了名才上交。事情这么一掐头去尾,我成了"无耻掠美"的小人。凡此种种令上影颇怒,任务遂也下马。

四

一个人成就的大小,说到底是由他所接触的人的成就所决定的。能出些许成果,首先是组织上给了机会,也是改革开放大潮提供了大环境,更是出自阳光和泥土——各方面师友的热忱帮助。《诗刊》社各位老师对我帮助尤大,在发表作品与评论方面对我加以培养，介绍我作为首批会员加入了"文革"后恢复活动的全国作协。在影视圈子，遇到的贵人更多，每次剧作实践都是一个贵人临门的改稿学习班，每次跟着导演改剧本都是一次贵人传宝的影视实习课。是老一辈艺术家的热诚帮助，尤其是孙道临、黄宗江、黄祖谟、赵焕章、谢晋、石方禹、葛洛、李瑛、公刘等老师及广西诸多师友的无私栽培，引领我走到现在。一些过去视若天神的人物在改革开放的今天竟能见到并亲聆教诲，如巴金老，我有幸访其私宅并获巴老的签名赠书；还有曹禺老，他为上影写《大风歌》，上影陈纬若老师是曹禺老与我共同的责编组长。我们一起接受陈纬若老师的宴请，我得到面聆曹禺老师教诲的机会。曹禺老的叮嘱竟是"学好外语"。还有一位是于伶老师，他看了我写的《陆游》，不顾高龄年迈，写了两页热情洋溢的书面意见。诸此等等，我铭刻五内，没齿不忘。更不能忘的是我的本科母校中国传媒大学，杨子江、鲁庸、曹璐、赵凤翔等老师对我的接力引导，至今也未间断！上影与广影还联合推荐我进了第一期电影学院编剧班，深造了两个学期，从太多的名家、教授和全国剧作精英那里我学到太多的艺术精华。

我尤其难忘的是孙道临老师，先后辅导我写了三个剧本，与我一起走遍了大江南北，过三峡，攀长城，上白帝城，住鸡鸣驿。他为《陆游》与张铮导演一起带我们到绍兴住了近半年，我们一起走访羊角山石佛庵、严子陵钓鱼台，一起穿过八百里鉴湖，过新安江。更难忘的是，他为小女的诗集作序，并嘱我为他写三十多万字的长篇传记《梦之岛的菩提树》。在与他共登八达岭时，我情不自禁填了一阕《大江东去》：

凌云霄汉，千峰揽，星垂野阔河晏。道临雄关，好一幅壮骥扬鬃幽燕！苍苍朔方，茫茫居延，咫尺万仞山！长啸碧落，怡然忘却苍颜！

弹指韶华如水，钲钹不知倦。早春二月，雷雨惊蛰，聆波音，击枰神弈未完！银海天骄，惯马上人生，若履平川。挥鞭奇擎，犹似垂髫少男！

至于我的习作引发的社会反响，除了作品的质量未达标，也因我大部分习作的发表、拍摄多在外地，创作活动也大部分在外地，黄宗江老师开玩笑，说我是"游方僧"而不是"住寺僧"，因此岭海媒体和评论界不易关注到。况且我在创作上只顾往前赶，对已完成的作品极少回顾，甚至大部分成片自己也来不及看，其傻态酷似熊瞎子掰棒子，以至于对报刊宣传特别是网络宣传长期忽略，中国作协最初建网时让每个会员写一份自我简介，我竟因忙于赶剧本而一字未交。因此，我的许多创作情况至今网上查不到。而《文学报》江迅记者、《广州日报》社会部主任黄振喜与张记者，计划报道我的创作情况，均被我以"最大的果子最后熟"为由谢绝了。

重访第二故乡时友人感叹："剧本写得再好再多也是为导演做嫁衣！《福克纳传》记述，福克纳在好莱坞也六次遭到剧组开除，可窥编剧地位之一斑。你如果用搞影视的精力创作纯文学，该会是何等景观？"

听了此语我默然。

如何看我到岭海来搞艺术的得失呢？

有舍才有得，有得必有失。的确，编剧在影视界不但毫无地位，而且是替罪羊、垃圾箱。片子打响了，是导演演员的；片子拍砸了，是你编剧的。客观地说，一部片子从生活到银幕要经过两次飞跃：第一次是从生活到剧本；第二次才是从剧本到银幕。但是全世界的风气是视第二次飞跃重若泰山，对第一次飞跃视而不见。从这个角度讲，我离开文学主域而踏入影视之海，有点像海明威的名作《老人与海》里的主人公——老人出海捕到他毕生无法再遇到的大鱼，但大鱼绑在船边拖回码头被鲨鱼群啃得只剩下骨头架，我做编剧的文学情结及得失状况庶几近之。但是，我在改革开放的大潮中毕竟多少书写了人的变化，为促进改革开放毕竟献出了一分绵薄之力，从这个角度讲又聊以自慰。

这是大前提。

我来广东是奔大潮而来的，但在岭南看到的竟是滚滚沸腾的无边大海。我更理解了为什么韩强等学者建议用"岭海"之称取代"岭南"。我在书写改革者改变自己内心的同时，自己的内心也被改革者们的大笔"书写"，他们在潜移默化中促进了笔者内心和风骨的改变。我精神之舟的"舱位"在高高拓展。某种程度上可以说我就是徐文荣，我就是细柳，我就是惠安女，我就是阿罗汉神兽，我就是皱纹在额头上增加而在心头退却的白云山老工人！但大海与大潮的拍空裂岸，令我也有了更自觉的自审意识。从另一个视角看，我就是五魁，我就是石头城，我就是金仔，甚至我就是溃败下来的改革者李经纬……

大潮的冲击让人顿悟：改革不止，大潮不息，我们在改革开放大潮里也必须"扛船"不止，奋进不息……

然后才是如何探究个人艺术道路上的得与失。

在第一线，有得也有失。著名学人余秋雨在评论《老人与海》时这样写道：得失的话题属于人类本体，胜利者和失败者实际上是讲不清楚的。每一次胜利都可以找到你失败的影子，每一次失败也都可以找到胜利的影子。失败和成功就这么复杂地融合在一起，难解难分。《老人与海》组建了一种隐藏的未知结构，就是将人类纳入了一种两难。

人生的直线与曲线也许是一种宿命，会永远面对两难。

时至今日，我仍殷殷期待有识者光临寒斋，与我一起开挖我发现的、尚属处女地的人生富矿，一起继续我们的两难。

这或许就是我的"老人与海"的故事。

南山深圳高新区纪事

张克科*

【主编者言】 作者的回忆，把我们带回到那个筚路蓝缕的昨日。文章如果能为读者展示一下那些路名的产生思路和最后定局，可以作为史料，且使文章更加妙趣横生。

初到高新区

1998年2月1日，我接到通知，到深圳市高新技术产业园区领导小组办公室报到。这是我到深圳经济特区第十个年头的第四个工作岗位。十年前从湖南到深圳，先后在深圳图书馆、深圳市政协机关、外资局工作。其间还兼任深圳经济特区促进深港经济发展基金会的秘书长，我一直关注深港合作，特别是深圳河一河两岸合作带，推动落实政协委员和香港同胞提出的皇岗落马洲河套的合作开发项目。香港回归后，市委、市政府又安排专题调研，并指名让我参加。当时市里将河套发展定位为深港跨境科技园，所以组织上为了工作方便，提出调我到新成立的高新办工作。

深圳市高新技术产业园区是1996年深圳市政府向国家科技部申请的国家级高新区，也是深圳经济特区内的首个国家级新型园区。八十年代以来，国家批准在各地设立了经济技术开发区；1988年，以中关村科技园为代表，先后批准设立了52个国家级科技园区。深圳作为经济特区，其实早在1985年，在时任中国科学院院长周光召的提议下，深圳市政府就和中国科学院联合成立了深圳科技园。那时的科技园，在出深圳市区的上海宾馆到南头蛇口大约一个半小时的颠簸行程中，和香蜜湖度假村一样，是深南路上的一道风景线。1993年，深圳提出产业转型，大力发展高新技术。市委、市政府决定在南山深南大道以南建设高新技术工业村，以解决发展中的民营科技企业的承载空间问题。同时，南山区也大力支持高科技企业的发展，鼓励民间投资建设了京山科技园，布局谋求解决高新技术企业落地落户的问题。这个时期，我正好在深圳市外资办（市投资促进中心）工作，负责统筹全市的招商联络和投资服务工作，深知好项目好团队要寻找一个落脚地都非常难，大部分工业空间都是村集体经济建立的来料

---

* 张克科，深圳市科技局原局长

加工的老板厂。面对产业转型和城市发展的需要，市委、市政府决定，将滨海大道以南、广深高速公路以南，沙河立交以西、麒麟立交以东范围内的11.5平方公里的空间划定为深圳高新区，包括深圳大学、南山第五工业区，当然也包括深圳科技园、高新技术工业村和京山科技园等。这也是国家这一轮批准的第53个国家级高新区，包括西安杨陵农业科技园在内，54个高新区阵容里有了深圳的位置。之后一直到2010年才开始批准设立新的国家级高新区。并以高新区作为国家自主创新示范区的先锋阵地。深圳高新区也成为国家高新区前五家的领头羊，成为创新南山的一张亮丽的名片。

搭建创新资源合作平台

到高新区后，先是让我挂任非领导职务，负责协调深港合作、大学合作和国际合作。上班地点还在市委大院的原领导宿舍楼办公，大家每天都要到南山现场接待、办公和服务。临时搭建的展厅接待了来自各地的考察团。市领导也亲自出面在这里接待，包括香港特区行政长官董建华、中国工程院院长宋健、国际科学园协会理事会代表等等。在这里，我们落实了深圳清华大学研究院的落户问题，推进了香港科技大学、北京大学与深圳市政府的合作，筹备成立深港产学研基地，调研策划虚拟大学园，组织在深各重点大学校友会秘书长座谈，传递深圳高新区建立产学研合作新机制的信息，接待南京大学、南开大学、浙江大学以及武汉大学等校级领导来访，参与和中国工程院合作建立院士工作联络站的工作。之后，我担任深港产学研基地副主任、基地理事会秘书长和深港发展研究院执行院长，一直到退休。其间，又兼任深圳市科技局副局长，主要负责联系高新区，并担任国家集成电路设计产业化基地的创始主任，进入了一个全新的技术领域和公共基础平台的建设时期。2005年，我又重新回到高新办做专职副主任，全力以赴投入和香港科技园、香港数码港的合作，推进深港创新圈的建设。

建设国家集成电路设计产业化基地是深圳布局产业发展核心竞争力的一个重大决策。市里接到科技部批准的一纸批文，市领导的一个协调会把我推到了第一线。虽说有1.5亿元专项资金，但一切要从头开始。我们联合深圳半导体行业协会和国威电子在参与军工项目的技术资源，抓住北京大学、香港科技大学合作的专家团队，依靠华为、中兴通讯、TCL应用需求方平台，瞄准国际EDA软件和封测技术力量，在不到半年的时间内完成了孵化空间、运行团队、技术服务、市场调研等框架结构的建设，将国家集成电路设计产业化基地建设成为国家七个基地中最后获批成立却最先推出全方位业务的机构。与此同时，我们部署了在珠海联合哈工大建立珠三角服务平台的工作，首次从广东省财政获得专项支持；试水和香港科技园集成电路中心开展对接服务，在获知香港投资2亿港币建设了具有强大支撑能力的封测体系后，及时调整深圳的专项投资计划,在香港开展技术支撑服务,一方面发挥香港的技术和设施的区域辐射功能,另一方面将深圳的有限资源投入到更加需要的可持续发展的领域。这个模式得到了科技部的高度重视,部领导考察香港科技园后,总结深圳的经验,代表布局全国的七家国家集成电路设计产业化基地和香港科技园签署了"1+7"战略合作协议,并通过深圳基地建立了导入香港的平台渠道。通过深圳基地向香港购买服务进而供给全国,实现过河上岸的商业模式,为后来的两地资源共享和资金过河做了破路先锋。同时期,我们还引进了香港科技大学的集成电路设计硕士学位课程班、香港职业训练局的集成电路工程师专业证书课程,为深圳培养国际化专业技术人才,提升企业的核心竞争力储备了一批骨干。后续的人才回访表明,这批学员成了深圳集成电路行业的领军人物。香港科大持续开办了四期硕士班,校方对来自深圳企业的学员及企业发展也高度认可。2018年5月,我们和南方科技大学正式签订了共建微电子学院的合作协议,长达十八年的合作终于牵手建立了面向未来的新平台。

给高新区道路命名

曾有人问我,和深圳高新区相处二十年,最值得记忆和骄傲的是哪件事?记忆中可圈可点的事有很多、参与创建深港产学研基地,这是深港合作的标志性事件,深圳虚拟大学园搭建了全国唯一的产学研合作模式,引入武汉大学深圳研究院为母校做贡献,打下国家集成电路设计产业化的可持续发展基础,推进深港创新圈建设和香港科技教育界建立广泛密切的合作关系,特别是为香港中文大学入驻高新区继而突破重重困难成为香港首家在境外开办独立分校的大学,等等。思来想去,我个人觉得给高新区道路命名是一个最普通又最有影响力的事。

那是1998年底,高新区规划和开发方案还在纸上,土地整备问题特别突出。深南大道以南只有2平方公里多一点的面积可以规划,大部分还在填海滩涂沉降期,至少要18个月。中区以科技园总公司为主体,虽然叫科技园,但是是一家国企,除了几栋工业厂房外,规划比较凌乱。政府拿出1.3亿元收回了深圳大道上泰国正大康地的饲料厂和后边的一片养猪场,整备土地,面向未来发展。北环大道以北的南山第五工业区,除了松坪山住宅配套设施外,大多是菜篮子工程相关的企业,像做啤酒瓶的华晶玻璃等公司。高新办建设监督处的处长在工作岗位上累倒住院了,领导让我代理职责,监管和服务全高新区的建设工作。我们清理规范了户外广告,统一高新区的形象标识体系,完善园区绿化和公共道路;整天和园区的各家各户以及涉及的市区街道各个部门打交道;联合东部物业、科技园物业和高新区物业,打通断头路,清理公共空间,建立联席会议制度。当时管辖高新区的派出所都有三个半,麻岭、大冲、马家龙和桂庙。有时通知他们到现场，结果怎么也说不清楚在哪个位置。当时除了科苑路、玉泉路、朗山路、铜鼓路外，其他都没有路，当然更没有名称。南区就叫填海一区、填海二区等。直到现在，我记忆中的深圳湾软件基地还一直是填海六区。

随着中区养猪场的搬迁，土地平整了出来，道路规划也开始从蓝图正式落地。一天，我们处里的小乔和国土局借到高新办工作的小郭一起从国土局回来，说地名办通知，让我们给中区新路取名字。我们那天中午也没有休息，铺开新规划的道路图开始比划和推敲。小乔来自西安，对东南西北的感觉非常强；小郭做规划，有比较专业的视野。原有的道路名和新路名怎么协调，我以一个新人的角度提出，如果一个路名可以准确无误地让里面的人和外面的人都知道说的就是这个地方，就算合格了。我说，南方人都不怎么说东南西北，而是讲左转右拐，所以路名一定要有指标感和方位循序导向。我们还将巴黎凯旋门的道路呈放射状，天津用里、道说明方向、走向，上海的弄堂等例子拿出来做比较。大家都认为，要用高新科技的DNA给这个片区打下历史的烙印，虽然是中区的新路要命名，但南区、北区也有同样的发展需求。最后我们定下来，东西走向叫高新—道，南北走向叫科技—路；三个区分别明确表示。约定俗成的主干道科苑路，涉及社区的铜鼓路、玉泉路，已有许多企业入驻的朗山路等地名保留，既不要让老人找不到回家的路，也不让企业更改太多的商务联络资料。大家觉得这样一来，有条有理。于是，小乔、小郭起草了一份地名建议方案，我审核后送领导签发，以高新办的名义递交地名办。送完文件回来，小乔告诉我，地名办非常惊讶，我们怎么这么快就回复了，他们还只是一个提议，说可能要在近期调研和听取我们的意见。这是地名办有史以来收到的最快的一个反馈。

现在，深圳高新区的地名就是完全按照我们提交的方案公布实施的。只要有人说他们在哪个道哪个路，我就清楚地知道那个坐标。不过我自己也有几次迷路，有条道被南北向的交通隔栏分割成两段，早知道应该加上"东、西"；还有几条路中间没有完全打通，在一些小区的序号不连贯。那天我看到"八路"的标识，也很兴奋地拍下照片晒图。

高新区日新月异，是南山创新的标志，也是深圳的骄傲。当年为了遮蔽建筑工地的杂乱而开展了绿化工作，如今在高新南四道已经绿树成荫。大冲深南路段树立的120米的大幅广告"创新的沃土、创业的家园"虽已不在，但这十个大字已成为深圳创新发展的标志和创新文化的符号，深深烙在一代又一代继往开来的南山人心中，和南山的那座山一样，成为永远的记忆和长青的年代。

助学三十年

张宇航[*]

【主编者言】 助学，可以是官样文章，是花，是点缀。但作者和他的群体把真情投入助学。三十年流光飞逝，最早的助学对象已经长大，并开始回报社会。

记忆是一条小河，在人生岁月中流淌着故事。

我的记忆小河里，流淌的不只是属于自己人生的故事，还有广东一千多位爱心人士资助少数民族地区贫困学生上学的故事。这股爱心助学的暖流，从珠江缓缓流向内蒙古、新疆、西藏、云南、四川和广东北部山区，一直流淌了三十年。

每一处河湾，都有一个如歌的故事在吟唱。岁月静好中，许多人默默地守护着一分和谐、一分善良。

两代莎瑶妹

小时候，常听广播电台播放一首旋律优美的乐曲，那就是《瑶族舞曲》。曲子时而平缓，时而跌宕，透着遥远和神秘的气息。听着它，仿佛置身于古老的瑶山，在篝火旁看瑶家姑娘翩翩起舞，鼓声咚咚、夜色迷蒙。粤北连南瑶族自治县，是世界唯一的排瑶聚居地，也是《瑶族舞曲》的诞生地。

1991年，在陪同单位老领导到连南民族中学参观时，我遇上了四位纯朴的"莎瑶妹"（瑶族姑娘）：唐买社妹、唐大打妹、唐大加二妹和房罗拜八妹，她们都是初中二年级的学生。同行的县纪委办公室主任班广柱，介绍了孩子们所在瑶排（村寨）的贫穷落后状况，点燃了我们资助瑶族学生上学的激情。

这是我们一家人最早资助上学的孩子。回广州后，我即给班广柱主任汇款，请他每月送往学校，作为四位莎瑶妹住校读书的伙食补贴。

第二年的大年初四，我打算利用到连南公干的空余时间，去莎瑶妹家看看。从县城到三排镇油岭村的土路坑坑洼洼，布满石头，间或有小块庄稼地，插着干枯的玉米

---

[*] 张宇航，广东省纪委原常委兼秘书长

杆,在山风中摇曳,显得一片凋零。唐买社妹惊喜地把我们迎进家里,把与我认识的经过告诉了父亲。她父亲拿出刚从地里收回来的花生,招呼大家。买社妹又陪我们走了40多分钟山路,到山顶老排看望唐大打妹和唐大加二妹。

油岭老排已有近千年历史,排里全是吊脚楼、泥砖房,简陋而古朴的生活环境令人慨叹。瑶族同胞祖祖辈辈与山为伴,许多人从未走出过大瑶山。但他们的后代终究要融入现代文明,跟上社会的发展,民族才会发展壮大。有感于此,在大坪镇军寮村房罗拜八妹家里,我们反复劝说她的父亲:一定要让八妹上高中,给孩子一条有文化的出路!

可惜,两年过去,只有唐买社妹考上连州师范,继续学业,我们也继续关心、支持她。师范毕业后,唐买社妹回到母校——油岭新村小学任教,后来还当上教导主任、小学高级教师。有一次到她学校,听说全校老师总共才拥有半台电脑(一台旧电脑,经常出故障),学生们就更没机会接触网络世界了。我们立即带她回县城,掏钱买电脑送给学校使用。后来又联系省教育工会,捐赠了10台电脑。

买社妹的女儿唐倩,也曾在这所学校读书。那天,买社妹发来信息,说唐倩想到广州参加播音主持人培训班学习,为大学艺术专业考试作准备,但又不放心一个小女孩在大城市租房子住。我们回信息给买社妹:"支持小倩倩追寻梦想,培训期间就住我们家!"懂事的倩倩每天清晨便起床,赶往学校学习、考试,晚上还要上进修课,忙到很晚才回家,没少让我们挂心。有时她也留在家里吃顿饭,我们就想着法子给她做点好吃的,补充营养,直到培训结束。

两代莎瑶妹,靠自己勤奋读书终于有了出息。唐买社妹虽然留在瑶山教书,但她走出瑶山在外面闯世界的愿望,让女儿唐倩代为实现了。房罗拜八妹后来嫁到县城三江镇,女儿房秋云读小学的费用也由省纪委宣教室党支部资助。

银子做的腰牌

图海是蒙古语,"挂在腰间的牌子"的意思。孟根图海,是"银子做的腰牌"。

1996年,我发起了广东草原爱心助学活动,资助内蒙古、西藏、新疆、云南、四川、贵州少数民族地区和山区贫困家庭的孩子上学。资助的第一位蒙古族女孩,就叫孟根图海。

时任内蒙古自治区党委副书记兼区纪委书记云布龙,答应了帮我选择资助蒙古族学生读书的请求,在他挂职的革命老区伊克昭盟鄂托克前旗城川苏木(牧业乡),联系上牧民的女儿孟根图海。图海在念小学三年级,奶奶长年卧病,撒手人寰时留下了几千元债务;爸爸那贡布拉格又遇车祸身亡。家里全乱了套,妈妈打算让两个孩子辍学回家放羊干农活……

太可怜了！我立即给图海的妈妈巴德玛写信，同时汇钱帮助处理后事。嘱咐巴德玛不能让图海失学，每学期的读书费用会按时汇到。

2001年8月，我第一次休工龄假，与妻子李丽梅、女儿张焰一起到鄂托克前旗城川苏木，看望已在信里喊了我五年"阿爸"却未曾见面的孟根图海。晚上就住在图海家的土屋里，喝奶茶、吃手把羊肉、敬"羊背子"（蒙古族乡亲欢迎尊贵客人的厚礼），情感分外交融，汉族与蒙古族同胞成了一家人。

略显内向的图海，与妈妈一起为我们唱了一首古老的鄂尔多斯蒙古族民歌：

不长矮草的地方，马儿怎么能停下来。阿爸不在的时候，我们怎么能高兴起来……

图海的歌声很朴实，性格很纯朴。看不见阿爸的日子里，她缺少人生动力和精神支柱。在蒙古人心里，阿爸是靠山，是标杆，草原上再多风沙酷寒，人生中再多蹉跎，只要有阿爸在，就没有迈不过的坎。这也让我领悟了，助学不仅要给孩子读书的费用，还要弥补他们亲情、父爱、母爱上的缺失，帮他们消除自卑，求学上进，这样他们才能挺起胸膛走向未来。那天晚上，久旱的毛乌素沙地居然下起了大雨。离别时，看着沙土路两旁由黄变绿的沙柳，想起昨晚的歌，我们默默祝福孟根图海也像沙柳般生生不息，考上大学，无悔人生。

图海先后在旗里、盟里的蒙古族中学读书，接着考入呼和浩特民族学院。每次我们到呼和浩特，总要到学院看她。《内蒙古日报》首席记者刘少华先生、《北方新报》编辑袁溪等热心人，也常常鼓励她。大家都把她作为拴在腰间、装在心里的银牌，牵挂着、守护着。

从小长在北方的图海，看惯了草原、沙海，却没机会到南方看山看海。也许这不仅是孩子的憧憬，他们的父母也不一定能走那么远。为了了却她的心愿，我们打算把图海和她妈妈接到广东来，与受资助的藏族、瑶族孩子一起过一个"民族团结年"。

春节前几天，孟根图海与母亲巴德玛"当了一回大雁"（第一次坐飞机），飞到广州的家。南方的家确实与北方的家不同，一个在珠江边，一个在草原；一个气候温暖湿润，一个还是冰天雪地。看着客厅墙上的喷涂画里有延伸到天边的草原，有八辆勒勒车组成的牧民转"敖特尔"（草场）的场景，画的旁边还陈列着蒙古人使用的弓箭、马鞭、煮奶茶的铜壶和马头琴，图海初来乍到的陌生感一下子消除了，脸上洋溢着腼腆幸福的笑容。

除夕夜，穿着蒙古袍的图海和巴德玛、穿着藏袍的松安拉姆，还有穿着瑶装的年仅九岁的小妹妹赵丽萍，加上我的女儿张焰，四个民族的女孩一起过年，欢笑声和歌声交织在一起，就像在图海家的那个晚上一样热闹。

一个在童年求学路上遭受失去父爱和家境贫寒双重挫折的蒙古族女孩,因为有云布龙爷爷、众多热心人和我们的援手,重拾希望,终于跨跃苦难,勇敢地走上社会,走向成熟。孟根图海大学毕业后,在一家公司找到了工作,开始了新的生活。我们资助图海上学的任务完成了,但情感仍在与日俱增。我们也有个愿望:在图海长大出嫁时,一定要到她的家乡,为她唱《送亲歌》。

这首歌在鄂尔多斯婚礼表演节目中常常出现,听了令人潸然泪下:

鸿雁展翅向南方,芳草低头躲秋凉。

含泪告别阿爸阿妈,孩儿出嫁到远方。

……

马儿送我到远方,阿爸阿妈保安康。

来世托生男子汉,终生陪伴在父老身旁。

2016年,这一愿望终于实现。我们又一次回到城川,履行父亲的义务,牵着孟根图海的手走向举办婚礼的大蒙古包,把她交给女婿那素。《送亲歌》响起,深情而悠扬,在场的亲朋戚友眼里饱含泪水,同声歌唱。

从照片里找回学校的牧驼女孩

三十年来,有1000多位广东热心人先后加入爱心助学活动。大家自觉自愿地走到一起,尽自己的能力帮得一个是一个,帮助一次是一次,不在乎天长地久,也不求回报。至今,已有近5000名贫困孩子接受过爱心助学活动的资助,不少是从小学开始,直到大学毕业。其中我和妻子李丽梅、女儿张焰资助了70多人,分别来自汉、瑶、壮、蒙古、鄂温克、维吾尔、哈萨克、锡伯、塔吉克、藏、门巴、珞巴、朝鲜、畲、东乡等15个民族。

我们把资助孩子上学,看作是一项事业、一份责任。除了按时汇去学费、生活费,还会利用假期到草原、高原看望他们。因为助学和关注民族地区的发展,我走遍了内蒙古12个盟、市,以及全自治区103个旗、县、区(市)中的71个;走遍了西藏7个地、市,以及林芝市下属7个县(区);还有新疆的哈密、喀什、伊犁、阿克苏、阿勒泰、吐鲁番……

2004年夏天,我第二次来到内蒙古阿拉善左旗。在观看蒙古族摄影家哈斯巴根的摄影作品展时,发现了一张黑白照片:一名十二三岁的小姑娘正在放牧骆驼,她的头发被风沙吹乱了,身上的棉袄已露出棉絮,脸上写满忧伤,眼中流淌着祈盼;身后是一匹高扬着头的骆驼,再远处是茫茫沙漠和隐约可见的土屋。

"这孩子是假期帮家里放牧骆驼,还是因家贫辍学了?"我的脑海里翻腾着怜爱的情感。可惜了，如果这么小就失学回家放牧，长大点找个男孩结婚生子，她又将成为缺少文化的新一代，一辈子也难有机会走出沙漠。不行，一定要找到她，帮助她完成学业。

从一张偶尔见到的照片，寻找一个可能失学的孩子的过程，就这样开始了。

哈斯巴根老师我认识，他在阿拉善盟群众艺术馆工作，创作了许多反映草原、沙漠美景和牧民生活风情的优秀作品。这张牧驼女孩的照片，一定是他深入沙海采风时拍摄的佳作。也许他没有料到，沙漠里有一个贫困女孩的命运，会因为被他装进镜头而彻底改变。

几个月后的一天晚上，我接到哈斯巴根老师的电话，说已经找到照片中的女孩了，名叫萨如拉，家在阿拉善左旗银根苏木，已因家贫失学，回家帮奶奶放牧骆驼。

"请哈斯巴根老师与阿左旗团委和学校联系，把萨如拉接回学校上学，我们负责她的读书费用！"

萨如拉，你还小，好好读书吧，远方的伯伯会牵着你的手，走向充满希望的未来。

从初中到高中，萨如拉在阿左旗蒙古族中学安心读书。我们按时汇去费用，并且常常与她书信、电话来往，还两次到学校看望她，鼓励她考上广东的大学，完成学业。

"阿爸！"萨如拉终于在电话里喊出这一久违的称谓。6岁以后，她就没喊过爸爸。在单亲家庭中长大的她缺少父爱，也渴望父爱，却不善表达。加上性格比较内向，说话不多，对人对事有什么想法，都习惯了藏在心里。她高兴地告诉我，自己考上了广东亚视演艺职业学院，即将来到汉族阿爸阿妈身边读大学了。

2010年9月，这个曾经的牧驼女孩飞来广州，汉族阿妈亲自到机场迎接。丫头真的长大了，已出落成典型的蒙古族姑娘。阿妈拿着亲手做的绢绸玫瑰花，第一时间送给了萨如拉。

萨如拉在位于广东东莞塘厦的亚视演艺职业学院，开始了大学学习生活。对于成长于内蒙古阿拉善腾格里沙漠里的孩子来说，她也许是第一个或者是唯一一个来广东上大学的。她是幸运和幸福的，正因为如此，萨如拉很珍惜、很享受这段时光。学舞蹈，学形体，学文化管理，学国学知识，汉语说得流利了，也渐渐习惯了南方的生活。汉族阿爸每月给她汇去伙食费，她也尝试在学校附近勤工俭学锻炼自己。寒暑假回内蒙古的家，陪陪久别的母亲和弟弟；平时周六周日不上课了，她就坐火车从东莞回来广州的家住两天，跟我们一起上蒙古餐厅吃顿羊肉解解馋。

许多热心人知道她来自遥远的阿拉善，向她伸出热情相助之手。学院的领导和老师关心她，同学、室友帮助她；广州市天河区的林玲阿姨、周安定姐姐，为她安排实习单位……她在沙漠里常与骆驼做伴，心灵免不了孤独、彷徨，在广东，却拥有了许多原本素不相识的亲友。

2013 年 7 月，萨如拉大学毕业。她对我们说：阿爸、阿妈，我想先回阿拉善，看能不能考上公务员，不行再回广东和您们在一起，报答广东人对我的恩情。

骆驼走得再远，也忘不了沙漠，沙漠才是它们休养生息的家园。我们理解萨如拉的心情，支持她的选择：回家吧，你长大了，能回报社会就行……

使鹿部落后代

那年，呼伦贝尔市新巴尔虎左旗旗委副书记铁岭到广州经济开发区挂职锻炼，与我相识。后来我们联系武警广东省总队医院，组织专家教授到呼伦贝尔草原为牧民义诊治病，见到了市妇联主席杜瑞霞。杜主席给我讲了琪琪——一个在根河市敖鲁古雅乡小学念四年级的鄂温克小姑娘的故事。琪琪是使鹿部落首领拉吉米的孙女，爷爷和父亲去世后，家里只剩下她和奶奶玛丽亚·索、妈妈瓦莲三个女人。瓦莲强忍丧夫之痛，靠辛勤劳动支撑着这个没了男人的家；而玛丽亚·索则继拉吉米后成了部落里最有威望的女首领。为了读书，琪琪跟妈妈住进政府建的新居，奶奶却不愿下山。瓦莲只好两头跑，大忙季节进山照顾琪琪的奶奶，驯养那群作为主要生活来源的驯鹿；寒暑假再把琪琪带到山里，与奶奶和驯鹿相伴。

"琪琪现在需要的不仅仅是经济上的支持，更需要父爱和精神上的鼓励，需要外界文化的熏陶！"杜主席说。要传承民族和部落文化，一代人的努力是不够的，应当不断地由有志者接续。杜瑞霞主席、铁岭书记和瓦莲把琪琪的明天托付给我们，不仅是对一个小姑娘成长的希冀，而且是对整个使鹿部落文化传承的期盼。我答应了杜主席的要求，为琪琪撑起一片父爱的晴天。

国庆长假，我们一家人远涉千里，到敖鲁古雅看望琪琪。使鹿鄂温克人世世代代游牧、狩猎在大兴安岭，饲养驯鹿作生产和生活工具，因而也被称为使鹿部落。这个部落仅有两百多人，过去在山里住着简陋的"撮罗子"（一种以几根木头为支架、四周用兽皮围起来的帐篷），很难想象鄂温克人如何在里面熬过零下四十多度的严冬。敖鲁古雅之行，不仅让我们与琪琪一家人结为"亲戚"，见到了玛丽亚·索奶奶，还对少数民族文化如何更好地融入中华民族优秀文化有了新的思索。我们在心里祈祷，愿这位鄂温克使鹿部落首领的后代、我们的鄂温克族干女儿顺利完成学业，挑起承继民族传统文化的重任，像先辈一样纯朴、坚忍，又如当今所有 90 后少女一样敏锐进取，奋力前行。

回到广东后，我们继续关注和支持着琪琪上学，以及玛丽亚·索奶奶和瓦莲的生活。高中毕业后，琪琪考上了呼和浩特民族学院。这所大学的前身是内蒙古高等专科学校，来自鄂尔多斯的孟根图海、来自巴彦淖尔的阿丽玛、来自阿拉善的温德尔玛和娜木尔等，都是该校的校友。琪琪在学校有好多干姐姐和师姐，离开了驯鹿的她并不孤独。她学的专业是英语教育，视野更加开阔，将来走上工作岗位，可以把本部落的民族文化研究与外语教育联系起来。当然，她还可以考研、考博士，我们都会给予支持和帮助。

琪琪也是使鹿部落为数不多的大学生之一，她的使命要比父辈更加重大。读书期间，她也许并不懂得了解这些，但奶奶、妈妈、杜主席、铁岭书记和我们，以后会告诉她的。

小黄花也有梦

草原爱心助学活动从关注一朵小花开始，逐渐变成关注和培育一片花海。内蒙古的许多朋友受到广东热心人的感染，他们积极协助，把从珠江汇入草原的爱心潮延伸至每一条"艾敏河"（生命之河）。自治区纪委娜仁秘书长和工作人员，协调教育、妇联、团委、红十字会等部门，选择、落实资助对象，并把收到的助学费分送给学校和学生。

2001年底，乌兰察布盟（后改市）察哈尔右翼中旗纪委书记乔静波，与旗教育局领导一户户走访，落实了需要资助的一百多位贫困家庭学生，制成表格寄来。我们立即发动省委警卫局江远方、省纪委办公厅刘智民、省发展银行范俊雄、省国税局李海当、广州市政府童晓庆等热心人，一对一"认捐"。乔书记还专门附了一封信，详细介绍了女孩孙晓菲的情况：晓菲家住察右中旗五号乡，爷爷是1949年之前入党的老党员，她小时候在炕上玩耍，不小心翻进了盛满开水的锅里（"锅连炕"），被严重烫伤，因没钱医治而导致左大腿的皮肤与肚皮发生粘连，直不起身子，15岁念初三了，还靠草蒲团垫着走路……

我们眼前浮现出一个女孩不畏严寒风霜、顽强向着学校爬行的形象，怜悯、牵挂之情在心中回荡，久久不能平静。女孩不但要读书，还要长大、工作，还要嫁人、当妈妈。晓菲比其他孩子活得更艰难，需要我们给予特殊关爱。省纪委办公厅刘智民资助她上学，出身于中山大学教师家庭的德籍华人喻恒先生打算捐助治疗费用，让这可怜的孩子开始新的人生。

乔书记马上联系呼和浩特解放军253医院，烧伤科邢主任具有丰富的治疗经验，他一锤定音："只需一万元整形手术基本费用，其他药费由医院负责！"喻恒先生专程从北京赶往呼和浩特，为晓菲交了手术费，并给她父母留下一笔钱，作为术后恢复健康所需。手术非常成功，乔书记告诉我们："晓菲年轻，很快就能恢复健康。只要适当参加体育活动，腿部肌腱功能逐步正常，就能像其他孩子一样行走自如！"

佝偻着腰上学的孙晓菲终于直起了腰，她的人生路少了一分艰辛。这一年暑假，刘智民和妻子、儿子到内蒙古察右中旗看望晓菲一家，带回了她在学校与同学一起跳绳的照片，也带回了晓菲一家对广东热心人的感激之情。这颗孕育在辉腾希勒草原上的小黄花，历经风霜后，终于沐浴到阳光，开放出艳丽的花朵。她与家乡黄花沟许许多多的小花一样，分享了来自珠江的爱，吮吸着甘露成长。

很快三年过去了，孙晓菲高中毕业了，身体完全恢复了健康。喻恒先生愿意继续资助她读书，并鼓励她报考北京的大学："距离近了，平时在京生活好有个照应啊。"

孙晓菲顺利度过大学时光，回到了内蒙古工作。那天，她在微信里给我们发来与丈夫、女儿的合影，说：盼望您们到内蒙古来，想您们……

卓玛长大了

卓玛长大了，她和未婚夫商定在2014年元旦结婚，邀请我们到四川成都参加她的婚礼。

卓玛的藏族名字叫仁真卓玛，汉名叫张莉。她的外婆陶秀英是红四方面军女战士，长征过草地时因伤病与队伍失散，流落在川西北若尔盖草原，后与当地藏民结婚。卓玛从小在藏区长大，就像若尔盖草原上一朵稚嫩的羊羔花，从小经受过许多风霜，显得少年老成，性格温柔纯朴，懂事善良，脸上总带着甜甜的笑。

1996年，广东《羊城晚报》与广州军区《战士报》联手，派记者重走长征路，到四川、贵州等地采访。记者们代表广东热心人，选择了11位红军后代和红军走过地方的贫困学生，接到广东潮州富丽学校免费读书。仁真卓玛和松安拉姆、徐敏、张琳、帅飞、胡平都在其中。

那时卓玛刚上小学三年级。没离开过父母的孩子，一下子从山里和草原来到海滨，不太适应。我从《羊城晚报》上看到了他们的故事，出于对红军先辈的景仰和对贫困孩子的关怀，我立即发动省纪委办公厅吴创松、孙跃山、苏茂荣等同事，帮助他们解决生活费用。

六年后，卓玛在富丽学校初中毕业回到四川，后考上高中、大学和硕士研究生。她忘不了广东，又回广东《羊城晚报》实习，下班后住在我家。实习结束，卓玛顺利考入四川都江堰市委宣传部工作，不久又考上博士研究生重返校园，由国家提供奖学金解决读书费用。

世界上有很多种感情，只有真情最珍贵，它历久弥深。这种真情，来源于助学，来源于守护善良。卓玛和妈妈白玛措都说，我们是她一家的精神支柱。因为卓玛的爸爸已不在人世，哥哥大学毕业后在县城中学当老师，见的世面也不多，家里有什么重

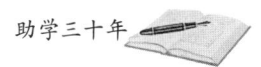

大事情,总希望我们给拿主意。从读书,到工作、考博、找对象、选择成亲日子,都一起商定。

有一年的8月,我和吴小洪专程到四川阿坝州若尔盖求吉乡看望卓玛。求吉是她们的老家,一个藏族同胞聚居的村子。白玛措、卓玛都在这片红色土地上长大,深深眷恋着故乡的青稞、牛羊、山道、寺院,迎接我们自然也用汉藏融合的风俗。月亮圆圆,空气清冽。皎洁的月光照耀着川北高原,留给我们民族团结、团圆的美好记忆。我为卓玛写的那首歌《阿爸的卓玛》,也在高原上轻轻吟唱:

阿爸的卓玛,若尔盖草原一朵美丽的羊羔花。黄河源头的雪水养育了你,烈风吹红你圆润的双颊。你知道,阿妈的羊皮袄带给你一生的温暖。你知道,阿爸的无言伴随你的每一天。

卓玛卓玛,阿爸的卓玛。昨天你告别阿妈追寻理想,沿着一路吉祥的格桑花。

……今天阿爸牵着你的手走进未来,沿着一路圣洁的格桑花。

次仁玉珍

2006年7月,我带广东送医送药爱心团,在广东第四批援藏干部的陪同下,第一次走进西藏林芝墨脱县城。在为当地军民义诊的同时,通过县教育局联系上200多名贫困学生,资助他们三年读书的费用。准备升小学六年级的门巴族女孩次仁玉珍,是我负责的两个小姑娘之一。

第二天清晨,爱心团队离开墨脱县城。次仁玉珍知道了,与妈妈守候在路口送别我们。这孩子真有心,知道墨脱不通公路,叔叔阿姨来一趟不容易,下次见面不知要到猴年马月。她与我们依依不舍告别的眼神里,充满了对知识、对外界的渴望。

同行的广州医药集团董事长杨荣明、总经理李楚源,决定在墨脱公路修通前,每年捐献35万元的药品给墨脱县人民医院。第二年7月,广药集团请墨脱县派人来广州接运药品,并组织受资助学生代表参加广州白云山和黄中药公司、广之旅举办的"小神农夏令营活动"。次仁玉珍等七位学生有机会走出大山,畅游羊城。在城市热闹氛围的烘托下,玉珍显得阳光、开朗了,只是有点忧郁,像是要诉说什么。

此后六年,次仁玉珍"失踪"了,怎么也联系不上。正当我们感到无望的时候,与玉珍同一批受资助的墨脱女孩吴梅捎来喜讯:

"张伯伯好,玉珍在到处找您呢!"

"真的吗?她现在在哪?"

"在南京大学。我让她给您打电话。"

好家伙!玉珍太有出息了,喜马拉雅山里走出来的门巴族女孩,居然考上了南京

大学!

很快,电话那头传来玉珍激动而又带着抽泣的声音:"伯伯好!终于找到您了!"六年来,玉珍也在寻觅我,真苦了她了。重新联系上,不是为了收获回报,而是继续关怀支持。电话里她告诉我,在墨脱完小毕业考上了米林中学,然后到江苏西藏班念高中,高考进入南京大学……

"玉珍,新学年学费够吗?"

"我的学费是国家贷款,贷了四年的学费。"

玉珍一个人在大城市生活,家里提供的伙食费肯定不够,我们准备每月给她汇点钱,让她吃好一些;女孩子的生活必需品也不能缺。

末了,我又问玉珍:"你爸爸妈妈好吗?"

这下闯祸了。电话那头传来哽咽声:"爸爸已经不在了。"

"哟!原谅伯伯,不小心触动了你心灵的痛处。"

玉珍反过来安慰我:"没事的,我出生14天爸爸就去世了,从小就失去了叫爸爸的权利和机会。其实以前最难受的是每次她们(指同学)跟家里人打电话时,感觉真的好亲密,每一件小事都跟妈妈爸爸分享商量。而我……但是现在我已经习惯了,上帝为我关上一扇门,就一定会给我开另一扇窗。我始终坚信这句话。更何况现在上帝已经很眷顾我了,遇见了您,这么善良的爸爸,我真的满足了。"

天啊,原来这就是六年前次仁玉珍到广州时的忧郁和忧伤所在。她害怕见到同学与爸爸打电话时的那种幸福与满足感。现在她鼓起勇气,把一直想当面跟我说的话说了出来。

我也感动了。父爱无言,我有责任用真情弥补玉珍渴望父辈疼爱的空白,把爱心延续下去,直到永远。

"玉珍,我们爱你。好好念书,今后阿爸阿妈牵着你的手往前走。"

"我也爱您,阿爸。我可能是上辈子拯救了银河系,然后遇见您。"

这一年的10月,我们到南京参加一个调研活动,抽空约次仁玉珍到招待所见面。刚好那天下午她没课,早早就坐公共汽车过来。小"乌姬(门巴语:女孩)"长成大姑娘了,我们聊得很开心,还按第一次相识时所坐的位置,请同事帮忙照相。回到学校后,玉珍发来微信:

"看到阿爸还跟当年一样,我很欣慰。"

"阿爸是你的大山。"

"是的!耶——!阿爸,以后不管有事没事都会找您聊天,跟你聊天我就会信心倍增,感受到人性的光辉和社会的美好。本来上午去听讲座,之后很失落,跟阿爸聊完后,又开始有那种斗志昂扬的感觉了。"

"一言为定!"

玉珍大学毕业回到墨脱,妈妈只有她一个女儿,她希望能留在妈妈身边。我们十分理解这份孝心,支持玉珍的选择,并琢磨着什么时候再进墨脱看看她们。2019年林芝桃花盛开时,我和妻子李丽梅终于成行。阿爸阿妈来了,玉珍高兴极了,忙不迭地把我们介绍给她的妈妈曲珍。从认识玉珍起,到一家人欢聚,隔了十三年。真应了我们第一次进墨脱时说的"一次墨脱行,一生墨脱情"那句话!

雁儿

雁儿真名叫张艳梅。"雁儿"是我们给她起的小名,喊起来亲切点。

雁儿是广东草原爱心团队资助的一位特殊女孩。她来自云南省楚雄彝族自治州的农村家庭,好不容易读到高中毕业,参加高考却又一时失手。偶尔得知广东有个爱心团队,可以资助贫困孩子上学。她抱着试试看的心情,给我写了一封求助信。

这封信,改变了雁儿的命运。

通过云南省纪委秘书长帮忙核实,我们了解了雁儿家庭的困难:在农村当农民的父母,一再为三个孩子的读书费用犯愁,准备让雁儿打工挣钱供弟妹上学。眼看进入高等学府的微弱心灯就要被现实的冷水浇灭,她不知偷偷地哭了多少回。读着她的来信,我们仿佛看到山窝里一只心灵孤独的小雁,正在渴望来自山外的阳光与动力,助她振翅飞翔。

我立即给雁儿汇上复读班报名费,还请同事李江燕给她回信鼓劲。雁儿只是我们帮助完成学业的众多贫困孩子之一,无论她是来自内蒙古、新疆、西藏,还是来自云南,在最困难的时候,都需要有人牵手拉她一把。而对于雁儿来说,她得到的却是百分之百的影响和鼓舞,无论多少,都将激励终生。

第二年,雁儿考上了山东烟台大学,终于走出云贵高原到海边寻梦。她说,她太喜欢大海了,要做海的女儿,要放飞自己的梦想。大学四年,雁儿是在学习、勤工俭学的紧张中度过的,她用自己的辛勤努力,解决每月的生活费用。她知道家里困难,妹妹又患病,需要治疗,她不好再向父母伸手。这期间,她给我们写了不少信,谈学习,谈如何处理与同学的关系,谈对今后的憧憬。我们给她回信,引导她正确把握好学习的机会和做人做事的分寸。得知她的学费贷款迟迟批不下来,饭卡里快没钱了,就及时把钱汇去。

从山里走出来的孩子很懂事,也有明确的追求和奋斗目标,从不松懈和浪费光阴。雁儿心里明白,要实现理想光靠热心人拉一把还不行,关键要靠自身努力。在大学期间,她结识了一位来自韩国的男同学,相互间辅导汉语和韩语,两人擦出爱慕的火花。

毕业之际,她决定要随小伙子嫁到韩国去。她把这一想法告诉了我们,征求我们的意见。

这是个不错的选择,翅膀硬了,可以飞得更远些。她会带着对故土的感恩与依恋,飞越大海,找到自己的爱情和幸福的。在她从南往北飞的某一段旅途中,曾经得到了广东热心人的一臂之力。

异乡民族情

因为陪同南方医科大学党委书记文义民上青藏高原看望老战友,体验过高原军人"缺氧不缺精神"的艰辛,文书记邀我为2011届新生讲第一堂入学教育课。

文书记原任解放军总后青藏兵站部政委,在青藏高原当了三十多年兵,曾一百多次带运输车队翻越昆仑山口、唐古拉山口;后来调到南方医科大学的前身第一军医大学当政委,少将军衔。他的丰富经历中有许多令人振奋的故事,却不好自己说。我作为旁观者,倒是可以放开了讲,以高原军人精神激励年轻人,帮助他们树立奋斗意识与爱国情怀。

这一课讲下来,也让我结识了南方医科大学十几位来自天山脚下、昆仑山麓和青藏高原的少数民族孩子,与他们结下民族情缘,携手度过在广东的五年异乡求学时光。这些孩子分别是:新疆乌鲁木齐的艾克热木·艾尔肯,喀什的阿迪拉·阿里木、库尔班江·麦麦提、地里木热提·艾尼瓦尔,阿克苏的孜来古力·努尔,阿图什的阿依努尔·玉素甫,和田的茹则古丽·艾则孜、热孜亚·艾则孜、米娜瓦尔·依提、木海热木·吐逊托合提,库尔勒的古丽尼格尔·吐逊,伊犁的阿斯艳木·阿不都欧甫,都是维吾尔族;阿勒泰的马晓燕是东乡族,刘园园、翟金梅是来自库尔勒的汉族姑娘。还有西藏林芝的赖蕾(卓玛央金),珞巴族;内蒙古兴安盟的于喆,蒙古族……从此我们的助学对象中,有了一批可以时时相见、需要在学习和生活上予以关注的少数民族大学生。这些孩子远离父母,缺乏在南方生活的经验,加上风俗习惯不同,又是当地的贫困生或特困生。我们要做的,是为他们营造一种"远方的家"的温馨。

南方医科大学党委姜虹副书记,也是从新疆调来广东工作的"援疆二代"。她告诉我:"大多数孩子第一次到广东,以为南方天气炎热,都没准备御寒的棉被呢!还有一位女孩,自己一人坐火车来,把行李箱忘在车上找不回来了,连换洗衣服都没了……"

我随即把新疆大学生缺衣少被的窘境告诉了广州华强制衣公司董事长陈进辉。这位善良而又充满创业激情的董事长二话没说,立即为孩子们送上棉被、席子、枕头。在火车上遗失了换洗衣服的孜来古力,由我接回家里,为她挑选、购置服装和日常用品。得知古力是名孤儿,缺少日常生活费用,又每月定期给她伙食费。节假日,还带

她出外见见世面，让她心里充满阳光。

同样从新疆回广州工作的鲍蕾、郭韩惠等热心人，也纷纷伸出援手，帮助孩子们解决学习和生活困难。每月第一个星期六的中午，大家轮着请孩子们到新疆餐厅，吃一顿家乡的羊肉、大盘鸡、手抓饭，还给每人两个馕。古尔邦节到了，身在广东的新疆孩子依然能感受到和家里一样的节日氛围，与老师和叔叔阿姨们载歌载舞，共度美好时光……

有一年，我陪领导到新疆喀什，看望广东援疆干部，开展总工会金秋助学活动。适逢暑假，新疆学生都在家里，便打算忙完公务后上阿迪拉·阿里木家看看。阿迪拉是位漂亮的维吾尔族姑娘，在这批新疆学生中颇有代表性。那天晚上，她和父亲阿里木·江、母亲布和丽其一起，用奶茶、葡萄和馕盛情款待我们，她还拨动都他尔琴弦，唱了一首又一首新疆民歌。汉维两个民族的浓浓亲情，随着都他尔的琴弦缓缓流淌。孜来古力·努尔和地里木热提·艾尼瓦尔也从阿克苏和生产建设兵团农三师52团住地赶来，在阿迪拉家度过一个民族团结的美好夜晚。临别时，大家紧紧拥抱，难舍难分，一再相互祝福。我们热切邀请阿里木·江夫妇抽空到广东来，看看女儿就读的学校，也让我们一尽地主之谊。

转眼五年过去了，孩子们到了本科毕业离校的时候。就跟他们过一个在广州读书期间的古尔邦节吧，这一想法得到热心人的一致赞同。这个古尔邦节，成了天山、昆仑山和青藏高原来的民族大学生永恒的记忆。

助学三十年，故事不多，宛如平常一段歌。伴随着祖国改革开放的步伐，扶贫、脱贫已成为中国人引以为豪的奋斗史，全面建设小康社会的目标也已实现。而济困，则是人类命运共同体中一个永远的话题。广东草原爱心助学活动仍然在延续，可能又是一个三十年，就像冰山上的积雪，积累了，融化，再积累，再融化……

广州开发区晨曲

朱秉衡*

【主编者言】 开发区是二十世纪末的中国新事物。作者以亲历者的身份和视角，围绕广州经济技术开发区的诞生，以一个个生动的画面向岁月和开拓者致敬。

成立筹备领导小组

1984年4月，广州市委决定开始建设广州经济技术开发区，4月24日成立了广州经济技术开发区筹建领导小组。时任广州市委副书记的朱森林任组长，而当时负责组织开发区论证工作的是市委研究室，时任市委政研室主任的缪恩禄出任小组副组长；后来增加了副市长石安海任副组长，小组的四个成员分别是：时任市外经委副主任的过沛南，时任市冶金局局长黄瑞源，时任市建委副主任董明训，时任市商委委员胡大任。这七个人组成了开发区筹建领导小组。为配合领导小组工作，又调进了两个工作人员，一个是领导小组办公室主任，由时任市旅游局副局长、东方宾馆总经理杨献庭担任；另一个是时任市委办公厅综合处副县级干事的我。

第一次筹备会议

为什么会点我呢，纯粹事出偶然。在此之前，我受处长的指派，到广州立德粉厂、龙门县去蹲点。这两个地方实际上是朱森林同志的基层挂钩联系单位，办公厅指派我前往驻点，作些专项调查，定期撰写情况报告给森林同志参阅。当我结束蹲点工作返回市委办公厅报到时，恰好当天开发区筹备领导小组第一次会议在朱森林办公室召开。因一同开展蹲点工作，朱森林对我有所了解。朱森林办公室来电话，通知我前往其办公室，担任会议记录。我由此机缘巧合参加了开发区筹备领导小组的第一次会议，从此，成了领导小组的常任秘书，负责小组的日常工作。

首次会议的时间大概是1984年的4月底、5月初，当天出席会议的就是九个

---

* 朱秉衡，广州经济技术开发区建设开发总公司原总裁

人——因为清一色都是男人,后来有人戏称为开发区建区的"九条汉子"。当时参加会议的成员,都不清楚开会的内容是什么,更不清楚开发区是什么。朱森林在会上表示,按照中央有关文件精神要建设开发区,市编制办已经成立了开发区筹备领导小组,小组成员要离开原工作单位,到筹备领导小组上班,开始开发区的筹备工作。当时就决定了几件事情:一是要确定筹备组办公的地方,赶快亮出招牌;二是起草一批文件,例如规划方案、政策建议等,需要呈请中央正式批准;三是要进行开发区址的选点。

对于开发区的设立,中央文件的提法非常简单,实质上只出了个题目。经济特区的建设已经有几年,像深圳、珠海、蛇口工业区等都已经初具规模。1984年春节后,中央召开了14个沿海城市的座谈会,形成了一个会议纪要。会议提出,要参照经济特区的经验,继续对外开放14个沿海港口城市,并在这些沿海港口城市,选择一块地方,按照经济特区的政策兴办经济技术开发区。这个"会议纪要"也就成了开发区的"出生纸"。会议之后,14个沿海开放城市就根据会议精神,组织班子进行研究,应当怎样设立经济技术开发区。

第一个办公地点

当时选定了东方宾馆副楼的1262会议室作为筹备领导小组的第一处办公地点,面积100平方米左右。为什么会选择在东方宾馆设立办公室呢?因为领导小组办公室主任杨献庭原来是东方宾馆的总经理,地点是通过他租用的;也因为他曾经是东方宾馆的总经理,在那里办公方便,可以沾点光。

办公室的招牌是由我用仿宋体手书的:广州经济技术开发区筹备领导小组办公室——两尺宽的白纸,底下用蓝色墨水写了一行英文:Guangzhou Economic & Technologic Development District。当时对"区"的英文单词用的是"District",广州开发区的英文缩写简称就是"GETDD",后来也根据这一缩写由我设计了开发区的第一个区标。在挂招牌的时候,我还是有档案意识的,特意让人给我照了一张挂招牌的照片。一年以后,有个英语专业的人士告诉我,用"District"翻译广州开发区的"区"是错的,准确的用词应该是"Zone","District"是很大的行政区的意思,是一个大的区域,比如哥伦比亚特区、香港特别行政区等,像广州开发区这种经济功能区域,应当翻译为"Zone",即园区的意思。但那时候,"GETDD"已经在世界范围内使用了。于是我说,不改了,将错就错吧,况且也错不到哪里去,将来说不定开发区真的发展成为足够大的"District"。至今,全国的开发区中,仍只有广州开发区是用"District",其他都用"Zone"。这是我的错,因为我在翻汉英字典查"区域"一词的时候,"District"比"Zone"早出现,没有详细看两者的区别,想当然地用了这个词。

第一笔开办费

广州开发区的初始资金或者说初始开办费是多少呢？就两万元人民币。当时为解决筹备小组的办公经费问题，筹备小组组长朱森林以市委副书记的名义向市财政局写了一张条子，要求给筹备领导小组划拨办公经费一万元。八十年代，万元户已经算是很富裕了，一万元不是一个小数目，但是一万元对于开发区的筹备工作而言，显然太寒酸。后来，在我的请求下，朱森林又很大方地在"一万元"的"一"字上添了一横，便成了"二万元"。我就凭着这张条子到市财局要了两万元，作为筹备小组的运作经费。经费取回来之后，请市委办公厅行政处代管，凭我批的条子报销。开发区第一笔的经费就是这两万元。至于向银行借贷、国家的开发贷款，那是以后的事情。现在开发区财政可支配财力一年有四十多亿元，二十年间，从两万元到四十多亿元，无论从哪个角度看，都是一个奇迹。

第一批财产和第一笔开支

开发区购置的第一批财产，是十张办公桌，每张单价37元，劣质木头做的，俗称"一头沉"的办公桌，开发区的第一笔开支是370元。当时小组只有九个人，为什么买了十张呢？因为想多预备一张给后来者用。当时租了几辆三轮车，将这些桌子拉到东方宾馆，但是东方宾馆的门卫死活不让我搬进去。当时的东方宾馆是广州市最高级的宾馆，也是唯一的一家星级宾馆，是接待外宾的涉外酒店。门卫说，这样的桌子竟然敢拉进东方宾馆？不让进！后来只好又找杨献庭，这才顺利地将桌子拉进去。桌子搬到1262房，顺着窗户边就摆开了。朱森林只是领衔领导小组组长一职，主要的职务是市委副书记，他没有到这边办公，杨献庭在东方宾馆本来有独立的办公室，也没有要我们的办公桌，其他七位成员就集中在一个房间办公了。开发区就是这么开张的。

第一张名片和第十个人

开发区创造过好多的第一。比如在广州市，第一个印制并使用名片的，是广州开发区。当时国内大多数人都不知道名片是什么，开发区既然是要面对外商的，是涉外的，与外商、港商见面给一张名片，感觉挺好的，所以，我们也要印名片。广州公务员第一个用名片的，开发区筹备小组是第一家。当时我依样画葫芦，按照见过的名片的样式、大小，写上广州经济技术开发区筹备领导小组办公室，某某某，加上标志

"GETDD"，就这样我设计了开发区历史上第一张名片。

名片画好之后，要找地方印刷。当时广州没有印名片的地方，印刷厂还是铅字排版油印。我就想办法找印刷厂，印刷厂归谁管呢？找广州市轻工局，因为印刷厂都是轻工局管的。我找到轻工局的黎局长，表明需要印刷所画的名片。局长也看不懂这是什么东西，他就说，让生产业务处负责人给你办。我马上找了生产业务处负责人余琪春。刚好他在，如果当时是其他人在，可能就是另外一个人后来到开发区工作了，开发区的历史上也就不会有余琪春的名字了。他后来成了开发区第一任的行政处处长、管委会办公室副主任。余琪春来到之后，黎局长对他说，市委需要印这个东西，你帮帮小朱。余琪春要我和他一起骑单车到位于西关的印刷厂，厂长表示，这个东西可以印，不过就是麻烦一点，既然是市委要的，可以给你印。印九个人的名片，每人一盒两百张，需要专门刻字模才能印，一个星期才能交货。一个星期后，余琪春骑着单车，用一个小布袋装着九盒名片，到东方宾馆找我交货。名片印刷效果不错，可惜现在已经找不到当时的名片了。如果能找到一张，那可是开发区的文物！

交货之后，余琪春留下来聊天，他问我：开发区到底是一个什么东西？这个筹备小组规格这么高，市委副书记是组长，那些局长只能当成员，你这个机构到底是一个什么机构？我向他吹牛：市里要划一块地方，建设开发区，实际是广州的经济特区，这个区将来都是跟外国人打交道的。听我把开发区的前景描绘了一番，他突然冒出一句：你这里收不收人？我也来干，怎么样？我当时一口就答应了：当然收啦。现在正是用人之际，我天天都忙得不得了。你愿意来，当然好啦！他说：我是认真的，什么时候能来上班？我说：你明天就来！

这样，除了筹备小组的九条大汉，第十个工作人员是余琪春。第十张办公桌刚好给他用。他来了以后，就当我的助手，帮我处理一些日常的工作。他年纪比我大，比较稳重，所以什么行政、财务、后勤的事务就交给他负责。到12月份成立管理委员会的时候，他成了管理委员会办公室副主任，管行政一直管到退休。说老实话，是印名片这件事成全了他。

选址与规划

1984年的5月到6月，筹备领导小组的工作主要是为开发区选址。当时搞选址、规划的人，找了广州规划设计院，请了上海规划设计院和四川的规划专家，还请了香港的测量师，来自广州、上海、四川、香港四个单位的专家来协助我们选址并编制区域规划，最后拿出来讨论的有三个方案：

第一个选址是番禺大石那一带，现在的广州大学城及周边区域。

第二个选址是现在的珠江新城往东到员村地区。现在的珠江新城,当时还是一片郊外,员村有一个旧的工业区。

当时为什么放弃了番禺呢?因为番禺是水网地带,交通很不方便。当时没桥没路,交通要靠渡船。尽管那块地非常好,但是短期内交通没办法解决,就放弃了。

珠江新城到员村那一带为什么又放弃了呢?地方本来也很好,如划进去,现成有一批工业企业,有基础。放弃的原因有两个,一是离市区太近,不好。另一个原因是,员村工业区的企业多数是"大跃进"的时候建设的,起点低,污染大,公共设施水平不高,光是改造老企业、改造公共设施就够伤脑筋的,只好放弃。

第三个选址就是后来开发区西区这块"金三角"了。在黄埔区的东部。大家觉得这个地方好,好在哪里呢?第一,这里有一个码头,黄埔新港,深水港,是码头区,便于对外交通运输;第二,离广州有适当的距离;第三,人烟比较稀少,人口迁移等任务相对没有那么重。

选点定了以后,就草拟区域规划方案,当时提出了三个方案:

第一个方案是57平方公里。从现在东区南岗桥为东面边界,一直往西到标致汽车厂,把文冲船厂、黄埔新、老港和大沙地等地区都包括进去,总共是57平方公里区域。但这个方案涉及面积太大,很快被否决了。

第二个方案是33平方公里,也是以南岗桥为界,一直到文冲船厂。按这个方案,文冲船厂认定是已经划进开发区了。当时比较认真地讨论了这个方案。

最后,是谷牧同志来确定的,他当时任国务院副总理,分管沿海开放工作,最后定的是9.6平方公里。当时为什么这么定呢?是这么一个理由:这个区域必须要相对封闭,易于监管。他说,33平方公里、57平方公里这两个方案都没法封闭,没法监管。这么多人、这么多企业在里面,怎么监管呢?西区三角区一边是珠江,一边是东江,一边是横滘河,刚好是一个自然隔绝的地方,只有一条横滘河桥与外交通,桥一卡住,就全封闭了,易于监管,相对隔绝。当然也考虑了其他因素,有新港码头在里面;只有西基村和秀丽农场有一点居住人口,搬迁工作量不大,拆迁容易。

当时定这个方案的时候,是谷牧同志、朱森林同志、许士杰同志和开发区筹建工作领导小组的同志,站在横滘河桥桥头上定的。我在场。把一个地图铺开,谷牧说:就定这个岛吧!这块地方地图上标示不到7平方公里,好像是6.89平方公里。面积太小,最后就加了一个大蚝洲岛,这个岛是1.8平方公里。就这样,开发区9.6平方公里就定下来,就按照这个起草规划可行性报告。这个报告应该是9月份或10月份正式通过市委、省委报到国务院。北京批回来大概就是12月初,这就正式揭开了开发区建设的序幕,开发区建区筹备工作基本结束。

说干就干。实际上,五六月份选址定点的时候,已经开始吹沙填土了。当时吹沙填土主要是两个单位去运作,一个是航道疏浚局,它有疏浚能力,就全部委托给它,沿着珠江铺开,吹沙填土;开发区有进出口权,当时进口了200辆翻斗车,租赁给当地农民做挖山填土工程。工程只能委托农民做,由此开始了土方工程给当地农民做的先例。这也是开发区为当地农民创造的第一次就业机会,成了当地一些农民在开发区掘的第一桶金,现在黄埔区的一些民营企业家,有的就是那时为开发区运沙石起家的。等到国务院批复下来,到12月份奠基,我们已吹出了两三平方公里的土地了。

当时开发区只有一条两车道的夏港路,通往新港码头。吹沙填土工程搞了一年,道路两旁管网交错,众多硕大水管将泥沙从东江里浩浩荡荡地泵到岸上来,东江前后4公里范围内的泥沙全都抽上来了。另一边,200辆翻斗车把北面山岗的泥土运到开发区填埋,一片尘土飞扬,直至北部的几个山岗全部推平。当时开发区的人上班都只能穿水靴。全区6平方公里平均填高了两米多。可以说,开发区西区的土地,整个是人工填出来的。

第一个招商会

开发区还没有正式奠基,但我们已开始着手招商。1984年9月,广州市组成阵容、规模空前的经贸代表团,率14个沿海开放城市之先,前往香港开招商会,主题是"洽谈、交友、调查、做生意"。开发区随团出访,这是开发区第一个出访的团,团长是朱森林,唯一的一个参团代表就是我。由于开发区是新鲜事物,引起了港商极大的兴趣,众多的客商前来洽谈,招商会场广播找人,喊的几乎都是"广州开发区朱秉衡先生",开发区第一次赴港招商签订的首批项目有7个,全部是港资项目,都是我草签的项目协议。

开发区历史上第一个签约的香港公司是唐石毅先生的南海洋行,签订的是一个综合项目,包括石油的生产、加工、销售等。作为粤港合资项目第一个动工的就是南海洋行投资的,现在位于开发大道与志城大道交界处的云海加油站,是开发区引进的第一个粤港合资项目。

开发区的奠基典礼

1984年12月28日举行开发区奠基典礼。那天北风呼呼,很冷,我们当时请了三千宾客来参加,包括广州市副处级以上干部。还有很多香港以及国外的来宾。时任广州市市长叶选平同志也出席了,他作为主礼嘉宾,执铲培土奠基。

为了搞奠基,我们做了一块奠基石,就是现在立在管委会门前的那块,当时是文

冲船厂借调来协助工作的叶明负责去做的。他跑去银河公墓,求刻墓碑的工匠刻的碑文。

碑刻好后,连夜搬到现场。当时吹沙填土刚完成,水还没有流干,底下还是浮动的,我们临时拉了一些石粉铺在上面,垫出一块5000平方米左右的场地,用竹木搭了一个牌楼,找了一串当时最长的几百万头的鞭炮,接起来有30多米长,准备点炮用。我是现场总指挥。首长讲完话,领导讲完话,奠完基,就点炮。谁负责点炮呢?就是后来任区国资公司副总的孟宪康。由于那天风太大,一点,多头着火,鞭炮都蹦起来了,很多地方被拦腰点着,五六个头同时爆,噼噼叭叭,横的竖的,把首长们蹦得一个个像在跳舞狂欢。缪恩禄大喊:小朱!你搞什么名堂!赶快灭掉,赶快灭掉!我说,怎么灭啊?

天气太冷了,奠基后,人们匆匆散去。那块碑石随便铲了一点土,很浅地埋在那里。第二天上班的时候,我去找那块石碑,到那一看,傻眼了,没了!那么重的石碑是不会有人偷的,但就是不见了。实际上,它是沉下去了,因为地底下还是淤泥和浮沙,石碑一个晚上就沉到地底下,顺着流沙漂走了。两个月以后,那里建厂房,挖地基的时候,在离原来奠基点几十米外的地方把它挖上来了。负责工程的龙义同志打电话给我,说找到了。我说,好,找到就好,这是有历史纪念意义的,你要保管好。他说,要保管,放哪里保管呢?我说,搬到我办公室来。我把它放在我的办公桌底下,当垫脚石。三年以后,1987年,管委会大楼建好了,我叫人把那块石头搬到管委会大楼前面的草坪里竖起来。它可是开发区历史开端的见证物。

开发区建设指挥部与海员俱乐部

自从吹沙填土吹响了建设的号角,开发区的办公地点就从东方宾馆搬到了开发区,东方宾馆1262室变为开发区驻市区办事处。当时开发区还是一片荒滩,只有新港码头有点建筑物,新港旁边有一个海员俱乐部,作为码头的配套设施,供那些外国海员搞点娱乐活动。建成后一直空置在那里。我去找这栋物业的业主——广州总工会海员俱乐部,租用了这幢大楼。空置的海员俱乐部成了广州开发区第一个房东。当时租金是30万元一年,简单装修了一下,成为开发区管委会早期建设的指挥部。

1984年7月始,几十个工作人员每天要从市区到指挥部上班,交通成了一大难题。开发区购买的第一辆"通勤车"是一辆国产东风客车,30座,价格8万元。加上黄瑞源从冶金局带来的"陪嫁"——一辆小面包以及从东方宾馆借来的杨宪庭的座驾雪铁龙轿车,开发区筹建期间的全部交通工具就是这三辆车。陈伟杰开的面包车负责接领导,沿路遇到开发区的工作人员,扬手即停,谁都可以坐。领导与大家同挤东风车,司空见惯。那时可没有领导专车的概念，人的心态也比现在平实、自然得多。

第一次自助餐与礼仪教育

广州开发区奠基典礼那天的午餐招待会，是开发区的第一次大型聚餐，也是广州地区举办的第一次自助餐会。之前，国内没有多少人知道什么是自助餐。中国人吃饭都是围桌吃的。第一次的自助餐地点在当时的东江宾馆，我也只是从电视上看到过自助餐，也没吃过，就想反正就是把一堆吃的东西摆整齐，有碗筷，各自吃。那时候也没有盒饭、快餐的概念。自助餐由谁做呢？当时广州大的宾馆、酒楼没几家，最著名的是爱群大厦，西餐做得很有特色，就委托它做。爱群大厦做得很认真，连碗筷、餐具都是它提供的。

食品头天晚上做好，租了几辆解放牌汽车，第二天上午十点运到东江宾馆，摆开一溜长桌子，食品也一溜地摆在桌面上，旁边放置一大堆餐具。当时好在我还有一个想法，就是"内外有别"，二楼安排领导和嘉宾，"内外"食品是一样的，唯一的区别就是二楼铺了一块好看的台布，一楼连台布都没有，就一溜桌子，东西就堆在那里，也没有什么摆设。

吃饭的时候，可热闹了！谁也没吃过自助餐，也不知道该怎么吃。二楼还有一点规矩，因为都是香港以及国外来的嘉宾，做领导的也比较斯文，还晓得拿了食品按秩序找一个地方坐下吃。一楼，实在是乱得没法看：一个个拿着碗、拿双筷子站在桌子边上就不走了，站在那安营扎寨地吃。大家团团围住餐桌，围得密不透风，第一排的可以站着吃，那第二排的怎么办呢？只好把筷子从人缝里伸进去夹菜，搞得惊叫声连连，有的干脆拿一个大盘，倒几盘子菜端走。

我们这帮工作人员，辛辛苦苦忙了大半宿，早饭都没吃，一看这阵势，都傻了，一个个不知所措。秘书科的老大姐王杏英很乐于照顾人，拿着几个大塑料袋，不管那么多，一袋一袋连倒几盘，提回办公室请大家吃围餐去了。那天的场景实在是乌烟瘴气，但很热闹。

自助餐的这个场面，引发了后来开发区一度成为常规培训的涉外礼仪教育。当时我们意识到，要对外开放，跟外国打交道，跟一个新的文明打交道，如果仍像之前的办事方式、行为方式那样，是绝对不合适的，会出许多洋相，会误事，耽误工作。后来管委会作出一个决定，所有新进入开发区的工作人员，无论你原来的单位是什么，无论你原来是厅长、局长，还是处长，或者新进来的大学生，一律要经过三个月的岗前培训。当时提的是三个月，从社会上招回来的"黄埔一期""黄埔二期"正儿八经地经过三个月的岗前培训，进行了一套新的思维方式和行为方式的训练。培训从最简

单的行为开始,包括怎样穿衣戴帽,怎么打电话、待人接物、吃西餐等等。后来还要求大家学跳交谊舞,学穿西装、打领带,男的要怎么穿西装,女的要怎样穿套装。为此还编了一本《开发区人必读手册》,是我主编的,里面没有什么大道理,全都是很具体的行为方式:怎么打电话,怎么穿衣戴帽,怎么吃自助餐,怎么吃西餐,怎么迎来送往,等等。

经过培训,大家的面貌大为改观。开发区的人一出场面,那真是别开生面,真不一样,服装、举止、行为都不一样。比如,那时候,一拿起电话就说:你好,我是开发区。这样的话语,市里面的人听了觉得很新鲜,因为以前不是这样,以前是"喂,找谁?"开发区经常举行签约仪式,开发区的人,男的都是白衬衫,黑西裤,打着领带,很精神;女的大多淡妆、套裙,丰姿绰约,一时成了一道风景线。

这些变化,都是第一次不成功的自助餐而引发的。

"黄埔一期"与志愿军

建区初期,开发区面向全社会招聘人才,这在广州也是首开先河。招聘分两批,1985年2月14日在《羊城晚报》上刊登了招考招聘人才启事,面向社会公开招揽人才。这一批招了大概有100人,这些人后来被称为"黄埔一期",基本上都成了开发区的业务和行政骨干。半年后,又继续公开招了第二批,史称"黄埔二期",有70多人。为什么选择向全社会公开招聘人才呢?是迫于无奈。

第一,当时的开发区是广州市的"西伯利亚",很荒僻的一个地方;离市区很远,上下班就是一件苦差事,行路难,堵车了更难,碰上风雨天更是难上加难,路上经常要两三个小时。有时7点钟从市区出发,到开发区已经可以吃中午饭了,下午6点下班,回到家里已经9点、10点,经常如此。那时候从开发区到市区只有一条路,即黄埔大道接广深公路,开发区又没有住的地方,每天必须来回赶。工作条件太艰苦,从市区调干部,没人愿来。这是一个原因。

第二,开发区是一个新鲜事物,全社会都不知道开发区是什么,看不到开发区的前景,在原单位工作好好的,为什么要调进开发区?请人请不到,调不进人。

成立开发区管理委员会之前,我们曾正式要求市委组织部给开发区调一批干部。市委组织部当时在全市精挑细选了13名干部,调来开发区工作,这13个人到开发区一看,第二天只留下9个人,有4人直接打道回府不干了。夏藩高、刘树开就是留下来的9个中的两个。这9名干部只有个别留在管委会机关,其他的去了刚组建的三个直属总公司。

由此,我们觉得,开发区招人只能靠自己,只能靠"志愿军",你愿来我才收,不能靠组织的调配，所以才有了向全社会公开招聘的做法。当时在报纸上刊登招聘广告也是一件新鲜事，为此还成立了一个人才招聘工作小组，人事处长欧阳慧娟任组长，我任副组长。

当然，后来开发区还从其他渠道调进了一批干部。这些干部主要是原籍广东或者广州，在外省、外市工作，想回广州安居，落叶归根或解决两地分居的问题。开发区初期从外省、外市调进一批技术干部、专业干部，这批干部大多数已年过中年，学有所长，他们成为建区初期在建设、管理和专业技术方面的骨干，为开发区铺开局面立下过汗马功劳。如今这批人大多已退休，我们不应该忘记他们为开发区作过的贡献。1994年，开发区建区十周年的时候，颁发过一次"开发区创业者"奖，凡1984年到开发区工作的人都获颁一枚纯金的金牌。当年86名"创业金牌"获得者，目前还在职务岗位的，只剩下17人。换句话说，参与了广州开发区二十年创业全过程的有17位同志，他们是李潮迅、夏藩高、麦文英、陈伟杰、刘树开、汤启明、麦绮杭、訾保同、刘芳、毕炉生、黄国友、李高秧、陈伟强、李敏、陈爱国、周智雄。他们为开发区贡献了二十年的辛劳，虽然已不再有金牌的荣耀，但开发区的创业史应该记录他们的名字。

开发区建区初期调人进来很难，基本上都是靠"志愿军"，这是当时的条件所决定的。

有一个很生动的例子。暨南大学有位中文系副教授，叫雷国维，他从报纸上看到开发区的有关消息，就想，广州出现了一个开发区，但不知道它是什么东西。在一个星期天，雷国维骑着单车，抱着好奇的心态来看看开发区，探个虚实，就当作郊游了。于是，他从暨南大学骑车到开发区。当时，他已经五十多岁了。映入他眼帘的是在一片荒滩上热火朝天的建设场面：推土机隆隆轰鸣，吹沙、填土，管道纵横，就少了一点红旗飘飘，好一幅铺开摊子干大事业的壮阔场景。到了我的办公室，他一看规划图，描绘着远景美丽的工业园区——老先生是有点诗人情怀的，看到这些，诗人情怀就激动起来了，说这才是干大事。第二天他就跑来了："我要参加到这个队伍里头，我要……"。我们当时觉得：你已经五十多岁了，好好地在大学当教授不好吗？如果让你来，你能干什么呢？但他要求来的欲望非常强烈。最后也是我拍的板：那行，只要你学校愿意放人，我们就收你。暨南大学跟开发区关系是很密切的，因为我们"黄埔一期""黄埔二期"招的干部的培训，全是委托暨南大学管理学院办的，所以跟院长、校长都很熟。校长一看他要去开发区，就破例批准了。

一个教授，强烈要求跑来开发区，最后被安排在管委会办公室秘书科当科员。当时也没有什么职务好安排：安排你当主任吧，当时我已经是主任了；副主任也有了一个余琪春，科长也已经有了。教授倒是无所谓，就在秘书科当科员，干得很欢。所有

的简报、墙报、宣传材料的撰写,都是他负责,只是写出来的东西有时令人啼笑皆非,本来政府公文应该很严谨,一句就是一句,他就像写散文一样,带着感情色彩,形容词很多。但是他干得很卖力。后来实在年纪也大了,才把他调去总工会,做一些文化方面的事情,创办文化发展公司,当了总经理。

初期的机构设置

1984年下半年,开发区管委会成立,职能机构设置非常简单,简称"三处一室",分别是条例法规处、经济综合处、人事处和管委会办公室。当时我们已意识到,建设开发区首先要建章立法,所以成立了条法处,主要职能是制定开发区的管理规章制度。经济技术开发区,经济工作相当重要,因此成立了经济综合处,主要管理涉及经济方面的各项事务;人事处,负责组织开发区的建设队伍;办公室是综合的政务办事机构。"三处一室"的体制延续了好几年。

随着开发区建设的不断扩展,又增设了征地办公室,负责征地工作。征地工作基本完成后,征地办公室更名为基建办公室,负责基本建设工作。随着早期进驻的企业陆续建成,企业管理事务逐渐增多,又增设了企业管理办公室;开始有财政税收之后,成立了财税局。到了八十年代末,开发区逐渐形成了管委会八个职能局的建制。当然,由于受传统势力、习惯思维的影响,要求"增加机构、对口设置"的声音也时有耳闻。作为妥协的方法,就在八个局增挂招牌,但不增加人员编制,"一个机构、多块招牌"成了开发区的又一道风景。不管机构怎么增减,"精兵、简政、统筹"一直是管委会坚定不移的施政方针和管理理念。一局多招牌,一员兼几职,始终是开发区行政管理的传统,为的是行政管理上的高效率,低成本。

广州第一路与区徽

1985年修建夏港大道(现在的开发大道),考虑到是开发区通往区外的门面路,设计的路面宽度是60米。当时已经是全广州最宽的道路,建好后,号称"广州第一路"。无论是外商,还是开发区人、市民们都对这条路赞叹不已,从广州市区一进入开发区,人们不禁耳目一新,对开发区增添不少信心。但有的上级领导来开发区视察的时候,却批评说,马路搞这么宽干什么?浪费土地,增大建设成本。没想到不到十年,夏港大道已不堪交通繁忙的重负了。可见,20年前对基础设施、交通设施建设的意识和理念与现在相差多远,现在建马路动不动就宽100米、120米,豪气十足。

1994年以前,开发区一直沿用十几年的区徽是我设计的。一分钱设计费没花,设计理念是对外开放，要跨过海洋同西方文明国家建立联系，倡导海洋文化，一条巨轮，乘风出海，走向世界。路口的区标为什么搞个三角形？因为我们开发区当时整个地形就是三角形，有些记者称之为"黄埔金三角"，我将三角形抽象成一面风帆，寓意扬帆出海，走向世界。时过境迁，桑田沧海，如今区徽只剩下建总还在用；路口的区标也因为建立交桥砸掉了。

第一顿团年饭

1985年2月，开发区过第一个春节，全体干部员工吃第一次团年饭。当时开发区全部工作人员，包括管委会机关和三个总公司，总共97个人。只有一个小厨房，根本没地方吃饭，平常大家都打饭回办公室去吃。那团年饭怎么吃呢？只能吃火锅，97个人，摆10个火锅，就摆在海员俱乐部的会议室。10人一桌，领导是7个人一桌。实际上都没桌，清一色借来的煤油炉，有方的、圆的，有铁的、铝的，什么样的都有；从办公室搬了些椅子，矮的、方的、长的、短的都有。我费了九牛二虎的力气，才把这个团年饭组织好。吩咐厨房，一早去买了菜和肉，洗好切好，码成一盘一盘的，每个"摊"前面摆一盘。

时间到了，大家都来了。缪恩禄发表了新年祝词，慰问大家辛苦了！说完就各自动手，开吃！吃的过程中，有的煤油炉子灭了，有的摊子打翻了。还有一个细节，除了吃的10桌火锅以外，缪恩禄还特别交代，说大家辛苦了一年了，让大家回去过个好年，给大家买了点年货。原来是叫商品进出口公司弄的进口货，罗明组织的，进口了一些稀罕的东西给大家。于是每人发了一箱"红牛"饮料、一小袋的巧克力。这种巧克力当时在国内很少见，是非常珍贵的礼物，而且是进口的，不得了。据说，很多人拿回家后，当作非常珍贵的东西，一家亲戚送一个。

吃了一半的时候，缪恩禄说，跳舞！那时候录音机刚刚兴起，管委会有一台双卡录音机，放舞曲跳舞。缪恩禄带头跳，有六七对起来跳，都是刚刚学会的，大家就围着10桌火锅在桌子的间隙里跳。干群同乐，管委会主任和一般干部一起跳舞。环境虽苦，但很欢乐。革命的浪漫主义。

这场舞我一辈子都记忆犹新！

跋

石榴香老庭枝低

徐南铁

我们在南方,我们共同拥有一段难忘的岁月,所以我们编了这样一本书。

最先想象中的理想文章,是请身处南方的人或与南方有密切关系的人,写一段自己的人生故事。希望从一个很小的切口窥探岁月,以小见大,见证这个时代和这片土地。感谢有那么多朋友呼应,写了文章发来。但是也有朋友愿意从大处着眼,不拘泥于个人的感受,因为他们本身就是某行业或某单位的执牛耳者。他们的生命意义与单位甚或整个行业息息相关。这就使得本书文章风格各擅所长,有所参差。但是叙述风格的不同并不影响全书的整体意义,因为我们同在南方,共同拥有一大段难忘的岁月。

记得开始征稿是中秋前夕,我收到一箱从云南寄来的石榴。红红的石榴,个头很大,非常漂亮,仅凭形象就令人十分喜爱。如今的快递,多不标明寄件人,于是微信问一位云南的朋友,是不是他寄来的。他曾于去年给我寄过石榴。但是他说,还没有呢,中秋之后采摘的才是最好的。接连问了几个"嫌疑人",都说没有寄。最后问到一位女士,她说:"不是我,不敢掠美。是你人脉广,人缘好。"她说得似乎有些道理,于是我默默等候着寄石榴者浮出水面……

由此想到,这本书的顺利出版,既没有高光的背景,也没有强力的加持;没有谁为它背书,也没有谁给它站台。它的顺利出版与我的人脉、人缘有极大关系。不过我更相信的是,它之所以得到这么多朋友的积极响应,是因为这个时代,因为这片土地。是天时和地利,把这些晶莹透剔的果粒聚集在一起,团成果实,形成历史沃土上的心灵交汇。而这本书,就是我们捧出的果实,让我们在秋风中和读者一起咀嚼历史，倾听心灵。

这一辈子，除了自己写作之外，我的岁月似乎就是不停地编杂志、编书。后来在出版社当了社长兼总编辑，将编辑和出版图书作为志业，编书更是成为了日常工作。尽管亲手编辑过许许多多的书，这一本却很特别，因为它是在我退休之后做的。这样的书要自己组织稿子，要自己编辑加工，要自己筹措经费，要自己联系出版。但是我能够调动或借用的社会资源、人力资源，已经大为减少。我所拥有的，只是朋友众多，还有就是在多年职业生涯中，集聚的编辑出版经验。

这些文章都很有价值，对得起这块土地和这段岁月。而文章的作者无论从文化影响或社会地位来说，都是岭南文化的翘楚，都为广东的社会发展做出过积极贡献，受到我们的尊敬。他们用各自的视角，为我们展示了生活的艰辛和快乐。我们没有办法给他们的文章排名先后，所以我们采用了姓氏的音序排列法。他们其实早就是在媒体频繁出现的熟客，想必不至于关注和计较这些。更何况他们都是我的老朋友，都有时代的大胸怀，相信不会在乎这些细枝末节。

为了方便读者对作者和文章背景的了解，我们特地注明了各位作者的身份。这些作者都是有影响的人物，都有好些职务。这里为之选取的一个，不以职位高低论，选的是其最值得历史关注的那一个。这看起来是件小事，却能从此中感受到编者的文化立场。

编辑这本书当然也有一些周折。比如有的文章因不合时宜，不得不顺从地割爱，包括认真约来的一篇序。又比如，我一直担心这本书不能顺利出版，于是把其中的有些文章，先期在我的微信公众号"记忆"推送，以免未能留下好文章的身影。却没想到推出的第一篇就受到严厉批评。幸而一切都在修正和协调中臻于完善。

作为多年浸润于多种媒体的从业者，我充分明白和理解传统媒体与新媒体的各有所长。当《南方岁月》的纸质书终于付梓之时，已经有三分之一的文章可以在网上搜到，有些甚至已经被多次转发。这对于一个只以情怀和友情绾结在一起的松散性微型团队，委实不是易事。如今《南方岁月》的纸质书已经成为现实的存在，我们会在短时期内把还没有放在网上的文章都在"记忆"中推送。当然，书也会在网上出现。

岁月渐老，著书和编书的生涯似乎渐渐接近尾声。手上还有两本未完成的

书，其中一本即将杀青，另一本正在进行时。不知道此后，心底还会不会泛起新的呼唤声音。

不过我相信，秋风起处，"石榴香老庭枝低"，至少我的心依然沉湎其中。

感谢南方，感谢我们共同拥有的那一段难忘岁月。

总有一个声音一再呼唤——让文字无愧于历史。尽管一个人能力有限，却总希望：

能够做点事，一种不仅仅对自己个人有益的事……